MATSUURA Rieko

Pénis d'orteil

Roman traduit du japonais
par Jean Campignon

Éditions
Philippe Picquier

DU MÊME AUTEUR
AUX ÉDITIONS PHILIPPE PICQUIER

Natural Woman, poche n° 130.

Titre original : *Oyayubi-P no shugyo jidai*

Mas de Vert
B.P. 150
13631 Arles cedex

En couverture : photo © Alexis Delon

Conception graphique : Picquier & Protière

ISBN : 2-87730-629-1
ISSN : 1251-6007

Prologue

Mano Kazumi était l'amie intime d'une connaissance que je ne pouvais appeler une amie, je ne la fréquentais pas suffisamment pour cela. Ce n'était donc qu'une vague relation que je n'avais pas dû rencontrer plus de deux ou trois fois. Et comme, en plus, cela devait bien faire deux ans que je l'avais vue pour la dernière fois, rien d'étonnant donc à ce que je ne parvienne pas à me remettre ses traits en mémoire avant qu'elle se soit trouvée brusquement devant moi.

C'était il y a un mois environ, lorsque Kazumi m'avait appelée pour me faire part du décès de Saizawa Yôko, son amie intime donc, en même temps qu'une mienne connaissance, j'avais été bien incapable de m'imaginer à quoi pouvait ressembler sa tête. Même chose quand elle a appelé ce matin d'ailleurs, cette fois pour m'annoncer qu'elle avait à me parler, j'ai tout essayé pour me souvenir au moins de ses traits – elle serait là dans une heure – et, résultat, je me suis rendormie au beau milieu de cet effort, vu que j'étais toujours au lit, m'étant couchée plutôt tard la veille.

Le bruit insistant de quelqu'un qui n'arrêtait pas de heurter ma porte m'a réveillée et remis en tête la promesse faite il y a une heure à peine, j'ai donc bondi en panique jusqu'à l'entrée. J'ai ouvert la porte, et, dès l'instant où je me suis trouvée face à Kazumi plantée là avec son petit air de ne pas vouloir déranger, ce visage que tous mes efforts avaient été impuissants à évoquer a déboulé du tréfonds de ma mémoire et, avec cette fois un fort sentiment de déjà-vu, est venu se superposer trait pour trait avec celui que j'avais devant les yeux.

— Ça fait tellement longtemps !

Mano Kazumi s'est inclinée brièvement, laissant flotter un sourire embarrassé sur ses lèvres. Mais bien sûr ! ces joues un tantinet potelées, ces cils inférieurs tout déjetés, cette bouche étrangement charnue pour sa petitesse, aux lèvres gracieusement ourlées, celle qui se tenait toujours aux côtés de Saizawa Yôko avec cet air de modestie réservée, c'était elle, Mano Kazumi ! Vue comme cela, la physionomie passait aisément pour « jolie », mais à y regarder de plus près, un indéfinissable déséquilibre dans les traits du visage, les yeux, le nez, lui donnait une mine hésitant entre le triste et le comique, comme un enfant qui va se mettre à pleurer. Quelle drôle de bobine a cette fille ! m'étais-je dit chaque fois que je l'avais rencontrée.

Je rangeai mon futon en toute hâte et fis entrer Kazumi. C'était évidemment la première fois qu'elle mettait les pieds chez moi. Une fois casée sous le *kotatsu*, elle entreprit de parcourir d'un œil étonné les six tatamis de mon intérieur.

— Il n'y a pas de traitement de texte, ni de télécopieur ! fit-elle remarquer. Ça ne ressemble pas beaucoup à un antre d'écrivain.

— Dites plutôt au foyer du Japonais moyen, car il n'y a pas non plus de magnétoscope, ni de lecteur CD !

— Etes-vous à ce point dans la gêne ? Je voyais souvent Yôko pencher la tête d'un air perplexe en se demandant : « Je ne comprends pas pourquoi M. ne travaille pas. »

— Les quarante-neuf jours [1] de Saizawa sont terminés ? m'enquis-je pour changer de conversation.

1. « L'esprit d'un mort plane sur le toit de la maison jusqu'au quarante-neuvième jour après le décès », dit-on. C'est le grand voyage, la période pendant laquelle l'âme du défunt erre avant de se réinstaller

— Oui, depuis trois jours à peine, dit Kazumi en prenant un air affligé. Ce n'est pas vraiment ce qu'il y a de plus agréable, d'être celle qui découvre le corps ! Il y a trois jours encore, j'en rêvais pratiquement toutes les nuits… Parce que – je ne vous ai pas dit ? – Yôko est morte avec une robe blanche nette et pimpante, comme en portent les jeunes filles de bonne famille, pas du tout son genre, d'ailleurs, car elle aimait plutôt le voyant. Mais, figurez-vous qu'elle s'était enroulé autour du cou une espèce de corde de paille, pas du tout en rapport avec le costume, vous imaginez ça, vous ? C'était tellement invraisemblable, j'avais beau faire, je ne pouvais pas détacher mon regard.

Yôko s'était pendue au bouton de porte de la salle de bain de son trois-pièces-cuisine. Vingt-deux ans ! Il paraît qu'elle s'était bien coiffée, avec les cheveux soigneusement relevés, et qu'elle s'était même fait un soupçon de maquillage.

— La veille au soir, elle m'avait appelée chez moi. Elle voulait que je l'emmène au bureau le lendemain avec ma voiture parce que, disait-elle, elle avait dû laisser la sienne quelque part. Et comme ça, je suis passée la prendre… et voilà… Si elle avait décidé de se tuer, pourquoi me demander de venir la prendre ?

— Elle voulait que ce soit vous qui la découvriez, cette question !

— Vous croyez que c'est ça ?

Kazumi ramenait ainsi toujours la même question, était-ce candeur ou balourdise, c'était plutôt difficile à dire, et je me suis souvenue d'avoir déjà eu du mal à

---

dans une autre existence, une fois close la délicate comptabilité des rétributions pour les actes, bons ou mauvais, posés dans l'existence qu'il vient de quitter et qui doivent décider de son statut dans l'échelle compliquée menant à la « libération finale », c'est-à-dire la cessation du jeu subtil et cruel des réincarnations. Plus pratiquement, les « quarante-neuf jours » indiquent la messe bouddhique la plus importante dite pour la bonne installation de l'âme du défunt dans sa nouvelle existence.

trancher. C'était il y a deux ans, Yôko était un jour apparue flanquée de cette Kazumi qu'elle avait prise pour bras droit dans l'entreprise qu'elle avait fondée. Profitant d'un moment d'absence de Yôko, Kazumi m'avait déclaré, pratiquement en me chuchotant dans l'oreille, qu'elle ne comprenait vraiment pas pourquoi Yôko l'avait invitée à rejoindre son entreprise, elle qui n'y connaissait rien en comptabilité et qui finalement ne servait pas à grand-chose. « Mais parce qu'elle a confiance en vous ! cela me paraît évident ! » lui avais-je répondu, et comme aujourd'hui, elle m'avait murmuré, sur le même ton : « Vous croyez que c'est ça ? »

Tout au contraire de Kazumi, Yôko avait tendance à lire jusqu'au fond des choses, outre que cette lecture était copieusement teintée de dégoût du monde. Jusqu'au concept même de l'entreprise qu'elle avait imaginé qui suintait une vision cynique de l'humanité. Ce jour-là Yôko m'avait exposé, avec des accents fiévreux qui ne lui ressemblaient guère, la nature des activités de sa société.

— Il s'agit d'une espèce d'industrie de mœurs, mais on n'y vend pas du sexe, non ! On y vend de tendres sentiments, avait-elle commencé.

— Tiens, c'est quelque chose qui peut se commercialiser ? avais-je répondu.

— En gros, oui, c'est possible ! Bien sûr, il y a aussi l'amour qui ne peut pas s'acheter avec l'argent. C'est que les jeunes femmes d'aujourd'hui raffolent des hommes qui ont de l'argent, exactement comme les professionnelles.

— Bon, disons que c'est un peu la règle universelle.

— Mais une chose que vous ignorez peut-être, c'est que les femmes qui aiment l'argent ne fréquentent pas toujours les hommes riches uniquement par calcul. Elles ne sont pas toutes à les observer froidement et à calculer comment les séduire et les mener par le bout du nez.

— Et alors ?

— Ce n'est pas par pur intérêt, je veux dire. Ce n'est pas parce qu'ils les gavent de fins gueuletons ou les couvrent de somptueux cadeaux. Non, aucun rapport avec tout cet aspect « bonne occasion à saisir », car il y en a beaucoup, et plus qu'on ne l'imagine, qui se sont mis en tête que ces hommes, elles les aimaient en toute ingénuité. Se mettre en tête, c'est, si on peut dire, quand leur amant vogue vent en poupe et roule sur l'or, répéter à tout bout de champ : « Comme je l'aime mon cher et tendre ! », alors que si le cher et tendre a le malheur de tomber en panne sur l'autoroute des élites, de contracter un mal incurable ou d'essuyer la faillite de son père millionnaire, on les voit faire volte-face et crier sur les toits sans vergogne : « Oui, je me croyais amoureuse, et ce n'était qu'une illusion ! » Et de planter là le cher et tendre sans autre forme de procès. Les filles comme ça sont légion. Et dès qu'elles ont déniché le suivant, les voilà reparties : « Cette fois ça y est, c'est l'amour, le vrai ! »

— Cela se voit, en effet.

— Et justement, moi qui voyais ces filles autour de moi, loin de les critiquer, je n'ai pu m'empêcher d'admirer leur étonnante aptitude à susciter en elles d'aimables élans passionnels en échange de profit, quand bien même ne serait-ce qu'illusion ou entêtement. Alors pourquoi ne pas utiliser ces aptitudes ? C'est de ce constat qu'est née l'idée de monter mon petit commerce.

— Evidemment, même si ce n'est pas contre des avantages, des pseudo-sentiments amoureux, cela doit pouvoir se sécréter assez facilement, il me semble. D'autant plus qu'il y a pas mal de gens romanesques avides de connaître l'amour à tout prix !

— Tout à fait ! Et c'est là que je me suis mise à réfléchir. Supposons, me suis-je dit, qu'il existe un certain type de femme capable de nourrir l'illusion de l'amour, ou un sentiment proche, ne devrait-on pas exploiter cette belle faculté ? Ne serait-il pas possible, par un travail d'autosuggestion délibéré, de les amener à jeter leur dévolu sur n'importe quel partenaire ? Bien sûr, il pourrait y avoir de rares cas de partenaires qui, pour des questions de goût ou de seuil de tolérance, découragent toute tentative de se faire aimer. Mais, à part ceux-là, il devrait être possible d'aimer n'importe qui, quel que soit son physique ou son caractère.

— On peut donc décider ou non d'aimer ? C'est ça, votre idée ?

— Exactement. Même si le véritable but est le profit, s'il s'agit d'une femme capable de nourrir, à la frange de sa conscience, le projet d'aimer ingénument le partenaire qu'elle fréquentera, pour peu que l'on développe chez elle cette aptitude moyennant un contrat financièrement avantageux – quoique ce ne soit pas un procédé très raffiné, j'admets –, il n'y aurait rien d'étonnant à ce qu'elle se mette vraiment en tête que si elle fréquente ce monsieur c'est parce qu'elle l'aime, et que c'est pour des motifs absolument indépendants de tout contrat passé, ou de toute somme d'argent perçue.

— En théorie du moins.

— Ici, nous recrutons des filles et nous les formons à l'auto-hypnose. De sorte que, même s'il s'agit d'un petit chauve à la peau grasse et au cheveu hirsute, même un de ces hommes dont la conversation se vautre dans la suffisance ou la plaisanterie scabreuse, elles s'appliqueront à éprouver un sentiment offrant toutes les apparences de l'affection. Comment ? En faisant foisonner en elles le moindre indice positif relevé chez le bonhomme, et qu'il n'est vraiment pas possible de haïr, comme par exemple l'ongle qu'on lui trouvera mignonnement dessiné ou un manque d'assurance signalé par un dos trop voûté et faisant qu'on ne pourra jamais s'appuyer sur lui. L'essentiel en cette affaire n'étant pas d'être habile à feindre d'aimer, mais bien d'être capable de s'investir avec crédibilité dans une situation d'amour virtuel. Et c'est sur ce point que nous sommes assez différents de la traditionnelle maison de rencontres d'âmes sœurs.

— Vous vendez donc de l'amour, comme si c'était un contrat d'affaire ?

— Mais attention, ce n'est pas de la prostitution déguisée. Car il s'agit uniquement de faire rencontrer aux messieurs qui viennent nous trouver en quête d'affection, des filles bien préparées à en dispenser. Le but est de favoriser les germes d'une relation présentant toutes les apparences de l'amour entre la fille et le client une fois qu'elle lui aura été présentée. Et que la relation évolue ou non vers le rapport charnel, que le pseudo-amour s'épanouisse en amour véritable qui les mènera au mariage, nous, on ne veut pas le savoir. Il existe par exemple des cercles privés qui vous présentent des conjoints potentiels. Mais notre système à nous se situe plutôt à mi-chemin avec les clubs de rencontres. Ce qui est nouveau chez nous c'est que notre objectif n'est ni le mariage, ni les rapports sexuels crus, mais bien l'amour.

Après avoir opiné à maintes reprises à l'exposé péremptoire, technique et torrentueux de Yôko, je formulai tout de même un doute :

— Mais est-ce qu'il se présentera jamais un homme aussi enclin à tomber amoureux ? Et s'il existe, pourrait-il se satisfaire d'un pseudo-amour de cette nature ?

— Ma chère M., répondit Yôko avec une belle assurance, ce que désirent les hommes et les femmes de ce vaste monde, ce sont des amours qui n'amènent aucun tracas, qui ne blessent pas, des amours pas trop lourdes à porter, agréables et confortables, des amours qui ne soient jamais un fardeau. De véritables amours qui peuvent devenir pénibles et parfois même horriblement gênantes, personne n'en veut ! Ce qu'on veut, c'est la douceur et rien que la douceur de l'amour. Et moi, j'ai créé l'organisme qui répond aux exigences de ces gens.

Une chose encore que je voulais demander :

— Vous les fréquentez, vos clients ?

— Moi je gère, sans plus.

— Pourquoi non ?

— C'est que... dit Yôko, pour la première fois devenue évasive, je ne souhaite pas le faire.

— Oui, mais pourquoi ? insistai-je.

— C'est que moi, tout ce qui est pastiche d'amour, ce n'est pas mon fort.

— Oui, mais enfin, vous avez monté cette entreprise dans quel but ?

— Il n'y avait pas vraiment de but. L'idée m'est venue comme ça, c'est tout ! D'autant plus qu'en ce moment rien ne me tente particulièrement.

Ce petit rire morne que fit Yôko pour assortir sa réponse étrangement sans force, je ne peux pas l'oublier. Cette jeune personne ne manquait ni d'arrogance ni de hauteur, en même temps qu'elle se trouvait habitée par quelque chose de poignant.

Kazumi n'était pratiquement pas intervenue dans cette conversation échangée avec Yôko, se bornant à souligner d'un rire l'une ou l'autre expression employée par son amie. Pour autant que je puisse en juger, même si l'on pouvait les considérer comme deux amies intimes, ce n'était pas exactement le duo sympathique de copines où règne l'entente parfaite, avec une même sensibilité, une même façon de voir les choses, car leur relation participait plutôt, chez Yôko, d'un lourd investissement affectif sur Kazumi, et chez Kazumi, d'une candide réceptivité à ce sentiment. J'imaginais très bien l'apaisement que Yôko pouvait trouver auprès de quelqu'un comme Kazumi, mais pas du tout, par contre, comment Kazumi pouvait comprendre la sensibilité de Yôko. Je me disais même qu'à la longue cela avait dû occasionner bien des blessures.

Kazumi but une petite gorgée de sa tisane d'orge, lâcha un soupir :

— D'abord, moi je ne penserais même pas à me suicider si j'avais une amie qui m'est chère au point de souhaiter qu'elle soit la première à découvrir mon cadavre.

— Présentait-elle des symptômes suicidaires ?

— Non, pas que je sache. Yôko était toujours très gaie. Peut-être un peu moins bavarde, mais quoi de plus normal quand on se voit six jours par semaine, on avait un peu fait le tour de tous les sujets. Il faut dire que je ne suis pas des plus fines, et sans doute aurais-je été incapable de remarquer un changement chez elle. Elle me le disait souvent d'ailleurs, Yôko, que j'étais empotée.

— Ah, quand même ?

Cela m'avait échappé.

— Comment ça, quand même ? fit Kazumi l'œil arrondi de surprise. Parce que vous aussi, vous mc trouvez empotée ?

— Enfin… répondis-je en m'efforçant de ne pas rire, je veux dire que vous êtes une fille très docile, extrêmement gentille, mais sans être du genre terriblement sensible aux choses.

— Vous croyez ?

Lovership, l'agence de prestations amoureuses fondée par Saizawa Yôko, avait été un succès. Elle défrayait la chronique dans les médias. Pas un seul qui ne traitât de Lovership, ce curieux négoce conçu par une fille de vingt ans qui accédait d'emblée à une vaste notoriété. Débordant la nature des activités de l'entreprise, l'intérêt s'étendit naturellement à sa fondatrice, les magazines et autres publications abondaient en articles et interviews aux titres rebattus du genre : « Vingt ans, belle, intelligente et pourrie de talent : elle se permet d'innover en morale ! » Les photos qu'on y trouvait renvoyaient à une fille assez ressemblante à Yôko, sans être vraiment elle, le nom annoncé était « Ugetsu Misa ». Yôko avait eu la sagesse de s'abriter derrière un sosie.

Apparemment, Lovership poursuivait une ascension stable, un parcours sans faute. Ses bureaux émigrèrent des locaux modestes des débuts à un immeuble de Nogizaka. On vit même surgir quelques sociétés rivales. Plusieurs filles enregistrées à Lovership convolèrent heureusement avec leur client, et la cérémonie nuptiale occupait obligatoirement l'heure d'antenne de l'après-midi. D'autres filles publièrent des nus assez remarqués pour trouver à se caser comme starlettes à la télé. Bref, les chroniques n'étaient jamais en panne de sujets.

Mais Yôko elle-même n'était guère brillante. Quand elle m'avait appelée, il y a six mois environ, sa voix était d'un sinistre achevé.

— Cette fois, je fonde une succursale, une *Culture School* où l'on apprend la cuisine et tout.

— Vous allez apprendre à cuisiner à vos ouailles ?

— A elles, mais aussi aux filles ordinaires, ce qui me permettra de prospecter de nouveaux membres.

— Vous ne vous endormez pas sur vos lauriers…

— Oui, mais plus par désespoir qu'autre chose. Tout me barbe !

— Comment ça ?

— Quand je vois tout ce qui traîne chez moi, filles, garçons, ceux des médias y compris, je finis par détester les gens. Comique ou tragique, j'ai peur d'être inapte à aimer le genre humain. Les femmes surtout, je les déteste. Jamais chez elles la moindre aspiration, la plus petite manifestation positive pour ouvrir son chemin de ses propres mains.

— Vous devriez dételer.

— Je crois, oui.

Par dételer, j'entendais évidemment liquider sa société. Elle, c'était sa vie qu'elle avait liquidée. Mais je ne crus pas devoir mentionner à Kazumi ce ton de voix lugubre que j'avais entendu chez Yôko.

— Et Lovership, qu'est-ce que ça devient ? enchaînai-je.

— Racheté par une entreprise. Mais moi, je suis complètement claquée ! déclara Kazumi. Un silence s'interposa, puis elle reprit : J'ai comme l'impression que je traîne la malédiction de Yôko.

— Quelle idée !

— Oui, je prenais trop à la légère ses élucubrations. J'aurais pu me préoccuper de la comprendre un peu tout de même.

— Comprise ou pas comprise, elle vous aimait, je pense ?

— Raison de plus ! Pourquoi m'avoir ainsi imposé le spectacle de sa mort ?

Le ton soudain véhément de Kazumi me fit battre un peu en retraite :

— Pensez-vous que ce soit pour vous jouer un vilain tour ?

— Je ne veux pas y songer.

— Simple conjecture… commençai-je en m'appliquant à choisir soigneusement mes mots, mais en vous infligeant le spectacle de sa mort, n'a-t-elle pas cherché à créer une relation très forte avec vous ?

— Mais nous étions liées, ça faisait déjà pas mal de temps !

— Non, plus intensément encore ! Sur un mode qui s'incruste dans la chair.

Kazumi fit le visage de celle qui ne comprenait pas. Moi je ne cherchai pas à la persuader de force.

— Au fait, vous vouliez me parler ? A quel sujet ?

— Oui, j'oubliais ! fit Kazumi en rectifiant sa position assise. Avant-hier, j'ai fait un rêve.

— De qui, de Saizawa ?

— Non, il ne s'agissait pas de Yôko.

Puis, marquant un temps de respiration, elle ajouta dans un souffle en articulant très distinctement :

— Mon orteil droit était devenu un pénis.

Je plantai mon regard dans le visage de Kazumi.

— Que dites-vous qui était devenu un pénis ?

— Mon orteil droit !

Une société de prestations amoureuses, à présent un orteil droit qui devient pénis, où veut-elle m'emmener ? me dis-je en riant. Entraînée par mon rire, Kazumi sourit d'une joue et entreprit de me raconter l'affaire par le menu.

— C'était un rêve très court, pas du tout dramatique. J'ai eu soudain conscience que mon orteil droit était un pénis. Comme c'était dans mon rêve, je n'ai évidemment pas été surprise, pas plus que je n'ai douté un instant d'une chose aussi absurde. J'ai simplement accepté le fait tel quel, très émue : « Oh ! j'ai un pénis ! » Si cela avait été le pénis d'un autre, rien de bien extraordinaire, mais le sien, c'était une trouvaille, non ? « Chic alors ! » je me suis dit en sautant de joie. Tous ces plaisirs mystérieux auxquels les femmes ont toujours voulu goûter et qui leur étaient toujours restés défendus, ces plaisirs fastueux de l'organe sexuel du mâle qu'elles avaient toujours dû se borner à tourner et retourner dans leur imagination, voilà que moi, j'allais enfin les connaître ! Dans la réalité, je me serais certainement fait du mauvais sang en trouvant que cela n'arrivait jamais qu'à moi ces histoires, mais dans mon rêve, je ne me sentais pas du tout embarrassée, même qu'au moment où je m'exclamais « Chic alors ! » j'avais déjà empoigné mon Pénis d'orteil et commencé à l'astiquer.

Je riais à en marteler de la main la table du *kotatsu.*

— C'est que même en rêve, on éprouve des sensations, reprit Kazumi. Le seul fait d'avoir empoigné Pénis d'orteil, c'était, comment dire, c'était bon, voilà ! On sent naître comme une espèce de douceur, une démangeaison, ou plutôt un frémissement. Dès qu'on commence à l'astiquer, l'orteil s'enfle, gonfle, la sensation de plaisir grimpe, l'approche de l'orgasme me faisait battre le cœur, tellement j'en avais envie, et… au lieu de cela…

Kazumi baissa soudain le ton :

— En fait, le point culminant est arrivé plus tôt que prévu. Et pas du tout comme je le croyais, car à l'instant même où je sentais que le plaisir commençait à se diffuser à toute vitesse et qu'une chaleur irradiante m'emportait, voilà que Pénis d'orteil s'est ratatiné ! Pour le coup, j'étais écroulée. Comment ? Ce n'était que cela, toute cette jouissance masculine ? je n'ai pu m'empêcher de murmurer. Et là-dessus je me suis réveillée.

Depuis un moment, lequel, je ne saurais préciser, j'écoutais avec avidité. Etait-ce parce que la voix et le visage de Kazumi, quand elle affirmait que « le seul fait de l'avoir empoigné, c'était, comment dire, c'était bon ! », donnaient vraiment l'impression de quelqu'un qui se remémorait avec tendresse les joies d'une expérience sexuelle, mais son histoire avait passé telle quelle, toute palpitante. Au point que, tout en prêtant l'oreille à son récit, j'eus moi-même la nette sensation que l'orteil de mon pied droit devenu turgescent avait frémi. J'appliquai même une pression sur cet orteil droit, qui n'avait d'ailleurs aucune raison d'être un pénis. Au lieu de balayer d'un éclat de rire la cocasserie du rêve de Kazumi, fabuleusement absurde, à vrai dire, voilà que par contagion sympathique j'en avais fait moi-même l'expérience.

— Que se passe-t-il ? demanda Kazumi d'un air soupçonneux en sentant gigoter nerveusement mon pied sous le *kotatsu*.

J'allais répondre que ce n'était rien que déjà s'élevait la voix de Kazumi, soudain claire et lumineuse.

— Dites donc, vous n'auriez tout de même pas un pénis d'orteil, par hasard ?

— Cette idée ! fis-je dans un petit rire forcé. Mais vous n'avez pas d'inquiétude après un rêve pareil ? Vous ne vous demandez pas s'il ne vous est pas venu de pénis au bout de l'orteil droit ?

— Mais si, je m'en fais, justement ! répondit Kazumi en portant la main à son pied. Depuis que j'ai fait ce rêve, je n'arrête pas de me tracasser. Que faire si le rêve se matérialisait ? Ce serait embarrassant tout de même d'avoir un pénis. Je ne sais combien de fois par jour j'ai envie d'ôter mon mi-bas pour vérifier. Encore ce matin, à peine levée j'étais déjà à m'inspecter le pied.

La main de Kazumi allait et venait sur son pied.

— Tiens, en ce moment, là, j'ai une envie folle d'enlever mon mi-bas, dit Kazumi en laissant errer ses doigts sur l'élastique de son mi-bas. M., vous seriez gentille de jeter un coup d'œil ? demanda-t-elle en faisant surgir de sous la couverture du *kotatsu* un pied enfilé d'un mi-bas noir qu'elle fit atterrir devant moi. Inutile de dire qu'ôter les chaussettes des gens n'entre pas dans mes goûts.

— Vraiment ?

— Vite, regardez !

Gagnée par son ton résolu, je glissai à contrecœur les deux index sous l'élastique du mi-bas de Kazumi. Il se déroula jusqu'en bas, tiré d'un seul élan. La vue de son bout de pied mis au jour me fit écarquiller les yeux.

L'orteil du pied droit de Mano Kazumi était bel et bien un pénis !

1

Confrontée avec mon Pénis d'orteil, M. accusa bien de rapides clignements d'yeux, mais sans pour autant retenir son souffle ni pousser de cri. Le mi-bas demeuré suspendu en point d'orgue à sa main, elle observa attentivement la chose qui s'offrait à son regard.

Remarquable par son hypertrophie prenant naissance à la première phalange, l'orteil avait pris très exactement un galbe de champignon. Moi-même, je ne m'étais pas encore accoutumée au processus de transformation acromégalique de cet orteil. Tant sa teinte fortement rougeâtre qui le différenciait nettement des autres orteils, que son épiderme lisse au point que l'œil ne distinguait plus les pores ou l'empreinte digitale, chaque fois que j'ôtais mon mi-bas, je trouvais cela fort curieux. Mais c'était sans doute la déformation de l'ongle la plus terrible. Là où c'était plat auparavant, bosselait à présent vers l'extrémité du champignon une espèce d'hémisphère d'environ un centimètre de diamètre luisant comme une perle. Aux yeux de M. qui se trouvait en face, la pelote de l'orteil devait offrir l'apparence de l'as de cœur renversé d'une carte à jouer.

Déposant finalement mon mi-bas à côté d'elle, M. se croisa les bras.

— Evidemment, c'est... cela, n'est-ce pas.

Une certaine fièvre animait sa voix qu'elle tenait cependant confinée dans le registre grave. Confrontée à un phénomène inexplicable, elle était apparemment incapable de dissimuler son agitation.

J'eus un rire amer. Lorsque j'avais pris la résolution de faire voir cet orteil à quelqu'un, le nom de M. m'était venu tout de suite à l'esprit, parce que j'avais escompté qu'elle au moins ne ferait pas étalage de réactions outrancières qui m'éreinteraient les nerfs, qu'elle n'ameuterait pas le voisinage sous le coup de l'épouvante, ni ne détournerait la tête en piquant un fard, ou en perdrait la parole pour se plonger dans une réflexion grave et poignante en se prenant la tête dans les mains. Et de fait, je ne m'étais pas trompée.

— A y regarder de très, très près, fit remarquer M., tout en changeant mon pied d'angle pour faciliter l'observation, cela ne ressemble pas parfaitement au machin. D'abord, il n'y a pas de prépuce, ni de méat urinaire. Par contre il y a un vestige d'ongle. Mais ça y ressemble tout de même furieusement, au P… !

— Au P… ?

— Oui, P… pour pénis. On désigne la chose par son initiale, si vous voulez bien ?

J'étais si déconcertée que j'en oubliai d'acquiescer, mais M. avait l'air on ne peut plus sérieux.

— Puis-je poser quelques questions ?

— Posez toujours.

— Ce machin, quand vous éternuez, par exemple, ça ne se change pas en rose ?

— Pas du tout, non.

— Et pas davantage quand c'est exposé aux rayons de la pleine lune ?

— Ça ne semble avoir aucun rapport avec les phases de la lune.

— Et vous n'avez pas eu recours à la chirurgie plastique ?

— Même chez les pervers les plus tordus, on ne doit pas en trouver un seul pour se faire poser un machin pareil à cet endroit, je pense !

— Bien sûr, bien sûr ! fit M. en se mordillant la lèvre, signe de profonde réflexion. Mais ça a beau ressembler très fort au P…, je ne vois vraiment pas comment un véritable P… pourrait vous pousser sur l'orteil. Qu'est-ce que ça pourrait bien être, en définitive ?

Tout en parlant, elle avait étendu la main et faisait glisser ses doigts de la racine à l'extrémité de Pénis d'orteil, comme pour le caresser.

Je veux croire que son manège n'était dicté ni par la malice ni par une curiosité salace. Je pense tout simplement que M. avait voulu exprimer ses questions par des gestes, mais sans arrière-pensée. Si ce n'est que les déplacements de ses doigts avaient été trop doux, trop délicats. Pénis d'orteil avait reçu les douces stimulations et un sang chaud commençait d'y affluer, au rythme des pulsations cardiaques. Faisant battre en retraite ma jambe que j'avais étendue, je couvris la pointe de mon orteil de mes mains. M. me fixait, absente.

— Eh bien, qu'est-ce qui se passe ?

Il n'y avait pas de « Eh bien » qui tienne, simplement, mon pénis repoussait la paume de la main qui le couvrait.

— Peut-être bien que ça se dresserait ?

— Mais je vous l'ai dit, non ?

— C'est comme dans le rêve alors ? Ce n'est pas un machin que vous avez de naissance, ça vous a poussé comme ça tout d'un coup, un beau jour ? Et physiologiquement parlant, il a les mêmes réactions que le P… ?

Ce n'était vraiment pas le moment de répondre, car je tentais désespérément de contenir le gonflement turgescent de cette chose. Mon orteil avait atteint deux fois son volume normal et n'entendait pas se laisser comprimer de la sorte, car voilà à présent qu'il se courbait, se gondolait de-ci de-là. Redoublant de vigueur dès que je l'emprisonnais dans mes doigts pour tenter de le réduire de vive force, il réclamait davantage de stimulations, s'échauffait. Et à ma grande détresse, l'exigence de

Pénis d'orteil était devenue aussi ma propre exigence. Il me fallait satisfaire ce pénis séance tenante ! Mais il était évidemment hors de question de se livrer à un pareil manège devant quelqu'un. La conduite de M. manquait vraiment de délicatesse. Elle m'était devenue odieuse.

Me saisissant le poignet, M. m'éloigna la main du pied. L'orteil à la forme impossible se trouva exposé à l'air. La pudeur me fit détourner la tête.

— C'est de votre faute !

— De ma faute ? répéta M. d'un air surpris, mais je n'ai fait que l'effleurer !

— Ce machin, il vous aime !

— Ce qui veut dire que le machin, qui n'est pas habitué aux stimulations, est hypersensible, conclut M. nullement perturbée par mon sarcasme et déversant sur Pénis d'orteil le regard du clinicien infiniment miséricordieux. Que prescrire dans un cas pareil ? Aspersions d'eau glacée pour refroidir ?

Les bras m'en tombèrent.

— Ce n'est pas votre problème, c'est pour ça que vous vous permettez des plaisanteries !

J'avais dit cela pratiquement au bord des larmes. Il y a un moment, M. m'avait taxée d'apathie, mais n'était-ce pas elle l'apathique ?

— Je ne me permettrais pas de plaisanter !

M. se leva et se dirigea vers la cuisine pour en ramener une serviette mouillée. Elle me la tendit pour que je me l'enroule autour du pied. Nous étions en mars, l'eau du robinet était passablement glacée, un frisson me parcourut l'échine. J'accusai la brutale contraction de l'orteil.

— Pardonnez-moi ! fit M. en rectifiant sa position agenouillée pour piquer de la tête dans un salut cérémonieux.

J'optai donc pour le pardon à M. Lorsqu'on déroula la serviette, Pénis d'orteil paraissait lui aussi en train de recouvrer son calme. Un soupir de soulagement s'échappa de mes lèvres.

— Depuis quand est-ce ainsi ? demanda M. qui revenait à la charge avec ses questions.

— Depuis avant-hier.

C'était dans la soirée d'avant-hier, j'avais eu ce rêve raconté à M. La veille, on avait célébré les quarante-neuf jours de Yôko. Il faut dire que tous les soirs, je n'étais pas plus tôt au lit que je me mettais à penser à elle et à tout retourner dans ma tête, et comme chaque jour elle m'apparaissait en rêve, morte, telle que je l'avais trouvée, j'avais plutôt peur de m'endormir. C'est pourquoi, n'ayant pratiquement pas dormi de plusieurs jours, j'avais ressenti soudain, dans l'après-midi, un terrible coup de fatigue.

J'avais dû faire trois bonnes heures de sieste, car au réveil je m'étais sentie assez en forme. Réchauffée dans tous les recoins de mon corps, une sensation que je n'avais plus éprouvée depuis longtemps. Je sentais mes jambes, mes bras revigorés, débordant d'énergie, j'eus même le sentiment que toute la fatigue accumulée depuis la mort de Yôko s'était quelque peu dissipée. Bondissant du lit, je me dis que je pourrais me payer le luxe, après si longtemps, de me concocter un bon petit dîner, mais je fus incapable de me mettre en train tout de suite. A cause de l'arrière-goût épais que me laissait le rêve que je venais d'avoir, mais aussi parce que mon orteil droit m'élançait de manière plutôt agréable.

Complètement idiot, mais plutôt plaisant, ce rêve que je venais d'avoir. Mon orteil s'était transformé en pénis, vous imaginez ça, vous ? Bon, ordinairement ce n'est pas que les sensations d'un pénis soient pour moi totalement dénuées d'intérêt. Mais moi qui n'avais jamais été tenaillée par des désirs impérieux du genre « il me faut un pénis » ou « je voudrais devenir un homme », comment avais-je pu rêver cela ?

Plutôt qu'au raisonnement, je cédai à l'invite du souvenir des élancements de mon orteil, et je me mis à ruminer mon rêve. Ce coup au cœur à l'instant où je m'étais découvert un pénis au bout du pied ! Sans faire ni une ni deux, j'avais allongé la main et... ce plaisir au moment ou je l'avais saisi... Puis, s'amplifiant avec les mouvements de ma main, ces palpitations ! Cela avait beau être un rêve, j'étais ravie d'avoir pu faire une expérience aussi agréable. Dommage que l'orgasme ait été si faiblard. Sans doute était-ce dû au fait que je n'avais pu imaginer que fort imparfaitement ce qu'était un orgasme de pénis. Mais si, à l'état de veille, je retournais dans ma tête le plaisir du pénis, je pouvais imaginer un orgasme exceptionnellement brillant. Ceci parce que, consciemment, je faisais travailler mon imagination en substituant un orgasme qu'il m'était possible d'éprouver moi-même. Mais dès lors que dans le rêve le pénis se trouvait en bout de pied, peut-être que le transfert n'avait pas été aussi heureux. C'était bien dommage. S'il m'était donné de rééditer ce rêve, je vous garantis que j'y ferais un orgasme exemplaire.

Tout de suite, le désir me prit de raconter à quelqu'un ce rêve que j'avais eu. Quelqu'un qui ne fronce pas le sourcil devant la vulgarité de la chose, mais qui me prête une oreille attentive et bienveillante, bref quelqu'un avec qui je puisse m'entretenir sans contrainte. Et c'est là que resurgit le visage de Yôko. A l'instant même mon cœur qui était plein d'allégresse coula d'une pièce. Elle n'était plus, l'amie intime sur qui je pouvais entièrement me reposer, l'amie toujours prête à entendre mes histoires. Jamais plus je n'en retrouverais d'aussi douce, quand bien même je vivrais des dizaines d'années encore. Non, Yôko n'était pas une personne que tout le monde s'accordait à trouver gentille. Son gros défaut c'était d'être outrancière dans ses penchants comme dans ses aversions, à telle enseigne que je me disais souvent qu'elle devrait se montrer un peu plus aimable avec les autres. Mais pour moi elle était vraiment l'amie agréable, unique, comme on n'en fait plus.

Quand était-ce arrivé ? Oui, à une de ces réunions exclusivement entre femmes. A l'une d'elles qui avait lancé le thème « Si vous étiez un homme une journée seulement, que feriez-vous ? », je me rappelle que Yôko avait rétorqué de but en blanc : « Je me châtre ! – Summum du narcissisme ! » avait commenté quelqu'un dans l'assistance, pour s'entendre rectifier immédiatement par Yôko : « Dites plutôt que c'est le summum du romantisme ! » Quelle interprétation aurait-elle donnée de ce rêve de pénis venu à l'orteil ? C'était justement le type de rêve qu'elle risquait d'avoir beaucoup plus que moi.

Au fait, j'y songe, pendant la sieste que j'ai faite il y a un instant, Yôko ne m'est pas apparue en rêve. Comme je faisais ce constat, secouée par un pressentiment, j'envoyai voler ma couette. Et c'est à ce moment-là que j'eus connaissance de la calamité bien réelle survenue à mon orteil droit.

Inutile de dire combien je fus effrayée, je ne voulais pas y croire. Le sentiment que j'éprouvai ne peut se définir en un mot, c'était plutôt un tourbillon dans ma poitrine, fait à la fois d'inquiétude et de curiosité, qui me fit demeurer un moment sur mon lit clouée par une stupeur abyssale. Je pensai immédiatement à allumer ma lampe de chevet, vérifiai sous l'ampoule de quinze watts qui m'obligeait à écarquiller les yeux : non, je n'avais pas mal vu. Nulle envie cependant de toucher avec la main. Non pas que je me refusais à croire à ce phénomène bizarre et monstrueux qui me tombait dessus à l'improviste. C'était parce que je me disais que si j'allais réveiller, par des attouchements irréfléchis, ces sensations qui parcouraient Pénis d'orteil, je m'engagerais sur une voie lourde de conséquences.

Mais voilà, ce fut la forme de Pénis d'orteil, difficilement qualifiable, sinistre ou belle, qui m'induisit en tentation. Et, en retenant mon souffle, j'étendis très précautionneusement la main en direction de l'extrémité de mon pied.

Si la main, qui était à un doigt, si je puis dire, d'atteindre Pénis d'orteil, arrêta sa progression, ce fut à cause de la sonnerie du téléphone. Une chance d'avoir mon attention détournée, me dis-je en me roulant sur le flanc pour saisir le cordon qui serpentait à terre.

— Ah, tu es là ? C'est moi !

Masao ! Quel plaisir d'entendre résonner à mon oreille sa voix familière, cela faisait bien longtemps, même si je ne voyais pas comment elle aurait pu calmer l'ébranlement dont j'étais actuellement la proie.

— Je fais un saut jusque chez toi, là tout de suite ?

Il fallait que ça tombe maintenant pour que j'achève de perdre la tête ! D'habitude, plutôt que de venir chez moi, Masao préfère que ce soit moi qui aille chez lui. Assez étrange donc qu'il veuille venir.

— Qu'est-ce qui se passe ?

— Rien de bien particulier, mais c'est Haruhiko qui menace de débarquer. Il m'a appelé il y a un moment, il voulait me voir. Je lui ai dit que ça n'allait pas, que j'étais avec toi, c'était un mensonge mais il a insisté en disant que ça n'avait aucune importance. Il est gonflé tout de même ! Alors je me suis fâché, j'y ai dit que quand c'est non, c'est non, et j'ai claqué le téléphone. Tel que je le connais, il est bien capable de débarquer malgré tout, tu ne crois pas ?

Haruhiko était un des condisciples de Masao à l'université. Ils étaient liés depuis leur entrée à l'université, toujours ensemble, à prendre des petits jobs ou à voyager. Et voilà qu'il y a trois mois, alors que les examens de fin d'études étaient imminents, il avait été mis en quarantaine pour avoir fauché la petite amie d'un camarade. Je l'avais déjà rencontré et l'avais trouvé pour le moins bizarre, car Masao n'avait pas plus tôt quitté sa place qu'il se penchait sur moi pour me confier :

— Souffler leur fille aux copains, c'est mon passe-temps favori !

— Comment peux-tu avoir des goûts pareils ? lui avais-je demandé.

— Oh, ce n'est pas une théorie, c'est ma constitution qui veut ça !

— Question de sécrétions hormonales, peut-être ?

Voilà le genre d'échange que nous avions eu, mais sans qu'il aille jusqu'à me toucher, j'étais tout de même la petite amie de Masao.

— Ben oui, justement, j'aimerais autant m'absenter d'ici, plaidait Masao au bout du fil. Et puis je voudrais te voir aussi, tu sais, ça fait longtemps, non ? Tiens, qu'est-ce qui est arrivé à ta voix ? Elle n'est pas un peu bizarre ?

— Tu trouves ? C'est vrai que j'ai une voix glapissante, me dis-je à part moi. Ecoute, c'est à cause d'un drôle de rêve que j'ai fait.

— Tu n'as pas ta voix habituelle. Tu es peut-être avec quelqu'un ?

— Non, je suis seule, bien sûr.

— C'est bien vrai ?

Masao se fit silencieux, comme s'il essayait de saisir l'atmosphère de mon appartement, puis sa voix reparut, posée et très sérieuse : « Dis-moi je t'aime. »

Je n'ai pas pu m'empêcher de rire. Masao était du genre angoissé. Depuis que j'avais commencé à collaborer au Lovership de Yôko, il avait peur que je le trompe. On ne peut pas dire que ses inquiétudes étaient sans fondement, puisque je le voyais forcément moins souvent. Mais même avant, il m'avait soumise à un interrogatoire pour s'assurer qu'il ne s'était rien passé entre Haruhiko et moi. Il y a un an et demi environ, il avait commencé à me tarabuster sur ce sujet : « Haruhiko affirme qu'il t'a fait du plat ! » Ses accusations étaient injustes, mais ça n'avait pas été facile de le convaincre.

— N'essaie pas de t'en sortir en riant ! rétorqua Masao, assez prompt à monter sur ses grands chevaux. Et puis ta manière de rire n'est pas naturelle !

Je n'arrivais pas à m'arrêter de rire, sans doute parce que je ne me trouvais pas dans mon état normal, ce qui eut pour effet d'aggraver ses soupçons, au point qu'il s'embarqua cette fois dans la plus folle des suppositions: « Est-ce que Haruhiko ne serait pas avec toi, des fois ? »

Cette fois, j'avais retrouvé mon sérieux.

— Tu es encore à me soupçonner ?

— Non, je ne te soupçonne pas, répondit Masao d'un ton plus calme. Tu me jures qu'il n'y a personne ?

— Est-ce que je me suis jamais intéressée à un autre garçon ?

— Non, c'est vrai. Tu es assez loin d'une lubrique dévoreuse d'hommes.

— Bien sûr !

— Je te demande pardon. Moi aussi, les types je les déteste !

Cette fois il était parvenu à rire paisiblement.

— Bon, alors, je peux venir ?

— Heu... aujourd'hui je préfère pas, non. Ma voix avait repris son ton de fausset: C'est que... je suis indisposée...

— Ah bon, admit-il docilement. Alors, demain, ou après-demain ?

— Après-demain, j'irai chez toi.

— D'accord ! dit-il en raccrochant.

J'étais restée à plat ventre tout ce temps, je me relevai donc. Quelle tête ferait Masao quand il apprendrait que j'avais un pénis ? Ou peut-être que cela ne lui ferait rien du tout, je n'avais pas cessé d'être une femme, après tout, mais ça lui gâterait le paysage. Si je pouvais faire en sorte que cela ne se voie pas, mais comment ? C'est que Masao et moi, nous nous étions promis de nous épouser dans deux ans. Si du moins je décrochais mon diplôme dans les temps car il me fallait réintégrer l'université où j'avais pris un congé sabbatique au printemps, depuis que j'avais commencé à m'occuper de Lovership. De toute manière, ce n'était pas une chose que l'on pouvait dissimuler toute sa vie, et même si on tentait de le faire, le stress que cela infligerait serait trop grand. Après-demain, il allait falloir le lui dire.

Et si… demain… mon orteil reprenait sa forme première ! Si après avoir dormi tout mon content, cette illusion allait s'évanouir ? Cette nuit, j'avais intérêt à observer et à étudier bien à fond Pénis d'orteil, sinon, ce serait vraiment dommage.

A présent que j'avais abouti à une conclusion, c'est toute ravigotée que j'étendis la main vers mon pied.

— Et même après deux nuits l'orteil n'avait toujours pas réintégré la normale ?

Je ne pus qu'acquiescer à cette question de M.

— Et à l'hôpital ?

— Que voulez-vous que j'aille faire à l'hôpital ? Vous croyez que cela donnera quelque chose si j'y vais ?

— Non, rien probablement. D'ailleurs, à votre place, je ne crois pas non plus que j'irais.

— Au mieux, je deviendrais le cobaye des médecins.

— Mais qu'est-ce que vous avez fait hier ?

— Je suis restée chez moi, répondis-je en laissant échapper un rire avant la fin de la phrase ; ce qui déclencha un petit sourire entendu chez M.

— Et du point de vue fonctionnel ?

— Je pense que tout va bien. A la différence du rêve… commençai-je, mais je ne sais quelle pudeur me fit hésiter. Disons que je ne dispose d'aucun moyen de m'assurer s'il possède les mêmes sensations sexuelles que l'organe de l'homme.

— Nulle faculté reproductrice, alors ?

— Aucun écoulement.

— Ce serait donc un organe destiné au seul plaisir.

A l'entendre dire cela aussi crûment, le feu me monta aux joues, mais surmontant ma confusion je parvins à ajouter :

— Oui, c'est vraiment l'outil inutile par excellence, et pour les gens et pour la société !

— Oh, ça doit bien pouvoir être utile tout de même ? Il avait une jolie érection qui ne laissait rien à désirer, il me semble.

Je n'avais pas très bien saisi ce que M. voulait dire.

— Comment ça, être utile ? de quelle façon ?

M. me considéra avec l'air de dire qu'elle ne comprenait pas ma question. Puis, après une courte pause, relâchant les lèvres, elle entreprit de m'éclairer.

— En fait, pas seulement utile au divertissement personnel, mais aussi à celui des autres, vous pourriez donner du plaisir, non ?

— Bon, mais dites-moi un peu quel genre de gens pourrait envisager de recevoir du plaisir d'un machin pareil ?

Embarras et commisération se peignirent sur le visage de M.

— On trouve de par le monde des gens très différents et il arrive aussi des tas de choses, non ?

— Vous voulez dire les pervers ? D'abord, je ne suis pas une perverse, et mon fiancé lui aussi est très *normal*, alors pour ce qui est des gens, je vois assez mal l'usage que je pourrais en faire.

M. devint de plus en plus perplexe et soupira :

— Pourquoi faut-il que ce soit à quelqu'un comme vous qu'une chose pareille arrive ?

— Ça, j'aimerais bien qu'on me le dise ! répondis-je, ajoutant dans la foulée la chose qu'il me brûlait le plus de demander : Je vous ai dit, tout à l'heure, que j'avais l'impression de subir la malédiction de Yôko ?

M. allait porter sa tisane d'orge à la bouche, mais elle se tourna vers moi, le bol à la main.

— C'est le lendemain du quarante-neuvième jour que tout est arrivé.

Cette fois M., reposant le bol sur la table du *kotatsu*, me dévisagea.

— Vous parlez de malédiction, mais en avez-vous des indices ?

— Personnellement, je ne vois rien que je puisse me rappeler. Mais peut-être que Yôko ressentait quelque chose pour moi, je ne sais pas. Et comme, de toute façon, il paraît que je suis une bûche, ça ne fait pas avancer les choses…

— Je ne suis pas versée dans l'*occulte*, commença M. en regardant ailleurs, mais supposons que Yôko Saizawa ait quelque chose à voir avec ce qui se passe en ce moment, qu'est-ce qui vous fait regarder cela comme une malédiction ? Ne pourrait-on pas aussi bien y voir une offrande de l'autre monde ? Parce que, comme malédiction, c'est à la fois trop et trop peu, vous ne trouvez pas ?

— Justement, c'est ce qui me donne l'impression, répondis-je, qu'elle me colle une énigme qui a l'air d'avoir à la fois trop et trop peu – mais plutôt trop peu – de sens pour me faire perdre le nord et traiter d'idiote et d'empotée.

Hier, toute la journée j'y avais pensé. Yôko était adorable avec moi, mais moi, qu'en était-il ? Je crois que pas une seule fois je n'avais fait pour elle une chose utile. Disons plutôt que je n'avais guère eu l'occasion de lui être utile. Jamais Yôko ne s'ouvrait à moi de ses problèmes, ni ne me confiait ses idées. Si on lui posait des questions, elle lâchait bien quelques bribes et morceaux, puis arrivée à un certain point, elle renonçait, avec son air de dire que cela ne servirait pas à grand-chose d'aller plus loin. A vrai dire, je n'ai jamais trop su ce qu'elle pouvait faire ou penser en mon absence. Elle savait que j'avais un amoureux, Masao, mais qu'elle ait eu un amoureux, par exemple, je ne le lui ai jamais entendu dire.

C'est dur de devoir se l'avouer, mais finalement je n'étais peut-être pas une grande amie pour Yôko. Elle disait que j'étais du genre à me lier avec n'importe qui. D'accord, je ne suis sans doute pas aussi chipoteuse qu'elle dans le choix de mes fréquentations, mais il y a aussi pas mal des gens qui me déplaisent, ça je peux vous le garantir ; en fait ce que Yôko voulait dire par là, c'est qu'on se voyait et on s'entendait bien, mais simplement parce que, par hasard, l'occasion s'était présentée de devenir bonnes amies, sans plus. En somme j'étais devenue son amie, mais sans l'avoir choisie, elle, précisément. Et c'est vrai que je ne me rappelle pas, et pas seulement pour elle, avoir spontanément choisi mes amis. D'abord parce que les critères pour se choisir un ami ou une amie, je ne les discerne pas très bien.

Il y en a probablement beaucoup, des choses comme ça que je ne comprends pas, et même beaucoup plus que je n'imagine. Ce doit être ce qu'on appelle être empotée. C'est pour cela d'ailleurs que je voulais en référer au jugement de quelqu'un qui soit plus apte que moi à pénétrer les choses. Yôko me haïssait-elle donc ?

M. s'abîma un long moment dans ses pensées. Pour elle, son point de vue était clair, mais elle était certainement en train de réfléchir à la manière dont il fallait me le communiquer. Ça, tout de même, je pouvais m'en rendre compte.

Finalement M. ouvrit la bouche, comme si elle répugnait à parler :

— Il est impensable que Saizawa-san vous poursuive de sa malédiction. De son vivant elle ne s'était jamais gênée pour vous traiter d'idiote ou d'empotée, non ?

— Non.

— Ce qui arrive en ce moment, c'est peut-être le symptôme d'une sorte de message que Saizawa-san essayerait de vous faire parvenir ; est-il bien nécessaire de le déchiffrer tout de suite, ce message ? Il y a à peine trois jours que la chose s'est produite ; est-ce un bien, est-ce un mal pour vous qu'il en soit ainsi, seul l'avenir nous le dira clairement. En attendant, si j'étais vous, je m'en amuserais, tout simplement.

J'acquiesçai. Je pouvais sentir qu'il y avait quelque chose que M. voulait éviter de dire, mais je n'avais pas le cœur de passer à un interrogatoire forcé.

Lorsque je ramassai pour l'enfiler mon mi-bas, toujours abandonné tel que je l'avais laissé, M. se décida à parler :

— Moi aussi, j'ai quelque chose à demander.

— Quoi donc ?

Après un temps d'hésitation, M. largua résolument sa question : « Si en ce moment Saizawa-san était vivante et qu'elle vous demandait d'utiliser sur elle ce pénis d'orteil, que feriez-vous ? »

J'avais aperçu la silhouette de Masao de l'autre côté du portillon d'accès aux quais. Sans aller jusqu'à dire que cela me soulageait de rencontrer un visage familier, j'éprouvai tout de même une certaine tranquillité d'esprit, comme lorsqu'on se trouve enfin rendue là où l'on devait retourner. Plutôt que le plaisir de lier connaissance avec un nouveau venu, je préférais de loin cette paix de l'esprit que procure une vieille connaissance tout à fait intime. Aussi, les gens, je voulais autant que possible les fréquenter longtemps. Et Omiya Masao, c'était une fréquentation de plus de trois ans.

En tenue décontractée – blouson beige jeté sur un sweat-shirt bleu – Masao tenait à la main un sac en plastique du supermarché d'où pointaient deux poireaux. A peine étais-je devant lui qu'il m'entoura l'épaule de son bras, et on se mit en route.

— Je suis venu à ta rencontre, je n'avais pas grand-chose à faire.

— Ce serait épatant si tu avais toujours du temps comme ça !

En descendant les escaliers de la gare, côte à côte avec Masao, je vis se dérouler sous mes yeux cette rue commerçante qui m'était familière elle aussi. Près de trois ans et demi que je fréquentais ce quartier de Tôkyô qu'habitait Masao. Mais ce mois-ci serait le dernier où ces rues me verraient passer puisque Masao irait bientôt occuper, dès avril, la pension des célibataires de la société qui venait de l'embaucher. Encore deux ou trois fois, et c'en serait terminé de ce quartier.

— Tu t'es fait envahir par Iwai-kun, avant-hier ?

— Haruhiko, tu veux dire ? Non, une chance qu'il ne soit pas venu, jeta Masao avec un pli courroucé à la racine des sourcils. Il paraît qu'il a aussi appelé Yamagishi. C'est monstrueux le toupet de ce type !

Masao se rend-il compte qu'il appelle toujours Haruhiko par son prénom ? Tous ses autres camarades, Yamagishi, Hatada, il les appelle par leur nom de famille, mais le souvenir de leur amitié de longue date, qui a été très vive, fait qu'il continue à l'appeler par son prénom. Masao avait d'ailleurs laissé tomber son verdict sur Haruhiko en ces termes péremptoires : « Un peu cinglé, mais pas mauvais bougre ! » tandis que Haruhiko, de son côté, m'avait un jour confié : « Masao, il ne fait pas trop minable vu de l'extérieur, on peut le présenter à des tas de copains sans problème. »

— Et tu ne lui pardonneras pas ?

— Mets-toi donc à la place de Hatada. Tu pardonnerais, toi ?

Haruhiko avait levé la petite amie de Hatada. En plus, c'était sa première fille, à Hatada. Allez donc savoir pourquoi, mais Hatada n'était pas gâté en amour. Peut-être s'y prenait-il mal. Il était pourtant d'un naturel doux, ses traits n'étaient pas spécialement laids. Il était même inscrit dans une université de renom. Il voulait une petite amie, il voulait une petite amie, mais n'arrivait pas à s'en faire une. Et c'est lorsqu'il était finalement parvenu à amorcer une relation avec une fille, avec force instructions de ses camarades, que Haruhiko, qui avait d'ailleurs été son conseiller en cette affaire, avait tout démoli. Après cela, il paraît qu'il était complètement effondré, une ombre à faire peur.

L'affaire s'ébruita dans le cercle des amis, et Masao se montra le plus monté contre lui. Sa déception était évidemment à la mesure de leur amitié.

— Et souffler justement la fille à Hatada, bon dieu ! C'est vraiment inhumain !

— C'est plutôt ta manière de parler qui est inhumaine, non, vis-à-vis de ce pauvre Hatada ?

Mes paroles provoquèrent un rire sardonique chez Masao. Il venait sans doute de se souvenir qu'avant cette affaire de Haruhiko, lui et ses camarades ne se privaient pas de railler derrière son dos la malchance de Hatada avec les femmes. Sans se tourner vers moi, Masao me demanda : « N'est-ce pas toi qui t'occupais d'une entreprise de mœurs vraiment monstrueuse ? »

Je pris le parti de laisser passer la remarque. Son persiflage à propos du Lovership de Yôko, je connaissais, je m'y étais habituée. Je savais, pour l'avoir éprouvé, que le simple fait de prendre la défense de cette entreprise avait le don de gâter son humeur. Non seulement il ne voyait pas d'un bon œil ma participation à Lovership, mais il ne supportait pas mon intimité avec Yôko. En fait, Masao détestait Yôko. Et Yôko abominait Masao. Elle prenait une mine apitoyée pour me demander : « Tu l'aimes vraiment ce monsieur ? » C'en était là.

La question que M. m'avait posée peu auparavant quand je me trouvais chez elle, me revint en tête : « Si en ce moment, Saizawa-san était vivante et qu'elle vous demandait d'utiliser sur elle ce Pénis d'orteil, que feriez-vous ? »

A cette question bouffonne, les mots m'avaient manqué : « Qu'est-ce que vous dites ? » ce qui avait fait agiter à M. une main exaspérée.

— Au lieu de vous offusquer, réfléchissez plutôt !

— Vous prétendez que Yôko était perverse ?

— La définition de la perversité varie suivant les individus. Avant de juger ce qui est ou n'est pas pervers, faites-moi le plaisir de répondre.

— Mais c'est une chose absolument impensable !

— Vous êtes donc de ce genre ! grommela M. sidérée.

C'est un fait, je ne pouvais, pour rien au monde, m'imaginer en train d'utiliser Pénis d'orteil sur une autre. J'avais beau fantasmer, en m'efforçant de réunir tout mon courage, je sentais que cela me serait atrocement pénible que de tièdes moiteurs – vagin ou anus – viennent s'enrouler autour de Pénis d'orteil. Et quel que soit l'autre, cela ne changerait rien à la situation. En outre, la seule idée que Yôko ait pu convoiter Pénis d'orteil était hautement bouffonne. Quand bien même serait-elle tombée dans un état de frustration, elle avait trop d'amour-propre pour quémander dans son entourage des solutions à ses problèmes de manque. M. avait la réputation d'avoir une imagination délirante, et moi je ne me voyais pas la suivre dans ses idées fantasques.

En approchant de l'appartement, Masao tira une clé de son blouson. J'eus conscience de mon orteil droit sagement rangé dans la pointe de ma chaussure à gros bout. C'était aujourd'hui que je devais révéler à Masao l'étrange événement qui s'était produit dans mon corps. Hier j'avais fait le point, froidement, et ce n'était tout de même pas un événement à faire perdre contenance à Masao, il n'y avait vraiment pas de quoi paniquer. J'avais d'ailleurs préparé les mots pour lui expliquer. Que c'était tout au plus une partie du bout de mon pied qui s'était déformée, mais pas moi, mon contenu d'être humain, là rien de changé. Bien sûr, l'embêtant c'est que je ne pouvais plus mettre des ballerines à bouts étroits, ni marcher pieds nus devant les gens, ce qui m'interdisait la piscine, il est vrai. Mais rien de plus, non !

L'empilement de cartons dans l'appartement de Masao s'expliquait par l'imminence de son déménagement, à la fin de ce mois. Ce n'était déjà pas bien grand chez lui, mais à présent on s'y sentait encore plus à l'étroit. Aussitôt entré, Masao commença par ouvrir tout grand la fenêtre, ce qui n'atténua nullement d'ailleurs l'impression d'exiguïté. L'unique fenêtre ouvrait sur une palissade derrière laquelle était pratiquement collé le bâtiment du voisin.

— S'ils n'avaient pas bâti ce machin l'année dernière, ce serait encore correct comme logement, maugréa Masao.

Au printemps dernier, le voisin avait fait construire, sur ce qui était jusqu'alors son jardin intérieur, une espèce de pavillon qui privait la pièce de Masao de brise, si nécessaire en été, et d'ensoleillement, précieux l'hiver. Par-dessus le marché, il devait jouer dans un groupe, car lorsque les deux fenêtres étaient ouvertes, on entendait, pratiquement comme si on y était, le vacarme d'un piano ou le tapage d'un synthétiseur. Masao se plaignait de la détérioration de son milieu de vie, mais comme il ne payait pas cher pour une « piaule » avec salle de bain, et que, à la saison où l'on met le climatiseur toute la journée, le voisin fermait ses fenêtres, ce qui supprimait les bruits d'instruments, il avait pris le parti de patienter un an encore, jusqu'à l'obtention du diplôme de fin d'études.

Aujourd'hui, on n'entendait résonner aucun instrument.

— Il y a deux ou trois jours encore, le bruit était infernal, commenta Masao en faisant mine de se hausser sur la pointe des pieds pour regarder par-dessus la palissade.

— On dirait que leur fenêtre est ouverte, dis-je en accrochant ma veste sur un cintre ; lorsque je me retournai, Masao était grimpé sur l'appui de la fenêtre.

— C'est bientôt les adieux, je voudrais bien apercevoir la tête du type d'en face.

Tout ce qu'il savait de son voisin pianiste, c'est qu'il était jeune. Il était d'ailleurs très fort, car il faisait des arrangements de Mozart qu'il jouait en boogie-woogie. Masao avait beau dire : « C'est un snob ! » avec une grimace de dégoût, on sentait un peu chez lui le complexe de ne pas savoir jouer d'instrument lui-même.

— Et ça t'avancera à quoi de voir sa tête ?

— Ça ne t'intéresse pas, toi ?

— Absolument pas.

Masao descendit de l'appui de la fenêtre et vint devant l'évier où j'étais occupée à laver les légumes.

— Toi tu n'es jamais curieuse, dit-il en prenant une casserole en terre sur l'étagère. Tu sais que j'ai tout de même vu sa copine ?

— La copine de qui ?

— Du maestro prétentieux, tiens ! Drôlement tape à l'œil comme fille ! dit-il étrangement émoustillé. Tout à fait le genre de femme pour Haruhiko.

— Et toi, elle est dans tes goûts ?

— Pour rigoler un coup, elle serait pas mal.

Ma main occupée aux travaux ménagers s'interrompit. Mon regard se porta vers le bout de mon pied. Masao se rendit compte de quelque chose et me tapota l'épaule en disant : « Ne prends pas ça trop au sérieux. Tous les types disent la même chose ! »

A vrai dire, la remarque de Masao, qui m'avait rendue suspicieuse, avait à peine effleuré mon oreille. Mais je sentais combien des faits, pour lesquels je ne me souvenais pas d'avoir jamais manifesté le moindre intérêt, étaient devenus à présent un problème personnel.

— Tu n'as jamais trouvé ça... un peu dégoûtant, quand tu... allais avec une femme ? demandai-je en relevant la tête.

— Absolument pas ! Très agréable au contraire, répondit-il avec la meilleure grâce du monde, après avoir paru un peu désarçonné par le caractère abrupt de ma question.

— Mais ce tout chaud tout moite ! Tu ne trouves pas ça déplaisant ?

— Oh, quand j'étais collégien, peut-être, dit Masao en riant. Mais quand on y goûte, c'est ce tout chaud tout moite justement qui est bon. Remarque, il peut y avoir des filles avec qui c'est très déplaisant, je ne sais pas, moi ! Mais qu'est-ce que tu as, je te trouve bien curieuse soudain ?

J'avais l'intention de m'ouvrir à lui sur un ton aussi léger que possible, comme si cela ne valait même pas la peine d'en parler. Mais, confrontée à Masao, il me fallut d'abord réguler ma respiration. Lui, pendant ce temps, me considérait d'un air étrange. Puis, je disposai sur un petit panier plat les légumes que je venais de laver. Et à l'instant où, après m'être bien léché les lèvres, j'allais commencer, le téléphone sonna. Masao était déjà parti décrocher.

Bon, tant pis, me dis-je, en reprenant mes travaux culinaires. Je mis donc la marmite en terre pleine d'eau sur le feu, tirai du sac en plastique posé à mes pieds l'emballage avec les morceaux de poulet. Cependant, dans un coin de la tête, me trottait la phrase de Masao : « Mais quand on y goûte, c'est ce tout chaud tout moite justement qui est bon. » Est-ce que pour moi aussi ce serait pareil ? Pour un sexe mâle, un sexe de femme est donc quelque chose d'agréable ? Et comme cela, sans m'en rendre compte, j'étais en train d'essayer de m'imaginer prenant plaisir à tâter du sexe féminin. Alors que je n'avais plus qu'un petit effort à faire pour réussir à très bien m'imaginer le tableau, je fus ramenée sur terre. Qu'est-ce qui pouvait bien se passer lorsqu'on parvenait à imaginer tout cela ?

J'entendis Masao claquer sauvagement le combiné. Ensuite le bruit de son pas, tout aussi sauvage. Puis il réapparut, l'air furieux, à côté de l'évier et déclara presque en éructant ses mots :

— C'est Haruhiko qui me suppliait en pleurant de le laisser raconter ce qu'il avait à me dire.

— Il pleurait vraiment ?

— Non, pas vraiment, mais il n'en était pas loin.

— Tant qu'à faire, tu aurais pu lui dire carrément que tu rompais avec lui.

J'aurais dû me taire mais comme Masao ne répondait rien à ma suggestion, je crus devoir ajouter :

— Vous êtes vraiment comme des lycéennes tous les deux !

— Bon, désolé ! lança Masao, avant de se plonger dans un mutisme qui trahissait la mauvaise humeur qui grossissait en lui.

Nous avions détourné la tête presque simultanément, moi vers le côté et Masao vers le fond de la pièce.

— Tu es fâché ?

— Pas particulièrement ! me lança-t-il d'un ton brusque en allant s'affaler devant la table.

S'il est fâché, qu'il dise je suis fâché, mais nier ainsi en faisant la tête, je trouve que c'est vraiment agir comme une gamine du lycée. Pour commencer, il faut vous dire que le style des copains de Masao, c'était de s'agglutiner à cinq ou six à l'école pour toujours tout faire ensemble : on prenait ensemble le même job, on voyageait ensemble pour les vacances de printemps et d'été. Bref, l'union mystique boy-scout parfaite, que même les lycéennes d'aujourd'hui seraient honteuses d'afficher. Et puis ils s'entendaient comme larrons en foire lorsqu'il s'agissait d'en mettre un en quarantaine, au point qu'il n'était pas exagéré de dire qu'ils étaient pires que les nanas.

Bon, toujours est-il qu'aujourd'hui, j'ai quelque chose de très important à lui dire. Et s'il fait la gueule ou que je ne mets pas de gants pour lui parler, cela risque de dégénérer en chamaillerie et en séparation. Il n'y a pas de quoi s'excuser tout de même ! Mais peut-être serait-il plus sage de s'excuser, après tout ? Tout en écumant le bouillon de poulet qui frémissait dans le faitout en terre, je réfléchissais au moyen de calmer la rogne de Masao, lorsqu'une idée me frappa soudain. Y aurait-il un réel inconvénient à ce que je me sépare de Masao ?

Je fus surprise. C'était bien la première fois que m'assaillaient de pareilles pensées. Je l'avais rencontré il y a trois ans et demi dans un pub de Shinjuku et depuis que j'avais commencé à le fréquenter, s'il y avait eu plus de trois fâcheries entre nous, c'était beaucoup. Une fois c'était lui qui avait commencé, l'autre fois c'était moi. La première fois, c'était quand j'avais commencé à travailler chez Lovership, car cela avait changé ma vie. La deuxième fois, c'était quand Haruhiko s'était vanté auprès de Masao – ce en quoi il mentait – de m'avoir draguée. Et la troisième fois, encore toute fraîche celle-là, quand Masao avait décrété que l'on vivrait ensemble dès qu'il prendrait son emploi dans cette société, et que j'avais refusé. La première fois s'était soldée par une séparation de trois mois et des poussières. Je ne le verrai plus, m'étais-je dit alors, tant qu'il ne sera pas venu me trouver pour me dire que finalement ce serait idiot de se séparer. Chaque fois, cependant, j'avais souhaité du fond du cœur que les choses puissent s'arranger sans séparation.

Me séparer de quelqu'un, cesser d'avoir des rapports avec lui, je crois qu'il ne m'est jamais arrivé de le souhaiter. Une fois qu'on devient amis parce qu'on s'entend bien, c'est l'amitié pour la vie ; une fois qu'on a de la sympathie pour un homme et qu'on devient amants, je pense qu'il est naturel de se marier et de passer toute sa vie ensemble. Yôko disait que c'était trop beau pour être vrai, mais moi je trouve que ce sont au contraire les gens qui se prennent, se déprennent pour se reprendre encore, qui sont prisonniers d'une espèce de jeu où ils s'esquintent à compliquer une chose qui finalement est la simplicité même.

Serait-ce une des conséquences de la mort de Yôko, qui m'a séparée d'elle à mon corps défendant, mais j'ai l'impression que je pourrais très bien supporter d'être séparée de Masao. Est-ce que je ne supporte pas vaillamment d'être séparée de Yôko ? Est-ce que j'aimais Yôko plus que Masao ? Non, là j'étais en train d'effectuer un bond logique, car il était aberrant de comparer une amie et un amant en les rangeant dans une même catégorie.

De la vapeur fusa devant mes yeux. L'eau du faitout avait débordé.

— Ah ça ! qu'est-ce que tu fiches ?

Masao s'était levé pour rallumer le gaz. Il me demanda en plantant son regard dans le mien : « On fait la tête ? »

Je la secouai en signe de dénégation, mais Masao ayant, on ne sait pourquoi, retrouvé sa bonne humeur, me bourra le dos en disant : « A mon tour. Va te reposer ! » Et il se mit à râper du radis *daikon* en laissant échapper de petits : « Je ne suis pourtant pas fâché, moi ! » Je pris le parti de demeurer sagement assise.

L'humeur de Masao ayant eu la bonne idée de devenir plus sereine, nous pûmes achever paisiblement le dîner, à l'issue duquel je dus constater que s'était évanouie je ne sais où cette disposition d'esprit qui me faisait considérer avec indifférence une séparation d'avec Masao. C'est que Masao est un bon garçon qui ne met pas les gens sous tension et peut bavarder agréablement dans une atmosphère très détendue. Une personne du sexe qu'on n'a pas est une bonne chose. Avec quelqu'un du même sexe, quelque puissant que soit son charme, elle ne peut devenir plus que votre amie, alors qu'avec quelqu'un de l'autre sexe, en même temps qu'il devient votre ami, il peut se muer tout aussi bien en amant, voire en conjoint. Je sirotai le café d'après dîner en nageant dans le bonheur. Masao lui aussi semblait très gai.

— Qu'est-ce que tu avais tout à l'heure, quand tu m'as demandé brusquement si ce n'était pas répugnant une femme ?

— Je suis bien contente d'être une femme, dis-je dans un transport de liesse comme si j'étais ivre.

— Moi aussi je suis content que tu sois une femme, tu sais.

— Vraiment ? dis-je en riant. Mais que ressentirais-tu si j'avais un pénis ?

— Ah ça, pas question que les femmes aient du pénis, voyons ! lança Masao gagné par mon hilarité. Ou peut-être veux-tu dire les deux organes sexuels à la fois ? Si c'est toi, je veux bien. Mais pour ce qui est de me le mettre, je passe.

— Non, je n'irais pas jusque-là ! fis-je en croulant de rire.

— D'ailleurs je sais pertinemment que tu n'as pas de pénis.

— La dernière fois, je n'en avais pas, déclarai-je en enflant jovialement la voix. Mais figure-toi qu'il m'en est poussé un, et pas plus tard qu'avant hier, même !

Masao mima l'étonnement avec exagération.

— Comment ça se fait ? Te serais-tu baignée dans les sources de Salmacis[1] ? Ou bien serais-tu hantée par la malédiction de Simone de Beauvoir ? Mais ta section féminine, est-elle intègre au moins ?

— Parfaitement intègre. Sauf que mon orteil droit s'est mué en pénis.

Masao se composa un visage d'une grande intensité, mais comme tout à l'heure, c'était exagéré.

— Voici une affaire qui prend une excellente tournure. Si c'est l'orteil droit, ça ne pose aucun problème, tu es une femme. As-tu déjà tenté d'astiquer la chose ? Si tu ignores la manière de t'y prendre, je me ferai un plaisir de l'indiquer à ma novice chérie.

Je réalisai soudain que le ton que j'avais adopté pour m'ouvrir à lui était beaucoup trop enjoué. D'un bond, Masao sauta sur moi.

— Nous allons comparer. Lequel des deux pénis est le plus vaillant ? Je ne sais pas pourquoi, mais tu me fais l'effet d'être un jeune garçon. Si on jouait aux homos ? dit-il en m'étreignant vigoureusement.

---

1. Les *Métamorphoses* d'Ovide racontent l'histoire d'Hermaphroditos dont le corps était à jamais fondu dans celui de la nymphe des sources de Salmacis ; tous ceux qui se baignaient dans la source étaient transformés à leur tour en hermaphrodites.

Mon cœur se déchira. L'instant d'après, mon corps se vidait de toute sa force. Pas mal de choses m'arrivaient aujourd'hui pour la première fois, mais je peux jurer que réagir comme je le faisais du seul fait qu'on m'enlace, c'était aussi une première fois ! Allez savoir pourquoi, mais ces petits mots de Masao semblaient avoir jeté sur moi un charme. Des mots comme « jeune garçon, homo ».

— T'es mignon, tu sais. Je t'aime depuis toujours, lança Masao qui se prenait sérieusement à sa comédie. Ça t'étonne, pas vrai, mais l'amour ignore les différences de sexe.

Cette dernière réplique rompait quelque peu le charme, et je ne trouvai pas le flegme suffisant pour m'extasier sur ses talents de comédien. J'étais totalement absorbée par la douce sensation qui m'envahissait le cœur. Aussi, lorsque les lèvres de Masao se posèrent sur les miennes, je me laissai faire car j'avais totalement oublié de réagir comme attendu.

— Oh, mais toi aussi, tu es une sacrée comédienne, murmura Masao en suspendant la pression de sa bouche sur mes lèvres ; et il reprit tendrement son baiser. La mise en scène impliquait deux jeunes garçons s'embrassant pour la première fois et Masao pratiquait un jeu de langue d'une délicatesse que je ne lui connaissais plus ces derniers temps. J'avais l'impression que nous reprenions notre union à zéro. Mais je n'avais pas souvenir d'avoir jamais éprouvé une telle excitation, même à l'époque où nous commencions à peine à nous fréquenter. Voilà donc que, me coulant dans la peau du jeune homme faisant aboutir sa flamme pour le camarade de ses rêves, je me trouvais en proie aux transports.

Et Masao, lui était-il jamais arrivé de me prodiguer des caresses aussi attentives ? Dans les premiers temps, il avait l'air plutôt gauche, emprunté. Au lieu de poser les gestes qu'il désirait faire, il semblait se livrer aux gesticulations préconisées par les magazines et autres littératures d'initiation érotique, mais sans trop comprendre ce qu'il faisait. De mon côté, c'était un peu pareil, mais Masao donnait l'impression de vouloir désespérément maîtriser une pulsion aveugle. Au point qu'il m'était arrivé de me demander avec affolement ce que cela pourrait donner si, rompant soudain ses digues, son désir venait à déferler librement sur moi. D'ailleurs – je ne me rappelle plus quelle fois c'était – quand il avait mis vraiment ses appétits à nu, j'avais eu une de ces frousses, à en attraper la nausée. Mais rien de tout cela en ce moment, car je sentais beaucoup d'affection dans la liberté de ses caresses. Tout en déployant beaucoup de délicatesse à mon égard, il ne montrait aucune hésitation mais une grande assurance. J'étais très détendue, c'étaient de belles caresses bien claires et nettes. Même habituée à lui, je ne me souvenais pas d'en avoir reçu de pareilles. Car l'habitude s'installant, les raccourcis avaient commencé eux aussi à s'installer chez Masao à l'occasion de nos ébats amoureux et n'avaient même cessé de se multiplier.

Etait-ce parce qu'il imaginait avoir affaire à un partenaire homosexuel qu'il prodiguait de telles caresses, ou simplement parce que, placé devant des perspectives nouvelles, du fait qu'il mimait une comédie, il se trouvait amené à explorer des étreintes auxquelles il ne s'était encore jamais aventuré jusqu'ici ? Jamais Masao n'avait manifesté de tendances homosexuelles, et puisqu'il laissait assez entendre par ailleurs qu'il n'aimait pas les hommes, c'était sans doute vrai. Mais il était tout de même difficile d'abandonner la première explication. Ces caresses, qui donnaient une impression de clarté et de netteté en raison de leur caractère ardent et direct, d'où étaient absents la retenue mais aussi le calcul, pouvaient tout aussi bien s'expliquer par le fait que, s'estimant devant un partenaire de même sexe, il y avait égalité des conditions physiologiques. Eh bien ce n'était pas si mal, l'amour entre garçons. La pensée qu'il aurait peut-être mieux valu que je naisse garçon me traversa soudain l'esprit. Les doigts de Masao en vinrent aux boutons de ma chemise. Sa voix s'était faite douce : « Ne crains rien, ce n'est pas quelque chose de mal. » Je n'aurais jamais cru que Masao aimait jouer à ce point.

— Tu sais, les homos font de beaux sujets de roman.

— Je pense bien. Et cette créature stupide et dégoûtante qu'est la femme ferait beaucoup mieux de disparaître de cette terre, dis-je, en m'étonnant d'être ainsi capable d'improviser des répliques. Ou, du moins, elle devrait se faire toute petite dans un coin et se contenter de son rôle d'objet sexuel en satisfaisant les appétits des pauvres hères qui aimeraient encore la femme.

— Oh, comme tu es intelligent !

— Mais voyons, puisque je suis pédé ! dis-je tandis que ma poitrine se trouvait mise à nu. Je me suis faite transsexualiser à Singapour, tu sais !

Tout en riant, Masao s'employait à baisser la fermeture de ma jupe. A ce moment, j'avais oublié que je me trouvais affublée d'un pénis.

— Tu te l'es fait tronçonner ?

— Bien contente d'en être débarrassée !

Masao entreprenait de faire glisser mes dessous. En chemin, ma cuisse eut droit aux câlins. Quelque chose au fond de moi se resserra. J'étais devenue sensible comme je ne l'avais jamais été. Sauf que lorsque mes vêtements m'eurent quittée, je me retrouvai dans des dispositions très féminines d'attente du plaisir. Clore lentement les paupières et attendre.

Ce fut la voix affolée de Masao qui me fit rouvrir les yeux de surprise : « Qu'est-ce que c'est que ça ? »

La main de Masao effaré étreignait mon bas. Je me relevai, affolée, et c'est là que je sentis tout le poids, comme un second coup du sort, de ce qu'il était advenu à ma personne. Car Pénis d'orteil était bien là. Et de plus, un peu faiblard, il entamait une timide érection.

— Pourrais-tu m'expliquer ce qui se passe ? fit Masao avec un tremblement dans la voix.

— J'ai fait transplanter ce que j'avais fait élaguer, c'était vraiment trop bête de le jeter, essayai-je de plaisanter pour calmer Masao qui gardait un visage pétrifié. Mais je te l'ai dit pourtant, fis-je après une inspiration profonde, c'est comme ça depuis avant-hier.

— Trêve de plaisanteries, veux-tu !

— Rien de plus vrai au contraire !

— Comment peux-tu garder ce calme ?

— Parce que c'est déjà le troisième jour.

Masao porta au front sa main qui étreignait mon mi-bas.

— Qu'est-ce que c'est que cette histoire ! Ce n'est plus drôle, je trouve.

— Calme-toi. Ce n'est pas si drôle que ça. Oh, écoute, ce qui a changé, c'est seulement là, non ?

Les paupières mi-closes, Masao considéra d'un œil torve Pénis d'orteil. Il secoua la tête.

— Grotesque ! asséna-t-il. Ce qui me blessa tout de même un peu.

— C'est toujours mieux que si ça m'avait poussé sur le front, blaguai-je, car dans l'immédiat le plus urgent était d'apaiser Masao.

Sans doute que moi non plus je n'étais pas dans mon état normal pour laisser échapper cette remarque burlesque. Elle n'éveilla aucune réaction chez Masao. Il demeurait accroupi, silencieux. Me souvenant soudain que j'étais nue, je rassemblai mes sous-vêtements. Je commençai à me rhabiller, mais Masao gardait obstinément la tête baissée. Lorsque j'eus terminé de passer ma jupe, je dégageai mon mi-bas de la main de Masao. Enfin, il releva la tête. Il semblait me considérer fixement. Il y avait de la sévérité dans ses yeux.

— Tu voulais devenir un homme, c'est ça ?

— Mais non. D'ailleurs, je n'en suis pas homme pour autant.

— Non, mais tu as voulu le devenir. Tu désirais un pénis dans le fond de ton cœur.

— Ne décrète pas comme ça arbitrairement !

— Moi, j'ai lu Simone de Beauvoir !

— Et moi je ne l'ai pas lue !

— Que tu l'aies lue ou non, là n'est pas la question.

— Non, car le problème est : reconnais-tu, oui ou non, que je n'ai pas cessé d'être une femme ?

— Tu ne vas pas me mettre cette responsabilité sur le dos, tout de même !

Là, on ne parlait plus du tout de la même chose. L'envie de pleurer me gagna. Qu'est-ce qui le fâchait ainsi, Masao ? A croire qu'il me serait venu une verrue monstrueuse ! Pas du tout, il m'était juste venu un organe exactement pareil à celui dont il se trouvait lui-même équipé.

Le bruit de la porte d'entrée que l'on frappait s'immisça dans l'atmosphère menaçante de la pièce. Masao se tourna dans la direction du bruit, hésitant à prendre un parti, mais se leva quand même.

A peine le claquement du pêne de la serrure avait-il retenti que quelqu'un déboula dans l'entrée, emporté par son élan. Un voleur ! me dis-je dans un éblouissement qui me fit instantanément me relever. Mais ce qui venait de surgir dans la pièce n'était autre qu'un Iwai Haruhiko qui avait bu comme un trou, cela se voyait au premier coup d'œil à son visage écarlate.

— Non mais, qu'est-ce qui te prend ?

Sans prêter attention au rugissement lancé par Masao dans son dos, ni à moi qui restais pétrifiée, Haruhiko s'affala sur son séant. Masao s'assit à côté de moi d'un air écœuré.

— Excusez du dérangement ! lâcha Haruhiko avec insolence.

— Eh bien, qu'est-ce qui se passe ?

Ne voulant pas être en reste, Masao avait pris lui aussi une voix agressive. Cet affrontement entre deux hommes ne manquait pas de mâle vigueur. Plutôt que de m'emporter contre Haruhiko qui tombait ainsi au beau milieu d'une conversation cruciale, je restais figée, muscles tétanisés, par l'intensité du flux psychique dégagé par la scène.

— Vous le savez très bien, ce qui se passe ! Faux jetons que vous êtes ! lança Haruhiko. Ses yeux rougis lançaient des éclairs.

— Si on est faux jeton, toi t'en es plutôt un de dégueulasse de jeton !

— Comment ça, dégueulasse ?

— Je dis que t'es un cochon dégueulasse ! La bête immonde à ciel ouvert !

— Ah, la copine à Hatada ? concéda Haruhiko sur un ton un peu plus conciliant. Je regrette beaucoup cette histoire, d'autant plus que je ne voulais pas blesser Hatada. D'ailleurs j'ai réfléchi, et j'ai déjà plaqué la fille.

— Oui, mais ce n'est pas ça qui va arranger les choses, c'est trop tard, elle ne se remettra plus avec Hatada maintenant.

— Et c'est mieux comme ça d'ailleurs, qu'elle ne se remette pas avec lui ! Avec ses airs de sainte nitouche, tu l'allonges où, quand et comme tu veux ! Hatada n'est pas de taille !

— Déconne pas, veux-tu ! C'est toi qui la lui as fourrée dans les pattes, non ?

— Mais tu me connais, tu sais très bien que si je l'ai invitée, c'est par politesse. Je n'avais vraiment pas l'intention de lui faire du rentre-dedans.

Je considérai attentivement le visage de Haruhiko. Je n'arrivais pas à croire que c'était un homme à femmes. Il n'était pas beau, sa mise et ses manières manquaient d'élégance. Quant à trouver qu'il était beau parleur, qu'il avait l'air gentil ou sincère, il s'en fallait de beaucoup. Au contraire, ce regard exorbité qu'il appesantissait sur les femmes était parfaitement grossier, c'était, comme disait Masao, « un fornicateur patenté ». Vraiment, les filles qui se laissaient embarquer par des types pareils étaient si nombreuses que ça ? Et le fait que Yôko le supportait, ce n'était pas le moins étrange. Elle disait qu'elle comprenait cette façon odieuse de vivre. Je les revoyais tous les deux en train de bavarder joyeusement, contrairement à toute attente, un jour où Masao et moi les avions invités à prendre un pot. C'était évident, Yôko plaisait à Haruhiko. Il y était même allé de son commentaire : « C'est ça que j'aime, moi, ce genre de femmes solides. Seulement, je n'y touche pas ! »

— Tu sais que tu traites les femmes comme des objets ? le harcelait Masao qui ne prétendait pas lâcher prise.

— Ce n'est pas dans mes intentions, remarque. Mais quand je suis un moment avec une fille, ça ne rate pas, elle finit par m'ennuyer.

— Mais si tu le sais, alors pourquoi les entamer les unes après les autres ?

— Bon dieu, tu pourrais t'en passer, toi ? Les femmes sont nécessaires.

— T'as qu'à aller au *soapland*[1], alors !

Ma présence semblait s'être estompée dans la tête des deux garçons.

— Je crois que tu ne me comprends pas du tout, vieux. Chaque fois que je commence quelque chose avec une femme, je me dis que ce serait tellement bien si je pouvais continuer à l'aimer, si cette fois c'était la bonne.

---

1. *Soap-land*: littéralement, « pays du savon ». Les femmes de la Diète avaient fait abolir officiellement la prostitution du trottoir, pour nettoyer l'aspect des villes l'année précédant l'ouverture des Jeux olympiques de 1964, qui devaient être la vitrine de la réussite spectaculaire du redressement du « Japon d'après-guerre ». Tablant sur la passion du peuple japonais pour les bains, le commerce se restructura immédiatement, plus prospère que jamais (et plus cher surtout pour le client) dans les « bains turcs » (*torko-buro*), établissements régentés par la pègre, où une fille dans un salon particulier baignait, savonnait copieusement le client et lui prodiguait des massages personnalisés. Jusqu'au jour où une protestation scandalisée du gouvernement turc fit changer cette appellation de « bains turcs », infamante, représentait-il non sans raison, pour la nation turque. Très docilement, l'industrie se rebaptisa une fois encore en *soap-land*, appellation tout à fait justifiée cette fois, puisque le client dûment savonné entamait toujours ses ébats sous des déluges de mousse dans lesquels la fille venait bientôt le rejoindre.

— Des mots, tout ça !

Je commençais à me sentir mal à l'aise. Je n'avais plus grand-chose à faire ici, je me dis qu'il valait mieux rentrer. Mais si Haruhiko avait la bonne idée de disparaître, je pourrais poursuivre cette conversation avec Masao. Et surtout, je pourrais lui administrer la preuve, par exercice pratique, que j'étais toujours aussi femme qu'avant. Mieux valait finalement attendre que les deux garçons en aient terminé avec leur explication.

La voix de Haruhiko prit un ton suppliant.

— Mais en fin de compte, est-ce que je t'ai jamais fait la moindre entourloupe ? C'est vrai, non ?

Masao gardait le silence. Haruhiko se fit plus pressant.

— On s'entend bien tous les deux, non ? Est-ce qu'on rompt avec un copain parce qu'une fois en passant il a fait une vacherie à un autre ?

Froncement de sourcils de Masao.

— Ça ne me plaît pas, ta manière de parler.

C'est aussi ce que je me disais. On aurait dit le ton geignard du mari volage implorant le pardon de son épouse. Entre deux hommes, c'était un comble !

— Mais qu'est-ce qui te met en boule ? fit Haruhiko, changeant de tactique. Est-ce qu'on n'était pas les premiers à se payer la tête de Hatada, cet enfoiré qui n'est même pas capable de se faire une fille ?

— Oui, mais ce n'est pas la même chose.

— Après tout on s'en fiche pas mal, de Hatada ! Qu'est-ce qu'il est pour nous, finalement ?

— C'est vrai que je m'en tamponne, moi, lâcha Masao d'une voix sourde en plantant son regard dans celui de Haruhiko.

— Moi aussi, abonda Haruhiko, l'expression radoucie.

— Faux ! Toi tu as une dent contre Hatada !

— Une dent ? Mais quelle dent veux-tu que j'aie ?

— Il a dû y avoir quelque chose entre vous, c'est pour ça que tu lui as soufflé sa fille.

— Comment je pourrais en vouloir à une poire pareille ?

— Est-ce que tu ne ferais pas un petit complexe à son égard ?

— Un complexe ?

Haruhiko voulut partir dans un éclat de rire mais son expression se figea, puis après quelques secondes de réflexion, il repartit à rire.

— Dis donc, vieux, serais-tu jaloux de Hatada ?

— Pourquoi ?

— Parce que ce n'est pas ta femme que j'ai piquée, mais celle de Hatada, triompha Haruhiko.

Voilà que c'était au tour de Masao de se figer. Moi je n'y comprenais plus rien. Haruhiko pointa le menton dans ma direction.

— Est-ce que je ne te l'ai pas dit, que j'avais fait du plat à ta fille ? Bien avant que je mette la main au panier de la fille à Hatada !

Masao se tourna vers moi avec le visage de quelqu'un à qui l'on venait de saper le moral.

— C'est faux ! lançai-je en hâte.

La réplique de Hurahiko fusa :

— Tu ne t'en es même pas aperçue. Parce que tu es naïve comme pas deux. D'ailleurs, je trouve que tu es beaucoup trop bien pour Masao. Tu n'as jamais connu d'autre type que lui, je parie ?

— Haruhiko !

Mais sans prêter aucune attention à Masao, Haruhiko se pencha vers moi.

— Il faut que tu saches que Masao et moi, on a baisé à trois, avec une fille que j'avais amenée.

Renversant la table d'un coup de pied, Masao l'empoigna. La pile de cartons appuyés contre le mur s'écroula. Ils étaient vides, Haruhiko en écrasa un en tombant à la renverse. Ce qui se passa ensuite, je l'ignore. J'avais empoigné mon sac, ma veste, et bondi hors de l'appartement pour courir jusqu'à épuisement de mes forces.

2

Les trois jours qui suivirent mon retour après m'être sauvée de chez Masao, je les passai prostrée dans un état de stupeur. Tellement d'événements semblaient s'être abattus sur moi en une seule journée. Je me rendais compte qu'une analyse méthodique des problèmes s'imposait si je voulais éclaircir ma situation, mais, incapable de rassembler mes idées, je laissai couler ces journées sans but, préparant machinalement mes repas ou faisant tourner la lessiveuse.

Ce qui me revenait le plus vivement en mémoire, c'était le choc de Masao à la vue de Pénis d'orteil, mais aussi sa colère, aussi violente qu'inexplicable, et la découverte que l'intimité qui liait Masao et Haruhiko était d'une densité telle qu'elle interdisait toute ingérence d'un tiers. Bien sûr, la révélation de Haruhiko concernant leurs rapports sexuels ensemble avec une femme était loin de m'être agréable, mais elle ouvrait aussi des perspectives sur les rapports entre Masao et Haruhiko, qui semblaient déborder la sphère normale d'une amitié entre garçons. De plus, les sentiments qu'ils se portaient l'un l'autre avaient pris une tournure aussi compliquée que grotesque. Tout ceci m'était difficilement supportable. La contemplation d'un tel paysage était intolérable pour un tiers.

Pour ce qui était de l'infidélité de Masao, cela faisait belle lurette que je l'envisageais dans l'ordre des possibles. D'abord parce qu'il ne s'était jamais fait faute de faire allusion, toujours sur un ton léger, à ses incartades avec d'autres que moi. Mais je ne m'en étais jamais trop formalisée. Si mes rapports avec Masao avaient eu à pâtir de l'influence d'une femme, ç'aurait été différent, mais puisque tel n'était pas le cas, je pensais qu'il était superflu d'exiger sa fidélité. « Ah, Masao est volage, alors moi aussi… » était le genre d'idée qui ne m'avait jamais effleurée. Des amies s'étonnaient : « Ce n'est pas croyable. Mais tu l'aimes vraiment ? »

Cependant cette infidélité à trois ne laissait pas de me surprendre. Comme les conversations sur le sexe, et plus particulièrement sur les perversions sexuelles, étaient fréquentes entre mes amies, je m'étais fait un plantureux bagage de connaissances. Et s'il me fallait bien admettre que les gens sollicités par l'homosexualité ou le sadomasochisme n'étaient pas si rares, je ne me serais pas attendue à en rencontrer qui s'adonnaient à des ébats du genre trio ou *swapping*, et que Masao surtout se livre à ces petits jeux, cela passait les bornes. Il n'y avait là rien de drôle, mais je me mis à rire sans savoir pourquoi. Sans doute que rire m'allégeait un peu le moral.

Pour distraire ma mélancolie, conduire m'aurait fait le plus grand bien. Malheureusement, la voiture dont je me servais il y a quelques jours encore ne m'appartenait pas, elle était la propriété de Lovership, j'avais dû la rendre. A part cela, je ne me trouvais aucun désir. Même Pénis d'orteil était incapable d'éveiller le moindre intérêt en moi. Durant ces trois jours, le téléphone retentit une fois seulement, mais la sonnerie se tut avant que j'aie eu le temps de décrocher.

Le quatrième jour, Masao appela.

— Je suis dans le quartier, annonça-t-il d'une voix très tendue. Tu dois certainement avoir ton opinion sur la question, mais je ne voudrais pas qu'on cesse de se voir comme ça.

— Vous étiez homos, Iwai et toi ?

— Absolument pas. Alors pour ce qui est de ça, radicalement faux ! Donne-toi au moins la peine d'écouter mon histoire.

Le Masao qui avait débarqué dans mon appartement était pâle et n'arrêtait pas de se frotter les yeux.

— Tu sais, Haruhiko est un type qui a une manière très particulière de fréquenter les gens. Je dis les gens, mais c'est essentiellement les hommes. Il n'en est pas homo pour autant. Et pourtant… comment dire ? Tu vois… mais c'est une comparaison, sans plus : il cherche à entrer dans l'intimité des gens en les intéressant à ce qu'on pourrait appeler ses « bas-fonds » psychologiques. Il capte l'attention, fascine l'esprit, en dévoilant hardiment ses faiblesses, toutes ces inclinations dont on n'est pas fier, ces choses qu'ordinairement on préfère ne pas montrer aux autres. Mais ce qui est génial chez lui, c'est qu'il n'exige jamais de l'autre qu'il dévoile ses propres zones obscures. Et si cet autre qui prend soin de cacher ses zones obscures leur trouve des correspondances avec celles de Haruhiko, alors l'affaire est bouclée ! Ça ne rate pas, car il vouera à Haruhiko une *sympathie* fervente et éperdue. Pour cet autre, Haruhiko devient une existence rare, extraordinaire, qui incite à la reconnaissance. Il peut enfin mettre le couvercle sur ses propres bas-fonds et se préoccuper uniquement de ceux de Haruhiko. Le fait même d'éprouver de la *sympathie* pour Haruhiko revient à donner la preuve qu'on est affligé de mêmes bas-fonds que lui.

Je ne voyais pas très bien où il voulait en venir, mais j'acquiesçai en lui faisant signe de poursuivre.

— Quand on en vient à avoir des rapports régis par ces bas-fonds, on se sent enveloppé par une espèce de bien-être sensuel. C'est la communion de goûts de deux larrons en foire, en quelque sorte ! Et même… et même je me demande si cela ne procure pas un bien-être supérieur à celui des rapports entre l'homme et la femme. Parce que l'homme et la femme, c'est par le sexe, c'est-à-dire par leurs parties honteuses qu'ils se trouvent mutuellement liés. Mais, ces derniers temps, je me suis dit que finalement le sexe, ce n'était pas du tout cela les parties honteuses. C'est vrai, non ? Dès lors qu'il tombe sous le sens que chacun est doté de ces organes, il n'y a vraiment pas de quoi en faire un foin. Bien sûr, être liés l'un à l'autre par le sexe, cela peut être bien agréable. Mais être liés par les instances honteuses de son psychisme donne un sentiment de quiétude et de confiance infiniment plus fort. On sent qu'on a un appui et c'est l'être tout entier qui cherche à s'abandonner. Quand j'ai rencontré Haruhiko, pendant un temps c'était l'extase, vraiment !

Masao respira profondément pour reprendre haleine. Je pouvais sentir qu'il déployait de sérieux efforts pour parler de choses qu'il lui était pénible de se rappeler.

— Je ne voudrais pas que tu le prennes en mauvaise part, mais à vrai dire, il y a eu des périodes où je m'appuyais davantage sur Haruhiko que sur toi. On déambulait, Haruhiko et moi, en faisant la tournée des cafés et en envoyant au diable toute la gent féminine. C'était à l'époque où tu avais commencé à travailler chez Lovership, on ne s'était pas vus depuis trois mois. C'est alors que c'est arrivé, Haruhiko m'a emmené dans la maison de cette fille.

Tout mon être se raidit. Masao guettait mes réactions, mais il me fut impossible de rien dire.

— Pendant trois jours, j'ai réfléchi. Est-ce que j'allais te jurer que tout ce qu'avait dit Haruhiko n'était que mensonge ? Mais je ne voulais pas te mentir. D'abord parce que toi-même tu ne m'as jamais menti. Si je m'exposais à ton mépris pour avoir fait cette bêtise, je ne l'aurais pas volé. Mais j'ai trouvé que ça ne serait vraiment pas chic vis-à-vis de toi d'ajouter à une infidélité, l'infidélité supplémentaire d'un mensonge.

— Mais qu'avait-il en tête, lorsqu'il t'a emmené chez cette fille ? demandai-je, trouvant enfin la force de remuer les lèvres.

— J'étais désorienté, il a voulu me redonner courage.

— Te redonner du courage, mais pourquoi fallait-il que ce soit par quelque chose de sexuel ?

— Il a pensé qu'il fallait guérir par une femme la souffrance causée par une autre femme.

— Et, ça t'a guéri ?

Masao accusa mon regard, resta un moment sans voix. Je ne voyais pas clair en ce moment dans mon cœur, mais il battait la chamade. Masao baissa les yeux.

— Oui, mais à cette époque j'avais perdu les pédales, tu sais.

— C'est à ce moment que tu m'as dit que tu voulais qu'on se sépare, ça aussi c'était parce que tu avais perdu les pédales ?

— Bien sûr. En fait, je ne voulais pas cette séparation. J'étais bien content de t'entendre déclarer que toi tu ne voulais pas qu'on se sépare. Mais j'étais têtu comme une mule.

— Pourquoi tant d'obstination… ?

— D'abord parce que je doutais, je me disais que tu ne tenais pas à moi tant que ça.

Une douleur fulgura au fond de ma poitrine, comme si quelque chose s'y broyait. Et moi qui ignorais que Masao souffrait pour une chose pareille…

— Mais pourquoi ? Je te l'avais pourtant assez dit, que je t'aimais ?

— Oui, mais je voulais que tu m'aimes encore plus !

La voix de Masao aussi s'était enrouée. J'étais assise par terre, je m'enfouis la tête dans les genoux. J'avais une douleur dans la poitrine, comme taraudée par une vrille. Impossible de relever la tête.

— Parce que tu es toujours si détachée et insouciante !

Les paroles de Masao m'assaillaient impitoyablement les oreilles.

— Parce que je croyais alors que quand une fille aimait vraiment un type, elle lui collait toujours après, exigeant ceci, voulant cela. Mais toi tu n'étais pas comme cela, et il m'a fallu pas mal de mécontentement et de grogne avant d'admettre que c'était seulement ta nature, ce côté détaché, un peu froid. Il est vrai que j'étais encore un gamin.

Je connus ainsi l'amertume d'apprendre que j'avais fait souffrir sans même m'en rendre compte. Et comme ce savoir ne constituait pas une garantie d'amendement, je connus également ces âcres bouffées nauséeuses de ressentiment contre moi-même qui, dans l'avenir, allais peut-être encore infliger de la souffrance à des êtres.

Etais-je donc un monstre froid ? Les gens ne se satisfaisaient pas de l'amour que je leur offrais. Les affections de mon cœur ne passaient pas la rampe, on en voulait toujours davantage. Ainsi de Masao, et très probablement de Yôko. Il est vrai que me démener et vibrer du désir de recevoir l'amour des gens était quelque chose qui m'était totalement étranger. Toujours, je me trouvais comblée par la bienveillance et les sentiments amoureux que les gens m'accordaient spontanément. Pourquoi les autres n'étaient-ils pas comme moi ? C'était pour moi une énigme.

De même, ce qu'avait évoqué Masao tout à l'heure, le fait qu'être lié à quelqu'un par ses « bas-fonds » engendrait un sentiment de quiétude et de confiance, était loin de me convaincre si j'essayais de l'appliquer à moi-même. Si je pouvais bien sûr saisir le processus dans les grandes lignes, je n'arrivais pas à comprendre pourquoi il fallait recourir à de tels extrêmes pour éprouver des sentiments de quiétude et de confiance. Pourquoi le commerce quotidien et paisible des gens ne pouvait-il pas apporter la tranquillité d'esprit ? Etait-ce donc le lot ordinaire des gens que d'être bourrelés d'inquiétude et de doutes ? Il y en avait donc tellement qui menaient une existence terrible… Quant à ces zones obscures du psychisme, que pouvaient-elles bien être, concrètement ? Pour ce qui était des parties honteuses du corps, là j'en étais mieux pourvue que personne.

Mais ce qui me désolait le plus, c'était que mes sentiments n'atteignaient pas les autres. Qu'attendait-il de moi, Masao ? Et Yôko, qu'avait-elle bien pu attendre de moi ?

— Tu m'écoutes ? interrogea Masao, et sur un hochement affirmatif de ma part, sa voix reprit : Je suis passé par des périodes de mauvaise humeur, mais ces derniers temps ça s'est tassé. Je suis content de nos rapports. J'avais compris que tu étais très bien comme tu étais. Et même si tu as un pénis d'orteil, ça m'est égal. Je ne veux pas te perdre.

Je relevai lentement le visage pour voir que Masao avait les joues en feu.

— Si tu n'es pas lassée de moi, je voudrais poursuivre cette relation.

Des larmes embuaient ses yeux. Je me tournai vers lui et acquiesçai vigoureusement.

Et voilà comment je me suis retrouvée encore une fois dans la chambre de Masao. Cela fait trois jours que nous sommes ensemble. La plupart du temps au lit. Faire l'amour après des retrouvailles est plaisant, plein de fraîcheur. Je suis sûre que bon nombre des couples d'amoureux qui se disputent continuellement le font par désir de savourer cette fraîcheur de l'intimité après la réconciliation.

Seulement nous, nous ne nous contentions pas de faire l'amour sur le lit. Ces trois jours furent également consacrés à l'étude de Pénis d'orteil.

Pour commencer, Masao exigea que je fasse devant ses yeux une démonstration des performances de Pénis d'orteil. Et comme je m'en déclarais incapable devant témoin, immédiatement il m'objecta : « Est-ce que tu ne m'as pas obligé à faire la même chose ? » Et c'est vrai, il m'était arrivé de lui demander de me faire contempler l'instant sublime et paroxystique de son éjaculation. Mais j'avais beau m'appliquer à satisfaire à sa demande, Pénis d'orteil refusait manifestement d'entendre raison en présence de quelqu'un et finissait toujours par se ratatiner.

— Oh, oh, l'incapable ! s'esclaffait joyeusement Masao. Tu comprends maintenant quelle chose délicate est l'homme ? Contrairement à toute attente, nous avons bel et bien notre part de fardeau.

Masao n'avait jamais dû subir ces éclipses de virilité, et s'il posait ainsi à celui qui comprenait ce genre de problème, c'était certainement pour se donner le petit air protecteur de l'ancien.

Je lui demandai de se retourner, mais sans plus de succès. Il fallut qu'il aille s'enfermer dans la salle de bain pour qu'enfin mon pénis apparaisse en majesté. J'appelai Masao qui accourut en hâte de la salle de bain en poussant un cri d'admiration.

— C'est un bel engin, dis donc !

Toute modestie mise à part, je ne pouvais qu'admirer l'extensibilité de Pénis d'orteil. Au repos, il était sagement lové, un peu plus gros qu'un pouce normal, mais il suffisait qu'on le stimule pour qu'il gonfle de façon spectaculaire, jusqu'à atteindre un bon dix-sept centimètres du bout à la racine. S'il m'avait pris une érection dans la chaussure quand je marchais dans la rue, ç'aurait été très gênant. Heureusement, il paraissait insensible aux stimulations du regard.

Masao avait émis le souhait de le voir au moment où il accédait à l'*orgasme*, mais j'avais beau l'astiquer vigoureusement, il ne se produisait rien d'intéressant. Devant Masao, la sensation de plaisir ne montait pas du tout.

— Il est timide, mon petit frère, s'apitoyait Masao en parlant au pénis.

Ce mot de « frère » fit surgir entre nous une ambiance beaucoup plus fraternelle que celle existant entre homme et femme.

— Quand tu es en train de t'amuser avec ton pénis d'orteil, qu'imagines-tu ?

— Rien.

— Rien ? Tu te contentes de l'astiquer ? Il n'y a rien que tu imagines, que tu regardes ou que tu lises, par exemple ?

— Non.

— Comment est-ce possible ? M'est avis que tu ne dois pas avoir acquis assez de maturité.

— Ah, parce que lorsqu'on grandit, on fait ça en imaginant des choses ?

— Parfaitement. Essaie voir, la prochaine fois, et tu auras plus de plaisir.

— D'accord, mais lorsqu'on fait ça en imaginant des trucs, ou que sais-je, j'ai comme l'impression qu'avec l'habitude, cela mène à des perversions.

— Mais tu n'as pas à imaginer des trucs bizarres.

— Il faut penser à quoi, alors ?

— A moi par exemple !

Ce genre de conversation nous faisait bien rire tous les deux. Masao chuchota : « C'est comme si j'avais un petit frère. Je n'ai jamais souhaité avoir un petit frère, mais si j'en avais eu un, sans doute que je l'aurais aimé. »

Quant à moi, cette sensation de me couler dans le statut de frère cadet de Masao ne m'était pas désagréable. Aucun doute que cela faisait naître entre nous un lien de parenté très fort, en tout cas, d'une espèce différente qui n'existait pas encore au sein de nos rapports d'amants. Bref, nous avions l'impression que nous nous étions rapprochés l'un de l'autre et que notre relation s'était intensifiée. Pour moi, ce sentiment de parenté ressemblait à l'atmosphère qui régnait entre nous quand nous avions joué aux homosexuels, juste avant que Masao n'ait vu Pénis d'orteil. Si ce n'est qu'au moment de l'acte sexuel, cette humeur fraternelle s'évanouissait. Car femme j'étais et femme j'entendais demeurer. Ce n'était pas parce que j'avais attrapé un pénis à l'orteil que j'en avais gagné de nouveaux appas pour la copulation. D'ailleurs, durant l'acte, Masao ignorait superbement Pénis d'orteil. Et même en dehors de l'acte sexuel, il ne manifestait pas la moindre velléité de le toucher.

— L'homosexualité, ça ne me dit rien. Il n'y a qu'à mon engin que je peux toucher. En voyage scolaire avec le lycée, il y avait des types qui s'asseyaient à quatre ou cinq en rond pour que chacun « pète une touche » à son voisin, comme ils disaient. Moi je ne voulais jamais participer, mais va-t'en refuser ces manifestations de camaraderie masculine. Ça me mettait mal à l'aise. Passe encore s'il s'agissait d'empoigner le sien. Mais empoigner celui d'un autre, très peu pour moi, je t'assure. Je pense que tu as compris ?

— Pas très bien, non, avouai-je, car avant cette conversation, je venais d'avoir le pénis de Masao en bouche.

— Non, les femmes ne peuvent pas comprendre cela. A l'époque du collège, du lycée, tiens, c'était absolument répugnant de voir chaque jour son pénis devenir un peu plus atroce à regarder.

Cette façon de mal vivre son pénis était-elle partagée par l'ensemble des hommes, je l'ignorais. Tout ce que je savais c'est que je ne les trouvais pas particulièrement repoussants, ces pénis, pas plus celui de Masao que le mien. Où allait-on si on se mettait à les trouver vilains ou dégoûtants ? Tout acte sexuel devenait impossible. La première fois de ma vie que j'ai eu un organe viril sous les yeux, bon, j'ai un peu paniqué, mais une fois que j'ai été habituée, cela a eu vite fini de m'impressionner. Par contre, quand pour la première fois Masao m'a poussé la tête entre ses cuisses, j'aime autant dire que j'aurais préféré mourir tant cela me répugnait. Puisque je me ressouvenais de cet épisode, je lui posai la question :

— Et ça t'est égal, toi, que les gens te fassent des choses que tu as horreur de faire ?

— De quoi veux-tu parler ?

— Tu aimes qu'on te fasse des pipes, non ?

— Ah, le pénis, tu veux dire ? répondit Masao en riant. Mais toi, tu es une fille. Ou peut-être que ça te dégoûte… ?

— Ce n'est pas que cela me dégoûte, mais…

C'est ce que j'avais répondu, mais il y avait quelque chose qui ne passait pas. Non pas que je veuille que Masao prenne mon pénis dans sa bouche, mais…

Masao, qui était couché sur le dos, changea de position pour se tourner vers moi.

— J'adore qu'on me fasse une fellation, car c'est là que tu te sens vraiment aimé. Si une fille n'aime pas vraiment un type, elle ne va pas se mettre ça en bouche, non ?

Moi qui suis ordinairement lente, cette fois-ci je fus prompte à réagir.

— Qu'est-ce que tu veux dire par « ça » ? Si c'est du pénis qu'il s'agit, cela signifie que tu fais reposer cet amour sur une chose malpropre, non ? Et, en somme, c'est parce que l'autre met dans sa bouche cette chose malpropre, que tu as le sentiment d'être aimé ?

— Absolument ! confirma Masao.

— Parce que si on ne va pas jusque-là avec toi, tu ne te sens pas aimé ?

— Non, bien sûr, mais on veut se sentir aimé profondément, pas vrai ?

Voilà que revenaient les expressions qui avaient le don de me plonger dans la confusion, du genre « Je voulais que tu m'aimes encore plus » ou « Je veux pouvoir me dire qu'on m'aime profondément ». Décidément, Masao avait de la suite dans les idées… L'autre jour je m'étais beaucoup tracassée à son sujet, me demandant s'il était à ce point affamé d'affection, s'il menait une existence à ce point semée d'angoisses et de doutes, mais cette fois, il m'apparaissait plutôt comme un fils à papa travaillé par des désirs démesurés.

En même temps, à présent que je savais combien Masao investissait de lourdes significations, du genre « expression d'un amour profond », etc., ces actes qui n'étaient pour moi que de simples manifestations d'affection, je me sentais très troublée. Evidemment, si sa sensibilité lui faisait considérer le pénis comme quelque chose de malpropre, il ne pouvait que donner un sens profond à la fellation, et partant, retirer de cet acte un plaisir accru. Même les sensibilités déviantes ne sont pas dénuées d'un certain pragmatisme.

Mais pouvait-on sans réticence introduire ainsi dans le gosier d'un être aimé une chose que soi-même l'on considérait comme malpropre ? Il y a un instant, Masao n'avait-il pas déclaré : « Mais toi, tu es une fille » ? Peut-être croyait-il qu'une femme n'avait pas pour le pénis la même répugnance que l'homme. Par contre, il avait répondu par l'affirmative à ma question : « Et c'est parce que l'autre met dans sa bouche cette chose malpropre, que tu as le sentiment d'être aimé ? » Et il avait déclaré : « Si une fille n'aime pas vraiment un type, elle ne va pas se mettre ça en bouche, non ? » Ce qui voulait dire que si une fille ne ressentait pas le pénis comme quelque chose de dégoûtant, il n'aurait pas eu autant de plaisir. Se pourrait-il, à ce compte, que le plaisir qu'il tirait d'une fellation soit la manifestation d'une nature cruelle ?

Mon esprit s'embrouillait, j'avais la nausée. Pour dissiper mon abattement, j'essayai de considérer les choses sous l'angle le plus positif.

Que Masao fasse du pénis une chose malpropre relève du jeu conceptuel, car dans le fond, il ne le considère nullement comme malpropre. Partant, il peut aussi facilement me le faire avaler. En fait il ne hait pas du tout le pénis. Mais alors, pourquoi s'obstine-t-il à ne pas vouloir toucher le mien ? Pourquoi écarte-t-il ostensiblement la jambe lorsque mon pénis l'effleure ?

Je réfléchissais à ces choses, les yeux au plafond, quand Masao planta son regard dans le mien et me demanda :

— Veux-tu éprouver la profondeur de ma tendresse ?

Et Masao entreprit cet acte qu'il considérait comme l'expression d'une « tendresse profonde » à l'égard de la femme. Certes, je pouvais très bien ressentir tout le charme que comportait cet acte, mais je n'y étais pas particulièrement attachée. On ne me le faisait pas, c'était pour moi du pareil au même. Pas une fois d'ailleurs, il ne m'était venu à l'idée de mesurer l'affection de Masao à l'aune de cet acte. Bon, si l'on me disait que c'était ça une « tendresse profonde », bien sûr que d'une manière ou d'une autre un sentiment de reconnaissance heureuse viendrait sourdre en moi.

Masao modifia sa position. C'était mon tour. Guidée par la main de Masao, j'approchai mon visage de son pénis amorçant une vacillante érection.

Je retins mon souffle. Voilà que soudain le pénis de Masao m'apparaissait comme une « chose malpropre ».

Je me chauffe aux rayons du soleil printanier entrant par la fenêtre. On entend le carillon électronique de l'école primaire du quartier. C'est l'après-midi et je suis seule, j'ôte mon mi-bas, je me mets en boule, et lentement j'essaie d'amener mon orteil droit à ma bouche. Après un très léger goût poussiéreux, aussitôt évanoui, l'orteil devient insipide et inodore. Hémisphère durci, l'ongle heurte la langue, sa surface cependant est lisse, comme un galet poli, on n'éprouve donc pas cette sensation déplaisante de corps étranger. L'orteil, lui, se familiarise tout de suite avec l'intérieur chaud et doux. Les muqueuses de la bouche sont douillettes, comme une couette.

Je titille mon orteil de la langue. J'y frotte légèrement les dents. Je l'enserre des lèvres. J'essaie de l'enrober de salive. L'orteil grandit. J'aspire dans mes joues et le suce. Une sensation agréable me parcourt, Pénis d'orteil est en érection. Ma posture inconfortable m'oblige à le sortir de ma bouche et, telle une chatte léchant son chaton, consciencieusement, passionnément, je le lèche. Bien qu'il appartienne à mon corps, il me fait penser à quelque chose de très mignon, comme un animal d'agrément. L'organe féminin ne suscite aucune impression de ce genre. Dégoût ou attachement, je crois que je comprends un peu la mentalité des hommes qui font grand cas de leur appareil génital.

Les articulations des jambes et le mollet devenus douloureux m'obligent à reposer la jambe et à saisir Pénis d'orteil de la main. Tout barbouillé de salive, il glisse bien, la sensation de plaisir est douce. Je décide que dorénavant je n'en jouerai plus qu'après l'avoir lubrifié.

Je me souviens de mes ébats avec Masao. Il m'embrasse, me déshabille. Je ne sais pas comment il s'y prend, mais lui aussi se retrouve tout nu. J'ai à peine le temps de ressentir le froid sur ma peau que déjà le corps chaud de Masao me recouvre. C'est le moment où je suis toujours heureuse. La langue de Masao folâtre de la bouche à l'oreille, descend de l'oreille à l'épaule. Une mèche de ses cheveux m'agace le menton. J'aime la sensation de ma main passant sur la nuque haut rasée de Masao. Le creux de sa nuque parle d'intrépidité. Des deux mains, je soulève le visage de Masao et je l'embrasse. Lorsque nos lèvres se séparent, Masao sourit dans un souffle. Ensuite, il enfouit son visage entre mes seins.

Il arrête sa main flâneuse montante et descendante. Masao m'a appris que faire l'amour en imaginant des choses augmentait le plaisir, mais cela ne semble pas s'appliquer à moi. Au contraire, ma concentration s'effiloche et ça ne marche pas bien. Pis même, lorsque mon imagination parvient à un certain point, je me sens devenir lourde. Au point d'en perdre toute envie de poursuivre.

Depuis que le pénis de Masao m'était soudain apparu comme une « chose malpropre », faire l'amour avec lui ne me procurait plus de sensations. Et il avait fallu que je me vide totalement la tête pour me tirer tant bien que mal – je l'avais en bouche – de l'acte auquel je me livrais en ce moment. Mais ensuite un sentiment de dégoût s'était entortillé dans ma poitrine et m'avait rendue incapable de la moindre palpitation de plaisir. J'étais couchée, semblable au poisson tiré de l'eau, la respiration haletante. Jusqu'aux secousses de mon corps soulevé sous les coups de bélier de Masao, qui m'étaient devenues étrangères.

Ce n'est pas que je déteste par-dessus tout que Masao me touche. Simplement je ne sens rien. Le souffle de Masao était devenu pour moi pareil à la vapeur fusant de la casserole qui bout, la salive de Masao, à l'eau qui s'égoutte du plafond de la salle de bain, les caresses de Masao, à la friction tonifiante d'une serviette sèche. Et la fois suivante ce fut encore la même chose. J'étais stupéfaite. Alors que la première fois, j'avais eu peur, j'avais eu mal, honte, oui, mais je ne pouvais certainement pas dire que je n'avais rien senti.

Nous avions ainsi à Lovership une fille qui avait été frappée de frigidité à la suite d'une interruption volontaire de grossesse. Si, après quelque mois, sa frigidité avait disparu, on disait qu'encore maintenant elle était incapable d'accéder au plaisir dans cette position qui lui rappelait trop celle de la table d'auscultation du gynéco. Quand j'avais entendu cette histoire, je l'avais plainte de tout mon cœur, et voilà que je me trouvais maintenant au même point qu'elle. Allais-je demeurer éternellement ainsi ? Ou à force de temps, redeviendrais-je comme avant ?

Il n'est pas certain que Masao se soit aperçu de ce trouble. Je fais tout pour ne pas être découverte. Réprimant le dégoût qui bouillonne en moi, je m'applique même à mettre son sexe dans ma bouche. Sans doute pourrais-je l'éviter, mais je l'ai toujours fait jusqu'ici et, surtout, je ne sais pas très bien ce que je pourrais dire pour refuser.

Si c'est mon propre pénis, le problème ne se pose pas. Il faut dire que pas une seule fois je n'ai ressenti ce pénis-là comme malpropre. Et qu'en est-il des pénis des autres garçons ? Pourrais-je les prendre dans ma bouche ?

Sans doute serait-ce de l'infidélité, mais comme l'idée seule ne doit pas être un péché, j'essaie d'imaginer ce que cela donnerait. Malheureusement, aucun visage masculin très concret ne se profile. Si ce sont des visages connus, et il m'en vient bien quelques-uns, comme je ne les ai jamais regardés comme des objets sexuels potentiels, il m'est impossible de me représenter la scène. D'abord, il est impoli de faire apparaître quelqu'un dans ses fantasmes scabreux sans avoir sondé ses inclinations. La troisième fois que nous avons fait l'amour sans que je ressente rien, j'ai fait coucher Masao sur le dos. Sa pomme d'Adam saillante, sa poitrine plate, ses tétons comme des graines, ses bras durs, je me suis mise à les titiller des lèvres, à les agacer du bout des doigts. J'avais pensé qu'en agissant de la sorte mon état d'esprit changerait peut-être. Et tandis que je procédais méthodiquement, l'indifférence me gagna. La chose progressait mécaniquement, la fraîche excitation escomptée n'était pas au rendez-vous, aucun changement ne se produisait dans mon corps. Bras et jambes nonchalamment étendus, Masao murmura :

— Comme si j'étais devenu femme…

— Une femme ? et pourquoi donc ? demandai-je surprise.

— Je suis entièrement passif, je me laisse faire.

La naïve candeur de Masao me fit bondir.

— Et tu crois que cela suffit pour devenir une femme ?

— Je veux dire que j'imagine que les filles doivent ressentir ce que je sens en ce moment.

Ce fut comme si on m'avait infligé une blessure d'amour-propre. Et je réagis en ajoutant :

— Veux-tu tâter de mon pénis ?

— Idiote ! Jamais, non ! se cabra Masao. Je ne suis pas une tantouse ! Ce n'est même pas drôle !

Je posai la main sur sa poitrine et, d'une voix que je m'appliquai à rendre posée :

— Sauf que je ne suis pas un homme, moi.

— Je sais, dit Masao en riant et il m'attira énergiquement contre lui. D'ailleurs, c'est bien à un jeu de lesbiennes qu'on joue là !

Cette idée ne me plaisait pas non plus. Je me tortillai sur la poitrine de Masao.

— Pas question ! Quoi que tu fasses, tu dois être l'homme, moi la femme.

— Quand on jouait aux homos, tu étais pourtant d'accord.

Je sursautai à cette remarque. C'était vrai. Homosexualité pour homosexualité, pourquoi seule la masculine me trouvait-elle bien disposée ?

— Si je pouvais renaître femme, moi, je me ferais lesbienne, les hommes m'horripilent !

— Tu veux renaître femme ? demandai-je, histoire de ranger momentanément ma question, puisque je ne recevais pas la réponse au soupçon qui me gagnait.

— Non, pas à ce point-là. Je voulais dire simplement que cela ne me gênerait pas de renaître femme. Mais une fille super mignonne, sinon c'est pas la peine !

— Supposons que tu aies vraiment le choix de ta renaissance, que choisirais-tu ?

— Attends voir… fit Masao qui se mit à réfléchir sérieusement à la question. L'idéal, ce serait de renaître l'unique homme au monde ! Il n'y aurait rien que des femmes, dis donc !

J'éclatai de rire. La poitrine de Masao était soudain devenue un séjour beaucoup plus plaisant.

— Et si tu devais renaître soit en homo, soit en femme, tu prendrais… ?

— Ça, c'est une colle que tu me poses là, répondit Masao en se replongeant dans une réflexion silencieuse. Si je choisis l'homo, comme avec des partenaires hommes ça ne devrait pas être trop pénible… Bon, disons homo !

— Pourquoi ? fis-je, car cette réponse était plutôt inattendue.

— Parce que j'ai toujours un pénis. Et que psychologiquement, je préfère tout de même l'homme à la femme.

Je dégageai le bras de Masao passé autour de mon cou, et je relevai la tête. J'avais une horrible tension dans la région du plexus solaire. Que se passe-t-il, me demandai-je en portant la main à cet endroit. L'émotion était en train de monter. Je me trompais fort ou j'étais en train de piquer une colère épouvantable. A peine avais-je compris ce qui m'arrivait que des mots durs sautèrent le rempart de mes dents.

— Et pourquoi tu ne cours pas tout de suite te faire homo, alors ?

Masao replia son bras sous la tête, me considéra.

— Qu'est-ce que tu racontes ? Il n'y a pas de danger que je devienne homo.

— Tu ne serais pas en train de le regretter ?

— Jamais de la vie. Le chemin des parias, je ne m'y aventurerais pas pour tout l'or du monde. Une existence de pervers, c'est la galère, tu sais !

Entendu. Mais est-ce que faire l'amour avec des femmes est une preuve suffisante pour affirmer que l'on n'est pas pervers ? Quand on est quelqu'un qui considère que le pénis est malpropre, qui déteste les hommes au fond de soi, qui fourre sans trop d'états d'âme une « chose malpropre » dans la bouche des femmes, et qui, par-dessus le marché, prétend préférer, « psychologiquement », l'homme à la femme, est-ce qu'on ne s'écarte pas très sérieusement des normes, avec une sensibilité biscornue et une sentimentalité bourrée de contradictions ? Moi, mon corps n'est pas normal, c'est sûr. Mais au fait, qu'est-ce que ça recouvre, être « normal » ou « anormal » ?

La voix de Masao heurta mon tympan : « Mais qu'est-ce que tu as ? »

Je me mis à parler comme mue par un ressort : « J'y pensais justement. Renaître homme et en faire à mon idée avec les femmes, comme ce serait amusant ! »

Mes lèvres une fois refermées, je fus abasourdie par ce que je venais de dire. Une chose que je ne me souvenais pas d'avoir jamais imaginée, j'avais été capable de la débiter ainsi, dans la foulée, comme un texte écrit dans un journal intime, comment était-ce possible ? Une amertume me restait sur la langue. Mon cœur fut glacé par la bassesse de mon propos. Non, pas un seul instant, je n'avais pensé sérieusement qu'il puisse y avoir quelque chose d'amusant à renaître homme pour en faire à sa guise avec les femmes. Pas plus que ce fantasme n'avait éveillé en moi une quelconque excitation sexuelle. J'avais plutôt l'impression d'avoir voulu lancer un sarcasme. Mais ce n'était pas contre Masao, plutôt contre ce quelque chose de bien plus considérable, ce je ne sais quoi contre lequel il n'y avait rien à faire, et voilà qu'un sentiment d'atrocité doublé d'autopersécution m'assaillait, comme si mon sarcasme m'avait ricoché à la face.

Ce qui me causait ce sentiment d'atrocité doublé d'autopersécution, c'était la scène qui venait de me surgir dans la tête. Devenue homme, j'ai entre les cuisses un pénis que je mets dans la bouche d'une fille. Mais après examen, la fille mâchonnant le pénis c'est moi également.

En hâte, j'ai conjuré la scène venue flotter dans mon esprit. Je ne suis tout de même pas en train de devenir anormale, non seulement de corps, mais aussi d'esprit ? Née fille saine et normale, flanquée d'un fiancé, je n'ai aucune raison spéciale de me plaindre, alors pourquoi faudrait-il brusquement changer ma façon de vivre les choses ?

— Tu rêves. Si tu crois que les femmes font tout ce que veulent les hommes ! commenta Masao. Tu n'as qu'à te regarder pour comprendre.

Sans raison, Masao présentait toutes les apparences de quelqu'un qui est en rogne.

Toute seule dans ma chambre, je suis appuyée au mur, tenant Pénis d'orteil serré dans la main. J'ai l'impression que mes rapports avec Masao sont en train de se fausser très subtilement. La faute en est évidemment à mon changement. Et pour remonter à la source, si l'apparition de Pénis d'orteil n'en est pas la cause directe, elle a sans doute déclenché ce changement. Non, je remonte peut-être un peu trop loin en amont. Parce que je n'ai rien fait de mal avec mon pénis d'orteil. Ce pénis est un organe vierge avec lequel je me suis bornée à me donner du plaisir quand j'étais seule.

Astiquer un organe immaculé. Une sensation de plaisir ineffable, extatique, fourmille dans ma jambe droite, l'envahit, la fait fondre. Une partie des stimulations semble vouloir gagner les zones féminines. Mais l'orgasme, lui, demeure circonscrit à Pénis d'orteil.

C'est heureux qu'il ne paraisse pas y avoir de connexions très étroites entre Pénis d'orteil et mes organes sexuels féminins. Imaginez que les stimulations apportées à mon sexe de femme aillent se répercuter sur Pénis d'orteil, Masao en frémirait, lui qui déteste le pénis d'autrui. Après l'amour, Masao se penchait parfois vers Pénis d'orteil pour lui décerner un : « Brave petit gars, il a été sage comme une image ! » A moins que ce ne soit un amical : « Tout à l'heure, tu lui demanderas de s'occuper de toi ! » C'est qu'il était le premier à se féliciter que Pénis d'orteil soit un organe indépendant.

Masao se souvenait-il de cette seule et unique fois, alors qu'on jouait aux homosexuels, où Pénis d'orteil avait marqué une érection, certes légère, mais sans même avoir été effleuré ? Pourquoi a-t-il eu une érection cette fois-là seulement ? Est-ce qu'il était plus excité qu'à l'ordinaire ?

C'est vrai que je n'avais jamais été aussi excitée. Peut-être que je manque de maturité sexuelle, car l'orgasme ne m'est pas acquis à chaque rapport, une fois sur trois peut-être, voire quatre. Mais je pense que si, cette fois-là, le jeu avait été poussé jusqu'au bout au lieu de s'interrompre au beau milieu, j'aurais eu un orgasme. Mais à quoi bon penser à ces choses, maintenant que j'ai cessé de ressentir quoi que ce soit ?

C'est vraiment catastrophique de se retrouver frigide. Que j'éprouve ou non un orgasme ne m'intéresse pas tellement, mais c'est de ne plus pouvoir prendre plaisir aux baisers et aux caresses qui me déprime. Car c'était justement la joie des baisers et des caresses qui m'accompagnait au lit avec Masao.

Si le corps est devenu insensible, il ne fait aucun doute qu'avec Pénis d'orteil, même stimulé par Masao, je pourrais toujours retirer ma ration de sensations voluptueuses. Quand on pense que le plus léger attouchement de M. avait déclenché une érection ! Mais avec Masao qui déteste le pénis d'autrui, c'est peine perdue.

— Quand tu t'amuses seule, essaie donc avec la main gauche, c'est bien mieux car c'est comme si tu te le faisais faire par quelqu'un, me conseillait Masao l'autre soir.

— Ah, parce que c'est mieux quand tu te le fais faire par quelqu'un ?

— Si c'est uniquement pour le plaisir, il vaut mieux régler l'opération soi-même, question rythme et autres choses. Se le faire faire par un autre, c'est différent, mais cela a aussi ses bons côtés.

— Oui, mais est-ce bien la peine d'utiliser la main gauche ? Pourquoi ne pas le faire faire vraiment par quelqu'un ?

— Evidemment, là ce serait l'idéal !

— Alors tu me le fais ?

— Tu n'y penses pas, non !

Je savais bien que j'essuierais un refus, mais ce n'est jamais agréable de se sentir rejetée.

— Je pourrais peut-être chercher quelqu'un qui me le fasse ?

— Oui, pourquoi pas ? Mais ne le laisse toucher à rien en dehors du pénis d'orteil !

Que Pénis d'orteil soit haï à ce point me rend vraiment triste. Mais s'obstiner à ignorer son aversion est le signe que Masao a pleinement conscience de Pénis d'orteil. Un jour, il m'a demandé : « Dis donc, ce pénis, tu peux te l'enfiler ? »

Ce qui m'a fait bien rire.

— Essaie donc toi-même, gros bêta ! Vu la structure du squelette et de la musculature, je ne vois pas comment tu y arriverais !

Sur quoi Masao se mit en devoir de replier sa jambe, comme s'il avait un pénis d'orteil, mais un gémissement « aïe ! » le fit renoncer à ses mille contorsions héroïques.

— C'est vrai. Une pièce aussi superbe, c'est dommage.

Je ne pus déterminer si les épines de l'ironie entouraient ses dernières paroles : « Si tu pouvais te le fourrer, ce serait beaucoup plus agréable que de recevoir le mien, non ? »

Ce ne fut qu'un peu plus tard qu'il me vint à l'idée qu'il comparait le format de mon pénis au sien.

Comme je ne ressentais plus rien dans l'acte sexuel, nous en étions venus à nous lancer des piques continuelles au fil des conversations les plus anodines, et cela aussi ne laissait pas d'être une cause de tourments. Quelquefois je me demandais ce que je ferais si j'en arrivais à détester Masao. Pour le moment je l'aimais encore. Et Masao ne semblait pas encore me détester.

Hier soir, nous sommes sortis pour prendre le bateau-mouche qui fait le tour de la baie de Tôkyô. Sur le pont balayé par le vent, un froid inattendu nous a obligés à nous enlacer, sans que l'un ou l'autre en prenne l'initiative. Deux autres jeunes couples d'ailleurs faisaient de même, appuyés au bastingage. Je laissais errer mon regard sur les lumières des quais qui s'estompaient, bercée par l'idée que nous avions réintégré la combinaison homme normal femme normale, exactement comme ces gens, sans Pénis d'orteil. Il est vrai que si l'on omettait les circonstances sexuelles, nous étions toujours un couple d'amoureux qui marchait.

Nous avons bientôt déserté le pont trop exposé à la violence du vent pour nous réfugier dans les salons bien chauffés ouvrant sur la salle à manger. Derrière les portes vitrées, on pouvait voir les passagers qui jouaient du couteau et de la fourchette. N'ayant pas réservé pour le dîner, nous tournions les talons lorsqu'un steward en nœud papillon noir nous a hélés de derrière son comptoir : « Vous avez un joli petit salon de libre là ! »

Nous nous sommes dirigés dans la direction indiquée pour trouver une petite salle dont la porte était ouverte. C'était un salon de thé de style rococo avec quelques tables éparses. Des baies vitrées des deux côtés permettaient de découvrir le panorama nocturne du port sans devoir s'exposer au vent. Masao était admiratif.

— Superbe, notre croisière !

L'éclairage indirect qui tamisait la lumière de cette pièce donnait à Masao une jolie peau. Nous avons commandé deux verres de vin. La serveuse qui nous apporta le vin quitta immédiatement le salon, probablement appelée ailleurs. Masao qui regardait dehors tout à son aise laissa tomber :

— Je voudrais retrouver cet âge de l'enfance, quand on ignorait encore tout de tout.

— Tiens, tu parles comme un vieux à présent ?

Je me suis demandé si ce n'était pas la vue des feux arrière des avions s'élançant du tarmac dans la nuit les uns à la suite des autres – on avait longé et déjà dépassé l'aéroport de Haneda – qui le portait à cette sensiblerie exagérée.

— Mais je suis vieux : vingt-cinq ans, protesta-t-il d'une voix que je trouvai bien câline et écœurante pour un vieux. Terminé pour moi les rêves ! Dès le mois prochain, métro-boulot-dodo tous les matins.

— Evidemment, ce ne sera plus la vie d'étudiant.
— Epargne-moi tes clichés, veux-tu ?
— Pas du tout, c'est justement maintenant qu'il y a des tas de choses que tu vas enfin pouvoir faire.
— Par exemple ?
Je me tus. J'avais toujours l'expédient de dire : « Par exemple, te marier », phrase qui ne franchit pas le rempart de ma bouche car une question la retint, qui venait de me jaillir à l'esprit : « Notre promesse de mariage est-elle encore valable ? » Masao devait songer à la même chose, car après avoir regardé les feux d'artifice qui festonnaient le ciel nocturne du côté d'un célèbre parc d'attractions, il demanda :
— Que ferais-tu si tu avais un enfant affligé d'un pénis à l'orteil ?
— Impossible que cela se produise, chez moi c'est une acromégalie, un caractère acquis.
— Rien n'est moins sûr. Peut-être que ce caractère se trouvait programmé dans tes gènes.
— Mais il n'y a personne dans toute ma famille à avoir l'orteil pénissard, alors !
— La mutation pourrait commencer avec ta génération.
— Eh bien, qu'il naisse donc, s'il doit naître.
— Pas d'accord ! trancha Masao d'un ton péremptoire qui me coupa la parole. Tu t'imagines, la pauvre petite avec un pénis à l'orteil. Quel tableau ! Elle sera un souffre-douleur à l'école, et puis les hommes s'en détourneront, c'est évident.
Non, ce n'était pas un coup de griffe à mon adresse, mais l'expression d'une préoccupation légitime pour une fille qui pourrait lui naître, cela je le comprenais très bien. Néanmoins, les paroles de Masao me fendirent le cœur.
— Et un garçon avec un pénis à l'orteil serait plus tragique encore. Ça ne le ferait pas deux fois plus viril, en tout cas. Non, mais je suis sérieux, réfléchis donc à ça !

Il n'était déjà plus question de jouir de la croisière. Je penchai la tête. Devais-je comprendre qu'il ne souhaitait pas se marier avec moi, qui présentais le risque de mettre au monde un enfant affligé d'un pénis à l'orteil ? J'avais peur de lui poser la question. Masao s'était enfermé dans le mutisme, moi dans l'immobilité, le regard fixé sur la surface de mon vin qui tremblait légèrement sous les trépidations des machines.

Mais on entendit soudain un grand vacarme, et une demi-douzaine d'hommes et de femmes, tous avec un air de famille, s'abattit dans le petit salon de thé comme une compagnie de perdreaux. L'un d'eux, qui avait envi ron cinquante ans, donna le ton en s'affalant pesamment sur une chaise et en tonitruant ses impressions : « Ça alors ! Qu'est-ce qu'on voit bien d'ici ! »

Des garçons d'équipage apparurent, porteurs de tranches de melon en nombre correspondant aux convives, et se mirent à les disposer sur la table avec des gestes vifs, précis et théâtralement outranciers de grands professionnels. Le dîner en était au dessert, c'est ce qui devait les avoir fait venir jusqu'ici pour l'achever plus à l'aise. En un instant, la pièce retentit du bruit de la conversation et du choc des couverts.

Masao paraissait regretter que la quiétude du lieu soit ainsi saccagée, car il lança un bref regard significatif au groupe de gêneurs, puis, le ramenant sur moi, déclara avec calme : « Soyons très circonspects pour faire un enfant. »

C'est ce qu'avait dit Masao hier soir, mais il ne faisait aucun doute qu'il avait l'esprit accaparé par cette question : cela pourrait-il marcher si on se mariait ? Moi aussi j'avais l'esprit préoccupé. A vrai dire je n'étais même plus sûre qu'on puisse aller jusqu'au mariage, et cela m'angoissait. Officiellement, celui-ci était prévu dans deux ans, mais les possibilités de voir s'élever d'ici là d'insurmontables différends n'étaient pas minces. Tant que mon orteil ne réintégrerait pas la normale. Ou tant que Masao ne se déciderait pas à aimer Pénis d'orteil.

Tous les hommes allaient-ils ainsi détester Pénis d'orteil ? Etaient-ils unanimes à décréter le pénis une chose malpropre, ou à s'assurer par la fellation de l'attachement d'une femme ? Voilà des questions que j'aimerais bien débattre avec un autre garçon. C'était la première fois qu'il me venait pareille idée depuis que je fréquentais Masao. En fait ces questions ne m'avaient jamais quittée. Supposons à présent que je fasse l'amour avec un autre garçon que je trouve agréable, est-ce que je pourrais éprouver du plaisir ? Je secouai la tête. Abominable supposition.

Sans être parvenue à dissiper ma mélancolie, le lendemain soir, je me mis en route vers le café de Shibuya où j'avais rendez-vous avec Masao. Ce n'était pas un de ces établissements *chic* comme il s'en fait tant récemment, mais un vieux café situé dans une venelle sordide, comme dans le temps. Je ne me souviens plus quand, nous l'avions repéré par hasard en marchant, et nous avions poussé la porte parce qu'on avait trouvé ça drôle. Pas d'éclairages savamment dosés, mais un intérieur obscur, avec des housses en tissu à carreaux d'un goût atroce recouvrant les fauteuils et des plantes grasses éternellement couvertes d'une fine couche de poussière. Le cadre idéal pour un rendez-vous d'humeur mélancolique.

Une erreur d'aiguillage me fit entrer dans la ruelle voisine parallèle. Quand je réalisai mon erreur, je rebroussai chemin en me pressant dans la cohue du samedi, ramant, pestant contre les ados qui campaient en permanence sur ces trottoirs déjà si étroits. Je pestai aussi contre ce quinquagénaire minable aux allures de yakuza en rupture de gang pour incompétence. Parvenue enfin au café, je parcourus la salle du regard pour découvrir que Masao n'y était pas encore.

Une première gorgée de café me rendit plus sereine, j'eus tout le loisir de me ressouvenir des instants agréables que nous avions passés ici. A l'époque, nous étions la candeur en personne, la seule vue du visage de l'autre était promesse de bonheur. Dès la veille du rendez-vous, je sautais de joie en choisissant ma tenue pour le lendemain. Sur la route, que mon train soit archibondé ou que je gâte les talons de mes escarpins entre les dalles du trottoir, rien ne pouvait entamer ma joie. Mais plus maintenant. Pour le plus léger motif, j'avais les idées noires.

Dix minutes plus tard, Masao se manifesta. Dès qu'il m'aperçut, il s'approcha, la tête baissée.

— Tu as attendu ?

Il avait dû courir, car il était essoufflé. « Café ! » commanda-t-il à la serveuse, après quoi il déchira le vinyle emballant la petite serviette humide qu'on avait posée devant lui. Son regard errait dans tous les coins du café.

Il s'essuya la bouche et regarda sans avoir l'air de la voir une auréole rouge sur la serviette. Pour autant que je puisse le dévisager dans la pénombre, du sang suintait là où il portait avec insistance le pouce à la lèvre.

— Qu'est-ce que tu as là ?

— Il n'y a pas une minute, une bagarre.

— Avec qui ? Comment ?

— Un type, jamais vu, il m'a bousculé l'épaule. La moutarde m'est montée au nez.

Masao reprit la serviette pour l'appliquer sur sa lèvre.

Lui aussi, il était aux prises avec ses idées sombres. Je me dis que la nature de nos rapports était peut-être profondément altérée.

La veille du déménagement de Masao fut une journée très chaude. Nous étions en bras de chemise pour ranger dans les cartons les possessions prodigieusement hétéroclites de ce jeune homme. Il ne possédait pas moins de trois variantes d'ustensiles de repassage : fer sec, fer à vapeur pressurisée, et *fashion-steamer* qui vous défroissait un vêtement par projection de vapeur brûlante sans avoir à le dépendre du cintre, sans oublier un intéressant aspirateur à déboulocher les lainages, que même moi, une femme, je n'avais jamais songé à acquérir. Tout cela faisait que l'emballage dans les boîtes n'avançait pas très rapidement.

Le vidage des placards mit au jour une boîte de tampons menstruels achetée il y a bien longtemps et abandonnée à peine entamée. « Qu'est-ce qu'on fait de ça ? demanda Masao en riant, tu veux l'emmener chez toi ? »

Evidemment, j'avais apporté ce matériel de secours chez Masao et je l'avais dissimulé dans un sac contenant des tee-shirts et des sous-vêtements.

Ça et là, la chambre de Masao portait les vestiges de mon passage. En rangeant la vaisselle, la découverte d'une théière ébréchée fut l'occasion d'évoquer des souvenirs. Les morceaux avaient été recollés avec de l'hypercolle instantanée, tellement instantanée et de façon si maladroite, qu'ils avaient glissé avant que ça sèche, donnant à l'objet une artistique déformation.

— Qui l'avait cassée ? C'est toi, non ?

— Pas du tout, c'est toi.

— Non, une réparation aussi grossière trahit ta main.

— Mais puisque je te le dis, enfin, écoute : c'est moi qui ai insisté pour essayer de la recoller avec de l'hypercolle Aron-Alpha, d'accord. Mais c'est toi qui l'as fait voler en éclats en la bousculant avec des tasses sorties du placard.

— Serait-ce moi ?

— Absolument ! Même que c'est très intimidée, presque larmoyante, que tu m'as demandé : « C'est cher ça ? Qu'est-ce que je peux faire ? »

A mesure que se vidait la chambre, s'évanouissaient les effluves de Masao, et les miens suivaient. Le fait de passer en revue ses affaires pour les emballer, c'était comme de se défaire de trois années de souvenirs. J'avais l'impression de comprendre un peu l'état d'esprit des couples, concubins ou mariés, qui se mettent à ranger chacun leurs effets personnels après avoir décidé de se séparer. Bien sûr, ce n'était pas aujourd'hui que nous allions nous séparer. Tout de même, cela me rendait triste.

Masao partageait-il cette disposition d'esprit, car aujourd'hui il était très attentionné, comme jamais il ne l'avait été, pas une fois il ne se montra désagréable. La douceur des rayons du soleil s'était mise de la partie pour rendre nos propos plus aimables, rien d'étonnant que notre humeur fût au zénith. L'un comme l'autre prenait bien garde de ne pas se montrer déplaisant, si bien que, si d'une certaine manière tout était plaisant, on ne laissait pas de ressentir au fond du cœur de la désolation. Combien tout serait morne, me dis-je, si je me séparais vraiment de Masao. Et je ne vois pas du tout quel genre d'existence je pourrai mener si je n'épouse pas Masao dans deux ans. Car il ne faut pas oublier que Yôko non plus ne sera plus là. Par la fenêtre grande ouverte s'engouffraient les accords de piano plaqués par le voisin. Excellant dans tous les genres, classique, jazz, blues, il n'arrêtait pas de nous seriner un arrangement jazz de *My Favorite Things* depuis tout à l'heure.

— Lui, une fois qu'il commence, il ne peut plus s'arrêter, commenta Masao en collant soigneusement un large ruban adhésif sur un carton. Mais il se débrouille, c'est sûr. Si j'étais riche, je l'engagerais comme musicien privé.

Lui qui traitait le pianiste d'en face de poseur, d'animal bruyant, pour la première fois je l'entendais lâcher quelques mots sincères d'appréciation et j'en souris d'aise. Masao plissa un peu les yeux, se leva en déposant le rouleau de ruban adhésif et me tendit la main.

— On danse ? proposa-t-il.

Nos mains droite et gauche se superposèrent en l'air, l'autre enserrant la taille du partenaire. Je n'avais jamais pratiqué la *danse de salon* ailleurs qu'à l'heure d'éducation physique, et j'esquissai tant bien que mal des pas que je me rappelais très vaguement. Les pas étaient plus qu'incertains, les genoux se heurtaient, talons et bouts de pied envoyaient valser dans leurs évolutions les objets éparpillés sur le sol. Renonçant bientôt à faire des ronds, nous fûmes réduits à onduler sur place.

Le corps de Masao était légèrement moite de transpiration. Mais je ne détestais pas cette odeur. Le front posé sur son épaule, j'y laissai peser ma tête. Les mains de Masao passèrent derrière mon dos. Moi que les étreintes avaient cessé d'amuser, j'éprouvais aujourd'hui une sensation assez agréable. Mais la tristesse clapotait toujours ses vaguelettes au fond de mon cœur. Pour l'oublier, je me mis à faire le pitre. Je me déhanchais, en apportant une note voluptuo-cocasse à ma danse. Masao, que cela faisait vaciller, me repoussait du ventre. Et on s'échauffa si bien à se pousser l'un et l'autre, que notre danse de salon finit par ressembler à une séance de lutte.

— Je n'en peux plus ! On arrête ! proposai-je en envoyant de la tête une bourrade de jeune taureau sur la poitrine de Masao qui s'écroula tout d'une pièce avec moi dans ses bras. J'étais en sueur et il me fallut quelque temps pour reprendre ma respiration. L'exécution de *My Favourite Things* n'en finissait plus. A entendre ainsi la même rengaine, l'ambiance dansante ne s'effaçait pas. Il me restait une assez bonne dose d'humeur fantasque pour lancer en riant à la fenêtre d'en face : « Après, tu serais gentil de nous envoyer *After Hours* ? »

Masao me traita de folle. Mais le plus étonnant c'est que notre voisin stoppa net *My Favorite Things* pour se lancer dans *After Hours*. Masao et moi, nous nous regardâmes.

— Il a entendu. Un gars qui a de l'oreille, à n'en pas douter ! apprécia Masao.

Durant toute l'exécution du morceau demandé, nous nous reposâmes, bras et jambes jetés de tout leur long. Le morceau terminé, nous réattaquâmes l'emballage.

Cette atmosphère détendue se maintint jusqu'au soir. Mais vers le retour du dîner pris dehors, nous étions trop fatigués pour nous efforcer encore de ne pas nous montrer désagréables l'un envers l'autre.

— Ça me donne déjà le cafard, cette caserne d'entreprise, rien que des mecs ! commença Masao, assis sur le lit, le dos appuyé contre le mur, en faisant tournoyer et sauter par de légères rotations de poignet une canette de bière achetée en chemin à un distributeur automatique, comme s'il anticipait déjà ce que pouvait être la vie dans un dortoir de célibataires.

— Travailler de neuf à cinq, rentrer claqué et il faut encore sentir l'odeur des mecs, tu vois le tableau !

— La pension, c'est pratiquement gratis et les repas sont économiques, objectai-je pour lui donner du courage.

— Ah non ! Je ne passerai pas toute ma vie à travailler pour une boîte.

— Mais tu es une élite salariée, qu'est-ce que tu chantes ?

— Une étudiante ne peut pas comprendre cette déprime.

Les jérémiades de Masao tournaient autour de la nouvelle existence qu'il allait devoir entamer dès avril, et je commençais à bien les connaître. Mon ton se fit soudain plus acerbe.

— Moi aussi, tu sais, j'ai été employée dans une société.

— Une entreprise de mœurs, autant dire jouer à la dînette !

— Si cela avait été de la dînette, comme tu dis, elle ne se serait pas développée comme elle l'a fait, je te ferai remarquer.

— Vous vendiez des femmes, c'est ce qui faisait votre succès, d'ailleurs ! Comment veux-tu évaluer sérieusement cette affaire ? décréta Masao sans même se donner la peine de se tourner vers moi qui gardai le silence. Et de conclure : Vous avez la partie belle, vous, les femmes. Le simple fait d'être femme vous donne déjà plein de valeur ajoutée.

— Eh bien, tu n'as plus qu'à te faire femme ! lançai-je brutalement, car il commençait à m'énerver.

Masao me gratifia d'une moue renfrognée, qu'il assortit peu après d'un sourire ironique pour ajouter : « Tu es bien placée pour en parler, maintenant que tu es devenue homme ! »

Je n'avais plus envie de contenir la colère qui montait en moi.

— Ah bon, je suis un homme ? Et toi qui couches avec moi, tu es quoi alors ?

— Pardon, tu n'es pas un homme, disons plutôt sa rature.

C'était la première fois que je me trouvais confrontée à un Masao aussi teigneux. Aussi fut-ce d'un ton complètement découragé que je demandai : « Mais tu dis tout ça pourquoi ? »

Ne trouvant pas de réponse, Masao se borna à faire la tête en contemplant le sol. C'est toujours un gosse, pensai-je. Alors qu'il est à la veille d'entrer dans la vie active, de devenir un homme fait, c'est toujours un fils à papa qui ne peut s'empêcher de réclamer des consolations, de la tendresse profonde, comme il dit, et du sexe, tout en même temps. Je sentis que je pouvais essayer de le questionner sur une chose que je n'avais jamais osé lui demander jusqu'à présent. Mes lèvres s'entrouvrirent, tremblantes.

— Et c'est parce que je suis devenue une rature d'homme que… tu ne m'aimes plus ?

— Ce n'est pas que je ne t'aime plus, dit-il, renonçant à faire la tête et d'une voix soudain radoucie, mais tu es une petite fille bien à plaindre. Ne fais donc pas une figure aussi triste !

Ma colère remonta en sentant combien Masao mettait d'autosatisfaction bardée d'arrogance dans cette voix qu'il avait prise pour me trouver « bien à plaindre ».

— En me disant bien à plaindre, repris-je avec fermeté, est-ce que tu ne serais pas en train de te faire plaisir, parce que tu te trouves toi-même bien plus à plaindre de ne pas pouvoir abandonner une fille qui est bien à plaindre ?

— Comment peux-tu dire une chose pareille ? répliqua Masao en raidissant le dos et en le décollant du mur. Tu ignores tout de ce que j'ai ressenti à la vue de ton pénis d'orteil !

— Tu as pensé que c'était malpropre, hein ? Et puis aussi que c'était laid et grotesque ? Alors que tu as exactement le même entre les jambes, mais tu bichonnes uniquement le tien de pénis ! J'aime autant te dire que je me refuse à être un instrument destiné à t'aider à te bichonner le pénis !

Masao sauta à bas du lit. J'étais assise par terre, instinctivement je me recroquevillai. Mais Masao était déjà passé devant moi, il se dirigeait vers la pile de cartons pour saisir le cutter grand format qui s'y trouvait abandonné.

— C'est depuis que tu nous as fabriqué ce machin grotesque que tout a commencé à foirer ! lança-t-il en sortant de cinq bons centimètres la lame du cutter dans un petit déclic qui me donna le frisson. Je suis sûr que toi-même il te gêne plus qu'autre chose !

Masao me surplombait complètement, il avait le visage blême, seuls ses yeux fulguraient sinistrement. La bouche tordue, il lâcha dans un murmure sourd : « Ce machin, moi je vais te l'amputer ! »

Il se pencha sur moi. Un frisson me parcourut. Comme je me relevais pour m'élancer avec toute l'énergie dont j'étais capable, ma tête percuta son menton. Avec un rugissement, il valsa les quatre fers en l'air et retomba sur son derrière en se tenant le menton à deux mains. J'en profitai pour plonger dans l'entrée sans même empoigner mes chaussures. J'entendais résonner dans mon dos les vociférations de Masao appelant : « Kazumi ! »

Il était évident qu'il allait me rattraper à la course. Aussitôt après avoir laissé l'entrée derrière moi, je m'engouffrai dans la ruelle longeant l'immeuble. J'entendais, dans le jardinet intérieur qui servait de séchoir à linge pour les locataires, la cavalcade de Masao déboulant en droite ligne à ma poursuite. Mon cœur battait à tout rompre. Me faire amputer de Pénis d'orteil, jamais ! Il avait perdu la tête ! J'avais horriblement peur.

M'esquivant par le jardinet, je longeai l'arrière de l'immeuble. On voyait la fenêtre de l'appartement de Masao avec la lumière allumée. Je décidai de me cacher là quelque temps et de m'en aller dès que Masao aurait regagné sa chambre. Sa chambre, catastrophe ! je réalisai soudain que j'y avais laissé mon sac avec le portefeuille. Je croyais me souvenir que je l'avais posé sur le rebord de la fenêtre. Il suffisait de tendre la main de l'extérieur pour le saisir. Foulant la terre froide et les herbes, je progressai vers la fenêtre de Masao. J'engageai mon bras jusqu'à l'épaule sous la balustrade du balconnet et j'attrapai mon sac grand ouvert. Tant qu'à faire, j'aurais bien récupéré mes chaussures, mais c'était trop risqué.

M'éloignant un peu de la fenêtre, j'observai la pièce éclairée. Elle m'était familière, pourtant, vue ainsi du dehors, on aurait dit la chambre d'un inconnu, ce qui me rendit triste au-delà de toute expression. A un mètre environ de la fenêtre de Masao, je m'accroupis. Une soirée pareille, on souhaite qu'elle passe vite, je vous assure. C'est à ce moment que s'ouvrit une porte de la maison de l'autre côté de la palissade. C'était celle du pavillon habité par le joueur de piano. Quelqu'un en sortit – je retins mon souffle – qui avançait très prudemment, on aurait dit qu'il progressait à pas feutrés. Et il avait tout l'air de se diriger de mon côté. Soudain, dans le cadre de la traverse au bas de la palissade, se dessinèrent des jambes de pantalon en coutil à rayures extraordinairement voyantes. Les jambes s'arrêtèrent tout près de moi. La palissade fut heurtée très légèrement à deux, trois reprises comme si on essayait de repérer la position de quelqu'un. Puis une voix très douce et gentille – seul un jeune garçon près de muer pouvait en avoir une pareille – s'adressa à moi, il n'était plus possible d'en douter, et prononça ces paroles : « Par ici ! Viens ! »

3

Si la voix qui m'avait chuchoté « Par ici ! Viens ! » n'éveilla en moi aucune méfiance, tant elle était aimable et douce, avec en plus des accents de bienveillance fraternelle, son caractère imprévu m'empêcha de réagir immédiatement. Mais le personnage de l'autre côté de la palissade heurta à nouveau la planche et, pliant les genoux, posa les mains sur la traverse entre le sol et le bas de la palissade. Une fois encore la voix douce m'appela : « Tu te caches, n'est-ce pas ? Viens te réfugier chez moi ! »

Le propriétaire de la voix étendit largement les deux mains comme lorsqu'on invite un chien à s'approcher. Accordées à cette voix agréable et paisible, j'eus devant les yeux des mains aux longs doigts avec un grain de peau très doux. Mon intuition me dit que le propriétaire de ces mains ne pouvait être que le joueur de piano qui, cet après-midi, nous avait joué *After Hours* en réponse à ma demande. Je me rapprochai de la palissade, comme attirée, et je m'accroupis en face du propriétaire de la voix.

— Tu me connais ?

— Bien sûr que je te connais. Toi aussi d'ailleurs, tu me connais.

— Tu es celui qui joue du piano ?

— Oui, c'est ça.

Le propriétaire de la voix ne montrait pas son visage. L'un comme l'autre, nous avions le haut du buste dissimulé derrière la palissade, et il ne tentait même pas de se baisser davantage pour regarder de ce côté. Nos rapports étant juste fondés sur le court échange qui venait de se dérouler, seul un caractère naïf et confiant, me semblait-il, pouvait ainsi s'offrir à secourir quelqu'un dont il ignorait jusqu'aux traits du visage. Perplexe devant la louable charité du personnage, j'étais perdue dans la contemplation de ses mains.

— Qu'est-ce que tu fais ? Tu vas prendre racine là ?

Les mains que je contemplais se mirent soudain en mouvement, passèrent sous la palissade et heurtèrent mon bras gauche. Par un mouvement d'une lenteur étrangement léthargique, comme on en voit dans les chorégraphies de je ne sais quels pays lointains, les doigts qui m'avaient effleurée saisirent la manche de mon cardigan. Ce fut une sensation curieuse, comme si j'étais saisie par le bec d'un petit oiseau. Sans le vouloir, le bout des doigts de ma main droite allèrent saisir en retour le bout de ses doigts. Moi qui n'avais jamais pris l'initiative de toucher la main d'un inconnu, je fus un peu interdite par mon audace, mais mon joueur de piano, non, car il se borna à agiter légèrement, comme par jeu, sa main à peine prisonnière de mes doigts, en répétant son invite :

— Passe vite ici !

— Mais pourquoi m'aides-tu ainsi ?

— Mais puisque je te connais !

Connaître, c'est beaucoup dire, allais-je lui répondre, mais sans m'en laisser le temps, mon original de joueur de piano libéra sa main de la prise de mes doigts pour lui faire accomplir un aller-retour interrogateur dans l'espace s'ouvrant entre le sol et la traverse de la palissade.

— Ce n'est pas trop juste ? Tu crois que tu pourras passer ?

Finalement résolue à profiter de l'offre du généreux joueur de piano, que je ne connaissais que fort peu, je baissai la tête pour apprécier la hauteur de la traverse. Passer à quatre pattes, hors de question. A moins de faire comme le serpent et de se coller à la terre en se tortillant, je ne voyais vraiment pas comment on aurait pu passer. La perspective ne m'emballait pas tellement, mais je n'avais pas le temps de faire la difficile devant un bain de boue. Je crois que pour ne pas tomber aux mains de ce cinglé de Masao, j'aurais traversé une fosse à purin à la nage. Me mettant donc à plat ventre parallèlement à l'axe de la palissade, je commençai par introduire la moitié supérieure droite de ma personne pour la faire passer de l'autre côté.

Le joueur de piano toucha mon épaule droite qui avait resurgi de l'autre côté de la palissade. La sensation fut cette fois radicalement différente d'un toucher de petit oiseau, car à peine m'étais-je sentie empoignée d'un bras puissant à la jointure de l'épaule, que j'étais traînée en un éclair sous la traverse et tirée sur le lotissement d'à côté. Quand mon crâne raboté en passant sous la traverse m'arracha un cri, plein de sollicitude, le joueur de piano s'excusa aussitôt : « Pardon. J'ai été un peu brutal ? Tu peux te lever ? » La poigne qui m'enserrait le bras relâcha son étreinte et le joueur de piano voulut m'aider à me mettre debout.

— Ça ira, je peux me lever.

Et sans recourir à sa force, je pris appui des mains sur le sol pour me relever. Effort qui me fit repousser la main posée sur mon bras droit, mais le joueur de piano tint à conserver sa main sur moi, et même lorsque je tapai mon vêtement pour en faire tomber la terre, il ne sembla pas vouloir me lâcher. Etait-ce pure gentillesse ? Etait-ce amour du contact physique ? Je ne pouvais pas le savoir, mais comme son toucher était franc et léger, dénué de toute connotation sexuelle, ce n'était ni gênant ni lourd de présages. N'empêche qu'il m'avait l'air d'un drôle de type.

Lorsque je me redressai, le joueur de piano consentit enfin à retirer sa main, puis il se retourna et se mit à marcher en direction du bâtiment que j'avais toujours aperçu de la chambre de Masao. Vu de dos, il était plutôt petit pour un homme. Ma parole, il ne faisait pas plus grand que moi avec mon mètre soixante. Décontenancée comme je l'étais, je n'avais pas bien regardé son visage, mais tant par la voix que par ce corps gracile dans lequel s'attardait encore beaucoup de l'enfance, on l'aurait pris pour un adolescent. Et cette gentillesse sans méfiance, n'était-ce pas aussi un signe de jeunesse ?

Le joueur de piano, exactement comme lorsqu'il était sorti de la maison – était-ce donc chez lui une habitude ? – avançait lentement comme si chaque enjambée lui permettait de goûter le contact du sol sous ses pieds ; quand il fut parvenu dans l'entrée, il montra l'intérieur du pavillon d'un geste de la main.

— Entre !

La lumière n'était pas allumée dans le pavillon. A la faible lueur qui entrait par la fenêtre et à la densité de l'air, on pouvait se rendre compte qu'on se trouvait dans un « huit-tatamis » encombré d'objets hétéroclites. Entré le premier, son occupant se fraya adroitement un chemin en familier des lieux vers le fond de la pièce. Après avoir enlevé la boue de mes chaussettes, je voulus le suivre, mais dès les premiers pas ma cheville se prit dans ce qui devait être un fil électrique. Je trébuchai et à ce moment quelque chose vint me heurter la hanche en tombant. Instinctivement, j'avais empoigné le manche d'une guitare électrique.

— Ah, mais c'est vrai, tu n'y vois rien, admit le joueur de piano. Attends, j'allume.

Une lumière ronde émergea au fond de la pièce. C'était une lampe sphérique posée sur une table de nuit. L'intensité se fit plus forte, diminua. Le joueur de piano faisait jouer le commutateur à rhéostat.

— Ça ira comme ça, la lumière ? demanda-t-il.

La pièce, qu'une faible lumière éclairait à présent, était encore plus encombrée que je ne l'avais imaginé. Piano droit, synthétiseur, guitare électrique, puis des instruments dont j'ignorais jusqu'au nom, une superbe chaîne stéréo avec des enceintes massives, un appareil de musculation avec sa barre à disques, et que sais-je encore : c'était une remise dans laquelle il avait entassé tout son bazar. Lumière ou pas lumière, on ne voyait pas très bien où il fallait poser le pied pour passer.

— Pour s'asseoir, il n'y a que le lit, dit le joueur de piano qui s'y trouvait déjà assis en tailleur, en tenant dans ses bras un polochon. Le doute me traversa un instant qu'il nourrissait de mauvaises intentions en m'invitant d'emblée sur le lit. Mais comme sa façon d'étreindre fermement ce polochon sur sa poitrine semblait signifier qu'il n'allait pas me sauter dessus si je venais à côté de lui, et que, d'autre part, on pouvait tenir pour acquis que ce joueur de piano, malgré sa conduite bizarre, n'était encore qu'imparfaitement éveillé à la sexualité, je décidai de me diriger candidement sur le lit.

Facile à dire, car obligée de progresser en me demandant à tout instant où j'allais poser le pied dans ce fouillis, le lit ne se rapprochait guère.

— Eh bien, tu ne peux pas marcher même avec la lumière, on dirait, s'étonna le joueur de piano en s'enfouissant le visage dans son polochon. Si ça se trouve, tu as une mauvaise vue ?

— Plutôt difficile de se déplacer dans cette pièce ! répondis-je en abordant enfin le lit et m'asseyant à une certaine distance. Avec tout ce fouillis, tu en as de bonnes de me dire qu'il ne faut pas rester plantée là !

— D'accord, tu as de bons yeux, murmura le joueur de piano, le visage toujours enfoui dans son polochon. Moi, je ne vois rien.

Je considérai fixement son visage tandis qu'il relevait la tête et la tournait vers moi.

Des joues rondes, l'arête du nez nettement dessinée, le bout du nez arrondi : un visage d'enfant jovial à la peau douce. Et les yeux légèrement plus creusés que la normale m'apprirent que son « Je ne vois rien » n'était pas un mensonge. Ce que j'avais trouvé un peu bizarre, cette démarche circonspecte, ce besoin de sentir les gens en les touchant, et aussi ce désintérêt total pour la physionomie de l'interlocuteur, tout cela devenait vraisemblable si on le mettait sur le compte de la cécité.

— Tu vois ma tête ? Tu trouves que c'est une tête rigolote ? demanda-t-il en riant et en se passant la main sur les joues et le nez. Tout le monde me dit que je suis mignon.

— Tout le monde, et qui par exemple ? demandai-je, car je n'osais pas rire, même si j'avais compris que c'était une boutade pour conjurer la gravité de sa révélation.

— Eh bien, Chisato, et puis tous les gens du boulot !

J'ignorais évidemment tout de Chisato.

— Qu'est-ce que tu fais comme travail ?

— Compositeur.

Pas étonnant qu'il soit si bon au piano. Et mon regard se remit à explorer la pièce. Tous ces instruments, en fait, c'étaient ses outils de travail. S'il pouvait s'offrir des instruments aussi coûteux, il devait avoir pas mal de succès. Quelle différence avec la romancière M. qui ne pouvait même pas se payer un fax ou un traitement de texte ! Mais il fallait que je le remercie pour avoir accédé à ma demande intempestive de cet après-midi.

— Merci beaucoup, pour cet après-midi.

— *After Hours* ? Mais non c'est moi.

— Je ne pensais pas que ma voix porterait jusqu'ici.

— Si, si, on entend, quand les deux fenêtres sont ouvertes.

— Et le tapage de tout à l'heure, tu l'as entendu aussi ? demandai-je car la posture menaçante de Masao, cutter à la main, me revenait en mémoire.

— Pas tout, une partie seulement, précisa le joueur de piano, et il envoya le polochon au plafond avant de le rattraper. C'est curieux, mais la voix de la femme porte un peu plus. Ta voix, je la connaissais depuis longtemps.

— Depuis longtemps ? Depuis que ce studio a été construit ?

— Non, bien avant. Depuis que j'ai une chambre dans la maison principale, il m'arrivait de sortir la nuit au jardin et d'écouter.

Le sang m'afflua au visage. C'est vrai que l'été, Masao et moi nous laissions la fenêtre ouverte. Tous les locataires des appartements voisins avaient la bonne idée de rentrer au pays pour les vacances, si bien que nous trouvions superflu de prendre des précautions. Sans se soucier de la gêne qui m'avait coupé net la parole, le joueur de piano tantôt pétrissait le polochon, tantôt le retapait en forme avec une indifférence affectée. Pouvait-on être stupide à ce point !

— Et pourquoi, s'il te plaît… écoutes-tu ainsi ?

— Ah, mais c'est que c'est une bien jolie voix. Tu ne le savais même pas, hein, ta propre voix !

Ce ton parfaitement innocent, sans la moindre trace de salacité, me renversa.

— Quand j'entends une voix de femme, c'est comme si on me chatouillait les oreilles, ça me fait une impression extrêmement agréable, mais… avec ta voix, c'est encore meilleur. J'ai l'impression que mes oreilles se remplissent de barbe-à-papa. J'ai envie d'écouter tout le temps, tout le temps.

— Quand même ! protestai-je, tout en me rendant très bien compte que je me faisais doucement embobiner par son ton innocent, personne ne m'a jamais dit que j'avais une voix si… spéciale.

— Mmh ! Il n'empêche, moi je l'aime. J'attendais avec impatience les jours où tu viendrais dans la chambre d'en face. Pourquoi crois-tu que je t'ai joué *After Hours* ?

Cela ne me mit pas trop mal à l'aise. C'était plutôt lui, justement, qui avait une voix suave et gentille de jeune garçon que la mue imminente interdit de forcer. Ceci dit, si j'avais été capable de m'abandonner d'emblée aussi complètement avec une personne de l'autre sexe, et qui m'était totalement inconnue, les sonorités extrêmement douces de sa voix y étaient pour quelque chose. Lorsque je réalisai cela, je sentis que moi aussi les oreilles commençaient à me chatouiller.

Le joueur de piano cessa de jongler avec le polochon. Faisant le geste d'incliner la tête pour tendre l'oreille, il dit : « On dirait qu'il est de retour. »

Inquiète, je tournai les yeux vers la fenêtre qui se trouvait en face de la chambre de Masao. A ce moment retentit le bruit d'une fenêtre que l'on refermait violemment. Je me levai instinctivement pour m'enfuir, mais le joueur de piano me tapota le bras de son polochon.

— Du calme, voyons ! Il ne te trouvera pas !

Je retins le polochon qu'il m'avait mis sur le bras. La terreur et la tristesse resurgies me labouraient le cœur. Le joueur de piano relâcha la pression du polochon, et ce fut à mon tour de le saisir à pleins bras.

— Tu ne veux pas y retourner, tout de même ? me demanda-t-il.

— Jamais de la vie !

La violence avec laquelle j'avais dit cela m'étonna. Marquant une pause, le joueur de piano lâcha un cri d'admiration : « Et elle a aussi cette voix ! »

Il souriait. La tension fondit, je me mis à rire.

— Elle te plaît ? demandai-je.

— Elle me plaît. C'était une voix comme un sorbet à la menthe. Je suis sûr que tu peux produire des tas d'autres voix. Je demande à entendre.

Si ça lui faisait tellement plaisir… l'envie me vint soudain de lui faire entendre. J'étais embobinée par la candeur juvénile du joueur de piano.

— C'est comment ton nom ?

— Kendô Shunji…

Il se remit à rire. Spontanément, je me mis aussi à rire.

— Et ça s'écrit avec quels caractères ?

— « Chien » et « enfant », puis « printemps » avec « intention bienveillante », déclina-t-il avec obligeance, puis vint le commentaire. C'est ce qu'on m'a appris à dire à l'école d'aveugles pour décliner mon identité, mais quand j'étais gosse, je ne voyais pas très bien le sens. Le chien et le printemps, ça c'était clair. Mais « enfant » et « intention bienveillante », je me demandais tout le temps ce que cela pouvait bien être. Mais à présent je peux signer en caractères chinois, dit Kendô Shunji en étendant la main vers moi. Donne-moi ta paume.

Il prit mon poignet, le déposa sur ses genoux. Cela me fit pencher le corps, menaçant mon équilibre. Pour le retrouver, je dus me rasseoir plus près de lui. Tout en tenant mon poignet de la main gauche, de l'index droit il se mit à tracer des caractères au creux de ma paume. Mais déjà au « chien » je n'en pouvais plus de chatouillis. Je dus dégager ma main dans une explosion de rire.

— Ah ! c'est cette voix ! soupira tristement Shunji, qu'elle est belle ! si belle !

Mais cela faisait encore plus drôle, mon rire se poursuivit jusqu'à ce qu'il soit coupé par le ton grave de Shunji.

— Tu vas te faire repérer, tu sais, à rire si fort.

Je fermai la bouche. Shunji reprit possession de ma paume et voulut écrire « enfant ». Mais tout le monde sait qu'une fois qu'ils ont commencé, les chatouillements se nourrissent du moindre prétexte pour éclater ; je me tortillai pour retirer ma main.

— Jamais je ne pourrai terminer ma signature !

Il disait cela, mais je voyais bien qu'il écoutait intensément mon rire en plissant les yeux. Mon fou rire passé, les mains revinrent, bien décidées à mener à bonne fin la séance de signature.

— Ecris-moi ça au stylo sur du papier, veux-tu ? dis-je en envoyant ma paume à la rencontre de la sienne pour l'arrêter dans son geste.

— Ah, mais je n'ai pas de papier, moi ! Un kleenex, peut-être ?

Evidemment, si on n'y voit pas, écrire ou dessiner ne doit pas être dans les habitudes. J'étais assez honteuse de ma gaffe. Shunji profita de ce que nos mains étaient jointes pour me chatouiller la paume de son pouce. Une escarmouche de bras poussés, tirés, tordus se poursuivit quelque temps. Et moi qui ne pouvais m'arrêter de rire. Entre les accès de rire, je me demandais comment je pouvais me trouver à jouer aussi intimement avec une personne que je venais à peine de rencontrer. Mais comme ces jeux n'étaient nullement déplaisants, tant ils semblaient naturels, je cessai assez rapidement de réfléchir.

Et sans nous en apercevoir, nos mains se trouvèrent réunies. Le visage de Shunji était tout près du mien. Et c'est qu'il riait vraiment de bon cœur. Lorsqu'il riait, son visage enfantin devenait de plus en plus innocent.

— Quel âge as-tu ? pus-je demander enfin, reprenant ma respiration haletante.

— Dix-neuf.

— Vraiment ? dis-je en réexaminant le visage que j'avais devant moi. Je t'aurais donné facilement seize ou dix-sept ans !

— Ma croissance traîne. Même la barbe qui ne veut pas pousser. Et toi, quel âge as-tu ?

— Vingt-deux.

— Un an plus jeune que Chisato, constata-t-il, mentionnant pour la seconde fois ce nom inconnu. Il t'appelait « Kazumi », n'est-ce pas ? Puis, comme se souvenant de quelque chose : C'est ton vrai nom ?

— Bien sûr. Qu'est-ce que ce serait d'autre sinon ?

— Parce que Chisato, en fait, s'appelle Satoko. Mais ça ne lui plaît pas son vrai nom, elle veut qu'on l'appelle Chisato. Même sur ses cartes de visite c'est Chisato.

Est-ce que cette Chisato était son imprésario ? Je voulais le lui demander, mais sa question vint plus vite.

— Et ton nom de famille ?

— Mano… Mano Kazumi. Le *ma* de « vérité », et *no* de « lande ».

— D'accord, mais tu perds ton temps ! dit-il en secouant ses mains qui tenaient les miennes. Je connais seulement les caractères qui forment mon nom, c'est tout !

Je m'en voulais d'avoir encore sorti une gaffe, mais cela ne lui faisait rien du tout à Shunji, semblait-il, car il proposa gaiement : « A quoi pourrait-on jouer ? Veux-tu que je te joue quelque chose au piano ? »

Moi aussi j'étais de bonne humeur. Depuis que j'avais pénétré dans cette pièce, je n'avais pas vu filer les heures, et ce grand problème, comment j'allais faire pour rentrer chez moi, je n'avais pas eu le temps d'y penser. Il pouvait bien être dix heures. Sans doute que Masao était encore à emballer en rongeant son frein. Peut-être pouvais-je sortir sans trop de risques.

— Si tu as des sandales ou quelque chose, pourrais-tu me les prêter ? Je te les rendrai dans quelques jours.

— Comment, tu rentres ? Mais reste dormir !

Comme il avait dit cela simplement ! Je le regardai attentivement en papillotant des paupières.

— Tu héberges comme ça la première venue dans ta chambre ?

— Les gens qui viennent le soir, en tout cas je les héberge.

Malgré toute la sympathie que j'éprouvais pour sa gentillesse et sa gaieté, ce n'est pas parce qu'il m'avait proposé le gîte que j'allais m'exécuter séance tenante. Il faisait beaucoup plus jeune que son âge, c'est entendu, mais il n'en avait pas moins dix-neuf ans. Et c'est justement parce qu'il était un adolescent dans toute son ingénuité que je le croyais capable de passer, en toute ingénuité, à l'acte sexuel. Je remarquai cependant que ces mains qui serraient les miennes depuis un bon moment ne manifestaient pas le moindre intérêt sexuel. Mais feindre l'ingénuité était peut-être le sommet de sa tactique, allez savoir !

Tandis que je roulais ces pensées, il y en avait une, un fantasme, qui avait pris corps dans ma tête en même temps : supposons que je tombe dans les bras de ce gamin, quelle impression cela me ferait-il ? Mais, de toute manière, je n'envisageais pas de tomber dans les bras d'un autre le soir même où je m'étais enfuie de ceux de mon fiancé. Je ne sais pas si c'est parce que ce Shunji ne ressemblait pas du tout aux types que j'avais connus jusqu'ici, à commencer par Masao et Haruhiko, mais cette pensée que nous pourrions bien tomber dans les bras l'un de l'autre m'était terriblement séduisante. J'étais toute en émoi, je perdais les pédales.

— Pas de réponse, donc c'est que tu désires rentrer, n'est-ce pas ?

La voix de Shunji me sauva de ma perplexité. Je poussai involontairement un soupir de soulagement. Et tout de suite après, comme s'il avait bien choisi son moment, d'un air suprêmement dégagé, Shunji posa le dos de ma main sur sa joue. Ce qui me surprit surtout, ce fut de sentir la tiédeur de sa joue. Mais là encore il semblait s'agir d'un de ces gestes qui chez lui n'avaient pas de signification bien profonde, car déjà il poursuivait son discours, ma main retenue dans la sienne.

— Demain, j'ai une réunion à une heure à Aoyama, tu aurais profité de la voiture.

— Ce ne serait vraiment pas le moment ! C'est le déménagement de Masao demain, il va entrer et sortir continuellement de son appartement.

— Ah bon, il n'habitera plus en face ? Et si tu venais emménager à sa place ?

— Pourquoi ?

— Je pourrais entendre ta voix !

Je ne pus me défendre de sourire.

— Et de mon côté, je pourrais te jouer du piano.

— Riche idée, mais…

Pendant que je parlais, un bruit de porte qu'on referme s'était fait entendre de la maison principale du lotissement, l'instant d'après des pas précipités se matérialisaient. D'une poussée brusque la porte s'ouvrit, sans même avoir été heurtée pour annoncer l'arrivant. Une lampe de plafond s'alluma. Apparut une fille de vingt-trois, vingt-quatre ans, aux cheveux courts sur la nuque.

Shunji abaissa ma main de sa joue, mais ne lâcha pas pour autant celle qu'il étreignait encore. Quant à la fille, elle demeura plantée ainsi plusieurs secondes, les sourcils d'un noir de geai exagérément arqués pour mieux souligner la peine qu'elle avait à entériner le spectacle s'offrant à ses yeux. Puis son regard s'appesantit sur moi et elle me demanda d'une voix criarde de fausset : « Vous êtes qui, vous ? »

Je réagis instinctivement en ramenant mes genoux sous moi pour rectifier ma position sur le lit.

— C'est la première fois que j'ai l'honneur… Mano Kazumi.

— Ce n'est pas ce que je vous demande. Puis se tournant, haletante, vers Shunji : Que fait ici cette fille ?

— Je la cache, figure-toi, dit Shunji, très calme. Et ne parle pas si fort ! Un ogre veut la prendre et la dévorer !

La fille referma la porte derrière son dos et, relevant les pans de sa robe, s'avança jusqu'au lit.

— La prendre et la dévorer ? Ne serait-ce pas toi par hasard ? jeta-t-elle à Shunji, puis se tournant vers moi elle s'enquit de mon état : Ça va, il ne vous a pas touchée ?

Son expression et sa voix, empreintes de douceur et de mansuétude, avaient radicalement changé par rapport à l'instant précédent. Sa respiration aussi s'était calmée. Mais cette mansuétude n'était que feinte, cela se voyait à l'éclat terrible de son regard. Probablement une fille dotée d'un violent amour-propre, qui ne voulait pas se laisser voir démontée par la colère.

— Mais voyons, Chisato, on ne fait rien de mal, plaida Shunji.

— On est comme cela main dans la main, comme de bons amis, et c'est tout ?

— Il m'a parlé de vous. Vous êtes Satoko, n'est-ce pas ? dis-je en m'immisçant pour tenter d'apaiser la colère de cette fille.

L'effet fut tout à fait à l'opposé, Chisato, ou Satoko, je ne sais pas, me foudroya du regard. Sans doute que cela ne lui avait pas plu de s'entendre appeler Satoko. Mais c'était simplement parce que j'avais trouvé que, pour une première entrevue, cela faisait trop familier d'appeler quelqu'un par son surnom.

— C'est qu'elle se met tout de suite en colère, Chisato !

— Je ne suis pas particulièrement en colère, dit Chisato, ou Satoko, je ne sais pas, d'une voix de guimauve, mais je voyais très bien qu'elle était en colère.

— Ah, c'est vrai ! s'exclama Shunji en joignant les mains comme s'il venait de se rappeler une excellente chose. Tu tombes à pic. Sors le Pajero, veux-tu ? On va la reconduire, et comme ça on fera un tour en voiture.

Chisato fit aller et venir son regard de Shunji à moi.

— Non, je rentre en train, dis-je précipitamment.

— Je ne demanderais pas mieux que de la reconduire, murmura Satoko d'un air sublime, mais c'est que le Pajero a un petit problème en ce moment.

— Comment va-t-on faire pour aller à Aoyama demain alors ?

— On ira en taxi.

— Je n'aime pas monter dans les taxis. Ça doit aller, non, avec le Pajero ?

Je pris mon sac sous le bras pour montrer que j'étais bien sur le point de m'en retourner.

— Ne vous en faites surtout pas pour moi. Je serais très heureuse toutefois si vous pouviez me prêter des sandales, ou quelque chose du même genre.

— Des sandales… on a ça, des sandales ? fit Chisato en se croisant les bras.

— Dans la maison principale, il y en a des tas, j'en suis sûr, intervint Shunji.

— Des sandales de paille ou des savates, n'importe quoi pourvu que ça puisse se mettre aux pieds ! lançai-je comme dans un cri avant que Satoko ne devienne menaçante.

— Attendez là, fit Chisato en quittant la pièce d'un pas lourd d'importance. Je sortis mon mouchoir pour m'essuyer le front, tandis que Shunji s'entourait des bras les genoux qu'il avait ramenés sous le menton.

— On est dimanche, aujourd'hui ? demanda-t-il.

— Oui.

— Ce n'est pourtant pas son jour à Chisato.

— Qu'est-ce qu'elle est pour toi, cette fille ?

— C'est ma cousine.

Chisato était réapparue dans l'entrée au milieu de cet échange de propos. Je me levai, et Shunji me suivit, tandis que Chisato montrait des sandales qu'elle avait posées dans l'entrée.

— C'est tout ce que nous avons. Ce n'est pas la peine de les rapporter, on allait les jeter, dit-elle. C'était une paire de savates en plastique rouge, sur lesquelles se détachait en grandes lettres blanches imprimées le mot TOILET[1]. Chisato esquissa un léger sourire. Je glissai les pieds dans les savates.

---

1. Le lecteur sait certainement que l'on se déchausse dans l'entrée d'une maison japonaise pour passer des patins, en tissu ou en plastique, afin de circuler dans les pièces sans souiller ces merveilles. Précisons cependant qu'à l'entrée des cabinets, une autre paire de savates spéciales attend l'utilisateur qui devra abandonner les premières pour enfiler celles-ci. Afin de ne pas oublier de repasser la première paire en sortant des cabinets, et de ne pas mélanger le « propre » et l'« impropre », ces savates portent une indication non équivoque de leur affectation. Par exemple, la statuette du petit gamin de Bruxelles qui fait pipi, ou plus prosaïquement comme ici les lettres TOILET en anglais, ce qui fait toujours plus chic que les caractères « cabinet » en japonais. Si on oublie d'en changer, comme le font souvent les jeunes enfants, et les étrangers distraits dans les premiers temps de leur domestication, cela se voit immédiatement et l'on est rappelé à l'ordre par les rires bon enfant de toute la maisonnée qui commentera longtemps encore l'incident.

— Merci beaucoup, Chisato-san, dis-je.
— Satoko, rectifia-t-elle.
— Je croyais que c'était Chisato ? fit Shunji.
Décidément, ce jeune garçon me plaisait.
— Je me charge de la reconduire, toi tu vas dormir ! dit la fille en retenant Shunji qui voulait me suivre jusqu'à l'entrée.
— Ce n'est pas la peine de te déranger. Merci pour tout ce que tu as fait aujourd'hui, fis-je en me tournant vers Shunji qui se mit à remuer la bouche pour manifester sa désapprobation.
Si Shunji ne répondit rien, on voyait à sa tête que cela ne lui plaisait pas du tout. Bien sûr, moi aussi j'aurais préféré être seule avec lui et lui faire des remerciements plus sincères. Mais la cousine lui referma la porte au nez.
Tout en marchant dans l'étroit passage le long de la maison principale, la fille me murmura :
— Il a l'air bien mignon et gentil, mais méfiez-vous, il a la main leste avec les filles. Il ne vous a pas dit de rester dormir ? enquêta-t-elle.
— Il ne m'a rien dit de tel, mentis-je, moins par souci d'épargner la dignité de Shunji que par répulsion pour cette fille qui disait du mal de son cousin derrière son dos.
— Inutile de me remercier. Adieu ! dit la fille lorsque nous fûmes arrivées à l'entrée.
Force me fut donc de m'anéantir en un bref salut assorti de la formule d'usage : « Et transmettez, je vous prie, mon bon souvenir à votre cousin. » Ce qui déclencha chez elle un petit rire ironique : « Lui, c'est mon mari ! »

Comme le jour de ramassage des « ordures-non-combustibles » tombait le samedi et que j'étais rentrée chez moi le dimanche soir, il me fallut voir cinq jours durant les savates rouge toilette que j'avais abandonnées dans l'entrée.

Quoiqu'à contrecœur, je me rappelais chaque fois le sourire ironique flottant sur le menton carré de la fille qui m'avait donné ces savates, et alors me revenait en mémoire l'image de ce Shunji qui était d'une telle gentillesse qu'il était impensable qu'il soit le mari, ou même le cousin de cette virago. Non pas que je n'aie eu rien d'autre à faire pendant ces cinq jours : le mois d'avril approchait et j'étais accaparée par les préparatifs pour reprendre l'université abandonnée depuis près de deux ans. Il me fallut dégager mes bouquins de cours que j'avais empilés dans le petit placard du plafond, aller jusqu'à la fac pour assister aux séances d'orientation pour la nouvelle année académique. Et je n'arrêtais pas de me demander ce que pouvait faire Masao qui avait dû commencer son travail de bureau. Mais à mesure que passaient les jours, ce qui commença à m'envahir l'esprit, ce fut le souvenir de ces moments passés dans le studio de l'adolescent aveugle.

Supposons que ce soir-là, sa cousine ne soit pas apparue brusquement, la rencontre avec l'adolescent répondant au nom de Kendô Shunji aurait vécu en veilleuse dans ma mémoire comme un de ces événements agréables, mais sans plus, qui arrivent de temps à autre dans une vie. C'est vrai, je m'étais demandé quelle impression cela devait faire de se retrouver dans ses bras, mais comme finalement il n'était pas apparu bien nettement que Shunji portait de l'intérêt aux choses du sexe, sans doute aurais-je rapidement oublié toute l'histoire. Or, voilà qu'était apparue une méchante cousine dans le rôle de la rivale, comme dans les bandes dessinées de ma lointaine enfance, et du simple fait qu'elle avait évoqué un rapport sexuel en déclarant – vrai ou faux – « Lui, c'est mon mari », j'en avais conçu un intérêt puissant pour l'existence passée et présente de Shunji. Jalouse de nous voir ainsi les mains enlacées, elle avait trouvé l'expédient de cette méchanceté pour que je ne revienne plus jamais voir Shunji, mais cela s'était retourné contre elle.

Shunji et sa cousine ne peuvent pas être mari et femme. S'ils étaient mariés, ils vivraient ensemble, elle ne choisirait tout de même pas le dimanche pour rendre visite à son époux. Et quand bien même coucheraient-ils ensemble, il est clair que c'est la cousine, et elle seule, qui s'est empressée d'en faire son époux. C'est ce qu'il ressort d'une confrontation, d'une part, entre le comportement et le ton musclés de la cousine, qui n'avait de cesse que Shunji fasse ses trente-six volontés, et d'autre part le caractère candide et franc comme l'or de Shunji.

Le souvenir du contact des mains de Shunji me revenait continuellement en mémoire. Considéré sous l'angle qu'on voudra, il n'y avait là rien d'autre que le contact physique de deux enfants s'étreignant les mains parce qu'ils s'entendent à merveille. Un adolescent qui touche ainsi les gens peut-il avoir de réels appétits charnels ? Ou peut-être ne manifeste-t-il de désir charnel que vis-à-vis du partenaire approprié, mais alors, quel aspect cette manifestation peut-elle bien revêtir ? C'était assurément la première fois que mon désir vis-à-vis de l'autre sexe prenait une forme pareille. Et même en tenant compte du fait que, ne tirant plus guère de sensations de l'acte consommé avec Masao, je passais mon temps à essayer d'imaginer ce que cela donnerait avec un autre, il était indéniable que ce Shunji m'avait laissé une impression spéciale.

Lorsque j'allai poser samedi matin les savates au point de ramassage des poubelles, je résolus d'aller rendre visite à Shunji. De toute manière je voulais le remercier pour sa gentillesse. Si je tombais sur la cousine, elle ferait certainement une sale tête, mais je m'en fichais. Je pris donc la direction de Harajuku pour acheter un cadeau, une boîte de biscuits au fromage, dans un magasin que

Yôko m'avait indiqué de son vivant. Mon intention était de remettre la boîte ni vu ni connu à Shunji, alors que Yôko ne l'aurait certainement pas remise sans insister, avec un déluge de formules de politesse vitriolées à l'appui, pour rencontrer la cousine. Cette seule pensée me fit exploser de rire devant la boutique.

Le lendemain je me rendis chez Shunji. Le dimanche était en principe le jour où la cousine n'était pas supposée venir, et surtout il était hautement prévisible que, d'une manière générale, comme ça en plein jour, une fille qui était à l'âge de s'amuser serait sortie. Lorsque je passai devant l'ancien appartement de Masao, j'eus un retour de flamme très désagréable, il me fit remettre en question ma démarche, qui faillit bien en rester là, mais je balançai résolument ce doute et fonçai crânement vers ma destination.

Le montant de la porte d'entrée du jardin arborait deux plaques aux noms de « Eguchi » et de « Kendô ». Le portillon était fermé, mais en passant la main par la grille, le loquet jouait sans problème. Consciente de mon impolitesse, je pénétrai sans permission dans la propriété. La maison principale était calme, les occupants semblaient absents. Je me campai devant la porte de Shunji et frappai discrètement. Mon cœur battait la chamade.

Il n'y eut pas de réponse. Même silence dans le studio que dans la maison principale. Je commençais à désespérer qu'il ne soit absent, lorsque le son du piano se fit soudain entendre. C'était *After Hours.* A l'unisson du rythme de mon cœur je tambourinai violemment à la porte. La musique s'arrêta. Il ne fallut pas longtemps pour que tourne la poignée de la porte. Shunji bondit plutôt qu'il ne sortit pour se heurter à moi et me saisir les bras des deux mains étendues.

— Ah, on se retrouve, quand même !

En short et maillot, comme s'il travaillait sur un appareil de musculation, Shunji était tout en sueur. Je fus si heureuse de sa réaction que je passai ma main libre, celle qui ne tenait pas la boîte de biscuits, autour de ses épaules et étreignis le tissu de son maillot.

— Bonjour !

— Exactement cette voix, dit Shunji en dodelinant de la tête, j'ai pu l'entendre encore une fois !

Emmêlant ses bras aux miens, il m'entraîna dans la pièce et, sans la moindre hésitation, se dirigea vers le lit.

— J'ai acheté des biscuits.

— J'en suis ravi.

Mais l'intérêt de Shunji ne semblait pas porté sur les biscuits. Les bras toujours emmêlés aux miens, il plongea sur le lit. Et moi je roulai sur lui tandis que roulaient à terre mon sac et le sachet contenant les biscuits. C'était un accueil des plus cordiaux, bien qu'il ne soit pas sans me décontenancer. Se mettre au diapason de Shunji c'était se décontracter étrangement, comme me l'avait appris ma première visite ici. C'est ainsi, juchée sur le corps de Shunji, sans grande différence de taille avec le mien d'ailleurs, que je laissai mon corps retrouver son calme. Ce fut lui qui parla le premier.

— Je n'ai fait que penser à toi. Comment faire pour se revoir ? Je ne pensais qu'à ça !

— Moi aussi. Surtout qu'on s'était quittés si bizarrement !

— Je songeais à une chose qui m'arrangeait vraiment trop bien ! Figure-toi que je m'imaginais que tu étais réellement venue emménager dans l'appartement d'en face. Bon, je savais bien qu'il n'y avait aucune raison, mais quand même !

— Tu as tellement pensé à moi ? répondis-je abasourdie.

— Ah, cette voix ! Comment t'arranges-tu pour avoir une voix aussi divine ?

Il me caressait le dos de haut en bas avec une urgence qui s'accordait avec celle de sa voix. Dans sa manière de caresser transparaissait une intimité, une affection aussi simple que celle que l'on manifeste aux bêtes ou aux petits enfants. Si on voyait parfois deux amies en conversation se caresser de la sorte, chez un homme, c'était plutôt curieux. En tout cas il n'éprouvait pas le moindre intérêt sexuel envers moi. Les forces désertèrent mon corps qui était jusque-là resté plus ou moins tendu.

— Mais comment as-tu su que c'était moi qui avais frappé ?

— Il n'y a pas beaucoup de monde qui vient me voir le dimanche, tu sais. Mais pourquoi es-tu venue, toi ?

— Pour te remercier…

A peine avais-je dit cela que ma langue s'arrêta. Je me sentis soudain honteuse de cette réponse que j'avais préparée à l'avance. Ne pas répondre franchement à sa question si franche était d'une inqualifiable grossièreté. Cessons donc de mentir.

— L'autre soir, je me suis vraiment bien amusée ! dis-je résolument.

C'est à ce moment que Shunji me prit dans ses bras. Il avait pas mal de force pour sa petite taille, si bien que je commençai à étouffer. Mais il n'y eut pas que cela de surprenant. L'instant d'après Shunji se mettait en devoir de dégager d'une main le pan de ma blouse hors de la jupe.

— Qu'est-ce que tu fais ? dis-je d'une voix qui me trahissait.

— On va fraterniser.

Joignant calmement le geste à la parole, il glissa une main sous ma blouse qu'il avait fini de sortir de la jupe. D'un bond, je me redressai pour lui prendre les bras. Cela ne m'avait pas frappé l'autre jour parce qu'ils étaient dissimulés sous un tee-shirt à manches longues, mais lorsque je tentai de les retenir je constatai que Shunji avait des bras très musclés. Je crus qu'il allait me faire plier, mais très obéissant, il retint son geste et me considéra d'un air incrédule.

— Qu'as-tu ? Tu ne veux pas qu'on fraternise ?

Il me fallut calmer ma respiration pour répondre.

— Fraterniser, qu'entends-tu par là ?

— Ce que j'entends par là ? Mais ce que tout le monde fait, pardi !

— Tout le monde ne promène pas comme ça ses mains sous les vêtements des gens avec qui il veut fraterniser.

— Ah bon ? Mais tout de même, si on fraternise, on se touche, non ? répondit Shunji avec le plus grand sérieux, si bien que je crus devoir argumenter avec un sérieux au moins égal.

— C'est une manière de penser plutôt bizarre. On peut fraterniser et s'entendre très bien sans se tripoter, tu sais. Quand des garçons fraternisent, ou des filles, ils ne se tripotent pas pour autant. Je mets à part les tordus, bien sûr.

— Tu crois ?

Shunji, qui s'appuyait sur son coude, se laissa retomber de tout son long sur le lit. En contrepartie, je lui libérai les bras, mais j'hésitais encore sur le parti à prendre : fallait-il aussi que je me dégage de son corps ? Je trouvais que ce serait un peu étrange de vouloir me dérober juste parce que sa main avait eu un geste inattendu, alors qu'il y a un moment à peine, nous étions en toute simplicité l'un sur l'autre. Si un autre garçon, par exemple un très bon copain, mais qui n'était pas mon amoureux, en venait ainsi sans crier gare à des gestes tendancieux, il est évident que je l'écarterais fermement. Mais il s'agissait de Shunji qui m'avait si bien mise à l'aise et détendue avec son contact physique, et adopter cette attitude me semblait inadéquat. C'est dans cette posture ni achevée ni commencée, à califourchon sur les jambes de Shunji, que je considérais de haut cet adolescent qui m'avait déboussolée.

Shunji avait croisé les bras sur sa poitrine avant de me dire d'un air de profonde réflexion :

— Et pourtant…

— Et pourtant ?

— Il y a pas mal de types qui me touchent. Parmi tous ceux que je rencontre au boulot. Je ne vois pas ce qu'il y a là d'extraordinaire.

— Et tu te laisses tripoter ? dis-je en posant inconsciemment pour m'y appuyer la main à côté de son visage.

— Fraterniser avec les gens me comble d'aise, oui.

Je restai sans voix, mais Shunji poursuivit, très calme :

— Pour être franc, je te dirai que se toucher entre types, ça ne m'amuse pas trop, non. Ils en veulent tout de suite à ton *pénis*. Les femmes sont beaucoup mieux pour ça. Elles te touchent le corps tout entier. Et puis leur voix est tellement agréable.

— Minute ! je le coupai péremptoirement. Tu n'as que dix-neuf ans, non ?

— Bien sûr ! Je te l'ai dit la dernière fois.

— Et il y en a combien, de gens avec qui tu fraternises ?

— Combien… ? Disons six ou sept. Mais il n'y a qu'avec Chisato que la fraternisation dure.

— Et les autres ?

— Quand le travail se termine, on se perd de vue.

— Il y en a bien qui téléphonent ?

— Oh, pas beaucoup.

Je l'enjambai pour me réinstaller un peu plus loin de lui.

— Pourquoi vas-tu là ?

Shunji appela, mais seul un soupir lui répondit. Je ne sais pas, mais je me sentais très abattue.

L'histoire de Shunji m'avait mise en état de choc. Passons sur le fait d'apprendre que Shunji collectionnait les expériences alors que j'en étais encore à le croire dénué de tout appétit sexuel, et passons aussi sur le fait que ces expériences concernaient également des hommes. Bon. Ce qui me choquait, c'était qu'une ribambelle de gens semblaient s'être divertis avec le corps d'un adolescent, dans des relations sans lendemain, alors que lui-même semblait avoir toujours accueilli comme une joie inespérée le fait qu'on veuille fraterniser avec lui. Résultat, Shunji semblait en être venu à considérer en toute innocence que fraterniser, bien s'entendre avec les gens, et pratiquer des relations sexuelles, c'était rigoureusement la même chose. Le monde regorgeait-il à ce point d'individus invitant les adolescents à des ébats sexuels avec une sereine amoralité ? L'inconscience de Shunji m'en semblait d'autant plus désolante.

— Je n'entends pas de réponse. Ça ne va pas ?

Shunji tendait la main. Il m'aurait été très facile de prendre cette main, mais après ce récit douloureux, comment aurais-je eu encore envie qu'il me touche à si bon marché ? Déboussolée par ses pratiques du contact physique, son *skinship*[1], l'idée que je m'étais demandé quelles sensations cela m'apporterait si je faisais l'amour avec lui m'était à présent détestable. D'ailleurs, je ne voyais pas comment il fallait s'y prendre pour coucher avec un adolescent qui avait poursuivi sa croissance

1. En anglais dans le texte, bien que ce mot n'existe pas en anglais, c'est une invention japonaise. Formé sur *skin* (peau, épiderme) et le suffixe *ship* (comme dans *friendship* : amitié), il indique « une grande intimité des rapports générée avant tout par le contact épidermique dont le modèle est évidemment la mère et l'enfant ». Notion exploitée avec profit, semble-t-il, par les grandes marques de produits de beauté, pour bébé, alimentaires, etc. dans des publicités montrant une jeune et jolie maman, blonde aux yeux bleus évidemment, s'ébattant nue avec son bébé sur la superbe moquette d'un appartement de rêve. Quelques maîtres à penser, trouvant que les Japonais manquaient par trop de contact physique (on ne se serre pas la main, on ne se touche pas quand on se parle, on ne se fait jamais de bisous entre filles et garçons à l'école, pas de câlins ou rarement – les chats et les chiens par contre y ont droit – on ne projette pas son haleine sur l'interlocuteur, bref, le corps japonais est enfermé dans une bulle culturelle beaucoup plus distante – sauf quand il est pris de boisson – que le corps méditerranéen par exemple) et étaient froids, ont décrété qu'on gagnerait à favoriser les attouchements. Et pour conférer davantage d'autorité à cette notion venue d'un ailleurs cosmogoniquement et idéalement éloigné, un Occident mythique, on lui a forgé un néologisme anglais, *skinship*, inexistant d'ailleurs dans cette langue, à moins qu'il n'ait été exporté depuis.

sexuelle en empruntant des parcours aussi éclectiques et totalement différents des autres hommes…

N'arrivant plus à me toucher, Shunji se souleva légèrement. La main se rapproche, je me penche sur le côté pour l'éviter. La main erre et tâtonne de-ci de-là.

— Fais entendre ta voix, comment veux-tu que je sache si tu es là ou pas ?

Avec un froncement de sourcils, il fit retomber sa main dans un geste d'irritation. J'émis un petit gémissement. Sa main venait de s'abattre sur mon orteil droit.

— Ah ! tu étais là ! lança Shunji guilleret. Pardon ! Je t'ai fait mal ?

Il effleura délicatement mon orteil droit, puis l'enveloppant dans sa paume se mit à le secouer légèrement comme pour l'amuser. Les échos de la douleur lancinante occasionnée par le choc n'étaient pas encore dissipés qu'ils se muaient déjà en sensations, en se propageant rapidement jusque dans mes reins. Pénis d'orteil avait commencé son érection. Dans mon trouble je voulus retirer mon pied, mais la main de Shunji fut plus rapide et immobilisa solidement Pénis d'orteil.

— Qu'est-ce que c'est ? Qu'est-ce que ça fait là, ça ?

Pénis d'orteil, qui était en train d'enfler, venait buter sur la pointe de mon mi-bas épais et solide et menaçait, faute d'issue, de gondoler.

— Lâche-moi ! implorai-je.

— Mais réponds ! insistait Shunji d'autant plus que je faisais celle qui n'entendait pas. Normalement, ça ne devrait pas être là, non ? Comment cela s'appelle-t-il ?

— Je t'en prie, lâche-moi tout de suite !

— Voilà, je lâche ! Mais on dirait un pénis, dis donc !

Ce fut un cri qui finalement jaillit de moi :

— Eh bien oui ! c'est un pénis ! Et il s'est coincé dans mon bas en plus, ça fait bigrement mal !

L'action de Shunji fut fulgurante. Sa tête partit en piqué vers le bout de mon pied, et en deux, trois coups de dents rapides il lacéra mon mi-bas pour y pratiquer juste le trou nécessaire au dégagement de Pénis d'orteil. Et dès qu'il eut passé la tête, sans me laisser le temps de crier gare, il le prit dans sa bouche.

La surprise et le bien-être me firent oublier de résister. La sensation d'une bouche étrangère, pour la première fois, me remua tout entière. Sans compter que Shunji semblait un vieux routier de la chose. Il l'avait enfoncé jusqu'au fond de sa gorge, ayant parfaitement localisé le point vital, et suçait expertement d'une langue sagace, tantôt léchant et titillant, tantôt lapant ou frictionnant. Parfois aiguë, parfois douce, très calme l'instant d'après, la qualité de la jouissance fluctuait continuellement. C'était tout à fait différent de ce que je me faisais moi-même, car là, il m'était impossible de prévoir quelle allait être la stimulation suivante. En très peu de temps, j'avais entièrement remis la direction des opérations à Shunji, tout occupée à me concentrer sur les jouissances qui m'étaient imparties.

Cette fois Shunji recourut à la main pour amener un crescendo dans l'échauffement. Le mouvement devint très frénétique, héroïque. La sensation de plaisir grimpait, j'étais pantelante. Bientôt j'atteignis l'orgasme. Je poussai un énorme soupir.

— Ça, pour une surprise ! Une fille avec un pénis ! s'exclama Shunji, ayant enfin trouvé à mettre sa stupéfaction en mots, et il se redressa. Le geste qu'il eut pour essuyer des doigts la salive qui lui dégoulinait de la bouche me laissa interdite. Un sentiment d'embarras extrême me fit détourner les yeux. Mais Shunji qui ne pouvait pas voir cela me demanda :

— Alors ! Je... n'ai pas été trop maladroit ?

Incapable de répondre au milieu d'une si grande gêne, j'échappai par le rire. Mais, apparemment soucieux d'être informé avec exactitude, il posa la main sur mon genou et se rapprocha, insistant :

— Dis-moi, voyons. Je t'ai donné du plaisir ? Empoignant la main de Shunji pour toute réponse, je l'appliquai sur ma joue pour lui apprendre qu'il y fleurissait un sourire.

— C'est la première fois qu'on me faisait ça, l'informai-je.

— Vraiment ? s'étonna Shunji, et il répéta sa question d'une voix haut perchée. Ah, parce qu'il ne te faisait pas ça, l'autre ?

— Masao, ça le dégoûtait, il ne voulait même pas y toucher.

— Dégoûtait ? Comment est-ce possible ? Il avait le même, non ?

Son ton indigné m'alla droit au cœur. Toutes les tristesses et les mortifications subies du temps de Masao me remontèrent en âcres remugles, si bien que je ne pus m'empêcher d'avouer la vérité :

— Tu sais, il a voulu me l'amputer !

— Comment ! Mais c'est aberrant ! dit Shunji la bouche déformée par l'indignation, et il fit glisser sa main sur ma jambe. Lorsque je compris qu'il voulait toucher Pénis d'orteil, je m'empressai de l'arrêter.

— Mais je vais te le faire encore une fois, dit-il.

Encore un peu et j'allais fondre en larmes. Mais c'était de la gratitude et du respect à l'adresse de Shunji qui me remontaient à présent. Et ce fut portée par ce sentiment étouffant que je l'étreignis. Il y eut comme un moment d'égarement, mais Shunji me passa gentiment le bras autour des épaules.

— Va-t-on pouvoir fraterniser, tous les deux ?

Cela me surprit qu'il dise non pas « Alors, on fraternise ! » mais bien « Va-t-on pouvoir fraterniser ? » Shunji, en vérité, n'était pas obsédé par l'idée de passer à l'acte sexuel. Même s'il considérait que « fraterniser » égalait acte sexuel, le désir de fraternisation était primordial chez lui. C'est pour cela qu'il était capable de mettre les gens à l'aise avec un contact physique, un *skinship* asexuel, et aussi qu'il était si doux et gentil. Comment se faisait-il que je n'aie pas saisi plus tôt une chose aussi simple ?

De ce farfelu de Shunji ou de Masao qui abhorrait tout pénis hormis le sien, lequel des deux était le plus honnête, personne ne pouvait, je pense, se prononcer sur ce point. C'était un original ? La belle affaire ! Je m'en moquais. Je voulais fraterniser avec ce merveilleux adolescent. N'était-ce pas parce que je souhaitais ce dénouement que j'étais venue ici aujourd'hui ?

Je collai mes lèvres à celles de Shunji, qui réagit en agitant légèrement la langue. Lorsque nos lèvres se séparèrent, il dit mal à propos, mais avec la meilleure grâce du monde : « Tu avais acheté des gâteaux, je crois ? Alors mangeons-les ! »

Le toucher et la saveur de la bouche de Shunji avaient imprégné Pénis d'orteil et ma bouche, au point que leur souvenir continua à me mettre les joues en feu plusieurs jours après. Lorsque nous dégustâmes ensemble, ce dimanche, les biscuits au fromage que j'avais apportés, la gêne s'installa entre nous et, n'en pouvant plus, je partis précipitamment après un échange formel de nos numéros de téléphone. Mais au plus profond de la nuit, pour la première fois depuis que j'avais Pénis d'orteil, je goûtai au plaisir solitaire en laissant libre cours à mon imagination. Exactement comme me l'avait enseigné Masao, il y avait là une saveur dont il était difficile de se déprendre. Et je sus ainsi pour la première fois comment, lorsque montait le plaisir, ma conscience volait en éclats et je ne voyais plus rien, et aussi qu'à l'instant où je jouissais, l'objet de ma passion resurgissant sur la scène vide de mon esprit, c'était un nom que je voulais crier à mon corps défendant.

Ce qui avait changé, ce n'était pas seulement la manière dont je passais ces petits moments de la nuit en ma compagnie. La journée aussi, lorsque je marchais dans la rue, ou que les cours de la fac m'ennuyaient, que languissait la conversation avec une amie dans un café, Shunji me revenait à l'esprit, sans que je veuille spécialement y penser. Encore et toujours Shunji. Soudain surgissait une scène avec lui sans aucun lien logique avec ce que je pensais l'instant d'avant. Combien de fois m'est ainsi apparu un Shunji qui, tantôt coupant court à mes dénégations, se plantait dans la cuisine et avec des gestes parfaitement rodés par une longue pratique, enfonçait le bouton-poussoir de la grosse bouteille thermos électrique pour en faire jaillir l'eau bouillante avec laquelle il chauffait les tasses et la théière pour préparer le thé anglais dans les règles, tantôt grignotait en murmurant « Mmm… ce goût n'est pas inintéressant » les biscuits au fromage que j'avais achetés, et faisait tomber d'un geste vif d'écureuil un fragment qui adhérait à la commissure de ses lèvres. Les apparitions fréquentes de ces scènes avec Shunji me faisaient perdre le sentiment de l'écoulement du temps, comme dans les rêves, et je restais à bayer aux corneilles.

Bref, le fait est que j'étais très enthousiasmée d'avoir rencontré Shunji. Dans mon enfance, il m'était arrivé de ne pas pouvoir dormir à cause de l'excitation d'un départ en voyage ou d'un nouveau jeu. Mais je n'avais pas souvenir d'avoir éprouvé une telle exaltation pour une personne. Même au tout début de ma relation avec Masao, il suffisait que je voie mon lit pour m'endormir d'un seul coup. Une pensée aussi me sidéra lorsqu'elle atterrit dans mon esprit: même sur le plan sexuel, la seule et unique fellation pratiquée par Shunji avait suffi pour me faire ressentir comme nulles et non avenues toutes les joies du sexe que j'avais pu partager avec Masao. Disons aussi que l'acte de Shunji avait mis un merveilleux baume sur la plaie affective ouverte par l'attitude horriblement glaciale de Masao vis-à-vis de Pénis d'orteil. Je ne pouvais croire que j'avais tant souffert, et jusqu'au souvenir de ma liaison avec Masao avait cessé de m'être pénible. Même cet épisode où il avait voulu tronçonner Pénis d'orteil, j'étais maintenant capable de me l'expliquer en le mettant sur le compte d'un égarement passager, vraisemblablement dû à une montée d'angoisse devant la perspective de devoir aller au bureau dès avril, c'est-à-dire le surlendemain même. Rien ne subsistait de la colère suscitée par cet acte de violence…

Or Masao justement m'appela, c'était un vendredi soir. J'avais lancé un « Allô, oui ! » plein d'enthousiasme en empoignant le combiné, persuadée aux premiers accents de la sonnerie que c'était Shunji qui appelait. Dès qu'un « C'est moi » plein de retenue me fit réaliser que c'était Masao, ma main se mit à transpirer sur le combiné.

— Tu dois être fâchée ?

— Je ne suis même plus fâchée.

— Plutôt que d'être fâchée après moi, tu dois en avoir ta claque de moi ?

Ne sachant pas trop quoi répondre, je me tus. Masao sembla vouloir attendre la réponse quelque temps, mais comme le silence s'installait, il dit d'une voix rauque et altérée : « Ça ne sert à rien que je te dise des mensonges, je sais très bien que de toute façon tu ne m'écouteras pas. »

Suivit un soupir.

— Mais c'est vraiment moche ce que j'ai fait là. Vouloir te faire du mal, à toi, ce n'est pas croyable ! J'ai honte, tu sais. Mais la vérité, c'est qu'à ce moment-là j'étais incapable de réaliser que ce pénis d'orteil c'était toi, une partie de toi. Pour moi, je voulais couper quelque chose que je considérais comme ne faisant pas partie de toi, je n'imaginais pas que cela te ferait souffrir.

— Ce n'est rien. De toute manière il ne s'est rien passé, dis-je du fond du cœur.

— Je reconnais bien là cette gentillesse sereine et philosophe, fit Masao en riant. C'est avec un caractère comme le tien que j'aurais dû naître.

— Pas d'ironie, veux-tu !

— Je ne suis pas ironique.

Il devait appeler d'un téléphone public, car la pétarade d'une moto brouilla la conversation. Masao attendit le retour au calme pour reprendre :

— Je pensais t'épouser.

— Oui, c'est vrai.

— Je voulais vraiment me marier.

— Mais moi aussi.

En répondant cela, le cœur me manqua. L'espace d'un instant, je replongeai dans l'atmosphère paisible de l'époque où tout allait si bien avec Masao. Mais même si je pouvais me souvenir, il était inutile de me demander si je pourrais revoir Masao avec les mêmes dispositions d'esprit. Le combiné pesait déjà dans ma main.

— Tu ne veux pas que je te rende tes mocassins ?

Il abordait la question des mocassins que j'avais abandonnés dans l'entrée de son appartement.

— Je peux les garder ?

— Non, je voudrais que tu me les envoies.

— Excuse-moi, en vérité je les ai jetés, reprit Masao en riant. Je les ai emballés dans un sac en plastique avec les déchets du déménagement. Ça m'aurait fait trop mal de les revoir !

— Si c'est comme ça, c'est très bien.

La conversation languissait.

— Il faut que je te quitte, fit Masao.

— Oui.

— C'est bien d'avoir pu parler, tu sais !

Une nouvelle fois, une vague de sentimentalité me submergea. Mais je la chassai et je conclus : « Merci beaucoup ! »

Le combiné reposé, je ne pus relever la tête tout de suite. Pendant un moment, mon cœur déborda de reconnaissance pour cet appel de Masao qui m'avait signifié une rupture droite et loyale. Mais en même temps que se retirait ce sentiment de reconnaissance, la figure de Masao qui flottait devant mes yeux alla en s'estompant, pour se dissoudre finalement dans les ténèbres.

Et c'est ainsi que Masao bascula parmi les êtres lointains.

4

La deuxième fois que j'embrassai Shunji, je me demandai si c'était cela ce qu'on appelait le « doux baiser ». La première fois cela avait été, disons, un baiser bref de salutation, je n'en avais pas très bien saisi les sensations. Mais lorsque nous en vînmes au baiser long, plus appuyé, plus authentique, je sentis la personnalité de Shunji à travers lui. Ni sucer, ni lécher, mais caresser ma langue de la sienne, tout comme l'on caresse de la main un bras, un dos, telle était la manière de procéder de Shunji. Cette caresse était semblable à son *skinship*, cette intimité physique où se mêlaient tendresse et compassion, mais aussi câlinerie, comme le battement d'ailes du papillon elle était légère et adorable.

La manière de Masao était différente : plus dynamique, on pouvait même la trouver brutale comparée à celle de Shunji. Il fourrageait dans la bouche, la curait, comme si sa langue essayait de desquamer quelque chose, tant et si bien qu'à la fin son impétuosité manquait de m'avaler tout entière. Et comme je n'avais pour toute expérience avant Masao que celle de mon petit ami du lycée qui m'avait fort maladroitement donné ses lèvres, je ne pouvais imaginer à l'époque qu'il puisse exister une autre façon d'embrasser. Avec Shunji, si j'avais très bien compris ce qu'était un doux baiser, j'avais tout de même trouvé qu'il lui manquait un petit quelque chose, mais sans doute parce que j'étais encore habituée à la manière de Masao.

Or, la troisième fois que j'embrassai Shunji, je me rendis compte que la légèreté de sa manière d'embrasser participait d'un souci, très délicat, de laisser la latitude à sa partenaire de lui répondre. Prompt à réagir à mon approche, Shunji se réglait sur elle. Mieux encore, les mouvements que je tentais d'esquisser, mais que mon manque d'habitude rendait maladroits, il me les renvoyait reproduits dans une exécution parfaite. S'il devait y avoir des gens qui embrassent bien et d'autres qui embrassent mal, Shunji se rangeait assurément parmi les premiers. Lorsque je pris conscience de ce fait, je devins folle de ses baisers.

C'est ainsi que je commençai à fréquenter le studio de Shunji, en choisissant les jours où Chisato était absente, principalement les dimanches.

Vérification faite auprès de Shunji, Chisato n'était évidemment pas son épouse. Shunji était en fait le fils du frère cadet de la mère de Chisato. Sa mère ayant déserté le foyer et son père lui ayant été enlevé dans un accident, le couple de l'oncle et de la tante l'avait recueilli. Placé jusqu'à l'âge de quinze ans en pension dans un institut pour aveugles, son cycle d'études terminé, il était venu vivre chez les Eguchi. Déjà, à l'école pour aveugles, un maître de musique attentif aux jeunes talents l'avait initié à la composition musicale pour les clips publicitaires et les jeux électroniques. Intelligent, il avait le talent pour ficeler habilement des mélodies originales qui plaisaient, si bien que les commandes ayant rapidement afflué, il avait bientôt eu un revenu suffisant pour se faire construire un pavillon dans le jardin. Toute la famille Eguchi s'était réjouie de cette réussite, mais surtout Chisato qui avait déclaré qu'elle renonçait au bureau où, diplômée d'un institut universitaire de cycle court, elle avait trouvé à s'employer, pour devenir l'imprésario de Shunji. Mais aux dires de ce dernier, son travail d'imprésario se résumait à tenir les comptes et à le voiturer en ville jusqu'à ses lieux de travail. Il était vrai cependant que Chisato voulait épouser Shunji. Ce que ses parents ne voyaient pas d'un très bon œil, en raison notamment de leur cousinage compliqué – il était le cadet, elle, l'aînée. C'était au point que le père avait même administré une correction à Chisato, avec pour seul résultat de la précipiter dans une profession de foi hystérique : elle épouserait Shunji envers et contre tous. Mais ces derniers temps, Chisato s'était calmée et la question du mariage demeurait en suspens. La famille paraissait fermer les yeux sur les heures qu'elle passait dans le pavillon de Shunji. Il exposait ces faits comme s'ils ne le concernaient pas, et je ne pus me défendre de lui poser la question :

— Mais toi, comment verrais-tu ce mariage avec Chisato ?

— Ça m'est égal.

— Marié ou pas marié ?

— Le mariage, je ne vois pas très bien ce que ça veut dire. Qu'est-ce que ça change si on se marie ?

— On décide officiellement devant la communauté et dans les formes de passer toute sa vie ensemble, non ?

— Chisato dit la même chose, qu'elle s'occupera de moi toute la vie. Et aussi que l'épouser c'est ce qu'il y aurait de mieux pour moi. C'est justement ce que je me demande. Car, finalement, les soins dont j'ai besoin sont extrêmement réduits. Pour ce qui est des soins corporels, vestimentaires, et tout le reste, j'ai reçu la formation adéquate à l'institut d'aveugles.

— Et si Chisato se mariait ailleurs, cela te serait égal ?

— Absolument égal. D'ailleurs je ne cesserais pas de la voir pour autant.

Mis à part les liens du sexe, l'attachement de Shunji pour Chisato était quelque chose de simple et de léger qui semblait assez éloigné du sentiment amoureux. N'était le fait qu'ils se connaissaient depuis longtemps, Chisato ne semblait pour lui guère plus qu'un numéro parmi tous les autres, assez nombreux au demeurant, qui avaient recherché des contacts sexuels avec lui. Il était donc très possible que je ne sois pas non plus pour lui une personne particulière. Mais comme j'étais heureuse de l'avoir rencontré, pourvu que l'on continue d'être en bons termes, pour le reste, je n'en espérais pas davantage. Quant à Chisato, son existence ne me gênait pas outre mesure.

En vérité, Chisato m'apparaissait comme une fille plutôt comique. D'abord, il y avait eu sa méchante trouvaille de me donner ces vilains patins de cabinet en plastique rouge, alors que je n'avais rien à me mettre aux pieds pour rentrer ; puis cette jalousie qu'elle avait été incapable de maîtriser, en dépit d'héroïques efforts, lorsqu'elle nous avait surpris, Shunji et moi, les mains entremêlées, sans compter ce mensonge gros comme une maison de prétendre que Shunji était son mari : son comportement collait tellement à ses réactions affectives cousues de fil blanc, qu'elle avait tout du personnage de drame télévisé.

Mais le comique du personnage de Chisato transparaissait également dans ce qu'en disait Shunji. A l'issue de la deuxième séance de baisers, Shunji, étendant les mains, me demanda : « Comment est ton visage ? »

Comme j'avançais mon visage, il en palpa d'abord l'ossature, arpenta le front, les joues, le menton, suivit la ligne des yeux, du nez et de la bouche.

— Tu n'es pas ce qu'on appelle une beauté, émit-il sur le ton pénétré du praticien posant son diagnostic après examen du patient.

— Bon, je ne fais pas partie de celles dont on se récrie sur la beauté, mais qu'est-ce qui te fait penser cela, toi ?

— Parce que tu as l'ossature assez peu prononcée. Une belle fille aurait soit le nez, soit le menton bien dégagé, par exemple. Non ?

— En principe, oui. Mais ce n'est pas pour autant que toutes les Blanches sont des beautés. Qui t'a mis cette idée dans la tête ?

— C’est ce que dit Chisato quand elle me fait palper son visage : « Tu sens comme mon visage est bien dessiné, mon nez fin et pointu ? L’arête du nez, le dessin précis de l’œil, ce sont les marques de la beauté ! »

J’éclatai de rire au souvenir de la tête de Chisato. C’est vrai, elle avait la naissance du nez bien dégagée et les yeux pas trop fendus, ce qui n’interdisait pas de lui trouver une beauté occidentale. Mais le coin de l’œil bizarrement relevé, les pommettes trop saillantes, le menton et les oreilles taillés à la serpe lui donnaient un air abrupt. Bref, si on avait voulu louer son charme, tout au plus aurait-il fallu lui trouver des affinités avec les mannequins de mode d’il y a vingt ans.

— Qu’est-ce qui te fait rire ?

— Que Chisato soit une jolie fille, ça me semble un peu gros.

— Ah, mais tous les gens du boulot disent qu’elle est jolie !

Ce qui me remit en mémoire la remarque de Masao qui disait que la fille du joueur de piano de derrière était « drôlement tape à l’œil », mais que pour rigoler elle ne devait pas être mal.

— Bon, d’accord, elle n’est tout de même pas laide au point que les gens doivent mentir effrontément pour la flatter.

Je me rendais bien compte que mon entêtement à trouver que Chisato n’était pas une beauté pouvait être mis sur le compte de la jalousie, mais je n’arrivais pas à m’arrêter de rire.

— Alors tu ne la trouves pas jolie, c’est ça ?

— Désolée.

— D’accord, il n’est pas certain qu’elle soit jolie. Mais enfin elle s’en vante.

En l’entendant, je me mis à rire de plus belle. Et Shunji était fou de mon rire. Il suffisait que je rie pour que son visage s’illumine. Donc, il me racontait des histoires drôles pour me faire rire.

— En primaire, à la fête de l'école des aveugles, c'est moi qui représentais la section piano. Je te laisse deviner comment on m'a affublé pour entrer en scène : une chemise en polyester aux manches bouffantes, avec plein de ruchés sur la poitrine, et par-dessus on m'avait enfilé une culotte courte de velours descendant jusqu'aux genoux et suspendue par des bretelles. Sans oublier le nœud pap qui me mangeait pratiquement le menton ! Non, mais tu te rends compte ! Les profs qui s'étaient ligués pour m'attifer de la sorte n'avaient qu'un mot à la bouche : « Oh qu'il est chou ! » Oui, mais pendant l'exécution, le nœud pap me chatouillait le menton que c'était horrible. Finalement j'ai dû le serrer entre les dents pour qu'il me laisse jouer tranquillement mon piano. Quand j'ai regagné les coulisses, les professeurs m'ont battu froid !

En m'entendant éclater de rire, Shunji murmura d'un air satisfait : « Ça fait rire tout le monde quand je raconte cette histoire. »

Et moi aussi elle m'avait fait rire. Pourtant, je ne pense pas être d'un naturel très gai, mais quand je me trouve avec Shunji – est-ce parce que je me détends ? – la moindre petite chose prend les proportions du plus haut comique.

Shunji, lorsqu'on lui demande quelque chose, a l'habitude de répondre en balançant la tête avec exagération comme font les petits enfants. Une fois même, je n'ai pu m'empêcher de rire en le voyant marteler ainsi l'oreiller de la tête, simplement parce qu'il répondait couché à une de mes questions.

— Pourquoi ris-tu ?

— Tes gestes sont si excessifs, on dirait un petit enfant !

— Ah, mais ça date du temps où je venais d'entrer à l'école primaire, je me faisais toujours attraper par la maîtresse parce que j'étais dans les nuages et incapable de répondre convenablement quand elle me demandait quelque chose. Si c'est « oui », c'est « oui » et si c'est « non », c'est « non », mais réponds clairement en secouant la tête, me disait-elle. Et elle m'empoignait le menton pour le secouer énergiquement. Je ne sais combien de fois on m'a fait faire cet exercice. On me secouait tellement fort que je croyais que ma mâchoire allait se décrocher, si bien que je n'ai pas pu faire autrement qu'obéir. Et l'habitude m'est restée.

— On t'a vraiment élevé à la dure ! dis-je en ravalant mon rire.

— Oui. D'ailleurs je déteste tout ce qui est professeur et école. Ils me tétanisent.

Pensant à toutes les souffrances par lesquelles avait dû passer le pauvre Shunji pour qu'on lui apprenne, par gestes, puisque ses yeux ne voyaient rien, les réflexes de base indispensables à la communication avec ses semblables et à son existence quotidienne, je me mis à regretter d'avoir ri et un grand sentiment de sympathie me submergea. Mais dans la foulée, Shunji ajouta, un sourire de garnement impénitent errant sur les lèvres : « Moi ça me mettait tellement en rogne, qu'une fois j'ai craché en direction de la main de la maîtresse qui m'empoignait toujours le menton. Qu'est-ce que je me suis fait sonner les cloches ! »

C'était dans ces moments, lorsque je me sentais déborder d'admiration éperdue ou de compassion larmoyante, je ne savais pas au juste, que j'avais envie de me précipiter contre Shunji. Je voulais me réchauffer à sa gaieté, sa luminosité, et en retour, le secouer de mon rire. Shunji aussi, pour que je me laisse aller à mon rire, m'enlaçait légèrement et tendait l'oreille dans ma direction, comme s'il voulait le recevoir au plus près de sa source. Il m'arrivait également de vouloir envoyer mon rire dans la bouche de Shunji par nos lèvres jointes. Le rire qui fait se rétracter la langue rend problématique le baiser, et Shunji s'en affligeait.

Les baisers n'étaient pas obligatoirement liés à l'acte sexuel. Après une séance de baisers, même si nous nous étendions sur le lit, mains enlacées et nous caressant les cheveux et les bras, le plus souvent c'était pour se contenter de bavarder à notre aise. Comme aux enfants, il arrivait à Shunji de déclarer soudain que rester couché lui donnait soif et qu'il commençait à s'ennuyer, ou de se lever brusquement pour se diriger vers son appareil de musculation et faire une série de *bench press*. Quand il ne me touchait pas, il s'amusait tout seul avec ses coussins, une couverture. Si bien qu'à le voir ainsi, je me demandais souvent si la lubricité ne lui était pas totalement étrangère : peut-être que mes caresses et mes baisers n'étaient pour lui qu'une autre manière de tromper l'ennui, exactement comme jouer avec un coussin ou une couverture.

Malgré le détour original qu'empruntait son désir pour se manifester, on ne pouvait pas trouver Shunji dénué d'appétit sexuel. Dans les intervalles des baisers, il amenait ma main entre ses cuisses en disant : « Moi, je n'arrive pas à bander. »

Et ce n'était pas un euphémisme.

— La deuxième fois qu'on s'est vus et qu'on s'est enlacés, hé bien, je ne bandais pas ! Ce n'est pas que je sois impuissant. Tu m'astiques et hop ! je bande. La norme, à ce qu'on dit, c'est de bander tout seul sans qu'on ait besoin de se faire astiquer ?

Il est vrai que lorsque Masao se dénudait, c'était toujours le garde-à-vous impeccable.

— Et toi, au fait, où ça en est ?

La main de Shunji s'était propagée en direction de Pénis d'orteil. Non, mon pénis n'était pas en érection, mais comme je savais qu'aux premières sollicitations de Shunji il réagirait, je repliai mon pied sous ma cuisse.

— Moi aussi, si on n'y touche pas, il ne bande pas, avouai-je.

— Laisse-moi essayer, dit Shunji en essayant de dégager mon pied.

— Mais si on y touche, il va bander !

— Ah oui, c'est vrai, admit Shunji en riant. Bander pour bander, autant y aller alors !

Je tentai bien de résister, mais il m'avait saisi la cheville de force et commençait à frictionner Pénis d'orteil. Pressions tour à tour fermes ou légères, doigtés savants sur des positions clés, il semblait maîtriser à la perfection des techniques que je n'avais jamais employées tant sur le pénis de Masao que sur le mien. Et par-dessus le marché, tout cela accompli en fredonnant. Pour moi, c'est quatre à quatre que je gravissais l'escalier du plaisir.

— Un pénis aussi ingénu, c'est bien la première fois !

Quand il eut réussi à me faire « partir », Shunji se vautra sur le lit. Mais il ne réclama pas que ce soit à mon tour de le faire jouir. Apparemment, faire se pâmer sa partenaire ne l'excitait pas outre mesure.

— Qu'est-ce qu'ils font tous pour bander ainsi tout seuls ? Moi c'est tout au plus le matin au lever que j'ai une érection spontanée. Comment expliques-tu cela ?

— Je n'en sais rien, mais si on s'enlace et on s'embrasse un peu, l'excitation devrait suivre ? hasardai-je.

— L'excitation ? Au contraire, quand on s'enlace cela calme plutôt, objecta Shunji.

— C'est ce que je trouve, oui.

— Si on était excité chaque fois qu'on s'enlace, on n'aurait plus le temps de se calmer et on mourrait d'épuisement.

— C'est que les gens ne doivent pas plonger dans les bras l'un de l'autre pour se détendre, sans doute.

— Ah bon ? Ils s'enlacent comme s'ils allaient engager une lutte sportive, ou quelque chose de ce genre ?

— Tout de même pas à ce point, je ne pense pas.

Pourquoi fallait-il donc que j'explique à un homme les arcanes du désir masculin ? C'est plutôt moi qui aurais voulu apprendre des tas de choses. Mais Shunji, semble-t-il, ne me considérait pas plus comme une femme qu'il ne se considérait comme faisant partie des hommes.

Au début, j'avais senti une incongruité dans la manière qu'avait Shunji d'aborder l'activité sexuelle. Il commençait toujours de but en blanc. Comme le jour de notre deuxième rencontre, où il avait fourré sa main sous ma blouse sans crier gare, ou quand il voulait marquer la pause dans les baisers, puis qu'il jugeait qu'il fallait aussi marquer la pause dans la conversation accompagnée de caresses – comme s'il venait à l'instant même de se rappeler quelque chose, il voulait immédiatement entrer en contact avec ma peau nue. Je sursautais et me rétractais aussitôt, soudain dérangée au beau milieu de ma béate relaxation. Et Shunji, étonné de me voir battre en retraite, me demandait :

— Mais qu'as-tu donc ? Tu ne veux pas ?

— Non, pas exactement, mais c'est si soudain !

Ce Shunji qui pouvait passer sans transition d'un état de détente à une phase d'activité sexuelle m'était incompréhensible.

— A quel moment l'envie de faire l'amour t'est-elle venue ?

— Comment, à quel moment ?

— Tu ne bandes même pas, fis-je remarquer en portant la main au pénis paisible de Shunji qui se plongea dans la réflexion comme s'il venait de se rendre compte de quelque chose. Tu ne vas pas me dire que tu as envie de baiser à n'en plus pouvoir ? ajoutai-je.

— Mais jamais il ne m'est arrivé d'avoir envie de baiser à n'en plus pouvoir ! Pas une seule fois.

— Alors pourquoi, là maintenant, tu as voulu commencer ?

— La fantaisie m'en a pris, comme ça.

— Et c'est toujours comme ça chez toi ? Tu t'y mets lorsque la fantaisie te prend ?

— Non, en fait, ça a toujours été l'autre qui commençait. Je n'avais pas à prendre l'initiative. Ce n'est jamais toi qui commences, dans le fond. Pourquoi tu ne commences pas, dis ?

— Eh bien, moi non plus, jusqu'à présent je n'ai encore jamais pris l'initiative, car c'est toujours l'autre qui commençait.

— Mais alors c'est très bien comme ça !

— Non, parce que d'habitude c'est quand je sens que l'envie a saisi mon partenaire que moi aussi j'en ai envie.

— Exactement comme moi alors !

Shunji semblait se trouver dans une perplexité au moins égale à la mienne, face à un partenaire trop différent de celui auquel il était habitué. Cette conversation idiote devenait dénuée de sens.

— Quoi qu'il en soit, allons-y ! Si du moins ça ne t'ennuie pas, dit Shunji.

Et c'est vrai que lorsqu'on commençait, l'envie venait tout naturellement.

Une fois nus, nous nous blottîmes bien serrés dans les bras l'un de l'autre. Cette façon d'enlacer était elle aussi très « Shunji », à la fois adorable et si implorante, mais dénuée de la moindre violence. Ma plus grande appréhension, avant de faire l'amour avec Shunji, avait porté sur un doute : moi qui ne ressentais plus rien avec Masao, allais-je être capable de m'émouvoir avec Shunji ? Appréhension inutile, car il ne m'avait pas plus tôt prise dans ses bras que je me sentis envahie d'une grande sérénité et m'abandonnai sur le lit sans résistance. Passant un bras autour de mon corps, Shunji m'embrasse, frotte sa joue contre la mienne et me prodigue ses caresses. Jamais il ne se montre pressant, au contraire, il lui arrive de poser sa tête sur moi et de laisser reposer ainsi son cou. Il pourra même, tout en se reposant, promener ses doigts sur ma peau, comme les enfants qui jouent avec ce qui se trouve à portée de leurs mains, simplement parce qu'ils n'ont rien d'autre à faire. Comme il ne manifeste nulle frénésie ni véhémence, le contact de son corps m'est facile. Ce n'est pas que je m'abandonne en me pliant à tous ses désirs, mais je me sens sereine et paisible. Pendant un temps assez long, nous poursuivons ce divertissement. Au point que nous oublions parfois que nous sommes en train de faire l'amour.

Il n'est pas rare non plus que, se ravisant, la main qui était descendue vers le sexe revienne près du visage. S'il remarque, par exemple, que ma blouse dont je m'étais débarrassée gît abandonnée sous mes fesses, il change de position et entame une conversation :

— Tu vas te faire des marques de boutons sur les fesses. Ça ne te fait pas mal ?

— Non, pas du tout.

— Boutonner et déboutonner, c'est casse-pieds, non ? Quand je suis chez moi, j'évite de porter des vêtements à boutons.

Ce qui me fait constater que Shunji est en effet toujours en tee-shirt ou en sweat-shirt.

— Quand je dois sortir, Chisato me passe une chemise. Elle prétend que c'est beaucoup plus convenable.

— Mais une veste sur un tee-shirt, c'est bien, pourtant, fis-je remarquer.

— Ça ne t'ennuie pas de bavarder dans des moments pareils ? demanda Shunji, changeant de sujet.

— Non, pourquoi ? Je veux qu'on parle.

— En général, les femmes n'aiment pas parler. « Ça casse l'ambiance », disent-elles. Moi je veux entendre leur voix, mais elles ne répondent qu'à moitié et d'un ton las.

— Et les hommes ?

— Il y en a eu un qui demandait en haletant : « C'est bon ? c'est bon ? »

J'éclatai de rire.

— Mais toi, tu veux bien que je te parle, quelle chance ! fit Shunji en pelotonnant sa tête dans mon épaule.

Je ne croyais pas être une fille particulièrement hors normes, mais ça me faisait tout de même plaisir de voir Shunji apprécier mon caractère. La première fois qu'il avait voulu passer à l'acte, en le voyant s'escrimer sur les boutons de ma chemise, je lui avais proposé de les défaire moi-même. Son visage s'était éclairé. « Ah, si tu te déshabilles, ça m'arrange. C'est tout un travail de déshabiller les gens ! » J'étais bien contente moi aussi. Masao au contraire prenait son air refroidi si je faisais mine de me dévêtir. « Tu usurpes le plaisir de l'homme ! » lui arrivait-il de me reprocher. Et alors, je n'étais plus une enfant. Je n'allais tout de même pas me faire déshabiller comme ça toute ma vie.

— Chisato, elle, pour rien au monde ne se déshabillerait. Elle prétend mordicus que la femme veut se faire déshabiller par l'homme.

— Il y en a, mais pas toutes.

— On dit que les types qui y voient aiment déshabiller une fille ?

— La plupart, oui, je suppose.

Les goûts des autres types, ça m'était égal. Moi j'aimais le style de Shunji.

— Avec toi tout devient plus agréable, me dit un jour Shunji, parce que tu n'exiges pas qu'on te fasse ceci ou cela.

— Chisato t'embête avec ses exigences ?

— Surtout dans les premiers temps. Elle prétendait qu'il fallait connaître les techniques de l'extase de la femme. Lui sucer la pointe des seins, et bien badigeonner de salive !

— Ah, ce sont des trucs comme ça qu'elle aime, Chisato ?

— Oui. Mais quand je fraternisais avec d'autres filles et que j'appliquais à la lettre ce que m'avait appris Chisato, elles protestaient toutes en disant que je leur faisais mal. Aussi ai-je décidé, quand je me trouvais avec d'autres filles, de ne plus faire comme Chisato m'avait appris.

Mon regard se posa fixement sur Shunji.

— Tu es malin, tu sais !

— Oui, on me l'a déjà dit ! admit Shunji.

Le style de Shunji me plaisait, mais quant à dire si je ressentais quelque chose – était-ce une calamité que d'être trop détendue ? – le baromètre de l'excitation sexuelle ne grimpait guère. Aussi m'arrivait-il de glisser dans le sommeil sous les caresses. Mais si je me réveillais en sursaut, consciente de me conduire comme une mufle, c'était pour constater que Shunji lui aussi ronflait benoîtement. Les choses ayant pris cette tournure, si l'un des deux n'était pas fortement déterminé et n'allait pas droit au but, nous pouvions continuer longtemps ainsi sans jamais conclure.

Prendre le pénis de Shunji en bouche m'était égal. Je ne faisais que rendre ce que Shunji faisait à Pénis d'orteil. Cependant, Shunji ne prenait pas plaisir à de longues fellations car assez rapidement il me repoussait la tête et m'enfourchait sans tarder. A la différence de Masao, il ne faisait pas grand cas de la fellation, pas plus qu'il ne semblait souhaiter m'éjaculer dans la bouche.

Le pénis de Shunji s'étiolant dès qu'il était coupé de la source d'excitation, une alternative se présentait : soit exciter Shunji une fois que je me sentais moi-même prête, soit nous aiguillonner réciproquement – faute de quoi nous n'étions jamais au diapason. Cette dernière formule – aiguillonnement réciproque et simultané – était celle qui tendait à s'installer, même que Shunji demandait par plaisanterie : « Duquel va-t-on s'occuper, veux-tu que ce soit Pénis d'orteil ? » Dès lors qu'il n'était pas non plus fanatique de l'emboîtement, cela avait-il finalement tellement d'importance ? S'astiquer mutuellement le pénis était plaisant, et pas désagréable non plus qu'un des deux astique de conserve les deux pénis. Si ce n'est qu'agiter deux mains en même temps épuisait l'énergie, tandis que se concentrer sur le pénis de l'autre émoussait son propre plaisir, et que porter trop d'attention au sien risquait d'être fatal pour celui du partenaire qui marquait alors une fâcheuse tendance à la flaccidité. C'est dire si jouir correctement était difficile ! Mais, pour moi, l'important était de me rapprocher de Shunji par un équitable partage du plaisir. Voilà le genre de jeux auxquels Masao aurait pu m'entraîner, pensais-je parfois.

Je ne suis pas très habile à saisir la différence entre un baiser virtuose et un maladroit, mais c'est une fois emboîtés que la différence de techniques entre Shunji et Masao devenait évidente. Si Shunji était le vieux routier, Masao n'était guère plus qu'un apprenti. Il m'arrivait souvent, du fond de mon émerveillement, de garder les yeux ouverts et j'étais alors transportée d'un surcroît de ravissement par les mouvements de Shunji.

— Ta voix ! Fais entendre ta voix, susurrait éperdument Shunji. Ah, comme je voudrais l'entendre tout près de moi en ce moment !

Lorsque je donnais de la voix, cela insufflait du feu aux mouvements de Shunji. Je ne cessais donc de mêler mes cris à mes expirations. Lui, pour bien montrer qu'il ressentait le plaisir par l'oreille, agitait la tête de gauche à droite. Et bientôt, on ne distinguait plus si mes cris venaient en réplique aux coups de boutoir de Shunji ou s'ils lui imprimaient son rythme. Le plaisir venait dans un profond soupir et j'attirais à moi les hanches luisantes de sueur de Shunji.

A l'issue de la énième union, Shunji murmura avec une inclinaison de tête[1] :

---

1. Chaque peuple a ainsi une gestuelle typique pour accompagner le discours, signe du génie de la race, dirait Renan. Le Méditerranéen agite les mains, le Belge croise volontiers les bras et recule d'un pas afin de laisser à l'interlocuteur tout le champ nécessaire pour mesurer les riches implications de sa dernière affirmation. Le Japonais, des classes populaires du moins, avant de répondre à une question posée, ou avant d'émettre un avis sur la moindre question, commencera par plonger la tête obliquement vers l'avant – avec retrait léger du menton pivotant sur le cou – comme pour coucher celle-ci sur l'épaule, pour

— Pourquoi est-ce tellement agréable de le faire avec toi ?

— Plus qu'avec les autres ?

— Quand j'écoute ta voix, ce n'est pas seulement mes oreilles, mais jusqu'à mon pénis qui est en fête. Ça c'est bien la première fois !... Et moi qui avais toujours cru que c'était pareil avec tout le monde, ajouta-t-il d'une voix convaincue, après un moment de réflexion.

Je fus surprise de l'intensité de la joie qui bouillonna en moi. Je ne me souvenais pas d'avoir éprouvé un tel plaisir à m'entendre dire : « Toi, tu es différente. » Et que ce soit Shunji qui l'ait dit décuplait encore le plaisir. En retour, Shunji devint pour moi, et pour la première fois, une personne spéciale.

J'avais à peine réalisé cette vérité que je sentis la terre manquer sous moi. Et ce n'était pas de joie. Une terreur grosse comme un bloc de glace me descendait dans la gorge.

Cette question que me faisaient toutes mes amies, à commencer par Yôko, du temps que je fréquentais Masao, j'essayai cette fois de me la poser à moi-même, bien en face. Est-ce que j'aimais vraiment Masao ? Trois ans et demi durant, je m'étais satisfaite de cette relation, jamais je n'avais songé un seul instant à rompre, pas plus que je n'avais fait du plat aux autres garçons. Mais à présent je sentais bien que ces sages dispositions n'étaient nullement des preuves que j'aimais Masao. Je croyais

---

signaler à l'interlocuteur qu'il est en train de réfléchir profondément, et le prier de patienter quelques instants car le résultat de cette cogitation va bientôt lui être livré, bien que « sous toute réserve ». Une fois qu'il commence à parler, surtout les dames lorsqu'elles sont lancées, chaque affirmation se ponctue d'un hochement de tête de haut en bas, énergique et répété, tenant assez du marteau enfonçant un clou (en l'occurrence l'affirmation dont on pense pouvoir se porter garant). Lorsqu'on arrive dans les classes plus « éduquées », les affres de ce cheminement synaptique étant mieux contrôlées, elles s'intériorisent et la tête retrouve son immobilité même dans les moments de réflexion les plus intenses.

l'aimer, ou je m'y appliquais, alors qu'en fait je ne l'aimais pas du tout. Si de l'autre monde Yôko m'entendait, elle m'assénerait son « Et voilà ! » agrémenté d'un petit rire ironique ; mais lorsque j'avais choisi Masao, ce n'était pas parmi une foule d'hommes en me disant que ce serait lui et pas un autre. J'avais simplement agréé un garçon qui m'avait abordée en me faisant plutôt bonne impression, et puis je m'étais habituée à lui, sans plus.

Mon ex, j'avais le ferme propos de l'aimer, et c'était une illusion. Mais mon actuel, par contre, c'était mon véritable amant – et en cela, sans doute n'étais-je pas très différente de toutes ces filles rusées et calculatrices qui avaient donné à Yôko l'idée de sa société Lovership… Bien sûr, ce n'était pas pour sa fortune que j'étais attirée par Shunji, et si ma relation avec Masao s'était terminée, ce n'est pas que j'y avais mis fin d'une façon basse et ignoble, car elle s'était éteinte d'elle-même. Je rougis en me rappelant combien j'étais inconsciente de l'inconsistance du sentiment que je portais à Masao. C'est parce que je ne savais pas ce que signifiait réellement aimer un homme que mes sentiments à son égard ne différaient pas énormément de ce que j'éprouvais pour Yôko, et finalement pour toutes mes amies proches. Une relation que rien ne distinguait d'une autre, sinon le fait que je couchais avec celui-là, avec celles-ci, non.

Masao avait dit un jour : « Comme tu es toujours insouciante, je me disais que tu ne m'aimais pas tant que ça. » La honte m'étouffait de ne pas avoir compris alors le sens de ses paroles. Je m'accusais à présent de cette certitude que j'avais de l'aimer pour de bon, à ma façon. Etre amoureuse de son premier homme à vingt-deux ans, j'étais plutôt en retard sur la norme ! Je comprenais maintenant pourquoi Yôko me traitait d'empotée : pour mon retard, mon ignorance de toutes ces choses.

Mais était-ce seulement vis-à-vis de Masao que j'avais des torts ? Lorsque j'y pensais, j'avais envie de me taper la tête contre les murs, car rougir ne suffisait plus. Tout comme je n'avais pas *choisi* Masao entre plusieurs hommes, je ne crois pas me souvenir d'avoir jamais *choisi* mes amies. Comme de toute manière avec elles il n'était pas question de faire l'amour, puisqu'elles étaient de mon sexe, pourvu qu'elle ne soit pas franchement désagréable, pratiquement n'importe laquelle pouvait faire l'affaire. Même Yôko, c'est parce qu'elle s'était rapprochée de moi que j'étais devenue son amie. Et elle non plus, cela n'avait pas dû toujours lui plaire de me voir si détachée. Alors, est-ce que j'avais aussi des torts vis-à-vis d'elle ?

Pour Yôko, choisir était très important. Elle détestait se laisser imposer les choses : tout ce qui la touchait, il lui fallait en décider elle-même, car elle voulait avoir prise sur les événements. Voilà ce qu'elle me disait. Relations, style de vie, tout était l'objet d'un choix sourcilleux. Pleine de feu et d'ardeur pour ses élus, elle ignorait superbement ceux que son choix n'avait pas reconnus. C'était comme s'ils n'avaient jamais existé. Avec un tel caractère, n'aurait-elle pas voulu être choisie et reconnue entre toutes les autres ? N'aurait-elle pas souhaité que nos relations soient celles d'amies qui s'étaient mutuellement distinguées et choisies ?

J'admirais chez Yôko sa puissance de décision, sa rapidité d'action, mais la froideur imperturbable de ses tris humains m'effrayait.

— Tu es sûre que tu as besoin d'être aussi exigeante ? Tu devrais te ménager de la marge.

— Je n'ai pas le temps de me ménager de la marge.

— Si tu continues comme ça, il ne va plus rien te rester !

Je lui avais dit cela sans y penser, mais elle me lança le regard du soldat surpris dans une embuscade. Puis finalement, je me le rappelle très bien, cela se termina sur une expression d'infinie tristesse. En fait, elle avait aussi choisi de mourir. Dieu sait que je n'avais pas eu l'intention de prophétiser, mais il ne lui restait, littéralement, plus rien !

C'est après son suicide que je m'étais rendu compte combien Yôko était une amie irremplaçable. C'était elle qui avait fait le premier pas, mais je l'avais choisie, inconsciemment. J'avais de l'estime pour elle, et elle comptait pour moi, et c'était vraiment dommage de ne pas le lui avoir fait sentir. Qu'aurais-je dû faire finalement pour me faire comprendre ? Encore une fois la colère et la tristesse me soulevaient le cœur.

Il n'y avait d'ailleurs pas que ce sentiment de responsabilité vis-à-vis de Masao et Yôko qui me tourmentait. Maintenant que j'avais appris à choisir, c'était mon propre destin qui m'angoissait. Je ne crois pas que je voudrais jamais me suicider comme Yôko. Mais choisir une chose c'est nécessairement en rejeter une ou plusieurs autres. Je n'osais même pas me demander comment j'allais vivre si Shunji se désintéressait de moi. Tout devenait noir devant mes yeux à cette idée. Choisir, c'était s'acculer au pied du mur. Pourquoi avais-je donc commencé ?

Mais le temps que je passais avec Shunji, peur et angoisse s'envolaient pour faire place à la marée montante du plaisir. Quand il m'appelait au téléphone, je me précipitais chez lui. Et ces derniers temps, ce n'était plus seulement les dimanches, car on avait commencé à se voir chaque fois que Chisato était absente.

Et ce jour-là était encore un mercredi. Chisato était absente, l'après-midi, paraît-il, pour des achats, le soir pour son aérobic, je me mis donc en route. Il me sembla en arrivant qu'il y avait quelqu'un dans la maison principale. Je me dis que c'était la tante de Shunji qui gardait la maison. A pas feutrés je fis le tour jusqu'au pavillon de Shunji.

Il était au piano. Je l'appelai et il se leva pour m'accueillir. On s'enlaça sans être concertés. Estimant incomplet l'enlacement des seuls bras, j'entortillai ma jambe autour de Shunji.

— Qu'est-ce que c'est que cette jambe ? demanda-t-il.
— Je t'enlace de ma jambe.
— Tu es bizarre, tu sais !
Tout en nous embrassant on s'assit là dans l'entrée.
— J'ai l'impression que ta tante m'a repérée.
— Tu lui as parlé ?
— Non, bien sûr. Si nos regards s'étaient croisés, qu'est-ce que je lui aurais dit ?
— Tu n'avais qu'à lui dire bonjour.
— Et elle se serait contentée d'un bonjour ?
— Ça aurait suffi. C'est une bonne pâte de tante.
— Elle a beau être brave, elle a sûrement mis Chisato au courant.
— Je ne pense pas, non. Ma tante et Chisato ne s'entendent pas très bien.
— Elles ne s'entendent pas ? C'est sa fille pourtant ?
— Les rapports parents-enfants, pour moi ça ne veut pas dire grand-chose, fit remarquer Shunji qui avait été abandonné par sa mère et dont le père était mort. Mais c'est vrai qu'elles s'entendent très mal. Elles ne s'adressent pratiquement pas la parole.
— Mais dans les grands moments, elle prendra le parti de sa fille. Et je peux fort bien être chassée.
— Et qui donc te chasserait ?
— Chisato.
— Oh, elle ! fit Shunji en fronçant les sourcils. Ne t'en laisse pas imposer par Chisato. Elle ne manque pas d'hommes avec qui elle s'entend à merveille.
Je n'en crus pas mes oreilles.
— Et elle te raconte qu'elle les voit ?
— Non, elle n'en parle pas. Mais j'entends. Par exemple, quand on finit le boulot, on va boire un verre tous les trois, avec le directeur de l'émission. Et dans le taxi du retour, les bruits de baisers et de froissements de vêtements, tout cela je l'entends, moi.
— Chisato croit que tu n'entends pas ?

— Je me le demande, parfois. Il lui arrive de faire ça en me serrant la main.

Que Chisato n'était pas née de la dernière pluie, je m'en doutais d'après le portrait que m'en avait déjà campé Shunji. Et voilà que je découvrais aujourd'hui que, par-dessus le marché, elle donnait dans un libertinage plutôt malsain. Elle pouvait bien vouloir épouser Shunji, elle ne semblait pas l'aimer énormément.

— Et toi, tu ne dis rien ?

— Moi, j'écoute. Chisato aussi a une sacrée voix.

Devant le sourire béat de Shunji, les bras m'en tombèrent. Chisato c'était Chisato, d'accord, mais Shunji lui aussi était plutôt sidérant dans son genre. Mais le plus étrange, finalement, c'est que quand je le voyais rire, je commençais à me dire qu'en ce monde il n'y avait décidément pas de situation anormale.

Emporté par son rire, Shunji semblait avoir oublié ses tracas. Il m'annonça gaiement : « Le mois prochain, mon copain de l'école des aveugles vient à Tôkyô. »

Moi j'avais encore l'histoire de Chisato sur l'estomac. Cela ne me plaisait pas du tout de devoir penser à elle chaque fois que je venais voir Shunji. Depuis que j'avais envie d'être tout le temps avec lui, l'existence de cette Chisato – qui auparavant ne me troublait pas outre mesure – devenait de plus en plus envahissante. Elle m'était un souci de plus. Ce qui n'empêchait pas Shunji de continuer à me parler avec insouciance de son fameux copain.

— Il sera accompagné de sa mère, paraît-il. Ça fait une éternité qu'on ne s'est plus vus. Tu pourrais venir ? Justement Chisato sera absente. Elle part à Bali.

— Je peux venir ?

— Mais oui ! Il s'appelle Kensukè, il est très amusant. Il est maître masseur à Tochigi. Qu'est-ce qu'on va se faire masser quand il sera là !

Bon, encore un élément nouveau qui me laissait une pinçure au cœur.

— Et… c'était un bon copain à toi ?

— Oh, pour ça, oui !

— Oui, je m'en doute, mais enfin, je veux dire… vous fraternisiez ? Bécotages et autres… ?

— Eh bien, pour cela, non. Mais on est vraiment copains, tu sais.

Je me mordis les lèvres, réduite à jouer l'emmerdeuse à mon corps défendant, mais Shunji avait répondu à ma question-piège très simplement en se levant pour se diriger d'un pas léger vers son piano.

— Chopin, on me le faisait tellement jouer à l'école d'aveugles qu'il me sortait par les trous de nez ! annonça-t-il en attaquant un *Nocturne*, pas pour longtemps nocturne d'ailleurs, car il glissa progressivement sur un arrangement en boogie-woogie dont il avait le secret.

— Voilà le rythme que j'aime !

Il semblait installé à son piano pour un moment, et je m'approchai de lui pour m'asseoir sur la banquette de l'appareil de musculation.

— T'ai-je dit qu'il a été question un moment de me faire faire mes débuts à la scène sous le nom de Steevie Wonder Nippon ? dit-il sans cesser de jouer.

Passant à un autre morceau, il commença à chanter *Uptight.* Je fus très surprise de lui entendre cette voix que je ne lui connaissais pas, car son timbre parlé était toujours très doux. Il chantait d'une voix puissante et rauque. Rien à voir d'ailleurs avec la voix de Steevie Wonder. Elle évoquait celle de Smookey Robinson quand il était adolescent. Fermer les yeux me plongea dans l'illusion de me trouver à côté de quelqu'un d'autre que Shunji. Mon cœur fit un bond à cette nouvelle découverte.

Shunji chanta quelques mesures, puis s'arrêta, poursuivant son idée : « Mais le projet a foiré. Démodé ! a décrété je ne sais plus qui. Dès que j'ai appris que ma carrière de chanteur était à l'eau, j'ai appelé Kensukè. Et tu ne sais pas ce qu'il m'a dit ? Que c'était tant mieux, parce que le Steevie en question agitait la tête dans tous les sens pour chanter et que si je me mettais à secouer la tête comme lui, ça achèverait de me rendre idiot. Voilà ce qu'il m'a dit, Kensukè ! »

La musique revint au boogie-woogie. Shunji martelait le rythme, profondément heureux. Dans une détente totale, jambes croisées, il s'accompagnait en fredonnant. C'était une manière de jouer qui me rappelait quelqu'un. Mais oui, Glenn Gould ! Ou plutôt Yôko, qui adorait Glenn Gould, avait joué du piano en l'imitant chez je ne sais plus qui. Non, elle ne jouait pas aussi bien. Mais la posture était parfaitement imitée. Ces souvenirs, et le sentiment de culpabilité qui me hantait ces derniers temps, m'assaillirent ensemble.

— Avec quel genre de gens es-tu intime ? me demanda soudain Shunji.

Je me recroquevillai sous cette question formulée avec un à-propos qui donnait à penser qu'il lisait dans mon cœur. Il était d'ailleurs passé du boogie à un rythme plus calme et obsédant, du genre ragtime, dirais-je.

— Avec une morte.

— Morte. Mais c'est terrible ça ! dit Shunji en baissant la voix et en enfonçant une touche noire dans un grand frémissement de tout le corps. Il appuya sur la pédale, la note traîna longuement ses harmoniques. Je mis de la pression dans les doigts que j'avais croisés sur mes genoux.

— Et des vivants, avec qui es-tu intime ? poursuivit Shunji.

Je fus stupéfaite de ne voir aucun visage se présenter. Moi qui hier encore aurais juré avoir une ribambelle d'amis, depuis la disparition de Yôko, les uns et les autres s'étaient égaillés dans les brumes. Et les lettres ou les appels de ces amis qui flottaient dans les brumes lointaines ne me faisaient pas bondir le cœur. Etait-ce moi qui étais devenue bizarre ? Ou peut-être ces amis n'étaient-ils guère plus que de simples connaissances ?

— Celle qui est morte, c'était ma meilleure amie.

— Mais tu dois te sentir terriblement seule alors ! s'exclama Shunji, pour ajouter l'instant d'après cette remarque saugrenue : Donc en ce moment tu n'as que moi à bécoter, si je comprends bien ?

J'en fus renversée.

— Pourquoi faudrait-il que j'embrasse une amie, dis-moi ?

— Ah, parce que tu ne le faisais pas ?

— Je croyais t'avoir dit que je n'ai pas d'attirance pour l'homosexualité ?

— Ça se peut.

— Je ne suis pas comme toi, moi !

J'avais dit cela parce que les hommes qui avaient approché Shunji m'avaient traversé la tête, et sans doute ma voix prit-elle une intonation particulière, car Shunji me fit remarquer :

— De quelle voix bizarre tu as dit cela.

— Parce que tu t'imagines que je suis le genre de fille qui fraternise avec le premier venu ?

— Mais n'est-ce pas ça qui est formidable, de pouvoir se lier avec le premier venu ?

— Tu parles comme un instit du primaire !

Shunji fit pivoter son tabouret de piano :

— Je vois que tu ne portes pas les instits dans ton cœur. Là on est pareils.

Décidément, avec Shunji il n'y avait pas moyen de se quereller.

— Oui, sur ce point, nous sommes sur la même longueur d'ondes.

— En es-tu bien sûre ? Il y a un instant, tu te disais différente de moi, souligna Shunji qui prenait les choses du bon côté. Est-ce une décision que tu as prise, de ne pas avoir de contacts avec les homosexuelles ?

— Non, je ne l'ai pas décidé ! Ça ne me viendrait jamais à l'idée de m'y frotter, c'est tout.

— Bon, et si c'était un homme, tu aurais envie de t'y frotter ?

— Les hommes, en général, je n'ai pas du tout envie de me frotter à eux.

— Pas envie, pas envie ! C'est parce que ce sont des hommes, que tu n'as pas envie de les embrasser ? Alors il n'y a pas de raison pour que tu n'aies pas envie d'embrasser des femmes sous prétexte que ce seraient des femmes…

— Je trouve que ta logique ne tient pas debout, dis-je en lui coupant la parole.

— Sans compter qu'avec ce corps que tu as, tu pourrais faire l'amour avec les femmes !

Cette fois j'avais entendu ce que mes oreilles désiraient le moins entendre. Réprimant mon irritation, je murmurai :

— Je ne pense pas que ce soit un outil destiné à la femme.

— Mais qui a dit que le mien était destiné à la femme ? sourit Shunji. Peu importe l'autre, si c'est agréable, tu ne trouves pas ?

— Mais puisque je te dis que le partenaire ne m'est pas égal !

En disant cela, je me rappelai soudain que Yôko me disait sur un ton de reproche : « Toi tu te lies avec n'importe qui ! » Amis et partenaires sexuels, il y avait tout de même une légère nuance. Il n'empêche, ce que j'étais en train de faire, c'était d'affirmer que je n'étais pas du genre à me-lier-avec-n'importe-qui, et de reprocher implicitement à Shunji le contraire. Voilà que j'avais pris la place de Yôko ?

Du calme, du calme, me dis-je en m'appliquant le poing sur le front. Homme ou femme, je ne pourrais pas avoir de relations sexuelles avec un autre que Shunji. Mais Shunji, lui, continue sans doute de faire l'amour à Chisato, et il peut recevoir des invites à tout moment, il y répondra sans le moindre état d'âme. Femme ou homme. Moi, Shunji je l'ai choisi, mais Shunji, même si je lui plais, il ne m'a pas tout à fait choisie, lui. Ce qui me désespère, car non seulement je suis jalouse de Chisato, mais aussi de tous ces partenaires potentiels avec lesquels Shunji est susceptible de coucher. Si ce n'est pas de la jalousie, ça, qu'est-ce que c'est ?

Je me trouve seul à seul en ce moment avec Shunji et je ne peux pas m'empêcher de ruminer ces idées. Que tout cela est pesant ! Yôko me fréquentait-elle également avec ce fardeau sur le cœur ? Si c'est le cas, comme j'ai dû la blesser et la faire souffrir ! Et voilà ma douleur qui redouble.

— Je rentre, annonçai-je en me levant du banc de l'appareil de musculation.

— Comment ? fit Shunji l'oreille dressée d'un air de doute. Mais tu arrives à peine !

— Je veux réfléchir seule sur quelques points.

— Et tu ne peux pas réfléchir ici ? Je ne te dérangerai pas.

— Non.

Shunji se leva à son tour, les mains en quête de mon visage. Pathétique, je me sentis fondre de plaisir quand ses doigts effleurèrent ma joue. C'est ce pathétique qu'il me fallait fuir.

— Ça ne va pas, murmura Shunji en promenant ses mains sur mon visage, tous les muscles sont éteints. Peut-être vaut-il mieux que tu t'en ailles.

— C'est ce que je vais faire.

— Tu n'es pas dans ton assiette, dit Shunji en m'entourant la tête de son bras pour m'embrasser. La délicatesse naturelle qu'il avait pour accompagner les élans du cœur me laissait désemparée. Il ne fait aucun doute que ce n'était pour lui qu'un geste insignifiant, mais moi qui l'aimais je me prenais à espérer qu'il ait une signification particulière. Et penser que Chisato bénéficiait quotidiennement de ce contact avec Shunji soulevait en moi des bouffées d'envie. Ramassant mon énergie, je lui rendis son bisou sur l'oreille et me dirigeai vers la porte. La voix de Shunji m'y suivit en me lançant ce conseil : « Et pour les refroidissements, une bonne tisane d'herbe à la flèche[1] ! »

Si j'avais bien annoncé à Shunji que je voulais réfléchir seule, j'eus beau réfléchir seule, il ne se produisit guère de développement intéressant.

Le fait que Shunji ne me distinguait pas comme partenaire unique et exclusive me laissait insatisfaite, et je ne voyais vraiment pas ce qu'il fallait faire pour qu'il me choisisse sans partage. Il me venait bien à l'esprit ce titre racoleur de magazine féminin qui conseillait : « Faites-lui croire que vous lui êtes absolument indispensable ! » Mais même si je me mettais à soigner ma mise et à me lancer dans des raffinements techniques au lit, en accéderais-je pour autant à un statut privilégié ?

Même vis-à-vis de Chisato, qu'il connaissait depuis si longtemps, Shunji ne semblait pas professer de bien grands sentiments. Et perdre de vue les gens avec qui il avait entretenu des rapports sexuels n'avait pas l'air de le troubler énormément. Apparemment, il ne cherchait pas à vivre une relation particulière où chacun serait à l'écoute de l'autre, mais se contentait de relations épisodiques fondées sur le plaisir qu'il en retirait. Si pour lui ce n'était pas l'autre qui comptait, mais les moments agréables que l'on pouvait passer ensemble, il devait certainement juger superflu de réserver un traitement spécial à une personne, puisque de toute manière il s'en présenterait toujours suffisamment pour lui dispenser son plaisir. Et c'est vrai qu'il avait assez de charme pour continuer la vie sans contrainte qu'il avait menée

1. Tisane de fécule de *kuzu* (*Pueraria* ; marantacées ; marante, herbe à la flèche, ou arrow-root en cuisine). La fécule de cette plante est mélangée à du sucre et additionnée d'eau bouillante, pour constituer un gruau. Nourriture recommandée aux bébés et aux malades. Préconisée l'hiver et dans les états grippaux car elle réchauffe très bien le corps, comme un bon vin chaud. L'auteur confond probablement ici avec le *kakkontô*, décoction de racines d'herbe à la flèche, de nos jours encore recommandée pour les états grippaux sous une posologie simplifiée de poudre en sachet à avaler avec un peu d'eau.

jusqu'ici. Alors que pouvais-je bien faire pour être choisie par lui ?

Ce désir qui s'était déclaré brusquement en moi ne laissait pas de m'irriter. Jamais, auparavant, je n'avais souhaité devenir une personne privilégiée pour qui que ce soit, et la jalousie m'était totalement étrangère. Il me suffisait de sentir vaguement que Yôko ou Masao m'aimaient bien, pour que, sans exiger plus que ce qu'ils me donnaient, je me trouve comblée. Comment expliquer cela ? En vérité, c'était parce que jamais encore il ne m'était arrivé de regarder quelqu'un comme une personne particulière. Pour la simple raison que pas une fois je n'avais imaginé qu'il puisse exister des êtres, à commencer par moi, qui soient dotés d'une personnalité assez originale pour être regardés comme des êtres d'exception. D'ailleurs Yôko, sans parler de moi, m'avait déjà fait remarquer que certaines de ses amies avaient beaucoup de caractère, alors que personnellement je ne leur trouvais rien de particulier. Ce qui explique que je les fréquentais normalement sans me poser de question.

Mais maintenant – maintenant j'étais convaincue qu'il existait des êtres dotés d'une personnalité marquante. Shunji en était, Yôko en était également. Que du vivant de Yôko je n'aie pas remarqué ce qu'elle avait d'exceptionnel, comment m'expliquer cela ? Une certaine puérilité obnubilait-elle mes facultés d'observation ? Même pas, car je ne peux pas dire qu'elles soient actuellement très aiguës. Ou plus simplement, n'observais-je rien du tout ? Et pas seulement pour Yôko. Je manque de curiosité, c'est congénital : jamais je n'ai éprouvé d'intérêt très vif ni pour les êtres, ni pour les choses. D'ailleurs je n'ai jamais cherché de sujet d'intérêt. Et comme je ne m'ennuyais pas, il n'y avait aucune raison de chercher. Alors, si j'étais devenue capable d'observer les gens, était-ce parce que la nécessité s'en était fait sentir ?

Oui, il ne fait aucun doute que cette nécessité s'est fait sentir. D'abord ma relation avec Masao s'est dégradée, et pour la première fois de ma vie j'ai eu des problèmes dans mes relations avec les gens. Après m'être creusé la tête pour savoir pourquoi cela ne marchait pas avec lui et ce qu'il fallait faire pour que ça remarche, etc., je me suis mise à songer que peut-être avec les autres garçons ça irait mieux. Sans doute qu'à cette époque j'étais déjà inconsciemment en quête d'un être qui m'accepte, moi la triste fille au Pénis d'orteil. Si bien que l'origine de tout ceci tenait dans un pénis qui m'avait poussé à l'orteil ?

Je commençais à en vouloir un peu tout de même à ce Pénis d'orteil. Du temps où je n'étais pas affublée de ce machin, mes rapports avec les gens étaient plus faciles, j'étais heureuse. Mais comme les gens souffraient de me prodiguer un intérêt que je ne leur portais pas, pour la simple raison que je me sentais heureuse comme ça, peut-être devais-je être reconnaissante à ce Pénis d'orteil qui avait donné le signal de mon changement ?

A tout prendre, c'était là un coup ironique du destin : celui qui m'avait accueillie après mon changement à cause de, ou grâce à, ce Pénis d'orteil, était un Shunji, quelqu'un qui justement ne ressentait pas le besoin, encore moins que moi autrefois, d'avoir une relation exclusive. Moi qui lui avais ressemblé, je comprenais mieux que personne combien il était désespérant d'essayer de devenir pour lui une personne unique. Il n'y avait rien à faire.

Le problème mitonnait ainsi dans ma tête lorsque Shunji appela. Il commença par me demander si j'avais mon permis de conduire. Oui, je l'avais. Aussitôt rassuré sur ce point, il me demanda de lui servir de chauffeur le 3 juin pour le Pajero, quand viendrait son camarade de l'école d'aveugles. Comme je n'avais jamais conduit ces espèces de jeeps, j'étais légèrement inquiète, mais j'acceptai quand même.

Au jour dit, à une heure, j'ouvrais la porte du studio de Shunji, quand mes oreilles furent assaillies par le vacarme du synthétiseur et les voix de deux garçons qui avaient l'air de se disputer. Très excité, Shunji ne remarqua même pas mon arrivée. Tout en guettant un moment propice pour m'immiscer dans la conversation, je contemplai leur manège.

Aux antipodes de Shunji, son copain Kensukè était grand et deux bras solides jaillissaient de sa chemise à manches courtes. Une coupe de cheveux sévère lui donnait à première vue l'air d'un sportif. Mais les lunettes noires empêchaient de distinguer nettement sa physionomie, si ce n'est qu'une dentition blanche et joliment rangée lui faisait une bouche charmante lorsqu'il riait.

Ils étaient assis côte à côte devant le synthétiseur et parodiaient à tour de rôle Steevie Wonder. Lorsque l'un chantait, l'autre vérifiait de ses mains baladeuses la gesticulation de la tête de son camarade, avec force critiques : là, ça ressemblait, non, là ça ne ressemblait plus du tout. Ni l'un ni l'autre n'avait jamais *vu* Steevie Wonder, où avaient-ils donc pêché ça ? En tout cas, ils soutenaient l'un et l'autre que leur interprétation était la plus authentique.

Je posai la main sur l'épaule de Shunji.

— Salut, Kazumi, lança Shunji en posant sa main sur la mienne. On était en train de jouer à Steevie Wonder, tu regardais ? Lequel est dans le vrai ?

— Aucun des deux.

— Tu entends, Kensukè, aucun des deux ne ressemble.

— Qui c'est ? questionna Kensukè, présente-moi au moins.

— C'est Kazumi-chan.

Je lui dis bonjour et tout de suite Kensukè me tendit la main d'un geste naturel. J'échangeai une poignée avec une grande main.

— Ah, c'est Kazumi-san ? Et on se permet d'avoir des amies, quel toupet !

— Tu n'as qu'à en avoir aussi du toupet !

— Sûr que j'en voudrais bien !

Pas de doute, on voit tout de suite à leur ton que ce sont de vieux copains.

— Tu as ton permis ? demande Shunji.

— Bien sûr. Où va-t-on ?

— Je voudrais aller dans un restaurant d'où on voit la mer, dit Kensukè.

— Et depuis quand se permet-on de *voir* la mer ?

— Il suffit que je ferme les yeux et là-bas c'est toujours la mer…

— Noie-toi-z-y !

Leur conversation a un rythme soutenu et original, difficile de placer un mot. Mais ils sont amusants à écouter. Shunji donne une claque sur l'épaule de Kensukè, comme un paysan faisant l'article d'un bestiau.

— Comme tu le vois, avec son air, c'était pourtant le meilleur élève de la classe.

— Comment ça, « comme tu vois » ? Et de quoi ai-je l'air ?

— Mais obèse, voyons. Tu as l'air obèse.

— Au moins on me remarque, moi. Freluquet comme il est, même un voyant risque de marcher dessus sans le voir.

Presque en même temps que s'éteignaient nos trois éclats de rire, la porte du studio s'ouvrit. Je sursautai et rectifiai mon attitude. Une dame, la cinquantaine sobrement vêtue, était apparue dans l'entrée. Nulle ressemblance avec Shunji ni avec Chisato, mais j'inférai qu'il devait s'agir de la tante.

— Kensukè ! appela la femme, effectivement sur un ton très « ma-tante », votre maman aimerait connaître l'heure de votre retour.

La tante m'avait paru avoir elle aussi un haut-le-corps à ma vue, mais se recomposant instantanément une attitude détachée, elle évita de me regarder pour s'adresser uniquement à Kensukè. Moi je respirais furtivement.

— Nous serons de retour dans la soirée, répondit Shunji.

— S'il est trop tard, vous pourrez rester dormir chez nous, proposa la tante.

— Vous êtes trop aimable, protesta poliment Kensukè.

— C'est cette personne qui conduira? interrogea la tante dont le regard s'était soudain porté sur moi. Mais c'était un regard de pure forme, qui ne voulait pas s'imposer. Elle ne sollicitait pas les présentations, je me bornai à lui envoyer un léger salut. Comme si elle venait de se souvenir d'un oubli, la tante aussi inclina légèrement la tête.

— On n'ira pas bien loin, la rassura Shunji.

— Je vous confie maman… salua Kensukè.

— Soyez prudents, recommanda la tante en disparaissant derrière la porte. Un air d'austérité s'attarda quelque temps dans le studio.

— Tu vois, elle n'est pas bien terrible, me chuchota Shunji.

— Elle est très différente de Chisato.

— C'est pour ça, elles ne peuvent pas se voir en peinture. Bon, on y va? Jusqu'à la Tamagawa, par exemple?

Kensukè, qui semblait toujours guetter l'occasion de placer son grain de sel, déclara de but en blanc:

— Tamagawa? Tu veux dire là où il y a plein de jeunes? Dis, Shunji, t'es pas habillé trop plouc j'espère.

— Tous mes vêtements sont élégants, moi! Attends que je te montre, dit Shunji en me donnant une petite tape. Sois gentille, va me pêcher dans l'armoire une chemise bandante et un chapeau à l'avenant, et dans le tiroir, mes lunettes solaires griffées.

Shunji poursuivit son discours tandis que je me dirigeais vers l'armoire.

— C'est que j'ai mon styliste, mon coordinateur attaché, moi! Et des sapes à revendre!

Son styliste? Sans doute voulait-il parler de Chisato. C'était elle qui devait choisir les vêtements à sa place puisqu'il en était incapable. J'étais curieuse de connaître son goût vestimentaire. Frétillante de curiosité j'ouvris les battants d'une vaste penderie, mais quelle ne fut pas ma surprise dès que j'y plongeai le regard. Un bataillon de cintres, certes, mais aux deux tiers inoccupés. Et dans le tiers occupé s'était glissé un certain nombre de toilettes féminines que je ne soupçonnais pas Shunji de porter. Une demi-douzaine de chemises en tout, dont une violette, que je lui voyais mal sur le dos, et une d'un rose criard.

— Laquelle préfères-tu ? demandai-je à Shunji, optant pour le calme feint.

— Il y en a tellement que tu ne sais pas laquelle prendre ? fit-il d'un ton qui ne dissimulait aucune ironie, car il semblait vraiment croire que ses chemises pendaient là par douzaines. J'en voudrais une en soie, j'aime beaucoup son contact.

Mais pas de chemise en soie.

— Si on va au bord du fleuve, j'opterais pour le coton si j'étais toi.

— Si tu veux. Bon, eh bien choisis.

Une fois écartées les deux horreurs qui ne pouvaient pas lui aller, restaient trois candidates. Le bleu profond d'un batik emporta immédiatement mon adhésion, que j'assortis d'un chapeau-tulipe bleu turquoise qui se trouvait en dessous. Ah, et puis les lunettes de soleil. Lorsque j'ouvris le tiroir du dessous, ce fut toute une farandole de lunettes solaires qui s'offrit à moi. Et toutes griffées, s'il vous plaît ! Pour Shunji, les lunettes solaires servaient moins à se garantir du soleil qu'à cacher les yeux, et un modèle bon marché aurait aussi bien pu faire l'affaire, pourvu que les verres soient teintés. D'ailleurs il y en avait avec des verres tellement clairs qu'elles échouaient totalement à remplir cette fonction. Qu'est-ce qu'elle avait dans la tête, cette Chisato ?

En attendant des éclaircissements, je tendis à Shunji celle que j'avais choisie ; il commençait de se changer.

— Ce n'est pas du coton, cette chemise, c'est de la rayonne.

— Pas de rouspétances !

C'était Kensukè qui avait parlé. J'enchaînai sur le ton le plus innocent :

— Une taille pour fille, je suppose que ça te va ?

— Oui, d'ailleurs Chisato m'emprunte toujours des tas de choses. Elle en a emporté en voyage, là.

— Si ça se trouve, quand elle t'achète des fringues, elle choisit surtout celles qui lui vont bien.

Kensukè venait de claironner mes doutes. Chisato n'achetait-elle pas des vêtements qui lui allaient pour les enfermer dans sa penderie à elle ? Comme Shunji ne mettait pas souvent le nez dehors, n'apportait-elle pas de sa penderie quelques vêtements à lui passer seulement lorsqu'il avait à faire en ville ? Même chose pour les lunettes de soleil, n'était-ce pas pour son propre usage qu'elle lui faisait collectionner les modèles les plus somptueux ? Et tout cela avec l'argent gagné par lui, bien sûr.

— Je n'en sais rien, je ne lui ai jamais posé la question, dit Shunji en achevant de boutonner sa chemise.

— C'est parce que tu es beaucoup trop je-m'en-foutiste, mais un de ces quatre, si tu n'y prends pas garde, tu vas te faire salement escroquer.

Sans prêter la moindre attention à l'avertissement de son ami, Shunji s'appliquait à enfoncer son chapeau jusqu'aux yeux. Saisissant la main de Kensukè, il lui fit prendre le bord et, appuyant sur son bras, s'enfonça le chapeau sur le bout du nez en criant :

— Que fais-tu là ? Comment veux-tu que je voie où je marche ?

— Incorrigible galopin ! fit Kensukè dans un sourire aigre.

Les facéties de Shunji se poursuivirent dans le Pajero. Installé avec Kensukè sur la banquette arrière, il lui fit remarquer :

— Qu'en dis-tu ? Ça donne une vue superbe, une voiture haute sur roues, non ?

— C'est pour ça que tu as acheté un Pajero ?

— Chisato a décrété que c'était ce qu'il y avait de mieux. On peut y rentrer tous les instruments en un tournemain.

— Tu as un imprésario compétent, il n'y a pas à dire…

Les paroles de Kensukè renfermaient-elles des nuances d'ironie ? Un jugement impartial m'était impossible, car dans ma tête se bousculaient une foule de soupçons. Il se pouvait très bien que Chisato, tablant sur les revenus non négligeables de Shunji, tout autant que sur son désintérêt pour les passades de sa cousine, veuille effectivement épouser Shunji. Ou bien n'était-ce là que le pire scénario que me soufflait ma jalousie ? Aucune preuve solide ne pouvait s'obtenir sans interroger Shunji plus à fond ; encore que la question était de savoir jusqu'où j'avais, moi, le droit de m'immiscer dans sa vie… Si Shunji lui avait dit d'acheter les vêtements sans regarder à la dépense, il n'y avait pas de problème. Le hic c'était que Chisato semblait renflouer sa propre garde-robe à son insu…

Mais je n'eus guère le loisir de creuser ma petite enquête, la direction plutôt dure du gros Pajero ne m'en laissa pas le loisir, il était plus difficile à conduire que prévu. Sans compter que je ne connaissais pas cette partie de la ville. A chaque feu rouge, il me fallait consulter la carte.

— Tu ne pourrais pas rouler un peu plus vite ? réclamait Shunji, j'aime sentir le vent me fouetter les joues.

— Mais on est encore en pleine zone habitée, objecta Kensukè.

— Chisato, elle au moins, elle fonce, précisa Shunji.

— Chisato, Chisato, tu nous bassines avec ta Chisato, dit Kensukè avec bruitage de bourrade appliquée à Shunji. Ce n'est pas Chisato que tu veux épouser, tout de même, c'est elle !

— Hein ? laissai-je échapper dans un grand cri de surprise.

— Et voilà. Il ne lui en a même pas encore touché un mot, s'affligea Kensukè. Mais tu dois faire part de tes sentiments, mon vieux, sinon à quoi bon !

— Mais je ne sais même pas si elle veut m'épouser.

— Tu prends le risque, voilà tout. L'amour est aveugle, nous on l'est déjà, alors ! Ça nous fait une demi-longueur d'avance !

Mon trouble était à son comble. Je sentais s'embuer mes yeux que déjà j'avais loupé le virage et le Pajero qui nous emportait alla piquer du nez dans la glissière de sécurité du tournant.

5

Le Pajero avait plié la glissière de sécurité, mais heureusement nous ne roulions pas vite, si bien que ni Shunji ni Kensukè n'eurent aucun mal. Je commençai à débiter mes plus plates excuses pour cette lamentable erreur de pilotage, immédiatement interrompue par un Kensukè facétieux et inénarrable, qui prétendait, tout en plongeant à multiples reprises la tête en avant et en se massant le cou d'une main pour parodier la victime du « coup de lapin », que c'était lui au contraire qui avait tenu des propos inconsidérés bien faits pour me paniquer. Le retour se fit sans problème, Kensukè me serra la main encore une fois et nous nous séparâmes. Restait un problème : le pare-chocs du Pajero s'ornait à présent d'une grosse éraflure.

Qu'il y ait eu éraflure, froissage de tôle, ou quoi que ce soit, semblait être le cadet des soucis de Shunji, qui commenta en passant la main sur le pare-chocs du Pajero sinistré : « Ça nous fera un souvenir de ta conduite ! » J'étais bien contente qu'il le prenne ainsi, mais un point demeurait préoccupant.

— Que vas-tu dire à Chisato ?

Chisato étant la seule à avoir le permis chez les Eguchi, si une éraflure avait été faite à la voiture durant son absence, la question qui se poserait serait naturellement celle de son auteur.

— Je n'aurai qu'à dire que c'est un ami de Kensukè qui a conduit, conclut simplement Shunji.

— Peut-on prier ta tante de ne pas aller contredire notre scénario ?

— Ma tante n'est pas femme à bavarder, rassura Shunji.

Assurément, elle m'avait donné l'impression d'une femme sensible qui se dispensait de bavardages, même lorsqu'il s'agissait de dire le nécessaire. Mais à supposer que la tante, se réglant sur notre scénario, confirme à Chisato que c'était effectivement le camarade de Kensukè qui avait conduit, la croirait-elle ? Moi je suis plutôt épaisse sur ce chapitre, mais la plupart des femmes ont l'intuition diablement affûtée. Aussi, malgré le soin que je mettais toujours, au moment de quitter le studio de Shunji, à replacer sur l'étagère les deux verres que nous avions utilisés et à faire un rapide nettoyage autour du lit afin que n'y traîne aucun cheveu, il n'était pas impossible que Chisato ne subodore vaguement qu'une femme visitait ce studio. Il faudrait bien qu'un jour ou l'autre je dise à Chisato que j'avais envie de vivre avec Shunji, mais il y avait un temps pour chaque chose. J'étais terriblement ennuyée qu'en mon absence Shunji soit le seul à devoir subir les clameurs d'une Chisato qui aurait eu vent de notre liaison. Mais comme il m'avait répété qu'il n'y avait rien à craindre de ce côté, je laissai tomber le sujet pour le moment et m'en retournai chez moi.

Avait-il réellement l'intention de m'épouser ? C'est devant chez moi que je constatai que j'avais été bête d'oublier de m'enquérir de ce détail auprès du principal intéressé, mais pas au point de m'en mordre les doigts. Le lendemain, et le jour d'après, Chisato serait toujours en voyage, on allait donc pouvoir passer de pleines journées à deux.

— Au petit déjeuner, ma tante m'a demandé si j'allais « épouser la personne d'hier », m'informa un Shunji jovial lorsque j'arrivai le lendemain.

— Et tu as répondu ?

— Si c'est pour me marier, je veux que ce soit avec elle, oui.

— Ah, vraiment ?

Ces paroles aussi directes qui me résonnaient comme ça aux oreilles me mirent tellement mal à l'aise que je ne pus que marteler d'énergiques hochements de tête entremêlés de petits rires idiots. Oui, bien sûr que j'étais heureuse, mais d'une joie qui m'étouffait, incontrôlable au point qu'il me fallut la dissiper par le rire.

— Mais qu'est-ce qui te fait rire ainsi ?

Incapable de répondre, je continuais à rire et à étreindre convulsivement mes genoux sur le lit. J'avais l'impression que j'étais en train d'étreindre cette pensée : Shunji m'épousait, nous allions être tout le temps ensemble. Sa main se posa sur mon front.

— Tu as la fièvre. Encore ce rhume ?

— Pas du tout. Je suis toute rouge, c'est tout.

— Tu es gênée ?

— Gênée, honteuse de bonheur !

— Comment ça ? Ah oui, bien sûr, fit Shunji en se collant à moi et en m'emprisonnant dans ses bras, moi et mes genoux que j'enlaçais. Depuis que je te connais, c'est la première fois que je trouve quelqu'un adorable. En fait, jamais, à part un chat ou un chien, je ne m'étais imaginé qu'on puisse être adorable. Même si quelqu'un me disait que j'étais adorable, je ne voyais pas vraiment ce que cela pouvait signifier. Mais à présent, si, je comprends, dit-il en intensifiant la pression de ses bras. Je voudrais faire des tas de choses pour toi. Et pas simplement parce que je veux que tu sois contente, mais simplement pour le bonheur de faire quelque chose pour toi. Je me sens tellement bien quand je suis avec toi. Je voudrais te voir tout le temps, mais comme tu n'es pas une parente, on ne peut pas vivre ensemble, et si tu épousais quelqu'un d'autre, on ne se verrait plus ! Alors si je réfléchis à ce qu'il faut faire pour ne pas être séparé de toi… bien sûr ! Je n'ai qu'à t'épouser et comme ça tu seras de la famille, ce n'est pas plus difficile que ça !

Evidemment ! Se marier, n'était-ce pas créer un lien pareil à celui qui liait les membres d'une famille ? Je trouvais admirable qu'il m'ait fait me rappeler cette formule tellement simple que je l'avais oubliée.

— Moi je trouve que c'est une très bonne idée, dis-je.

— Toi aussi, tu le penses ? Alors tant mieux ! approuva Shunji. Et me libérant de ses bras, il se laissa rouler sur le lit et donna un coup de poing dans le matelas. Il fallait vraiment que Shunji ait un caractère bien à lui, pour exprimer de cette manière ses sentiments au lieu de m'embrasser simplement avec tendresse. Bien à lui, mais vraiment sympathique. Je me dis une fois encore que je voulais le voir toute ma vie.

— J'aimerais voir ton appartement, me demanda soudain Shunji, on pourrait y aller maintenant ?

Il avait vraiment le don des trouvailles inattendues.

— Mais bien sûr que oui ! On y va avec le Pajero ?

J'avais posé la question parce que la guigne semblait s'attacher à ce Pajero et que je ne voulais pas le conduire.

— Eh bien… on pourrait y aller en train, ça fait bien longtemps que je n'ai pas pris le train. Je compte sur toi pour me faire bonne escorte, me proposa Shunji, qui semblait avoir flairé ma répugnance. Mon cœur bondit dans ma poitrine à l'idée que j'allais marcher dans la ville bras-dessus bras-dessous avec Shunji. L'une après l'autre, toutes les choses que je faisais avec lui m'apportaient un plaisir neuf. J'étais heureuse.

Shunji bondit du lit, plein d'entrain.

— Bon, qu'est-ce qu'on va mettre pour sortir ?

La tenue de Shunji consistait invariablement en un tee-shirt et un pantalon décontracté.

— Mais tu es très bien comme ça.

— Je fais un peu minable, non ? demanda-t-il en massant d'un air légèrement inquiet le tee-shirt sur son ventre. Chisato me fait toujours remarquer qu'on ne sort pas en tee-shirt. Elle me houspille pour que je mette les vêtements qu'elle m'a choisis.

Le contenu de la penderie contemplé l'autre jour me revint devant les yeux, ravivant mes soupçons. Mais comment tourner une question innocente et dégagée qui n'aurait pas l'air de préjuger de la noirceur de Chisato ?

— Pourquoi donc ? Quand on est jeune, même un tee-shirt habille.

— Ce n'est pas du tout l'avis de Chisato.

Shunji était un jeune homme intelligent, mais il était inévitable qu'il ait plus ou moins subi l'influence de Chisato.

— Change-toi, si tu as des doutes.

Shunji acquiesça.

— Si je mettais la chemise en soie que j'ai failli mettre l'autre jour ?

— Et si tu mettais la première qui te tombe sous la main en ouvrant la penderie ? proposai-je dans un éclair.

— Voilà une façon de décider très appropriée, murmura Shunji en se dirigeant vers sa penderie. S'étonnera-t-il de la rareté ou de l'absence de vêtements qui devraient s'y trouver en abondance ? Ou bien ne s'étonnera-t-il pas, sachant très bien que Chisato se les approprie ? La main de Shunji se posa sur le panneau coulissant de la penderie. Je l'observais, j'avais peine à avaler ma salive. Il fourragea de la main dans la penderie. On entendit un tintement de cintres entrechoqués, la chute sonore de l'un d'eux au fond de la penderie.

— Ça par exemple ! s'exclama Shunji ; sur le coup le cœur me pinça. Comment ça se fait qu'il y en ait si peu ?

— Hier, il n'y en avait pas plus, tu sais.

— Qu'est-ce que ça veut dire ? Rien qu'en costumes de printemps et d'été il devrait au moins y en avoir une demi-douzaine ! Chisato les a peut-être emportés en voyage ?

— Comment, tu doutes encore ?

— Non, mais Chisato n'a pas à me faire un rapport chaque fois qu'elle emprunte quelque chose, tout de même !

— D'habitude, c'est plus plein ?

— C'est ce que je croyais. Parce que Chisato va toujours m'acheter des tas de vêtements.

— Et tu ne t'étais jamais rendu compte de rien ? fis-je d'une voix de plus en plus sombre.

— Il y a que c'est Chisato qui me choisit les vêtements dans la penderie et me les passe. Puisque je sors toujours avec elle, expliquait Shunji en fourrageant à l'emplacement où étaient supposées pendre les chemises. La chemise en soie n'y est pas.

— Alors c'est sûrement Chisato qui l'a emportée.

— Je veux mettre quelque chose et je ne peux pas ! fit Shunji en tombant assis devant la penderie. Qu'on m'explique à quoi rime d'acheter tout ça, alors !

Loin de moi l'idée de harceler Shunji qui était déjà au comble de la perplexité, mais il me fallait pourtant poser la question.

— C'est vrai, pourquoi tu te fais acheter tout ça ?

— Mais c'est Chisato qui répète tout le temps que si on veut être un homme, il faut savoir s'habiller, sinon on vous méprise. Enfin, c'est ce qu'elle dit.

— Je veux bien, mais est-ce qu'elle n'achète pas un peu trop de choses ? Parce que tu ne descends pas si souvent en ville, non ? Pourrais-tu mettre tous les vêtements que tu as achetés ?

— Je n'en sais rien.

— Est-ce que tu n'achèterais pas trop par hasard ? fut ma question suivante, formulée, on l'imagine, en me faisant toute petite. Prends par exemple tes lunettes de soleil, deux ou trois paires suffiraient amplement, et tu en as une bonne douzaine, et de grandes marques.

— Je n'y avais jamais songé.

Shunji demeura assis quelque temps rentré dans sa coquille, puis, se levant, il sortit avec colère sa chemise violette.

— Celle-là, je ne te la conseillerais pas. C'est une couleur difficile à porter pour un homme.

— Alors, qu'est-ce que cette chemise fait là ? fit Shunji de plus en plus perplexe, en envoyant promener la chemise qu'il tenait à la main, comme s'il voulait tout laisser tomber. J'ai compris. Je ne me change plus. J'irai comme je suis !

Je ramassai la chemise et la replaçai dans la penderie. Pour Shunji, je ne croyais pas que j'avais encore quelque chose à ajouter. Chisato était-elle en train de diversifier sa garde-robe sous prétexte d'en constituer une à Shunji ? Et si c'était le cas, était-ce une action tellement répréhensible ? A Shunji d'en juger. Shunji qui restait planté au milieu de la pièce d'un air absent. Sans doute récupérait-il du choc. Il faisait peine à voir, on hésitait à lui dire quelque chose. Il leva enfin la tête.

— Bon, on y va ? dit-il gaiement – avait-il changé d'humeur ? – en m'entourant l'épaule de son bras. Moi aussi cela me rendit l'esprit plus léger.

Lorsque Shunji se fut chaussé dans l'entrée, il tira du porte-parapluies une canne blanche avec laquelle il me gratifia de quelques hardis moulinets de maître d'armes en la faisant virevolter devant mes yeux.

— Ça, c'est la canne magique ! Quand je marche avec ça dans la rue, tout le monde s'écarte !

En chemin, ce fut très amusant. Une fois franchi le portail de la maison des Eguchi, Shunji accrocha son bras au mien et me demanda de le conduire. Ça ne me dérangeait pas d'avoir un homme accroché à mon bras, mais quand on commença à marcher, j'eus Shunji à la traîne, ce qui nous donnait l'air d'un couple de gendarme et de voleur, ou du commissaire emmenant un criminel pour l'écrouer, et ce n'était pas du meilleur effet. Mais quand je changeai cette combinaison en accrochant mon bras au sien, cela prit tout de suite plus d'allure car je poussais Shunji légèrement de mon bras et je pouvais le guider plus naturellement. Shunji avançait ainsi en sifflotant, à pas de sénateur, sa canne blanche explorant le terrain qui défilait sous lui. Je lançai des coups d'œil aux vitrines des magasins pour surprendre le spectacle que nous offrions, ce qui ne manqua pas de m'emplir d'une secrète satisfaction : nous étions sensiblement de la même taille et faisions un jeune couple tout à fait adorable.

Shunji n'avait pas pensé à se munir de sa carte d'invalide qu'il lui suffisait d'exhiber pour avoir le voyage gratuit. J'achetai donc deux billets, et au moment où nous franchîmes le portillon, le contrôleur de la gare fut assez magnanime pour rembourser le prix du billet de Shunji. Parvenu sur le quai, déclarant que cette gare sentait mauvais, il enfouit son nez sous mon aisselle. Mais la crainte des regards me fit repousser sa tête. Peine perdue, car même dans le train il continua à me taquiner en frottant son corps contre le mien, ce qui amusait énormément les voyageurs.

Aussitôt arrivé dans mon appartement, Shunji eut pour premier soin d'en arpenter l'espace avec une méticulosité de chenille, en comptant ses pas, afin de faciliter ses déplacements ultérieurs. Nous entrâmes ensemble dans la salle d'eau et nous nous lavâmes mutuellement. Puis on passa sur la véranda pour boire une bière. Et comme quand nous étions chez Shunji, le lit fut prétexte à des jeux, avant de manger ce que j'avais préparé. Loin de proférer le moindre compliment, ne fût-ce que « c'est bon ! », Shunji se borna à m'informer qu'il pouvait cuire des steaks absolument succulents rien qu'à l'odorat et à l'ouïe, et qu'il me ferait goûter cela à l'occasion.

Le soleil une fois couché, nous le suivîmes dans le lit, allongés l'un à côté de l'autre, en nous laissant gagner par un grand sentiment de plénitude. J'avais l'impression que j'étais avec lui depuis avant ma naissance même.

Et de me dire que dorénavant j'allais être tout le temps avec lui zébrait ma quiétude d'une puissante excitation. Où donc était passé cet ennui qui m'assaillait il y a une semaine encore ? Je posai délicatement la pulpe d'un doigt sur le dos de la main de Shunji. Ce fut alors que Shunji commença de me parler sur un ton grave :

— Mon oncle dit que si j'ai l'intention de t'épouser, il y a une chose dont il faut absolument que je te parle.

— Quoi donc ?

— Que je donnerai à mon conjoint beaucoup plus de souci que je ne l'imagine.

— De souci ? Mais je t'aime !

— L'oncle prétend que les jeunes filles décident toujours de se marier sur un coup de tête, alors qu'elles ignorent tout des problèmes, et que c'est pour cela qu'il faut que l'homme fasse la proposition en étant bien conscient de ses responsabilités.

On avait négligé d'allumer dans la chambre, je ne pouvais donc pas distinguer l'expression de Shunji.

— Mais j'ai bien réfléchi à la question, tu sais.

— C'est aussi ce que je me dis. Mais l'oncle trouve que je suis trop nonchalant, trop flegmatique, si bien que je ne me rends même pas compte des tracas que je peux causer aux gens. J'ai beau être reconnaissant aux gens de m'aider, il prétend que la somme des peines que les autres s'imposent pour moi dépasse de beaucoup mon imagination.

— Mais tu ne donnes aucune peine.

— C'est précisément ce qu'on dit quand on est jeune et qu'on ignore les souffrances. Le mariage n'est pas une sinécure. Enfin, c'est ce que prétend mon oncle.

Après ce qu'il venait de me dire, je n'avais d'autre ressource que de garder le silence. L'oncle de Shunji serait-il opposé à notre union ? Je commençai par me décourager, mais me ravisai aussitôt, en me disant que si le mariage avec Shunji était une chose aussi pénible que le prétendait son oncle, il ne fallait surtout pas se dérober devant la difficulté.

— Bon, alors je prends mes responsabilités et c'est moi qui te la fais cette proposition de mariage !

Mais Shunji imperturbable poursuivait :

— Il dit aussi que si la proposition vient de toi, je peux me marier l'esprit tranquille. Mais attends-toi, a-t-il ajouté, à ce que ce soit elle qui porte la culotte !

— Comment ! dis-je en relevant la tête, ton oncle t'aurait-il donc enseigné la manière d'amener les gens à se déclarer ?

— Crois-tu que ce serait ça ?

Je ramenai lentement la tête sur l'oreiller ; la quiétude des ténèbres était revenue.

— C'est quelqu'un de bien, ton oncle, dis-je.

— Oui, au début je ne m'en étais pas rendu compte, commença Shunji d'un petit air satisfait. Quand je venais dans cette maison, après la mort de mon père, pour les vacances de printemps et d'été de mon école des aveugles, l'oncle ne m'adressait pratiquement jamais la parole. C'était uniquement ma tante qui s'occupait de moi. Je m'imaginais que mon oncle ne s'intéressait pas à moi pour la simple raison que je n'étais pas son fils. Et puis Chisato me détestait cordialement.

— Qui te détestait ? demandai-je. Chisato te détestait ?

— Oui, quand j'étais enfant. Elle était toujours furieuse après moi, elle me considérait comme un intrus. Quand ma tante la grondait, elle se calmait. Mais quand nous étions seuls, elle me battait et me pinçait. J'en avais une peur bleue !

Son angoisse d'enfant remontait en lui, car en disant « une peur bleue », il avait une voix vibrante d'émotion. On aurait même dit qu'il rapetissait, s'étriquait, ratatinait son corps pour dire cela. Si je me mettais à la place de Shunji en essayant de me représenter la scène, moi aussi je me sentais rapetisser.

— Tu penses comme j'ai dû trouver étrange, incroyable même, que Chisato soit brusquement devenue gentille quand je suis entré au collège.

Shunji, qui avait le don de changer d'état d'âme instantanément, avait murmuré ces mots sur un ton singulier, presque pour lui-même, comme s'il venait de retrouver l'ambiance du collégien qu'il avait été. Tout se passait comme s'il se contentait simplement de trouver cela étrange, mais son ton ne laissait deviner aucune rancœur ni défiance à l'égard de Chisato. Shunji avait docilement entériné la volte-face de Chisato.

A écouter cette histoire, j'avais le cœur qui battait, éperdu, tous les rythmes possibles.

— Je me demande si mon oncle n'était pas au courant des méchancetés de Chisato.

Shunji lança dans le noir un rire tout proche du soupir.

— Ce devait être en troisième année d'école primaire, je crois. Ma tante était absente, Chisato était partie jouer, il n'y avait dans la maison que l'oncle et moi. J'étais allongé sur le tatami et je trouvais que la tante ferait bien de se dépêcher de rentrer. L'oncle, qui se trouvait dans la même pièce, est resté quelque temps assis immobile. Et puis, brusquement il s'est levé de son siège et il est venu se planter à côté de moi. Mon corps a touché ses jambes, et cela m'a tellement saisi que je me suis figé, sans un mouvement. C'est alors qu'il s'est penché et, passant autour de moi un bras timide et hésitant, il m'a enlacé. C'était un bras épais et rude. J'étais heureux. Jamais personne depuis ne m'a pris dans ses bras de cette façon ! dit Shunji en s'étreignant lui-même le corps.

Son émotion me gagna, assortie d'une vague de solitude. C'est que mes maigres bras ne pouvaient sûrement pas l'envelopper comme ceux de son oncle. Quel que soit le cœur que je mette à l'enlacer, je serais bien incapable de lui donner une émotion équivalente. En fait, il était même impensable que je puisse donner à Shunji tout ce qu'il souhaitait avoir. S'il y avait des difficultés à ce que je vive avec lui, c'est de là qu'elles venaient. Peut-être était-ce une autre personne que moi qu'il fallait à Shunji.

J'approchai ma bouche de son oreille.

— Veux-tu que quelqu'un d'autre te prenne dans ses bras, comme l'a fait ton oncle ?

— Non, c'est moi qui veux te serrer dans mes bras. Te serrer, toi, comme mon oncle m'a serré, moi.

Et Shunji s'étendit sur moi lentement.

Certes, ses bras n'étaient pas bien gros et ce n'était pas non plus une étreinte timide, mais mon cœur frémit d'une émotion plus forte que celle qu'avait dû jadis ressentir Shunji.

— Tu sais, je t'aime très fort, dis-je.

— Moi aussi, je t'aime, répondit Shunji. Les baisers qui furent donnés et reçus après cette déclaration d'amour réciproque étaient forts de la force ajoutée de tous les baisers qui avaient été donnés jusqu'à présent. Et ce fut tout naturellement que commencèrent les caresses. Ce n'était pas le paisible plaisir habituel, comme si on baignait dans une eau chaude, car une tension électrique animait nos corps et la chaleur montait du cœur même de ses fibres. Et c'était toujours le même mot « Je t'aime ! » qui allait se répercutant en écho dans nos têtes. A mesure que s'accéléraient les caresses et qu'elles prenaient de la force, nos corps s'échauffèrent et devinrent de plus en plus sensibles. Nous étions impatients comme jamais nous ne l'avions été. Lorsque nos bas-ventres se prirent à se frotter l'un à l'autre, nos sexes s'emboîtèrent comme s'ils s'étaient mutuellement aspirés. Je connus alors mon plus grandiose orgasme.

Quand enfin s'apaisa mon orgasme qui avait rayonné jusqu'à la pulpe de mes doigts, Shunji, qui avait remué, fit entendre une toute petite voix.

— Que se passe-t-il ?

— Il ne revient pas.

La main de Shunji se trouvait entre ses cuisses.

— Comment ça se fait ?

— Justement, je ne sais pas comment ça se fait.

Shunji appuya son pénis, tout raide, sur ma hanche.

— Il dit qu'il t'aime, t'aime !

— Oui, je l'ai entendu, dis-je en enlaçant Shunji qui enroula ses jambes autour de moi. La pointe de son pied effleura le mien. Et une fois encore, la petite voix de Shunji se fit entendre :

— Mais le tien aussi il bande !

— Comment ?

Je pliai la jambe pour allonger la main jusqu'au bout de mon ongle. Ce Pénis d'orteil qui avait perdu beaucoup de sa naïveté ces derniers temps et ne s'émouvait plus à la moindre excitation, montrait une érection quasi parfaite. Je me sentis troublée.

— Qu'est-ce que ça veut dire ?

— Mais c'est ton pénis, ce n'est pas à moi qu'il faut le demander.

— Mais c'est toi l'homme, c'est ton rayon, il me semble.

— Mais je n'en sais rien, moi ! La femme c'est toi !

Je me soulevai et allumai la lampe de chevet. Mes yeux rencontrèrent un Pénis d'orteil droit comme un I, petit écolier plein d'entrain. A tout prendre, c'était plus émouvant qu'étonnant.

— Je crois bien que lui aussi t'aime furieusement !

Shunji saisit ma cheville droite et l'amena à la saignée de sa cuisse. Les deux pénis en érection se trouvèrent alignés côte à côte. On aurait dit deux petits écoliers devisant gravement en parfaite intelligence au coin de la rue ; cette image me fit sourire.

— C'est amusant ? me demanda Shunji, très gai. J'étreignis sa main pour toute réponse.

Elle était si adorable, cette ombre que projetaient les deux pénis sur le mur, que j'aurais voulu la contempler toujours et il était bien dommage que Shunji ne puisse pas la voir.

Cette nuit, Shunji la passa dans ma chambre.

Aimer et être aimée, cette idée exalte les sensations érotiques. Sans doute que tout le monde devrait savoir cette chose. Pas moi en tout cas, je l'avais totalement ignorée jusqu'à ce jour. Mais à présent que je savais, cela m'ôtait toute envie de me demander, même par pur jeu de l'esprit, ce qu'on pouvait ressentir en faisant l'amour avec un homme qu'on n'aimait pas. Les luxurieux et les salaces étaient des impuissants du cœur. Et j'étais sûre que leurs jouissances sexuelles étaient indigentes. Ou alors c'est que je me trompais du tout au tout sur l'amour, et que je m'étais encore laissé emporter par une de ces idées sans queue ni tête qui m'avait embrasée pour l'acte sexuel. Voilà ce que, tout entière à mon exaltation, j'étais à ruminer dans ma tête.

La deuxième heure de cours terminée, je filai droit de l'université chez Shunji. Cela faisait trois jours que je ne l'avais pas vu. Chisato devait être de retour de son voyage à Bali. Avait-elle posé des questions en découvrant la carrosserie abîmée du Pajero ? Mais puisque Shunji n'avait pas appelé, sans doute n'y avait-il pas eu de problème de ce côté.

Ma jalousie envers Chisato s'était évanouie. Ce n'était pas la promesse de mariage entre Shunji et moi qui m'avait apaisée, mais plutôt ce que j'avais appris l'autre jour, qu'enfant elle le martyrisait. Au moment où j'avais entendu cette histoire, en me mettant à la place de Shunji, j'avais d'abord trouvé que c'était vraiment abominable ; puis en considérant la chose avec plus de sérénité, je m'étais dit que c'était une réaction assez naturelle chez une enfant qui n'avait pas encore l'âge de raison, comme la Chisato d'alors, que de vouloir s'opposer à l'intrusion d'un autre enfant, cousin ou pas. Surtout que Chisato était fille unique. On ne devait pas, sans la plus vive animosité, voir un intrus usurper une affection parentale dont on s'était toujours regardée comme l'unique bénéficiaire. Peut-être avait-elle même éprouvé de la solitude.

Avant de connaître cette histoire, je la voyais comme une fille abominable, mais à présent que j'avais découvert en elle une personne ordinaire, c'est-à-dire sensible, une certaine sympathie sourdait en moi.

Pour peu que Shunji et moi abordions franchement et honnêtement la question de notre union, Chisato nous prêterait certainement une oreille bienveillante. En fait, ce qu'il fallait surtout c'était bien choisir son moment. Je me proposais d'en reparler avec Shunji. Il ne fallait pas se précipiter. Etait-ce parce que j'étais arrivée à cette conclusion, ou étions-nous envoûtés par le désir de rééditer ce merveilleux acte sexuel de l'autre jour – mais à peine dans le studio de Shunji, il ne fut plus question de discuter. C'est ce qui fit que lorsque Shunji émit cette remarque je faillis bondir, toute nue d'ailleurs :

— Je lui ai dit à Chisato, tu sais, que je n'aurais pas besoin de fringues pour un bon bout de temps.

— Pourquoi ? m'écriai-je d'une voix haut perchée que l'émotion éraillait.

— Qu'est-ce que c'est que cette voix ?

— Le moment est plutôt mal choisi. Et qu'a-t-elle répondu ?

— Elle m'a demandé pourquoi je lui parlais de ça brusquement. Elle n'avait pas du tout l'air d'apprécier.

— Et tu lui as répondu ?

— Je lui ai dit que la penderie devait certainement déborder de fringues.

— Je vois que toi aussi tu manies l'ironie, dis-je, perplexe, en me prenant la tête dans les mains.

— Chisato m'a dit la même chose : « Où as-tu pris cette manière ironique ? » m'a-t-elle demandé. Ça te paraît ironique, toi ? Moi je trouve que c'est un excellent prétexte.

Shunji était décidément d'une candeur délicieuse. C'était comme si j'avais devant les yeux le visage de Chisato déformé par une grimace.

— Elle devait être fâchée, Chisato ?

— Elle n'a pas pipé mot pendant un moment, puis elle m'a dit : « Excuse-moi d'avoir emprunté tes affaires sans t'en parler. » Puis elle est sortie. Elle ne m'a toujours pas rendu les fringues, remarque.

— On se fâcherait à moins. Et l'éraflure du Pajero, elle l'a vue ?

— Je lui ai servi le mensonge programmé. Elle n'a rien trouvé à y redire.

— Elle a compris, je pense, fis-je en soupirant.

— Elle n'a rien compris du tout !

— Je trouve qu'il vaut mieux se dire qu'elle a compris. Il y a une éraflure au Pajero, toi tu remarques qu'il n'y a pas le compte de fringues dans la penderie, tu gèles les achats de Chisato et tu ironises. Elle doit bien se dire qu'il y a une femme en coulisse pour tirer les ficelles, tu penses !

— Ça pourrait tout aussi bien être un homme, non ?

— D'accord ! un homme... ou une femme. De toute manière, elle doit sentir qu'un personnage a surgi, qui met sa position en péril. Où est-elle allée aujourd'hui ?

— A une soirée, paraît-il. Elle rentrera tard.

Voilà qui est suspect. J'ai le pressentiment qu'elle va débarquer sans prévenir. Peut-être même est-elle déjà sous la fenêtre, l'oreille aux aguets. Sans doute vaut-il mieux ne pas trop s'attarder aujourd'hui.

Shunji, qui ne trouvait rien d'étrange aux faits et gestes de Chisato, continuait de grommeler.

— Chisato est trop gourmande, non seulement elle touche un salaire d'imprésario, mais je sais qu'en plus elle prend vingt mille yens sur l'argent du loyer et de ma nourriture qu'elle est chargée de remettre tous les mois à ma tante et à mon oncle.

Bien que pressée de partir, j'écoutais les doléances de Shunji.

— Tu le sais, et tu ne dis rien ?

— Même un enfant de l'école primaire sait qu'il ne faut pas voler, non ? Mais c'est plutôt dur de devoir dire à une fille de vingt-trois ans qu'elle ne doit pas voler.

— Tu m'as dit, si je me souviens bien, dis-je en prenant la tête de Shunji entre mes mains, que tu confiais ta comptabilité et tes déclarations d'impôts à Chisato ?

— Oui.

— Tu devrais peut-être faire vérifier tout ça ?

— Ah, tu crois ?

La fatigue m'envahissait ; tout en sachant très bien qu'il valait mieux m'en retourner rapidement, j'enfonçai profondément ma tête dans les coussins. Dieu sait à quel point Chisato profitait de l'indifférence de Shunji aux questions d'argent… Je l'avais trouvée sympathique un moment, mais elle était surtout malhonnête. Mais serais-je jamais capable de frapper un bon coup de sabre dans tout cela ? Même en nous y mettant à deux, Shunji et moi, pour l'attaquer, qui sait si nous ferions le poids ?

Le coude de Shunji, qui rêvait à mes côtés, accusa un léger spasme.

— Ce bruit de pas, il vient par ici. C'est Chisato ! chuchota-t-il soudain.

Tendant l'oreille, j'entendis effectivement un bruit de pas. Une silhouette passa rapidement devant la fenêtre. Paniquée, j'attrapai mes vêtements.

— La penderie ! Cache-toi dedans !

Une penderie pratiquement vide peut parfois avoir des avantages imprévisibles. Je m'y engouffrai en vitesse à l'instant précis où s'ouvrait la porte d'entrée. Shunji n'avait certainement pas eu le temps de ramasser ses vêtements. Peut-être s'était-il enfoui sous la couverture ?

— On dort ?

C'était la voix de Chisato se faisant toute folâtre, mais je l'avais reconnue. Je retins mon souffle. Les portes du placard ne fermaient pas parfaitement de l'intérieur, si bien que je n'avais plus qu'à souhaiter que le regard de Chisato ne tombe pas dans leur entrebâillement. La voix de Shunji me parvint :

— J'ai sommeil…

— Tu n'es pas malade au moins ? Je prends ta température ? proposa la voix collante comme du sucre d'orge.

— Non, non, ça ira comme ça. Et cette soirée ?

— Ma copine n'y allait pas, alors finalement j'ai décidé de laisser tomber. Tu n'as pas trop chaud avec cette couverture ?

— Non…

— Tu dois avoir de la fièvre, c'est sûr !

Quel pot de colle, cette fille ! Je ne m'étais pas imaginé Shunji englué dans tant de sollicitude. Par l'interstice de ma châsse de Kannon[1] j'observais la scène. Le postérieur de Chisato s'y inscrivit, fugitif, minijupe collée à la chair. Si le vêtement était osé, je dois reconnaître qu'il moulait des rondeurs parfaites.

— Je n'ai pas un soupçon de fièvre. Que veux-tu ?

— Je suis venue te rendre les vêtements que je t'avais empruntés. Je les remets dans le placard.

Le postérieur de Chisato s'ébroua. Je m'écrasai au fond du placard. En pure perte cependant car Chisato s'y propageait déjà.

— Ne pourrais-tu pas d'abord m'apporter la tapette à cafards ? demanda désespérément la voix de Shunji. On entend des grouillements furtifs dans le placard.

— Je t'amène ça après, fit la voix de Chisato à présent devant la porte. Et si je vois un cafard je l'estourbis tout net.

---

1. *Kannon-biraki* : désigne une porte à deux battants s'ouvrant avec des charnières – alors que les portes étant traditionnellement à glissière, n'ont jamais de charnière. Il n'est pas inutile toutefois de signaler l'intention humoristique dans le choix du mot voulu par l'auteur, en précisant que la déesse Kannon – à l'origine, en Inde, Avalokiteshvara était un mâle puis il est devenu femelle – peut être présentée dans une châsse dont on n'ouvre les deux battants que quelques jours de l'année pour la présenter à l'adoration, ou l'admiration, des fidèles. A l'origine, cette image a été reprise dans le vocabulaire richement imagé et très coquin des geishas qui, au cours des parties fines, organisaient des jeux allusifs où elles dévoilaient très rapidement au client éméché, pour l'émoustiller davantage encore, le saint du saint, c'est-à-dire un coup d'œil fulgurant sur leur féminité. L'effet est renforcé encore par le fait qu'elle est nue dans son placard.

Sur ces mots la porte s'ouvrit avec élan. Toute la création demeura en suspens. Je n'en menais pas large, tentant de dissimuler le maximum de mon corps avec la poignée de vêtements que j'étreignais. C'est dans cette piteuse posture que je me retrouvai face à face avec Chisato. Fraîchement permanentée en courtes bouclettes donnant la réplique obligée à son bronzage, elle laissa flotter sur sa bouche un mauvais sourire déjeté.

— Oui, il y a un gros cafard, en effet !

— Ecoute, c'est ma fiancée ! plaida Shunji en se précipitant en caleçon derrière Chisato qui, sans même se retourner, s'adressait déjà à moi :

— Mais, il me semble qu'on s'est déjà rencontrées ?

— Cela fait une éternité…

Cette salutation formelle suffit à gommer le rire narquois des lèvres de Chisato.

— Mais oui, c'est celle qui parle comme une chichiteuse… dit-elle sans me quitter des yeux. A quoi joue-t-on là-dedans ? On aime être à l'étroit dans le noir ?

— Non, mais je me cachais simplement.

— Ah, on joue à « diable-cache-cache ». Eh bien, ça y est, tu es repérée !

Et le diable c'était Chisato, à la voir ainsi devant moi, elle avait tout du parfait démon, ce qui me fit rire inconsciemment.

— Qu'y a-t-il de si drôle ?

Rire me donna du courage, son ton coupant ne m'impressionnait plus.

— Quoi qu'il en soit, auriez-vous la bonté de me laisser enfiler quelque chose ? On pourra causer après…

— Causer ?

— Bien sûr que nous allons causer, renchérit Shunji en tirant Chisato par le bras. Moi je prépare le thé pour trois.

Entraînée par Shunji, Chisato s'éloigna de la porte du placard, mais son regard demeurait planté sur moi.

— Excusez-moi, ça vous dérangerait de vous tourner un petit instant de l'autre côté ? dis-je en sortant de mon placard.

Trop heureuse d'une aussi superbe occasion de me marquer son mépris, Chisato laissa échapper bruyamment l'air par les narines dans un rire, assorti d'un dernier regard bien appuyé sur ma personne. Une bonne partie de mon corps disparaissait derrière les vêtements que j'étreignais, et il ne devait pas y avoir grand danger que soit comparé mon physique de sauterelle à ce corps pulpeux de houri dont raffolent les hommes. Rien de plus déstabilisant cependant qu'un regard méprisant jeté sur une personne en piteuse posture. Je détournai donc la tête. Et lorsque je la remis en position, les yeux grands ouverts de Chisato étaient rivés à mon pied.

Il ne manquait plus que ça, me dis-je, mais trop tard.

— Qu'est-ce que c'est que ça ? hurla la voix perçante de Chisato. Shunji, tu t'es laissé entortiller par une jolie perverse !

— Comment ça, perverse ? se défendit Shunji.

— Cette fille, c'est quoi, un homme, une femme ?

— Une femme, sans aucun doute.

— Ah mais si ! Il y en a même un grand, de doute !

Et de son pied galbé d'un bas rouge à dentelles, Chisato m'écrasa le cou du pied droit ; puis, tirant violemment Shunji par la main :

— Mais touche-moi un peu ça ! Cet engin qu'elle a cette fille !

— Ah, son Pénis d'orteil ? Je sais.

Chisato considéra le visage de Shunji ; moi j'en profitai pour dégager mon pied et m'habiller à la hâte.

— Et toi, tu peux fréquenter une créature pareille ? glapit Chisato.

— Une créature pareille ? Je ne vois pas très bien ce que tu entends par là, vraiment.

— Il ne faut pas demander tous les trucs malpropres que vous devez faire tous les deux avec ça…

Il me sembla que sous la voix furieuse de Chisato transparaissait de la curiosité. Ce que semblait avoir ressenti également Shunji, car il demanda froidement :

— Tu veux voir ?

— Non, mais tu plaisantes ?

Chisato se retourna vers moi. J'étais rhabillée à présent, je pus donc, avec un calme retrouvé, lui rendre son regard. Etait-ce que Pénis d'orteil lui avait ravi son insolence, mais il y avait moins d'hostilité dans ses yeux. Elle marcha jusqu'au lit et s'y laissa choir plutôt qu'elle ne s'assit.

— C'est la dernière chose que j'aurais pu m'imaginer, me faire souffler Shunji par une femme à pénis ! Ça alors !

Selon l'interprétation qu'on en donnait, on pouvait considérer les paroles de Chisato comme une reddition. Shunji et moi, nous nous taisions, attendant la suite, qui ne vint pas.

— Mais dites quelque chose, vous autres ! dit-elle en retrouvant son ton irrité. Alors comme ça, vous êtes fiancés ? Vous filez le parfait amour ?

Nous, nous ne savions pas très bien quoi répondre. Chisato fulminait donc toute seule.

— Eh bien quoi, vous deux ? Vous ne vous mariez pas comme on joue à la dînette, tout de même ? Non mais, vous vous rendez compte de ce que c'est que le mariage ? Alors si on fait bien l'amour ensemble, on peut se marier ? Ce n'est pas ça du tout, pas du tout !

Voilà qu'en un instant, de virago vaincue, Chisato s'était muée en vertueuse chapitreuse. Etait-ce une manifestation de sa forte personnalité ? Toujours est-il qu'ainsi debout devant elle, nous étions comme deux garnements subissant un sermon parental ou la leçon de morale du maître d'école.

— Tout cela on le sait déjà, hasarda Shunji distraitement.

— Tu sais ? Très bien ! Alors, tu te maries, et tu vas habiter… et où donc si on peut savoir ?

— J'habiterai ici, bien sûr.

— Ici c'est trop petit, ce n'est pas un logement pour un ménage, tu le sais fort bien.

— Bon, alors je louerai un appartement dans un immeuble.

— Parce que tu peux chercher un appartement, signer un contrat ?

— Moi je le peux, interrompis-je.

— Ah oui ? Tu es étudiante, je pense ? Une déclaration d'impôts, tu en as déjà rempli ? Défalquer les frais généraux, tu peux ficeler ça ?

— Parfaitement, affirmai je, car le ton de son argumentation commençait à me mettre en boule. J'ai été employée de société.

— Kazumi était administratrice de la maison Lovership, tu sais, intervint Shunji.

L'expression de Chisato se modifia du tout au tout.

— Lovership ? Tu parles de la société de fournitures amoureuses ? C'est vrai ça ?

— Oui, c'est une amie à moi qui en était la fondatrice.

Pour la première fois, Chisato me considéra de l'œil que l'on réserve à ses pairs. Elle remua les lèvres, comme si elle voulait me demander quelque chose, mais, soit parce qu'elle hésitait à le faire, soit qu'elle ne savait formuler sa question comme elle l'aurait désiré, elle resta muette. Il n'y avait plus trace de fatuité dans ce visage que ravageait à présent la curiosité. J'ajoutai donc, histoire de lui river un peu plus son clou :

— C'est pour cela que les tripotages et les abus de confiance n'ont pour moi plus de secret.

Les joues de Chisato s'empourprèrent. Sans doute s'était-elle sentie touchée dans son point faible, car elle promena son regard de Shunji à moi, les dents serrées à éclater. Etait-ce refus de courber son orgueil indomptable, car elle poussa encore une petite voix chevrotante et faible par-dessus le rempart de ses dents serrées pour laisser tomber :

— Tu es, ma foi, plus adulte que tu ne paraissais. Je pense qu'on peut te confier Shunji en toute sérénité.

Elle se leva et vint à moi, la main tendue :

— Je suis heureuse que Shunji ait trouvé une chic fille comme toi. Je te le confie !

Voilà donc qu'elle était maintenant une bienveillante grande sœur pour Shunji. Je sentis frémir en moi une pensée admirative pour l'aptitude aux revirements de cette fille.

La paume charnue de Chisato était moite de transpiration. Ce fut ensuite le tour de Shunji, qu'elle entoura d'un bras fraternellement passé sur son épaule :

— Tous mes compliments, Shunji ! Tu te maries, mais que cela ne t'empêche pas de me prêter le Pajero de temps en temps.

Là-dessus, un suave et élégant déhanchement propulsa Chisato dans l'entrée. Le profil qu'elle offrit, penchée pour enfiler ses chaussures, gardait encore les rougeurs de l'effusion. Une dernière volte-face accompagnée d'un geste aérien de la main esquissé en notre direction, et la porte se referma sur sa bouche souriante. Moi j'avais été totalement incapable de lui renvoyer son sourire.

Demeurés seuls, je me rapprochai de Shunji.

— Je suis épuisée !

— Oui, mais maintenant tout est réglé, observa Shunji en posant le bras sur mon épaule.

— Tu crois que ça ira maintenant ?

— Plus de problème.

Nous nous assîmes à même le sol, pelotonnés l'un contre l'autre.

Nos fiançailles une fois reconnues, Chisato devint curieusement familière. C'est tout sourire qu'elle apportait gâteaux et friandises lorsque je venais dans le studio de Shunji. Elle ne s'en retournait jamais sans avoir laissé fuser une abondance de propos aimables[1], m'invitant à utiliser librement la salle de bain de la maison principale ou me proposant de rester dormir. Si Shunji venait chez moi, le Pajero l'y amenait, pour le reprendre le lendemain. Et avec le tempérament qu'elle avait, elle ne rentrait jamais chez elle, laissant le Pajero devant ma porte pour aller vadrouiller la nuit en ville.

Mais cette familiarité déployée par Chisato ne laissait pas de présenter un petit côté inquiétant. Généralement, les filles comme Chisato, qui couraient les hommes et fuyaient les femmes, ne fréquentaient que leurs semblables pareillement délurées. Et les filles d'apparence tout à fait quelconque comme moi, elles les ignoraient superbement. Or, le fait qu'il lui arrivait, quand elle venait rechercher Shunji, de faire de petites siestes sur mon lit avant de partir, prétextant un retard de sommeil qu'elle n'avait pu prendre, me faisait penser qu'elle considérait mon logis comme une base de repli bien commode.

Ou peut-être mon curriculum vitae qui passait par Lovership éveillait-il son intérêt ? Elle était intarissable de questions sur ce sujet : combien je gagnais, quel genre d'hommes devenaient membres, quel type de femme était cette Saizawa Yôko, et d'autres questions de ce genre. Elle donnait même à entendre, jusqu'à l'écœurement, qu'en fait elle avait songé un moment à s'embrigader dans les bataillons de la maison Lovership,

1. Il existe un rire très particulier déclenché par une conversation enjouée, sémillante, d'une extrême intensité, participant d'un rituel social, qui s'échange entre les dames japonaises, par exemple dans l'entrée d'une maison avant de conclure une visite, ou lorsqu'elles se croisent au supermarché. C'est le moment éminemment social, où l'on étale en un bref feu d'artifice spirituel et fantastiquement cordial, avec force échanges de prunelles enamourées dans des visages hilares, tout ce que l'on prétend avoir de meilleur, tel un présidentiable en campagne électorale ; l'intensité passionnée de cette gesticulation est directement proportionnelle au carré de l'envie qu'on a d'en finir au plus vite avec son interlocuteur. C'est ce phénomène qui a assis solidement la réputation, souvent surfaite car colportée par des observateurs occasionnels, de la pérennité absolue du sourire chez la femme japonaise.

mais y avait renoncé par déférence pour Shunji. Elle qui se faisait peloter par des hommes devant lui, elle ne manquait pas de toupet pour proférer sereinement des mensonges aussi énormes.

— Ne t'en fais pas. Laisse-la dire, m'avait rassuré Shunji lorsque je m'étais ouverte à lui du caractère quelque peu inquiétant de cette familiarité excessive. Sans doute avait-il raison. D'autant plus qu'une fois mariés, Chisato devenait une parente : le plus avisé était d'entretenir les meilleurs rapports possibles. Je décidai donc de faire bon accueil aux travaux d'approche de Chisato.

C'est ainsi qu'un soir, comme elle m'appelait depuis une boîte pour m'inviter à venir boire avec elle, j'acceptai et appareillai pour Roppongi, toutes affaires cessantes. En fait d'affaires, il s'agissait de mon mémoire, dont la date limite pour la remise à la fac approchait dangereusement.

— On peut bavarder pour une fois sans Shunji, plaida-t-elle au téléphone, et puis il faut que je te présente mon nouvel amoureux.

Je pénétrai donc dans le bar indiqué par Chisato. Un bar d'aspect très quelconque, où se remarquait une concentration d'employés en complet-veston, normal pour un jeudi à neuf heures du soir. Au comptoir, Chisato sirotait un gin-fizz. Elle avait abandonné les frisettes pour reprendre le cheveu droit et lisse, affectant du même coup le port de la femme discrètement classe.

— Il n'est pas encore là, m'annonça-t-elle aussitôt qu'elle me vit, on avait pourtant dit neuf heures.

— Il est employé ?

— Ça ne fait pas longtemps, depuis avril, dans une maison de commerce.

— Plus jeune que toi alors ?

— Non, le même âge, il a fait un an d'études en plus. Mais ce n'est pas parce qu'on a le même âge que je peux le traiter par-dessus la jambe. Même moi je ne peux pas le faire marcher, c'est lui qui met tous les gaz. Un type pareil, c'est bien la première fois !

Chisato paraissait terriblement emballée par son nouvel amoureux, cela se voyait à son regard lointain et au sourire extatique errant sur ses lèvres. Un homme capable de tenir Chisato sous pression ? Quel numéro cela devait être ! J'étais curieuse de le connaître.

— Quand tu l'auras vu, tu comprendras que je n'ai plus aucun attachement pour Shunji. Lui aussi d'ailleurs, quand je lui ai parlé de toi, il voulait te rencontrer.

— Que lui as-tu raconté sur moi ?

— Oh, avec toi, ce ne sont pas les histoires intéressantes qui manquent.

Là-dessus Chisato laissa remonter sur ses lèvres un rire dont le moins qu'on puisse dire était qu'il manquait totalement de distinction. C'était un rire intime, lourd de sous-entendus. J'ignore ce que Chisato me trouvait de drôle, mais qu'on me trouve comique, ou qu'on attende de moi que j'amuse la galerie, ça ne me plaisait pas. Le dry-sherry commandé vint heureusement laver l'impression pénible qui montait en moi.

— Je suis heureuse d'avoir rencontré quelqu'un comme toi, et par un concours de circonstances aussi curieux. Au moins j'ai quelqu'un à vanter auprès de mes amis.

Vanter ? Qu'entendait-elle exactement par vanter ? Peut-être était-ce une habitude prise avec les hommes, mais moi je ne pouvais m'habituer à cette manière qu'elle avait de parler aux gens en chuchotant penchée vers eux. Il me fallut porter une nouvelle fois mon verre de dry-sherry aux lèvres.

— Holà ! fit une voix par-dessus ma tête. Chisato se retourna en levant la tête vers le propriétaire de la voix :

— Ah, te voilà enfin, gronda-t-elle d'une voix flûtée.

— Excuse-moi, des heures sup qui n'en finissaient pas de finir !

— Kazumi-chan, voici mon amoureux.

Un jeune homme en complet bleu prit place au bar de l'autre côté de Chisato. Mais lorsque je vis le visage derrière la carte de visite tendue qu'il avait extraite de la poche intérieure de son veston, mon sang se figea, je retins mon souffle.

Le nouveau béguin de Chisato n'était autre que l'ancien grand copain de Masao, Iwai Haruhiko.

— Ah ça par exemple, c'est donc toi !

— Vous vous connaissez ? s'exclama Chisato, l'œil arrondi de surprise.

— Tu penses, ça fait des années qu'on se connaît. Pas vraiment intimement, remarque. Pas vrai ?

Haruhiko avait toujours son insolence. Je ne l'avais plus revu depuis ce fameux soir, il y a trois mois déjà, où il avait débarqué ivre dans la chambre de Masao. Mais sous son déguisement d'employé, le fond n'avait pas changé. La carte de visite annonçait tout de même une célèbre maison de commerce de Tôkyô.

— Il paraît que tu as plaqué Masao ?

— Tu es au courant ?

— Masao me l'a dit.

— Tu le vois toujours ? demandai-je en me redressant légèrement.

— Oui, nous nous voyons... Tu sais, de vieux copains, ça ne se sépare pas si facilement.

L'amitié pouvait donc renaître d'une querelle aussi haineuse ? C'est ce que m'expliqua Haruhiko, avec des airs de maître dispensant son enseignement à un disciple, lequel disciple, moi en l'occurrence, en resta abasourdi.

— Tu avais vu juste. Nous sommes des homos psychologiques. Chacune de nos disputes ne fait que resserrer le lien. Pas de danger qu'on se sépare à ce régime. Note que Masao ne se considère certainement pas comme un homo psychologique. Mais celui qui a besoin de l'autre, c'est Masao, c'est clair.

— Dis, on te voit à peine et tu commences à discourir sur les homos, intervint Chisato. Mais alors toi,

Kazumi-chan, et ce Masao, ou que sais-je, vous voguiez dans le triangle des Bermudes ?

— Absolument pas, protesta Haruhiko en faisant signe de la main au garçon pour commander un martini-dry.

— Vraiment ? Ce n'était donc pas le triangle des Bermudes par le pénis ?

Chisato avait lâché le mot, Haruhiko se dévissa le cou pour plonger son regard dans le mien.

— Alors, la fille au pénis d'orteil, c'est toi ?

L'incendie me ravageait les joues. Chisato parlait donc de Pénis d'orteil à tout le monde ? Je comprenais maintenant ce qui l'amusait tant.

— Masao s'était bien gardé d'en piper mot, dit Haruhiko en pinçant les lèvres.

Voilà qu'il me fallait être reconnaissante à Masao de ne pas avoir ébruité la chose. Je bus le reste de mon dry-sherry. Tout en commandant un Caluha-milk à mon intention, Haruhiko me demanda :

— Comme ça, si tu t'es séparée de Masao, c'est parce que tu as attrapé un pénis à l'orteil ?

— Là, je ne peux vraiment rien te dire.

Masao avait respecté le secret, je n'avais pas à le trahir. Mais Haruhiko opina gravement d'un air qui en disait long.

— C'est tout vu ! Il ne pouvait pas le voir ton pénis, non ?

Je fixai Haruhiko.

— Que veux-tu, il est comme ça, Masao ! Il est encore plus macho que moi, tout pénis d'autrui est pour lui un ennemi.

— Mais tu ne serais pas un peu comme ça, toi aussi ?

— Non, moi je lui ferais la bise à ton pépé.

— Oh, je t'en prie, arrête !

Chisato tapota le bras de Haruhiko qui choisit de l'ignorer.

— Moi, sur le plan sexuel, je ne suis pas trop difficile : diplomatie tous azimuts. On pourrait bien sûr me trouver de l'inconstance. Je trempe mon biscuit partout où cela peut donner quelque chose d'intéressant. Point !

— Haruhiko ! tu as eu des expériences homosexuelles ? glapit une Chisato au visage que l'alcool commençait à rendre rubicond. Haruhiko plaqua un baiser sur la bouche de Chisato, qui l'accueillit en fermant les paupières. Ne sachant plus très bien où il me fallait poser les yeux, je me réfugiai dans mon Caluha-milk. Haruhiko avait parlé de « diplomatie tous azimuts » et je me demandais comment il était possible que, comparé à Shunji, lui aussi tenant d'une diplomatie tous azimuts, Haruhiko donne l'impression d'être aussi puant, lorsque j'eus soudain conscience que c'était parce qu'il n'était jamais venu à Shunji cette idée justement de « tremper son biscuit partout où cela pourrait donner quelque chose d'intéressant ». Le principe directeur de Shunji c'était qu'il était « heureux », comme il disait, de pouvoir fraterniser avec les gens.

Dès qu'il eut décollé des lèvres de Chisato, Haruhiko se tourna vers moi pour me décocher une œillade complice, tandis que, chiffe alanguie, Chisato s'appuyait sur lui.

— Tout ce qui peut se faire, je le fais. Je suis comme ça. Face à la diversité de mes expériences sexuelles, tous ces biquets quarantenaires et cinquantenaires qui ont coulé leur jeunesse à l'époque où la notion de *free sex* tenait le haut du pavé, ils ne font pas le poids. Ils réclamaient la libération sexuelle, alors qu'ils n'ont jamais fait autre chose que martyriser les femmes. Quand je leur parle de mes expériences, ils prennent un air nostalgique mêlé de complexe d'infériorité, parce qu'à leur époque, ils semblent avoir eu pas mal de préventions contre l'homosexualité.

— Bon, alors finalement as-tu été ou non homo ? demanda la voix endormie de Chisato.

— Au lycée, un condisciple, tout à fait mignon au demeurant, m'avait prié de lui faire une faveur, alors… je lui ai un peu bousculé les hémorroïdes.

Si j'éprouvais une violente répulsion, c'était surtout à voir fleurir sur les lèvres de Haruhiko ce fin sourire cruel pendant qu'il racontait ces choses.

— Mais enfin, Iwai, tu aimes ou tu n'aimes pas les hommes ? demandai-je.

— J'aime.

— Tu dis ça comme si tu les détestais.

— J'aime les hommes comme les femmes, déclara Haruhiko en soutenant mon regard, les yeux plissés. Toutefois, je ne nie pas que dans le fond de mon cœur se tient tapie une violente aversion… pas plus contre les hommes que les femmes, d'ailleurs.

— Et toi, t'aimes-tu ?

— Pas trop, non, fut la réponse immédiate de Haruhiko qui n'avait pas remué un sourcil. Le cœur de ce type est glacé. Impossible de demeurer plus longtemps assise avec lui. Je me levai et réglai ma consommation au comptoir. Chisato avait dû s'endormir car elle était toujours effondrée sur Haruhiko. Au moment où je passais derrière eux pour sortir du bar, Haruhiko, étendant le bras en arrière pour me barrer le passage, me chuchota à l'oreille :

— Il paraît que ton pénis est très supérieur à la moyenne masculine. Chisato frétille de curiosité, tu sais !

Il n'avait pu se défendre d'un dernier mot pour me faire enrager. Je lui renvoyai son fin sourire et laissai loin derrière moi cet établissement.

C'était la saison où la mousson n'en finissait pas de finir, la ville était étouffante autant de l'humidité que de la promiscuité des passants. Mais ce n'était rien, comparé à l'écœurement que laissait en moi le rire malsain de Haruhiko. J'eus désespérément envie de voir Shunji. Mais je devais rentrer chez moi et terminer mon mémoire pour la fac. Je me hâtai vers la station de métro.

Chisato sonna à ma porte au moment où je sortais du bain, comme si elle m'avait suivie à une demi-heure près. Lorsque j'entendis sa voix me demandant de la laisser entrer, la crainte qu'elle ne soit accompagnée de Haruhiko me mit sur mes gardes. Non, elle était seule. Elle roula plutôt qu'elle ne pénétra dans la pièce, haleine avinée, yeux injectés. Tout à fait comme Haruhiko quand il avait déboulé dans l'appartement de Masao.

— Pourquoi as-tu filé sans rien dire ? demanda-t-elle en s'agrippant à moi. Haruhiko t'a mise en colère ? On s'est disputés, je lui ai dit qu'il avait été grossier avec toi.

— Ce n'était vraiment pas la peine de vous disputer pour ça, la réconfortai-je en lui proposant un café, mais par pure politesse.

— J'ignorais totalement que vous vous connaissiez, Haruhiko et toi, commença-t-elle au lieu de s'occuper de boire son café. Tu peux peut-être ne pas l'aimer, mais moi je l'aime. D'accord, il n'a pas très bon genre, surtout en dessous de la ceinture, mais c'est quelqu'un qui essaie désespérément, vraiment désespérément, de croire dans les gens. Sa manière de vivre ressemble à la mienne, tu sais.

L'appréciation que donnait Chisato de Haruhiko, toute femme qui en pinçait pour lui l'aurait formulée, pour le fond du moins. D'ailleurs, je pouvais constater moi-même que leurs façons de vivre ne manquaient pas de points communs. Chisato croyait parler de Haruhiko, elle se racontait elle-même. On me trouvera peut-être vieux jeu, mais cette Chisato-là m'apparaissait un peu pathétique. Ce fut la raison qui me poussa ce soir-là à accepter, non sans hésitation, quand elle me demanda de l'héberger pour la nuit.

Je préparai donc le futon de Chisato, moi ce serait le lit, comme d'habitude. La douche ne semblait pas avoir eu raison de son ivresse, car elle continua à parler toute seule quand elle fut couchée : « Lascive, débauchée, faux-jeton, menteuse, et suprêmement belle avec ça… et il n'y a pas plus seule au monde que moi… qu'il dit Haruhiko. »

Le monologue de Chisato résonna encore quelque temps à mes oreilles puis je finis par sombrer dans le sommeil.

Dans mon rêve, Yôko et moi échangions des coupes de champagne. Moment : début d'après-midi de printemps ; lieu : un champ de lotus ; état d'esprit : détendu et sociable. Le soleil déclinait sur l'horizon, comme on peut le voir sur un film projeté en accéléré, et les teintes des lotus se fondaient dans les dégradés somptueux du voile crépusculaire montant de l'horizon, mais la sensation agréable ne s'évanouissait pas. Arborant un visage souriant de bonheur, que je ne lui avais jamais connu de son vivant, Yôko levait son verre et moi je me disais vaguement que je voulais qu'il en soit toujours ainsi. Puis, je me rappelai brusquement qu'il me fallait aller retrouver Shunji.

Le rêve s'effiloche, se déconnecte un moment. Scène suivante : Shunji et moi sommes enlacés sur le lit. Cette scène aussi devient floue, et seule demeure la sensation de partager le plaisir avec quelqu'un. L'épicentre du plaisir irradie de Pénis d'orteil. Quelqu'un a mis Pénis d'orteil en bouche. Il ne déploie pas autant d'adresse que Shunji, mais l'impression retirée est tout de même très agréable. Ensuite, Pénis d'orteil est aspiré dans quelque chose de plus étroit que la bouche, beaucoup plus chaud, plus humide aussi. Un plaisir s'installe, suffocant. Qu'est-ce que cela peut bien être ?

Ce n'est pas un rêve. C'est un plaisir réel. Comme si elles se trouvaient entraînées par le plaisir, les paupières s'ouvrent. Les yeux se déplacent vers le bas du corps.

La voix me manqua. Dans une position des plus obscènes, emprisonnant Pénis d'orteil dans son sexe, l'image de Chisato avait bondi dans mon champ visuel.

6

La blême lueur de l'aube faisait ressortir avec solennité le ventre laiteux et les cuisses de Chisato, robustes et au léger bronzage de blé mûr. Par la chair de sa cuisse, la chaleur animale de son corps se propageait dans ma jambe droite. Ce qui enveloppait Pénis d'orteil de chaude moiteur n'était autre que le sexe de Chisato. A l'instant où je réalisai ce qui se passait, la délicieuse sensation éprouvée dans mon rêve bascula dans une violente aversion.

En ce moment, Chisato s'employait précisément à mobiliser tous les muscles de ses cuisses pour mieux se soulever de bas en haut. Je poussai un cri, que la voix refusa de matérialiser, et je voulus dégager mon pied droit prisonnier sous elle. Peine perdue, j'étais couchée sur le dos, et mon talon ne faisait que creuser le matelas, interdisant la flexion libératrice du genou. Je roulai sur le côté et secouai la pointe de mon pied droit, mais Pénis d'orteil résista, captif des tendres parois, communiquant même les secousses au corps de Chisato qui laissa échapper un curieux grognement. Passant outre, je repliai violemment la jambe et Pénis d'orteil glissa enfin du conduit qui l'emprisonnait.

D'un bond je m'étais redressée.

— Qu'est-ce que tu fais là ?

Chisato me lança un regard effronté et prit le temps de s'asseoir posément en tailleur pour arranger les pans de sa veste de pyjama et dissimuler son ventre. En proie à un tremblement incoercible, je ne parvenais pas à trouver les mots que je voulais lui jeter à la face. Une sensation de froid s'installa dans l'ongle de mon orteil droit enfin délivré de l'insistante moiteur animale. J'y portai la main et aussitôt ma paume se poissa d'une humeur visqueuse. Frissonnante, je frottai instinctivement cette main sur le drap. Pénis d'orteil s'était complètement étiolé à présent.

— Qu'as-tu à paniquer ainsi ? laissa tomber la bouche de Chisato. Moi qui voulais simplement nous donner un peu de bon temps à toutes les deux, si tu t'effarouches comme ça, je vais finir par croire que je suis un spectre d'horreur !

— Comment ça, « se donner du bon temps toutes les deux », échouai-je à articuler correctement car ma langue refusait de bouger. Mais je dormais, moi !

— Quand on dort, on est bien décontracté, c'est excellent, tu sais, pour entreprendre la chose. Quand on veut commencer de but en blanc éveillée, souvent ça ne marche pas très bien avec les hommes qui manquent d'expérience. Une question de trac, peut-être ?

— Où y a-t-il un homme ici ?

— D'accord, tu n'es pas vraiment un homme, je sais.

— Je suis une femme, moi !

Chisato éclata de rire.

— Mais ton pied, lui, porte la marque de l'homme, il me semble !

Je voulus avancer vers elle pour protester, mais mon corps me refusa ce service. Elle ne m'était pas seulement odieuse, cette Chisato, pour commettre froidement des actes aussi inqualifiables – c'était son existence tout entière qui m'était insupportable, tiède, étouffante, poisseuse au point qu'il s'étirait des fils visqueux à son simple contact. C'était la première fois que je sentais à quel point je la détestais. Je n'avais pas trop de toutes mes forces pour parler, tant ma voix était agitée de tremblements.

— C'est comme un organe viril, oui, mais ce n'en est pas un. Ça se voit, non ?

— On ne va pas faire tout un plat d'une si petite différence. Si ce n'est pas un pénis, qu'est-ce que c'est ?

Chisato ne s'en laissait pas imposer. Apparemment, sa méthode pour se tirer d'un mauvais pas, c'était de passer à l'offensive par d'habiles manœuvres qui évitaient la question à grands coups de gueule et de bluff, surtout quand elle se trouvait en position désavantageuse et avait quelque chose à se reprocher. Mais on n'allait pas se laisser faire. Nous aussi, nous allions bricoler notre dialectique.

— Alors, tu fais pénis de tout bois, puisque tout ce qui y ressemble tu prétends t'en servir ?

Nouveau rire de Chisato.

— Ne détourne pas le sujet de la discussion ! Même si ce n'est pas un organe sexuel mâle, c'est en tout cas un organe à vocation jouissive, tu ne crois pas ? Alors il faut en profiter, non ?

C'était à s'en arracher les cheveux. Mais je cherchai cependant mes mots dans un calme glacial.

— Prendre ton plaisir entre femmes, ça ne te rebute pas un peu ?

— Ah, pour ça, les lesbiennes, je ne peux pas les sentir. Mais toi, tu possèdes les outils des deux sexes, alors !

La sortie était plutôt inattendue et ces mots de Chisato me donnèrent vraiment la nausée. Surtout son « les lesbiennes, je ne peux pas les sentir » ! Moi non plus je n'avais aucun penchant homosexuel, mais qu'avait-elle à me jeter à la figure son « je ne peux pas les sentir », à moi qui étais une femme pleine et entière, à l'exception d'une minuscule section de mon anatomie ?

— Bon, dis-je, tu prétends donc utiliser exclusivement mon orteil, et encore seulement le droit, en fermant les yeux sur le reste de ma féminité ?

— Normal !

— Ignorer totalement la plus grande partie de moi-même, pour ne retenir qu'un article, un seul, mon orteil ?

— C'est ça.

— Quel talent pour démonter seulement les pièces dont tu as besoin !

Je commençais à perdre patience, mais Chisato me considérait d'un œil étonné.

— Mais qu'est-ce que tu me racontes ? Toi aussi, tu n'aimerais pas avoir affaire à une femme avec une autre partie que ton orteil, je pense ?

C'était plus que je n'en pouvais supporter. J'élevai la voix pour déclarer tout net : « Orteil ou pas orteil, je ne veux pas avoir affaire à une femme, c'est tout ! »

Yeux, bouche, tout s'arrondissait chez Chisato. Cette expression, il me semblait l'avoir déjà vue quelque part. Mais oui ! cette page publicitaire pour une poupée gonflable dans un magazine porno feuilleté distraitement chez Masao pour tuer le temps. D'ailleurs, si je faisais des associations désagréables, c'était bien la faute de Chisato. Ne vouloir avoir affaire qu'à mon orteil, le droit, non mais je vous demande un peu ! Cette manie de présenter les choses en se moquant éperdument du reste de mon anatomie, et de ma personnalité, et de mon inclination ? Rien qu'à l'entendre, c'était comme si on vous amputait sans vous demander votre accord. Mon orteil droit n'était pas un vibromasseur, tout de même !

Du haut de sa stupeur, Chisato retomba adroitement sur ses pieds.

— Dis donc, ce machin, tu n'as pas l'air de très bien savoir à quoi il sert en principe.

Elle me gratifia d'un regard torve accompagné d'un sourire égrillard plein d'assurance. Etait-ce là ce qu'on appelait vulgairement couler une œillade ? J'en avais des frissons dans le dos. Triomphante, Chisato revint à la charge avec une argumentation plus serrée et véhémente :

— C'est parce que tu es encore puceau, que tu réfrènes les désirs de ton pénis ?

— Chisato, arrête, veux-tu ! Je suis une femme ! lui lançai-je dans une tentative désespérée, car elle faisait mine à tout moment de se tortiller jusqu'à moi, mais elle fit la sourde oreille.

— Tu es encore prisonnière de ta conscience du temps où tu étais femme, c'est tout. Maintenant que tu l'as ce pénis, il te faut aussi faire conscience neuve. Ecoute, un pénis est fait uniquement pour se goupiller là où il fait bon se goupiller. Ça ne se console ni par la main ni par la bouche. Si on ne lui permet pas de libérer ses pulsions, il est malheureux et c'est du gâchis.

Insidieusement sa main s'avançait déjà pour corroborer ses dires. Cela devait être ainsi que les pauvres puceaux finissaient par abandonner toute résistance face aux femmes lubriques. Oui, mais moi je n'étais pas un homme. Cette voix doucereuse, ce corps bien en chair, tout en Chisato était pour moi offensant, suffocant. Rejetant la main baladeuse, je m'écartai d'un bond.

— Quelle entêtée ! grogna Chisato en retirant sa main. Je vais finir par croire que tu me détestes prodigieusement pour me refuser ainsi quelque chose que je te demande à genoux. Tu me fends le cœur, tiens !

Jouait-elle la comédie, car ses traits prirent une expression réellement pathétique…

— Je te trouve quelqu'un de très bien, tu sais. Ce serait trop dur d'être détestée par toi.

D'abord la provocation sur un ton de menace, ensuite l'appel à la compassion, et voilà qu'une brillante volte-face l'amenait à la supplication de l'objet convoité accompagnée d'éloges. Etait-ce donc ainsi que dans le monde, les femmes de caractère faisaient plier les hommes ? Je ne pouvais manquer d'admirer au passage, même si son jeu cousu de fil blanc me portait sur les nerfs. J'agitai la main en signe de dénégation.

— Comprends-moi bien. Ce n'est pas un organe sexuel mâle, il n'y a donc aucune raison de le placer dans un organe sexuel femelle.

— Entendu ! fit Chisato en amincissant les yeux, organe mâle ou femelle, cessons de jouer sur les mots. Ce que je veux dire, moi, c'est que si nous mettions ensemble la partie que tu as par excès dans celle que j'ai par défaut, on pourrait s'éclater, c'est clair.

La discussion tournait en rond. N'étais-je pas la dernière des idiotes pour être incapable de balayer une bonne fois pour toutes l'obstination de Chisato ?

— Mais justement, je te dis et te répète que m'amuser avec des pièces de Mécano, je ne peux pas !

— Ne serais-tu pas en train de me dire que sans amour tu ne marches pas ?

— En gros, oui, c'est ça.

— Et voilà ! Le mal récurrent de nos contemporains ! laissa-t-elle tomber en me toisant d'un petit rire sarcastique. Sans amour, pas de sexe : a-t-on jamais vu un axiome à ce point contre nature ? Réprimer le désir en liant le sexe à l'amour, voilà le comble de la perversité !

— Mais je ne réprime rien du tout. Simplement, je n'éprouve aucun désir pour toi, rien !

Ayant enfin réalisé que si je ne l'avais pas envoyée promener plus tôt, c'était que la simple politesse m'interdisait de prononcer ces mots, je les lui balançai comme mon dernier atout, avec l'espoir d'arroser d'eau froide ce sourire sarcastique posé perpétuellement devant mes yeux. Loin de se résorber, le sourire de Chisato s'épanouit plus largement encore.

— Ce que tu dis là est un pur mensonge. On en a eu la preuve pas plus tard qu'il y a un instant.

— Mais ça c'était un pur réflexe nerveux, m'esclaffai-je triomphante, car c'était mon tour de rire. Une réaction mécanique à la stimulation.

— Mais la stimulation c'était moi, nuance !

— Je dormais, je ne pouvais donc pas savoir par qui ou par quoi j'étais stimulée.

Dès l'instant où j'avais réalisé que j'avais affaire à Chisato, la sensation de plaisir avait fait place à une âcre répugnance et Pénis d'orteil avait commencé à mollir.

Si j'avais su d'entrée de jeu que c'était Chisato, Pénis d'orteil n'aurait pas pu bander aussi facilement, car il avait perdu beaucoup de cette charmante naïveté des premiers jours de son apparition.

Si c'était Chisato, je ne pouvais recevoir du plaisir, quelque habiles que soient les techniques mises en œuvre, car le dégoût prenait le dessus. Mais je ne pouvais quand même pas lui dire ça.

— C'est que je rêvais justement de Shunji à ce moment, dis-je.

— Tu veux dire qu'une fois que tu as su que c'était moi, tu n'as plus réagi ? C'est dur ce que tu me dis là, gémit Chisato en relevant le coin des paupières. Je suis si moche que ça ?

— Mais non, puisque je te dis que ce n'est pas une question d'être jolie ou laide.

— C'est bien la première fois que je me fais ainsi couvrir de honte ! protesta Chisato, coupant court à ma tentative d'apaisement. Tu veux absolument faire de la discrimination, c'est ça, n'est-ce pas ?

— Ce n'est pas de la discrimination, je fais simplement la différence entre les gens, c'est tout.

— Faire la différence, mais quelle différence ? On est tous des êtres humains, que je sache !

En répondant n'importe quoi, Chisato avait réponse à tout, retombait toujours sur ses pieds, et cela m'énervait prodigieusement ; j'optai donc pour le silence. Elle s'enfonça également dans la morosité. Dans la chambre qu'envahissait progressivement la lueur de l'aube, seuls retentissaient aux oreilles les gazouillis énergiques des oiseaux au-dehors. Je me prenais à me demander, vaguement endormie, si Chisato avait voulu expérimenter les sensations procurées par Pénis d'orteil. Elle releva le menton et je sentis se glisser dans mon oreille, qui en demeura abasourdie, une voix dénuée de toute hésitation : « Ça ne te dit rien d'essayer ? Voir si je suis capable ou non de te faire bander ? »

Une bouffée de fatigue m'assaillit. Comment pouvait-on pousser l'obstination à ce point ? Etait-ce la volonté d'acier devant laquelle tout doit céder ? Alors que je touchais les confins de l'écœurement, l'idée m'effleura qu'il serait plus judicieux, finalement, puisqu'elle ne voulait absolument pas me lâcher, de lui abandonner tout simplement mon pénis, de fermer les yeux et de m'imaginer que je faisais l'amour avec Shunji.

— Et Iwai-kun, c'est bien ton petit ami ? objectai-je, reprenant aussitôt mes esprits et rechargeant mes batteries. C'est avec lui que cela doit être le plus agréable à faire, ce genre de chose, non ?

— Tu sais, Haruhiko et moi nous sommes loin d'être des sectataires de la religion monogamique.

Réalisant soudain que ce ton de récitatif monocorde donné à sa déclaration portait toute la marque du caractère antinaturel et malsain de Chisato, qui avait pris l'habitude, conséquemment à sa théorie de la séparation de l'amour et du sexe, de courir en jument piaffante après ses désirs aveugles, je me dis que tout cela était parfaitement idiot et suprêmement emmerdant.

— J'ai très bien compris, dis-je. Tout ceci c'est ton affaire, mais tu ne m'embarques pas là-dedans.

Chisato se redressa. C'est ce que je crus du moins, car l'instant d'après je reçus une gifle foudroyante comme l'étincelle du briquet battu.

— Et alors ! On se perche un peu haut sur son arbre, il me semble ! On joue les pudeurs offensées ! commença à tempêter Chisato, profitant que j'étais bouche bée. Tu ne te prendrais pas un peu trop pour ce que tu n'es pas, des fois ? Radine, trouillarde, et mijaurée avec ça ! Sans compter que tu es un tantinet raciste. Un petit monstre, voilà ce que tu es ! Allez savoir si c'est de l'homme ou de la femme ! Ah, on peut dire que tu l'as chopé le mal du siècle, va !

— C'est un malentendu ! m'écriai-je, les bras croisés sur ma tête aussitôt rentrée dans les épaules car la main de Chisato s'était à nouveau élevée, menaçante. La gifle atterrit cette fois aux environs du front.

— C'est ce qui me met en rage chez toi, cet air de ne jamais savoir de quoi on parle. On fait la sainte-nitouche ! On se paie la tête du monde !

Je voulais lui dire que ça aussi c'était un malentendu, mais elle ne m'en laissa pas le loisir car elle n'arrêtait pas de me tambouriner sur la tête, comme un enfant piquant sa crise d'hystérie. Force m'était de supporter ce traitement en me demandant pourquoi, bon dieu, fallait-il que je me fasse rosser de la sorte ? Enfin, l'assaut commençant à donner des signes d'épuisement, je risquai timidement un œil entre mes phalanges plaquées sur mes yeux, pour m'apercevoir que Chisato se dépouillait du pyjama que je lui avais prêté et commençait à rassembler ses vêtements.

Habillée à présent de pied en cap, elle empoigna son sac, consulta sa montre : il était six heures et demie. Sans un regard pour moi, elle se dirigea vers l'entrée. J'avais peur, je ne pipais mot. J'attendais stoïquement que s'efface cette furie.

A l'instant où elle allait franchir la porte, elle suspendit son élan pour se retourner vers moi :

— Il faudrait tout de même que tu saches, commença-t-elle, la prunelle en feu, que tu auras beau jouer les pucelles, ton pénis, je me le suis payé, et pas qu'un peu ! Tu as eu un rapport sexuel avec moi ! Tu as été souillée par moi, eh oui !

Et sur un grand éclat de rire satisfait en guise de cadeau d'adieu, Chisato quitta la scène de la plus charmante humeur. Sa flèche du Parthe avait eu son effet. Aussitôt la porte refermée, je bondis à la salle de bain pour ouvrir le robinet de la douche : il me fallait absolument purifier par d'abondantes ablutions mon pied droit.

Encore une semaine après, le toucher du sexe de Chisato revenait me tourmenter sporadiquement, comme s'il renaissait palpitant et collait à Pénis d'orteil. Sans compter que le mémoire que j'avais à remettre à la fac avait été joliment bâclé et que la colère ne me quittait pas.

Shunji ne crut pas devoir considérer la conduite de Chisato comme particulièrement excentrique. Ce jour-là, j'avais attendu neuf heures pour l'appeler, mais sa réaction fut extrêmement pauvre.

— Ça faisait déjà un moment que Chisato me posait des tas de questions sur ton pénis, elle avait sûrement une idée derrière la tête. Elle voulait savoir combien il faisait en érection, sa grosseur, enfin des trucs de ce genre, quoi.

— Et tu l'as renseignée.

C'est vrai, le fameux soir dans ce bar de Roppongi, Haruhiko ne m'avait-il pas jeté de but en blanc : « Il paraît que ton pénis est très supérieur à la moyenne masculine » ?

A n'en pas douter, Chisato avait tiré les vers du nez à Shunji et avait repassé l'information à Haruhiko.

— Evidemment que je lui ai dit.

Shunji avait répondu avec sa bonne grâce habituelle. Bon, c'était évidemment Chisato qui était à blâmer dans tout cela, car on ne pouvait en vouloir à Shunji qui s'était borné à répondre aux questions. Mais c'était tout de même un peu léger de sa part de ne pas manifester la moindre compassion pour mon drame personnel. Il poursuivit de sa voix paisible :

— J'ignorais que Chisato t'aimait à ce point.

— Mais non, elle ne m'aime pas, dis-je. Elle était curieuse de Pénis d'orteil, c'est tout. Elle me l'a dit, d'ailleurs, qu'à part Pénis d'orteil elle n'avait pas l'intention de mettre le plus petit doigt sur moi.

— J'en doute. Quand on est attiré, même par une toute petite partie, est-ce que ce n'est pas de l'amour ?

Devant sa réaction placide, j'eus l'impression que les écailles me tombaient des yeux, ma respiration se fit plus légère. Mais je ne m'en tins pas satisfaite pour autant.

— Tu crois que ça fait plaisir d'être aimée seulement pour ce qui arrange l'autre ?

— Je vois, tu veux être aimée entièrement. Evidemment, plutôt que d'être aimée un peu, c'est beaucoup plus agréable de l'être totalement.

— Même totalement, je n'ai pas envie d'être aimée de Chisato.

— Tu la détestes à ce point ?

Posée avec cette candeur, la question me troubla, car elle me fit apparaître comme l'enquiquineuse qui détestait froidement son monde.

— Pour parler avec elle, je veux bien, mais pour faire l'amour, non !

— Pourquoi ?

— Ça me dégoûte.

— Tiens ? Pourtant avec Chisato ça ne me dégoûtait pas, moi.

C'est vrai, j'étais en train d'oublier que les corps de Shunji et de Chisato s'étaient mêlés un nombre incalculable de fois. Shunji était manifestement incapable de concevoir la profonde répugnance éprouvée au contact du sexe moite et visqueux de Chisato.

— Oui, mais Chisato et moi, on est du même sexe.

— Ah, c'est vrai, tu n'as pas d'affinités pour ton sexe…

Shunji, lui, a l'expérience de l'homosexualité. Cette répugnance physique pour son sexe, même en faisant des efforts, il ne peut pas la comprendre. Sans doute n'y a-t-il rien d'étrange à ce qu'il prenne à la légère ce qui s'est passé avec Chisato. Loin de compatir, il me murmure même son opinion sur la question, qui ne laisse pas de me surprendre.

— Tu sais, cela peut être très traumatisant de s'entendre dire des trucs comme : « Tu me dégoûtes, bas les pattes ! »

L'effet fut immédiat, j'en eus la parole coupée. Mais une interrogation jaillit en moi : et la répugnance que j'avais éprouvée, comment voulait-il que je l'ignore ?

— Tu penses que j'aurais dû répondre aux invites de Chisato ?

— Ce n'est pas ce que je veux dire. Mais elle a dû en faire, une tête, quand elle a essuyé ton refus !

Apparemment, Shunji est plus au fait des états d'âme de Chisato que des miens. Pas seulement parce qu'il la connaît depuis plus longtemps que moi, mais parce que leur passé sexuel a la même épaisseur. Dans l'espoir d'être comprise, ne fût-ce qu'un peu, je lui confie :

— Oui, mais tu sais, elle m'a battue, j'ai eu très peur !

— C'est qu'elle a mauvais caractère, cette Chisato ! grogna Shunji.

Là les bras m'en tombèrent, je n'avais plus la force d'ajouter quoi que ce soit. Sans doute Shunji s'en rendit-il compte car il sembla s'absorber un moment dans ses pensées avant de déclarer comme sous le coup d'une intuition soudaine : « Il aurait mieux valu que tu ne te réveilles pas. Comme ça, pendant que Chisato s'occupait de toi, tu aurais continué à croire que c'était moi, et toutes les deux, vous y auriez trouvé votre profit. »

Je venais de réaliser mon erreur de vouloir me gagner la compassion de Shunji, je renonçai donc tristement à plaider ma cause.

Après avoir raccroché, je me sentis encore plus désemparée. Que Shunji ait manifesté de compréhension pour Chisato y était pour quelque chose, car j'avais maintenant l'impression d'être une minorité en ce monde. Pour calmer mon désarroi, j'avais besoin d'une oreille attentive et sympathisante où m'épancher. C'est dans cet état d'esprit que je téléphonai à la romancière M., qui était au courant de Pénis d'orteil.

A peine m'étais-je annoncée, que sa voix embraya joyeusement un ton plus haut : « Mano Kazumi ! Alors ? Toujours en forme, ce Pénis d'orteil ? »

Après avoir rapidement consenti un sourire téléphonique obligé et amer à l'indéfectible curiosité de M., je brossai dans les grandes lignes le scénario des récents développements.

— Eh bien, il s'en est passé des choses en si peu de temps !

Allons-y, me dis-je, encouragée par le soupir éploré de M.

— J'ai même fait l'expérience d'un sexe féminin…

— L'expérience d'un sexe féminin ? Auriez-vous changé de confession ?

De surprise, je m'envoyai le combiné sur le menton. Mais dès que je l'eus informée qu'il s'agissait d'une expérience vécue à mon corps défendant, M. rectifia son attitude.

— En somme, vous avez été violée ? C'est ça ?

— Violée ?

— Enfin, strictement parlant, je crois qu'il doit s'agir d'un quasi-viol ? La loi prévoit que se rend coupable du délit de quasi-viol quiconque profite de l'incapacité d'une personne à opposer de la résistance pour perpétrer sur elle une fornication.

— Une femme qui agresse un homme, ou plutôt je veux dire, un sexe féminin qui agresse un sexe masculin, cela entre aussi dans le viol ?

— Il n'y a pas de jurisprudence au Japon sur ce sujet, mais aux Etats-Unis, on a vu le cas d'une fille jugée coupable de viol pour avoir fait des choses peu ragoûtantes à un jeune garçon.

— Je suis victime d'un quasi-viol, alors ?

Ma colère contre Chisato n'était nullement déraisonnable, j'en recevais ici la preuve, et je commençai à éprouver une certaine satisfaction qui me soulagea d'un poids sur l'estomac. Mais tout de même, cette désignation de quasi-viol me semblait aller un peu trop loin. J'hésitais, lorsque M. demanda :

— Vous allez porter plainte ?

— Non, répondis-je, puis je formulai mes hésitations : Parce que je n'ai pas le sentiment d'avoir été traitée aussi ignominieusement que dans ce qu'on appelle un viol. D'accord, je l'ai très mal vécu, mais pas au point de ne plus être la même après…

— Evidemment, quand une femme se fait violer par un homme, ce n'est pas tout à fait la même chose !

— Ça vous fait rire ? demandai-je car j'avais détecté quelque chose de pas net dans le ton de sa voix pour me dire ça.

— Excusez-moi, fit en riant M. qui ne pouvait plus se retenir. Une femme violée par un homme, ça ne ferait absolument pas rire, mais à m'imaginer une femme juchée sur une autre femme… Remarquez, ce n'est pas de vous que je ris !

C'est vrai, l'image de Chisato enfourchant mon pied, telle que je me la rappelai tandis que résonnait le rire de M., bien que sinistre, n'en était pas moins teintée de comique. Chisato s'était retirée dans un grand éclat de rire méprisant, mais n'était-ce pas elle, et non moi, qui s'était donnée à voir dans cette posture honteuse ? En y pensant, j'eus également envie de rire.

— Moi non plus je n'aurais jamais imaginé qu'une femme puisse vouloir en violer une autre.

— Vraiment, je trouve cela regrettable et je compatis sincèrement, conclut M. en maîtrisant enfin son rire. Mais puisque c'était une femme, il aurait suffi d'une bonne gifle pour la faire fuir de l'appartement.

— Elle est beaucoup plus musclée que moi.

— Plus forte, plus forte, une femme ? Ça ne doit pas faire beaucoup de différence, tout de même !

Maintenant, à me l'entendre dire comme ça, c'était évident, mais à ce moment-là, si forte avait été la surprise, et sinistre la situation, que je n'avais même pas pensé à prendre une attitude agressive, je ne pensais qu'à fuir. Peut-être aussi, simplement, que je me disais que je pourrais toujours « voir venir », et qu'il était fort improbable que je me fasse violer de vive force, puisqu'il ne s'agissait, après tout, que d'une femme, qui ne devait pas être tellement plus vigoureuse que moi. Si ç'avait été un homme, l'affaire se serait présentée sous un tout autre jour. En tout cas, la menace que représentait Chisato, ce n'était rien du tout, si on la comparait à ce que je vivais comme tension – j'étais morte d'angoisse – dans les premiers temps de ma relation avec Masao, quand, seule avec lui dans une chambre, j'attendais avec appréhension le moment où il allait me tomber dessus pour me soutirer sa ration de volupté.

— Elle vous a fait mal ? demanda M.

— Non, je n'ai pas eu du tout mal.

— La pénétration violente du sexe féminin doit certainement être douloureuse. Et à cet égard, le viol d'un sexe masculin par un sexe féminin manque assurément de punch.

— Mais pour ce qui est du mauvais quart d'heure à passer, c'est du pareil au même, quand on vous prend pour un vibromasseur !

— Bien sûr, aucun doute sur ce point. Qu'il s'agisse d'un homme ou d'une femme, se faire baiser à son insu en plein sommeil, même par son fiancé, il y a de quoi vous mettre en colère. Rien ne donne davantage l'impression qu'on se paie votre… tête, si je peux dire.

— Mais c'est Chisato qui était en colère, comme si on l'avait outragée !

— Elle devait être furieuse de n'être pas arrivée à ses fins. Un vagin comme doit en posséder une femme du calibre de Chisato, n'est en fait qu'un pénis invaginé. Donnez-lui un pénis d'orteil et vous en ferez la plus acharnée des violeuses !

Diabolique supposition ! Mais je ne voulais plus me souvenir de Chisato.

— En tout cas, cette aventure m'a permis de vérifier une fois pour toutes que je n'avais pas de tendances homosexuelles, dis-je.

Un petit silence accueillit ma déclaration, puis M. enchaîna : « Je peux donc considérer que votre réponse à la question que je vous avais posée est « *no* », n'est-ce pas ? »

La question évoquée était : que feriez-vous si Yôko était vivante et vous demandait d'utiliser sur elle ce pénis d'orteil ? Je fus arrêtée net au moment où j'allais dire que c'était impensable. Voyons, avec Yôko, la répugnance aurait-elle été aussi vive qu'avec Chisato ? D'abord Yôko, j'adorais tout simplement son personnage, et puis elle n'avait pas ce côté insupportablement étouffant de Chisato, elle au moins faisait plaisir à voir. Même en supposant que je sois un homme, je ne crois pas que Chisato m'aurait plu, car c'était le genre de femme avec laquelle je n'aurais jamais pu m'entendre. Si j'éprouvais de la répugnance pour Chisato, ce n'était pas parce qu'elle était une femme, c'était plutôt qu'elle avait des goûts incompatibles avec les miens. Quand on y réfléchissait, même entre individus de sexe différent, il y en avait beaucoup avec lesquels on ne voudrait coucher pour rien au monde. Donc, parmi les personnes de même sexe, il n'y avait rien d'étrange à ce qu'il s'en trouve pour lesquelles on n'éprouvait pas trop de répulsion physique. Ça c'était la nouvelle découverte. Ceci dit, pour ce qui était d'avoir des rapports sexuels avec Yôko… non, tout de même, ce n'était pas encore ça. Retour à la case départ : comme avant cela restait une chose inimaginable.

L'entretien téléphonique se clôtura sur la promesse faite à M. de lui présenter Shunji un de ces jours.

Cette conversation avec M. eut pour effet de me remettre en selle. Les souvenirs tactiles du sexe de Chisato commençaient à s'effilocher, et si je me sentais toujours en colère en y pensant, le côté cocasse de l'aventure commençait à prendre le dessus, sans compter que s'était évanouie ma sainte terreur pour le personnage. Je me payais jusqu'au luxe de me dire que si je devais la rencontrer à l'occasion, je ne broncherais pas d'un poil.

Je n'en voulais pas à Shunji, et c'était plutôt lui qui semblait à présent perturbé par son incapacité à comprendre le choc que j'avais vécu. Chaque fois qu'on se téléphonait, il ne manquait pas de souligner qu'il ne voyait presque plus Chisato, que c'était un grand soulagement et que tout allait mieux sans elle. De mon côté, j'étais heureuse que Shunji fasse, à sa manière, des efforts pour accorder son état d'esprit au mien.

Délivrée des examens du premier semestre, je pus enfin retourner chez Shunji. L'oncle et la tante étaient partis aux eaux thermales d'Izu, Chisato avait filé dans la matinée, son sac de voyage à la main. « C'est moi qui cuisine pendant deux jours », m'annonça Shunji gaiement. En effet, on avait disposé, aux endroits les plus accessibles de la cuisine de la maison principale, vaisselle et bocaux de condiments avec leurs étiquettes en braille. Preuve que l'oncle et la tante cautionnaient les capacités domestiques de Shunji.

Le soir, il me prépara son « steak-à-point-saignant ». Je m'émerveillai de le trouver effectivement cuit à point tout en étant saignant. Nous étions installés l'un en face de l'autre à la grande table de la salle à manger de la maison principale. Impression étrange que de se retrouver ainsi avec son amoureux de quatre mois à peine dans cette salle à manger tout imprégnée de l'histoire d'une famille étrangère, aux murs jaunis par les effluves graisseux de cuisine, avec une toile cirée au motif floral désuet et des chaises de bois vieillottes. On se mit à parler de la maison dans laquelle nous aimerions vivre une fois mariés. Shunji rêvait d'une pièce couverte d'une moquette moelleuse. Il n'y aurait aucun meuble, seulement des couvertures roulées le long du mur. Il avait le fantasme de se rouler nu tout son content sur la moquette épaisse. Il nous y voyait batifoler tous les deux jusqu'à ce que la fatigue et le sommeil nous invitent à déployer les couvertures pour nous y étendre et dormir. Ce que je voulais, moi, c'était une « pièce hantée » où on n'irait jamais. Je n'y mettais aucune signification particulière. Simplement, je trouvais amusant d'avoir une pièce entourée de mystère.

Le séjour jouxtait la salle à manger-cuisine. La table basse entre deux canapés ocre, le téléviseur de vingt-deux pouces et un énorme vase à fleurs étaient les objets qui sautaient aux yeux dans ce minuscule séjour. Assez haut sur le mur, deux photos encadrées : une fillette en tenue de ballerine levant haut la jambe et un petit garçon en chemise à ruchés de tulle debout à côté d'un piano. Photos d'enfance de Chisato et de Shunji. Nous passâmes du coin salle à manger au coin séjour en poursuivant notre conversation.

Il était dix heures passées lorsque Chisato revint accompagnée de Haruhiko. Au bruit de la porte d'entrée qui vola, je crus à une descente de tueurs. Erreur, c'était simplement la demoiselle Eguchi regagnant ses foyers. Sans manifester la moindre surprise de me trouver dans le séjour, Chisato, suivie de Haruhiko, me considéra silencieusement de haut. J'avais décidé de ne pas me laisser intimider si je la rencontrais, et je me contentai de lever silencieusement la tête vers elle, car je ne trouvais déjà pas les mots pour dire bonjour.

— On est venus vous attaquer.

Elle avait proféré cela impassible. Haruhiko lui tapota l'épaule par-derrière.

— Veux-tu bien ! Tu fais tes excuses à Kazumi-chan !

Chisato adoucit son expression. Haruhiko s'avança vers Shunji, se pencha vers lui et lui serra la main.

— C'est donc toi, Shunji ?

La main toujours prisonnière de celle de Haruhiko, Shunji se fit un peu hésitant, puis acquiesça. Chisato et Haruhiko prirent place sur le canapé d'en face. Comme s'il était chez lui, Haruhiko prit ses aises, étendit amplement les bras sur le dossier et croisa les jambes[1].

1. Croiser les jambes lorsqu'on est assis sur un siège, en visite, passe pour un signe de grande désinvolture, et partant, de mauvaise éducation. Genoux serrés et fesses posées sur le bord de la chaise sont considérés comme la position correcte de quelqu'un en visite, de l'élève devant le professeur, de l'employé devant un supérieur.

— On comptait bien vous trouver tous les deux ici. C'est pour ça que j'ai accompagné Chisato, elle disait qu'elle voulait s'excuser auprès de Kazumi-chan.

Chisato demeurait muette. Haruhiko poursuivit en se tournant vers moi :

— Chisato a été odieuse, excuse-moi.

— Mais non, Haruhiko, ce n'est pas à toi de t'excuser, dis-je en dissimulant mal ma perplexité.

— C'est que je ne suis pas arrivé à la convaincre qu'elle n'avait pas la moindre chance de te voir céder à ses propositions.

Je regardai à nouveau Haruhiko.

— Ah, parce qu'avant de venir se mêler de mes affaires, Chisato a discuté le coup avec toi ?

— Oui, elle m'a demandé s'il était possible de faire l'amour avec toi. Moi, je lui ai dit qu'à mon avis ce n'était pas faisable.

— Et tu ne l'en as pas dissuadée ? Tu ne lui as pas défendu de te faire une infidélité ?

— C'est que je ne suis pas un sectataire de la religion monogamique, moi !

C'était le même ton que Chisato. Mais alors qu'elle le récitait comme une leçon apprise, Haruhiko était tout à fait à l'aise pour le dire. Elle singeait donc simplement Haruhiko.

— Je crois qu'il y a effectivement une rationalité dans la monogamie. Si je me trouvais le type le plus formidable du monde, je pourrais dire la tête haute à une femme de ne pas coucher avec un autre. Mais quand on a compris que sur cette terre, il y a des tas de types mieux que soi, comment peut-on encore dire : « Pas d'infidélité ! Contente-toi de moi » ?

Quel étrange aveu de modestie dans la bouche d'un garçon qui s'y entendait si bien pour faire tomber les femmes ! Un faible sourire flottant au coin des lèvres tandis qu'il hachait ses mots, Haruhiko m'apparut comme un jeune homme plutôt intelligent, lui qui avait accepté avec un soupçon de tristesse de ne pas être assez bien pour souhaiter le devenir. Le remords de m'être peut-être trompée en le considérant comme un insolent prétentieux me traversa soudain l'esprit. Mais j'avais aussi l'impression que cette manière qu'il avait de semer, du bout des lèvres, quelques propos bien humiliants pour lui-même afin de faire sentir l'abîme séparant les dehors de sa personne et son intérieur, participait peut-être de sa technique personnelle de fascination des femmes.

— Et puis, je n'ai pas l'intention d'accorder au sexe plus de sens qu'il n'en a. Je dirai que c'est une activité agréable, mais sans plus. Ne pas pouvoir faire l'amour quand il n'y a pas d'amour, voilà bien la maladie de nos contemporains.

Exactement la même tirade que Chisato ! Chisato qui contemplait Haruhiko – était-ce une impression – dans la plus profonde extase. Il ne faisait aucun doute que c'était lui qui lui avait inculqué ses théories de l'amour sexuel. Qu'elle était folle de Haruhiko, on le savait déjà, mais de là à prendre pour parole d'évangile tout ce qu'il disait, on ne pouvait plus dire que c'était touchant car c'en devenait dégradant.

— Mais tout de même, plus on aime l'autre, plus le sexe devient agréable ? dis-je pour formuler un doute.

— C'est sûr, n'empêche que même sans aimer, c'est toujours agréable, répondit Haruhiko.

— Oui, en deux coups de cuillère à pot c'est sans doute agréable, mais comment peut-on avoir envie de se mettre au lit avec quelqu'un qu'on n'aime pas particulièrement, si on ne ressent aucune émotion ?

Souriant avec un plaisir manifeste, Haruhiko décroisa les jambes pour s'étirer le dos.

— Donc, si tu n'aimes pas éperdument, tu ne coucheras pour rien au monde ?

— C'est ça.

— Supposons alors la situation suivante, que toi tu ne sois pas amoureuse, mais que l'autre le soit, terriblement.

Il est horriblement seul, il souffre, toi seule peux le sauver en lui permettant de se raccrocher à toi, juste un moment, pour surmonter sa crise. Est-ce que même dans un pareil cas tu ne l'accepterais pas dans ton lit ?

La question était bizarre. Se raccrocher à quoi ? Au sexe ? Est-ce que se raccrocher à l'autre passait nécessairement par le sexe ? Au nom de quoi pouvait-on décréter que le sexe pouvait sauver de la solitude et d'une situation pénible ? Comme j'avais peine à m'imaginer sur quelle problématique s'articulait cette question, Haruhiko revint à l'assaut, plein d'assurance, comme s'il en avait déduite qu'il m'avait réduit au silence.

— Moi, en pareil cas, jamais je n'aurais la dureté de cœur de larguer l'autre.

Chisato approuva furieusement à côté de lui. Face à la solidarité de ces frères siamois spirituels, je pris le parti d'anticiper en campant moi aussi fermement sur mes positions, car je n'appréciais guère cette façon qu'avait Haruhiko de toujours pousser la discussion à son avantage en agitant des termes outranciers, dureté de cœur et autres.

— Eh bien moi, si ! répliquai-je.

— Elle, c'est une fille comme ça, une égoïste au cœur sec… glapit Chisato d'une voix forte.

— Et pourquoi, si ? demanda Haruhiko tout en retenant Chisato de la main.

— Parce que j'estime que quelqu'un qu'on peut sauver en lui faisant l'amour ne souffre pas tellement.

— Tu veux dire que la vie n'est pas une chose aussi simple que ça et que le sexe n'est pas une planche de salut ? Et si justement il s'agit de quelqu'un que le sexe, même de complaisance, peut sauver ?

— Impossible. Même si on lui permettait de se raccrocher à vous, tout ce qu'il y gagnerait c'est de se sentir encore plus misérable ; c'est du moins comme ça que je vois les choses.

Silence de Haruhiko. Dardant sur moi un œil que la colère enflammait, Chisato s'adressa à Haruhiko :

— Impossible d'avoir une discussion sérieuse avec elle. C'est une frigide et une impuissante !

— Oh, arrête, veux-tu ! Tu avais bien dit que tu t'excuserais, non ?

— Oui, mais l'envie de m'excuser a disparu.

— Pas question ! D'ailleurs la divergence d'opinion n'est pas une mauvaise chose, tu sais.

Shunji, qui avait gardé le silence jusqu'ici, me donna un petit coup de coude en chuchotant :

— La discussion est trop compliquée pour moi, qu'est-ce qu'ils ont à se chamailler ainsi ?

— On ne se chamaille pas du tout !

— J'ai parfaitement compris ta façon de penser, me dit Haruhiko une fois Chisato apaisée, ta position est claire et limpide, et je t'envie pour cela. Ce doit être moi qui ne pense qu'au sexe, ça finit par devenir une obsession, on ne peut plus se l'ôter de la tête. Mais j'estime que c'est le cas de la majorité de nos contemporains.

— Oh toi, tu ne peux pas voir une femme sans lui faire des avances, coupa Chisato de nouveau en rogne.

— Tu sais que tu m'agaces, toi ?

Haruhiko s'énervait. Chisato, de son côté, faisait sa mine boudeuse d'idole bouddhique. Un silence déplaisant s'écoula. Shunji bâilla. Haruhiko consulta sa montre et me fit un léger signe d'intelligence.

— Aujourd'hui nous sommes venus te présenter des excuses. Hier soir, Chisato disait d'ailleurs qu'elle s'était mal conduite…

— Ah, Monsieur essayerait-il de marquer des points pour lui tout seul ? persifla Chisato.

Harikuro la considéra d'un air sidéré.

— Toi, il n'y a guère qu'après l'amour que tu es buvable.

— Parce que tu m'es fidèle seulement quand tu me fais l'amour !

— Etre ton valet jusqu'en dehors du sexe, très peu pour moi, fit remarquer Haruhiko avec un sourire ironique.

Chisato se dressa vibrante d'indignation. Moi, j'empoignai le bras de Shunji.

— Alors tu voudrais qu'on ait uniquement une relation de sexe ?

— Ça m'arrangerait plutôt, oui !

Chisato leva la main droite. Tiens, elle frappe aussi les hommes, me dis-je, mais Haruhiko s'était levé prestement pour lui faire face. D'être ainsi toisée du haut des douze bons centimètres qu'il avait de plus qu'elle l'impressionna et gela son geste.

— Ne t'imagine pas que je vais te laisser me gifler, prévint Haruhiko. Sa mise en garde avait été sournoise et méchante. Le sarcasme du chat pour la souris. L'épaisse poitrine de Haruhiko à hauteur des yeux, Chisato humiliée grimaça.

— Va-t'en ! lança-t-elle en pirouettant sur elle-même, mais Haruhiko avait déjà saisi son bras. Elle lutta pour se dégager, mais la prise de Haruhiko était ferme. La table fut bousculée dans la lutte qui s'ensuivit. Shunji ne respirait plus, il me serrait la main. Chisato aurait poussé un cri si sa tête n'était pas venue se coller sur la poitrine de Haruhiko. Elle commença à pleurnicher. Haruhiko lui passa la main sur le dos.

— Grosse bête, comme si je ne t'aurais pas laissée me frapper ! dit-il d'un ton de voix qui faisait penser qu'il avait le cœur retourné. A présent qu'il s'estimait satisfait d'en avoir imposé à Chisato par sa carrure et ses biceps, il faisait étalage de sa mansuétude en lui concédant un petit mot gentil. Double humiliation pour Chisato. Même moi, simple spectatrice, je me sentais humiliée. C'était Chisato qui avait cherché la querelle, mais je compatissais à sa défaite, je pensai même à remballer ma colère, pour la simple raison que le quasi-viol qu'elle m'avait fait subir n'entrait pas dans les insultes.

Or, la réaction de Chisato fut bien différente. Après s'être tortillée quelques instants sur la poitrine de Haruhiko pour protester, ses renifleries pleurnichardes se changèrent en un nasillement doucereux, puis ses poings crispés se dénouèrent et passèrent, mains désormais caressantes, autour des épaules de Haruhiko. Plus rien ne subsistait de leur farouche antagonisme, Chisato s'appuyait sur l'homme qu'elle aimait et se faisait cajoler par lui.

Il ne me restait plus qu'à contempler, interdite, l'image des amoureux.

Lorsque nous fûmes sur le dallage de béton prolongeant le bord de la piscine, Shunji prit une profonde inspiration pour s'emplir les poumons du vent qui passait chargé des effluves aquatiques, et son visage se détendit.

— Ça m'a l'air drôlement grand. On est dans un parc ?

— Des jardins plus exactement, tout ce qui se trouve devant la piscine c'est le jardin.

Devant la piscine de l'hôtel juché sur la colline se déployaient des jardins japonais tout enluminés de la floraison printanière des cerisiers.

J'avais voulu emmener Shunji à la piscine, mais il m'avait dit qu'il n'avait jamais nagé de sa vie. La mer et les piscines municipales étaient non seulement encombrées mais aussi trop vastes et surtout trop profondes. Seule une piscine d'hôtel pouvait satisfaire à ces diverses conditions : être à la fois petite, pas trop profonde pour que l'on puisse y barboter, et peu fréquentée. Nous étions donc descendus depuis hier dans un de ces hôtels à piscine de la ville.

Pour plonger dans la piscine, il avait fallu que je dissimule Pénis d'orteil sous un bandage, mais Shunji avait nécessité lui aussi quelques soins. Comme il n'était pas question qu'il erre en caleçon de bain dans les couloirs de l'hôtel, il avait fallu qu'il se change dans les vestiaires de la piscine où je n'avais pu l'accompagner, hommes et femmes se trouvant séparés. Il fut convenu qu'il se contenterait d'enfiler ses vêtements par-dessus son caleçon de bain pour s'en débarrasser ensuite au vestiaire, dont j'avais pris soin de localiser l'entrée et la sortie auprès du garçon de bain afin de l'expliquer à Shunji, qui n'aurait plus qu'à fourrer ses vêtements dans un sac – l'utilisation d'un casier risquant d'être problématique – pour venir me rejoindre fin prêt en maillot au bord de la piscine.

Personne pour le moment dans la piscine bleue en forme de nuage. Quelques étrangers lézardaient dans des chaises longues, paupières closes, appliqués à bronzer. Nos voix devaient certainement les atteindre, mais ils ne bougeaient pas. Après avoir rangé dans un endroit qui ne gênerait personne le sac avec nos vêtements, j'invitai Shunji dans la piscine.

— Aïe, elle est froide ! protesta Shunji qui avait déjà paniqué il y a un instant dans la fraîcheur de l'eau du petit bassin où il fallait d'abord patauger pour la désinfection.

— On s'y habitue vite.

Le soleil du plein été dardait sur nous ses rayons, et il ne fallut pas longtemps pour que Shunji ait la sueur au front. Il était blanc et de petite taille, mais l'entraînement qu'il s'imposait sur son appareil de musculation faisait qu'il n'était pas trop moche en maillot. De même taille tous les deux, nous pouvions progresser main sur épaule dans la piscine en suivant le bord. Shunji sembla d'abord éprouver quelques difficultés à marcher, mais il prit rapidement le sens de l'eau, ça l'amusait, et il se mit à marcher sans problème. Il ne fut pas long à baratter frénétiquement l'eau des mains et des pieds.

— C'est lourd l'eau. On ne s'en rend pas compte dans une baignoire !

Shunji s'illumine d'un sourire. Sans doute à cause du contre-jour, il est éblouissant. Il puise de l'eau dans ses mains. De grosses gouttes étincelantes fusent de toutes parts, m'entrent dans les yeux, brouillant en un instant son sourire éclatant. Les paupières closes, je m'appuie sur Shunji. Il me prend dans ses bras, cambre la taille, me soulève.

— Tiens, tu es légère ! Bien sûr, puisque l'eau est plus lourde que le corps.

Il m'emporte, opère un tour sur lui-même d'un pas chancelant d'abord, mais rapidement raffermi. Le vert du jardin et le blanc du mur de l'hôtel valsent dans mon champ visuel. Il s'y mêle aussi un coin d'azur du ciel. Shunji me dépose, je lui envoie de l'eau à la tête. Sa tête déjà tout échauffée aux rayons du soleil.

— Si tu essayais de faire la planche, proposai-je.

— Comment fait-on ?

— Tu laisses aller ton corps dans l'eau. Tu te détends complètement, et tu ne fais surtout aucun effort.

— Je ne fais jamais d'effort, moi !

Je le lâche doucement et aussitôt il flotte comme un bouchon.

— Essaie de battre les pieds de haut en bas…

Mais là Shunji se met à agiter les deux jambes en même temps et commence à sombrer. Je m'empresse d'étendre la main en lui expliquant : « Non, les deux pieds, mais alternativement. »

Cette fois c'est bon, il se met à avancer lentement sur l'eau. Je lui envoie un petit applaudissement[1]…

— Tu peux considérer à présent que tu as pu nager.

— Formidable ! Ce n'est pas plus compliqué que ça ?

---

1. Un classique de l'arsenal, extrêmement fourni, de la gestuelle puérile inculquée à la Japonaise pour naviguer en paix en société en assurant sa condition féminine sur le mode de la contingence et de la soumission (feinte) au mâle, qui se trouve ainsi valorisé à bon compte et ragaillardi pour assumer sans broncher les tâches les plus ingrates du contrat social, telles que conduire pendant huit heures un 4 x 4 sur des routes encombrées. Esquisser un battement de mains (accompagné si possible de l'onomatopée *patchi-patchi* imitant le bruit de l'applaudissement) lorsqu'un membre de l'assistance réussit, ou pour l'encourager à tenter, quelque entreprise considérée comme particulièrement difficile ou périlleuse, comme sabler une chope de bière d'une lampée.

Il a suspendu ses battements et recommence à flotter au fil de l'eau comme une herbe molle. Frappée par les rayons du soleil dans cette belle eau qui la fait rutiler en des tons sourds et imprécis, la peau de Shunji est captivante.

— Si tu t'endors, tu te noies !

— Pas de danger que je m'endorme !

Sans doute avait-il mis trop de force à répondre car à peine eut-il parlé qu'il coula. Mais je veillais au grain, je plongeai sous l'eau pour le rattraper.

On sort de la piscine et on s'enveloppe dans nos serviettes de bain pour s'asseoir dans les fauteuils de plage. Le vent humide de Tôkyô est délicieusement rafraîchissant sur la peau quand on sort de la piscine. Des gouttes tièdes me dégoulinent de la frange sur le visage. « On sent le frais et le chaud en même temps », murmure Shunji. Je le regarde : mains croisées sur le ventre, il sourit béatement comme à un rêve.

Un Blanc nous a remplacés dans la piscine qu'il a traversée d'un crawl énergique. Mais le bruit de l'eau ne s'élève que durant un bref moment car après ces quelques brasses énergiques et musclées, il sort de l'eau et disparaît en direction des vestiaires. Le miroir de l'eau aux rides maintenant apaisées n'a plus que le soleil à porter. Les autres clients étrangers sont toujours comme des poupées endormies, et pas l'ombre d'une présence dans les chemins du jardin s'étendant devant nous. On a l'impression de reposer dans un paysage peint.

Shunji se brancha sur son casque stéréophonique, et moi je me mis à penser à Iwai Haruhiko.

Quelque étrange que m'ait paru le couple Chisato-Haruhiko, les voies de l'amour étant aussi multiples que les gens, loin de moi l'idée de le dénigrer. Mais tout de même, se heurter l'un l'autre avec cette sauvagerie délibérée, prendre plaisir à faire monter la pression pour en extirper des sentiments finalement tout à fait extérieurs à l'amour, c'était le genre de jeu que je n'aurais voulu jouer pour rien au monde. Est-ce qu'ils étaient vraiment incapables de s'amuser sans recourir à ces extrêmes ? Cette frénésie de désirs, ça me semblait plutôt sinistre, à moi.

Bien sûr, on ne pouvait dénier à Haruhiko une espèce de charme brutal. Vu de loin, ce genre de personnage, dont le cœur couve les feux d'une haine dirigée on ne sait pas très bien sur quoi ni sur qui – d'ailleurs le savait-il lui-même ? –, paraît doué d'une riche sensibilité. Ce qui n'est pas mauvais en un sens. Mais à le voir en situation – piquer la petite amie d'un copain, abdiquer toute fierté pour se mettre à faire les coquettes si un ami intime voulait rompre avec lui, régner par la force en imposant de haute lutte sa domination sur son amante – on avait l'impression qu'il était incapable d'avoir des relations avec les gens.

Quant à moi, je n'avais pas particulièrement envie d'avoir des relations avec lui, et je pense que lui aussi de son côté n'éprouvait pas d'intérêt particulier pour ma personne. Mais, je ne sais pas pourquoi, il fallait toujours que je le trouve sur mon chemin au moment où j'allais oublier son existence. C'est ainsi que pas plus tard qu'avant-hier il m'avait appelée alors que je m'y attendais le moins.

— Excuse-moi pour la dernière fois, on a été très moches. C'est idiot, on se fait toujours voir par nos plus vilains côtés !

On se fait voir ? Dites plutôt que vous les exhibez complaisamment, vos vilains côtés. C'est ce que j'avais envie de lui dire, mais j'éludai d'une réponse évasive qui n'en était pas une. Après avoir marqué un temps de pause, comme pour s'assurer que je ne l'accueillerais pas défavorablement, Haruhiko m'exposa une affaire pour le moins inattendue.

— As-tu déjà entendu parler de Flower Show ?

— Ben oui, des floralies ?

— Je m'en doutais, elle-ne-sait-pas !

— Alors, qu'est-ce que c'est ? avouai-je un peu vexée d'avoir tapé à côté.

— C'est une troupe de spectacles, disons de cabaret, qui s'appelle Flower Show. Elle tourne dans tout le Japon, mais très peu de gens connaissent son existence. Non seulement les médias n'en parlent jamais, mais elle ne figure même pas dans l'agenda des spectacles.

— Et ils peuvent donner des spectacles dans ces conditions ?

— Bien sûr qu'ils le peuvent. En fait, les spectacles sont achetés, mais chut ! c'est un secret, par les gros pontes de la politique et de la finance. C'est pourquoi le citoyen de base comme nous n'a jamais l'occasion de les voir.

Ça m'avait tout l'air d'une histoire assez trouble, quel rapport pouvait-il y avoir avec moi ?

— La troupe est constituée de sociétaires un peu... spéciaux. J'ignore les détails, mais leur point commun, à ce qu'on dit, c'est qu'ils partagent certaines particularités s'écartant considérablement des normes en matière de sexe. Et ce que ces gens donnent en spectacle... bon, tu vois ce que je veux dire ?

Je commençais à me méfier, mais je continuai d'écouter en silence.

— Cela rapporte, paraît-il, de s'intégrer à leurs tournées. Outre que cela doit apporter un certain réconfort à des gens exclus d'une vie sexuelle normale. Enfin c'est ainsi que je vois les choses.

— D'où tiens-tu cela, Iwai-kun ?

— Justement, j'ai un ami qui les a vus, figure-toi ! Tu sais, ce copain d'école dont je t'avais parlé, à qui j'avais bousculé les hémorroïdes ? Dans la suite, il a tourné homosexuel complet. Il est actuellement le petit ami du directeur d'une grosse boîte de showbiz, avec qui il a pu les voir dans un *ryôtei*[1]. Il m'a raconté, la dernière fois que je l'ai vu.

---

1. Il s'agit des vieux et célèbres *ryôtei* (restaurant de style japonais, aux longs couloirs menant à des salons particuliers), avec une enseigne extrêmement discrète, toujours dans les rues retirées, compliqués à trouver – ce qui n'est pas gênant car de toute manière l'on ne

— Vraiment… ?

Force m'était d'acquiescer du ton le plus insipide.

— Nous y arrivons, la troupe se trouve en ce moment à Tôkyô. Et il semble que tu les intéresses.

— Moi ? Comment, pourquoi ?

Haruhiko rit de mon étonnement.

— Enfin, voyons ! Est-ce que tu n'es pas habilitée à t'intégrer à la troupe ?

— Comment ces gens-là peuvent-ils connaître mon existence ?

— En fait, c'est que j'en avais touché un mot au dit camarade de classe, qui en a parlé au dit amant directeur, qui à son tour en a touché un mot à un politicien de ses amis, lequel s'est abouché avec le délégué du Flower Show. Toute la troupe ne vit plus, ne rêve plus que de te contacter. Et on m'a demandé de servir d'intermédiaire.

— Tu te trompes d'adresse, je crains !

J'étais satisfaite de mon existence présente, pourquoi me joindre à une troupe de phénomènes ambulants ?

— Pourtant, ça peut être intéressant cette histoire, non ? Tout ce que tu aurais à faire c'est de te montrer, on ne va pas te demander de te prostituer, tu sais. Et puis tu te ferais des amis affligés de la même calamité.

— Je n'ai jamais considéré mon Pénis d'orteil comme une calamité.

— N'oublie pas que tu as un amoureux. Tu ne crois pas que ça vaudrait la peine de penser un peu à l'avenir, pour Shunji ?

---

s'y rend jamais seul, mais toujours introduit par un habitué, du moins les premières fois – car ils évitent la publicité. Et pour cause, c'est là que les hauts fonctionnaires vont dépenser l'argent du contribuable et recevoir leurs pots de vin des maîtres de la finance, lors de parties follement dispendieuses, avec geishas, etc. Inutile de se présenter d'ailleurs sans avoir été introduit par un personnage qui se porte garant de la « surface » du récipiendaire. *Après le banquet*, de Mishima Yukio, donne une bonne peinture d'un célèbre *ryôtei* de Tôkyô, qui doit toujours exister.

— Qu'est-ce que tu veux dire ?

— Si Shunji cessait de se vendre comme compositeur, c'est toi qui devrais faire bouillir la marmite.

— Cessait de se vendre… ?

— Il ne faut pas être trop optimiste. Il compose de la musique pour des pubs et des jeux vidéo, non ? Ce genre de musique est directement lié à l'élément visuel, et pour quelqu'un qui n'y voit pas comme Shunji, les limites sont évidentes, je trouve.

L'argument était de poids. Shunji m'avait déjà fait part de ses craintes à ce sujet.

— Ne t'imagine surtout pas que je veux t'influencer ! Tu entres dans la troupe, je ne touche pas de commission, moi ! Bon, je te donne leurs coordonnées, si tu changes d'avis, tu peux toujours voir ce qu'ils veulent, ça ne te coûtera rien. Il paraît qu'ils seront à Tôkyô jusqu'après les fêtes du Bon.

Mécaniquement, je notai le numéro de téléphone que m'indiquait Haruhiko. Et maintenant je m'en mordais les doigts de m'être laissée embobiner par lui et d'avoir pris le numéro de ce Flower Show. Même par ce paisible après-midi d'été, heureuse au bord d'une piscine, le numéro que j'avais mémorisé à force de le rencontrer dans mon calepin venait se graver derrière mes paupières closes. Plus question de nier qu'en deux ou trois jours, l'intérêt pour Flower Show avait eu le temps de prendre racine dans mon esprit.

Quel genre de gens pouvaient-ils bien être pour exhiber en public leurs difformités physiques ? L'autre jour, mise sur mes gardes par le simple fait d'avoir Haruhiko au bout du fil, j'avais étendu ma défiance à toute la troupe du Flower Show : ce ne pouvait être qu'un ramassis de gens louches. Puis, réflexion faite, je m'étais dit qu'il serait peut-être bon de rencontrer, au moins une fois, des gens qui se trouvaient dans la même situation que moi.

Bien sûr, je n'avais pas l'intention de me joindre à leurs tournées. D'abord je voulais terminer mes études, et surtout, je ne voulais pas vivre loin de Shunji. Si demain Shunji cessait de se vendre comme compositeur, il me suffirait de travailler. Je n'avais pas besoin de vivre dans le luxe. Ça ne me dérangerait pas, si je ne pouvais plus faire des petits séjours dans un hôtel comme celui-ci. Shunji était d'ailleurs du même avis. Hier soir je lui avais posé la question, mine de rien, tandis qu'il maniait avec un art consommé le couteau et la fourchette au restaurant français de l'hôtel, est-ce que ça lui plairait de vivre tout le temps comme nous vivions en ce moment ? Il m'avait répondu que ça lui était égal, que de toute manière ce n'était certainement pas ce qu'il y avait de plus amusant.

Je ne lui avais pas encore parlé du Flower Show. Mais comme M. devait nous retrouver ici en fin d'après-midi, je lui en parlerais et par la même occasion Shunji serait mis au courant. Branché sur ses écouteurs, il grattait une guitare imaginaire. Je tirai ma montre de mon sac posé à mes pieds : il y avait encore du temps avant l'arrivée de M. Je pris le bras de Shunji et l'entraînai dans l'eau.

M. se présenta à quatre heures à l'hôtel. A peine y avait-elle mis le pied que notre chambre lui arracha un cri d'admiration.

— C'est cela une suite ? Mais c'est trois fois plus vaste que chez moi !

Elle traversa la première pièce, le séjour, jusqu'à celle du fond, la chambre à coucher. Un regard jeté dans la salle d'eau dont le carrelage amplifia son cri d'admiration, et elle retraversait la chambre à coucher au pas de gymnastique, les bras étendus loin en arrière pour mimer un avion en vol. Pour une anémique, elle avait la forme. Reprenant son inspection du séjour, elle tomba en arrêt devant le canapé où était assis Shunji. Je fis les présentations. Shunji se leva, insista pour lui serrer la main.

— M. n'a pas une voix ordinaire.

— Une voix de vache dirait-on, n'est-ce pas ? renchérit M.

— Mais lorsque vous chantez, vous êtes plutôt mezzo-soprano ?

— Lumineuse déduction !

— Ça veut dire quoi « Lumineuse déduction » ?

Très différent de quand il avait rencontré Haruhiko, Shunji engageait la conversation sur un ton familier. Je crois que finalement il lui était plus facile de parler aux femmes. Les laissant bavarder, je commandai trois cafés au service d'étage. Lorsque je revins m'asseoir à côté de Shunji, ils poursuivaient une conversation très détendue et animée.

— Il y a même des petits distraits qui me tendent leur carte de visite quand je les rencontre pour la première fois, ils ont sans doute oublié que je n'y vois pas. Quand ils réalisent que je ne la prends pas, que je ne la prendrai sans doute jamais, et pour cause, ils veulent la rempocher en vitesse. C'est le moment que j'attends pour tendre la main et leur prendre la carte que je me délecte à « lire » passionnément, mes lunettes solaires relevées sur le front.

— Ah, mais Steevie Wonder le fait aussi ! La fois où il était animateur du festival de musique de Tôkyô, il a remonté ses lunettes noires pour examiner le trophée sur toutes les coutures avant de le remettre au lauréat, et tout le monde a éclaté de rire.

— Ah, Steevie était arrivé à les faire rire ? Parce que moi, il arrive parfois qu'on ne rie pas. Des crétins qui retiennent leur souffle parce qu'ils ne savent pas comment réagir.

— Mano, savez-vous que votre visage est changé ? me dit M. en se tournant vers moi.

— Dans quel sens ?

— Je dirais qu'il a gagné en maturité, ou du moins qu'il s'est rapproché du visage des gens ordinaires.

— Parce qu'avant il n'était pas ordinaire ?

— C'est-à-dire qu'avant, vous donniez davantage l'impression d'être dans les nues, détachée du monde. Vous faisiez songer à une princesse née d'un roi et d'une reine à l'esprit fêlé, élevée comme par miracle, pure et immaculée, entourée des soins les plus attentifs des ministres et des serviteurs.

Je ne trouvais pas cette image tellement valorisante, mais au ton de regret de M., je supposai que c'était un compliment.

— A propos, je voudrais vous demander si vous connaissez le Flower Show.

— Ah, cet ancien trio de comiques parodiques du Kansai ?

Ça ne me disait rien. Pendant que j'expliquais à M. de quoi il s'agissait, elle fit mine de fouiller dans sa mémoire.

— Oui, je crois que j'en ai déjà entendu parler. J'avais vingt-trois, vingt-quatre ans à l'époque. Un homme qui se faisait passer pour un agent de la CIA m'a proposé d'aller voir un spectacle qu'il disait très amusant. Et je me demande si ce n'était pas ce Flower Show.

J'eus un recul en entendant le mot de CIA.

— C'est vrai qu'il était de la CIA ?

— Vrai ou faux, je l'ignore, mais c'est ce qu'il prétendait. Vous savez, c'était une époque où tous les piliers de bars et de cabarets posaient aux artistes, aux intellos. Il n'était pas rare de tomber sur des individus qui laissaient entendre des tas de choses louches. En tout cas, le monsieur en question, de la CIA ou d'une PTA [1], peu importe, m'a fait miroiter qu'il s'agissait d'un

1. Sigle de Parent-Teacher Association. Associations réunissant les parents d'élèves et les professeurs au sein de chaque école ; leurs objectifs sont l'amélioration du rendement scolaire en même temps que le bonheur individuel de l'enfant par une bonne intégration. Introduite au Japon après la deuxième guerre mondiale, l'institution existe aux USA depuis la fin du XIXe siècle. L'auteur use ici d'une veine comique classique au Japon, en massacrant volontairement la prononciation de « tous ces mots saugrenus venus d'ailleurs » (ici l'anglais) qu'on ne comprend jamais (tout comme la Françoise de Proust), en forçant un peu sur la quasi-homophonie existant pour l'oreille japonaise entre CIA et PTA, alors que la différence d'envergure de ces deux institutions est gigantesque.

« spectacle live du sexe stérile ». Unique en son genre, disait-il, rarement donné de voir au vulgaire, et qu'une romancière ne devait manquer pour rien au monde car elle en ferait son profit sur le plan littéraire. Je ne suis pas calculatrice, et ce n'est pas cette perspective de profit qui aurait pu me faire bouger, et en plus je n'aimais pas la morgue dédaigneuse du personnage. J'ai refusé et n'ai donc pas vu le spectacle.

— Je peux donc considérer que le Flower Show existe vraiment ?

— Je pense, oui.

Le garçon d'étage arriva avec les cafés. Pendant qu'il disposait les tasses sur la table, recevait la signature au bas de la note et jusqu'à ce qu'il sorte, nous interrompîmes la conversation.

— Est-ce qu'ils vous ont contactée ? demanda M.

— Exactement. Qu'en pensez-vous ?

— Cela peut être intéressant. Les rencontrer n'engage à rien.

Elle avait lâché ces mots avec désinvolture, mais moi ce monde hanté par la CIA ou les magnats de la finance et de la politique m'effrayait.

— Vous y trouverez peut-être quelqu'un comme vous avec un pénis d'orteil, qui sait ?

— Oui, mais le mien peut très bien disparaître du jour au lendemain.

— Et s'il proliférait, au contraire ? Rien ne dit que vous n'allez pas voir apparaître un pénis à l'orteil gauche. Ou développer un pénis au pouce. On devrait même envisager l'éventualité de voir chacun de vos doigts et de vos orteils se transformer en pénis.

— Minute ! Ne nous emballons pas ! glissai-je car j'avais ressenti un léger froid ; mais M. était lancée, elle poursuivit :

— Et si ce n'était pas seulement les doigts, mais tout le corps qui allait foisonner de pénis ? Echanger des informations me paraît absolument indispensable.

Devant cette sinistre perspective, ma gorge s'asséchа, je dus prendre une petite gorgée de café. Shunji me passa le bras autour de la taille. Pour conjurer l'abominable vision, je déclarai avec force :

— Si cela devait arriver, je me suiciderais.

— Mais il y aurait toujours la solution de devenir membre actif du Flower Show.

— Comme si cela devait tout arranger !

— Du moins vous vous assureriez un revenu non négligeable.

— L'argent a-t-il jamais été une consolation ?

— Plutôt que de se suicider, il est plus sage de profiter de la vie en dépensant son argent, c'est mon avis.

— Vous croyez que c'est ce qu'ils pensent ?

— Comment savoir sinon en les contactant ?

Mon opinion était en train de pencher pour les rencontrer. Même si ce n'était pas un pénis d'orteil, il pouvait se trouver des gens qui s'étaient comme moi réveillés un beau matin avec une partie de leur anatomie modifiée. Cette modification, comment l'avaient-ils vécue, et dans quelle mesure avait-elle transformé leur existence ? Autant de sujets dont j'aurais aimé discuter avec eux... n'était cette autre inquiétude qui subsistait :

— Est-ce bien sans danger ?

— Vous voulez dire que le Flower Show pourrait être sous la coupe de la pègre, ou de la mafia, et qu'ils pourraient vous enlever à la première entrevue pour vous embrigader par la violence dans leurs tournées ? dit M. en se plongeant un moment dans la réflexion. D'abord, disons que c'est vous qui décidez du lieu de la rencontre. Choisir de préférence un lieu très fréquenté. S'assurer le concours d'un témoin. Inspecter les lieux avant le rendez-vous, afin de pouvoir s'esquiver si on relève une présence suspecte, ou si on trouve l'atmosphère bizarre. S'assurer qu'on n'est pas suivi une fois l'entrevue terminée. Ne pas s'attarder dans les endroits déserts, rentrer chez soi avant la nuit. Si vous avez des appréhensions, c'est un minimum de précautions à prendre.

— Et qu'en pense Shunji ? demandai-je.

— Du Flower Show ? Pourquoi ne pas les voir ? fut sa réponse, assortie d'un sourire disant qu'il avait déjà décidé qu'il serait de la partie. Moi aussi je trouve qu'il vaut mieux les rencontrer.

J'ignorais jusqu'à quel point Shunji pensait sérieusement ce qu'il disait, mais en tout cas la décision était prise. Dès ce soir j'appellerais le numéro communiqué par Haruhiko. Ma main alla se superposer à celle que Shunji tenait passée autour de ma taille.

7

Deux sociétaires du Flower Show se trouvaient devant Shunji et moi. Un homme et une femme approchant la trentaine. Lui, des yeux fins dans un visage allongé aux traits réguliers ; les cheveux, laissés un peu trop longs devant, qu'il envoyait flotter soigneusement par la gauche, mais sans recherche, des vêtements légers et décontractés, blouson olive sur chemise au ton crème fané : il ressemblait à un étudiant, non dénué d'une certaine personnalité. La femme, peut-être deux, trois ans plus jeune, extrêmement jolie, avec ce genre de visage éclatant qui fait faire son chemin dans le monde du spectacle, mais sans donner d'impression tapageuse, car il flottait autour de sa personne une atmosphère plutôt dure. Celui qui parlait c'était le jeune homme qui s'était présenté sous le nom de Suwa Shigeki.

— Je ne pense pas qu'il y ait beaucoup de gens sans défiance lorsqu'ils contactent notre troupe pour nous rencontrer. A commencer par moi. La première fois qu'on m'a conseillé d'entrer au Flower Show, j'avais un peu d'appréhension en me demandant quel univers cauchemardesque pouvait bien m'attendre. Et il est certain que si je n'avais pas été fatigué de mon train-train quotidien et de la femme que je voyais à l'époque, l'envie de plonger dans ce monde ne me serait pas venue.

Nous étions dans un vaste café du quartier de Ginza, encombré de femmes serrant des sacs au logo des grands magasins des environs et d'employés en complet-veston. Un brouhaha ininterrompu de vaisselle et de conversations emplissait l'espace, mais par quelque mystère acoustique, il n'interférait pas avec la voix de baryton paisible de Shigeki, qui nous parvenait distinctement par-dessus la table. Les raisons qui m'avaient fait choisir un endroit aussi bruyant pour lieu de l'entrevue, et demander à Shunji de m'accompagner, étaient plus qu'évidentes, mais ne semblaient pas froisser le moins du monde les deux sociétaires du Flower Show.

— Pour faire un peu l'historique de la troupe, on dit que l'existence du Flower Show remonte avant la guerre. Je me suis laissé dire qu'un certain marquis décadent, ne sachant que faire de son argent et de ses loisirs, avait battu le pays pour rassembler des phénomènes. Il les faisait vivre dans son château et se produire dans des spectacles sexuels, auxquels étaient conviés les nobles et les personnages influents de ses connaissances. Après la guerre, la maison du marquis périclita, lui-même mourut et tout le petit monde de phénomènes réuni par ses soins se serait dispersé, si quelques habitués de ces parties fines n'en avaient manifesté un vif regret. Tant et si bien qu'en faisant jouer les relations de feu le marquis et avec l'aide active des phénomènes eux-mêmes, on a pu mettre sur pied un spectacle ambulant qui a tourné dans le pays et permis à la petite troupe de devenir autosuffisante et d'assurer sa subsistance. Telle est en gros la genèse du Flower Show.

La jeune femme, qui s'était présentée comme Sakurai Aiko, écoutait sans rien dire à côté de Shigeki. Elle esquissa un léger sourire. Shigeki quitta son air sérieux et prit un visage rieur.

— C'est du moins l'histoire qui se transmet de génération en génération au sein de la troupe. Mais on la trouve tous un peu abracadabrante. N'est-ce pas ?

Aiko acquiesça en riant.

— Et il va sans dire que personne parmi nous n'a jamais rencontré les descendants des phénomènes jadis rassemblés par le soi-disant marquis…

— Si les « gros biquets » qui viennent voir nos spectacles étaient réellement des amis et des parents du marquis, où serait la différence entre les chenilles et les papillons ?

La bonne humeur de leur conversation, ponctuée de petits sourires complices, faisait apparaître Shigeki et Aiko comme des jeunes gens gais et enjoués, mais tout à fait ordinaires. La tension se relâchant un peu, la curiosité prit le pas : en quoi et de quelle manière pouvaient bien différer chez ces deux individus les organes liés à la sexualité ? Mais ce n'était pas encore le moment de le demander.

Aiko ajouta une précision, sans effacer le sourire au coin de ses lèvres :

— Il arrive que nos clients soient des personnages de la politique et de la finance, mais quand on va en province, le genre de public devient nettement plus populaire. Et ce ne sont pas seulement les cadres des entreprises régionales qui nous appellent, car il y a aussi des spéculateurs en Bourse et les nouveaux riches de l'immobilier. Il y a même eu un candidat aux élections municipales.

— Oui, il voulait offrir une attraction à son banquet électoral pour ratisser des voix.

— Même qu'on nous a fait nous produire dans une resserre en terre !

— Et sous la lumière de lampes à huile brûlant dans des cages en papier, comme dans l'ancien temps. Là, c'était le pire de tout ! dit Shigeki en tournant son regard vers moi. C'est que ce n'est pas toujours la joie…

A côté, Aiko opina sentencieusement.

— Ce n'est pratiquement jamais le client qui prend contact directement avec le Flower Show. Un de nos intermédiaires nous dit de nous rendre ici ou là à telle et telle dates. Ce qui fait que la plupart du temps on ne sait jamais, avant d'être sur place, qui, ou quel groupe, représente le commanditaire. On peut très bien se retrouver dans une cérémonie d'investiture d'un parrain yakuza, quatrième de la lignée, comme ça a été une fois le cas.

— En fait, il n'y a pas eu le moindre pépin, mais on était terrorisés, et je ne vous dis pas le trac !

— Flower Show, est-ce un groupe indépendant, ou appartient-il à une organisation ? demandai-je à Shigeki, qui semblait posséder la belle assurance du businessman blanchi sous le harnois.

— Un groupe totalement indépendant, répondit-il immédiatement. Bon, il peut se faire qu'un de ces intermédiaires dont nous parlions il y a un instant appartienne à une organisation, ou ait ses entrées dans un monde un peu spécial, mais nos rapports avec eux sont exclusivement commerciaux. Dans la mouvance de quel organisme opèrent-ils, quelles fonctions y exercent-ils, ça, on ne veut pas le savoir. Nous, on est des marchands de spectacles, un point c'est tout.

— N'y a-t-il pas de connexions particulières entre les divers commanditaires des spectacles ?

— Des connexions systématiques, vous voulez dire… ? Ecoutez, contrairement à ce qu'on pourrait croire, le public du Flower Show est un monde un peu d'hurluberlus sans malice, le *milieu* ils ne veulent pas entendre parler. A telle enseigne qu'on en voit même qui sont déçus, car ils avaient imaginé tout autre chose.

— Mais s'il y a un lien, tint à préciser Aiko, il faudrait plutôt le chercher dans les réseaux de tordus et de maniaques du sexe. S'il y a des acheteurs pour nos spectacles, alors que nous n'insérons jamais de publicité dans les médias, c'est bien grâce à ce genre de réseaux.

— Ça ne fait aucun doute, approuva Shigeki. Moi aussi, au début, je doutais que le Flower Show puisse subsister en ignorant les médias, mais finalement ce réseau de base nous est tout à fait suffisant. Le bouche à oreille a une puissance redoutable !

— Sans oublier la frénésie que tous ces cochons mettent dans le sexe ! ajouta Aiko avec cynisme. Quand on voit avec quelle énergie ils recherchent tout ce qui est susceptible de les exciter en dessous de la ceinture, on se demande d'où ils peuvent bien la tirer.

Un souvenir déplaisant avait dû lui remonter à la mémoire, car son ton se fit dur pendant qu'elle parlait.

— Bon, on arrête du dire du mal des clients, la gronda Shigeki avant de se tourner vers moi pour une nouvelle question. Un peu inquiète tout de même devant cette expression cynique qui ne voulait plus s'effacer du visage d'Aiko, car cela ne lui allait pas du tout, il était trop adorable, j'y allai toujours de ma question.

— Et pour dénicher de nouveaux membres de la troupe ?

— Là encore, c'est le réseau qui nous procure l'information. C'est comme ça qu'on a eu vent de votre existence. Dans son cas à elle, poursuivit-il en désignant Aiko, c'est le médecin traitant de l'hôpital où elle allait en consultation qui l'a présentée au Flower Show.

Le visage d'Aiko avait retrouvé sa gaieté, et elle se mit à parler en entrecoupant son récit de rires.

— Vous ne trouvez pas que c'est un peu fort comme histoire ? Je vais à l'hôpital me faire soigner pour ce que je considère comme un handicap, et je m'entends dire par le médecin – joli médecin ! – que je ferais beaucoup mieux de l'utiliser plutôt que d'espérer guérir, car de toute manière c'est probablement incurable. Et il me conseille de rejoindre les rangs du Flower Show.

— En fait, il y a beaucoup de sociétaires qui sont parrainés par les médecins, forcément ! Quand on se découvre une anomalie, on court la leur montrer. Mais moi je ne suis jamais allé à l'hôpital.

— Alors, par quel canal avez-vous été présenté ? lançai-je.

— C'est le directeur d'une société de production de cassettes vidéo pirates qui m'a introduit. Avant de rejoindre le Flower Show, j'étais acteur porno de vidéos clandestines.

Shigeki avait dit cela avec la concision de l'homme d'affaires. Comment, ce jeune homme bien comme il faut que j'avais devant moi était un ancien acteur de vidéos pornos ? Incapable de relier les deux personnages, je dévisageai Shigeki. Il eut un rire gêné.

— J'avoue qu'il y a eu un temps où je ne faisais pas grand-chose de bon. Et même maintenant…

Je n'en revenais pas, et j'exigeai des précisions pour en avoir le cœur net.

— Alors, vous teniez des rôles d'acteur dans ce qu'on appelle les *vidéos adultes* ?

Shigeki avait-il saisi dans ma question une nuance que je n'y avais pas mise, car il me fixa dans les yeux un bref instant, puis il reprit d'un air résolu :

— Bon, après tout… Puisque je suis au courant pour votre pénis à l'orteil, je peux bien vous raconter. Moi, mon pénis présente une forjeture superflue, une saillie, si vous préférez. Vers le dessus, disons sur le flanc, ou plutôt le côté que j'aperçois directement quand j'y laisse tomber mon regard, un peu en deçà de la tête, ça fait une espèce de saillie, comme une branche adventice. Un peu comme ceci, tenez !

Et joignant le geste à la parole, il croisa son pouce droit et son auriculaire gauche pour me faire visualiser la chose en trois dimensions. Aiko pouffa, et Shigeki lui donna un coup de coude avant de poursuivre :

— Dès le collège, je m'étais rendu compte que cette configuration n'était pas normale. Comme à cette époque il était encore coiffé par le prépuce, je n'étais pas trop sûr, mais tout de même, quand je palpais la peau, je sentais qu'il y avait une résistance bizarre. Mais vu que ce n'était pas douloureux et que ça ne me gênait en rien, je n'en parlai à personne et laissai les choses en l'état. Seulement, lorsque le pénis se mit à grandir, la forjeture commença à prendre une forme de plus en plus nette. C'est en devenant lycéen que j'eus la certitude, en contemplant mes érections enfin complètes, que ce pénis n'était pas comme il aurait dû être. Je peux vous dire que ce fut terrible, dit Shigeki en plissant les paupières dans un retour nostalgique vers sa lointaine et douloureuse adolescence. Aujourd'hui, je peux en rire, mais à l'époque, vous ne pouvez pas savoir comme cela m'a tourmenté. J'ignorais tout du sexe féminin, et surtout de la mentalité féminine. Je croyais que jamais une femme ne voudrait d'un homme affublé d'un appendice aussi grotesque. A supposer qu'il s'en présente une pour me trouver du charme, le jour où je lui dévoilerais mon pénis, sûr qu'elle bondirait du lit en poussant un cri d'effroi ! Et si par miracle elle ne s'enfuyait pas, comment caser un engin pareil dans un vagin normal ? Certainement que je déchirerais le sexe si je forçais. Bref, désespérant de jamais pouvoir faire l'amour, j'ai eu une adolescence horriblement terne, où je ressassais sans cesse dans ma tête toutes les raisons de mon tourment.

— Mais tu te rattrapais avec la masturbation, tout de même ? dit Aiko.

— Bien sûr, et comme la fonction était impeccable, j'aurais pu en déduire que l'acte sexuel était possible ! Mais comme j'étais bien loin de soupçonner à l'époque toute l'élasticité d'un vagin, je n'avais jamais tenté de fréquenter aucune fille, je m'adonnais exclusivement à la masturbation. Ce qui ne changeait d'ailleurs rien à mon désir effréné de connaître une fille. J'ai donc résolu de me faire enlever cette partie superflue. Et alors que je cherchais de petits jobs pour réunir la somme que je croyais nécessaire à l'opération, un ancien de l'université m'a proposé un boulot dans une maison de vidéos clandestines…

Le récit de Shigeki se poursuivait. Au début, devenir acteur de vidéos pornos était impensable, il travaillait comme accessoiriste. Et puis un jour, la vedette tombée brusquement malade ne put se présenter sur le plateau, et on lui proposa de la remplacer au pied levé. Il refusa avec une énergie farouche, mais comme l'héroïne aussi insistait, force lui fut de révéler le secret de son pénis et d'expliquer ce qui l'empêchait de faire l'amour. On imagine le prodigieux intérêt que souleva sa vue dans l'équipe de tournage : le pénis de Shigeki fut derechef soumis à une auscultation forcée.

— Ils étaient pliés en quatre. Allons, ce n'est pas une verrue comme ça qui va t'empêcher de faire l'amour. Au contraire, lorsqu'elle touchera les points sensibles, la fille en criera de plaisir ! Tu peux dire que tu as un « biniou sublime » ! On t'envie, va, dégourdi sans malice ! Ce qui me valut d'aborder ma première expérience sexuelle sous l'œil protubérant d'une équipe de tournage au grand complet. Immortalisé dans les moindres détails sur une bande à vocation commerciale. Jusqu'aux larmes, que je versai chaudement dans le nombril de ma partenaire une fois l'affaire terminée, qui furent gravées sur pellicule. Cette vidéo se vendit donc pour ce qu'elle était réellement : le dépucelage d'un niguedouille au pénis tordu. Un tabac absolu dans le petit monde de la vidéo clandestine !

Propulsé d'un coup de queue magistral au firmament de la vidéo clandestine, Shigeki avait tourné des vidéos par dizaines, comme acteur principal ou en participation spéciale. A ce train, même s'il avait amassé plus qu'il n'en fallait pour l'intervention chirurgicale, il ne songeait plus du tout à confier au bistouri restaurateur un pénis qui s'avérait d'un si bon rapport. Sans compter qu'une meute de femmes en chaleur, avides d'un pénis promu au rang de « biniou sublime », ne lui laissaient pas un instant de répit. Il aurait été de la dernière sottise de transformer son « biniou sublime » en « biniou trivial ». Après ces années d'adolescence où la présence féminine lui avait fait si cruellement défaut, le changement était radical. Shigeki commença donc par se vautrer dans une vie de débauche.

— Seulement, après deux ans, alors que je ne m'y attendais pas du tout, je commençai à entrevoir, très vaguement, que cette existence ne convenait pas à mon tempérament. Si les femmes m'approchaient, c'était uniquement mues par le calcul égoïste et des appétits primaires, et il n'y en avait pas une seule pour me considérer comme un être humain. Dans ce genre de situation, la plupart des hommes se seraient dit, puisque c'est ainsi, moi aussi je n'ai qu'à les traiter comme de purs objets sexuels. Mais je n'étais pas ce type d'homme, et je me suis mis à haïr le vide de cette existence. Seulement, la faiblesse de mon caractère m'empêchait de changer de vie, et je ne faisais qu'accumuler folie sur folie.

Ce fut vers cette époque, où même les traits de son visage commençaient à accuser la violence de sa façon de rire – car à ce jeu avec les femmes, on se blesse au moins autant qu'on blesse – qu'il fut abordé, au cours d'une réception donnée par des industriels, par le directeur d'une société de production de vidéos clandestines de sa connaissance, qui lui proposa de rejoindre les rangs du Flower Show. Et ce fut l'occasion pour lui de dire adieu à cette existence malsaine qui le détruisait.

— On ne peut pas dire pour autant que tout le monde a gagné la sérénité d'esprit en entrant au Flower Show ! glissa cette Aiko décidément jamais en peine de commentaires. Mais je trouvais que ces deux-là au moins, on pouvait leur faire confiance, ils étaient honnêtes.

— En ce qui nous concerne, nous aimerions vous voir rejoindre nos rangs, dit Shigeki en rectifiant sa position, tandis qu'Aiko posait sur moi son regard. Evidemment, c'est une question d'aptitude, on l'a ou on ne l'a pas, et si vous ne vous estimez pas taillée pour les spectacles sexuels, nous concevons parfaitement que vous refusiez.

— Que faudra-t-il que je fasse ? demandai-je. La question était abrupte, et peut-être n'en saisirent-ils pas immédiatement le sens, car ils prirent soudain un air embarrassé.

— C'est que, voyez-vous, j'ai un fiancé... dis-je en me tournant brièvement vers Shunji, et je ne veux pas me livrer à des actes qui pourraient être déplaisants pour lui.

— Ah, si c'est de cela qu'il s'agit, répondit aussitôt Shigeki en personne qui comprend rapidement les choses, puisque c'est dans le pied que réside la particularité, il vous suffirait de l'exhiber, sans plus. Vous n'avez pas besoin d'un partenaire, vous vous masturberez et ce sera parfait. Est-ce que vous éjaculez ?

— Non, dis-je, les joues en feu, car si je pouvais entendre froidement les histoires des autres, dès qu'il s'agissait de moi, c'était autre chose.

— C'est dommage ! L'éjaculation est un temps fort qui fait beaucoup d'effet sur le spectateur, expliqua Shigeki très calme et sérieux. Mais vous pouvez vous produire habillée, pourquoi pas.

— Je n'aurai pas à me mettre toute nue ? demandai-je une fois encore, car sa réponse m'étonnait.

— Non, si ça vous déplaît. Et puis vous êtes une *rookie,* une novice en quelque sorte. Ça fait longtemps qu'on n'avait pas trouvé quelqu'un pour se joindre à nous. Si par chance vous acceptez, vous serez tenue seulement à la prestation minimale.

A ces mots, je me rappelai enfin le mobile premier qui m'avait fait accepter de rencontrer des membres du Flower Show.

— Et… au fait, y a-t-il quelqu'un parmi vous qui, comme moi, aurait un pénis d'orteil ?

— Personne, non.

— Ou quelque chose du même genre ?

— Non. Vous cherchez quelqu'un comme vous ?

Je décidai d'y aller franchement et de leur dire mon espoir, si le Flower Show comptait une personne affligée de la même infortune, de pouvoir discuter longuement avec elle, pas seulement sur des sujets pratiques, comme lui demander si elle avait une idée sur la cause de cette mutation, ou m'assurer qu'un nouvel accident ne se préparait pas dans l'avenir immédiat, mais aussi sur des sujets plus intimes, comme savoir par exemple comment elle avait vécu cet accident, ou dans quelle mesure il avait transformé son caractère. C'est alors qu'Aiko me demanda, une lueur de compréhension dans les yeux :

— En fait vous voulez avoir une amie qui vous ressemble ?

— C'est ça, oui.

J'avais approuvé, comme par réflexe. Dans mon esprit, je n'avais pas formulé un mot aussi net que celui d'« amie », mais maintenant que je l'avais entendu, l'évidence s'imposait, ce que je voulais, c'était une amie qui m'aime et me comprenne.

— Si c'est ça, pourquoi pas nous ? Bien sûr, on n'a pas la même anomalie, mais on est confrontés à la même situation. Je suis sûre que nous deviendrons amis. N'est-ce pas, Shigeki ?

Il opina avec le plus large, le plus superlatif des sourires. Moi aussi j'eus le pressentiment que nous pourrions devenir amis. Si la proposition était venue, non du Flower Show, mais d'un quelconque centre social, ou quelque chose de ce genre, il est évident que j'aurais déjà accepté sans hésiter. Mais je me voyais mal tenir mon rôle dans ce Flower Show.

— Même me masturber, je ne pourrais pas faire ça devant des gens.

— Question d'habitude, réfuta Aiko.

J'ignorais ce qu'elle faisait sur scène, mais entendre tomber cette affirmation de la bouche de quelqu'un qui m'était apparu comme une jeune femme très ordinaire, n'était pas dénué de force de persuasion. Ils avaient dû sentir vaciller ma résolution, car ils donnèrent tous deux l'assaut final :

— Ce sont les vacances universitaires, n'est-ce pas ? Pourquoi ne pas essayer de vous joindre à nous pour la période des vacances ? On voyage en minibus, vous n'aurez donc aucun frais de déplacement, et pour le logement, on peut très bien le prendre en charge.

— Mais oui, faites comme ça ! Rien de tel que de voir par soi-même pour se faire une idée.

— Et puis, il vous sera toujours possible de refuser, ce sera du pareil au même pour nous.

— Mais, mais… balbutiais-je lorsque Shunji se manifesta soudain : « Pourrais-je vous accompagner ? » Cette question totalement insensée me laissa abasourdie, mais non Shigeki qui répondit du tac au tac : « Mais bien sûr, si c'est pour escorter votre fiancée. » C'était à moi de paniquer cette fois :

— Et ton travail, comment vas-tu faire ?

— En voyage, j'emporte mon synthétiseur portable. Je mets mon téléphone en répondeur automatique, et je l'interroge à distance. Pas de problème de ce côté.

— Vous êtes musicien ? demanda Shigeki en se penchant vers lui avec intérêt. Vous pourriez nous faire une musique de fond en live pendant le spectacle. D'habitude, on n'utilise que des cassettes. Si vous devenez un musicien attaché à la troupe, on pourrait prévoir un cachet.

— D'accord, je marche.

— Mais je n'ai pas encore dit oui, dis-je en tirant le bras de Shunji qui me paraissait s'engager un peu légèrement.

— Allons-y, ça a l'air intéressant ! dit Shunji en enroulant autour de ma taille le bras que je tirais. Ça tombe bien, j'avais envie de voir du pays.

Shigeki et Aiko échangèrent un sourire radieux. Puisque les choses en étaient là, pourquoi chercher encore des raisons de refuser ? En moi-même, je me dis que les conditions qu'ils posaient étaient plutôt séduisantes. Tellement séduisantes, en fait, que paradoxalement j'avais un peu honte vis-à-vis du Flower Show.

Aiko lança à Shigeki : « Tu ne penses pas qu'il faudrait d'abord l'entendre pour voir ce qu'il sait faire ? »

Opinant de la tête, Shigeki se tourna vers Shunji et moi.

— Je vous propose de venir chez moi, il y a un synthétiseur, pure décoration, car personne n'en joue.

— Allons-y !

Encore une fois, Shunji avait été plus rapide que moi pour répondre. Shigeki se leva en happant prestement entre deux doigts la note des consommations. Aiko lui emboîta le pas tandis que je me levais, pressée par Shunji. L'affaire s'était décidée si vite, je n'en revenais pas. Où Pénis d'orteil voulait-il donc m'emmener ?

Je garai le Pajero dans une rue pas trop éloignée des néons tapageurs de ce quartier très fréquenté de bars, restaurants et autres distractions nocturnes. Un coup d'œil m'avait rassurée, d'autres voitures stationnaient également. La rue était relativement large et je jugeai pratiquement nul le risque de me faire emmener en fourrière pour moins de deux heures de stationnement. J'allumai le plafonnier et ramassai le petit plan que m'avait faxé Shigeki. L'endroit où se produisait ce soir le Flower Show était un *ryôtei* à cinq minutes à pied. Une fois le parcours bien entré en mémoire, je fis signe à Shunji.

Je descendis de voiture, ouvris le hayon pour en sortir les bagages. Le synthétiseur, le socle et le tabouret de Shunji. Soirée de première pour lui, il faisait ses débuts dans le Flower Show. Shunji était incapable de jouer devant un public s'il ne s'engonçait pas dans une tenue compassée, habitude contractée, disait-il, lors de son passage à l'école d'aveugles. Aussi arborait-il smoking avec nœud papillon. Le smoking lui-même, il le portait avec la nonchalante dégaine d'un tout jeune homme. Mais quand, en plus de ses lunettes noires, il eut accroché à son épaule la bretelle du synthétiseur et son socle, on aurait dit un musicien faisant la manche dans les cabarets, mais passons.

Une semaine auparavant, l'étalage devant Shigeki et Aiko de ses talents de pianiste, boogie-woogie, jazz, un soupçon de classique, leur avait arraché des cris d'admiration : merveilleux, disaient-ils, et trop scandaleux de garder ça en musique de fond, il jouerait en solo au lever de rideau, etc. Bref, ils avaient mis Shunji dans des dispositions si guillerettes que dès le lendemain on le trouvait appliqué à se dérouiller sérieusement les doigts sur le synthétiseur. Selon lui, on avait beau prétendre que le synthétiseur pouvait reproduire le son d'un piano, le timbre de l'instrument, son toucher, sa tessiture musicale surtout, étaient tout de même assez différents du piano, il fallait donc jouer selon une technique et un choix de pièces qui pallient au mieux les défauts du synthétiseur.

Je l'écoutais dans mon coin, et à vrai dire, le plus souvent je me demandais s'il s'exerçait vraiment ou s'il s'amusait simplement à pianoter. Quand c'étaient des fragments d'un même morceau qu'il arrangeait et reprenait sans cesse, ou des passages pour piano qu'il remaniait pour pouvoir être joués sur le synthétiseur qui n'alignait que soixante et une touches, cela allait encore. Mais jouer à la suite les uns des autres tous les bouts de mélodies qui lui passaient par la tête, tomber parfois en arrêt pour prendre sur l'étagère des cassettes étiquetées en braille et les jouer, ou bien, donnant dans le style rap, commencer à discourir tout en jouant, était-ce là des exercices, une étude, ou simplement un jeu ? Impossible en tout cas de deviner quel morceau Shunji donnerait pour ses prochains débuts au Flower Show.

Une chose était certaine, Shunji aimait la musique du fond de son être, ça je l'avais déjà compris. Une fois qu'il avait joué tout son content, il se jetait sur le lit en proie à un ravissement dont il refusait de se réveiller, avec l'air de celui qui vient d'épuiser la gamme complète des jouissances spirituelles et physiques de ce monde. Ses joues étaient empourprées, ses lèvres entrouvertes esquissaient la forme d'un sourire. Bras et jambes écartelés, privés de vie, il s'abîmait dans le matelas sans plus remuer le petit doigt. J'essuyais sa sueur, mais je n'étais même pas sûre qu'il sentait le contact de la serviette. On aurait dit que les jouissances musicales étaient pour Shunji plus vives que les jouissances du sexe. Toute la semaine qu'il s'exerça sur son synthétiseur, pas une fois il ne vint se frotter contre moi, à croire qu'il avait totalement oublié l'acte sexuel.

Serrant de la main droite le tabouret du synthétiseur, le bras de Shunji de la gauche, sous l'œil protubérant des passants empestant déjà l'alcool, j'enfilai pour la première fois de ma vie une de ces ruelles d'Akasaka où s'alignaient les établissements aux antiques portails. Dès qu'on s'éloignait un peu des artères aux enseignes de néon, les rues devenaient étonnamment calmes et sombres. Afin de ne pas manquer le *ryôtei* où nous devions aller, j'avançais lentement en vérifiant à gauche et à droite les enseignes des établissements, discrètement calligraphiées sur un verre dépoli faiblement éclairé de l'intérieur et encastré dans le mur de façade en terre brune ou ocre. Je remarquai alors, sous le lampadaire suivant, Aiko qui nous faisait signe de la main.

— Je suis venue à votre rencontre pour que vous ne vous perdiez pas, l'endroit n'est pas facile à trouver.

Lorsque j'avais vu Aiko l'autre jour, elle avait laissé pendre ses cheveux, mais aujourd'hui ils étaient élégamment relevés, découvrant la nuque. Magnifié par les lumières de la nuit, son maquillage la rendait belle à couper le souffle. Elle s'offrit spontanément pour porter le tabouret du synthétiseur, mais il n'était pas question de faire porter ce pesant objet à une Aiko vêtue d'une si jolie robe satinée, et je lui proposai de prendre les devants.

Dépassant le porche à la minuscule enseigne discrètement éclairée, elle s'engouffra en se baissant par une petite porte de service latérale. Où avais-je la tête ? Notre condition ne nous autorisait pas à pénétrer dans l'établissement par le porche aux beaux cailloux ronds et luisants d'un arrosage récent, gardé par deux minuscules pyramides de sel propitiatoire. Après avoir cheminé quelque temps sur un sentier humide entre une palissade de planches à claire-voie et les communs de l'établissement, sous une lumière diffuse de *shôji*[1], nous passâmes par l'entrée de derrière. Pénétrant par un porche, petit mais parfaitement net, pavé de petits cailloux ronds arrosés de frais, nous longeâmes un couloir où flottaient des relents de cuisine de *tempura*, et parvenus enfin devant une cloison mobile qui s'ouvrit devant nous, nous aperçûmes au milieu d'un groupe de têtes le visage de Shigeki.

— Bienvenue ! fit-il en se levant pour venir nous débarrasser de nos bagages, Shunji et moi, qu'il rangea contre le mur. Je me demandais si vous alliez venir ! ajouta-t-il en riant affectueusement, avant de chuchoter à Shunji : J'ai déjà annoncé au sponsor du spectacle qu'on avait pris de nouvelles dispositions pour ce soir. Je te fais confiance, Shunji !

Shunji répondit d'un gracieux sourire qui montrait combien il était déjà lié à Shigeki. Celui-ci, tout en le complimentant : « Et voyez-moi ce smoking ! Tu es superbe, mon cher ! », lui réajusta la veste, retapa le col et le nœud papillon que le lourd bagage avait dérangés. J'étais heureuse de voir comme il était gentil pour Shunji.

Dans la pièce il y avait cinq personnes en plus de Shigeki et d'Aiko. Tout le monde avait pris ses aises, assis un peu n'importe où, à l'exception d'un jeune couple, à peu près de mon âge, qui s'appuyait contre le mur. Je m'abstins d'observer d'entrée de jeu chacun d'eux avec trop d'insistance, mais je pouvais sentir, sans même avoir besoin de les regarder, que tous ces gens disséminés aux quatre coins de la pièce de six tatamis dégageaient une forte personnalité. Pour des membres d'une même troupe, l'atmosphère était plutôt sèche, sans manifestation d'intimité aucune, plutôt une légère gêne.

---

1. Porte à glissière formée d'un châssis en treillis tendu de papier de riz fin et translucide, qui, le soir lorsqu'on a allumé les lampes, fait ressembler de la rue la maison japonaise (traditionnelle) à une lanterne de papier.

Shigeki nous présenta gentiment à l'assistance.

— Voici Mano Kazumi, dont on a déjà parlé. A côté d'elle, son fiancé Kendô Shunji, il sera le pianiste de la troupe pendant la saison d'été. Quant à nous, nous sommes sept…

— Non, huit ! protesta une voix, celle du jeune homme assis à côté de la jeune fille.

— Pardon, huit, rectifia Shigeki, mais il n'y avait que cinq nouveaux visages en plus de Shigeki et d'Aiko, probablement un retardataire, me dis-je.

— Mais d'abord présentons-nous, et comme Shunji ne peut pas nous voir, il devra nous reconnaître au son de la voix. C'est pourquoi je vous demande d'énoncer l'un après l'autre vos noms très distinctement. Voyons, si on procédait par ordre d'âge…

Un rire fusa, comme un coup d'éventail dans un air sec. Pas moyen de repérer l'auteur du rire, mais ce qui est sûr c'est que ce n'était pas un rire gentil. Quelqu'un toussa pour s'éclaircir la gorge. Une femme accoudée à une table basse leva la tête. Les cheveux bruns, mais sa peau desséchée accusait une cinquantaine inavouable. Elle déclina son identité d'une voix cassante.

— Kinoda Sachiè.

Un temps, puis une voix enrouée énonça un nom.

— Ayase Masami.

La propriétaire de la voix laissait abondamment flotter sur les épaules d'une veste, dont le rouge écarlate était assorti à son rouge à lèvres, de longs cheveux permanentés en larges ondulations plutôt passées de mode. Sexe indéterminé aurait-on été tenté de dire, s'il n'y avait eu cette ossature solide et ces mâchoires carrées dénonçant l'homme au premier regard. Cependant, au même titre que Chisato, on ne pouvait nier qu'elle soit une « beauté ». Mais comme elle ne portait pas de jupe, on pouvait se demander si il ou elle tenait à passer pour une femme.

— Tanabe Yôhei.

Le troisième à décliner son identité était l'homme qui se remarquait le plus dans cette pièce. Et pour cause, où qu'on puisse le rencontrer, il avait des traits qui se gravent une fois pour toutes dans la mémoire. Son apparence était grotesque et monstrueuse. Enorme, enveloppée de cheveux de jais calamistrés et brillants, mais qu'on aurait dit durs comme du plastique, la tête ne convenait pas du tout à son corps décharné tout en os. La rondeur de son visage semblait avoir débordé ses joues gonflées pour pendre de part et d'autre en deux poches. Entraînées par le poids des chairs pendouillantes des joues, les commissures des lèvres, très épaisses, paraissaient vouloir suivre le mouvement d'effondrement. Les yeux à l'éclat farouche de fauve à peine domestiqué étaient très grands, n'était que la paupière supérieure avachie occultait un bon tiers de l'iris noir. C'est horrible à dire, mais il faisait penser à cette race de chiens appelée « molosse napolitain ».

Restaient deux personnes, le jeune homme et la jeune fille qui se serraient l'un contre l'autre près du mur, car un conciliabule animé semblait s'être élevé pour décider qui des deux devait se présenter en premier ; ils s'envoyaient mutuellement des bourrades pour ponctuer l'échange animé mais chuchoté à voix basse. Finalement, le garçon cogna du poing le genou de la fille avec un air bourru et très contrarié. Elle se tourna vers nous.

— Mizuo Eiko.

Ce fut la seule qui esquissa un semblant de sourire. Ensuite, l'homme pointa son visage derrière elle. Malgré sa jeunesse, il avait déjà un soupçon de bedaine. Il déclina son identité d'une élocution particulière qui semblait vouloir agglutiner visqueusement chaque son l'un à l'autre.

— Moi, je suis Kodama Tamotsu. Le nom de mon petit frère c'est Shin.

Ah, c'était donc son jeune frère l'élément manquant pour faire les huit membres.

— D'ailleurs, vous allez faire connaissance avec Shin dans un instant, ajouta encore Tamotsu.

Shigeki attendit qu'il ait terminé pour annoncer à l'assemblée : « Dans dix minutes on entre en scène, soyez prêts tout le monde ! »

Puis, posant la main sur l'épaule de Shunji :

— Récapitulons. Ton solo d'ouverture, pas plus de dix minutes, d'accord ? Tu t'occupes de faire chauffer l'ambiance. On compte jusqu'à cinq après que la musique s'est arrêtée, ce sera le signal que le solo est terminé. Ensuite nous entrons en scène à tour de rôle, tandis que tu donnes une musique de fond. C'est clair ? A toi de jouer, mon vieux !

— Entendu, fit Shunji.

— Et toi tu te contentes de regarder à ton aise, me dit Shigeki en me posant la main sur l'épaule.

Quand il se fut un peu éloigné, Shunji approcha soudain ses lèvres de mon oreille :

— Ça y est, j'ai le trac !

— Toi, Shunji, tu as le trac ?

— Ça fait pas mal de temps que je n'ai plus joué devant des gens.

— Que faut-il faire quand on a le trac ?

— Il n'y a rien à faire. On gère, c'est tout, dit Shunji en tirant un mouchoir de la poche de sa veste pour s'essuyer les paumes ; je lui pris le poignet, il avait un pouls très rapide.

— Dans deux heures ce sera terminé, tu seras à l'aise.

— Oui, c'est ce que je me dis pour me calmer.

Aiko apporta une bouteille de jus de fruits et deux verres.

— On a le trac ? Ils ne valent même pas le centième du trac qu'on a pour eux, tu sais !

Shunji vida la moitié du verre de jus de fruits que je lui passai.

— La tête des clients vaut sans doute la peine que tu y jettes un coup d'œil, me conseilla Aiko avant d'aller rejoindre Shigeki.

Une voix chuchotante se fit entendre d'on ne sait où :

— Le Flower Show est une association à but lucratif, les membres n'ont sans doute pas le sentiment d'être liés par le destin. On pourrait trouver que c'est plus décontracté ainsi, mais j'ai l'impression que c'est aussi un peu triste.

Finalement, Shigeki jeta un coup d'œil à sa montre et se leva. Le reste de la compagnie s'agita.

— Shunji, tu me colles derrière, dit Shigeki en sortant dans le couloir, le tabouret et le socle du synthétiseur à la main. Moi je suivais avec Shunji, la bretelle du synthétiseur en bandoulière. Le parcours fut interminable. La structure de l'ensemble devait comporter de multiples bâtiments, pavillons, dépendances, resserres et ajouts, tous reliés par des couloirs couverts, comme c'est le cas dans l'architecture traditionnelle japonaise, si bien qu'on avait toujours l'impression d'être dans la même maison. Au quatrième virage, je renonçai définitivement à mémoriser le parcours. Après quelque temps, le couloir s'interrompit et nous nous trouvâmes soudain devant un jardin intérieur aux riches bruissements de feuilles et gazouillis d'eau.

Devant nous s'amorçait la pente d'une colline artificielle. La lumière se répandait des luminaires d'une élégante construction qui, plus qu'un pavillon isolé au milieu du jardin, constituait un véritable corps de logis complètement indépendant du *ryôtei*. La raison d'être de la colline artificielle était vraisemblablement de dissimuler ce bâtiment aux clients ordinaires du *ryôtei*. Là où finissait le couloir commençaient de larges dalles de jardin marquant le sentier qui serpentait jusqu'à la porte de service du pavillon. C'est par cette porte arrière qu'il nous faudrait y pénétrer. Le public convié au spectacle y accédait sans doute par une autre entrée, qui devait se trouver dans le prolongement des couloirs.

Posant les pieds sur les dalles dont l'espacement rythmait notre progression, nous nous arrêtâmes devant l'entrée arrière pour laisser à Shigeki le soin d'aller annoncer notre arrivée. Tandis que j'attendais avec les autres, je commençai à ressentir des démangeaisons aux chevilles. A peine avais-je réalisé qu'il s'agissait de piqûres de moustiques, que la démangeaison s'exacerba, au point que n'y tenant plus, je me baissai et tentai de gratter de l'ongle la région douloureuse par-dessus mon mi-bas.

— Que se passe-t-il ? demanda Shunji.

— Les moustiques, dis-je. Tu sens rien ?

— Absolument rien, non, répondit Shunji.

Je devais bien avoir été piquée à trois ou quatre endroits, au bras également. Alors que j'étais à m'agiter, on me brandit sous le nez une pommade calmante. Je levai les yeux, c'était Mizuo Eiko, la fille qui était assise à côté de Kodama Tamotsu. Tout en continuant à me tendre son tube de crème, elle demanda : « Tu veux essayer ça… ? »

Comme il s'agissait d'une crème liquide avec un tampon applicateur à frotter à même la peau, je suppose qu'elle voulait savoir s'il m'était indifférent de l'utiliser en commun avec elle. Je n'aime pas m'asseoir sur les sièges des toilettes publiques, ni prêter ou emprunter les rouges à lèvres et sticks de crème pour les lèvres. Mais ça ne me gêne pas de mordre dans un hamburger qu'un ami a entamé. Pour ce qui est des crèmes pour la peau, je n'avais pas encore réfléchi à la question, mais puisqu'on me manifestait de la sollicitude, je décidai de ne pas penser plus loin et d'accepter une proposition aussi gentille.

— Les moustiques piquent de préférence les femmes, murmura Eiko d'une voix alanguie, tandis que je prenais la crème.

— Absolument, abondai-je, car j'avais maintes fois pu vérifier dans ma chair cette assertion, vous marchez dans un parc avec un garçon, et c'est toujours la fille qui est piquée !

— Ça ne rate jamais ! renchérit Aiko en se grattant le coude et en se rapprochant de nous, on est en train de se tortiller comme un ver et lui n'a pas du tout l'air concerné. J'ai l'impression qu'on leur sert seulement de démoustiquant.

Je ne sais pas, mais la discussion me semblait bien partie.

— Comment ça se fait ? Ce sont les femelles qui piquent, elles feraient mieux de s'attaquer aux hommes.

— Il paraît que c'est notre riche fumet d'hormones féminines qui les attire, dit Aiko. N'empêche, ajouta-t-elle en riant, que si je me balade avec une amie, ce n'est pas moi qui me fais piquer, mais elle. Je me dis parfois que je manque de féminité, mais comme avec un garçon c'est moi qui me fais piquer, ça me rassure, je suis tout de même une femme.

Alors qu'on s'amusait comme des petites folles à disserter sur le gynotropisme des moustiques, la voix de Kodama Tamotsu retentit à côté de nous : « Vraiment ? Alors si on a quelqu'un dont on ignore s'il est homme ou femme, il suffit de l'emmener dans un lieu infesté de moustiques. »

Les yeux de toute l'assistance, Shunji excepté, se tournèrent vers le personnage qui laissait pendre ses longs cheveux, Ayase Masami. Masami s'avança d'un pas, les sourcils relevés avec exagération, la bouche ouverte : « Alors c'est vrai cette histoire ? Les moustiques piquent de préférence les femmes ? »

Etait-ce un travesti, car elle s'était exprimée dans un parler très féminin [1].

---

1. Est-il besoin de rappeler au lecteur que le japonais étant probablement la dernière langue, parmi les pays civilisés, où la condition se reflète à un tel degré dans le langage, le choix des mots, autorisés ou non, la femme, en principe, ne parle pas comme l'homme. Exception faite de certaines chefs de chapelles artistiques, gangs de motardes, de femmes de yakuzas ayant un rôle actif dans l'organisation, qui parlent comme des hommes, ou de certaines lycéennes qui en ont « plein le dos » de devoir parler comme « … de petites princesses alors qu'on les brade comme des chevaux quand on les marie… » pour paraphraser George Sand qu'exaspérait déjà la condition féminine. Ces nuances sont le plus souvent impossibles à rendre dans la traduction qu'elles alourdiraient…

— Que tu l'ignores est la preuve que tu n'es pas une femme, dit Aiko.

Masami prit un air mortifié, mais se recomposant une attitude, elle commença à parler de la manière volubile, emphatique et stéréotypée des « honorables marmites [1] » qui se produisent à la télévision.

— Oh, je t'en prie ! Je n'ai pas besoin que les moustiques m'apprennent si je suis une femme, les hommes s'en chargent déjà bien assez.

— Oui, mais la puissance de discernement du moustique est moins sujette à l'erreur, surenchérit malicieusement Eiko.

— Oh ! un dard de moustique, qu'est-ce qu'on peut sentir quand ça vous pique ?

Masami venait de faire accomplir un bond audacieux à la petite dispute. Cette façon de faire dérailler sciemment la conversation était aussi le point fort de Chisato. C'était d'abord l'apparence qui m'avait fait rapprocher Masami de Chisato, mais il semblait bien que leurs neurones aussi fonctionnaient sur les mêmes schémas. A la différence que Masami, elle, au moins, amusait son entourage. Tout le monde avait ri à cette sortie, la polémique était donc close. Quoique pas mal de rires comiquement scandalisés s'étaient élevés.

Je rendis sa crème à Eiko. La glace était brisée et je me sentais déjà plus à l'aise, lorsque Shigeki réapparut dans l'entrée d'où il nous fit signe d'entrer.

Une fois gravie la marche pour accéder au vestibule, les cloisons *fusuma* du fond s'ouvrirent sur une pièce de quatre tatamis et demi, dont tout un côté était constitué de trois *fusuma*, dont l'un laissé entrouvert. Seule y brûlait

1. Il s'agit ici des gens qui vivent de leur image à la télévision en exhibant les signes extérieurs de l'homosexualité masculine (langage, expressions, accoutrement, féminisés à l'excès) pour scandaliser délicieusement le bourgeois.

une petite ampoule de cinq watts qui permettait à peine d'y voir.

— Bon, ici c'est la loge, le spectacle se donne dans la pièce à côté, expliqua Shigeki à voix basse. Toi, tu assistes au spectacle depuis un coin de la scène.

Je passai la tête dans la pièce suivante qui était longue et assez grande ; un futon sans son édredon avait été tiré sur le tatami. Là, l'éclairage n'était plus une ampoule de cinq watts, mais un spot à curseur rhéostatique comme dans le studio de Shunji. Une des parois de la pièce était constituée de cloisons mobiles *fusuma*, et on pouvait supposer que de l'autre côté de ces *fusuma* se trouvait la salle où patientaient les invités de ce soir. J'imaginai qu'en guise de lever de rideau, on ferait coulisser trois des six *fusuma* pour découvrir la scène devant le futon juste avant le début du spectacle. Le tabouret et le socle du synthétiseur avaient été posés derrière le futon, face aux spectateurs, mais légèrement en retrait.

— Tu montes le synthétiseur ?

J'aidai Shunji à sortir l'instrument de sa housse en plastique pour l'installer sur son socle, et j'engageai la fiche du transfo dans la prise murale. Shunji mit aussitôt le contact et fit ses réglages sur le mode piano, en demandant à Shigeki :

— La dimension de la pièce ?

— Dix tatamis.

— D'accord, fit Shunji en réglant le bouton du volume, mais sans produire de son pour vérifier. Au lieu de cela, il se leva, compta quelques pas, revint dans le coin droit de la pièce, et annonça après une profonde inspiration :

— Quand vous voudrez !

— On ouvre les *fusuma* !

Shigeki alla ouvrir les *fusuma*. Shunji serra fortement ma main. Les *fusuma* enlevés, des formes humaines se détachèrent obscurément du fond de la pièce laissée dans les ténèbres. Ma main balaya légèrement l'épaule de Shunji qui répondit en mettant plus de force encore à me serrer la main. Il se redressa et se mit crânement en marche vers le synthétiseur. Retenant mon souffle, j'observai la scène depuis mon poste sur la droite.

Shunji se planta à côté de son synthétiseur et salua les spectateurs dans l'ombre. On sentait le pianiste professionnel, une rumeur s'éleva prouvant que les spectateurs ne pouvaient dissimuler leur perplexité. Familier de ce genre de réaction, Shunji s'installa sur son tabouret sans s'occuper d'eux.

— Il ne manque pas d'assurance, chuchota Shigeki qui se trouvait derrière moi. Finalement, tous les membres du Flower Show s'agglutinèrent dans le coin en attendant l'exécution de Shunji.

Shunji tint un moment les mains en suspens, puis les abattit sur le clavier. Un grand bruit se fit, plus fort que ce qu'on attendait, au point que je me recroquevillai. Mais le brouhaha de l'assistance avait stoppé net. Moi aussi, la surprise chassa d'un coup toutes les idées qui parasitaient mon esprit et je me sentis happée par la musique. Et pour cause, Shunji avait attaqué un prélude de Rachmaninov.

Bien que son piano de synthétiseur, comparé au véritable piano, fût assez pauvre et dénué de nuances, il n'était pas possible de ne pas sentir la solide technique de Shunji. Même moi que la musique classique n'avait jamais spécialement remuée, j'avais l'impression de comprendre et de sentir pleinement la musique qu'il jouait.

Il joua pendant dix minutes. Les spectateurs, tout comme les membres du Flower Show, poussèrent un soupir. Shunji bondit sur ses pieds et salua de nouveau. Hésitants, des applaudissements fusèrent des rangs des spectateurs. Moi j'aurais voulu courir pour le serrer dans mes bras et le féliciter pour sa brillante exécution.

Mais Shigeki n'avait pas l'air emballé, car c'est totalement découragé qu'il déclara :

— Il joue trop bien, l'ambiance sexe est complètement à l'eau.

Cela me fit rire. Evidemment, on ne pouvait pas dire que ce genre de musique prédisposait au sexe... Tout le temps que j'avais prêté l'oreille au solo de Shunji, j'avais oublié pourquoi on lui avait demandé de jouer. Comme convenu, il s'était interrompu cinq secondes après la fin de son ouverture, mais comme il n'entendait pas les acteurs sortir, il hochait la tête d'un air perplexe.

— Bon, en piste, tout de même ! chuchota Shigeki en se retournant vers les autres, et il échangea un signe d'acquiescement avec Aiko. Shunji se remit à jouer, sans doute qu'il n'avait pas pu attendre davantage. Cette fois, c'était un morceau plus simple, avec la main gauche qui marquait le rythme, la droite ciselant finement la mélodie. Le volume sonore était en sourdine. Et le rythme sensuellement syncopé du morceau convenait beaucoup mieux pour accompagner le spectacle. Un sourire fleurit sur les lèvres de Shigeki.

Il se mit à défaire les boutons de sa chemise. Pantalon, chaussettes furent ôtés derrière le *fusuma* fermé, jusqu'à ce que, en slip, il s'avançât sur la scène. La respiration des spectateurs embraya sur un autre rythme. Shigeki fit jouer le curseur du spot à côté du futon, l'éclairage s'intensifia. La nappe lumineuse touchait à présent la pièce où se tenaient les spectateurs, et un homme au seuil du troisième âge, costume de coupe impeccable, flanqué d'une femme de plus ou moins trente ans, fut soudain mis en lumière. Probablement l'éternel couple lié par des liens extraconjugaux. Je ne pouvais pas voir les autres invités cachés par les *fusuma*.

Shigeki tourna la tête dans ma direction et s'assit en tailleur. Il tendit la main. Frôlement d'Aiko entrant en scène, moulée dans sa belle robe. Voir un homme se déshabiller n'en valait pas la peine, mais une femme, c'était tout autre chose, si je comprenais bien. Aiko arrêta sa progression devant Shigeki, s'agenouilla. De là où j'étais, je ne pouvais pas voir, mais il semblait que les boutons de la robe d'Aiko se défaisaient. Les membres du Flower Show, sans doute blasés du spectacle, regagnèrent l'un après l'autre les coulisses. Shunji continuait de faire courir sereinement ses doigts sur le clavier.

Les deux mains de Shigeki réapparurent derrière le corps d'Aiko pour remonter en une douce caresse le long de ses bras. Au moment où elles atteignaient les épaules, elles saisirent l'encolure de la robe qu'elles firent glisser d'une pièce. Le dos blanc d'Aiko apparut. Les bras de Shigeki enlacèrent ce dos blanc. Il attira lentement Aiko contre lui. Après une étreinte de plusieurs minutes, il se mit également à genoux et appliqua ses lèvres sur les siennes.

L'éclairage devait certainement y être pour quelque chose, leur peau portait de jolis ombrages, on se serait cru au cinéma. J'avais beau savoir que Shigeki était un ancien acteur de vidéos clandestines, nulle trace cependant dans son jeu de cette bestialité primaire qui prévalait généralement dans les vidéos pornos, au contraire il avait une manière empreinte de tendresse pour approcher Aiko. Le fait qu'ils étaient amants transparaissait avec évidence.

Lorsqu'il nous avait invités à la première rencontre, nous étions allés à l'appartement qu'il partageait avec Aiko. A la demande : « Etes-vous mariés ? » il avait répondu d'un air gêné : « Oui, mais pas encore pour l'état civil. » C'était un appartement d'une pièce avec salle à manger-cuisine, d'où on profitait abondamment des frondaisons du parc voisin ; un canapé très bas et une table meublaient le séjour, avec un synthétiseur, mais rien de plus, la simplicité même. A les voir ainsi tous les deux dans cet appartement, ils donnaient l'impression d'être paisibles et satisfaits, mais aussi un peu tristes.

La robe d'Aiko atterrit légère sur le tatami. Puis ce fut le tour des sous-vêtements. De ses deux mains elle bouscula l'arrangement de sa coiffure, libérant un flot de cheveux. Un doute m'assaillit, avais-je le droit de continuer à regarder ainsi, mais je ne pouvais détacher mon regard. Bien que pourvue d'une poitrine généreuse, Aiko était fine de torse et de hanches. Pliant son corps mince, elle pencha son visage pour l'approcher de l'entrejambe de Shigeki. Jusqu'à présent, aucun endroit de son corps ne révélait la moindre anomalie. C'est alors que me revinrent en mémoire les paroles qu'avait eues Shigeki pendant que nous buvions du vin dans son appartement : « A l'époque où je menais cette triste vie de débauche avec les femmes, j'en étais venu à haïr cordialement leur tournure d'esprit. Bien sûr, le fait que toutes les femmes que je fréquentais étaient d'horribles créatures obsédées par le sexe, devait y être pour beaucoup, mais je m'étais persuadé que les femmes étaient des objets sexuels, dont on pouvait se servir comme on voulait, et non pas des objets d'amour. Et puis j'ai rencontré Aiko quand je suis entré au Flower Show, et pour moi elle était aux antipodes de toutes les femmes que j'avais connues auparavant. Peut-être que les hommes ordinaires ne sont pas attirés par un corps comme celui d'Aiko. Mais moi je trouve qu'aucune femme ne saurait me convenir autant qu'elle. »

Aiko se redressait à présent. Une rumeur parcourut le public. Je supposai que le pénis flanqué de son excroissance était entré en érection et pointait par la fenêtre du slip. Shigeki se releva en se figeant dans un « arrêt sur image » qui le mettait en valeur. Gênée par la tête d'Aiko, je ne voyais pas exactement ce qui se passait, mais l'assistance se fit houleuse. D'un geste rapide Shigeki envoya valser son slip et fit face aux spectateurs, tandis qu'Aiko passait derrière lui.

Je pus alors voir Shigeki en entier, sculptural, sans un atome de graisse. Sans doute tenait-il de la main gauche la racine de son organe afin de l'empêcher de se gauchir dans l'érection, ce qui aurait dérobé au public le précieux spectacle de la saillie adventice. Exactement comme me l'avait décrit Shigeki, son pénis se divisait en une deuxième branche d'environ trois centimètres, de la grosseur du petit doigt. Aiko se mit à la flatter d'une main qu'elle allongeait de derrière le dos de Shigeki. L'excroissance était élastique, quand on la comprimait, elle s'aplatissait contre le pénis, pour revenir guillerette comme un ressort en s'écartant d'un angle de vingt degrés. La brusquerie qu'Aiko mettait volontairement dans sa manipulation devait prouver à l'assistance qu'il ne s'agissait pas d'un organe postiche, prêt à se détacher comme une queue de lézard.

Après cela, ils s'étendirent sur le futon pour mimer les gestes de l'amour. Rien de bien extraordinaire à voir un homme caresser des mains et des lèvres le corps d'une femme : j'en profitai donc pour souffler un coup, me frotter les yeux qui commençaient à fatiguer, et me promettre d'observer la suite avec plus de détachement. Comme le commandait sans doute une exhibition de ce genre, les mouvements de Shigeki, s'ils traduisaient la même douceur, s'accompagnaient à présent d'une surenchère de gesticulation et de fioritures, qui n'avait rien de naturel mais était destiné apparemment à faciliter la compréhension de ce qui se passait. Dans l'intimité, où il n'est pas nécessaire d'amuser la galerie, il aurait certainement été plus modéré. Je me dis que, même entre amoureux, plus qu'un acte sexuel authentique, il s'agissait de produire du spectacle pour le Flower Show.

Soudain mon regard tomba en arrêt sur des rougeurs dans la région des cuisses d'Aiko. Je crus d'abord aux marques de piqûres de moustiques dont elle s'était plainte pendant que nous attendions devant le porche, mais comme sa robe lui descendait loin au-dessous des genoux, je me dis que les moustiques ne s'aventuraient pas si haut sous les jupes. Mais à y regarder à deux fois, les rougeurs ne se limitaient pas à une région, elles tranchaient en divers endroits sur la blancheur de la peau. A mesure que mes yeux se déplaçaient, ils découvraient, sur le ventre, les flancs, les bras, des tumescences roses comme des pétales de cerisier. Plusieurs brillaient de la salive de Shigeki car elle n'avait pas encore eu le temps de sécher. Je crus que le sang me désertait la tête.

A présent Shigeki et Aiko en étaient venus à l'acte sexuel proprement dit. Les *fusuma* qui avaient été ôtés de leur rainure tremblaient sous les secousses. L'exécution de Shigeki devenait musclée. Etait-ce une illusion, mais les rougeurs d'Aiko semblaient se propager en même temps qu'elles s'intensifiaient. Le public commençait à s'agiter.

Quand Aiko enfourcha Shigeki couché sur le dos, elle avait l'épiderme entièrement couvert de rougeurs. Difficile de dire si cela lui faisait mal ou la démangeait, mais la voix haletante s'échappant de ses lèvres était douloureuse. Elle n'en continuait pas moins le va-et-vient de ses reins, qu'elle réglait sur les coups de bélier que Shigeki faisait monter à l'assaut sous elle. A la suite d'une série plus impétueuse, elle relâcha la pression de ses hanches pour s'abandonner en arrière sur les cuisses de Shigeki, et c'est à ce moment que je pus voir des motifs floraux écarlates lui éclater en bouquet de feu d'artifice sur tout le visage.

Shunji ne marquait plus le rythme que de la main gauche. Un silence sépulcral s'était abattu sur le public. Aiko se leva, chancelante, et revint vers moi, les bras serrés autour d'elle, les yeux au sol. A la voir dans cet état pitoyable, je n'eus pas la force de lui dire un mot, mais Eiko s'était déjà avancée de la loge avec un peignoir qu'elle lui jeta sur les épaules en l'accueillant d'un : « Merci pour ta peine ! » Je les suivis dans la loge.

— Voilà, c'est ma constitution qui veut ça ! dit Aiko en prenant appui sur le mur pour s'accroupir ; dans la lumière, les rougeurs paraissaient plus vives. C'est une espèce d'allergie. Je ne supporte pas les humeurs corporelles des autres.

— Et… c'est douloureux ?

— Ça brûle terriblement. Au moins je ne dois pas me gratter, c'est toujours préférable aux démangeaisons, sourit Aiko en me faisant voir l'ampleur des dégâts. Même l'apparition des rougeurs n'avait pas gâté le charme de son visage. Et c'est ce visage dolent et adorable qui proféra dans ce qui était presque un râle : « Pas une fois je n'ai trouvé que c'était agréable de faire l'amour ! »

Quelqu'un qui paraissait aimé à ce point et ne pouvait trouver du plaisir à l'acte sexuel, je n'arrivais pas à y croire, en même temps que cela me faisait mal. C'est alors qu'on entendit Tamotsu, qui tournait en rond dans la pièce, poings plantés dans les poches : « Moi c'est exactement pareil. Je voudrais bien le sentir, ne serait-ce qu'une fois, leur fameux orgasme ou que sais-je ! »

Moi que la présence de Pénis d'orteil n'empêchait pas de ressentir du plaisir, ces déclarations me mirent mal à l'aise comme un poisson hors de l'eau. Mais, bon, le Flower Show n'était tout de même pas composé uniquement de gens que leur état rendait inaptes au plaisir sexuel, et je commençais à me dire qu'il n'y avait pas de raison de faire un complexe, quand Tamotsu dit en désignant Eiko de la pointe de son pied : « Tu peux trouver ton plaisir, toi ! Tu es un organisme florissant, toi ! »

Je me tournai très surprise vers Eiko. Celle-ci repoussa la pointe du pied accusateur que Tamotsu braquait sur elle. Ses joues s'étaient empourprées.

— Est-ce bien nécessaire de la ramener maintenant avec ça ?

Ce qu'admit Tamotsu, mais en riant bruyamment :

— Comme ça, en passant, je voulais mettre la nouvelle au courant de ton profil, c'est tout !

— Si c'est pour faire une gentillesse, fais-en une qui paraisse plus gentille, au moins.

— Ne vous mettez pas en peine pour moi, dis-je, car je sentais qu'il voulait tourmenter Eiko.

— Ne vous mettez pas en peine pour moi, qu'elle a dit. Elle a de l'éducation, tout de même, releva Tamotsu dans un nouvel éclat de rire.

— Ne ris pas comme un âne, toi ! On va t'entendre dans la salle ! gronda Aiko avec un signe de la main.

— Voilà, voilà ! obtempéra Tamotsu qui partit s'asseoir à côté de Masami et de Tanabe Yôhei tout en ravalant son rire.

Souriant timidement, Eiko me confia :

— Quant au corps, moi je suis normale.

— Et par où n'es-tu pas normale ? demandai-je en réponse à la restriction « quant au corps ».

— C'est-à-dire que... commença Eiko en tournant la tête en direction vers Tamotsu, c'est peut-être d'être amoureuse de ce petit morveux ?

Shigeki reparut dans la pièce en portant les effets d'Aiko. « Merci pour ta peine ! » dit-il en se penchant vers elle. Son regard débordait de sollicitude et d'attention pour Aiko, qui avait enduré une prestation qu'il savait si éprouvante pour elle. Aiko répondit par un sourire las. Dans ce tableau des amants superbes, un tiers était de trop. Je me levai pour reprendre mon poste dans la salle de spectacle. Eiko m'y suivit.

Le spectacle de Kinoda Sachiè était commencé. Shunji avait attaqué un de ses chers boogie-woogies sur tempo lent. Nue sous la ceinture, Sachiè était assise face au public, jambes écartées. Une posture classique d'effeuilleuse. Eiko me chuchota à l'oreille :

— Elle vient du monde du strip, mais ça va chercher loin déjà.

— Elle joue seule ?

— Aujourd'hui elle est seule, mais elle a parfois un partenaire.

Une banane à la main, Sachiè s'employait à la peler avec les dents. Classique ouverture de jeu, avec attitudes et gestuelle lubriques où la banane préfigurait le pénis. L'autre main semblait rôder du côté de l'entrecuisse.

Elle avait du métier, le spectacle était assurément solide, mais pour moi que les femmes n'excitaient pas, c'était fastidieux.

— Qui est son partenaire ?

— Tamotsu… ou plutôt Shin.

Tiens, au fait, où était ce Shin, le frère cadet de Tamotsu ? Evidemment, comme Shin était absent, Sachiè se produisait seule.

Sachiè se planta dans l'entrejambe la banane aux trois quarts pelée. La suite était prévisible. Elle fit jouer les muscles de son bas-ventre, et la chair de ses cuisses plantureuses commença à frémir et trembler comme du lait caillé, puis à onduler comme un sac de plastique plein d'eau. Elle a retiré la banane et la brandit au-dessus de sa tête pour bien la faire voir à l'assistance. Ça par exemple ! Le bout de la banane portait des traces d'incision. Eiko expliqua :

— Sachiè a le vagin denté.

— Des dents ?

— Absolument, ces cas sont attestés depuis des siècles.

Sachiè imprima une lente rotation à la banane au bout de ses deux mains jointes. Effectivement, on remarquait en trois endroits, bien nettes, des traces de dents. Nouvelle introduction de la banane. Elle ressortit cette fois une banane couverte de morsures qu'elle lança au milieu du public. Le projectile dut atteindre une spectatrice, car un hurlement s'éleva, accueilli par le rire grivois d'un spectateur. Sachiè rit légèrement. On sentit se répandre une puissance de femme prométhéenne.

Puis Sachiè opéra la même démonstration avec un concombre. Mais là elle se borna à feindre de le lancer dans l'assistance car au moment où s'élevait déjà le cri de la femme, modifiant brusquement la trajectoire de son geste, elle le mit dans sa bouche, en mordit un morceau qu'elle croqua dans un bruyant mouvement de mâchoires. Tempête de rires dans l'assistance. Elle brandit ensuite une poire biscornue. Un pareil objet allait-il trouver à se caser, me demandais-je avec inquiétude, et de fait, elle renonça à l'insertion au dernier moment : ce n'était qu'une ficelle du métier, une astuce psychologique pour susciter chez le spectateur le rire d'abord, l'apaisement ensuite. Après avoir laissé souffler le public, elle agita une longue lime par-dessus sa tête. Puis, se tournant vers Shunji, elle lui intima d'une voix sourde : « Maestro, arrêtez la musique ! »

Shunji sursauta, et demeura les mains suspendues au-dessus du clavier. Sachiè se glissa la lime dans le vagin et commença à faire aller et venir la main. Dans un silence de crypte, on entendit distinctement, quoique faiblement, le bruit de deux corps durs se heurtant. La lime frottait contre les dents. Si on tendait encore plus l'oreille, on saisissait un rythme de valse. Les spectateurs qui captèrent ce rythme de valse laissèrent échapper entre leurs dents un rire rasséréné. Sur la bouche de Shunji errait également un sourire.

— Maestro, musique !

Obéissant à la voix de Sachiè, Shunji attaqua une adorable petite valse sur le même tempo que celui de la performance de Sachiè. Les rires paisibles se firent encore une fois entendre.

— Et ils n'ont même pas répété. On peut dire que le petit est plutôt rapide, s'extasia Eiko.

Le dernier accessoire utilisé dans ce numéro était un ballon d'enfant, prolongé par un long tube de caoutchouc fixé à l'embouchure pour le gonflage. Il s'agissait d'introduire l'objet, après un premier gonflage léger, puis de terminer le gonflage en place. Il ne se passa rien, dans un premier temps. Sachiè continuait à pomper de l'air, le visage écarlate. On commençait déjà à s'inquiéter dans le public, quand se fit entendre un bruit de sourde implosion, comme une ampoule électrique éclatant dans une chaussette. Avec un soupir de soulagement, Sachiè retira le tube de sa bouche. Tout le monde dans le public avait compris que les dents avaient déchiré le ballon.

Sachiè sortit de scène sous les acclamations et les applaudissements.

— Il n'y a que cette vieille pour se faire applaudir et encore faut-il qu'elle se produise seule.

Cette remarque d'Eiko me rappela la conversation de tout à l'heure :

— Tu as dit qu'elle prenait parfois un partenaire, mais quel est l'homme qui voudrait lui servir de partenaire ?

— Un homme normal, ça j'en doute ! rit Eiko. Mais au Flower Show nous en avons quand même un qui puisse lui donner la réplique.

— C'est Shin ?

— Oui, mais même Shin n'y va pas de gaieté de cœur. Disons qu'on lui force un peu… la main, insinua-t-elle d'un ton ambigu.

— Qui donc ?

— Tamotsu.

Est-ce qu'il obligeait son jeune frère à exécuter un numéro qui pouvait le blesser ? J'en eus un haut-le-corps.

— Et Shin se laisse mener ainsi par son grand frère ?

— Il ne peut pas dire non.

— Pourquoi ?

— Tu vas comprendre bientôt.

Mais Eiko n'en dit pas plus car Tanabe Yôhei, tenant Ayase Masami enlacée, nous frôlait pour faire son entrée. On en était à l'ouverture de l'acte trois.

En caleçon, Yôhei passa sur le futon, tandis que Masami était en chemisier et pantalon. Loin d'évoquer la tendre intimité du couple comme cela avait été le cas pour Shigeki et Aiko, les mouvements de Yôhei étaient négligents et mécaniques pour déboutonner le chemisier de Masami. Masami était, paraît-il, passée par la chirurgie esthétique, et par les pans de la blouse entrouverte ondulaient les tendres ballonnements de ses seins.

— C'est un numéro d'homosexuels ? demandai-je à Eiko.

— Tu as vu ? Masami, en fait, c'est un mec ! dit Eiko en prenant un air admiratif.

— Ça se voit au premier coup d'œil, il me semble.

— Je ne te conseille pas de le dire devant lui, que tu avais tout de suite vu que c'était un homme. Il serait terriblement froissé.

— C'est un transsexuel ?

— Et opéré à New York, s'il vous plaît !

En scène se déroulait une petite joute entre Masami qui essayait de cacher ses seins en ramenant les pans de son chemisier, et Yôhei qui essayait de l'en empêcher. Feignant de perdre patience, il lui arracha le chemisier pour le jeter au loin et Masami n'eut d'autre ressource que de se cacher le visage dans les mains. Elle jouait la honte avec une telle surenchère qu'il était vain de la comparer à Aiko, une véritable femme elle, mais qui n'avait manifesté cependant aucune honte.

— Bon, une fois qu'on a décidé que Masami c'était la femme, si on n'en fait pas un numéro d'homos, on tombe dans le banal numéro homme-femme, non ?

— Jusqu'à mi-parcours, sans doute.

Yôhei avait tout arraché à Masami, jusqu'au dernier vêtement. Roulée en boule, elle dissimulait sa poitrine et son bas-ventre. Passant derrière elle, Yôhei lui tira les bras qu'il croisa dans son dos, comme on éjointe une volaille, tandis qu'il passait ses jambes dans celles de Masami. Incapable désormais de continuer à faire le gros dos, son bas-ventre se trouva exposé. Le pénis était bien absent. Elle émit un son indéfinissable, à la fois soupir de sainte et cri de fée en détresse. Poursuivant son idée, Yôhei forçait lentement mais sûrement l'ouverture des cuisses. Masami secouait furieusement la tête à gauche et à droite. Mais déjà ses lèvres laissaient échapper une voix où pointait l'indulgence pour le violeur. Bref, on interprétait un grand poncif de la pornographie : reddition de la femme, entraînée malgré elle, au terme d'une résistance héroïque, à se rouler dans la jouissance, dérisoire jouet de la brute.

Et quand on savait que ce stéréotype éculé de la pornochorégraphie était, par-dessus le marché, interprété par un homme, je vous demande un peu l'intérêt !

— Il veut devenir femme ?

— Oui. On se demande bien ce qu'il peut y trouver, hein ?

Eiko répondait sans s'énerver à mes questions répétées.

— Et peut-être que c'est une femme de ce genre qu'il aspire à devenir ?

— La femme sur laquelle fantasment les mecs, c'est pas du tout ça, répondit Eiko avec indifférence.

L'obstination de Yôhei avait finalement eu raison des cuisses fermées de Masami car elles béaient mollement à présent. En victime épuisée par la lutte trop inégale, elle pelotonnait sa tête sur l'épaule de son vainqueur. C'est le moment que choisit Yôhei pour attraper le spot et le braquer sur l'entrejambe de Masami. Un cri de surprise jaillit du public.

— Et c'est ici que l'on découvrit avec stupeur qu'elle était une femme artificielle ! pérora Eiko.

— Mais comment le voit-on, avec sa chirurgie ?

— Oui mais, c'est que… Même Eiko devint ici hésitante, c'est qu'ils ne sont pas allés jusqu'à lui coller un clitoris !

Ensuite ce fut l'interminable cavalcade des armes lourdes de la pornographie, fellation, sodomie en anus naturel, accouplement en vagin artificiel, déclinées sur la gamme des positions prônées au bestiaire d'amour. Leur gestuelle était vertigineuse, mais contrairement à Shigeki et Aiko, ils n'exprimaient aucun sentiment qui aurait permis d'imaginer la relation unissant ces deux êtres se livrant à l'acte sexuel ; seuls la platitude et le prosaïsme étaient au rendez-vous. Masami continuait sans désarmer à vociférer avec exagération.

— Manque total d'intérêt, non ? fit Eiko.
— Oui, c'est nul.
— Comment veux-tu qu'une femme s'excite à voir ça ?
— Ou alors carrément le bon vieux numéro d'homosexuels, ce serait toujours plus drôle.
— Tout à fait d'accord. Mais attends voir.

Les deux protagonistes sur leur futon jouaient frénétiquement des reins, la tête tournée vers nous. Les chairs des joues de Yôhei, qui était au-dessus, pendouillaient et tressautaient comme des balanciers d'horloge fous. Tout son corps était couvert de sueur, et je crus d'abord qu'elle dégoulinait aussi en grosses gouttes des balanciers des joues, mais je m'aperçus bientôt que ces gouttes qui se poussaient l'une l'autre étaient en fait expulsées à chaque battement des paupières, et que ce n'était pas de la sueur mais des larmes. Et on remarquait à présent, sourdant de ses lèvres épaisses retournées, une bave visqueuse qui étirait ses filaments poisseux. Là on commence à sortir des sentiers battus, me dis-je, au moment même où Yôhei retirait son pénis de Masami. Ce fut alors que, tandis que son sperme jaillissait avec abondance, deux masses globuleuses roulèrent sur son visage. Au moment précis où je réalisai que ces globes blancs qui se balançaient sur son visage n'étaient autres que ses globes oculaires désorbités, un gémissement fusa des spectateurs.

Impassible, Yôhei força du pouce et l'index l'ouverture de ses paupières et réorbita posément l'un près l'autre ses globes oculaires. Riant la bouche en cœur, Masami l'enlaça tendrement pour sa peine.

— C'est l'univers des films d'horreur de série B, tu ne trouves pas ? commenta Eiko, mais j'étais bien incapable d'ouvrir la bouche. Shigeki sortit de la loge pour accueillir Yôhei en lui tendant une serviette. Yôhei eut pour premier soin de se frictionner énergiquement le visage, trempé de sueur, de larmes et de bave. Eiko avait levé les yeux pour accueillir Yôhei d'un « Merci pour ta peine », je fis donc comme elle. Alors, Yôhei, suspendant le geste de sa main qui essuyait son visage, abaissa son regard[1] vers moi et me dit :

— Je ne suis ni homo ni sado, il ne faut surtout pas croire !

— Oh ! une rosserie ? embraya Masami du tac au tac. De toute manière, moi je suis une anomalie vivante, alors !

Yôhei, plutôt taciturne de nature, semble-t-il, sortit de la pièce sans prêter attention à Masami. Celle-ci lui emboîta le pas en faisant tournoyer dans sa main le caleçon de Yôhei. De la loge on pouvait encore l'entendre le rabrouer de ses : « Qu'est-ce que tu veux encore ? Oh, quel être impossible ! » Aiko entra, signalant à Eiko d'une tape sur l'épaule : « Tamotsu te demande. »

— Alors ? Tes impressions jusqu'ici ? me demanda-t-elle en s'asseyant près de moi à la place d'Eiko qui

---

1. Au lecteur qui se demandera avec raison, s'il n'est pas accoutumé à se tenir dans des espaces d'habitation japonais, pourquoi les regards se lèvent ou s'abaissent si souvent vers l'interlocuteur, rappelons que dans une pièce japonaise au sol couvert de tatamis, la position debout n'est tolérée que pour se déplacer d'un point à un autre, sinon on est toujours assis, en tailleur, pour les hommes, sur les genoux, pour les femmes. Sauf pour exprimer la colère, ou autre sentiment très fort, car là les hommes se lèveront, tandis que s'écrouleront les femmes. Ici, les personnages féminins sont évidemment assis à genoux, ils doivent donc lever fortement la tête pour s'adresser aux personnages entrant et sortant. De même que lorsque les acteurs sont entrés dans le *ryôtei*, venant de la rue, ils ont abandonné leurs chaussures dans le porche, qu'ils ont troquées pour des patins légers afin d'enfiler les couloirs, patins qu'ils troqueront à leur tour pour des socques en bois dès qu'ils descendront dans le jardin. Par contre, pour se déplacer dans une pièce couverte de tatamis, on abandonne aussi les patins à l'entrée de la pièce qui sera parcourue, en chaussettes ou en bas si l'on est un homme ou une femme habillés à l'occidentale, en *tabi* blancs si l'on porte nippon. On pourra encore voir une dame japonaise dans une pièce occidentale, que ce soit à Neuilly ou à Gotanda, descendre du fauteuil où elle était assise pour se mettre à genoux sur la moquette, afin de donner plus de d'impact à une requête, plus de poids à la sincérité de ses propos.

s'était levée. Elle rit : Assez ! N'en jetez plus ! C'est ce qu'il y a d'écrit sur ta figure !

— On n'est pas sans saturer un peu en cours de route.

— Avec les vidéos, intervint Shigeki qui s'était accroupi derrière Aiko, on peut toujours s'arranger pour casser l'ennui ; on varie, plongées, contre-plongées, l'intérêt se renouvelle. Un gros plan sur les parties, ça fait toujours son effet.

Ce n'était pas tout à fait ce que je voulais dire : je trouvais simplement qu'un spectacle pornographique, du fait même qu'il s'adressait aux hommes, manquait terriblement d'intérêt, mais Shigeki poursuivit son exposé :

— Si les spectateurs peuvent participer à un strip-tease, ou à une autre scène, c'est différent. Mais assister en live aux ébats sexuels des autres sans y prendre part, ce n'est pas tellement stimulant. Les vidéos clandestines donnent des résultats beaucoup plus probants. D'abord on se les procure plus facilement, c'est moins cher, et on peut s'éclater manuellement dans sa chambre en les regardant. Ce qui est beaucoup plus gratifiant que les spectacles live. Nous, on a la chance d'être des phénomènes, on peut encore tenir le coup. Mais le spectacle live avec des normaux, maintenant que le discours pornographique est passé au hard, est en train de péricliter totalement. Pour être réaliste, le Flower Show, je lui donne encore trois ans à vivre, et je suis généreux.

— Votre concours est instamment requis pour faire flamboyer le chant du cygne du Flower Show ! ajouta Aiko.

Au cours de cette conversation, Tamotsu et Eiko étaient apparus. L'entrée en scène d'Eiko, tenant par la main Tamotsu vêtu d'un tee-shirt et d'un pantalon, annonçait une tendance différente des numéros précédents. Rompant avec le rituel où l'homme dénudait la femme, c'est Eiko qui entreprit de se déshabiller elle-même. Campé en face d'elle, Tamotsu n'esquissait pas un geste. Eiko s'enroula autour de lui pour l'embrasser.

Tamotsu demeurait droit comme un I. Bon, probablement un numéro sur le thème de la femme menant la parade nuptiale ?

S'agenouillant devant Tamotsu, Eiko lui met la main à l'entrejambe. Comme il me tourne le dos, je ne peux pas voir ce qui se passe exactement, mais un petit bruit familier m'annonce qu'Eiko ouvre la fermeture éclair du pantalon de Tamotsu et j'en déduis qu'elle a dégagé le pénis pour se le mettre en bouche. Elle couche Tamotsu sur le dos. J'aperçois à présent son pénis en érection. Comparé à ceux de Shigeki et de Yôhei que j'ai pu voir ce soir, ou de Masao et de Shunji que j'ai pratiqués personnellement, l'engin de Tamotsu semble bien modeste. Mais il n'y a pas que cela qui m'intrigue : l'angle d'élévation, l'implantation de la racine, diffèrent légèrement de l'image que j'ai en mémoire. Est-ce qu'il serait aussi implanté bizarrement ?

Eiko va enfourcher Tamotsu, mais juste à cet instant le pénis perd de sa vigueur. Eiko l'a remis en bouche. Il retrouve sa fermeté, mais lorsqu'elle veut remonter en selle, il se dérobe à nouveau. Serait-ce un soir de méforme pour Tamotsu ? Eiko s'assied cette fois sur le ventre de Tamotsu et porte les mains de celui-ci à ses seins. Tamotsu caresse les seins, se soulève de sa couche pour les agacer de sa langue. Après quelque temps de ce manège, Eiko se soulève pour constater que le pénis de Tamotsu n'est même plus à la fenêtre du pantalon.

— Que se passe-t-il ? m'inquiétai-je.

— Tout va bien, me rassura Aiko à mes côtés en hochant le menton.

Eiko retire son tee-shirt à Tamotsu, dévoilant une bedaine incongrue pour son jeune âge. Tamotsu serait-il un gros râblé, car lorsqu'il se retourne sur le flanc, les chairs de son ventre, au lieu de s'avachir de côté, restent amoncelées en robustes rondeurs. Le pantalon suit le chemin du tee-shirt, et c'est alors que j'écarquille les yeux. Aux jointures des cuisses fulgurent deux larges cicatrices, pâles sur les chairs, et au centre de chacune des cicatrices semble avoir poussé quelque chose comme de courtes cornes. Mais je n'ai pas le temps de m'attarder sur le choc reçu, car un autre m'attend déjà. Le slip ôté, Tamotsu s'est mis debout face aux spectateurs. Il n'a pas de poils pubiens. Mais c'est là un détail négligeable : son pénis ne prend pas racine entre les cuisses, mais se trouve implanté beaucoup plus haut sur son bas-ventre. Et il est couvert de cicatrices blanches qui tranchent sur l'argile de sa peau.

— C'est lui Shin, le petit frère de Tamotsu ! murmura Aiko.

— Comment ? fis-je en remuant péniblement ma langue sèche comme un bout de bois.

— Tamotsu et Shin sont des frères siamois. Le haut du corps de Shin se trouve dans le ventre de Tamotsu, et le bas, c'est ce que tu vois sortir. Ce pénis, c'est celui de Shin. Le corps de Shin a fait obstacle à la sortie du pénis de Tamotsu, si bien qu'on n'en voit rien qu'un petit bout.

Récapitulons : les horribles cicatrices à l'aine de Tamotsu seraient les vestiges des jambes amputées de Shin, et les bourgeonnements au milieu, comme des espèces de cornes, seraient les fémurs de Shin qui auraient poursuivi leur croissance après l'amputation. Donc, puisque c'est le pénis de Shin qui sort ainsi du corps de Tamotsu, que ce dernier voie ou caresse une femme, l'excitation ne se transmettra jamais au pénis de Shin, tandis qu'on aura beau stimuler le pénis de Shin, Tamotsu ne pourra en retirer aucune jouissance. C'est simple. Il est inutile de se demander si de pareils frères siamois existent vraiment, dès lors qu'ils sont là devant mes yeux, force m'est d'admettre leur existence.

Mais d'autres doutes grouillent en moi. Eiko n'a-t-elle pas dit : « Je suis amoureuse » ? Or, puisque le pénis de Tamotsu est presque entièrement enfoui dans son corps, tout acte sexuel avec Tamotsu devient impossible. Et même si elle accueille un pénis en elle, elle aura beau se dire que c'est Tamotsu son partenaire, le résultat ne peut être qu'un acte sexuel pratiqué avec Shin. Comment s'y prennent-ils ces deux-là pour faire l'amour ?

Campé sur ses jambes dans la fière posture du dieu gardien des quatre points cardinaux, Tamotsu s'évertuait à astiquer le pénis de Shin. Il n'y allait pas avec douceur, un sourire brutal et amer flottait sur ses lèvres. Eiko observait le manège, lugubre. Quand Tamotsu se tourna vers elle avec un rictus haineux, son visage se tordit dans une expression navrante à fendre le cœur. Tout en astiquant le pénis de Shin, Tamotsu pesait menaçant et farouche sur Eiko. Involontairement, je fermai les yeux.

Mais il ne s'écoula pas deux minutes avant que Tamotsu ne s'éloigne d'Eiko. Mettant un genou en terre, il serra le poing et le balança sur son bas-ventre dans un bruit mat de chair meurtrie. Il fustigeait Shin et son pénis défaillant. Deux fois, trois fois, le poing vengeur de Tamotsu s'abattit sur son ventre. Il ne ressentait peut-être pas la douleur, mais celui qui entendait ces chocs sourds défaillait en s'imaginant la douleur de Shin. Shunji avait-il pressenti qu'il se passait quelque chose d'anormal, car il avait cessé de jouer. Le bruit de chair frappée résonna de plus en plus fort. Comme si la scène était devenue insoutenable pour elle, Eiko se jeta sur le bas-ventre de Tamotsu qu'elle étreignit éperdument, à point nommé pour prendre sur la tête le poing qui ne lui était pas destiné.

A côté de moi, Aiko étouffa une exclamation. J'avais compris. Le numéro déraillait de son scénario. Dès lors que le pénis de Shin échappait au contrôle de Tamotsu, le numéro de Tamotsu et Eiko ne devait pas toujours se dérouler comme prévu. Tamotsu était réellement en colère après le pénis de Shin qui le trahissait, et Eiko, qui ne pouvait pas supporter cela plus longtemps, avait tenté de s'interposer dans cette scène de violence domestique, si j'ose dire.

D'abord, Tamotsu se figea sur place, comme cloué de stupeur d'avoir frappé Eiko, puis, soudain, il s'arracha à son étreinte et quitta la scène, le visage menaçant. Eiko demeura un instant hagarde, les deux bras appuyés sur le futon, mais elle se ressaisit, rassembla précipitamment les vêtements épars et quitta la scène à la suite de Tamotsu.

Aiko se retourna et dévisagea Shigeki. Il se leva et se mit en devoir de replacer dans leurs rainures les trois *fusuma* qui avaient été dégagés avant le commencement du spectacle. Une rumeur confuse montait des places des spectateurs, çà et là fusèrent de rares applaudissements.

Conscient du dénouement inattendu du spectacle, Shunji enchaîna sur un final. Ce qui me donna l'occasion de recouvrer mes esprits après le choc que j'avais subi. Portée par mes jambes inertes, je marchai vers lui et jetai mes bras autour de son cou.

— Tamotsu n'est pas un vrai professionnel, dit Aiko tandis que nous longions le couloir du bâtiment principal menant à la pièce de six tatamis où nous avions été réunis au début. Shigeki était resté dans le pavillon pour y régler quelques problèmes administratifs, mais tous les autres étaient partis. Shunji et moi, nous étions les derniers parce que nous avions eu le synthétiseur à ranger, et j'essuyai la sueur qui perlait à son front. Aiko continuait ses commentaires : « Que Shin n'ait pas la forme et qu'il y ait des ratés, c'est sans importance, on peut le montrer, on peut même laisser filer le numéro dans une direction imprévue, il y a mille et une manières de conduire l'histoire. Mais piquer des colères au beau milieu du spectacle, alors ça non ! C'est vrai que quand on est jeune on perd facilement patience dès que les choses cessent de marcher comme on le veut. Enfin, bon, Tamotsu a ses fans, et ils sont nombreux, qui se réjouissent toujours de le voir dans son numéro. Et puisqu'ils disent que de toute manière ça ne sera jamais le genre de numéro à exécuter impeccablement et sans bavures, mais plutôt une tranche de vie qui met à nu des passions authentiques, passons.

— Tout de même… hasardai-je d'une voix encore marquée par le choc reçu, on a l'impression qu'on nous montre des fragments qu'il ne faudrait pas montrer. Comme si on fourrait sous le nez des gens un journal intime que personne n'a demandé à lire.

— Mais montrer l'immontrable, c'est ça le Flower Show ! rit Aiko, me faisant regretter aussitôt d'avoir lâché une bêtise. Sexe, malheurs intimes, etc., les gens qui se délectent de la mise à nu de toutes ces choses qu'on dissimule habituellement aux autres, sont beaucoup plus nombreux qu'on ne croit. Nous ne faisons qu'utiliser ces gens pour gagner notre vie.

Elle fit quelques pas en silence, puis dit avec un soupir :

— Tout de même, il exagère ce Tamotsu. La pauvre Eiko… !

— Ils sont amoureux tous les deux ? questionnai-je, car l'image de Tamotsu tournant vers Eiko un visage mauvais tout en astiquant le pénis de Shin, son frère siamois intériorisé, m'était soudain resurgie devant les yeux. Ce sourire cruel sur le visage de Tamotsu, je n'avais pas pu en sonder précisément le sens, mais en y réfléchissant, je supposai que c'était un rictus de dérision devant cette situation grotesque qui l'acculait à braquer sur une femme qui l'aimait le pénis d'un autre homme. Et devant une telle éventualité, je devinai combien il devait couver de sentiments complexes de sourde agressivité. Comment peut-on abreuver son amante d'un rictus aussi horrible ? A qui peut-on destiner un sourire pareil, si ce n'est à quelqu'un pour qui l'on nourrit le plus profond des mépris, la rancœur la plus vive ?

— Eiko semble incapable de se séparer de Tamotsu, répondit Aiko. Et Tamotsu en profite pour abuser d'elle tant qu'il peut.

— Je trouve qu'il fait terriblement enfant gâté, fit soudain remarquer Shunji qui n'avait pas ouvert la bouche depuis un moment. Je le sens très bien à sa voix. Il n'articule pas, comme si ses dents ne laissaient filtrer les mots qu'après les avoir longtemps suçotés dans la bouche, puis éjectés péniblement dans un serrement de la gorge. Je connais un type qui a la même façon de parler. Il faut toujours qu'on fasse quelque chose pour lui, il adore ça. D'ailleurs tout le monde le lui dit, qu'il fait son *mother complex*[1].

— C'est vrai ? fit Aiko en déversant sur Shunji un œil brillant d'intérêt. Tu entends cela à la voix ? Tu es formidable. Ce n'est pas seulement pour la musique que tu es doué.

— Mais je suis peut-être à côté de la question, admit Shunji avec un sourire gêné.

C'est tout le visage d'Aiko cette fois qui devint radieusement épanoui.

— Je t'adore, tu sais, Shunji. Mais je ne peux pas détester Tamotsu. C'est encore un enfant, et ne dit-on pas que ce sont les plus bêtes qu'on aime le plus ?

Nous étions revenus dans la pièce de six tatamis du début. Tamotsu, le « plus bête des enfants », avait recouvré son rire insolemment niais et tournait dans la petite pièce, les poings enfoncés dans les poches. Eiko, malgré la fatigue, décocha un sourire à Aiko lorsqu'elle entra. Les trois autres étaient assis çà et là à la table basse et faisaient honneur aux sushis préparés à leur intention.

— Servez-vous, invita Aiko. Shunji, qui avait immédiatement senti la présence des sushis, était déjà assis à la table et me demandait : « Il y a de l'oursin ? des œufs de saumon ? »

Je guidai sa main vers l'endroit du plateau rassemblant les oursins convoités. La performance musicale de Shunji semblait lui avoir creusé l'appétit, car il s'envoya coup sur coup plusieurs boulettes de sushi dans le gosier.

---

1. C'est une espèce de complexe d'Œdipe. On entend énormément de femmes le prêter à leur époux, leur amant…

Mais moi je n'avais pas faim. Et surtout je n'avais pas envie d'ingurgiter une nourriture aux relents de marée, quoique ordinairement je raffole des sushis. Mais en ce moment, la seule idée de sentir ces fruits de mer me parcourir, froids, gras et crus, l'œsophage me donnait la nausée, l'envie de vomir, comme le souvenir de la première goulée de sperme que j'avais avalée. Comment se faisait-il que je pense soudain au goût du sperme ? Aurais-je mal supporté d'assister pour la première fois aux ébats sexuels des autres en direct, comme on tient mal l'alcool ? Plutôt étrange d'associer ainsi sexe et nourriture, mais c'était un fait, la seule odeur de poisson cru me soulevait le cœur.

Apparemment désœuvré, Tamotsu se planta à côté de Shunji. Il fit pleuvoir sur lui sa voix si particulière :

— Dis-moi…

— Moi ? s'inquiéta Shunji en reposant sur sa planchette la boulette de sushi qu'il tenait à la main.

— Après avoir joué en te dépensant comme tu l'as fait, ça ne te donne pas une furieuse envie de baiser ?

Je me disais bien qu'il allait sortir quelque chose de pas ordinaire, mais Shunji lui répondit sans être le moins du monde interloqué :

— Pas du tout, non.

— Les musiciens, ils ne baisent pas les femmes après le concert ?

— Beaucoup le font dans le rock, mais pas moi.

— Ça ne t'arrive jamais de te mettre en transe avec ta propre musique ?

— Quand on joue des instruments électroniques avec le volume à fond, ça engourdit tout le corps, mais moi c'est le piano, alors…

— Ah bon ? Moi au lycée j'ai tâté un peu des groupes rock. Dès que je me défonçais sur ma guitare électrique, y avait mon Shin qui se mettait à bander ! Alors qu'il n'a même pas d'oreilles ! Sûr qu'il devait réagir aux ondes.

— Qui est Shin ? demanda Shunji en calant un sushi au thon bien gras dans sa joue. Tamotsu empoigna la main de Shunji et la plaqua sur son bas-ventre : « Ce type-là, là ! »

Shunji concentra son attention sur la chose rencontrée par sa paume à travers le vêtement. Tamotsu lui avait lâché la main, mais Shunji la conserva sur le bas-ventre pour lui demander : « Tu lui donnes un nom à ton pénis ? »

Quelqu'un pouffa dans l'assistance. Hors de ses gonds, Tamotsu se mit à vociférer :

— Mais non ! Ça c'est le pénis de mon siamois de frangin qui me parasite le corps !

— Ah oui, en effet.

Jugeant la conversation sans doute terminée, Shunji tendit la main vers les sushis. Mais Tamotsu, s'asseyant à côté de lui, embraya :

— Qu'est-ce qui te fait bander, toi ?

— Quand on me la suce, ou quand on me l'astique, tiens !

— Oui, mais encore ? Par exemple…

Au moment où je commençais à trouver l'insistance de Tamotsu bizarre, Eiko s'interposa :

— Tu n'as pas besoin de demander ces choses.

— Mais qu'est-ce que ça peut te faire ? se rebella Tamotsu, pour une fois que j'ai l'occasion de parler avec un type qui a un pénis normal.

— Alors tu me demandes à moi, héla Yôhei à l'autre bout de la pièce. Tu ne me demandes jamais, non ? Pourtant la seule chose que j'ai de pas normal, moi, c'est la bobine.

Yôhei s'était montré assez peu bavard jusqu'à présent, et il n'y eut pas que moi pour trouver étrange qu'il se mêle à la conversation. Sachiè le regarda droit dans les yeux pour lui dire : « On aura tout vu ! Tu dis même des plaisanteries à présent ! »

Mais Tamotsu grogna, visiblement agacé : « Et après ? Tout le monde peut dire ou demander ce qui lui plaît, non ? »

Il frappa l'épaule de Shunji qui acquiesça :

— Moi tu peux me demander.

— Voilà, vous voyez ? fit Tamotsu en bombant le torse.

Ecœurée, Eiko baissa les yeux, et Tamotsu se rapprocha de Shunji :

— Tu te fais astiquer, bon, tu bandes, et il ne t'arrive jamais de te dégonfler tout de suite ?

— Tout de suite, non. Evidemment, si on ne s'en occupe pas, ça diminue.

— Ça alors ! lâcha Tamotsu en tournant son regard dans ma direction. S'il ne flanche pas tout de suite, c'est certainement qu'il a une partenaire à la hauteur.

— Je ne pense pas que ce soit la raison.

J'avais dit cela pour me donner une contenance, car je me sentais déjà rougir. Sans daigner relever mon objection, Tamotsu continua à soliloquer d'une voix sinistrement obstinée : « Quand on a la chance d'avoir la bonne partenaire, on ne risque pas de sombrer dans l'impuissance, c'est simple. Pour Shin aussi, il faut que je lui trouve la bonne partenaire… »

La méchanceté était à peine déguisée. Eiko pâlit sous l'affront. Mais il ne regarda pas dans sa direction et continua son monologue revendicateur : « Sans une bonne partenaire capable d'activer mon Shin, c'est que moi je prends un bouillon dans cette affaire. »

L'atmosphère de la pièce était devenue tendue. Un air de défi sur le visage, Tamotsu s'appuyait au mur tandis qu'Eiko, feignant la gaieté, trouva la force d'abonder dans son sens : « C'est vrai, si Shin avait la partenaire qu'il lui fallait, moi je n'aurais plus besoin de m'occuper de lui ! »

Elle espérait pouvoir apaiser la dispute en feignant de prendre l'insinuation dans le sens qu'elle n'avait pas. Peine perdue, Tamotsu poursuivait, impitoyable :

— Qu'est-ce que tu me chantes là ! Alors que tu es justement la partenaire de Shin !

— Mais c'est toi que j'aime, Tamotsu, plaida Eiko d'une voix calme, mais Tamotsu, la dévisageant bien en face, gonfla la voix :

— Ça alors, je n'avais jamais remarqué, figure-toi ! J'avais toujours cru que c'était Shin que tu aimais.

— Mais tu le sais très bien, voyons, pourquoi dis-tu de pareilles horreurs ? dit-elle en lançant des regards déchirants de sincérité, déjà au bord des larmes.

— C'est parce que tu veux Shin que tu m'embrasses, hein ? Mais dis-le donc, que je suis l'appendice de Shin ! Que mon rôle c'est juste d'aider Shin à te faire jouir. T'es-tu seulement déjà demandé ce que je ressentais chaque fois que tu m'embrassais ?

— Là je ne te suis plus. Je me tue à te dire que tu ne dois pas te croire obligé de faire l'amour comme tout le monde. Mais c'est toi, toujours toi, qui veux utiliser Shin.

— Et ça ne te fait pas jouir peut-être, que j'utilise Shin ?

Ce fut Aiko qui trancha, d'une voix à donner le frisson, le fil de ces épouvantables reparties donnant envie de se boucher les oreilles.

— Ça suffit, Tamotsu !

Rabroué, Tamotsu donna des signes qu'il était d'humeur à rompre encore quelques lances.

— Ah, mais pas du tout, Aiko ! C'est un problème grave pour le Flower Show. Si on ne veut pas rééditer le four d'aujourd'hui, il faut trouver une partenaire qui convienne à Shin.

— C'est très bien comme ça, et même comme aujourd'hui.

— Manque de pot, moi je suis perfectionniste. Je n'ai de cesse d'obtenir un numéro parfait, avec un plaisir parfait, dans une chair parfaite, engagée dans une baise parfaite. Et avec la partenaire… parfaite.

— Alors tu n'as qu'à renaître parfait ! lança Aiko en se soulevant le corps tendu en avant, pour asséner une claque sur le crâne de Tamotsu. Toute la pièce retentit d'un drôle de bruit de percussion. J'éclatai de rire.

Tout en se frottant le crâne avec exagération, Tamotsu avoua d'un ton penaud :

— C'est une amante comme toi, Aiko, que je voudrais avoir.

— Et moi des gamins de ton espèce, il ne m'en faut surtout pas ! lança Aiko, en soufflant sur la paume rougie de sa main vengeresse.

— Trouve d'autres développements, Tamotsu. On commence à saturer de te voir toujours ramer dans le même scénario, persifla Masami. Moitié riant, Eiko fit la grimace.

Sur ces entrefaites, Shigeki fit son entrée en annonçant, l'enveloppe brune à la main : « Procédons à la distribution des salaires ! »

Une seule exclamation de joie retentit. Shigeki comptait les billets qu'il distribuait en marchant. Je notai que Tamotsu eut droit lui aussi au salaire d'une personne. Et que Shigeki n'omit pas de fourrer des billets dans la main de Shunji en disant :

— Désolé, ce n'est pas bien généreux.

— Je peux très bien me passer de cachet, dit Shunji, ce n'est pas mon métier.

— Encaisse toujours, ce n'est jamais de trop, intervint Tamotsu.

— Alors ? s'enquit Shigeki en se tournant vers moi. Ce que tu as vu ce soir t'a donné envie de voyager avec nous ?

J'étais trop secouée pour mettre de l'ordre dans les émotions et les chocs éprouvés au cours de cette soirée : mes impressions sur le spectacle du Flower Show en général et l'impression retirée de la personnalité de chacun de ses membres en particulier – la profondeur de l'amour de Shigeki et d'Aiko, les rapports faussés de Tamotsu et d'Eiko. Disons plutôt que j'étais dans un état d'agitation extrême, qui ne participait pas particulièrement de l'excitation sexuelle. Interrogée par Shigeki, la seule chose qui vint flotter dans ma tête en feu ce fut un violent intérêt pour ce groupe. Si j'en viendrais à les aimer ou à les détester, je n'en avais aucune idée, mais il était indéniable que je voulais mieux les connaître. C'est pourquoi je m'entendis répondre impulsivement : « Je serai du voyage. »

8

Le minibus servant aux déplacements du Flower Show s'ornait comme il se doit de motifs floraux. A l'avant, bien centré sur la carrosserie crème, s'étalait un hibiscus pourpre, à l'arrière, un massif de roses rouges poussait ses sarments du pare-chocs à la lunette, tandis que sur les côtés, des floralies se déchaînaient librement en magnoliacées, iris, lis et que sais-je encore. Je restais admirative devant l'aisance et l'élégance du pinceau, l'art délicat présidant à l'agencement des ensembles et à l'harmonie des couleurs, et lorsqu'on m'apprit que ces décorations avaient été exécutées par Tanabe Yôhei, je n'en fus pas plus étonnée que ça. Je m'étais déjà dit que le taciturne et tranquille Yôhei devait avoir des talents d'artiste. Seulement, je n'avais pas encore eu l'occasion de lui faire part de mon admiration pour sa décoration.

La tournée du Flower Show avait commencé avec la fin des vacances du Bon. Après deux représentations à Atami, une à Ito et une à Hakone, vers le cinquième jour du voyage, c'était à Nagoya, je fus forcée de constater que les sociétaires avaient finalement assez peu l'occasion de parler entre eux, même si la troupe voyageait ensemble et qu'on se voyait tous les jours.

Aussitôt arrivée à l'hôtel, la petite troupe s'égaillait et chacun gagnait la chambre qui lui avait été attribuée. La répartition était d'ailleurs toujours la même, les trois couples, Shigeki et Aiko, Tamotsu et Eiko, Yôhei et

Masami, prenaient des chambres à lits jumeaux et Sachiè, sa chambre de célibataire. Shunji et moi, nous eûmes également droit à une chambre. Après avoir signé à la réception, nous avions temps libre jusqu'à l'heure fixée pour le rassemblement, et nous pouvions prendre nos repas où et quand nous voulions. Ce qui ne voulait pas dire que nous nous ignorions totalement, car s'il arrivait qu'on se retrouve par hasard dans le même restaurant, on s'asseyait volontiers à la même table. Mais je n'avais pas encore vu de gens convenir de sortir prendre leur repas ensemble.

A l'heure de la représentation, tout le monde se retrouvait, mais comme il s'agissait d'une réunion de travail, on n'avait pas tellement le temps de parler. Il y avait bien le minibus pendant les déplacements, mais là non plus, l'habitude ne semblait pas être de tuer le temps en bavardant, car tout le monde était plongé dans ses occupations : Tamotsu, c'était son jeu électronique, Sachiè, lunettes sur le nez, son tricot, les autres des magazines ou les écouteurs vissés dans les oreilles. Tout ce qu'on entendait, en fait de conversation, c'était un « merci-de-passer-quand-tu-as-fini » lancé à l'un ou l'autre lecteur d'un magazine convoité.

Je me demandais si c'était à ça que ressemblaient les relations de gens qui tournent ensemble depuis longtemps. Du moins ce style dégagé et sans façons permettait-il, de ne pas sentir de fossé entre les anciens et les nouveaux, comme c'est souvent le cas. Shunji et moi, nous ne nous sentions donc pas pressés de nous fondre dans le groupe. Une atmosphère assez sèche, mais qui nous laissait le loisir d'être à notre aise et de nous détendre.

Le minibus, outre les deux sièges avant, contenait trois rangées de trois fauteuils et nous avions choisi de nous asseoir dans la rangée arrière. Shunji, passé maître dans l'art de prendre ses aises où, quand et comme il l'entendait, n'était pas plus tôt assis qu'il se fichait les écouteurs dans les oreilles et s'immergeait dans sa musique favorite. De mon côté, je n'avais d'autre ressource que de contempler distraitement le paysage par la vitre, d'ouvrir et refermer un livre. Les deux premiers jours du voyage, Aiko ou Shigeki, quand il n'était pas au volant où il se relayait avec Yôhei, étaient venus de temps à autre nous faire la conversation, mais quand ils eurent constaté que nous étions bien installés, ils cessèrent de venir sans motif précis.

Même sans empiéter sur la vie privée des autres ni échanger beaucoup, à force de se côtoyer tous les jours, on finit par connaître le caractère et les petites manies de chacun. Par exemple, si Sachiè avait toujours les sourcils froncés avec un air vague lorsqu'elle n'avait pas ses lunettes, c'est simplement qu'elle était astigmate et non pas parce qu'elle était contrariée. Et j'appris aussi que ces yeux papillotants qu'elle posait de temps en temps sur nous, ce n'était pas qu'elle cherchait notre regard pour nous dire ce qu'elle avait à dire – elle n'avait jamais rien à dire –, c'était simplement sa manière à elle de regarder les gens.

Je réalisai assez rapidement aussi que les plus bavards de la compagnie étaient Tamotsu et Masami. Le jour où la troupe avait quitté Tôkyô, Shunji avait tout de suite remarqué que les sièges du minibus étaient confortables car ils avalaient littéralement les secousses ; il les avait déclaré excellents et il s'était ensuivi un embryon de conversation. Aiko, assise dans la rangée avant, s'était retournée pour nous dire :

— Depuis que nous avons installé ces sièges, plus personne ne souffre de mal de dos. Quand nous avions les sièges de série, toutes les femmes se plaignaient de lumbago.

— La climatisation doit aussi y être pour quelque chose, fit remarquer Eiko, assise entre Aiko et Tamotsu, en passant la tête entre les dossiers. Tu n'es pas frileuse, toi ?

— Non, pas particulièrement.

En effet, Aiko et Eiko portaient un chemisier à manches longues et avaient déployé une écharpe pour se protéger les genoux de la climatisation arctique de l'habitacle. Tamotsu passa la tête par-dessus le dossier pour dire :

— Ça alors, il y a des femmes sans complications !

— Moi aussi je suis sans complications, signala Masami depuis le siège avant, je ne souffre pas de la clim, je ne me laisse pas dévorer par les moustiques, je n'ai pas de règles et il n'y a aucun danger que je tombe enceinte.

— Ah, à la bonne heure, lui renvoya Tamotsu. Je me permettrai tout de même de te demander en vertu de quoi tu as demandé à Aiko une pilule alors que tu n'as pas de règles.

— Je l'ai mise dans mon sachet à talisman.

— Ah, parce que ton sachet à talisman a ses règles, lui ?

Des rires fusèrent. Masami fit tourner sa langue comme si elle était piquée au vif.

— Qu'est-ce que ça peut te faire ? De toute manière, même si je ne cours aucun risque, je prends ma température tous les matins ! La première fois que je me suis acheté un thermomètre de gynéco, je ne savais pas du tout où le mettre, si bien que je me le suis planté dans mon vagin flambant neuf ! Vous voyez le tableau…

La conversation en resta là pour cette fois et le minibus retrouva son calme, mais le soir du même jour, après la première représentation, il y eut encore une scène qui rompit le calme. Cette fois, contrairement à ce qui s'était passé au *ryôtei* d'Akasaka, le numéro de Tamotsu et d'Eiko, ou de Shin et d'Eiko, s'était relativement bien déroulé et comme Tamotsu n'avait pas eu à fustiger le pénis de Shin, on aurait pu croire qu'il était d'excellente humeur, mais dans le minibus qui nous ramenait du *ryokan* où avait eu lieu la représentation à l'hôtel où nous étions descendus, il recommença à râler :

— Si au moins Shin était toujours comme aujourd'hui ! J'en ai ma claque de devoir chaque fois me demander bandera-t'y, bandera-t'y pas ! Est-ce qu'il n'y aurait pas une superfille qui me le ferait bander sans faute à tous les coups ?

— Elle est ici ! fit Masami en agitant la main par-dessus le siège avant.

— Veux-tu bien te taire ! Ce serait tout de même un peu fort, toi, Masami !

— Et pourquoi pas ? Je suis une technicienne, moi !

— Technicienne ou pas technicienne…

— Mais pourquoi pas ? On ne va pas faire l'amour ensemble, tu sais. C'est Shin et moi qui allons faire l'amour. Et tes préférences, on s'assied dessus !

Tamotsu ne répliqua pas tout de suite, mais il murmura d'un air embêté :

— Ah ça non, précipiter mon frangin dans l'homosexualité !

— Te voilà bien soucieux de ton petit frère brusquement ! Alors que tu le martyrises toujours que c'en est une véritable horreur !

— Mais Shin n'a pas de cervelle, alors on ne sait même pas s'il ressent la douleur…

— Pour dire des choses pareilles, tu ne dois pas en avoir beaucoup non plus, de cervelle ! Quand donc finiras-tu par comprendre que je suis une femme ?

Cette fois Tamotsu s'était tu. Il riait jaune, me dit plus tard Aiko qui était assise sur la même rangée que Tamotsu et Eiko.

Tamotsu et Masami prenaient-ils plaisir à se faire enrager ? Comme Tamotsu était un enfant gâté qui abusait de l'affection des autres parce qu'il était incapable de se débrouiller seul, et Masami une bavarde qui devait absolument se faire remarquer, il était sans doute obligé qu'ils en viennent à se chamailler. Ce soir-là, à Atami, on aurait tout aussi bien pu penser qu'en attirant sur elle l'attention de Tamotsu, Masami avait tiré d'un mauvais pas Eiko qu'il commençait à tourmenter. Mais dans l'état actuel, rien ne permettait de se prononcer pour l'une ou l'autre hypothèse.

Tamotsu était, paraît-il, plus âgé d'un an que Shunji, ce qui lui faisait tout juste vingt ans, tandis qu'Eiko en avait vingt-trois, l'âge que j'aurais en décembre prochain, nous étions donc du même âge. J'avais appris également que d'amis d'enfance ils étaient devenus amants. Et que si Tamotsu lui volait souvent dans les plumes, ordinairement ils s'entendaient plutôt bien.

Tamotsu n'était pas que méchant et tordu, il pouvait aussi avoir ses bons côtés. Le soir où nous étions à Ito, j'étais assise avec Shunji sur un banc du jardin de l'hôtel quand avait surgi Tamotsu, qui se promenait avec Eiko, un chat dans les bras.

— Shunji, tu aimes les chats ?

— Bien sûr que je les aime.

Et sur cette réponse de Shunji, Tamotsu lui avait mis sur la poitrine le chat qu'il tenait dans ses bras, en précisant qu'il l'avait ramassé dans un coin du jardin. L'absence de collier le désignait comme un chat de gouttière mais familier de l'homme, tout de même, car il était gentil. Shunji posa doucement la paume sur le dos du chat et l'enveloppa précautionneusement de ses deux bras.

— J'adore le toucher de ce pelage. J'aime aussi les chiens, mais le toucher est beaucoup plus agréable chez les chats, commenta Shunji.

— Je me le disais aussi, tiens.

— Ça faisait longtemps que je n'avais plus caressé de chat. Un de ces jours, je vais en prendre un chez moi.

Tamotsu considérait Shunji avec un sourire étrange qui lui tirait une des lèvres vers le bas. Un peu comme le petit chef de bande brusquement honteux d'un accès de gentillesse. Eiko à ses côtés contemplait le chat dans les bras de Shunji, serrant les dents de légitime fierté à cette manifestation des bons côtés de son Tamotsu. Finalement, ils avaient poursuivi leur promenade en nous abandonnant le chat.

Je me réjouissais à l'idée de découvrir chaque jour davantage le caractère des membres de la troupe. En nous voyant tous les deux, Shunji et moi, Shigeki avait eu cette parole : « Vous êtes des gens accommodants, on dirait que vous êtes des nôtres depuis longtemps. »

Accommodants, que oui, puisqu'il m'avait suffi d'une semaine, non pas pour m'habituer à l'apparence de Yôhei, que j'avais d'abord trouvée monstrueuse, mais au moins pour ne plus sursauter chaque fois que je l'avais devant moi. Quand je rencontrais Yôhei, je ne pensais plus à son apparence physique, il était devenu celui-qui-avait-peint-ces-jolies-fleurs-sur-le-minibus. Je voyais simultanément l'image des jolies fleurs peintes et Yôhei. Sans doute que l'impression de son talent caché était plus forte que l'impression laissée par son visage.

Hier soir à Ôsaka, le Flower Show s'est intégré à une représentation en qualité de troupe invitée. Non pas une représentation publique, bien sûr, mais une soirée spéciale donnée à la sauvette dans un petit théâtre tapi dans les sous-sols d'un immeuble, et sans le moindre panneau annonciateur. Scénario et mise en scène étaient assurés par le directeur du théâtre, dont le nom m'était parfaitement inconnu, mais qui, paraît-il, avait été, dans les lointaines années soixante-dix, une star du théâtre underground. Et bien que conservant à ce titre pas mal de supporters à l'enthousiasme incoercible, il avait déguerpi du Japon pour se soustraire aux retombées antimédiatiques d'un four gigantesque essuyé par une de ses créations, pour réapparaître au pays il y a quelques années, à point nommé, car l'oubli commençait à l'ensevelir totalement, et relancer son activité théâtrale, cette fois dans le Kansai. Comme d'habitude, la clientèle était principalement constituée de rupins aux costumes coûteux, accompagnés de leur « femme », mêlés cette fois à des quadragénaires des deux sexes traînant leur nostalgie d'une époque improbable qu'annonçait leur uniforme : broussaille de cheveux longs, catogans et jeans délavés.

Quant au contenu de la pièce, j'avoue qu'il passait mon entendement. Des hommes nus, luperques chlorophylliens aux visages barbouillés de vert foncé, avec, pendouillant dans leur entrejambe, qui une énorme boîte de Cup-Ramen[1], qui un *konjak* de carton-pâte, qui encore un polochon éventré déversant son duvet, erraient sur la scène aux cris de « Réapproprions-nous nos bites ! ». Jaillissaient ensuite, côté cour, au pas de gymnastique, d'autres zigotos, bringuebalant, toujours dans l'entrejambe, des fouets ou des couteaux de poche, toujours en carton-pâte, qui saupoudraient copieusement de lessive les types aux boîtes de Cup-Ramen et *konjak* aux cris de « Casse le pot à ta vieille ! ». Du plafond descendait ensuite un immense œuf qui s'ouvrait en deux pour faire pleuvoir une myriade de *slime*[2], ces petites horreurs de jouets en matière visco-ductilo-adhérente. Là-dessus entraient côté jardin les filles, masquées, demi-nues, qui entamaient sans tarder une séance de fustigations mutuelles avec les hommes. La scène sombrait dans une monstrueuse orgie sado-maso.

---

1. Le célébrissime fast-food de nouilles chinoises lyophilisées, momifiées avec une crevette dans une boîte de polystyrène expansé (pour conserver la chaleur), grande responsable également des problèmes du traitement des ordures ménagères ; il suffit d'y ajouter de l'eau chaude pour avoir un repas-minute à valeur nutritive absolument nulle et horriblement salé. Diffusé par toutes les grandes surfaces, magasins de proximité et surtout distributeurs automatiques. A la suite de Warhol qui avait choisi des boîtes de Coca pour symboliser la civilisation américaine, des milliers d'artistes se portèrent sur le Cup-Noodle pour symboliser la civilisation japonaise – pas celle qu'on montre à l'étranger, mais la vraie –, ce que tente probablement de faire ici notre homme de théâtre.

Le *konjak*, par contre, est une substance mucilagineuse extraite des tubercules comestibles de l'*Amorphophallus rivieri*. Assaisonné de sauce de soja, chaud ou froid, il figure depuis des siècles dans l'ordinaire de la cuisine japonaise traditionnelle. Ce n'est pas très bon, mais par contre très sain, paraît-il, car cela nettoie le sang, s'entend-on répéter chaque fois qu'on en prend.

2. *Slime* : bave, boue, visqueux, etc. en anglais.

Shunji installé dans le seul siège resté libre, je me préparai à regarder le spectacle debout contre le mur. J'entendais discuter dans les fauteuils tout proches deux types de trente-cinq ans environ, en jeans normaux, pas délavés, qui y allaient de leurs commentaires : « Paraît que ces filles qui se font fouetter sont des pros du sado-maso, tu savais ça ? », « Foutaises ! Il traîne des trucs ringards d'il y a vingt ans ! » ou encore : « Voilà ce qui arrive quand on reste trop longtemps aux States. On imagine le Japon retardé. Il se fout du monde ! »

Bien que gênée dans ma réflexion par un bruitage musical déversé en continu par les haut-parleurs, je tentai tout de même de saisir le thème de cette pièce. Bon, on vociférait « Réapproprions-nous nos bites ! » ce qui signifiait sans doute que les types sur scène s'étant fait subtiliser leur pénis, par on ne sait quelle puissance maléfique, s'étaient accroché en lieu et place des Cup-Ramen et du *konjak* mou. Quant au cri de guerre de « Casse le pot à ta vieille ! », voulait-il signifier qu'une ferme résolution de sodomiser leur mère leur rendrait automatiquement leur pénis volé ? A moins qu'ils ne veuillent exprimer le vœu d'avoir une bonne partie de sexe anal avec leur maman pour célébrer la reprise de leur pénis ?

J'avais prévu, comme développement de l'action, que les types allaient défier le monde en une bataille sublime afin de récupérer leur pénis volé, mais il n'en fut rien, une fois qu'ils se trouvèrent barbouillés de joujoux visco-ductilo-adhérents, saupoudrés de lessive et fouettés par les filles, les postiches en carton-pâte leur furent arrachés des cuisses, et apparurent les pénis frétillants. Ce qui fait que, si les pénis n'avaient pas été subtilisés, mais seulement éclipsés, il y avait un dérapage dans l'intention de départ. Et que les caches des pénis tombent alors qu'ils hurlaient au « cassage de pot de la vieille », pour se borner finalement à des actes sexuels sado-maso avec des filles qui étaient décidément trop jeunes pour être leurs mères, achevait de saccager la sacro-sainte unité d'action.

Tout ceci pour dire qu'il devait sans doute s'agir de gamins inconséquents et menteurs, qui, tout en braillant à tue-tête qu'ils allaient sodomiser leur mère parce que, prétendaient-ils, on leur avait volé le pénis, alors qu'il n'en était rien, se satisfaisaient benoîtement de flageller des femmes et de les baiser. Ou alors le scénario n'était qu'une précaire accumulation de fioritures servant de prétexte à montrer un vulgaire spectacle porno. Quoi qu'il en soit, la mentalité visqueuse de celui qui avait concocté cette farce transparaissait clairement, si bien qu'en définitive, on aurait pu peut-être ranger le thème dans la catégorie « exacerbation de l'expression de soi ».

Quant aux sociétaires du Flower Show, leur mission était d'effectuer, en première partie de programme, leurs numéros sur des couches qui avaient été dressées à côté de la meute d'acteurs revendiquant bruyamment la restitution de leurs bites. On aurait pu penser qu'un thème aussi porteur que ce « Réapproprions-nous nos bites ! » allait investir Tamotsu, qui ne pouvait faire l'amour avec son propre pénis, et Masami, qui s'était débarrassée du sien, d'un rôle qui leur permettrait une brillante catharsis. Mais il n'en fut rien. Il s'en fallait même de beaucoup, car ils paraissaient avoir été posés là seulement pour rehausser un peu le pittoresque de la scène. Que ce soit chez Shigeki et Aiko, Tamotsu et Eiko, et même Sachiè, la verve habituelle n'était pas au rendez-vous, et ils bâclèrent leur prestation en un temps record.

Seul Yôhei apporta au thème un traitement différent. Il avait quelques répliques à dire. Assis jambes croisées sur la couche, un spot braqué sur lui, une voix, un gémissement plutôt, s'échappait de ses lèvres aux coins horriblement rabattus : « Une femme ! »

Le monologue se poursuivait par un récitatif neutre et monotone : « Une femme ! Une femme ! Une femme qui puisse m'aimer ! Une femme qui ne me craigne ni une méprise ! » Masami entrait en scène et s'enroulait à lui. Tout en déclarant : « Je ne crois pas à l'égalité », Yôhei amorçait un rapport sexuel avec elle. Ici aussi il s'y mêlait du texte : « La femme ne remarque même pas ma haine. »

— On fait dire cette tirade à Yôhei, mais il a une amoureuse, me murmura à l'oreille Shigeki qui était descendu dans la salle une fois son numéro terminé. Et en plus c'est une beauté rare. Elle était tellement folle de Yôhei qu'elle est venue s'installer chez lui et ils se sont mis ensemble. Cette tirade, Yôhei n'a vraiment pas besoin de la dire.

Je me retournai pour voir Shigeki, le front en sueur, lancer un regard suspicieux vers la scène, où Yôhei écartait les cuisses de Masami. Du texte me parvint encore aux oreilles : « Il n'y a vraiment qu'elle qui soit capable de soutenir ma haine ! » Le chœur des acteurs grondait en crescendos frénétiques : « Réapproprions-nous nos bites ! »

— Des raisons pour qu'un être humain aime un autre être humain, mais il y en a des tas ! C'est ce que n'a pas l'air de comprendre l'auteur de cette pièce. Tout le monde a la manie de croire qu'une femme qui aimerait Yôhei devrait soit le mépriser, soit être laide, continua Shigeki. Tu t'expliques ça, toi ? C'est simple, c'est parce que tout le monde a besoin de quelqu'un qu'il puisse regarder de haut.

Je me dressai sur la pointe des pieds pour me pencher à l'oreille de Shigeki et lui demander :

— Tu joues un peu à contrecœur dans cette pièce ?

— Et comment ! Un navet pareil !

L'auteur de la pièce était un type à la voix riche et sonore, le crâne rasé, la quarantaine, avec un tee-shirt annonçant I LOVE NEW YORK. Lorsqu'à la fin de la représentation, je suivis Shigeki dans les coulisses, la voix riche et sonore résonnait dans le couloir par une porte entrouverte. Il devait être en conversation avec quelqu'un, mais on n'entendait pas son interlocuteur. Quand Shigeki pénétra dans la loge, la voix gagna encore en amplitude :

— … encore autant de représentations qu'on voudra, était-il en train d'expliquer. Le sponsor garantit qu'il nous ouvre une ligne de crédit. La prochaine fois, on investira davantage de fonds dans le spectacle. Et je veux votre participation, naturellement. Je voudrais tant pouvoir vous montrer au grand public, et pas seulement à huis clos comme aujourd'hui. Que voulez-vous ? Les temps ne sont pas encore mûrs. Mais dès que le vent change, soyez sûrs que je vous attache à mon théâtre. Avec des cachets confortables. En tout cas, j'ai le sponsor dans la poche, c'est tout dire…

Shigeki était entré encaisser les cachets, mais comme l'auteur dramatique s'éternisait dans son laïus, on ne le voyait pas ressortir. Shunji et moi étouffions un bâillement lorsque la porte s'ouvrit enfin toute grande sur Shigeki. Il était suivi de Yôhei. Faisant peser son bras épais sur l'épaule de ce dernier pour le reconduire jusqu'à la porte, le dramaturge n'arrêtait pas de jacasser : « Alors comme ça vous nous faussez compagnie ? Pourquoi ne venez-vous pas au pot final ? Il y aura des tas de gens importants qui pourraient vous être utiles, je vous aurais présentés avec joie, je vous assure ! »

Shigeki arbora un sourire poli et se cassa en une petite courbette à l'auteur dramatique. Court sur pattes, ce dernier dut lever la tête pour accuser le salut de Shigeki, ce qui visiblement l'agaça, aussi empoigna-t-il le bras de Yôhei, rapprochant son visage :

— Et toi, Yôhei, tu viens ?

— Avec mon foie patraque…

Yôhei avait murmuré cela d'un air distrait, ce qui fit monter une pointe de rouge au visage noiraud de l'auteur. Mais il ravala sa salive et choisit de maîtriser son irritation pour jouer la mansuétude.

— Très bien ! Je ne peux tout de même pas te traîner de force à ce pot. Alors, à la prochaine ! capitula-t-il. Il passa les bras autour de Yôhei pour le serrer brièvement, avant de le libérer en lui appliquant une claque virile sur l'épaule. En entendant la porte de la loge se refermer en tempête, Shigeki et Yôhei échangèrent un rire ironiquement minaudier.

— Faut se le farcir ce type !

Montant les escaliers à la suite de Yôhei, je demandai :

— Tanabe t'a retenu dans sa loge ?

C'est à Yôhei que je m'adressais, mais ce fut Shigeki qui répondit :

— Il se passe qu'il est fou de l'acteur qu'est Yôhei. « Confie-moi ta personne et je fais de toi un homme, un vrai ! » ne cesse-t-il de répéter comme une marotte.

— Ce n'est ni la première ni la dernière fois qu'on l'entend cette phrase : « Tu me laisses faire et je fais de toi une femme ! »

J'eus droit à une œillade de Yôhei se retournant pour me signifier qu'il goûtait la phrase, et Shigeki se mit à rire.

— Homme ou femme, il te baratine toujours avec la même phrase ; mais le sexe, chez lui, c'est uniquement avec les femmes. Bon, on arrête de travailler ici ? demanda-t-il à Yôhei.

— Comme tu voudras, moi ça m'est égal, répondit Yôhei. Si on ne tombait pas de temps en temps sur un emmerdeur, on risquerait de trouver que ce monde est un paradis.

— A qui le dis-tu !

Nous sortîmes de l'immeuble, et jusqu'au minibus où nous attendaient les autres qui y avaient déjà pris place, Shigeki et Yôhei gardèrent le silence. Marchant derrière eux, je ne pouvais détacher mon regard de leurs deux silhouettes. L'entente immédiate qui avait jailli du bref échange qui venait d'avoir lieu, cette spontanéité aussi avec laquelle ils accordaient leurs pas pour cheminer, laissaient entrevoir qu'ils étaient deux amis intimes branchés sur la même longueur d'onde. Et pourtant, était-ce le fait de sortir d'une représentation aussi bruyante et des mains d'un dramaturge tonitruant, je trouvais que ces deux dos qui cheminaient de conserve présentaient quelque chose d'extrêmement vulnérable.

Non pas que Shigeki et Yôhei soient des personnages d'apparence frêle. Mais j'avais pu sentir combien était fragile, parce que fondamentalement pacifique, la force qui naissait de leur relation, si on la comparait aux forces arrogantes exhalées par cette pièce et son auteur qui nous avaient été imposées ce soir. Si d'aventure, plusieurs personnages comme cet auteur dramatique se liguaient pour faire exploser leur force brutale, Shigeki et Yôhei n'allaient-ils pas se faire écraser sans la moindre résistance ? Telle était l'inquiétude qui sourdait en moi.

Sans aller jusqu'à remettre en question l'intimité qui unissait les amis que je fréquentais naguère, comme Masao et Haruhiko, j'avais souvent senti que dès que deux mâles se liaient ensemble, il fallait toujours que surgisse d'on ne sait où, soit une volonté de puissance qui les poussait à entrer en conflit avec l'autorité des autres hommes, soit une volonté de se protéger eux-mêmes d'une autre autorité. Or, justement, cela ne se décelait pas chez Shigeki et Yôhei. Ils ne faisaient pas étalage de leur amitié à la face du monde. Ils filaient à l'anglaise de la sphère d'autorité des autres, préservant instinctivement leur « distance de fuite » qui les faisait s'éloigner d'un pas tranquille. Etait-ce parce qu'ils étaient tous deux totalement dénués d'agressivité ?

Pour ma part, j'aimais les hommes qui n'étaient pas agressifs. Les agressifs voulaient m'amputer de Pénis d'orteil. J'aimais Shunji, qui n'avait pas une once d'agressivité. Et j'aimais aussi Shigeki, qui assumait les relations publiques du Flower Show et la cohésion de ses membres en leader solide mais discret. C'est pour cela que je trouvais un peu dommage que le personnage de Shigeki perde toute consistance face à un individu comme cet auteur dramatique, simplement parce qu'il ne pouvait pas lui opposer le même rempart de grossièreté.

Et je regrettais aussi que Yôhei en soit réduit à débiter, dans une pièce d'un mauvais goût sinistre, des tirades conventionnelles frisant le ridicule telles que : « De par mon apparence monstrueuse, l'amour des femmes ne s'est jamais arrêté sur moi, l'homme en qui le ressentiment fait rage ! » Comme je n'avais fait qu'apprendre de la bouche de Shigeki que Yôhei avait une amante d'une grande beauté, je ne pouvais juger du genre de passion qu'il pouvait susciter. Tout ce que je savais, c'est que Yôhei avait un fameux coup de pinceau pour peindre de beaux tableaux. Je trouvais éminemment déplaisant que cet auteur dramatique lui colle des tirades stéréotypées simplement parce qu'il ne voulait voir en lui qu'une infime partie, celle qui l'arrangeait le mieux.

Pour le moment, toute la troupe occupait un appartement résidentiel de Kôbe. Cet appartement de haut standing pour étrangers – il avait même deux salles de bain – était loué par l'agent qui s'occupait de vendre aux quatre coins du pays les spectacles du Flower Show, ou par une organisation dans sa mouvance, je ne savais pas au juste, mais on nous avait, paraît-il, offert de l'occuper tout le temps que le Flower Show tournerait dans la région de Kyôto-Ôsaka-Kôbe.

Quelques jours auparavant, lorsqu'il avait mis le pied pour la première fois dans cet appartement qui sentait le renfermé, ce que tout le monde avait remarqué, Shunji avait immédiatement signalé que cela sentait aussi la marijuana. Ses relations de travail dans la musique, me dit-il, lui avaient donné l'occasion de faire l'expérience de la marijuana. Et de fait, ce qui flottait dans la pièce était subtilement différent de l'odeur de la cigarette, une odeur végétale plus douceâtre et pointue que le tabac.

— Moi aussi ça m'est arrivé d'être défoncé, dit Tamotsu à haute voix après une profonde inspiration.

Eiko ouvrit grand les fenêtres. Protestations immédiates de Tamotsu :

— Ben, alors ! Tu vas pas gâcher les bonnes odeurs, tout de même ?

— Ça ne me vaut rien pour la gorge !

Apparemment, Eiko ne se laissait pas toujours faire par Tamotsu, car cette fois elle lui avait coupé le sifflet en quelques mots.

Aiko m'appela. Shigeki avait ouvert le tiroir d'une commode dans la grande pièce du fond.

— Voilà l'origine de l'odeur, dit-il en me montrant une boîte en étain dans laquelle s'entassait ce qui ressemblait à première vue à des feuilles de thé vert. Mais il n'y avait pas que de la marijuana dans le tiroir, on y trouvait pêle-mêle des poudres suspectes emballées dans du papier blanc, des seringues, et même la bande de caoutchouc pour ligaturer le bras quand on fait des injections.

— Le locataire de l'appartement est médecin ? questionnai-je naïvement.

— Penses-tu que c'est un docteur ! répondit Aiko en ouvrant un second tiroir qui révéla d'énormes quantités de films vidéo 8 mm. Rien que des trucs pour se faire pincer. Beaucoup introduits illégalement des Etats-Unis, commenta-t-elle.

— Moi qui faisais de la vidéo clandestine, je peux t'affirmer que mes films n'étaient que des contes de grand-mère à côté de ce qu'il doit y avoir ici. A vous donner la chair de poule tout ça ! renchérit Shigeki.

— Ce serait plus sage de ne pas ouvrir les autres tiroirs.

— Le locataire de cet appartement utilise le contenu de ce tiroir pour organiser des soirées interlopes.

— Des gens du milieu ? demandai-je parce que c'était la première chose qui m'était venue à l'esprit.

— D'une manière ou d'une autre, il est peut-être lié à la pègre, répondit Shigeki en secouant la tête en signe de dénégation, mais ce n'est pas un truand. En tout cas, nous on ne veut pas le savoir.

Il referma le tiroir, donna un tour de la petite clé qu'il confia à Aiko. Elle rangea la clé dans son sac.

— Les vidéos, tu peux les regarder si ça t'amuse, mais la drogue, c'est risqué, prévint Shigeki. Tu seras gentille de ne pas dire à Tamotsu où se trouve la clé ? La drogue, il aime ça lui.

Cet appartement où s'organisaient des parties interlopes comportait, outre deux chambres à coucher, une suite de trois pièces de séjour avec un canapé-lit royal dans chacune des pièces. Tout ce qu'il fallait donc pour répartir pour la nuit les sociétaires de la troupe en quatre couples, plus une célibataire, comme à l'hôtel. Shunji et moi, on dormait dans l'un des canapés-lits du séjour. Ce qui me permettait, si je me réveillais tôt le matin, d'avoir vue sur Tamotsu et Eiko qui dormaient dans la partie du séjour près de l'entrée, et sur Shigeki et Aiko qui dormaient dans un coin du fond où il y avait la fameuse commode. Tamotsu dormait invariablement le front posé sur la poitrine d'Eiko.

Ce séjour en appartement ne changea rien aux principes de non-ingérence dans la vie privée des autres, pas plus qu'il ne nous arriva de préparer ensemble un repas pour le partager. Il semblait que Sachiè et Yôhei faisaient leur cuisine, elle par économie, lui par horreur de sortir ; mais à part ça tout le monde prenait ses repas dehors. Masami semblait en pays de connaissance dans cette région, car il ne se passait pas de jour sans qu'elle téléphone pour bloquer quelqu'un à déjeuner.

Malgré cela, plus que la vie d'hôtel, la vie d'appartement multipliait les occasions de se retrouver. Ce soir-là, c'était relâche, nous étions donc en vacances. Tamotsu, Sachiè et Masami étaient allés voir un spectacle de catch qui se donnait à Kôbe. Moi je serais bien restée dans l'appartement à cuisiner, car je commençais à me lasser de la nourriture des restaurants, mais Shunji insista pour manger dehors. Depuis son arrivée dans le Kansai, il prenait plaisir, disait-il, à entendre les intonations et les résonances du parler régional et voulait ouvrir tout grand ses oreilles aux conversations des gens dans la rue. Nous mîmes donc le cap sur un italien.

Revenus à huit heures à l'appartement, le groupe des catcheurs n'était pas encore rentré et les quatre autres se trouvaient dans le séjour. Yôhei lisait un livre étendu sur notre canapé-lit, Shigeki, Aiko et Eiko discutaient dans le coin où se trouvait la commode. Nous nous intégrâmes, Shunji et moi, à la conversation.

— On regarde une vidéo ? me proposa Shigeki. Pour se faire un petit sujet de conversation, je trouve que ce ne serait pas mauvais d'en voir au moins une.

Ce n'était pas la curiosité qui me manquait, mais je regardai Shunji qui était à côté de moi. Comprenant tout de suite ma réaction, Shigeki demanda :

— C'est vrai, Shunji-kun va se morfondre ?

— Absolument pas, du moment que j'ai la bande son, je suis heureux ! répondit ce dernier.

— Mais pas des trucs trop horribles, précisai-je rapidement. Des petits enfants à qui on fait des horreurs, ou des gens qu'on tue réellement, je n'en veux pas.

— Entendu ! Tu veux quelque chose de soft, sourit Shigeki en se levant pour aller au tiroir. C'est qu'ils ne manquent pas de pervers, en Amérique. On y tourne des bagarres entre femmes, ils appellent ça des « bagarres de chattes » et ça suffit pour faire un film. Les femmes ne sont même pas nues, pas plus que ça n'évolue vers le numéro de lesbiennes. Je me demande bien ce qu'il peut y avoir d'intéressant là-dedans ? Mais puisqu'il y en a qui ont l'air d'aimer… On n'a qu'à commencer par ça.

Sur ces mots il ouvrit le tiroir et se mit à fouiller parmi les vidéos 8 mm, quand la voix amusée d'Aiko demanda :

— Tu ne lui en montres pas une de toi ?

— Ah non, quelle honte ! répondit Shigeki très sérieux.

Moi aussi, cela m'aurait gênée de voir une « vidéo adulte » avec Shigeki tenant un rôle. Sensation étrange et inexplicable que cette gêne à regarder une vidéo de Shigeki alors que je le vois pratiquement tous les jours nu faisant l'amour en direct, mais je sens que cela m'embarrasserait terriblement, maintenant que nous sommes devenus des amis proches, de voir en spectacle cette vie spéciale que menait Shigeki au temps où je ne le connaissais pas encore.

— Pas facile à trouver, ils ne sont pas classés par genre, grommela Shigeki en promenant fébrilement la main parmi les cassettes. Et rien que des abréviations sur les étiquettes. Oh là là, ces gens qui manquent d'ordre ! Ah, voilà, je lis « Chat », ce doit être ça.

Extrayant un film, il se mit en devoir de régler l'appareil. J'allais donc voir ma première vidéo porno non censurée, non retouchée, et ce fut le cœur battant que j'attendis que l'image apparaisse sur l'écran. De ma vie je n'aurais sans doute jamais vu de vidéo porno non expurgée si je n'avais pas été du voyage du Flower Show. Au seuil d'une expérience inestimable, je me trouvais dans un état d'esprit très particulier.

Même pas de générique, à la place, un mignon chaton apparaît soudain à l'écran. Puisque c'est un film relevant du genre « *cat fight* », probablement qu'on a essayé un vrai chat en guise d'introduction. Et s'ils allaient nous montrer réellement une bagarre de chats de gouttière ? Je ris dans ma barbe à cette pensée. Le grain de l'image est très approximatif. Le chaton trottine sur un tapis, la caméra le suit et de fréquents faux mouvements inclinent dangereusement l'image.

Une main d'homme fait irruption dans le cadre et soulève le chat pour le poser sur une table. Le chat est gentiment assis sur la table, la main de l'homme le caresse. Voilà une introduction sacrément longue, mais comme le chat est mignon, je ne m'ennuie pas. L'homme, dont on ne verra pas le visage mais seulement la main, gratouillant le cou du chat, lui tapotant légèrement le front du gras du doigt, essaie toutes les variantes de caresses félines. Le chaton est bientôt las des caresses et veut s'en aller, mais la main le retient, le caresse en tous sens. Le petit chat miaule.

— Qu'est-ce qu'ils nous montrent, dis ? demande Shunji.

— Un chaton.

— Un chaton ? Pourquoi un chaton ?

— Si tu peux me l'expliquer…

Tandis que je répondais à Shunji, j'avais commencé à ressentir une chose étrange. D'abord parce qu'aucun corps humain n'apparaît, alors qu'on est dans un film porno, mais aussi à cause de la curieuse insistance de la main de l'homme à caresser le chaton. Ce n'est déjà plus de la câlinerie affectueuse, pas encore un jeu, mais en tout cas l'impression est qu'on se paie la tête du chaton. Lui, sur l'écran, en a manifestement plus qu'assez d'être caressé. Mais l'homme ne prétend pas le lâcher. Eiko fut la première à donner l'alarme :

— Il n'y a pas quelque chose d'anormal, là ?

— Oui, ce n'est pas normal ça, opina Aiko les yeux rivés à l'écran.

— Quoi donc ? questionna Shigeki flegmatique.

— Il se moque du chat, dirait-on, ajoutai-je, déclenchant chez Shigeki une inclinaison dubitative de la tête.

— Quoi ? Vraiment ? Où ça ?

Sur l'écran, le chaton veut fuir, mais la main de l'homme le saisit par la peau du cou et le ramène systématiquement et brutalement à sa position de départ. Le chaton s'est-il rendu compte qu'il y avait quelque chose d'anormal, car il pousse à présent des miaulements ininterrompus. Le chaton se tortille en tous sens pour s'échapper, le poing de l'homme s'abat sur sa tête. L'homme immobilise plus fermement encore le chaton et lui frictionne tout le corps, il y met une vigueur qui n'a plus rien à voir avec la caresse. Il le suspend et lui martèle la tête. Le chaton sort ses griffes. L'homme riposte en lui saisissant les pattes avant, les tord.

— Qu'est-ce que c'est que cette histoire ? s'inquiète Shigeki qui a commencé à manifester son trouble.

— Une *snuff video*, version bestiaire ! fait la voix de Yôhei qui se tient, son livre à la main, sur le seuil entre les deux pièces du séjour. On martyrise à mort des petits chiens, des petits chats.

— C'est vrai ? Mais c'est une abominable perversion ! On arrête ? demande Shigeki en se tournant vers nous. Mais nous, les trois filles, pas de réponse. Nous sommes prises par le film. Scotchées à l'écran où le martyre du chaton bat son plein. Horrible. La colère monte. La peur surtout est la plus forte, c'est proprement incroyable. Etre ainsi investie par la peur, et ne plus pouvoir tenter un geste. Ne plus voir ce spectacle surtout, et cependant on est incapable de s'en détourner. On est au cœur du cauchemar, piégées.

— Moi je ne regarde pas, dit Shigeki en se levant. Vous n'avez pas froid aux yeux en tout cas !

Pas froid aux yeux ? Peut-être bien que nous n'avions pas froid aux yeux. Mais de là à dire que nous regardions froidement, il y avait un abîme. Le cœur battait à tout rompre, on exsudait une sueur grasse. Toute notre émotion s'était investie dans ce chaton. J'eus l'impression d'avoir assisté, encore toute enfant, il y avait de cela des siècles, à une scène où l'on martyrisait à mort une créature frêle et sans défense comme le chaton du film. L'événement s'était-il déroulé en rêve ? Toujours est-il que j'étais paralysée par un malaise, une terreur que je n'avais que trop bien connus jadis.

— Que se passe-t-il, dis ? Mais qu'est-ce qu'il y a, bon dieu ?

Shunji me secouait, mais j'avais la bouche paralysée. Une fulguration a déchiré l'écran. L'instant d'après, un bistouri plein de sang. Incapable de soutenir ce spectacle,

Aiko a quitté son fauteuil. Un conciliabule entre Aiko et Yôhei frappe mon oreille :

— Qu'est-ce que ça veut dire ? Ce chat serait un symbole de la femme ?

— Pas du tout, c'est le chat lui-même qu'on veut zigouiller.

— C'est de la démence !

— Oui, caractérisée.

Dix minutes s'écoulèrent après le dernier spasme du chat dans le film. On tripatouille à présent le petit cadavre. Du commencement à la fin, c'était un film de cruauté pure, sans même une scène de masturbation masculine. Lorsque l'écran passa au noir, un soupir se fit entendre. Eiko, qui avait regardé avec moi jusqu'au bout, tourna vers moi un visage rigide et blême. Certainement qu'elle avait été paralysée par le même malaise, la même terreur que moi.

L'écran redevint lumineux, et cette fois apparut un petit chien mignon comme tout. Un regard fut échangé entre Eiko et moi : « Ça suffit, je crois ? »

Eiko acquiesça, je ramassai la télécommande abandonnée par Shigeki et éteignis le téléviseur.

— Vous devriez sauter la deuxième partie et regarder la troisième, conseilla Yôhei, car c'est un bébé panda qu'on assassine. Mais comme se procurer un petit panda est absolument impossible, c'est un film d'animation. On en rit tellement l'animation est mauvaise. Les types qui ont fait ça sont des cons.

Ni Eiko, ni moi n'avions encore la force de rire. Shigeki, assis sur le canapé, genoux enlacés, demanda en voyant notre mine :

— Ça vous révoltait, et vous regardiez quand même ? Pourquoi n'avez-vous pas éteint ?

— Pourquoi ? J'aimerais bien le savoir, pourquoi... murmura Eiko en se dirigeant d'un pas chancelant vers la salle de bain. Probablement qu'elle ressentait le besoin urgent de se changer les idées en se débarbouillant à l'eau froide. Je demeurais assise, vidée. Yôhei déclara soudain : « Les gamines qui couinent en regardant ce genre de vidéo, je n'apprécie guère. Je préfère de loin celles qui parviennent à conserver leur sang-froid, du moins en surface. Tu t'appelles Kazumi, je crois ? Je suis certain que tu es une fille bien. »

Je regardai Yôhei, interloquée. Une fille bien ? C'était assurément un compliment que je n'avais jamais entendu sortir de ces lèvres. Sous la fixité de mon regard, Yôhei lâcha un petit soupir pour déclarer :

— Ça te fait une belle jambe qu'un type comme moi te trouve une fille bien, c'est ça ?

— Pas du tout, je suis très heureuse au contraire ! bégayai-je dans ma précipitation à le détromper. C'est très flatteur pour moi…

— Flatteur ? s'étonna Shunji. Moi je ne crois pas qu'il s'agit de flatterie. D'ailleurs, est-ce que tu n'as pas une voix charmante ? Evidemment, ton visage, je n'en sais pas grand-chose.

Etre ainsi célébrée publiquement par Shunji, qui m'était si proche, mit un comble à ma confusion.

— Affreux ! Il est affreux mon visage !

— Affreux ? Ton visage ?

Sans même se rendre compte combien j'étais gênée, il se tourna dans la direction de Yôhei et des autres et lança la question à la cantonade :

— Dites-moi, elle est laide, Kazumi ?

— Arrête, voyons ! suppliai-je en serrant les épaules de Shunji. Aiko étouffa un petit rire avant de répondre :

— Elle n'est pas laide, jamais de la vie !

Ce n'est pas parce que j'avais été complaisamment évaluée que ma gêne allait s'évanouir sur-le-champ. Et comme Shunji faisait celui qui méditait de dire encore une bêtise, j'imprimai plus de force au bras passé autour de son épaule, jeu qu'il sembla trouver amusant car il me tira à lui et m'entraîna à terre. Shunji était délicieux de naïveté, mais rien ne me mettait autant mal à l'aise que les agaceries d'amoureux devant les gens, plus encore que les mots doux échangés. Je tentai de me relever, impossible de bouger, j'avais le bras écrasé sous le corps de Shunji. Je dus donc renoncer à toutes mes tentatives d'échapper à mon désarroi.

— Comme j'aurais voulu moi aussi m'abandonner à ces jeux avec une jeune fille… soupira Yôhei.

— Qu'attends-tu pour le faire ? lança Shigeki. Yôhei, c'est à ta portée, tu as une amoureuse, que je sache ?

— Oui, mais c'est dans ma jeunesse que j'aurais voulu le faire. A trente-trois ans on n'a plus ni l'énergie, ni la vitalité de batifoler comme des gosses. Je n'avais pas de femme moi, quand j'étais jeune. Ce n'était pas comme dans ma comédie de singe d'hier soir, mais je haïssais cordialement les jeunes filles.

— Pourquoi ? Parce que tu n'avais pas de petite amie ? demanda Aiko.

— Oui. Maintenant ça me fait rire. Mais quand on a voulu éperdument avoir une femme, que finalement, au prix de mille difficultés, on finit par en trouver une qui marche avec vous et que, le premier soir, elle vous fait une crise en découvrant votre constitution un peu spéciale… A présent je peux me mettre à sa place et comprendre quel choc terrible cela a dû être pour la pauvre fille, mais à l'époque je l'ai trouvée odieuse, vraiment. J'étais en colère, je ne comprenais pas sa réaction. C'est pour ça que j'aime les vieilles des bains turcs, elles en ont vu défiler des corps d'hommes, elles ont l'estomac assez bien accroché pour ne rien laisser voir de leurs étonnements ou de leurs répugnances. Conclusion, je détestais les gamines qui poussaient des cris d'orfraie plumée vive, pour des futilités en somme. Mais aujourd'hui, j'adore évidemment les jeunes femmes.

Tout se passait comme si ni Shigeki ni Aiko ne trouvaient les mots qu'il fallait dire pour faire poids au récit déprimant de Yôhei. Mais Shunji, toujours par terre, fit remarquer gaiement : « Tu n'avais qu'à prendre une petite amie aveugle. Elle ne voit pas, elle n'a pas de choc ! »

J'arrêtai net de me tortiller pour tenter de libérer mon bras de dessous Shunji. J'appréhendais la réaction de Yôhei à la candeur de Shunji. Quelques secondes de silence s'égrenèrent, et Yôhei admit, léger : « Je n'y avais jamais songé. » Puis, du même ton aimable :

— Mais d'un certain côté, je voulais aussi être vu. Par ma petite amie, bien sûr. Je ne sais pas si je peux me faire comprendre, mais plus que les types avec un physique normal, une constitution normale, je pense que chez nous ce sentiment de vouloir être vu est très violent.

— Bien, alors laisse-moi te palper, dit Shunji.

— Entendu, consentit Yôhei après avoir marqué un temps de respiration.

Là-dessus, Shunji se releva et progressa lentement mais sûrement dans la direction d'où résonnait la voix de Yôhei. Ce dernier était toujours assis sur la marche marquant le seuil des deux pièces, il étendit la main et l'attira à lui. Shunji mit un genou en terre face à Yôhei et commença à lui caresser le visage là où les chairs pendaient en drapé généreux. Yôhei plissa les paupières. Avec des gestes rappelant le pansage d'un animal, Shunji fit courir ses doigts sur son visage. Shigeki, Aiko, tout le monde observait le manège, tendu.

— J'ai compris, déclara Shunji, son examen de reconnaissance terminé. Ensuite il exprima cette finesse et cette chaleur de sentiments qui m'avaient toujours profondément impressionnée chez lui : prenant le visage de Yôhei dans ses mains, il frotta ses joues contre les siennes. Yôhei me regardait par-dessus l'épaule de Shunji, comme s'il voulait en appeler à quelque chose. Puis il ferma les paupières et entoura Shunji de ses bras. Il souriait.

Alors que nous baignions dans cette atmosphère sereine, le carillon électrique de la porte retentit. Aiko alla ouvrir, on entendit la voix de Tamotsu : « Nous voilà ! » annonçant le retour du groupe de catcheurs.

Dans un grand bruit de pieds qui se déchaussent, Tamotsu fit son entrée en trombe et son regard, balayant l'assistance, tomba sur moi qui me tenais assise seule dans le coin où était la commode. Il se précipita gaillardement sur moi aux cris de « Réapproprions-nous nos bites ! » et sauta sur la commode. D'un tiroir il avait extrait prestement un objet qu'il agitait devant mon nez. L'objet n'était autre qu'un petit vibromasseur. J'éclatai de rire en identifiant l'engin. A son tour Tamotsu se mit à rire, écarta l'engin menaçant de sous mon nez pour lui imprimer quelques mouvements suggestifs de va-et-vient.

— Ah, mais oui, tu en as un pareil au bout du pied, toi ! claironna-t-il au moment où Eiko revenait de la salle de bain.

— Qu'est-ce que tu nous ramènes encore ? demanda-t-elle en faisant la grimace à la vue de l'objet que Tamotsu agitait.

— Je me suis réapproprié ma bite !

Masami et Sachiè faisaient leur entrée, cette dernière s'adressa à Aiko :

— Il nous a bien eues, Tamotsu. Je vous emmène voir un match de catch, disait-il. Tu parles d'un catch, c'était du catch féminin.

— Qu'est-ce qu'il y a de mal à ça ? s'exclama Tamotsu, ce n'est pas assez bon pour vous, du catch féminin ?

— Et moi qui voulais voir des hommes, des vrais, aux corps musclés ! déclara Sachiè.

Aux récriminations de Sachiè, Masami prit une voix haut perchée pour lui faire remarquer :

— Voyons, ma petite dame, à votre âge, en pincer encore pour les hommes ? Ce que vous pouvez être « viceloque » tout de même !

— Tu peux toujours causer, toi. Ça t'amuse de voir des corps de femmes ?

— Moi, ma chère, j'ai le cœur d'une modeste jeune fille éprise des merveilleuses représentantes du beau sexe, de mon sexe.

Assise à côté de Yôhei, Masami déplia, sous les sarcasmes de Sachiè qui se tenait derrière elle, le programme acheté à la rencontre de catch.

— Une modeste jeune fille de quarante et un ans ?

— Bon, pas tout à fait une jeune fille, mais une grande sœur, enchaîna Masami d'un ton badin. Et justement, il y avait une petite qui lui a beaucoup plu à votre grande sœur. Ce serait un garçon, j'en ferais bien mon greluchon. Voyez-moi cette petite !

Pointant du doigt le programme déplié, elle exhorta Yôhei d'une petite bourrade. Ce dernier ne semblait pas manifester un intérêt énorme mais jeta tout de même un coup d'œil par déférence, sur quoi il ouvrit la bouche pour déclarer, plus que tiède :

— Vraiment ?

— Laquelle ? lança Tamotsu en se rapprochant, le vibromasseur à la main.

Je le suivis, car je voulais me faire une idée des goûts de Masami. Le doigt de Masami désignait la photo d'une catcheuse aux cheveux courts et à l'allure hardie de garçon manqué.

— Ça manque de viande, moi je préfère la catégorie poids lourds, celle-ci par exemple, commenta Tamotsu.

— Non, non, moi c'est celle-ci que j'aime. Si les femmes se mettent à être aussi mignonnes, je me demande si je ne vais pas tourner ma veste et me faire lesbienne.

— Moi je veux être écrasé sous le poids lourd ! décida Tamotsu en faisant tournoyer le vibromasseur.

— Tiens, tu as quelque chose d'intéressant, là, remarqua Masami.

— Fais disparaître ce machin, dit Yôhei avec un geste de la main pour l'envoyer valser. C'est d'une sinistrose pas croyable !

— A peine je la récupère qu'il me dit de la ranger, dis donc !

Quand Tamotsu était lancé, son discours devenait de plus en plus véhément et il ne vous lâchait plus.

— Pour toi, oui, c'est peut-être sinistre. Mais moi, moi, je veux une bite à moi ! Personne un ici qui soit capable de comprendre l'urgence de ce besoin. Et cette Masami qui s'en débarrasse comme ça, en deux coups de cuillère à pot, de cette chose que, moi, moi, je désire le plus au monde ! Et cette Kazumi, là, là, qui se retrouve avec un machin dont elle n'a que faire !

— On se calme, maintenant, intima Yôhei, mais Tamotsu ne l'entendait pas de cette oreille.

— Même un gadget comme ça, pour moi c'est précieux. C'est avec ça que je vais donner du plaisir à Eiko !

Voilà le carnaval qui repart, me dis-je dans un froncement de sourcils, tandis qu'Eiko arrivait au pas de charge pour arracher le vibromasseur de la main de Tamotsu et, d'un même élan, lui assenait sur le front un coup avec la tête de l'engin. Scène pleine de fraîcheur, que je contemplai yeux écarquillés. Masami sifflotait, Aiko battait des mains et riait, mais d'un rire silencieux. Chancelant sous l'impact, Tamotsu tomba sur les fesses, mais en y mettant à mon avis une large dose de pathos théâtral. Il demeura ainsi étendu sur le dos, tandis qu'Eiko refermait avec un claquement impératif le tiroir où elle avait fait disparaître rageusement le vibromasseur.

La tête entre les mains, Tamotsu beuglait :

— Non, mais vous avez vu la véritable nature de cette femme ? Devant les gens elle fait l'hypocrite et quand on est seuls, voilà comment elle me traite ! Elle me frappe !

— Tu es un masochiste, diagnostiqua Masami. Ah, mais je l'ignorais totalement.

— Qui l'eût cru, on rentre et on voit enfin du vrai catch. Mais c'est inespéré, fit la voix vibrante de Sachiè.

— Il n'a de cesse de se faire rosser, il la cherche, il faut qu'il harcèle son monde.

Ça, c'était Aiko qui avait parlé.

— Pourquoi veut-il être battu ? questionna la voix ingénue de Shunji.

— Il y a aussi cette modalité-là dans l'amour, je présume, commenta Shigeki.

Ainsi brocardé de bouche en bouche, Tamotsu devait se sentir plutôt honteux, car il se cachait à présent le visage. C'était exactement comme l'avait dit Aiko, Tamotsu était attachant. Ce soir-là je l'ai bien compris. C'était de l'excès d'amour que naissaient des tendances sadiques ou masochistes. Eiko était assise, démoralisée, sur le canapé-lit. On s'imaginait très bien la lourde tâche que représentait la protection de Tamotsu. Il relevait la tête justement :

— Oui, mais tout de même, le type du théâtre, hier soir, il croyait dur comme fer que c'était moi qui frappais Eiko à mort.

— Bien sûr. C'est pour ça qu'il vous a à la bonne, toi et Eiko, expliqua froidement Aiko. Ce type n'aime rien tant que le scénario de la femme séduite par un homme abominable et sans pitié et qui se voue exclusivement à lui. Moi, par exemple, il me déteste. Pour lui je ne suis qu'une infirme incapable d'accepter un homme. Et je le lui rends bien d'ailleurs.

— Ça me démoralise d'entendre parler de ce type infect, murmura Shigeki lugubre.

Me rappelant la scène, je demandai à Yôhei : « Toi aussi, Yôhei, il s'est fourvoyé sur ton compte ? » Je faisais allusion au fait que l'auteur dramatique l'avait fait jouer le rôle du monstre qui ne peut s'attacher l'amour d'une femme, en raison de l'horreur qu'inspire son apparence, alors qu'il avait une amoureuse, et même fort belle à ce qu'on disait.

Tournant lentement son visage vers moi, Yôhei conclut :

— Laissons-le donc se tromper.

— Mais tu ne trouves pas ça vexant ? insistai-je en laissant transparaître de l'émotion dans la voix.

— Parce que toi, tu trouves ça vexant ? rit Yôhei. Si je ne lui ai pas soufflé mot de mon amie, c'est que justement ça m'était indifférent. Ce serait lui rendre service que de lui enseigner la vérité, tu ne crois pas ? Et moi je ne souhaite pas lever le petit doigt pour lui rendre service en le détrompant, c'est pour ça que je me suis tu.

Je demeurai confondue d'étonnement.

— Tu es plus rusé que tu n'en as l'air, dis-je. Ce n'est pas une critique…

— Je comprends, dit Yôhei en riant de toutes ses dents. Je crois que j'ai à peu près compris ton caractère.

Je ris, car cela me faisait plaisir. J'avais l'impression de m'être un peu rapprochée ce soir de ce taciturne de Yôhei.

— Sachiè, Masami, vous n'avez pas faim vous autres ? s'écria Tamotsu. Vous n'avez mangé que des nouilles frites au catch. Moi je meurs de faim.

— Il reste un fond de ragoût de porc dans la casserole, tu n'as qu'à en manger, proposa Yôhei.

— J'en prendrai volontiers. C'est vous, cher, qui avez confectionné ce ragoût de porc ? dit Masami en se levant pour disparaître en trottant vers la salle à manger-cuisine. On l'entendit tourner le bouton de la gazinière. Etait-ce la fatigue ressentie à l'approche de l'heure du dîner qui faisait que la conversation était tombée ? Plus personne ne pipait mot. Les rapports un peu brusques et discourtois du Flower Show reprenaient déjà le dessus. Moi, je trouvais cela dommage, mais je me sentais contente d'avoir pu échanger avec eux. Et je me consolai en me disant que le caractère agréable du voyage ne pourrait qu'aller croissant, plus qu'hier, moins que demain.

Lorsque vint flotter jusqu'à mes narines le fumet du ragoût de porc réchauffé, prenant soudain conscience de ma faim, je décidai de participer au festin. Masami et Eiko se chargèrent des plats et nous distribuèrent à Shunji et à moi des bols et des baguettes. Eiko ne servit Tamotsu qu'en dernier. Tamotsu fit une grimace et se réfugia dans son attitude de petit chef de village. Eiko laissa échapper un sourire narquois et prit place à côté de lui. Le ragoût de porc était tellement succulent que je dis à Yôhei, sans réfléchir : « Il n'y a pas que pour la peinture que tu es doué ! »

Devant son air perplexe, je m'empressai d'ajouter : « C'est vrai. Le ragoût de porc est fameux, et je trouve tes fleurs sur le bus formidables ! »

Enfin j'avais été capable de communiquer l'impression reçue le premier jour du voyage.

Plongeant un instant de la tête, intimidé, il la releva pour acquiescer avec de bons yeux joyeux et familiers.

9

Ce fut durant la semaine où nous occupâmes l'appartement de Kôbe, que j'appris que Sachiè avait un amoureux de sept ans son cadet. Elle avait cinquante-deux ans, il devait donc en avoir quarante-cinq. Bien qu'il soit à l'âge de la pleine activité, on ne lui connaissait aucun emploi fixe et il investissait, disait-on, les revenus de Sachiè dans le *pachinko*, les courses de chevaux et les actions en Bourse, un peu gigolo, en somme. Pour être l'amant de Sachiè au vagin denté, il n'était pas pour autant monté d'une bite d'acier, se bornant, paraît-il, à être simplement gaillard.

Sachiè appelait chaque soir son amant, qui gardait la maison de Tôkyô en son absence. Que nous soyons dans l'appartement ou ailleurs, à un certain moment de la soirée, elle filait à l'anglaise dans le coin du téléphone et composait le numéro. Un jour où son amant ne répondait pas, elle déposa le combiné et réessaya plusieurs fois le numéro. Comme elle levait les yeux vers la pendule murale, Masami fit remarquer : « Il ne répond pas ? Pour moi il doit être sous la douche. »

Raillerie qui reproduisait la classique échappatoire du « Ah oui ! Mais j'étais sous la douche ! » du mari volage qui n'avait pas répondu aux appels de sa moitié parce qu'il se trouvait au cinéma, ou dieu sait où, avec une autre. Sachiè posa sur Masami ses yeux qui avaient toujours l'air aveuglés de lumière, décidément c'était un tic chez elle. Un sourire papillonnant au coin des lèvres, Masami conclut d'un ton qu'elle voulait apaisant :

— On ne les changera pas, ces hommes qui prennent brusquement des habitudes de propreté quand leur femme n'est pas là.

— Si tu mettais un téléphone dans la salle de bain ? proposa Tamotsu.

— C'est pousser trop loin, c'est à faire fuir un homme, objecta Eiko. Même si on a la conscience nette, on doit se sentir surveillé, étouffé.

— Non, ce n'est pas du tout ça, intervint Masami. En installant le téléphone dans la salle de bain, tout ce qu'elle fera c'est tuer dans l'œuf la possibilité de recourir au prétexte de la douche. Ce qui sera encore plus gênant, car si l'homme ne répond pas, cela voudra dire qu'il est vraiment absent, donc elle aura peur d'appeler. La mentalité féminine ne fonctionne pas autrement.

— Tu as lu ça dans un magazine ?

N'appréciant pas que Tamotsu mette son grain de sel dans la conversation, Masami le fusilla du regard pour lui imposer silence. J'en profitai pour remarquer :

— Mais ne pourrait-il pas trouver des prétextes à l'infini pour justifier son absence ? Qu'il est sorti acheter des cigarettes, parti boire un coup, ou que sais-je ?

— Je vois que toi non plus tu ne comprends pas de quoi il s'agit, dit Masami en se renfrognant. Tu es du même niveau que Tamotsu. Tu n'as jamais eu de soupçons sur la conduite d'un homme ?

J'allais répondre que oui, j'en avais déjà eu, quand Sachiè me devança :

— Elle est de celles qui ne se rendent même pas compte que leur homme les trompe, cette petite.

— Ah, tu crois ? dis-je stupidement.

— Elle s'en rend si peu compte que son homme pourrait lui demander ce qu'elle ferait s'il lui était infidèle, sans qu'elle ait des doutes.

Masami, Yôhei et Shigeki s'esclaffèrent à cette sortie de Sachiè. Je ne voyais pas très bien en quoi cela pouvait être drôle, mais peut-être avaient-ils ri par sympathie pour cet homme hypothétique évoqué par Sachiè qui me ferait allusion à ses infidélités ? Je trouvais ça très vexant. D'accord, je n'étais pas de celles qui piquaient une crise de nerfs si leur petit ami avait une aventure. Mais de là à dire que je croyais sans l'ombre d'un soupçon en sa fidélité, je n'étais tout de même pas naïve ou téméraire à ce point. Seulement, s'il fallait commencer à se faire des sangs pour un amoureux volage, on n'était pas sorti de l'auberge, si bien que, dans la mesure où notre relation n'en souffrait pas, je me disais qu'il était plus sage de ne pas trop s'en faire sur ce chapitre.

En réalité, j'avais fait cette expérience autrefois avec Masao qui m'avait laissé entendre qu'il avait eu des rapports sexuels avec une autre femme que moi. La critique de Sachiè n'était donc pas tout à fait dénuée de fondement. Ce qui expliquait que je m'étais trouvée sans voix pour riposter. Et puis, avant la question de savoir si je pouvais me rendre compte ou pas des infidélités d'un homme, il y avait d'abord le fait que mes expériences amoureuses étaient trop insuffisantes pour avoir eu l'occasion d'en souffrir vraiment. Aurais-je voulu dire que j'étais capable de me rendre compte si un homme me trompait, je n'avais aucune preuve à avancer.

— Ne te tourmente pas.

Etendant la main, Masami me caressa la tête. D'être ainsi traitée à l'improviste comme une enfant me détendit et j'en oubliai mon embarras éprouvé devant la critique de Sachiè.

Sachiè était sortie, son porte-monnaie à la main, ce qui fit ricaner Masami :

— Elle ne veut pas qu'on sache que son amoureux ne répond pas, elle est allée téléphoner dehors. N'est-elle pas exquise ?

— C'est parce que tu la tournes en ridicule, la pauvre, soupira Aiko.

C'était un peu triste de devoir quitter cet appartement où les occasions d'échanger librement, comme dans une grande famille, étaient nombreuses.

Le lendemain ce fut Hiroshima et, avec le retour à la vie d'hôtel, les relations s'espacèrent. Mais je trouvais que d'être devenue plus intime avec tout le monde, plus qu'avant d'entrer dans l'appartement de Kôbe, avait rendu la suite du voyage beaucoup plus agréable.

Chaque journée apportait sa moisson d'expériences. Surtout avec Tamotsu, qui avait commencé à s'intéresser à Shunji, et même à moi. L'amour d'Eiko et les disputes avec Masami ne suffisaient apparemment pas à épuiser son trop-plein d'énergie. Quand j'avais rencontré, pour la première fois, la troupe du Flower Show au grand complet dans le *ryôtei* d'Akasaka, c'était la manière de parler et d'agir de Tamotsu qui m'avait laissé l'impression la plus forte, et maintenant que nous voyagions ensemble, je sentais de plus en plus qu'il était un garçon vraiment pas comme les autres.

C'était quelque part à Kyûshû, je ne me rappelle plus où, un jour que nous étions descendus à l'hôtel d'une station thermale. Comme on nous avait donné des chambres donnant chacune sur un bain à ciel ouvert, aussitôt rentrés du spectacle, nous nous y étions plongés, Shunji et moi. C'était un petit bassin naturel où jaillissait une source d'eau chaude au milieu des rochers, en contrebas de la véranda, entouré de grands rocs et fermé sur un côté par le flanc de la montagne : il n'y avait donc nul risque d'être vus. Aussitôt immergé dans l'eau chaude, Shunji appuya son visage à la roche. Moi je fermais les yeux pour mieux m'imprégner de cette bonne odeur de terre et d'herbes.

C'est à ce moment qu'apparut Tamotsu. Il avait escaladé tout nu le rocher qui nous séparait du bain à ciel ouvert de la chambre d'à côté. J'avais l'habitude de voir Tamotsu tout nu, aussi dès que se dessina au sommet du rocher la forme blanche au torse épais, je sus que c'était lui. Je ne m'étonnai pas de son apparition, mais là où je demeurai stupide c'est quand je le vis dévaler le rocher et venir se plonger dans notre eau. Le bassin était étroit, mes jambes rencontrèrent les siennes. Je me fis toute petite et croisai pudiquement les bras sur la poitrine.

— Tu n'es pas gênée au moins ? fit Tamotsu d'une grosse voix joviale.

— Evidemment que je le suis.

Je continuai à fixer le visage de Tamotsu impassible.

— Tu es une finaude, toi, tu me regardes à poil mais tu te caches ! dit-il enfin tout en me secouant la jambe de son genou.

Il avait frappé au défaut de la cuirasse. Je me sentis à mon désavantage, moi qui suivais partout le Flower Show, mais sans participer au spectacle. Même si je m'entendais bien avec eux, j'avais senti plusieurs fois, et lourdement, qu'ils ne me considéraient pas comme une des leurs. Et je comprenais que Tamotsu était venu pour combler quelque peu le fossé qui nous séparait, dans son style à lui, bien sûr. Alors que les autres avaient avec moi des relations d'adulte, j'aurais plutôt dû me réjouir qu'il me traite de cette façon.

J'abaissai donc la main qui cachait ma poitrine et me décontractai. Nos jambes se rapprochèrent, et je sentis les poils de ses mollets me chatouiller dans l'eau.

— Salut, Shunji. Toi aussi tu es gêné ? demanda Tamotsu en détachant son regard de mon corps.

— Moi, non, je ne suis pas gêné… répondit Shunji d'une voix endormie. Mais tu ne trouves pas ça un peu injuste de pouvoir me regarder tout nu alors que moi je ne peux pas ?

— Oui, ce n'est pas fair-play, concéda Tamotsu en se déplaçant d'un pas et demi en direction de Shunji. D'accord, je te permets de me toucher.

— Comment ? Vous n'allez pas jouer au docteur tout de même ? m'écriai-je, car j'étais encore plus embarrassée par les paroles de Tamotsu que lorsqu'il contemplait ma nudité.

— Mais non, mais non ! fit Tamotsu en se tournant vers moi, mais puisque c'est avec les mains qu'il voit !

— Moi, ce sentiment de honte, je ne vois pas très bien ce que c'est, intervint Shunji sans se préoccuper de ce que nous disions. C'est notre professeur de l'école d'aveugles qui nous a enseigné qu'il était honteux d'être nu. Mais il a omis de nous dire pourquoi il était honteux d'être nu, il se contentait de répéter qu'il fallait avoir honte, honte, honte. Et à force de l'entendre, j'ai fini par me dire que, oui, ça devait être honteux. Mais dis-moi, avoir honte, finalement, c'est quoi exactement ?

Tamotsu fit un effort pour réfléchir consciencieusement à la question.

— Quand tu as honte, le sang te monte au visage. Ton sang se concentre dans ton visage, ça fait dilater les vaisseaux et ça te démange. Voilà, tu as honte et ton visage devient brûlant. Si tu te regardes dans une glace, tu vois que t'es tout rouge.

L'air solennel et grave qu'avait pris Tamotsu pour donner ses explications ne manquait pas de comique.

— Est-ce que ça m'est déjà arrivé ? dit Shunji en essayant de se souvenir. Oui, oui, je me rappelle. Quand j'étais petit, comme on m'avait appris qu'il fallait avoir honte de courir tout nu, je me suis dit que ce que je ressentais quand j'étais tout nu, eh bien, c'était ça la honte. C'est pour ça que pendant longtemps j'ai cru que quand on était honteux on avait la chair de poule.

J'éclatai de rire avec Tamotsu. Nous riions tous les trois, et cela faisait se bousculer nos jambes sous l'eau. A force de bavarder, immergée dans l'eau chaude jusqu'au cou, moi aussi j'en oubliai d'avoir honte. En me détendant, je me mis à me souvenir de mon enfance, lorsque les enfants se retrouvaient chez l'un ou l'autre membre de la famille et qu'on leur faisait prendre le bain ensemble. Je me dis que Tamotsu, Shunji et moi nous étions comme trois enfants que les grandes personnes avaient mis au bain. Je me sentis heureuse. Quand j'étais petite, j'aimais beaucoup prendre le bain avec mes cousines, dans ce lieu hors d'atteinte des gronderies continuelles des adultes, où on pouvait faire tout ce qu'on voulait, s'éclabousser, faire les plus grosses bulles de savon, et que sais-je encore. C'est exactement ce que j'éprouvais pour le moment.

La main de Tamotsu descendit au fond de l'eau pour tâter ma jambe gauche. Un peu surprise tout de même, je bloquai cette main de mon pied.

— Que fais-tu ? protestai-je.

— Je voudrais dire bonjour à ce fameux Pénis d'orteil.

— Pour Pénis d'orteil c'est le pied droit. Tu as touché, mais c'était le mauvais côté.

— Ah bon ?

Il allongea sa main gauche qui était libre. Je me tortillai et saisis son poignet. Ce n'est pas que j'avais honte qu'on me palpe Pénis d'orteil, mais je ressentais instinctivement le besoin de le protéger.

— Allons, détends-toi. On est entre nous, on ne fait pas de manières.

Comme un gosse qui n'a de cesse qu'il n'obtienne ce qu'il réclame, Tamotsu revenait à l'assaut en se dandinant de gauche à droite. Son « on est entre nous » me faisait plutôt plaisir, si bien que tout en résistant sérieusement, je ne pouvais me défendre de rire. Sans doute que me voir rire l'enhardit, car il dégagea d'une secousse son bras droit, toujours écrasé par mon pied, et étendit la main, cette fois avec une joviale impudeur.

Au moment où je me disais que Tamotsu allait vraiment oser me saisir Pénis d'orteil, je le vois pousser un grand cri en battant frénétiquement l'eau. Shunji avait allongé la main vers son bas-ventre.

— Aïe ! Ça fait mal comme tu m'empoignes là ! s'exclama Tamotsu, ce qui fit lâcher prise à Shunji. Il me pince la peau du ventre ! protesta Tamotsu.

Peut-être était-ce dû à mon état d'agitation, mais j'étouffai de rire en apprenant qu'il s'agissait de la peau du ventre.

— Excuse ! fit Shunji d'un air contrit, je ne voulais pas te pincer, mais tu bouges, alors…

— Voilà, je ne bouge plus maintenant, tu peux toucher, dit Tamotsu en se tournant vers Shunji qui avança précautionneusement la main dans sa direction.

— C'est Shin que j'ai touché avant, non ?

— Oui, suivez le guide, le mien c'est par ici.

La cuisse de Tamotsu m'empêchait de voir exactement leur manège, mais tout se passait comme s'il avait guidé la main de Shunji vers son pénis. Ce pénis que je n'avais jamais vu très distinctement d'ailleurs, puisqu'il était toujours dans l'ombre du pénis de Shin et qu'il n'en pointait qu'un bout.

— Il n'y a pas de testicules, dit Shunji.

— Ils sont enfouis dans le corps, expliqua Tamotsu en avançant la main vers l'entrecuisse de Shunji. Shunji qui sans se formaliser le moins du monde trifouillait l'entrejambe de Tamotsu. C'était pour le moins étrange, le spectacle de ces deux types nus qui se tripotaient le sexe et ses dépendances. Mais je n'éprouvais pas le besoin de m'en détourner, sans doute parce qu'ils ne dégageaient aucune atmosphère sexuelle. Tamotsu ne semblait pas animé de la moindre tendance homosexuelle, la main qu'il tenait entre les cuisses de Shunji ne remuait pas. C'est sans quitter cette posture qu'il se mit à raconter : « Moi, c'était mon rêve à l'école de pouvoir comme ça nous tenir le zizi entre camarades. Au collège ou au lycée, les garçons s'attrapent comme ça pour faire l'idiot. Ce n'est rien, direz-vous, mais moi je ne pouvais pas me joindre à leurs jeux, vous pensez bien. Dès qu'un camarade faisait mine de s'approcher de moi pour rigoler, je prenais la poudre d'escampette. Si j'avais eu l'imprudence de le laisser me toucher, toute l'école aurait su que je n'étais pas fait comme les autres. »

J'eus devant les yeux l'image de Tamotsu collégien, appuyé contre le mur de la classe, les poings enfoncés dans les poches, à contempler le sourire aux lèvres ses condisciples qui faisaient les guignols en s'attrapant le zizi. Ce que je pouvais me représenter de sa tristesse était bien loin d'atteindre la tristesse, la vraie, qu'il avait dû éprouver alors. J'eus besoin de toute mon énergie pour acquiescer d'une petite voix.

— Et en voyage scolaire... Il fallait que tout le monde prenne le bain ensemble, alors je n'y allais pas, même si j'en mourais d'envie. Et la colonie de vacances au bord de la mer ou à la campagne, c'était exactement la même chose. C'est pour cela que barboter comme ça ensemble, ça me rend fou de joie !

Là mon cœur se pinça un peu plus fort. Je ne pus qu'acquiescer sans dire un mot.

— Conclusion : laisse-moi te serrer le zizi ! fit-il en grimaçant un sourire.

Et joignant le geste à la parole, Tamotsu fit un bond dans l'eau. Dans un grand bruit d'éclaboussement, l'eau chaude me sauta au visage. Lorsque je rouvris les paupières que j'avais fermées par réflexe, l'orteil de mon pied droit se trouvait emprisonné dans la paume de Tamotsu.

— Je suis plutôt vif, hein ? déclara Tamotsu.

Il avait rapproché son visage du mien en fermant un œil gouailleur. Mais une secousse ébranla aussitôt son petit air taquin. Ses lèvres illuminées d'un fin sourire se relâchèrent, s'arrondirent en s'ouvrant, ses cils se mirent à battre à toute vitesse. Tamotsu et moi sombrâmes dans le silence, nos deux visages figés à quelques centimètres l'un de l'autre. Une seule chose n'était pas au point mort, la singularité de mon individu.

— Voyez-moi ça ! s'exclama Tamotsu en esquissant un sourire des plus antinaturels. C'est parce qu'on te touche ?

— Au lieu de dire n'importe quoi… commençai-je. Mais la surprise m'avait coupé la parole, et je n'arrivais plus à articuler. Aux premiers temps de son apparition, Pénis d'orteil réagissait à la moindre stimulation, mais le commerce de Shunji l'avait rompu aux situations érotiques et il fallait désormais plus que le tenir en main pour le faire se dresser. Mais voilà…

— Celui de Kazumi-chan est particulièrement sensitif, commenta Shunji.

Cette impression d'un Pénis d'orteil extrêmement sensible des débuts de notre rencontre semblait l'avoir profondément marqué. Et, c'est vrai au fond, cela faisait un bout de temps que Shunji et moi n'avions pas fait l'amour. Depuis le début du voyage, nous étions bien sûr tout le temps ensemble, mais notre nouveau genre d'existence mobilisait notre attention, et il y avait évidemment les fatigues du voyage qui faisaient que nous avions un peu oublié le plaisir.

Tamotsu relâcha la main qui enserrait Pénis d'orteil. Au fond du bassin, Pénis d'orteil gonflait placidement dans les eaux thermales.

— Tu veux baiser, c'est ça ? C'est vrai qu'il y a longtemps qu'on n'a plus pratiqué la chose.

C'est en ces termes que Shunji me fit sa proposition mais je l'en dissuadai. Peut-être que j'en avais envie, mais le faire devant Tamotsu, voilà quelque chose qui m'aurait rendue morte de honte.

— Vous gênez pas, hein ! dit Tamotsu. Moi ça ne me dérange vraiment pas !

— Ce n'est pas vraiment indispensable.

— Ça ne vaut rien à la santé de se retenir.

— Ce n'est pas parce que j'ai une érection que j'en ai envie.

— Tu m'en diras tant, fit Tamotsu en inclinant la tête avec doute. Ah bon ? C'est vrai que mon frangin Shin a lui aussi de ces poussées, et qui partent comme c'est venu. Normal, tu stimules, t'as une érection, mais,

mais… si tu n'as pas vraiment l'envie, ton érection, elle fait long feu.

Il parlait, et déjà Pénis d'orteil, perdant progressivement de sa vigueur, tendait à regagner sa stature de repos.

— C'est du gâchis, se désola Tamotsu en ressaisissant Pénis d'orteil. Y avait-il mis plus d'intention que tout à l'heure ? Toujours est-il qu'une décharge électrique me parcourut. Pénis d'orteil qui finissait de s'étioler eut un regain de vigueur et s'étira de plus belle. Je n'avais même pas besoin de regarder pour comprendre. Me coupant l'herbe sous le pied, si je puis dire, Tamotsu me dit : « Montre-moi comment tu bandes. Les types normaux, par exemple quand ils sont au lycée, ou je sais pas, quand ils sentent qu'ils vont bander, ils s'amusent à se la montrer. C'est ce que j'aurais toujours voulu faire. »

Il avait pris un air très grave pour dire cela, ça ne ressemblait pas du tout à une plaisanterie de mauvais goût.

— Tu serais gentil de me serrer un peu moins fort ? le priai-je, car répondant à l'appel, le désir semblait poindre. Tamotsu relâcha la pression, la main n'enserrait plus, elle accompagnait seulement. Et, avouons-le, le toucher de cette main qui accompagnait doucement mon érection n'était pas si mal. Je n'étais pas très excitée, mais un bien-être discret, confortable, plaisant, que j'aurais pu ignorer si je l'avais voulu, s'installait dans Pénis d'orteil. Je n'étais pas engagée dans une activité sexuelle, non, mais j'avais la même sensation de proximité physique que lorsqu'on marche main dans la main entre copains.

— Et le mien, tu n'y touches pas ?

Ainsi priée par Tamotsu, si j'étendis la main, c'est parce que je me trouvais dans cet état d'esprit de collégiens dépeint par Tamotsu. J'entendis bien surgir, d'un recoin de mon esprit, l'avertissement de ma conscience qui doutait qu'une fille normale puisse tripatouiller sans l'ombre d'une hésitation le zizi d'un bon copain, mais vu l'univers où je me trouvais plongée en cet instant, un univers où seuls existaient Tamotsu, Shunji et moi, je ressentis ce *skinship*, ce contact physique, comme un acte tout à fait naturel.

D'abord, je touchai le pénis de Shin. Petit, avec le prépuce occultant le bout, un pénis qui semblait n'être jamais parvenu à maturité. Ce pénis, paraît-il, ne pouvait uriner ni éjaculer, c'était un organe à vocation purement érectile.

— C'est en dessous, dit Tamotsu en me prenant la main de sa main libre, celle qui ne tenait pas Pénis d'orteil. Plongeant profondément au-dessous du ventre rebondi de Tamotsu, là où était enchâssé au milieu de ses viscères le tronc de son siamois Shin, le bout de mes doigts rencontra un objet, selon toute apparence un gland, lisse. En bougeant les doigts, je découvris le prépuce recouvrant à demi le gland. Il saillait de trois centimètres tout au plus, car le gland semblait presque seul émerger du corps. Et il adoptait un angle bizarre, vraisemblablement faussé par la pression exercée intérieurement par le « corps » de Shin.

Une fois accomplis ces attouchements tribaux consacrant le *skinship*, Tamotsu prit la parole :

— C'est étrange parce que, d'une part, je ne voudrais pour rien au monde que les autres sachent que je suis né avec un corps pareil, et d'autre part, chaque fois que je me fais un ami, je n'ai plus qu'une envie : qu'il voie, qu'il sache. Ce n'est pas le désir qu'il sache tout de moi, de vouloir être compris. Non. Parce que je me moque bien qu'on me comprenne. En fait c'est quelque chose que je ne m'explique pas très bien moi-même, mais continuer à me cacher me devient insupportable, odieux.

— Et Shigeki, et Yôhei, tu les as touchés comme tu fais ici ? demandai-je, car Yôhei lui aussi tenait un discours semblable.

— Non, ces deux-là... dit Tamotsu en faisant la grimace. Eux, ce sont... je dirais des adultes. Des adultes qui manquent de souplesse quelque part.

— Dans la tête ?

— Oui, la tête, c'est ça… Ils sont très bien, remarque, je les adore. Mais, pour ce qui est de rigoler ensemble, d'égal à égal, il faudra repasser.

— Ce n'est pas impossible, admis-je.

Nous discutions de la sorte lorsqu'on héla le nom de Tamotsu. C'était Eiko qui se dressait, hiératique, en *yukata*[1], au sommet du rocher séparant le bain à ciel ouvert de la chambre voisine. Tamotsu leva la tête et lui fit un grand signe de la main. Aussitôt, elle entreprit de descendre de son rocher, non sans nous gratifier du spectacle d'une généreuse surenchère théâtrale destinée à souligner le péril que comportait une telle opération, comme de relever d'une main les pans de son *yukata* tout en agitant rythmiquement l'autre, aux doigts largement écartés dans les airs, balancier chargé de rétablir un équilibre sans cesse compromis.

— Tu étais ici ? dit-elle à Tamotsu.

— Eh oui ! Et toi, où étais-tu donc ?

— Mais je te cherchais, cette question ! répondit Eiko qui ne savait plus, devant la nudité de Shunji et la

1. Briefing sur le *yukata* pour le lecteur non initié. Kimono de cotonnade légère porté en été, mais assurément pas en ville ni dans le métro, et servant également de pyjama. Mais c'est beaucoup plus que cela. Le *yukata* est devenu le symbole même de l'état béni de détente, estivale principalement (c'est vêtu du *yukata* que l'on assiste à l'un des milliers de feux d'artifice donnés en été). La première tâche du voyageur descendu dans un *ryokan* (auberge traditionnelle japonaise) sera de changer ses habits de ville ou de voyage pour un *yukata* fourni par la maison, qu'il ne quittera plus durant son séjour. Car dans un *ryokan*, on ne fait pas que passer la nuit, on effectue aussi un séjour détente-tradition-vieux-Japon. On flânera donc dans le *ryokan* et aux abords immédiats, poussant même jusque dans la rue principale, si c'est une ville d'eaux thermales, en *yukata* et en adoptant une démarche ostensiblement désœuvrée. C'est également le pyjama, car on dort en *yukata*. Si les hôtels, par contre, du plus modeste pour voyageurs de commerce au plus luxueux, mettent un *yukata* à la disposition du client, il est de très mauvais ton, voire interdit, ce sera écrit partout, de se promener en *yukata* dans les couloirs, et surtout de les emporter en souvenir comme le font bien des Français.

mienne, où poser le regard et opta finalement pour la contemplation de ses orteils coralliens.

— Quand tu me cherches, sois plus rapide à me repérer !

Rien de nouveau, l'attitude de Tamotsu vis-à-vis d'Eiko était ordinairement déplorable, à tel point qu'on dénonçait le sado-masochisme de leurs rapports.

— Mais pourquoi ne m'as-tu pas dit que tu allais les voir ?

— Si je te l'avais dit, tu m'en aurais empêché.

— Mais tu déranges.

— Dites-moi, je vous dérange ? s'enquit poliment Tamotsu en se tournant vers nous.

— Non.

Shunji et moi, nous secouâmes négativement la tête. De son poing fermé, Tamotsu brandit vers Eiko un pouce triomphal. Eiko me lança un regard embarrassé. Me mettant à sa place, je suggérai à Tamotsu :

— Tu ne dois pas faire s'inquiéter les gens.

— J'ai eu tort, Eiko, dit Tamotsu en se relevant. Pardon de t'avoir abandonnée, pardon d'aller seul prendre mon bain. Viens ici, tiens !

Jaillissant de l'eau, il bondit sur le bord du bassin et enlaça Eiko pour la pousser dans l'eau. Eiko criait, plantée sur ses jambes pour mieux résister :

— Mais que fais-tu ?

— C'était très vilain de ma part de t'avoir mise en quarantaine, alors je t'invite à rejoindre le groupe.

— Arrête, voyons !

Eiko se débattait, il passa derrière elle et la poussa vers l'eau. Elle ne riait pas, mécontente. Pour ma part, j'étais plutôt heureuse de voir une fille se joindre à notre baignade. Mais comme elle résistait et se débattait, le visage enflammé, je ne pouvais pas rester sans rien faire. J'interpellai Tamotsu. Il semblait bien trop occupé par son entreprise : agripper les revers du *yukata* d'Eiko pour mieux l'entraîner.

Incapable de résister plus longtemps, Eiko atterrit dans l'eau chaude. Et en *yukata*. Furieuse, le visage renfrogné, elle barbotait maintenant dans l'eau jusqu'au cou. Tamotsu tira sur l'encolure du *yukata*.

— Enlève-moi ça !

— Avec ou sans, c'est pareil, maintenant qu'il est trempé !

— Tu es la seule qui se cache ici, tu n'as pas honte ?

— Bien sûr que j'ai honte !

— Bon, alors enlève-le.

— J'ai compris, tu veux m'humilier, c'est ça, n'est-ce pas ? Alors tu ferais mieux de me le laisser !

— Non mais, vous l'entendez ? Qu'est-ce que vous dites de cette tête de mule ? fit Tamotsu, nous prenant à témoin. Je ne vous dis pas où ça va chercher. Après, quand on sera seuls, si ça se trouve, j'aurai droit à une baffe.

— Tu vas l'avoir tout de suite ta baffe ! glapit Eiko en le frappant sur la joue. Mais comme Tamotsu se trouvait juste à côté d'elle, elle ne balança pas la main de bien haut, ce qui rendit un son amorti. Il n'avait pas dû trop la sentir, mais se crut obligé de se masser la joue en commentant : « Cette mornifle qu'elle m'a donnée, dis donc ! »

Mornifle ? Etait-ce un terme d'art du pugilat ?

Après avoir frappé Tamotsu, Eiko s'accroupit à moitié et ôta son *yukata* qu'elle lança sur le sol. Elle ne portait aucun sous-vêtement. Reprenant sa position, elle se tourna vers moi avec un sourire embarrassé.

— Vivre avec un garnement pareil, ce n'est pas de tout repos, je t'assure !

— J'imagine.

— La vache ! grommela Tamotsu, mais il avait plutôt l'air guilleret. Il y a une minute, Kazumi-chan me montrait son Pénis d'orteil.

— Ah tiens ? fit Eiko ; puis tournant vers moi son regard, elle me demanda d'un ton plein de réserve : Est-ce que moi aussi je pourrais le voir ?

J'acquiesçai. J'aurais eu mauvaise grâce à refuser, moi qui la voyais tout le temps nue dans ses performances sexuelles. Elle jeta un coup d'œil au fond de l'eau. Toute velléité d'érection apaisée, Pénis d'orteil avait retrouvé sa forme habituelle, je levai le pied pour qu'Eiko le regarde plus facilement. Est-ce le propre de l'homme que de vouloir confirmer par le toucher une chose étonnante à la vue ? Eiko ne fit pas exception et toucha Pénis d'orteil. Jamais je n'aurais imaginé, quand Eiko allongea la main, qu'elle allait le toucher. Persuadée qu'elle voulait prendre appui sur ses mains posées à côté de mon pied pour mieux l'examiner, je ne le retirai pas. Eh bien, pas du tout ! elle se mit à caresser Pénis d'orteil, si bien que je sentis le cœur me manquer. Inutile de dire que le bout de mon orteil se mit à gonfler.

Eiko n'en fut pas étonnée. Loin de là, car laissant échapper un « holà ! » qui la fit éclater de rire, elle le caressa plusieurs fois en aller-retour, comme si elle voulait encourager Pénis d'orteil dans son érection. J'essayai de retirer mon pied, mais nous étions déjà quatre dans le bassin, et je ne trouvai pas la moindre voie de retraite pour me soustraire à la main d'Eiko. Furieuse, je m'appuyai sur l'épaule de Shunji pour me redresser. Trop tard, car Pénis d'orteil grandissait, tétanisé de plaisir. J'étais une chiffe molle, seul me soutenait le bras de Shunji.

— Il paraît que le père Pénis d'orteil est terriblement réceptif, commenta Tamotsu.

— Mais il n'y a pas de honte à cela, n'est-ce pas ?

— Je voudrais bien qu'il m'en pousse un pareil, moi, reprit Tamotsu, qui avait décidément de la suite dans les idées.

Exaspérée par la nonchalance avec laquelle ils échangeaient ces propos légers, je rassemblai mes ultimes forces pour chasser la jouissance éveillée par les dernières caresses. Mais, plus je tentais de le conjurer, plus le plaisir montait et s'intensifiait. Je n'en pouvais plus, je m'accrochai à l'épaule de Shunji en le suppliant :

— Sortons d'ici !

— Oui.

Comme je me levais en prenant appui sur le bras de Shunji, l'œil de Tamotsu fulgura.

— J'ai une idée géniale !

Il se leva aussi et nous poussa pour nous faire asseoir au bord de la vasque. Là, saisissant sans crier gare ma cheville droite, il s'assit contre moi en me tournant le dos et coinça ma jambe droite entre ses cuisses à la hauteur de l'aine. Ainsi, seul Pénis d'orteil en érection jaillissait, glorieuse figure de proue, du corps de Tamotsu. Il trépignait d'allégresse.

— Kazumi-chan et moi, combinés de cette façon, ce serait formidable, non ?

— Oh, arrête, Tamotsu, fit la voix d'Eiko.

Comprenant que je n'en finirais jamais avec lui de cette manière, je me relevai d'une jambe et lui appliquai une tape sur l'épaule : « Les gens ne sont pas des jouets, tout de même ! »

Je tentai de dégager ma jambe droite d'entre ses cuisses. Avec pour résultat que la tête me tourna, et tout s'assombrit devant mes yeux. J'étais déjà sujette aux vertiges si j'avais l'imprudence de m'attarder dans un bain chaud, et avec l'érection de Pénis d'orteil pompant son quota de sang, j'avais dû faire une petite anémie. Ma main glissa de l'épaule de Tamotsu. Comprenant que quelque chose n'allait pas, il avait déjà libéré mon pied droit. Je tentai de me redresser. Mais le sang ayant trop brutalement reflué de mon visage, mes jambes vacillèrent et je m'effondrai…

Tamotsu, quand vous croyez qu'il fait le fou, en fait il est sérieux, et quand vous vous dites qu'il est sérieux, il se met à faire le fou comme pas un. Si vous essayez de le suivre dans tous ses parcours, il vous tourne en bourrique et on s'épuise rapidement. Le lendemain du jour de mon évanouissement, avec une tête qui montrait combien il était dans ses petits souliers, il me prêta, sans doute pour se faire pardonner, son unique trésor, son jeu électronique portable. Mais dès qu'il comprit que je n'étais pas fâchée, il ne put s'empêcher de me faire marcher : « Pendant ton évanouissement, on a donné pleine satisfaction à Pénis d'orteil, tu sais ! » Et de rire de mon trouble parce que je prenais sa déclaration pour argent comptant. Ou encore, ce genre de proposition qu'il me faisait : « La prochaine fois, il faut vraiment que tu fusionnes avec moi et que tu fasses jouir Eiko ! »

Eiko était venue me demander avec un air très anxieux :

— Tu dois détester Tamotsu ?

— Non, je ne le déteste pas. D'ailleurs, il ne m'est jamais arrivé de détester quelqu'un au point de ne pas supporter sa vue.

— Je pense bien. Tamotsu est comme ça, il vous prend au mot, il abuse vraiment de la gentillesse des gens.

Je ne pus me défendre de rire en entendant cela.

— A ce compte, c'est assurément de ta faiblesse à toi que Tamotsu profite le plus.

Je trouvais qu'Eiko était vraiment une fille étonnante. Très quelconque à première vue, elle avait du caractère à revendre et n'avait pas froid aux yeux. Elle semblait avoir plus de sens commun que Tamotsu, et en même temps quelque chose en elle se souciait du sens commun comme d'une guigne. Immergée dans sa liaison avec un compagnon au caractère particulièrement ombrageux, inquiète au point de venir me demander si je ne détestais pas son Tamotsu, que c'en était attendrissant... Elle avait un visage ordinaire, mais en regardant mieux le dessin relevé des paupières, ou la ligne de la bouche par exemple, on pouvait lui trouver un charme particulier.

C'est ce que j'avais découvert lors de la baignade forcée de l'autre jour.

Tamotsu ignorait évidemment qu'Eiko était venue me demander si je ne le détestais pas. De son côté, il m'avait demandé un jour à brûle-pourpoint dans le minibus : « Dis, qui préfères-tu dans la bande du Flower Show ? »

Espérait-il une réponse plus qu'une autre ? Quel besoin de se poser de pareilles questions, me dis-je, et je me contentai d'une réponse évasive.

— Non, tout le monde pareil.

— T'es vraiment pas drôle, dit-il en secouant la tête.

— Ben, non, tu vois, dis-je en imitant son geste et en riant.

Bref, le voyage se poursuivait, plutôt plaisant. Après avoir tourné dans Kyûshû, nous remontâmes vers l'est, et lorsque nous nous arrêtâmes à Hakone pour la seconde fois, nous étions déjà en septembre.

Ce matin, en ouvrant les yeux et en rejetant la couverture pour descendre du lit, mon regard est tombé sur le pénis de Shunji dressé sous le caleçon. J'ai suspendu mon mouvement. Shunji avait encore la respiration du dormeur. Pour la première fois, je voyais le pénis de Shunji en érection sans qu'on ait eu besoin d'y toucher. Baignant dans la lumière imprécise qui filtrait par les rideaux gris-jaune, cette preuve de santé chez Shunji m'apparut comme une révélation.

C'était le soir où Tamotsu s'était invité dans notre bain d'eau thermale à ciel ouvert, à Kyûshû, que je m'étais rendu compte que pas une fois depuis le début du voyage je n'avais fait l'amour avec Shunji. Je ne sais combien de jours s'étaient écoulés depuis, mais cet état de chose se prolongeait, nous ne faisions plus l'amour. Ce fameux soir, j'avais eu mon anémie, ce n'était donc pas le moment, puis dans les jours suivants, Shunji avait été accaparé par une composition musicale qui lui avait été commandée par téléphone, si bien que nous avions fini par oublier. Rien de plus naturel, donc, que Shunji manifeste des érections spontanées…

Plus de vingt jours déjà depuis la dernière fois, mais je ne ressentais aucun besoin urgent. Shunji était en permanence à mes côtés, les journées s'écoulaient, heureuses même sans faire l'amour.

Si Shunji était resté jusqu'à ce jour sans me sauter dessus, c'est qu'il n'était pas non plus travaillé par l'urgence. Mais peut-être que, puisque c'était un homme, le moment approchait où il lui faudrait se débarrasser de son trop-plein de sperme.

Même sans en éprouver le désir pressant, le seul fait de me dire que ces derniers temps nous ne faisions plus l'amour, m'en donna la nostalgie. Comme c'est quelque chose qu'on est loin de détester, on a envie d'y goûter un peu tout de même. Mais si on néglige de passer à l'acte quand la fantaisie vous en vient, on finit par oublier. Bien sûr, il n'y a pas d'inconvénient à ce qu'on oublie, mais si on commence à se dire que c'est dommage de laisser ainsi tomber la chose dans l'oubli, alors là, le désir commence à bouillonner dans la marmite.

J'entrepris donc d'allonger la main vers l'entrejambe de Shunji. Mais en chemin, il me revint soudain en mémoire combien j'avais trouvé révoltant que Chisato se permette de faire joujou avec Pénis d'orteil alors que j'étais endormie. Bien sûr, il était très improbable que Shunji se fâche que je le touche pendant qu'il dormait. Mais recourir aux procédés de Chisato me répugnait. Je rapatriai donc la main tentaculaire. Shunji dormait toujours, ne se doutant de rien. J'envisageai un moment de le réveiller, mais il dormait si angéliquement que ç'aurait été un péché.

Il paraît que tirer profit du sexe d'une personne qui dort est un quasi-viol. Mais la main, me dis-je, cela ne doit pas avoir tant d'importance, je posai donc ma main sur celle de Shunji abandonnée. Lorsque ma main se posa sur sa main, celle-ci n'eut aucune réaction. Elle demeura ainsi abandonnée, sans défense, tellement blanche et pure que c'en était presque douloureux à voir et que je retirai ma main. J'eus une autre idée : le contact né de la combinaison de mon visage et du pied de Shunji ne causerait nulle alarme au dormeur. Je passai à l'autre bout du lit pour appuyer ma joue sur la plante du pied de Shunji. Effectivement, je ne ressentis rien de pénible, mais l'aspect bizarre de l'acte en lui-même, son caractère un peu inconvenant m'apparut alors avec plus de force. On pouvait tourner la question comme on voulait, on arrivait toujours à la conclusion qu'il était obscène d'entreprendre des manœuvres sexuelles sur une personne abîmée dans le sommeil.

Force m'était donc d'attendre que Shunji se réveille. Je m'assis sur le lit. Le pénis de Shunji pointait imperturbablement vers le plafond. Il s'agissait bien sûr d'un phénomène cyclique, mais cette érection était peut-être le signe qu'il traversait un rêve érotique ou qu'il était excité ? Comme Pénis d'orteil ne distillait aucune liqueur séminale, le mécanisme du sexe masculin demeurait pour moi un mystère. S'il entrait en érection parce qu'il traversait un rêve érotique, alors quel pouvait être ce songe qui le visitait en ce moment ? Eprouvait-il des sensations agréables en rêve ?

A m'imaginer toutes les voluptés des sens et toutes les jouissances de l'âme que Shunji devait éprouver en rêve, je m'étais emparée de Pénis d'orteil sans même m'en rendre compte. Et à la sensation délicieuse d'enserrer Pénis d'orteil se mêlaient les souvenirs des sensations éprouvées à divers moments lorsque j'accueillais en moi le pénis de Shunji. Cela ne rata pas, il me vint un désir violent de donner simultanément du plaisir à Pénis d'orteil et au pénis de Shunji. Ce fut à cet instant précis que s'unirent dans ma tête Pénis d'orteil et pénis de Shunji. Alors, tant qu'à satisfaire le désir qui sourdait en moi, mieux valait astiquer directement Pénis d'orteil.

Ce qui m'avait saisie au moment où je m'étais dit que j'avais envie de faire l'amour, c'était un désir de femme tout à fait ordinaire, c'est-à-dire un désir qui normalement aurait dû être vaginal. Et voilà que ce désir avait glissé sans que je m'en rende compte vers Pénis d'orteil. A y réfléchir, c'était plutôt monstrueux, mais comme de toute manière j'étais moi-même une espèce de monstruosité féminine, est-ce que ça valait la peine de se tracasser pour ce genre de détail ? Je sautai du lit et me dirigeai vers la salle de bain. Si je m'étais mise à astiquer Pénis d'orteil sur le lit, les grincements auraient certainement déchiré le sommeil de Shunji.

La prémonition des félicités à venir faisait déjà se dresser Pénis d'orteil. Je m'assis sur le couvercle du cabinet à l'occidentale et enroulai délicatement ma main en cornet autour de Pénis d'orteil. Une onde de plaisir me fendit la poitrine. Je m'imaginais que je n'aurais plus ensuite qu'à m'abandonner aux délicieux va-et-vient de ma main, mais il se passa quelque chose d'inattendu. Au moment où Pénis d'orteil commençait à déployer son érection, l'incident du bain à ciel ouvert de Kyûshû ressuscita dans mon esprit, accompagné d'un doux lancinement. Et ce qui flottait au centre de cette réminiscence c'était la caresse prodiguée par Eiko à Pénis d'orteil.

Je fus troublée, mais ma main ne s'arrêta pas dans son mouvement pour autant. Le désir de la jouissance était plus fort que le trouble ressenti. Dans le tumulte croissant des sensations de plaisir, très confusément je réalisai que la caresse d'Eiko avait été divinement agréable, aussi agréable que le plaisir que j'éprouvais en ce moment. Et l'image de la frêle main féminine d'Eiko vint se dessiner derrière mes paupières. La main d'Eiko brandissant le vibromasseur pour en assener un coup sur le crâne de Tamotsu, la main d'Eiko frappant Tamotsu dans le bain à ciel ouvert, la main d'Eiko enveloppant le pénis de Shin dans le numéro du Flower Show. Autant d'épisodes qui resurgissaient dans une succession de flashes tandis que le plaisir montait et m'investissait tout entière. Pourquoi fallait-il donc que je batte le rappel de tous ces souvenirs, tentai-je de me demander avec suspicion, mais déjà il était trop tard pour s'arrêter en chemin. Quelques instants plus tard je grimpais jusqu'à l'orgasme.

Ce ne fut qu'une fois l'excitation retombée qu'un doute me traversa : ne venais-je pas de me livrer à une masturbation d'une effroyable perversité ? Je ne parvenais pas à concevoir, maintenant que j'avais retrouvé mes esprits, que j'avais appelé corps et âme le plaisir en évoquant une main féminine, de mon propre sexe, donc. Bon, me dis-je, tu t'es souvenue de cette nuit de Kyûshû parce que c'est la dernière fois que Pénis d'orteil a été excité. Et si les caresses d'Eiko sont venues flotter au centre de cette réminiscence, c'est parce que – encore une fois le hasard – elles ont été beaucoup plus puissantes que celles de Tamotsu, rien de bien sorcier à tout cela.

Par contre, plus difficile à justifier était le fait que, non contente d'en appeler aux expériences de Kyûshû, il m'avait fallu alimenter le feu de ma masturbation d'un combustible fait de différents tableaux où intervenait toujours la main d'Eiko.

Je ne me connaissais pourtant aucune disposition à l'homosexualité. Comment se faisait-il alors que j'aie pu charger d'images voluptueuses une main féminine ? J'essayai d'évoquer la silhouette d'Eiko. C'était facile, j'étais habituée à sa nudité. Mais je n'en retirai qu'une impression anodine. Je me sentis rassurée : je n'éprouvais pas le moindre intérêt sexuel pour Eiko. Et pourtant, si c'était sa main que j'évoquais, instantanément un sentiment d'ivresse revenait inonder ma poitrine et le bout de mon pied droit. Etais-je en train de fixer mon désir sur la main d'Eiko ? Mais alors, je serais donc une fétichiste homosexuelle caractérisée ?

Je me rappelais parfaitement les délicieuses sensations que j'avais éprouvées en me caressant. Qu'une fois encore je me masturbe en invoquant l'image de la main d'Eiko, et la fixation serait certainement définitive. Donc, si je ne voulais pas devenir une perverse, il ne fallait plus me masturber jusqu'à ce que j'aie oublié cette sensation de la main d'Eiko. Mais tandis que je me disais cela, une autre idée avait surgi qui s'imposa avec évidence : s'il m'était donné de pouvoir goûter une fois encore à la jouissance que je venais d'éprouver, qu'est-ce que cela pouvait bien faire que je devienne perverse ?

Sans m'en rendre compte, ma main appareillait déjà pour aller taquiner Pénis d'orteil, mais des bruits provenant de la chambre me ramenèrent à la réalité. Mais oui ! j'avais Shunji tout de même ! Quand on avait un Shunji, on ne pouvait pas se permettre de devenir perverse. Quel besoin avais-je de me masturber ? Voilà que je commençais même à culpabiliser de m'être adonnée au plaisir solitaire sans évoquer l'image de Shunji, comme si je lui avais fait une infidélité capitale. Il fallait que je me précipite sans tarder sur sa poitrine, me dis-je soudain en me levant du cabinet.

Au premier pas fait dans la chambre, les bras m'en tombèrent. Shunji, qui tout à l'heure dormait encore avec le pénis en érection, était à présent bien réveillé et secouait le lit comme un fou tant il se masturbait avec ardeur.

Version de Shunji : un changement de position au réveil lui ayant fait prendre conscience de son érection, il avait commencé tranquillement à se masturber. Il avait, paraît-il, porté aussitôt la main à son sexe, sans penser à rien, si ce n'est que cela faisait longtemps qu'il n'avait plus eu d'érection matinale. N'ayant pas envisagé d'acte sexuel, mais seulement la satisfaction immédiate de son pénis, il n'avait même pas pensé à m'appeler. Quant à moi, confrontée à la vision de Shunji se masturbant, ce sentiment de culpabilité que je traînais avec moi me fit fantasmer et me demander si, m'ayant vue, par une espèce de « seconde vue », m'adonner dans la salle de bain à une masturbation déloyale, Shunji n'avait pas suivi le même chemin. Immédiatement je me ravisai en me disant que c'était impossible, mais je restai là à me demander comment l'interpeller. En désespoir de cause, je lançai un « Bonjour ! » et il tendit vers moi sa main gauche et libre, car il ne voulait pas arrêter l'activité de sa droite. Son bras gauche m'enlaça l'épaule et je vis jaillir de son sexe un jet de sperme blanc.

La masturbation terminée ayant libéré ses bras, Shunji m'étreignit. Pour Shunji, les impulsions appelant à la masturbation et celles appelant aux ébats amoureux étaient apparemment deux choses parfaitement distinctes. Et moi aussi, qui avais assouvi un plaisir solitaire, je n'étais pas plus tôt dans les bras de Shunji qu'un nouveau désir surgit. Ce n'était pas un désir sexuel, plutôt l'envie de l'embrasser, d'échanger des caresses, de fraterniser de tout mon corps en harmonie avec Shunji. Et cette fois, je ne vis plus réapparaître la petite main d'Eiko, et autres fantasmes. Ainsi nos sexes s'unirent après une longue absence, et j'accédai à une joie des plus profondes.

L'exaltation des sens et les sensations physiques sont très fortes dans un acte sexuel consommé après si longtemps. Vers le coucher du soleil, je vis que je perdais du sang. Le jour prévu pour mes règles n'étant plus très éloigné, il n'y avait là rien d'anormal, mais je ne pus me défendre d'attribuer cette perte de sang à l'activité sexuelle de la matinée. J'allai avec Shunji chez le pharmacien acheter ce qu'il fallait, mais comme il était déjà l'heure de partir pour le spectacle, en rentrant à l'hôtel, nous allâmes droit au garage, avec le sachet en plastique contenant mon petit matériel.

Aujourd'hui c'était le dernier jour de la tournée du Flower Show. Demain on ferait le point à l'hôtel et on remonterait sur Tôkyô pour prendre une semaine de vacances. L'usage voulait que le dernier jour d'une tournée, on présente un numéro spécial avec Tamotsu et Sachiè.

Pour moi c'était bien sûr une première. A mesure qu'approchait l'heure du spectacle, mes idées se brouillaient. J'appréhendais le spectacle du pénis de Shin blessé par le vagin denté de Sachiè. Mais comme j'étais attirée par le caractère terriblement humain de Tamotsu, je voulais savoir quels sentiments il exprimait à cet instant-là. J'étais dans un état fébrile.

Toute la troupe prenait le frais à côté du minibus. Mais on n'apercevait ni Shigeki ni Yôhei. Tamotsu, pour une fois, était bien sage, il était accroupi et s'amusait à allumer de minuscules feux d'artifice pour enfants. Mon regard rencontra le profil d'Eiko, qui penchait la tête, debout à côté d'Aiko, pour observer la mini-pyrotechnie qui se déroulait à ras du sol. Le souvenir de ma masturbation matinale me mit assez mal à l'aise. La vue du visage d'Eiko m'était indifférente, mais si je tombais sur ses mains, peut-être que j'allais perdre toute contenance.

Le regard d'Aiko s'arrêta sur le sachet en plastique que je tenais à la main.

— Ah, les règles ? demanda-t-elle.

Le petit matériel était emballé, mais la forme et le volume du sachet suffisaient pour qu'une femme en devine le contenu. Je n'avais pas plus tôt acquiescé qu'Aiko et Eiko reculaient vivement d'un pas.

— N'approche pas surtout, c'est contagieux !

C'était un jeu auquel se livraient volontiers les lycéennes. La rumeur voulait que faire du sport ou jouer avec une fille qui avait ses règles risquait de provoquer une hémorragie, même si on n'avait pas encore atteint son jour. Aussi, dès qu'on entendait qu'une fille avait ses règles, toutes les autres la mettaient, par plaisanterie bien sûr, en quarantaine. Je leur répondis en riant: « De toute manière, demain ou après-demain c'est votre tour, non? »

Je savais que le programme des représentations du Flower Show était établi en fonction des règles d'Aiko et Eiko, et les mois où il n'y avait pas moyen d'articuler le programme en ce sens, elles prenaient toutes les deux une pilule retardatrice. Mais en principe la semaine de congé était arrangée pour commencer avec le jour escompté de l'apparition des règles. Outre que cette semaine était mise à profit pour cicatriser les blessures infligées au pénis de Shin.

— Ah bon, elle savait! rit Aiko. En tout cas, ce soir, il n'est pas question que j'aie mes règles. Eiko, elle ne joue pas, ça va encore.

— De toute manière, ce n'est pas en restant à côté de moi que vous allez les attraper.

— Comment c'est censé s'attraper? questionna Eiko.

— Je me suis laissé dire que c'était par l'odeur de la transpiration.

— Repasse-les-moi, supplia Masami qui d'un bond avait fondu sur moi pour m'agripper, moi, ça n'a aucune importance si je les attrape!

Je poussai un cri et laissai choir le sac en plastique à terre, tandis que Masami accrochée à mon bras me disait:

— Jolie, cette voix! Je suis sûre qu'à l'école primaire les garçons devaient tout le temps te taquiner, comme te tirer les tresses ou te jeter de l'eau. C'est vraiment une voix qui déchaîne le cœur de l'homme. Comme je voudrais être à ta place!

Masami, je ne la comprends pas encore très bien. Elle est toujours de bonne humeur. Mais je me demande ce qu'elle ressent quand elle entend parler de ces choses parfaitement ennuyeuses si on n'est pas une femme, telles qu'être dévorée par les moustiques, être frileuse, les risques de contagion des règles, et que sais-je encore? Si, selon toute vraisemblance, Masami s'est fait transsexualiser parce qu'elle voulait absolument devenir une femme, lorsqu'elle entend de pareilles conversations, elle doit prendre douloureusement conscience de ne pas être née femme, ce qui doit être pénible pour elle.

— Ça te plaît de te jeter au cou des femmes ? demandai-je à Masami. Il y eut un temps de latence, puis prenant ses distances, elle déclara : « Ah, mais un homme c'est tout de même mieux ! » Et à peine avait-elle dit cela qu'elle étreignait Shunji. « Quoi, quoi ? » fit celui-ci sans le moindre soupçon de tension dans la voix. Ce qui déclencha un rire bruyant chez Tamotsu.

Shigeki et Yôhei ayant fait leur apparition, on commença à monter dans le minibus. Je me baissai pour ramasser le sac en plastique que j'avais laissé tomber. Lorsque je me redressai, Masami me chuchota à l'oreille : « Tu sais, à vrai dire, je ne suis pas tellement chaude sur les hommes. »

Je voulus lui faire répéter ça, mais sans m'en laisser le temps elle se dirigea à grands pas vers le minibus. Alors, si elle m'aime pas les hommes, qu'est-ce qu'elle aime ? Peut-être n'aime-t-elle rien ? Pourquoi être allée jusqu'à s'émasculer pour se déguiser en femme ? Autant de questions dont il me fallait reporter la réponse.

La destination où nous emmena le minibus était un hôtel d'aspect austère, style stages d'étudiants, colloques universitaires ou voyages d'étude d'employés de société. Descendu du minibus qu'il avait arrêté sur un terrain entouré par les ailes d'une bâtisse à un étage, Shigeki eut l'air d'hésiter et inspecta du regard les environs. Aujourd'hui, il était un peu perdu car le commanditaire du spectacle était un nouveau venu, et l'hôtel devant lequel nous nous trouvions allait être utilisé pour la première fois. Alors qu'il restait planté là, de l'aile droite apparut un homme maigre d'une trentaine d'années.

Cet individu à la peau blanche et étrangement lisse, avec un ou deux millimètres de poils de barbe à peine naissante, pareille à des fils de fer sous les narines et sur le menton, donnait l'impression, sans doute à cause de ses vêtements étrangement démodés – pantalon brun sans pinces et chemise blanche en polyester mélangé –, de détonner dans le paysage. Il commença par dire qu'il était l'animateur d'un « Séminaire de mise en valeur de l'homme », qu'il nous avait mandés aujourd'hui pour que nous servions de matériel didactique, et que par conséquent, il y aurait des exposés à l'intention des stagiaires entre les numéros, mais que cela ne devait pas nous empêcher d'exécuter notre travail comme à l'ordinaire.

Guidés par l'homme, nous pénétrâmes dans le bâtiment et tandis que nous parcourions un couloir, Shunji me demanda :

— Séminaire de mise en valeur de l'homme, qu'est-ce que c'est ?

— L'homme est enfermé, prisonnier dans sa coquille, qu'il s'agit de faire éclater pour dégager sa véritable nature et en tirer parti au maximum, une espèce de centre d'entraînement où on t'aide à sortir de ta coquille, en somme, dis-je en rassemblant les connaissances glanées au fil de mes lectures de magazines et de journaux.

— Qu'est-ce que c'est que la coquille ?

— Une espèce de carcan qu'on se met à soi-même, je suppose.

— Pourquoi se mettre un carcan ?

— Là, je ne peux pas te dire.

Je venais d'imaginer à l'instant qu'on pouvait très bien considérer que c'était se mettre à soi-même un carcan, que de s'interdire la masturbation afin de ne pas sombrer dans la perversité.

Aiko s'approcha et me dit à voix basse :

— Tu ne trouves pas qu'il fait très adepte de je ne sais quelle secte religieuse ? Regarde ses yeux, ils ne voient pas le monde, c'est sûr !

— Oui, mais j'ai lu que le Séminaire de mise en valeur de l'homme n'avait aucun rapport avec la religion.

— Ces derniers temps, on en voit pas mal de séminaires, et des plus douteux, à ce qu'on dit. Et tu as vu le badge qu'il portait à la chemise, avec « Hijirinuma Takeshi[1] » écrit dessus ?

Un battant de porte fut ouvert par notre guide qui nous fit signe d'entrer, et on lisait effectivement sur sa chemise « Hijirinuma Takeshi ». De l'autre côté de la porte était aménagé un espace pouvant passer pour une petite pièce, il ferait les coulisses de la scène à laquelle on accédait par un petit escalier. Devant la scène, on sentait la présence de pas mal de monde, mais il aurait fallu se dresser sur la pointe des pieds pour voir quelque chose. Avant de refermer la porte, notre guide nous laissa pour toute consigne d'effectuer nos entrées chaque fois qu'il ferait signe de la main. Nous attendions, assis sur des chaises en tubulure, lorsqu'on frappa à la porte. Deux jeunes femmes entrèrent, portant un thermos contenant de l'eau chaude et un nécessaire à thé. Elles avaient la mise extrêmement modeste de petites employées de bureau, mais elles aussi portaient épinglé à la poitrine un badge d'identification annonçant « Hijiritani Kaoru » et « Hijirisawa Yukari[2] ».

Montée sur la scène pour installer le synthétiseur, j'aperçus dans le coin de mon champ visuel une trentaine d'hommes et de femmes alignés sur des chaises en

---

1. Etang de Sainteté Takeshi.

2. Est *hijiri*, tout ce qui, d'une manière ou d'une autre, participe de la sainteté à des degrés divers et s'applique par conséquent à tout ce qui est saint, ermite, ascète, montagnes, etc., ou qui a l'intention de tâter de l'ascèse, ou plus simplement, comme ici, fait partie d'une secte religieuse. C'est pourquoi les adeptes de ce mouvement sont affublés du saint préfixe : « Marais de Sainteté », « Val de Sainteté » et « Torrent de Sainteté ». Le désert est l'espace privilégié où s'exerce la sainteté pour l'Orient biblique (Moïse, les saints anachorètes, Mahomet, etc.). Faute de déserts, l'Occident chrétien du Moyen Age tout comme le Japon ont transporté les espaces où s'exerçait la sainteté dans les forêts profondes et les montagnes escarpées. Ce qui explique les pseudonymes évocateurs de forêts, étangs, marais, vallées…

tubulure et levant tous vers la scène des visages pleins de déférence pour le spectacle qui allait leur être donné. Une dizaine d'hommes et de femmes se tenaient également le long du mur. Tout le monde était bien sage et avait un badge d'identité luisant à la poitrine, probablement un défilé de la gamme complète des avatars de la sainteté, Fleuve de Sainteté, Mer de Sainteté, etc. Mais apparemment, l'atmosphère suait gras la peine et l'effort. Ayant repéré une prise murale au mur séparant des coulisses, je plantai le spot et la chaise de sorte que le périmètre de la représentation soit le plus éloigné possible des chaises des spectateurs.

Après avoir installé Shunji sur sa chaise, je revins en coulisse où Yôhei était en train de dire : « Et si nous allions servir de victimes sacrificielles ce soir ? »

Tamotsu baissa la fermeture éclair de son pantalon.

— La victime sacrificielle de ce soir, ce sera le sang de Shin. Et il ajouta, en me voyant : Kazumi-chan perd d'ailleurs du sang aujourd'hui. Si on l'offrait sur l'autel ? Mélangé au sang de Shin ?

— Si c'est avec ton sang, je veux bien qu'on mélange, moi.

J'avais dit cela du tac au tac, pour renvoyer la boutade. Mais Tamotsu me regarda en écarquillant les yeux : « C'est vrai ça, moi je ne fais jamais couler mon sang. »

Ses yeux prirent de la fixité. Ce fut à ce moment que je remarquai qu'il tenait une canette de bière à la main. Il poursuivit d'une élocution encore plus traînante qu'à l'ordinaire, comme s'il récitait une incantation : « Mais celui qui doit prendre des forces pour fabriquer la ration de sang de Shin, c'est moi. » Puis, haussant la voix d'un ton : « Tu entends, Shin ? Tu me voles mon sang, ce n'est donc pas à moi que tu dois te plaindre, vu ? »

Je ne savais pas comment le réconforter, mais je fis un pas vers lui. A ce moment-là, je sentis qu'on me tirait le bras par-derrière. Me retournant, je vis Eiko qui me murmura tout bas à l'oreille : « Ne t'occupe pas de lui, va. Il est toujours comme ça les jours où il va infliger une blessure à Shin. »

Soudain la lumière s'éteignit dans la salle. La scène s'éclaira d'une lumière très vive. Devant la scène apparut en courant une silhouette ressemblant à Hijirinuma Takeshi, qui se mit en devoir de prononcer quelques mots d'introduction dans son micro sans fil :

— Mes chers amis, voici que déjà le dernier soir de notre séminaire est arrivé. Quatre jours de session à Tôkyô, quatre jours de session ici à Hakone, soit huit journées au total passées ensemble, et je suis convaincu qu'au terme de ce stage vous sentez une nette différence entre le moi que vous aviez avant de recevoir l'enseignement et le moi auquel vous avez désormais accédé. Le spectacle qui va commencer ce soir, cadeau offert à votre nouveau moi, pierre de touche qui va vous permettre de prendre la mesure de l'ampleur du changement qui s'est opéré en vous, se veut en fait une synthèse générale de notre retraite.

— Ce n'est pas du tout comme d'habitude, l'ambiance cochonne n'est pas au rendez-vous, murmura Masami.

Et de fait, le discours de Hijirinuma Takeshi était propre et correct, comme s'il avait été totalement aseptisé.

— Vous qui êtes devenus des êtres nouveaux, même un spectacle comme celui que vous allez voir ce soir ne pourra vous déstabiliser. Non seulement vous demeurerez imperturbables, mais vous analyserez froidement les scènes qui vont se dérouler sous vos yeux. Et gageons que, une fois de plus, vous prendrez pleinement conscience que cette réalité des choses du sexe qui vous avait jusqu'alors accaparé l'esprit et tourmenté le cœur est infiniment négligeable.

Tandis que Hijirinuma Takeshi débitait son laïus, un futon fut disposé au centre de la scène. Shigeki commença à déboutonner sa chemise, il passait en premier, mais un doute se lisait sur son visage. Aiko lui prit la main, qu'elle enveloppa de ses deux paumes. Shigeki lui sourit, et son expression retrouva sa fermeté. La voix du micro s'était tue. Quand la main de Hijirinuma Takeshi esquissa un geste vers les coulisses où nous nous tenions, Shigeki se leva.

Durant tout le numéro de Shigeki et d'Aiko, la salle plongée dans un silence de crypte n'eut pas un murmure. Prompt à sentir que l'atmosphère de son public était inhabituelle, Shunji avait embrayé sur une musique de fond dans le style classique. Des coulisses, on apercevait très bien l'expression de Hijirinuma Takeshi qui était resté debout devant la scène. Avec un manque évident d'enthousiasme, il faisait aller et venir son regard du spectacle se déroulant sur scène à celui de la salle, et quand le corps entier d'Aiko commença à s'enflammer de rougeurs, avant même que les acteurs ne se retirent, il approcha le micro de sa bouche et se lança dans une homélie.

— Que vous a-t-il semblé de tout ceci ? Je pense que devant des sujets aguerris comme vous l'êtes, insister serait superflu. Car ce que nous avons appris au cours de ces huit journées de retraite, c'est que le sexe n'est autre que l'agression brutale du fort exercée à l'encontre du faible, que le sexe n'est autre que le mépris professé par le faible à l'adresse du fort, et qu'il n'est guère en définitive que la manifestation de la lutte obscure et larvée que se livrent deux êtres humains. Et même pour deux êtres qui peuvent se témoigner mutuellement de la tendresse, comme vous l'avez vu, tout cela ne saurait faire une grande différence. Je pense que l'évidence de cette vérité était suffisamment patente dans la séance de sexe dont nous venons d'être témoins.

Shigeki et Aiko qui revenaient en coulisse marquèrent un temps d'arrêt pour se retourner vers Hijirinuma Takeshi.

— L'homme était pourvu d'un superbe organe génital. Et le plaisir que lui procurait cet organe génital surpassait de loin les souffrances infligées par cette violence qu'est le sexe, à telle enseigne que j'estime qu'il pouvait même nous faire oublier que tout sexe n'est autre que violence. Quant à la femme qui a souffert l'homme, peut-être a-t-elle pu éprouver une jouissance localisée. Mais son épiderme si délicat recevait les caresses et les baisers de l'homme comme autant de manifestations de violence. Nous n'en voudrons pour preuve que cette apparition des rouges boursouflures de la honte. Seraient-elles explicables autrement, mes chers amis ?

— Et quoi encore ? fit Shigeki en inclinant dubitativement la tête de côté.

Hijirinuma Takeshi continuait son commentaire :

— Quelque vives que soient les joies que l'homme peut dispenser à la femme, nul acte compensatoire ne pourra jamais racheter la gravité des violences qu'il lui a infligées. Et il ne pourra pas davantage prétendre que, dès lors qu'il l'a fait goûter au plaisir, son acte n'était pas de violence. C'est par la réaction allergique de la femme qu'il réalise enfin la criminelle gravité de son acte. Tandis que la femme, en exhibant ses rougeurs à son compagnon, révèle son imposture. La plupart d'entre nous n'étant ni des hommes pourvus d'appareils génitaux extraordinaires, ni des femmes nées avec une complexion particulière, s'il est malaisé de le déceler à première vue, nous n'en pratiquons pas moins un sexe identique à celui de ce couple. Et je vous le demande un peu : un tel combat mérite-t-il en définitive le nom d'amour ? Car si nous nous aimons vraiment les uns les autres, comment pouvons-nous encore perpétrer des abominations aussi énormes que le sexe ?

Les bras nous en tombaient.

— Jamais entendu une interprétation aussi tirée par les cheveux, murmura Shigeki.

— Encore une nouvelle religion sexophobique ? conjectura Yôhei.

— C'est plutôt cocasse, non ? conclut Masami radieuse. On se demande ce qu'il va bien pouvoir sortir pour nous !

Les commentaires qui accompagnèrent la prestation de Yôhei et de Masami furent les suivants :

— Nous sommes malades ! Malades de nous être roulés dans un sexe démoniaque, monstrueux et violent. La femme artificielle que nous venons de voir sur scène tient de deux archétypes, celui de l'homme déchiré qui s'efforce d'échapper à l'abîme sans fond de ses désirs charnels et de leur violence, et celui de la femme qui s'efforce, mais sans y parvenir jamais, de renoncer au sexe. L'homme est à la fois un rebelle qui tente de briser le cercle infernal de la concupiscence et de la violence, et un être qui n'aura de cesse qu'il n'ait emprisonné dans ses liens et ramené par la menace au sein d'un ordre établi cette « femme », cette mutinée souhaitant éperdument renoncer au sexe, mais sans y parvenir jamais. Mais voilà, l'homme qui s'est rangé du côté de l'ordre, comme il est rongé d'un mal profond, est incapable au moment de l'acmé sexuelle de conserver un aspect normal.

— Suis-je donc un individu si répugnant ? bougonna Yôhei.

— Ainsi donc, au cours de nos huit journées de retraite, où nous avons cherché à traquer, pour le démasquer, le vrai visage du sexe, nous avons pu réaliser combien était malade l'ordre dont nous nous réclamons. Reste donc à savoir ce que nous avons à faire…

Ici Hijirinuma marqua théâtralement une pause.

— Nous avons à nous dégager de l'ordre établi et à façonner un ordre nouveau. Un ordre nouveau, oui ! pour nous libérer du sexe. Mais quel pourrait être cet ordre nouveau auquel nous aspirons tous ? Vous allez voir à présent quelque chose qui pourrait vous apporter quelque lumière sur ce point.

Hijirinuma leva la main et nous envoya le signal. Malheureusement, Sachiè, dont c'était le tour d'entrer en scène, s'était endormie, terrassée par l'ennui. Aiko lui secoua l'épaule. Elle ouvrit les yeux, battit le rappel de ses concombre, lime, ballon et tube, qu'elle mit sous son bras pour monter en vitesse sur la scène.

Même le numéro de Sachiè, toujours assuré de déclencher les rires, n'éveilla aucun écho dans l'étrange public de ce soir. Elle eut beau leur lancer le concombre portant les traces de dents, aucune réaction, au point que tout ce que l'on put entendre fut le bruit mat de la cucurbitacée percutant le sol.

— Shigeki, tu as vu les têtes qu'ils font ? dit Yôhei. Ce ne sont plus des gens de ce monde.

— Ouais, répondit Shigeki lugubre.

Tamotsu était silencieux et gardait les yeux baissés. C'était comme s'il n'entendait plus rien des propos de ses collègues ou des fulminations pastorales de Hijirinuma. La canette de bière vide qu'il faisait sauter sur ses genoux avait été écrasée. Il avait accumulé en lui une telle tension qu'il était à craindre qu'il n'explose à la moindre chiquenaude. Peut-être était-il trop pénible pour Eiko de voir Tamotsu dans cet état, car elle s'était assise loin de lui et tenait elle aussi les yeux baissés.

Lorsqu'on entendit de la scène le bruit sourd d'éclatement du ballon, Tamotsu s'arracha littéralement les vêtements avec un emportement qui fit voler au loin les boutons. Le visage blême, il saisit dans sa main le pénis de Shin et gravit lentement les marches menant à la scène. Eiko se leva de sa chaise pour se rapprocher.

Pendant les caresses de Tamotsu et de Sachiè, ambiance de plomb dans le public, mais quand ils réalisèrent que Tamotsu allait introduire le pénis dans Sachiè, on décela tout de même une légère rumeur. Tout en frictionnant le pénis de Shin pour l'inciter à se dresser, Tamotsu commençait à s'incliner vers Sachiè qui l'attendait, jambes largement écartées, genoux repliés. Mais pour le pénis de Shin, aux érections capricieuses, aujourd'hui encore ne devait pas être un jour de gloire, car dès que Tamotsu cessa de le stimuler de la main pour procéder à la pénétration, il flageola et s'étiola. Tamotsu se releva et le relança à plusieurs reprises. Hors de lui, il en vint à tabasser le pénis de Shin. Banal et horrible, le bruit retentit à nouveau.

Ayant finalement réussi tant bien que mal sa pénétration, Tamotsu était maintenant embarqué sur un rythme endiablé. Si on ne pouvait voir ce qui se passait à l'intérieur du vagin, les claquements de cuir sec des chairs de Tamotsu et de Sachiè en se heurtant déchiraient les oreilles autant que le cœur, ce qui eut pour effet de précipiter mon pouls. Tamotsu faisait aller et venir ses reins comme une furie. Il raffinait même en leur imprimant des mouvements de torsions forcées qu'il aurait été impensable de pratiquer dans des rapports sexuels normaux. Mais ce comportement était évidemment destiné à raboter en copeaux le pénis de son cadet de frère siamois, Shin. La transpiration qui luisait sur son dos semblait du sang transparent. Tamotsu était en sang. Au moment où j'eus cette pensée, je sentis que des gouttes de sang menstruel s'échappaient de mon bas-ventre. J'allais encore faire une crise d'anémie.

Tamotsu retira son pénis. Le public ne trouva qu'une seule voix, ce fut une espèce de gémissement. Ce que Hijirinuma apprécia, en parfait stratège, comme le moment crucial pour donner la charge finale : « La castration ! Parfaitement, la castration ! Procédons à une castration, et nous serons enfin libérés du sexe. Les hommes, mais aussi les femmes ! Puisse la vaillance de ce jeune homme nous inspirer tous. Les organes sexuels n'ont aucune valeur. Que les hommes s'émasculent, et que les femmes condamnent leur orifice d'une salutaire infibulation ! Non, mes chers frères, le pratiquer par la pensée suffira. Arrêtons de faire l'amour ! Cessons de jouir ! Qu'est-il besoin de laisser des descendants ? Mais l'humanité, me direz-vous, va donc disparaître ? Pas du tout. Il suffira d'abandonner la prolifération au vulgaire. »

Tamotsu revenait d'un pas sauvage et houleux. Ensanglanté, le pénis de Shin, pour on ne sait quelle raison, se trouvait toujours en érection. Sombre et sinistre, il jeta ces mots : « La castration pour se libérer du sexe ? Il charrie ! Je suis castrat de naissance et j'en crève d'envie, moi, de baiser. »

Le regard de feu de Tamotsu happa Eiko.

— Lèche ! intima-t-il, et son ton était péremptoire. Eiko battit en retraite, il répéta : Lèche ! Je te dis de lécher !

Les lèvres d'Eiko tremblaient.

— Mais, ce n'est pas ton pénis, tu sais bien ! hasarda-t-elle.

— Evidemment que c'est le mien ! Où est la différence avec mon pénis, tu peux me le dire ?

— Ecoute, ce n'est pas comme ça que tu te sentiras mieux.

— Pas du tout. Je me sentirai très bien au contraire. Personne ne peut comprendre ça, mais avec ce pénis, moi je jouis.

— Comment peux-tu dire un pareil mensonge ?

— La ferme ! Alors tu lèches ou tu lèches pas ? Décide-toi !

Il l'envoya valser contre le mur. Elle me bouscula dans son élan et me fit vaciller. Au moment où je retrouvais mon équilibre, Tamotsu fondit sur nous, me faisant chanceler une seconde fois. Comme il ne devait plus enregistrer ce qui se trouvait à la frange de son champ visuel, il m'écarta rudement pour se camper devant Eiko. Plus que la sauvagerie inqualifiable de Tamotsu, mon inquiétude pour Eiko me fit porter le regard vers le mur. Eiko contemplait ma ceinture. Je baissai les yeux et vis que ma jupe était pleine de sang du pénis de Shin.

Du regard, Eiko implora mon pardon avant de plonger pour approcher son visage du bas-ventre de Tamotsu. Ne pouvant soutenir ce spectacle, j'allai m'asseoir sur une chaise à l'écart. En voyant mon état, Aiko partit récupérer Shunji qui était demeuré seul en scène. Il devait trouver bizarre que je ne sois pas venue le reprendre, mais même s'il avait posé sa main sur mon épaule, je n'aurais rien pu faire d'autre que m'appuyer sur lui.

J'eus une pensée. Quel goût le sang de Shin avait-il sur la langue d'Eiko ? Je n'avais qu'à lécher le sang de ma jupe pour le savoir. Voilà ce qui me vint à l'esprit lorsque mes yeux rencontrèrent les mains et les lèvres rougies de sang d'Eiko qui se relevait.

10

Nous prîmes congé des membres du Flower Show devant la gare de Shinjuku-Sortie ouest.

Au moment de se quitter, Yôhei et Eiko échangèrent une légère étreinte avec Aiko. Voir des membres du Flower Show se manifester ouvertement des sentiments d'affection était insolite. Tamotsu qui observait la scène à l'écart bondit dans mon champ visuel.

— Allez, on s'embrasse, dit-il en marchant sur moi, bras grands ouverts, mais je me glissai derrière Shunji pour l'esquiver.

— Tu m'as trop bousculée hier soir, je ne t'aime plus !

— Bousculée ? Moi ?

Tamotsu laissa retomber les bras et me considéra. Evidemment, il ne se souvenait pas de m'avoir rudoyée avant de forcer dans la bouche d'Eiko le pénis de Shin rouge de sang.

— Je ne me rappelle plus... Après le spectacle ? demanda Tamotsu.

— J'ai même une preuve, dis-je derrière le rempart de l'épaule de Shunji. Tamotsu se gratta la tête, perplexe.

— Ne m'en veux pas trop, tu sais. Je me trouvais en état de consomption mentale, dit-il de son ton d'enfant gâté, et d'un bond il saisit ma main qui s'appuyait sur l'épaule de Shunji et m'attira à lui, entraînant ce dernier dans le mouvement.

— Toi aussi, Shunji, à la prochaine !

Quand il le prenait sur ce ton désarmant, on ne pouvait se défendre de répondre par le rire. Mais je trouvais que s'il avait envie de faire ainsi parade de son affection pour Shunji et moi, il aurait pu en réserver une petite part à Eiko. J'avais le cœur encore tout cuisant de l'horrible couleur crue de ce sang qui hier soir teintait les lèvres d'Eiko.

Il y avait quelque chose d'incompréhensible chez Tamotsu. Comment pouvait-il imposer de force à son amie la fellation d'un pénis qui, après tout, n'était pas vraiment le sien ? Même à supposer qu'il la traite gentiment quand il se trouvait seul avec elle, comment ne lui venait-il pas à l'idée qu'à force de répéter ces traitements barbares en public, Eiko finirait par se lasser et se détacherait de lui ? Est-ce qu'il croyait qu'Eiko ne pourrait jamais l'abandonner ? Au petit déjeuner, avant de quitter Hakone, j'avais posé la question à Yôhei qui se trouvait à notre table : « Cela fait combien d'années que ça dure entre Tamotsu et Eiko ? »

Après un temps de pause, comme s'il cherchait ses mots, Yôhei répondit :

— J'imagine très bien ce que tu penses. Tamotsu n'est certes pas une sinécure. Mais à considérer le handicap qu'il traîne avec lui, on n'a pas le cœur de trop le critiquer.

— Mais quand on est aimé comme il l'est par Eiko, cela ne rend pas son fardeau plus léger à porter ?

— Etre aimé peut parfois accentuer les distorsions. Les gens ont beau dire qu'ils t'aiment, tu finis par ne plus les croire et par vouloir t'assurer en permanence des sentiments de l'autre. Tu n'as jamais fait cette expérience ?

— Et toi Shunji, cela t'est déjà arrivé ? demandai-je à Shunji qui était assis à côté de moi.

— Non, jamais.

— Moi non plus.

— Vraiment ?

Yôhei eut un sourire amer.

— Tout à fait « ti-empereur tit-impératrice ».

— Mais encore ?

— C'est le surnom qu'on vous a trouvé. Quand on vous voit tous les deux comme ça sagement assis, il paraît que vous ressemblez aux poupées de l'empereur et de l'impératrice.

Mais, reprenant déjà son visage plein de vérité, il poursuivit :

— Non, c'est parce qu'ils s'aiment justement, ces deux-là, que Tamotsu étouffe dans ce corps qui ne peut satisfaire Eiko. Vu de l'extérieur, c'est obligé qu'il ait des comportements anormaux. Un pénis avec un vice de forme, pour un homme, ce n'est pas une mince affaire !

— Mais même avec un pénis mal fichu, j'ai l'impression qu'avec une femme qui vous aime, ça devrait marcher. Qu'est-ce qui lui manque ?

Sans doute avais-je parlé avec un peu trop de feu car Yôhei conclut d'un ton apaisant :

— Tamotsu ne va pas rester éternellement ainsi. Ça va bien se tasser un jour ou l'autre.

— Oui, mais si Eiko le plante là avant que ça se tasse, que va-t-il faire ?

— C'est donc ça qui te tracasse ?

Après m'avoir jeté un long regard appuyé, Yôhei baissa les yeux pour ajouter : « Voyons… que pourrait-il faire ? »

Vraiment, je m'en faisais pour Tamotsu. Je réalisai combien il était totalement dépendant, corps et âme, d'Eiko. J'imaginais la scène où Eiko, à bout de patience, lui annoncerait qu'elle le quittait, et je sentais mon cœur se contracter quand je me mettais à la place de Tamotsu. Si Tamotsu devait perdre Eiko, pourrait-il jamais retrouver une femme qui lui prodigue autant d'amour ? Ce serait difficile, et Tamotsu devait très bien s'en rendre compte. Pourquoi s'entêtait-il ainsi dans ses plus détestables penchants ?

Une fille aussi simple et naïve que moi, que pouvait-elle comprendre aux ressorts compliqués des gens compliqués ? Je savais seulement une chose, c'est que si j'étais Tamotsu je traiterais Eiko avec infiniment d'égards. Même s'il rencontrait une autre femme qui l'aime, ne serait-ce pas un irréparable gâchis que de perdre une amie comme Eiko ?

De retour chez moi après avoir ramené Shunji au bercail et aidé au déballage des bagages, je continuai à penser à Tamotsu et à Eiko. J'avais aussi avec moi la jupe tachée du sang de Shin. A peine l'avais-je sortie de ma valise que l'image des lèvres ensanglantées d'Eiko se dressa devant mes yeux, si bien que je dus la replier en hâte. Le sang oxydé avait viré à un rouge sombre qui ôtait tout espoir d'un détachage parfait au teinturier. Elle était bonne à jeter ; je l'abandonnai dans un coin de l'appartement en attendant, mais chaque fois que mon regard tombait dessus, je me rappelais les lèvres de sang. Je n'eus bientôt plus besoin de la voir pour que l'image revienne me hanter.

Les choses en étant là, rien d'étrange sans doute à ce que je fasse des rêves bizarres. Ainsi, vers le milieu de la semaine de vacances, je rêvai que j'avais un corps d'homme et que la main d'Eiko me flattait le pénis, que j'avais cette fois entre les jambes. Et alors que l'exacerbation du plaisir devenait violente, mon sommeil fut brusquement coupé. A l'instant même où je reprenais contact avec la réalité, je me mis à transpirer d'abondance. Tout de suite, j'essayai de tricher. Dans mon rêve, ce n'était pas moi qui avais reçu les caresses d'Eiko. Je n'étais que l'observatrice amusée de l'accouplement d'Eiko et d'un homme fictif que je ne connaissais pas. Qui ne pouvait être moi. D'abord parce que mon pénis à moi se trouvait au bout de mon pied droit et non entre mes jambes…

Si la tricherie ne réussit pas, c'est qu'une sensation de plaisir flottait confusément dans mon corps vidé d'énergie. La volupté délicieuse que j'avais sentie fourmiller en rêve dans le pénis, s'était révélée au réveil une sensation profondément familière pour une femme. Il me revint en mémoire un passage glané au hasard d'une lecture. On expliquait comment cette partie du sexe féminin était en fait un organe qui aurait très bien pu se développer en pénis s'il avait bénéficié d'un apport d'hormones mâles au cours de la période embryonnaire. D'accord. Mais cela m'était indifférent.

Le rêve avait été très bref. D'abord une sensation agréable se diffusant dans mon ventre, puis mon regard s'était posé sur Eiko qui souriait, épanouie et radieuse, flattant le pénis que j'avais entre les jambes, et il s'était conclu sur un sentiment paisible qui me faisait m'abandonner en me disant : « Tiens, c'est Eiko ! » Je n'avais manifesté aucune surprise dans le rêve, pas plus que je n'avais opposé de résistance. Et j'avais ressenti une grande attirance pour Eiko, plus forte que celle éprouvée dans la réalité.

Impossible de croire à la théorie du rêve comme manifestation d'un désir secret. Je pense simplement que, parfois, les choses qui accaparent l'esprit viennent prendre forme sur la scène de nos rêves. Et justement je me tracassais plus que de raison pour Tamotsu et Eiko. Il m'était même arrivé très souvent d'évoquer l'image d'Eiko en me mettant à la place de Tamotsu. Ce qui pouvait expliquer qu'en rêve j'aie eu un rapport sexuel avec elle comme s'il s'était agi de Tamotsu.

Tout cela était très bien, mais j'avais peine à admettre que j'avais éprouvé du plaisir à l'acte vécu avec Eiko en rêve. J'avais ressenti comme un sinistre présage de m'être caressée à Hakone en évoquant la main d'Eiko, et je m'étais bien juré de ne plus jamais me livrer à des fantasmes aussi pervers. Mais, pratiquement le lendemain, j'étais à nouveau assaillie par un rêve identique. Qu'était-il donc en train de m'arriver ?

Je ferme les yeux et j'essaie de me repasser mon rêve. Pas de doute, il semble que j'y prends plaisir. Tant qu'à prendre son plaisir, peut-être vaut-il mieux le prendre sans réserve. Après avoir goûté une deuxième fois aux voluptés homosexuelles, je n'éprouvais plus comme avant cette réticence pour l'homosexualité. C'était à me demander d'ailleurs pourquoi j'avais éprouvé une telle réticence ? Si j'avais réalisé plus tôt que je pouvais prendre du plaisir aux ébats saphiques…

Consciente que mon esprit battait un peu la campagne, j'ouvris grand les yeux. Ma torpeur avait complètement disparu à présent. J'avais bien failli céder à l'obsession des idées affolantes qui suintaient du rêve. Pour chasser ces fantasmes, je me dirigeai vers la salle de bain.

Tandis que j'étais sous la douche, réglée sur tiède, il me sembla que s'éloignaient enfin les sensations voluptueuses et que ma tête commençait à retrouver sa lucidité. Avec le calme revenu, l'affaire me parut lumineuse d'évidence. Ce pénis entre mes jambes, l'intérêt sexuel que me portait Eiko, tout cela était absolument impensable dans la réalité : alors, à quoi bon fabuler à propos de tout et de rien ? Même s'il ne s'agissait que d'un rêve, c'était moche d'y avoir fait jouer à Eiko ce rôle douteux. Très moche aussi vis-à-vis de son ami Tamotsu. Sans compter que pour Shunji, qui était mon fiancé, ce n'était guère mieux.

Je croyais avoir congédié mes rêves en les cataloguant comme non conformes à la réalité. Lorsque je réalisai que je ne pourrais jamais éprouver dans la réalité ces plaisirs que j'avais ressentis en rêve, sans parler du pénis qui m'y fleurissait à l'entrejambe, je fus tout de même prise d'une touche de nostalgie. Mais ce n'était sans doute qu'un écho des chimères qui s'entêtaient à traîner dans mon esprit…

La vérité c'est que j'avais autre chose à faire que de me préoccuper de Tamotsu et d'Eiko. Shigeki ne m'avait pas encore demandé de préciser mes intentions, mais il me fallait décider si j'allais devenir sociétaire du Flower Show et m'intégrer au spectacle. Si je devais seulement écouter mon envie... eh bien, je n'avais pas envie d'en rester là avec les gens du Flower Show. D'abord je me faisais du souci pour Tamotsu et Eiko, et puis je voulais continuer à voir Shigeki, Aiko et Yôhei. Avec eux, je pouvais avoir des relations agréables. Ce n'était seulement leur caractère qui me plaisait, c'était aussi leur façon d'aborder les gens, une façon qui savait toucher avec beaucoup de finesse les régions les plus délicates du cœur. Si je continuais à les fréquenter, mon attachement pour eux, né au cours de ces trois semaines de voyage, allait sûrement s'approfondir.

Une des raisons qui m'avaient conduite, avant le voyage, à penser que je ne pourrais jamais m'intégrer au Flower Show, c'était que je n'aurais plus le temps de fréquenter l'université. Mais à présent la question de l'université ne me préoccupait pas outre mesure.

Un appel d'une camarade, redoublante comme moi, m'ayant signalé que le deuxième semestre était commencé, je poussai le nez jusqu'à la fac. Un jour seulement, mais qui fut suffisant pour me rendre compte combien tout y était fastidieux, tant les cours que l'ambiance du campus, si bien que j'avais déjà la nostalgie du Flower Show. Dans le fond, je n'avais pas tellement hâte de me voir diplômée, et puisqu'on avait le droit de s'inscrire pendant huit ans, je pouvais très bien rempiler une année encore. Progressivement, j'inclinais vers cette solution.

Mais des hésitations subsistaient encore. Si je devenais sociétaire du Flower Show, il me faudrait monter un numéro dans lequel j'utiliserais Pénis d'orteil devant un parterre de gens salaces, et rien que d'y penser, je n'avais plus du tout envie. Shigeki m'avait cependant assuré que je n'aurais pas à me dévêtir, qu'il me suffirait d'exhiber simplement mon bout de pied. Je ne crois donc pas que j'aurais éprouvé une gêne insurmontable. Si gêne il y avait, elle participait d'un autre ordre, en fait d'une angoisse qui m'arrêtait. Angoisse de me sentir caressée par ces regards visqueux, de devoir annihiler une partie de mon être, ou de m'engager sur un chemin que je n'aurais jamais osé imaginer. Je ne savais au juste, mais j'avais peur, obscurément. J'avais beau essayer de me donner du courage en me disant qu'Aiko et Eiko le faisaient bien, elles, je n'arrivais pas à prendre une décision. Quant à Shunji, c'était comme s'il n'avait jamais d'avis sur la question : « Moi je serais très heureux de voyager encore avec tous ces gens, mais si toi, Kazumi-chan, tu ne veux pas te produire en spectacle, je peux très bien ne pas y aller. »

Etre exposé au regard des gens, et qui plus est, des regards emplis de curiosité et de lubricité, c'est une expérience qu'ignorait Shunji, il ne pouvait pas comprendre. S'il voyait, il s'y opposerait, il ne voudrait pas que j'exhibe ainsi Pénis d'orteil, me disais-je. Ou au moins, comprenant mon angoisse, il me donnerait un avis valable. Mais que je me montre nue ou pas, pour Shunji cela ne semblait pas poser de problème.

Alors que j'étais à retourner la question sans pouvoir me décider, Shigeki m'appela : « Après-demain nous donnons un spectacle dans une suite d'un hôtel de Tôkyô, pourras-tu amener Shunji ? » Il n'effleurait même pas la question de mon intégration au groupe, se bornant à m'informer du programme immédiat, si bien que moi non plus je n'eus pas envie d'en parler et je me contentai de l'assurer de ma présence. La conversation en resta là. J'avais beau avoir le pressentiment que si je ne me secouais pas, je finirais, de fil en aiguille, par entrer au Flower Show, il n'empêche que le jour du spectacle, le volant du Pajero où j'avais installé Shunji me parut bien léger.

Aussitôt arrivée dans le salon de l'hôtel où avait lieu le rassemblement, je repérai Shigeki et Aiko. Allure, vêtements, elle était toujours belle comme un amour, et Shigeki portait ce soir un complet d'une jolie nuance de vert, si bien qu'à les voir assis l'un en face de l'autre à leur table, ils formaient le tableau du couple vraiment idéal, il fallait bien en convenir. Ils se levèrent à notre approche pour nous saluer, Shunji et moi. Et je crois que mon sourire disait assez la joie de nos retrouvailles.

Nous venions de nous installer à la première table de quatre libre, et je laissai mon regard errer sur l'assistance. Il rencontra bientôt certaines lèvres rouges qui allèrent instantanément se superposer dans mon esprit à l'image des lèvres ensanglantées d'Eiko. Et à bien regarder, la propriétaire de ces lèvres peintes en rouge était en effet Eiko, assise à une table en diagonale de la nôtre avec Tamotsu et Sachiè. Du bout des doigts aux ongles manucurés dans un rouge identique à ses lèvres, elle grignotait une côtelette de porc.

En même temps qu'une morsure cuisante à la poitrine, réapparurent les palpitations éprouvées lors des rêves équivoques qui avaient défilé durant le congé, et je devins oppressée. Cette oppression ne m'était pas que pénible, car je ne pensai même pas à détourner le regard. Il fallut qu'Eiko fasse mine de tourner vers moi son visage pour qu'un réflexe me fasse éviter ses yeux et me réfugier dans le verre de muscat de Rivesaltes, que je portai machinalement à mes lèvres.

J'avais bien évité que nos regards se croisent, mais Eiko se leva et vint vers la table que j'occupais avec Shunji. Faisant violence à mon oppression, je levai la tête vers elle. Les lèvres écarlates remuèrent :

— Tu as pu détacher le sang de ta jupe ?

— J'ai préféré la jeter, je crois que c'est indélébile.

Avec les mots, le nœud se desserrait dans ma poitrine. Un nuage passa sur le front d'Eiko, que je dissipai en ajoutant :

— J'en avais assez, de toute façon, de cette jupe. Ça n'a aucune importance.

— Tu crois ? Je suis désolée, tu sais.

— Je voudrais tout de même que Tamotsu s'excuse.

Tamotsu, lui, était resté assis sur sa chaise, il nous tirait crânement la langue. En le voyant, Eiko me dit à voix basse, sidérée :

— Regarde-moi ça un peu ! Quel gosse !

— S'il pouvait être toujours aussi gamin !

Eiko me regarda, je crus avoir dit quelque chose de déplacé. Mais non, elle n'en avait pas pris ombrage, car elle ajouta :

— Je me disais que peut-être vous ne viendriez plus.

— Pourquoi ?

— Je me disais que l'ambiance du Flower Show avait dû vous épouvanter...

J'éclatai de rire. L'ambiance du Flower Show, m'épouvanter ? Pas exactement, car pendant les vacances je n'avais fait que penser à eux. Elle était tellement loin de la vérité que c'en devenait drôle. Toujours riant, mais avec un espoir en tête, je demandai :

— Tu es contente de nous voir ?

— Si je suis contente, bien sûr ! répondit Eiko en s'épanouissant dans un rire radieux.

La joie m'envahit, je pris à témoin Shunji qui sirotait un *salty dog* :

— Tu entends, Shunji ? On est content de nous voir !

— Ben oui, moi aussi je suis content ! fit Shunji.

Nous étions en train de nous réjouir de cette façon puérile, quand Tamotsu vint vers nous en faisant onduler comiquement le bout de sa langue. Qu'avait-il encore derrière la tête, celui-là ? Il entoura de ses bras les épaules de Shunji pour l'attirer à lui et lui plaqua le bout de sa langue sur la joue. Eiko le rappela à l'ordre, mais Shunji, pas du tout décontenancé, se tourna vers lui pour demander :

— C'est toi, Tamotsu ? Que veux-tu ?

— Je voulais que Shunji aussi sache que je suis en train de tirer la langue, dit Tamotsu avec son ricanement familier.

— On se passe bien de ce genre d'information ! dit Eiko.

— C'est en guise de bonjour, mais à ma façon, répondit Tamotsu en toisant Shunji de sa hauteur. D'ailleurs Shunji n'a pas l'air surpris, lui.

— Je ne vais pas sursauter parce qu'on me lèche, tout de même.

— Mais ça fait un effet désagréable, non ? dit Eiko en effleurant la main de Shunji imperturbable.

— Pas désagréable, non, pas du tout. Puisqu'il me disait bonjour.

Eiko prit l'air surpris de celle qui ne comprenait pas. Normal, puisqu'elle ne savait pas que Shunji était aussi familier des relations entre hommes.

Enhardi par son petit succès, Tamotsu tapota le bras d'Eiko :

— Mais avoue-le donc, que j'ai une langue magique, qui donne du plaisir à tous et à toutes.

— T'es pas un peu dingue ? lança Eiko en se détournant de lui.

Bientôt, on nous fit entrer dans la suite prévue. L'espace qui courait de la salle de bain, à gauche en entrant, jusqu'au fond de la chambre nous avait été attribué en guise de loge. Il devait probablement y avoir deux salles de bain, mais celle qui nous avait été allouée avait déjà servi, les quelques cheveux courts et poils pubiens restés collés à la baignoire en faisaient foi. Comme il n'était pas question d'amener dans l'hôtel la console et le tabouret du synthétiseur, ce soir Shunji devrait jouer debout, l'instrument posé sur le bureau. Pas davantage de futon ici, il fallut donc dépouiller un lit de son matelas, qui fut étendu sur la moquette de la pièce de séjour rectangulaire. Les sociétaires du Flower Show allaient devoir se donner en spectacle juste aux pieds de la dizaine de spectateurs qui avaient pris position sur le canapé et les chaises disposés au fond de la pièce.

La moyenne d'âge devait se situer autour des vingt-huit, vingt-neuf ans, beaucoup plus jeune que d'habitude. Sauf pour les trois uniques jeunes femmes, la mise des spectateurs annonçait des hommes du monde des affaires.

— Si jeunes et ça a déjà pris goût aux jeux pervers ! déplora Masami. Ils auraient attendu de prendre un coup de vieux que ça n'aurait pas été plus mal.

— A quoi vont-ils jouer après avec ces trois gamines ? s'interrogea Tamotsu, j'aimerais qu'ils me mettent dans le coup.

— Dans le coup ? Tu y serais, dans le coup, qu'on te laisserait tout au plus glaner les poils de cul qui traînent par terre !

— Même ça, pourquoi pas ? Moi je veux être des leurs !

Ainsi parlait Tamotsu, et il claironna d'ailleurs un rapport fanfaron lorsqu'il regagna les coulisses, son numéro terminé : « Le type qui farfouillait dans la poitrine de la fille pendant que je tripotais Eiko, après il l'a vite laissée en paix, il avait l'air lessivé ! »

Certainement que ce soir Tamotsu n'y avait pas été de main morte pour fustiger le pénis de Shin.

— Tous ces mecs vicieux, moi je vais vous les faire impuissants !

Je partis récupérer Shunji. Remettant à plus tard le rangement du synthétiseur, je comptais le ramener immédiatement à la salle de bain, lui qui était resté tout le temps debout. Mais, au moment où je lui prenais le bras et m'apprêtais à l'emmener : « Mais c'est Shunji ! » s'exclama un spectateur en se levant du canapé pour venir vers nous. Il n'était pas tellement grand, assez ramassé, un type de trente ans environ. « C'est moi, c'est Oinuma », précisa-t-il, comme Shunji s'immobilisait en faisant le geste de tendre l'oreille. Cette fois, Shunji se tourna vers la voix :

— Tama-chan ?

— Mais bien sûr ! C'est moi, Tama !

Ce type ne méritait certes pas le nom de « Tama-chan [1] », il n'était pas assez mignon pour ça, mais le dénommé Oinuma, l'air ravi, donna une tape familière du plat de la main sur la poitrine de Shunji.

— Je me demandais bien, depuis le début du show, si ce n'était pas toi qui jouais, mais je n'étais pas sûr avec cette pénombre.

— Mais que fais-tu ici, toi ?

— C'est une réception pour un gros client que j'ai à charge. Ça veut dire que c'est moi qui dois me faire toutes les attractions grotesques. Ça alors, Shunji, si on m'avait dit que je te trouverais ici ! Mais, explique-moi, comment ça se fait ?

Hésitant apparemment sur la justification à donner, Shunji prit le parti de me tirer par la main en disant :

— Je suis avec ma fiancée.

— Ta fi-an-cée ?

Oinuma jeta les yeux sur moi pour la première fois. Maniant ses globes oculaires à une vitesse redoutable de haut en bas et de bas en haut, il observa ma coupe de cheveux, mes vêtements, pour conclure avec un large sourire : « Ravi ! Shunji et moi, nous nous connaissons depuis le déluge. »

---

1. Quelques dizaines d'acceptions gravitent autour du mot *tama*, la principale étant celle de boule, sphère, balle, puis bijou, perle, etc. Jadis beaucoup de filles, nécessairement « bonnes filles » de la campagne, répondaient au nom de Tama (O-Tama, plus exactement, aussi commun que Marguerite, qui en latin, rappelons-le, désigne justement la perle). Tout ce qui est rond est nécessairement plus parfait que ce qui est carré, surtout pour le visage humain (jusqu'aux bonzes qui s'arrangent toujours pour avoir une bonne bouille ronde). Le *chan*, par contre, n'est que la déformation affectueuse de *sana, san*, suffixe de pure urbanité attaché aux noms, prénoms et aussi choses et fonctions. On entend souvent des chattes répondre au nom de Tama-chan. Bref, tout ce qui répond au nom de Tama-chan est censé être mignon et gentil.

Je m'anéantis dans un salut, mais lorsque je relevai la tête Oinuma avait déjà reporté son regard vers Shunji, tambourinant des deux mains sur ses épaules et ses bras.

— Tu t'es musclé, dis donc. Tu continues la gonflette ?

— Je persévère, oui. Et toi ? fit Shunji en caressant le poitrail et les épaules d'Oinuma. Celui-ci bombait le torse, gonflait ses bras pour mieux les présenter à l'auscultation de Shunji, avec un large sourire béat lui retroussant jusqu'aux dents les babines. Moi, je restai là comme une idiote, ne sachant que faire de ma main que Shunji avait lâchée par manque d'intérêt évident. Je me tortillais dans l'indécision quand, posant une main sur l'épaule de Shunji, Oinuma me toisa de haut.

— Est-ce que je pourrais parler à Shunji rien que cinq petites minutes ? Ça fait tellement longtemps.

Il ne me vint aucune raison valable de refuser, j'acquiesçai donc et Oinuma emmena Shunji près de la fenêtre. Moi, je ramenai le synthétiseur dans la salle de bain où discutaient les sociétaires.

— Il paraît qu'il y a un musicien célèbre parmi les spectateurs.

— Oui ? Qui ça ?

— Là… C'est à peine si j'en connais trois, moi, de musiciens japonais.

— Certainement un musicien connu des seuls spécialistes.

Je rangeai mollement le synthétiseur dans sa housse. Je me sentais mal à l'aise. Ce type, cet Oinuma, bardé d'insolente politesse avec moi, et horriblement familier avec Shunji, c'était évidemment un *homosexuel*. Avait-il fait l'amour avec Shunji ? Oui, cela ne faisait aucun doute. Cette façon qu'il avait de me regarder de haut, du défi dans le regard, pour exiger comme un droit normal que je le laisse s'entretenir avec Shunji. Et puis cette manière qu'il avait de l'attirer près de la fenêtre en lui passant le bras autour de la taille, ça je l'avais bien vu.

En principe, je n'étais pas trop bien disposée vis-à-vis de ceux ou de celles qui, dans le passé, avaient eu des relations sexuelles avec Shunji. Pour la simple raison que, d'après ce qu'il m'en avait dit, tous ceux qui avaient eu des relations sexuelles avec lui, de façon transitoire, à part Chisato bien sûr, n'avaient plus jamais appelé, ce qui donnait à supposer qu'ils avaient simplement utilisé Shunji, trouvant en lui un adolescent à la candeur délicieuse. Il était extrêmement déplaisant, par conséquent, de voir un de ces drôles saisir le prétexte d'un heureux hasard pour adopter des attitudes aussi familières de propriétaire.

J'ai honte de le dire, mais un maelström de jalousie s'agitait en moi. Si Shunji n'avait pas accueilli Oinuma avec autant de bienveillance, celui-ci se serait évidemment désintéressé de lui. Ou plutôt, Shunji aurait pu tenir compte de ma présence, et prétexter un manque de temps pour refuser l'entretien, ou à la rigueur proposer qu'il ne se déroule pas en aparté, mais à trois, en ma présence. Un nœud de reproches fulmina en moi. J'étais en même temps excédée par ma propre intolérance.

Outre que j'étais perturbée par l'idée que c'était peut-être une erreur de ranger Oinuma parmi les homosexuels. N'y avait-il pas parmi les hétérosexuels des hommes qui aimaient à pratiquer le *skinship* ?

Musclé et le poil court, l'image d'Oinuma cadrait peut-être trop avec le profil « homo-macho », mais cela ne voulait pas dire qu'il était homosexuel pour autant. Et que je l'aie trouvé glacial vis-à-vis de la femme que j'étais, cela aussi n'était-ce pas tout bonnement du doux délire ?

En achevant de refermer les fermetures éclair de l'étui du synthétiseur, mon regard tomba sur les jambes parfaitement épilées de Masami assise sur un coin de la baignoire, et je lui demandai : « Peut-on reconnaître les hommes qui sont homos de ceux qui ne le sont pas ? »

Masami, qui fredonnait une chansonnette, articula les paroles de sa réponse sur la mélodie sans l'interrompre :

— Comment veux-tu qu'on s'y retrouve là-dedans ? Quelle gourde !

— C'est vrai ?

— Evidemment, s'ils te balancent de gros regards concupiscents, là tu t'en rends compte. Mais de braves employés qui sablent comme ça leur fiole de complexe vitaminé sur le quai de la gare, bien malin qui ira deviner s'ils sont homos ou non. Qu'est-ce qu'elle vient me chanter cette oie !

Bon, les propos énergiques de Masami m'avaient convaincue, mais j'insistai.

— Le type en conversation près de la fenêtre avec Shunji, tu ne pourrais pas me dire s'il est homo ou pas ?

— Quoi, il y a péril en la demeure pour le pucelage de Shunji ? s'inquiéta Masami, gagnée par mes alarmes qui la firent se lever pour aller examiner sur pièce.

— Je ne vois personne près de la fenêtre, m'informa-t-elle en revenant dans la salle de bain.

Un frisson me parcourut l'échine.

— Et Shunji ? Shunji non plus n'est pas là ?

— Ah Shunji, il est sorti à l'instant, là, précisa Yôhei assis sur le lavabo, le pouce pointé en direction de la porte de la salle de bain. Il était avec un type. Pourquoi ?

Masami me décocha un regard d'intelligence.

— Et ce type, il avait une allure homo ? Shunji se faisait emmener par lui ?

— Il s'est fait embarquer, ou il l'a suivi de son plein gré, ça je n'en sais rien.

— C'est bien le moment de jouer l'observateur objectif ! Il a été emmené par quelqu'un sans rien te dire. Cours derrière, gueule-lui dans les oreilles : « Où vas-tu comme ça ? »

Masami me saisit par le poignet et m'entraîna dehors. Nous courûmes toutes deux vers les ascenseurs, pour constater que tous les quatre se trouvaient en bas au niveau du hall d'entrée. Le temps d'en appeler un et de descendre dans le hall, plus de trace de Shunji. Un coup d'œil dehors à la file d'attente des taxis ne donna rien, nous nous précipitâmes aux parkings des sous-sols. Pas un chat.

— On s'y est pris avec un temps de retard à l'allumage ! pesta Masami en faisait claquer ses doigts.

Lorsque, de la pénombre des parkings, nous remontâmes dans le hall d'entrée, la lumière me parut étrangement blanche. Toute la compagnie du Flower Show était redescendue à présent, mais dans cette lumière blanchâtre, il me semblait voir se dresser des poupées de guignol. J'avais l'impression que l'ensemble du hall, en déséquilibre comme un tableau mal accroché au mur, était sur le point de se détacher et de tomber en nous plongeant dans le noir.

— Désolé, fit Yôhei qui s'approcha de moi en portant le synthétiseur en bandoulière. On aurait dû te prévenir au moment où on l'a vu sortir. Mais on croyait que tu savais.

Lorsque je passai la bretelle du synthétiseur à l'épaule, le poids de l'instrument me fit pencher dangereusement vers l'avant. « Ça ira ? » s'inquiéta Yôhei en tendant la main pour me hisser le synthétiseur sur l'épaule. Aiko vint près de moi. Masami claironna pour tous les sociétaires ce que je lui avais déjà expliqué dans l'ascenseur :

— Il paraît que le type qui a emmené Shunji est un homo avec qui il aurait eu jadis des relations. Il s'est débarrassé de Kazumi en lui disant de le laisser cinq minutes avec Shunji pour parler, et il l'a emmené.

— Et Shunji l'a suivi sans rien dire ?

— C'est ce qu'il semble. Pour moi, il lui aura fait miroiter une proposition alléchante.

— Et je vois qu'il a même abandonné son synthétiseur !

Un à un, les commentaires me faisaient mieux réaliser la situation en se répercutant dans mon cœur. Peut-être que cet Oinuma avait été habile, mais Shunji avait filé sans penser au Flower Show ni à moi. Aiko serrait ma main dans la sienne, et je lui renvoyais de temps en temps sa pression comme le conducteur de train actionnant le dispositif d'homme-mort. L'image de Shunji et d'Oinuma en train d'échanger leur *skinship* enfla dans ma tête jusqu'à l'occuper entièrement comme une nuée ardente.

Shigeki revint de la réception, où il était allé faire un appel sur la ligne intérieure, en annonçant : « Il semble que l'homme qui a emmené Shunji n'est pas du personnel de l'agent musical. Personne ne sait où il a pu aller, disent-ils, ni s'il va revenir, pas plus qu'on me donnait son adresse ou son numéro de téléphone, parce que personne n'emmène ici ses cartes de visite ni son carnet d'adresse, précaution élémentaire. »

Moi je ne sus que répondre à cela évidemment. Le silence s'installa pendant un certain temps, rompu finalement par Tamotsu :

— Ce n'est peut-être pas la peine de s'en faire. Ce serait tout de même énorme qu'il y ait assassinat par enlèvement !

— Non, bien sûr, il ne va certainement pas se faire tuer, admit Sachiè. Le problème c'est qu'elle s'est fait lever son homme, c'est plutôt ça, non ?

— Bah, pour un soir, il te le rendra après, voilà tout !

— Si ça se trouve, Shunji va dire qu'il ne veut plus rentrer ? Car les amours homosexuelles ça se contracte comme une manie.

— Dis donc, la dadame, ne vois pas tout en noir, et d'un ; et de deux, rien ne dit que Shunji passera à la casserole ce soir.

— Ecoute, voilà, me dit Shigeki en me mettant la main à l'épaule, ça ne sert à rien de rester ici. Rentre chez toi et attends, ça vaut mieux. Il est évident que Shunji va t'appeler.

J'acquiesçai. Mais mes jambes me refusèrent tout service. Tout se passait comme si j'avais oublié comment se mouvait une jambe. Aiko m'entraîna par la main qu'elle me tenait toujours. Alors je m'aperçus que j'avais continué de la serrer de toutes mes forces, et je la lâchai. De sa main libérée, Aiko voulut à nouveau me prendre le bras, mais lorsque mon regard tomba sur le dos de la main qui se tendait, j'eus la respiration coupée : les marques de mes ongles s'incrustaient en cramoisi sur la peau blême. J'essuyai mes paumes moites de sueur à ma jupe.

— Excuse-moi, je ne savais pas ce que je faisais.

— Aucune importance, de toute manière j'en ai partout, des marques.

Une douleur nouvelle me zébra la poitrine, ma vue revint à la normale et la force recommença d'irriguer les membres.

— Toi, il vaut mieux que tu ne conduises pas. On t'emmène avec le Pajero jusque chez toi, proposèrent Shigeki et Aiko. Coincée entre eux deux, je descendis aux parkings des sous-sols. Je ne sais pas pourquoi, Eiko et Tamotsu nous avaient accompagnés et montèrent dans le Pajero avec nous. « Connard de Shunji ! » s'époumona Tamotsu dès que l'on commença à rouler. Le glacier de mon cœur s'en trouva légèrement réchauffé.

Cette nuit-là, je ne fermai pas l'œil, et Shunji n'appela pas. Ce fut une longue nuit. Tous mes efforts pour empêcher mon esprit de travailler furent vains, je ne pouvais me défendre de penser à ce que Shunji était en train de faire avec Oinuma. Je frissonnais malgré les trois couvertures de tissu éponge. D'après ce que je savais du caractère de Shunji et de son curriculum sexuel, j'étais sûre que si Oinuma lui mettait « la main au panier », il était du genre à marcher sans autre forme de procès. Il était même capable d'y apporter une attitude très positive et d'y prendre tout son plaisir.

Quelle mouche l'avait piqué pour suivre ainsi Oinuma ? Est-ce qu'il pensait au sexe dans un coin de sa tête ? Non, certainement pas, ce qu'il avait en tête, c'était la joie de retrouver une ancienne connaissance, sans plus. D'ailleurs l'acte sexuel, chez lui, n'était pas commandé par une inclination particulière, il s'agissait simplement de « fraterniser », de répondre quand, et parce qu'on était sollicité. Nul besoin donc de réfléchir profondément. Il ne devait même pas avoir conscience qu'en ayant une relation sexuelle avec Oinuma il me faisait une infidélité. Et pour moi, c'était même plus qu'une infidélité. Shunji était parti sans m'avertir. N'étais-je donc pour lui qu'une existence qui pouvait être gommée aussi légèrement à tout moment ? Avais-je une conscience excessive de ma propre valeur en estimant que j'avais droit à un traitement de faveur du fait qu'il m'avait choisie pour partager sa vie ?

J'avais beau conjurer la scène du coït entre Shunji et Oinuma, elle venait s'imprimer avec insistance derrière mes paupières. Cette manière qu'ils avaient eue de s'examiner pour apprécier combien ils s'étaient musclés pendant tout le temps où ils ne s'étaient pas vus. De se donner de petites claques sur les bras, les épaules, les pectoraux, de se tripoter, de se pincer le muscle du bout des doigts. En moins que rien, leurs palpations de maquignon étaient devenues proches de la caresse. Oinuma embrassait-il Shunji ? Le serrait-il dans ses bras, le couvrait-il de son corps ? Shunji prenait-il dans sa bouche le pénis d'Oinuma avec le plus grand naturel ?

Je ne détestais pas les fantasmes homosexuels, mais quand ils envahissaient le réel, ce n'était plus drôle. J'essayai de me consoler vainement en me rappelant ce que Shunji m'avait dit un jour lointain, que se tripoter entre hommes ce n'était pas ce qu'il y avait de plus amusant, les femmes c'était bien mieux. Piètre consolation. Ce n'était pas contre le plaisir qu'ils se donnaient que ma jalousie fulminait. Mais lorsque je pensais à l'intimité qu'ils étaient probablement en train de partager, un insupportable sentiment de solitude m'assaillait.

Toute torturée que j'étais par ma propre imagination, je trouvai tout de même le moyen d'aller jusqu'au bout de cette nuit, en m'efforçant de me répéter ce qu'avait dit Tamotsu, que ce ne serait peut-être pas ce soir qu'Oinuma ferait passer Shunji à la casserole et qu'ils étaient peut-être simplement en train de se raconter toutes les histoires qu'ils avaient en retard. Le lendemain soir, j'appelai chez Shunji, mais je tombai sur le répondeur. Me disant qu'il serait bien rentré pour la nuit, je décidai de pousser jusque chez lui, j'avais aussi le Pajero à rendre.

J'arrêtai le Pajero devant la maison de la tante de Shunji et j'allai droit au studio. Il n'y avait pas de lumière, ce qui était normal, mais la fenêtre était fermée et la climatisation ne fonctionnait pas, ce qui l'était moins, car cela dénotait au premier coup d'œil l'absence de l'occupant. Je ne pus cependant me défendre de heurter la porte. Un bruit de désolation se répercuta dans mon cœur.

Alors que je tournais les talons, une fenêtre du premier de la résidence s'ouvrit.

— Tiens, c'est toi ? Que se passe-t-il ? demanda Chisato.

— Shunji n'est pas rentré ? demandai-je, prête à m'agripper à n'importe quoi.

— Apparemment, il n'est pas rentré, non. On le croyait chez toi…

Me voyant sans voix, Chisato disparut de la fenêtre et, quelques instants plus tard, la porte vitrée donnant sur le studio s'ouvrit et Chisato descendit au jardin. Je fus surprise par l'aspect de son visage, une fois qu'elle fut devant moi. La lumière tombant de la fenêtre du premier suffisait pour révéler que sa joue gauche avait viré au bleu noirâtre.

— Où t'es-tu fait ce bleu ? demandai-je, remettant à plus tard ma propre histoire. Chisato porta vivement la main à la joue gauche, avec un petit gloussement, comme si je l'avais rappelée à une réalité.

— Ça, tu vois, c'est l'ordre de chevalerie de la femme !

— Iwai-kun t'a battue ? demandai-je en même temps que refaisait surface mon aversion pour le personnage. Comment peut-il faire une chose pareille ?

— Quelle importance ! Puisque Haruhiko m'aime. Il cogne, mais c'est pour s'administrer la preuve qu'il ne se soumet pas à l'amour qu'il a pour moi. En tout cas, c'est ce qu'il a dit. Mais dis-moi plutôt, qu'est-ce qui se passe avec toi ?

Une fois exposées les circonstances de la disparition de Shunji, Chisato se rembrunit pour me dire :

— Cet Oinuma, c'est un homo pur et dur.

— Ah oui ? fis-je, tandis que mon cœur battait à tout rompre.

— Avant, il emmenait souvent Shunji au gymnase. Et il m'envoyait promener, moi l'imprésario. C'est un sale type.

Je m'étais tue. Chisato, me considérant le menton levé, y alla de son commentaire aimable :

— C'est malin, hein, le laisser filer sous tes yeux !

— Oui, dis-je pour toute réponse.

— Tu m'excuseras, mais je trouve que tu ne l'as pas volé !

Encore une fois, je ne pus qu'émettre un « oui » embarrassé. Me voyant effondrée, Chisato radoucit le ton pour conclure : « Je vois que la manie homosexuelle de Shunji ne s'améliore pas. »

Ce serait donc une manie ? Moi j'avais plutôt tendance à penser que Shunji n'établissait pas la distinction entre amours homos et hétéros. Mais je préférai ne pas le dire à Chisato.

— Une chance finalement que ce soit avec un homme, non ?

— Comment ça ?

— On dit qu'entre homos ça ne dure pas.

Dans ce cas, Shunji allait me revenir sous peu ? Si seulement il me revenait, je pourrais oublier toute la tristesse et l'abandon que je ressentais en ce moment. J'avais envie de hurler « Reviens ! » afin que Shunji m'entende.

Pendant que je rentrais le Pajero dans le garage, Chisato demeura bras croisés à me regarder, sans entrer dans la maison. Au moment de m'en aller je lui fis un salut, qu'elle ne me rendit pas d'ailleurs, mais elle dut tout de même me regarder m'éloigner. Lorsqu'on est dans au trente-sixième dessous, la moindre attention, comme reconduire quelqu'un, fait plaisir. Je me dis que si un jour je devenais parente de Chisato en épousant Shunji, je me souviendrais de cette gentillesse d'aujourd'hui et je ferais un effort pour m'entendre avec elle. Mais ceci dépendait d'un retour de Shunji…

Ce soir-là non plus, il n'y eut aucun appel. Et pas davantage le lendemain. Je commençais à avoir de sérieuses inquiétudes pour sa sécurité. Tout Shunji qu'il était, il était tout de même impensable qu'il m'oublie ainsi pendant trois jours. Peut-être était-il à demi séquestré et qu'on l'empêchait d'appeler. Ne sachant vraiment plus quoi faire, le quatrième jour, peu après midi, j'appelai Shigeki. Il poussa un rugissement quand je lui dis que Shunji ne m'avait donné aucun signe de vie.

— Ne faudrait-il pas prévenir la police ?

— La police… ? soupira Shigeki, mais comment lui expliquer ça à la police ?

Bien sûr. Il ne pouvait être question de divulguer l'existence du Flower Show à ces messieurs.

— Note que j'ai effectué des recherches de mon côté. Le dénommé Oinuma Tamayuki serait l'imprésario privé d'un musicien, un certain Kusakabe Shinobu. Cela fait dix ans qu'il navigue en franc-tireur dans les eaux du show-biz, tantôt comme intermédiaire entre les nègres d'un grand nombre de musiciens de troisième ordre, tantôt en offrant ses bons offices pour des entreprises louches, etc. Bien qu'il soit free-lance, il doit être possible de faire pression sur lui pour qu'il restitue Shunji.

— Ne parle pas ainsi de restitution, dis-je en interrompant Shigeki. C'est à Shunji de décider s'il revient ou non, je n'ai pas besoin qu'on exerce des pressions. Ce que je voudrais surtout savoir, c'est si Shunji est sain et sauf, et je voudrais entendre sa voix.

— Entendu, on va agir dans ce sens.

J'eus finalement un appel de Shunji vers les dix heures du soir. Il semblait n'avoir aucun souvenir de m'avoir laissée en plan, car il commença à parler avec animation : « Tama-chan m'a trouvé un boulot en or ! Figure-toi que je suis bombardé compositeur attitré de Kusakabe Shinobu. Bien sûr, mon nom n'apparaîtra pas, je lui sers de nègre, mais je toucherai des royalties en masse. Et j'aurai mes entrées dans les studios comme responsable des claviers et puis surtout je participerai aux tournées. »

C'était à se demander à qui Shunji croyait parler. Cette voix qui aurait dû me réconforter résonna à mes oreilles avec un son criard et désagréable.

— C'est une proposition alléchante, bien sûr, mais que deviennent les voyages du Flower Show là-dedans ?

— Eh bien, je ne pourrai plus suivre, évidemment. D'ailleurs Tama-chan dit que ça ne mène à rien de cachetonner avec des saltimbanques, il dit que je dois me faire connaître au grand jour. Vas-y seule, Kazumi-chan. Et tu me raconteras chaque fois qu'on se reverra.

— Qu'on se reverra ? Parce qu'on va se revoir ?

— Bien sûr qu'on va se revoir. Pourquoi dis-tu cela ? Ta voix est bizarre…

N'en pouvant plus, je laissai paraître mon sentiment :

— C'est maintenant que je veux te voir. Qu'est-ce que tu as fichu pendant ces trois jours ? Pourquoi n'as-tu pas appelé plus tôt ?

Shunji demeura un instant interloqué.

— Mais je suis avec Tama-chan. Il vient d'essuyer un gros chagrin d'amour, il est si seul, seul ! Tu ne peux pas imaginer cette solitude.

— Mais tu disparais ainsi sans rien dire ! Tu ne crois pas qu'on s'inquiète, non ?

— S'inquiète ? Oui, c'est vrai ça. Oh, tu dois m'excuser !

Il s'excusa, mais pour la forme seulement, car il ne faisait aucun doute qu'il n'avait aucune idée de ce que cela pouvait être, s'inquiéter.

— Mais où es-tu en ce moment ? On ne peut pas se voir ?

— Attends un instant.

J'entendis que Shunji s'éloignait du téléphone, des échos de conciliabule me parvinrent vaguement. La conversation s'éternisait. S'il discutait avec Oinuma pour savoir s'il allait me rencontrer, cela voulait dire qu'il n'en avait pas tellement envie. Je fis un effort au moins pour ne pas larmoyer, mais je fus saisie d'un tremblement. Je me plaquai la main sur la bouche car un cri risquait de jaillir en même temps que ma respiration.

— Ecoute, résonna la voix désolée de Shunji, Tama-chan est en train de dire qu'avec ce qu'il a bu ce soir, il ne pourra pas me reconduire en voiture, et comme il doit me faire rencontrer demain une foule de gens, en ce moment ce serait plutôt difficile.

J'aurais voulu éviter les jérémiades pitoyables mais, au diable mon prestige, je lui demandai quand même :

— Shunji, tu peux donc rester sans me voir ?

— Oui, oui ! Tout à fait ! Ne t'en fais pas !

Comme sa réponse avait sonné claire et joyeuse ! Je comprenais bien qu'il n'avait pas voulu me blesser, mais lui n'avait rien compris à la plainte amoureuse qui pointait sous ma question, et cela me tarauda cruellement le cœur. La voix guillerette de Shunji enchaînait déjà : « Pendant un moment, Tama-chan s'occupera de moi. Porte-toi bien, Kazumi-chan. Je te tiens au courant, tu sais ! »

Et il raccrocha sur un joyeux « A plus tard ! ». Je restai pétrifiée, le combiné collé à l'oreille. Le message était clair, on n'allait plus se voir pendant un temps indéterminé, et pour employer l'expression consacrée, je me trouvais proprement « en rade ». Le combiné m'échappa des mains, je me couvris les yeux.

Shigeki et Aiko vinrent me rendre visite.

En entendant la sonnette, j'eus l'espoir que c'était Shunji qui venait me voir, mais quand j'ouvris la porte, ils se tenaient tous les deux silencieux devant moi. Je mentirais en prétendant que je ne fus pas déçue, mais aussi en disant que ce ne fut pas un soulagement de voir leurs têtes à tous deux. Ma mine leur fit aussitôt baisser les yeux.

Ils entrèrent, et à peine assis, Shigeki me demanda :

— Tu as pu joindre Shunji ?

— Oui, dis-je d'une voix qui n'était plus tout à fait la mienne car cela faisait plusieurs jours que je ne l'avais pas utilisée.

— Le lendemain du jour où tu m'as appelé, j'ai pu avoir Oinuma au téléphone. Il m'a annoncé que l'affaire était réglée entre Shunji et toi et qu'il était inutile que je vienne de nouveau tout embrouiller en m'en mêlant. Son ton était plein d'assurance.

Shigeki avait dit ces derniers mots en me regardant droit dans les yeux. Comprenant qu'il attendait une réaction de ma part, je réfléchis à ce que je devais dire :

— Alors Tama-chan est sûr de pouvoir veiller sur Shunji ?

— Tu es d'accord, toi, de lui abandonner Shunji ?

— Shunji semble vouloir être avec lui pour le moment, m'entendis-je répondre d'une voix étrangement traînante. A quoi ça servirait de le récupérer de force ?

Shigeki et Aiko se dévisagèrent.

— Si Shunji voyait le teint pâle que tu as en ce moment…

— Il ne voit pas.

Shigeki ravala ses paroles, mal à l'aise. Je lui expliquai :

— Shunji appartient à ce genre de personnes qui ne s'investissent jamais très à fond dans rien, j'aurai beau lui expliquer combien je me suis investie dans notre relation, et dans quel état je me trouve maintenant que cette illusion vient de s'écrouler, il ne pourra pas comprendre. D'ailleurs c'est pour ça aussi que je ne me reconnais pas le droit de lui reprocher quoi que ce soit.

— Oui, tu as raison, opina Aiko.

— Shunji s'est éloigné de moi, bon, mais il n'est pas mort. Si on est tous les deux en vie, on pourra très bien se retrouver un jour. Et dire que je me tracassais pour Eiko en me demandant si Tamotsu n'allait pas la lâcher, et voilà que c'est moi qui suis lâchée par Shunji, dis-je en riant, car je venais de me rappeler mes vaines angoisses pour ce couple.

— Tu vas aux cours ? demanda Shigeki.

— Je n'y vais pas, je n'en ai pas la force, dis-je.

A cette réponse, Shigeki prit un air plein de sollicitude pour me proposer avec circonspection :

— Alors, pourquoi tu ne nous accompagnerais pas encore une fois en tournée ? Plutôt que de te claquemurer ainsi, ça te changerait les idées.

— Je n'arrive pas à me résoudre à paraître dans le spectacle, avouai-je franchement.

— Mais on ne te demande pas de t'intégrer au spectacle.

— Et en plus de ça, vous aurez à vous occuper de moi.

Shigeki, qui semblait avoir prévu ma réponse, se mit à débiter un argument sans doute préparé à l'avance :

— On pourrait voir les choses ainsi : pour te changer les idées, tu seras du voyage. Nous, on essayera, à l'occasion, de te convaincre de devenir sociétaire. Disons que ce sera… un jeu. Si à l'issue du voyage, tu n'as toujours pas envie de te joindre au spectacle, ce sera toi la gagnante. Et si on réussit à te convaincre, c'est nous qui aurons gagné. Qu'est-ce que tu dis de ça ?

— La fois d'avant, intervint Aiko, comme on n'avait pas encore songé concrètement au genre de numéro que tu pourrais présenter, on manquait d'arguments pour te convaincre. C'est nous qui avons été négligents, en fait. On est même gênés de t'avoir ainsi traînée pour rien pendant trois semaines.

— Mais pas du tout, je me suis amusée, au contraire !

Cela m'avait échappé, ce qui fit rire Aiko, comme si c'était ce qu'elle attendait.

— Alors, pourquoi ne viendrais-tu pas ? Laisse-nous une nouvelle chance de te convaincre.

Shigeki et Aiko venaient de marquer le premier point. J'acquiesçai en échangeant une poignée de main.

Deux jours plus tard, je me dirigeais avec ma petite valise vers la gare de Shinjuku-Sortie ouest, où attendait le minibus du Flower Show. Pendant que je restais confinée chez moi, le Flower Show avait donné des représentations dans Tôkyô et sa proche banlieue. Mais aujourd'hui c'était le départ pour une tournée de vingt jours dans le Hokuriku et le Tôhoku. Un coup d'œil au miroir avant de sortir m'avait rassurée : j'avais repris un peu de couleurs. Mon désir de me frotter aux gens était à son paroxysme, dès que je vis les sociétaires je fus contente.

Tamotsu n'avait pas plus tôt aperçu ma tête qu'il m'accueillit d'un quolibet : « Alors, la larguée ! »

En riant, que pouvais-je faire d'autre, je lui lançai mon sac de voyage. Il l'esquiva d'un saut et ce fut Eiko qui l'intercepta. Muette, elle me gratifia d'un sourire. Masami se jeta sur moi :

— Alors, Shunji t'a abandonnée, à ce qu'il paraît ? C'est vrai que ce garçon avait tellement d'amis bizarres.

— Tous ces gosses pour qui c'est moi-d'abord, intervint Tamotsu, et qui manquent totalement d'attention aux autres…

— Parce que toi tu fais attention aux autres ? coupa Eiko.

— Plus que Shunji, en tout cas.

— On demande à voir.

— Et dire que vous faisiez si bien « ti-empereur titimpératrice » ! se lamenta Masami.

— En définitive, les uns comme les autres, nous ne sommes jamais que de tristes humains de chair et de sang, dit Sachiè en se joignant à l'improviste au chœur.

— Paroles justement inspirées par l'accumulation des cercles d'aubier sur le tronc de l'arbre, railla Tamotsu. Mais sans prêter attention au trait, ou sans le comprendre, Sachiè poursuivit, tournée vers moi :

— Pas seulement Shunji, tu sais, mais tous les hommes : il faut continuellement s'occuper d'eux.

— Mais encore ? demandai-je.

— C'est-à-dire qu'il faut bien leur mettre en tête qu'on est pour eux la femme absolument irremplaçable.

— Oui, ça je l'avais déjà compris.

— Non, c'est ce que tu ne comprenais pas, justement ! fit Sachiè, catégorique. Je suis désolée de devoir te dire cela en un moment pareil, mais tu l'abandonnais trop souvent à lui-même. Moi, je vous ai bien observés tous les deux. Pour les repas, par exemple, tu ne lui donnais jamais à manger, alors qu'il n'y voit strictement rien.

— Mais une fois qu'il connaît la disposition des bols et des plats, il sait se débrouiller tout seul.

— La question n'est pas de savoir s'il peut ou ne peut pas manger seul. C'est comme ça qu'un homme se prend d'amour pour la femme qui sait l'emberlificoter dans les rets de mille et une attentions, il aime ça, il est heureux !

Bon, je connaissais l'existence de cette généralité, mais me l'entendre débiter ainsi me laissait pantoise.

— Mais se faire aider à tout bout de champ pour des choses qu'on est capable de faire soi-même, objectai-je, c'est comme se faire traiter en enfant perpétuel, ça doit finir par énerver ? Moi, ça me met mal à l'aise quand au restaurant un type me tire la chaise pour m'asseoir, ou s'expulse de son siège pour faire le tour de sa voiture et m'ouvrir la portière. Je pense que ce doit être la même chose pour Shunji.

— Quelle obstinée ! Elle n'a toujours rien compris au jeu subtil de l'homme et de la femme.

— Ce que tu dis là, Sachiè, on le trouve parfois écrit dans les livres et les magazines. Mais pour moi, c'est comme si c'étaient des règles régissant un autre univers. Tout l'intérêt que j'y trouve, c'est de me dire qu'il doit exister quelque part dans le monde des hommes et des femmes qui prennent leur plaisir à se dévouer l'un pour l'autre. Mais ça ne me paraît pas très réel. Toutes ces choses qui ont l'air vraisemblables, mais qu'on a peu de chances de rencontrer dans la réalité, j'ai l'impression que ce sont des choses qui n'arrivent que dans les livres. C'est comme si on me racontait des contes de fées.

— C'est toi au contraire qui vis dans un univers de contes de fées, répliqua Sachiè qui avait l'air vexée. Regarde-moi, c'est parce que j'ai ce handicap physique que je m'épuise pour ne pas me faire larguer. Je me demande si tu te rends bien compte de tout ce que je dois déployer comme efforts ?

— D'abord, elle téléphone tous les jours ! claironna Tamotsu.

— Je ne veux pas entendre un mot de plus ! s'écria Sachiè en fustigeant Tamotsu d'un regard furibond. C'est pour son bien que je la mets en garde.

— De toute manière c'est trop tard, puisque Shunji s'est tiré !

Mais Sachiè semblait vouloir s'étendre sur le sujet :

— Entre homme et femme, il est capital d'adopter une stratégie.

— Tu perds ton temps, dit Shigeki en tapotant par-derrière l'épaule de Sachiè, Kazumi ne peut pas comprendre ce que tu dis.

— Et moi aussi je n'y comprends rien ! lança Aiko qui avait déjà posé le pied sur le marchepied du minibus. Ce doit être le fossé des générations ?

— Mais moi je comprends très bien, murmura Masami. Je connais une fille qui a été abandonnée parce que lui, il en avait plein le dos de sa suffisance d'épouse modèle.

— Il faut dire qu'il y a de par le monde toutes sortes de relations entre hommes et femmes, résuma Yôhei.

— Voir les choses sous cet angle serait le plus sage, conclut gentiment Shigeki en mettant son bras sur l'épaule de Sachiè pour l'inviter à monter dans le minibus. Nous embarquâmes à leur suite.

Lorsque je me retrouvai comme la première fois sur la banquette du fond, je ressentis fortement l'absence de Shunji. Au moment où je sentais monter en moi une vague de nostalgie, Aiko vint s'asseoir à côté de moi. Et Tamotsu, toujours à l'avant, se retourna vers moi :

— Moi je saurai bien t'amuser.

— C'est ce que je redoute ! dis-je en me ravisant, car j'avais d'abord voulu le remercier pour cette intention.

On entendit rire Aiko et Eiko.

— Absolument, je me méfierais à ta place.

— Je vois que tu as enfin compris quel genre de personnage il est.

Le minibus s'ébranla tandis que j'échangeais un sourire muet avec Tamotsu.

11

La défection de Shunji m'avait privée de mes attributions d'assistante du pianiste de la compagnie, mais on m'attribua une fonction nouvelle, qui consistait à appuyer sur le bouton du magnétophone dispensant la musique de fond des numéros, préalablement enregistrée sur cassettes.

Désireux que je ne me sente pas mal à l'aise de tourner avec la troupe sans remplir aucune fonction précise, Shigeki avait sans doute tenu à me donner un travail de pure forme, mais à force de répéter chaque jour ce travail si bête qu'un singe s'en serait fort bien acquitté, le sentiment de mon inutilité me rendit plus misérable encore. Moi qui hésitais encore à me produire dans le spectacle, cela eut au moins l'avantage de me donner envie d'envisager positivement cette éventualité.

Shigeki, qui avait promis d'essayer de me convaincre pendant le voyage, n'était pas encore venu déployer son argumentation. Attendait-il que je me rétablisse du choc que m'avait causé la récente disparition de Shunji ? Je traversais des nuits d'insomnie. Seule dans la chambre, je me mettais au lit en faisant le vide dans ma tête, car je ne voulais pas me souvenir de Shunji. Mais mon cœur lancinait sourdement et sans que je m'en rende compte, déjà perçaient les lueurs de l'aube. Je n'en avais pas vraiment conscience, mais je devais certainement présenter une mine lasse qui décourageait tout abord.

Seul Tamotsu m'approchait sans hésitation : « Moi je me branlerais un bon coup, tu sais, préconisait-il chaque fois qu'il voyait ma tête. Dans les coups durs, rien de plus salutaire qu'une bonne petite branlette ! »

Mais peut-on avoir l'esprit au plaisir, quand le cœur est un blanc suaire ? Au début, je ne tenais pas compte de ce qu'il disait, mais à force de me l'entendre répéter, le mot de masturbation finit par me rester collé au fond de l'oreille, et une de ces nuits où le sommeil me fuyait, je tentai l'expérience.

J'avais pensé que même si l'ambiance sensuelle n'était pas au rendez-vous, du moins les caresses pourraient éveiller le plaisir. Las, nulle région du corps, à commencer par Pénis d'orteil, ne put être créditée de résultats bien brillants. Mon entêtement n'aboutissait qu'à provoquer des douleurs, et l'érection de pure forme de Pénis d'orteil semblait plutôt une enflure occasionnée par on ne sait quelle infection de peau. A ce train-là, l'aurais-je désiré que je n'aurais même pas pu me produire dans le moindre numéro ! Je me sentis devenir de plus en plus cafardeuse. Aussi, la fois suivante que Tamotsu préconisa la masturbation, je lui rétorquai :

— Ça ne marche pas, mon corps est comme mort.

— Ah bon ? Ça ne marche pas ? s'étonna Tamotsu en hochant dubitativement le menton. Comment ça se fait ?

— Tu pourrais toi, Tamotsu, quand tu sors d'un chagrin d'amour ?

Tamotsu eut son petit rire sardonique.

— Moi c'est simple, je ne peux jamais, alors ! Pas plus de vicomte de la Paluche que de comtesse de la Baise, de masturbation que de d'étreinte profonde.

Il ne fallait pas être grand clerc pour deviner qu'avec ce corps, Tamotsu ne devait réussir ni ses masturbations ni ses coïts, mais puisqu'il me le conseillait, j'imaginais qu'il avait dû se bricoler son système D de masturbation bien à lui. Tout en réalisant que c'était là une question idiote, mais que si je m'excusais, l'ambiance allait se détériorer, je pris donc un air volontairement inquisiteur pour lui demander : « Alors comme ça, tu conseilles aux autres quelque chose que tu n'as jamais fait ? »

Tamotsu se gratta le coin de la bouche où vint flotter un léger sourire :

— Disons que j'imagine quels doivent être les effets d'une masturbation.

— Eh bien, ton imagination te trompe, voilà tout !

— Vraiment ? Mais tu dois être un peu particulière, non ? Parce que les hommes et les femmes normaux, tu crois pas qu'ils se masturbent pour tromper la mélancolie de leurs déboires amoureux ?

— Peut-être certains, mais je crois que la plupart en sont incapables.

— C'est si pénible que ça un chagrin d'amour ? demanda Tamotsu en plongeant son regard dans le mien. Je n'en ai jamais eu, moi, comment veux-tu que je sache ?

— Vraiment ?

Là, j'étais tout de même un peu surprise. Moi je connaissais à vingt-deux ans mon premier chagrin d'amour, mais comme je me considérais un peu comme une attardée en fait de maturation sexuelle, je me disais que les autres, ayant commencé plus tôt à aimer, avaient forcément dû faire cette expérience plus tôt que moi.

Tamotsu tourna la tête du côté d'Aiko, Eiko et Shigeki qui bavardaient non loin de là :

— Aiko, tu as déjà eu un chagrin d'amour, toi ?

— Non, répondit aussitôt Aiko. Je n'ai jamais quitté un homme et un homme ne m'a jamais quittée.

— Et Shigeki ?

— On peut dire que souvent le bilan a été déficitaire, je me rendu compte que j'avais été le seul à donner, mais pendant la relation, il n'est jamais arrivé qu'on me déteste ou qu'on en ait assez de moi.

Cette façon de préciser clairement la définition du chagrin d'amour dans sa réponse ressemblait bien à Shigeki.

Tamotsu n'alla pas jusqu'à questionner Eiko sur ce sujet, il se tourna à nouveau vers moi, les mains jointes.

— Bon, je ne vois pas très bien où tu veux en venir, mais si c'est tellement dur pour toi, je te passerai mon *famicon*[1]. Quand on a un coup dur à encaisser, rien de tel qu'un bon coup de *famicon.*

Ce soir-là, dans le minibus qui nous ramenait du lieu du spectacle à l'hôtel, Tamotsu me remit, non pas son jeu électronique portable qu'il m'avait déjà prêté dans le minibus, mais une console de jeu qui pouvait se brancher sur le téléviseur. Les jeux vidéo étant pour moi un mystère, j'ignorais tout du branchement sur le téléviseur. Ce que je signalai à Tamotsu, qui tomba à la renverse en disant qu'on avait peine à croire que j'étais de mon époque, et il vint dans ma chambre de célibataire avec Eiko.

Après m'avoir montré l'installation de la console, Tamotsu ne semblait pas vouloir s'en retourner. Vautré sur le lit, il jouait cette fois au professeur, non sans y mêler quelques injures, tellement je m'embrouillais avec les boutons de la manette et j'étais lente à assimiler les règles du jeu. « Combien de fois faut-il te dire que là tu saisis ton arme, tu ne vois pas que comme ça, tu n'avanceras pas d'un pouce ? Mais vas-y, saute-le ce monstre, c'est le seul moyen ! Mais non, y faut pas lui monter dessus, qu'est-ce que tu vas faire perchée là-haut ? » Et ainsi de suite. Au moment où je commençais à en avoir ma claque de me faire houspiller, et sans doute que lui aussi avait touché le fond de l'exaspération, il me prit les commandes des mains en annonçant : « Je vais te montrer comment on fait ! »

— Si tu t'amuses tout seul, ça lui fait une belle jambe ! lança Eiko du fond de son fauteuil à Tamotsu,

1. Abréviation de *family computer* : « jeu informatique familial » ; console portable que l'on charge d'un logiciel de jeu électronique genre Nintendô et branche sur le téléviseur.

qui était rapidement passé du niveau 1, trop facile pour lui, au niveau 2.

— Mais il faut quand même que je lui montre comment on s'y prend, protesta Tamotsu scotché à l'écran. Tu vois, si tu sautes ici, t'as un *shelter* qui te descend là, comme ça !

Mais bientôt, il se mura dans le silence, vissé à son jeu comme un maniaque. J'étais assise sur le bord du lit, Eiko se tourna vers moi : « Je crois qu'il n'y a pas un soir où il ne s'éclate pas sur son *famicon.* »

Elle s'inquiétait de la grossièreté de Tamotsu qui s'amusait tout seul, mais je n'y avais pas fait attention. D'abord parce que j'étais moi-même captivée par les cascades étourdissantes d'images colorées se succédant à l'écran, et aussi un peu exaltée par cette visite de Tamotsu et Eiko qui était venue rompre la solitude de mes soirées.

Ce ne fut qu'à la troisième observation d'Eiko que Tamotsu consentit à abandonner sa console. Après qu'ils se furent retirés vers minuit, j'attaquai le jeu, et ça ne manqua pas, je me laissai prendre et l'aube me surprit gesticulant et m'amusant comme une folle. Tant qu'à passer une nuit blanche, mieux valait que ce soit en s'amusant plutôt qu'en gémissant de douleur. Le lendemain et le surlendemain, je passai la nuit à jouer. Si je fermais les yeux en plein jour, immédiatement surgissaient les personnages psychédéliques et hilares de l'écran.

— Quand on a un coup dur à encaisser, rien de tel qu'un bon coup de *famicon* ! avait décrété Tamotsu, et je trouvais qu'il n'avait pas tort. Tant qu'on était dans le jeu, on pouvait se vider la tête sans effort, tristesse et solitude s'envolaient. Le jeu vidéo possédait une efficacité redoutable qui était absente des sports et autres divertissements. Car on avait beau s'y investir éperdument, ils ne vous permettaient jamais d'oublier totalement la réalité. Tandis qu'avec le jeu vidéo, on accédait de plain pied à un nirvana virtuel comme si on était devenu un élément de l'ordinateur. C'était surtout le fait de se placer sous la dictature de l'ordinateur et d'abandonner tout son être à un processus électronique qui était amusant. Bien que très différente du plaisir sexuel, il y avait là une certaine ivresse des sens.

Evidemment, le jeu aussitôt abandonné, la réalité revenait au galop avec son cortège d'impressions pénibles. Car je savais bien que même s'il était possible d'anesthésier temporairement mes sentiments, tant que ne s'effacerait pas la cause de la douleur, aucune solution n'était à espérer. Mais j'avais beau me dire que ce n'était qu'un palliatif qui ne servait à rien d'autre qu'à tuer le temps, dès que j'étais dedans, je ne pouvais pas arrêter.

Tamotsu se moquait de mes yeux gonflés par mes débauches électroniques : « Et alors ? On devient moins mauvaise ? »

Je faisais beaucoup de progrès. La fois suivante que j'invitai Tamotsu et Eiko dans ma chambre, je leur montrai de quoi j'étais capable. Et quand je voulus me mesurer à Tamotsu, persuadée de ne pas faire le poids, à ma grande surprise, je le gagnai. Mais lui ne l'entendait pas de cette oreille, il m'obligea à jouer et à rejouer, et quand finalement il remporta une partie, en déclarant qu'il avait des jeux bien plus valables, il partit dans sa chambre chercher un nouveau jeu. Cette fois on arrêta vers les trois heures du matin.

A partir de ce jour, Tamotsu et Eiko prirent l'habitude de venir chaque soir dans ma chambre, et on jouait généralement jusqu'à trois, quatre heures du matin. Eiko était très forte. Comme il n'était pas possible de faire des parties à trois, le troisième s'occupait, en prenant par exemple son bain, pendant que les deux autres jouaient. Après le bain, il attendait sagement son tour étendu sur le lit, à moins qu'il ne s'endorme. Lorsque c'était moi qui m'étais endormie, Tamotsu et Eiko quittaient la chambre sur la pointe des pieds. Si c'était

Tamotsu ou Eiko, l'un réveillait l'autre qu'il emmenait vacillant de sommeil.

Tamotsu était vraiment accro des jeux vidéo. Mais, à bien l'observer, ce n'était pas le plaisir intellectuel de décrypter comment chaque logiciel fonctionnait qui l'intéressait, le plaisir physique de faire corps avec l'ordinateur lui suffisait amplement. Quand je regardais son dos courbé sur les commandes, je me demandais si c'était aussi pour anesthésier les souffrances qui le mettaient quotidiennement au supplice, qu'il aimait tellement jouer.

Eiko, elle, ne se passionnait pas tellement pour le jeu. Ce n'est pas qu'elle affichait un ennui blasé, car elle poussait avec nous de ces joyeux glapissements du joueur pris par les péripéties de la partie, mais je pense qu'elle aimait surtout partager ces moments avec Tamotsu. « Quand on est avec Kazumi-chan, au moins je ne me dispute pas avec Tamotsu et j'en suis ravie », se plaisait-elle à répéter. Et puis il y avait également le fait que laisser son Tamotsu venir seul dans ma chambre, cela elle ne devait même pas le concevoir.

Moi, ce que je trouvais bien agréable, c'est qu'une intimité semblait enfin s'être installée entre nous. Si se sentir vraiment devenu ami avec une personne, c'est le fait de le voir l'esprit en paix parce qu'on s'est accoutumé à sa présence, je pouvais dire que Tamotsu et Eiko étaient devenus mes amis. Les heures où j'étais livrée aux tourments de la solitude avaient peu à peu diminué.

Bientôt ce fut le grand sujet de discussion parmi la troupe, que tous les trois nous manquions de sommeil et que nous ne faisions plus que dormir dans le minibus. En tortillant des hanches, Masami s'approcha de moi pour me dire :

— Il paraît que vous organisez tous les trois de furieuses parties de *famicon* tous les soirs ? Rien de plus redoutable que les ordinateurs. Tu peux rester impuissante, tu sais !

— Elle l'est déjà, impuissante, Kazumi ! intervint Tamotsu.

En entendant cette remarque, je pris pour la première fois conscience qu'on pouvait en effet m'appliquer ce terme, réservé aux hommes, d'impuissance. Et Tamotsu trouva même follement drôle d'ajouter :

— Kazumi, maintenant c'est le pendant de Shin !

— Pauvre petite. Il va me falloir mettre en œuvre mes techniques pour la guérir.

— Surtout pas. Maintenant que Shin a un copain, il ne faut surtout pas le lui enlever.

— Il paraît que Pénis d'orteil est défaillant ? demanda Shigeki en s'approchant car il avait entendu, c'est embêtant. Ce n'est pas comme chez un homme, qui entre automatiquement en érection quand les spermatozoïdes se sont accumulés, dit-il en regardant mon pied avec inquiétude.

Shigeki pensait évidemment au spectacle. Si Pénis d'orteil n'avait plus d'érection, aucun numéro n'était envisageable, ce qui enlevait tout intérêt à la perspective de me produire dans le spectacle. Perdant son expression habituellement affable, il me considéra de l'œil d'un commissaire priseur jaugeant une pièce douteuse. Soudain réveillée de ma nonchalance, je ressentis une peur panique.

Après avoir retourné la question dans sa tête quelque temps, Shigeki changea d'expression et retrouva sa voix posée pour me dire : « Ce doit être un phénomène passager. Il va retrouver sa vigueur. »

Comme par réflexe, je me dis qu'il me fallait absolument redonner du tonus à Pénis d'orteil. Sans même m'en apercevoir, j'avais assez changé d'avis pour me dire que, pourquoi pas, je pourrais me produire dans le spectacle. La lassitude d'appuyer sur les touches du magnétophone devait y être pour quelque chose, mais il y avait surtout le fait que, maintenant que Shunji n'était plus là, le Flower Show et les amis que je m'y étais faits étaient devenus mon ultime refuge.

Mais avec Pénis d'orteil rebelle, il n'y avait rien à faire. Sur le plan de la vie privée, que Pénis d'orteil soit rebelle ou soumis, cela ne changeait pas grand-chose, mais si je voulais m'intégrer au Flower Show, il devenait impérieux de le rendre plus gaillard. Allait-il se rétablir de lui-même, comme l'affirmait Shigeki ? Si son impuissance se prolongeait, Shigeki attendrait-il toujours avec la même mansuétude ? Après tout, ce n'était pas un pénis authentique, on ne pouvait jamais savoir. Et si Pénis d'orteil venait à disparaître à force de se recroqueviller ?

Je ressentis âprement qu'il ne fallait à aucun prix que je perde Pénis d'orteil.

Ce fut le soir de cette même journée. Je m'étais rendue dans la chambre de Tamotsu et d'Eiko, qui m'avaient invitée en disant que, pour une fois, c'était à mon tour de venir chez eux. Dans la chambre à lits jumeaux, qui me paraissait incroyablement spacieuse, accoutumée que j'étais au lit unique de ma chambre de célibataire, on joua comme d'habitude aux jeux vidéo, mais j'eus l'impression d'en être lassée. Aussi Tamotsu partit-il au bain de fort belle humeur après m'avoir battue à plate couture. C'était au tour d'Eiko de me défier au jeu, mais elle me pria d'attendre qu'elle ait terminé de se couper les ongles et moi je la priai de faire à son aise.

Eiko, qui sortait du bain, était assise en pyjama à gros pois sur le lit, où elle avait étalé un journal pour se couper les ongles des orteils à la lumière de la lampe de chevet. Je m'allongeai paresseusement sur le lit inoccupé et observai la scène d'un air absent. Lorsque mon regard tomba sur les veines qui saillaient bleues sur la paume de la main maniant la pince à ongles, je me rappelai que c'était par cette main-là que Pénis d'orteil avait eu une érection, un souvenir que j'avais complètement oublié. La mémoire du plaisir alors éprouvé se trouvait profondément enfouie en moi et je n'avais pas l'énergie de la rappeler.

Eiko coupait méthodiquement ses ongles en partant du gros orteil droit et mon œil accompagnait les mouvements de la pince, quand arrivée au petit orteil, mon attention tomba en arrêt devant une bizarrerie : elle appliquait la pince à ongle non pas à l'extrémité mais sur le dessus de l'orteil.

— Pourquoi coupes-tu là ? lui demandai-je.

— Mon petit orteil a l'ongle déformé, au lieu de pousser de l'avant il pousse vers le haut, répondit Eiko en levant un instant la tête de son ouvrage.

C'était la première fois que j'entendais parler de ça. Eiko m'expliqua : « J'ai la forme du pied un peu particulière. Encore aujourd'hui, c'est la croix et la bannière pour trouver des chaussures qui m'aillent. Mais au lycée, avec les chaussures réglementaires de l'école, je souffrais carrément le martyre. Et un beau jour, l'ongle de mon petit orteil droit s'est fendu. »

C'est vrai, beaucoup de femmes se plaignaient de ne pas trouver chaussure à leur pied. Moi, je ne supportais plus que les chaussures de type masculin, mais à l'époque où je portais des souliers fins, j'avais les orteils comprimés comme des sardines. Mais pas au point de me fendre les ongles.

— Fendu en deux à la base pendant tout un temps, l'ongle s'est mis à pousser vers l'avant en double, puis il s'est progressivement déformé et il est devenu tout bosselé. De rose il a viré au jaunâtre et il ne grandissait plus. Un moment j'ai cru que l'ongle était mort, mais puisque la corne s'épaississait, il devait bien être vivant.

— Montre-moi, dis-je.

Je descendis du lit pour me rapprocher de celui où se trouvait Eiko. Elle déplaça la feuille de journal où gisaient les rognures d'ongle, et avança son pied droit. L'ongle du petit orteil était en effet brunâtre, et la lunule qui devait normalement se trouver à la base de l'ongle, était pratiquement absente. Il présentait une épaisseur, toute en relief accidenté, comme un rocher miniature, que la pince à ongles devait avoir du mal à couper. Vu de face à l'horizontale, cela faisait penser à un bec agressif.

J'eus une impression bizarre. J'étais étrangement frappée par le contraste de la cheville ferme et élégante et de la forme sauvage de cet ongle du petit orteil. Il y entrait aussi le sentiment d'avoir redécouvert Eiko à présent que j'étais informée de cette particularité. Et pardessus tout, ce petit ongle défiguré, car on ne pouvait pas dire qu'il était beau, pour avoir été mis cruellement au supplice dans des chaussures trop serrées, cet ongle lui-même m'était terriblement désirable.

— Ne fixe pas ainsi, voyons ! Tu me gênes à la fin !

Cette remarque d'Eiko me fit éclater de rire.

— Un petit ongle déformé ou un Pénis d'orteil, lequel donne le plus de honte à être observé, à ton avis ?

Eiko rit à son tour, ce qui ne l'empêcha pas de rétorquer :

— Mais il est tout crasseux mon ongle. Pénis d'orteil, lui il est mignon !

— Je ne le trouve pas sale du tout, moi.

Tout comme elle avait caressé Pénis d'orteil dans le bain à ciel ouvert, je voulus caresser l'ongle du petit orteil d'Eiko. Elle replia prestement sa jambe sous elle. Je tambourinai sur le lit de ma main :

— Ce n'est pas juste, toi tu as touché !

— Je ne veux pas ! Il suffit qu'une main m'approche pour que ça me chatouille !

Effectivement, elle riait, tout son corps se trémoussait. Quand je menaçai son aisselle d'un index chatouilleur, elle s'écarta d'un bond en poussant un cri. Mais je levai bientôt la main pour lui signifier que le danger était écarté : je renonçais à toute velléité de toucher.

— Moi aussi, l'ongle de mon orteil qui est devenu pénis est vilainement déformé, tu sais.

— Mais je suis sûre que c'est une belle déformation. Oh oui ! Tu me le montres encore, dis ?

M'asseyant sur le rebord du lit, je posai la pointe du pied droit devant Eiko. Un hémisphère d'un centimètre de diamètre environ, étincelant comme une perle, couronnait le gland du monstrueux Pénis d'orteil. Oui, c'était joli si on voulait, mais cette décoration pour le moins déplacée me semblait au contraire bien mesquine. Avec un soupir, Eiko s'accouda sur le lit pour abaisser son regard.

— Et il ne s'allonge pas, lui ? demanda-t-elle.

— Non.

— On dirait qu'il a été façonné. J'aimerais bien que mon ongle soit comme ça.

— Vraiment ?

Je voulais lui dire qu'il n'était pas mal non plus, mais je m'abstins car je ne voyais pas par quels arguments j'aurais pu justifier ce que je ressentais. Pour ma part, j'adorais l'ongle déformé d'Eiko. Mais sur moi il n'aurait rien donné, c'était uniquement parce qu'il était sur le corps d'Eiko qu'il diffusait tout son charme, ça je le percevais très bien. Je voulais voir une fois encore le petit monstre d'orteil. J'allais lui demander de me le montrer, quand Tamotsu jaillit de la salle de bain. Serviette éponge autour des reins, il se mit à fouiller dans un sac de voyage abandonné dans un coin de la chambre pour en extraire un caleçon court aux motifs criards.

— Tu pourrais quand même prendre la peine d'emmener un sous-vêtement pour prendre ton bain, lui fit remarquer Eiko toujours appuyée sur le coude.

— Oh ça va. Si je ne sors pas avec ma serviette autour des reins, je n'ai pas l'impression d'avoir pris le bain, moi ! dit-il en sautant, le caleçon à la main, sur notre lit. Ah mais c'est notre Pénis d'orteil impuissant ! ajouta-t-il tout en enfilant le caleçon. Il refuse toujours de bander ? Tu veux que j'aille t'acheter quelques bonnes revues pornos ? proposa-t-il doucereux.

— Pas besoin de ça, dis-je, incapable de retenir un sourire aigre, bien que l'inspiration de Tamotsu soit toujours stéréotypée.

— Parce que ce ne serait pas un porno pour femmes ?

— Porno d'homme ou porno de femme, le porno c'est les fantasmes des autres. Et les fantasmes des autres ça ne me fait pas jubiler.

— Mais on doit bien pouvoir trouver dans les fantasmes des autres des points de convergence avec les siens, non ? dit Tamotsu en s'asseyant en tailleur, car il avait enfin terminé d'enfiler son caleçon. Si tu n'en trouves pas, c'est que tu manques de maturité, que tu n'as pas dressé la carte de tes appétits sexuels.

— Et c'est de l'immaturité selon toi ? Ça ne serait pas plutôt de dresser la carte de ses appétits sexuels qui constituerait une décadence morale ?

— Oui, c'est peut-être de la décadence morale, mais si on explore ses goûts, est-ce qu'il ne se dégage pas naturellement un profil ?

— Et pourquoi faudrait-il tellement réfléchir sur les fantasmes ?

— Mais ce sont des choses qu'on doit explorer à fond, d'ordinaire !

— D'ordinaire ? L'ordinaire de qui, de quoi ?

— Mais de la majorité des gens, tiens !

La langue bien pendue de Tamotsu s'empâta pour ajouter :

— Moi c'est différent, mais je sais que c'est comme ça pour la grande majorité des gens. C'est cet « ordinaire » justement que j'envie, c'est pour ça que j'ai étudié les appétits sexuels des hommes ordinaires.

— Oui, eh bien ce devait être dans des articles, ou je ne sais quoi, exagérés et grossis.

— Je ne sais pas s'ils étaient exagérés, mais en tout cas on ressort convaincu de leur lecture. Moi je me dis que si j'avais eu un corps normal, j'aurais été comme ça.

— C'est parce que tu es intoxiqué par la littérature des magazines.

— Tu crois, vraiment ?

Les jambes toujours croisées en tailleur, il se renversa sur le lit. Il contempla dans cette position le plafond pendant quelque temps, puis se remit sur son séant, très souple, sans avoir décroisé les jambes. Son regard devint vif et animé pour me demander : « Tu ne voudrais pas laisser voir comment tu ne bandes pas, dis ? »

Requête intempestive, à laquelle je ne sus que répondre. Mais il répéta sa demande assortie d'une justification : « Shin qui ne bande pas, j'ai l'habitude de le voir, mais chez les autres, je n'ai jamais vu. Fais donc voir si c'est bien vrai qu'il ne bande pas. »

En somme, Tamotsu ne me demandait rien moins que de lui faire une démonstration d'onanisme. Il n'y a pas si longtemps, j'aurais certainement hésité. Mais à présent, un, Tamotsu et Eiko étaient devenus des amis avec qui il aurait été déplacé de faire des manières, et deux, je savais combien Tamotsu mourait d'envie d'examiner le pénis d'un tiers, aussi je décidai d'accéder à sa prière. D'ailleurs, si je m'intégrais un jour au spectacle, mieux valait que je m'exerce à la masturbation en public. Me calant un coussin dans le dos, je m'assis à côté d'Eiko, repliai mon genou droit et entrepris une masturbation en règle de Pénis d'orteil. Tamotsu et Eiko me considéraient avec l'intérêt le plus vif. On se sentait tout de même terriblement intimidée, quand on recevait ainsi de plein fouet le regard des autres. L'idée scintilla dans mon esprit que cette impression de démangeaison que procurait la gêne pouvait se muer en une espèce d'exaspération des sens qui ouvrirait la voie triomphale vers l'érection, qui sait ? Une résistance dans ma main roulée en cornet m'apprit que Pénis d'orteil répondait à l'appel. Mais la chose était encore bien frêle. Et la jouissance escomptée était encore moins au rendez-vous.

Un bruit léger de chair frictionnée et de grincement de sommier se répandit inutilement dans la chambre. En appui sur les deux mains posées sur le lit, Tamotsu faisait fuser, en loyal supporter, de chaleureuses exhortations à Pénis d'orteil : « Vas-y, bande ! » Puis redressant la tête, il y alla de ses conseils : « L'astiquer ne suffit pas, tu dois penser à quelque chose de sexuel, de bandant ! »

Voilà que Tamotsu attendait impatiemment une érection, lui qui au départ n'en voulait voir que les ratés. Et moi, à l'avenant, je déployais tous mes efforts pour y arriver. Malheureusement, il ne me venait absolument rien de sexuel à l'esprit.

— Pense à ton meilleur souvenir avec Shunji.

Au nom de Shunji, ma main inconsciemment suspendit sa besogne. Même si je m'étais habituée à ce qu'il ne soit plus à mes côtés, j'étais encore bien loin de cet état d'esprit où l'on prend plaisir à déterrer les chers souvenirs. J'eus soudain une rechute de cette tristesse que je commençais à peine à sentir s'estomper, et Pénis d'orteil qui commençait à avoir une belle érection s'étiola sans crier gare.

— Tu es dur, Tamotsu, reprocha Eiko.

— Pardon, dit-il d'un air déconfit, mais sans pouvoir dissimuler une réelle surprise. Evidemment, conclut-il, tout ça c'est du mental.

Tamotsu, qui semblait cogiter avec ardeur sur l'impuissance de Pénis d'orteil, descendit du lit et, après avoir enfilé un tee-shirt sur son torse nu, proposa une nouvelle stratégie :

— Bon, pense alors à ton meilleur souvenir avec un autre que Shunji.

— Mais je n'ai pas de ces souvenirs, moi ! protestai-je, très embarrassée que Tamotsu croie que je possédais une riche expérience en la matière.

— Tu n'en as vraiment pas ? s'exclamèrent Tamotsu et Eiko unis dans le même cri d'étonnement. Tu n'exagères pas, là ?

— Tu n'as jamais essayé avec un autre que Shunji ? Ou alors c'est que tu as eu des expériences mais qu'elles étaient malheureuses.

Parce que c'était monnaie courante de prendre d'autres partenaires alors qu'on avait déjà un amoureux ? J'en doutais fort, mais j'entrepris cependant d'expliquer à Tamotsu et Eiko les comportements révoltants de mon premier amoureux, Masao, qui avait battu froid Pénis d'orteil, et de Chisato, qui avait failli m'imposer un quasi-viol.

— Donc, si je comprends bien, à part Shunji et Chisato, il n'y a encore que Tamotsu et moi qui avons touché Pénis d'orteil.

— Mais quand nous on le touchait, il était bien en érection ?

Tamotsu et Eiko échangèrent des regards qui en disaient long sur la profondeur de leur réflexion. Et moi, à force de mettre de l'ordre dans mes idées pour les exprimer, j'arrivai à cette découverte : le fait que Pénis d'orteil était entré en érection au contact de Tamotsu et d'Eiko était peut-être la preuve d'affinités particulières entre nous. Ce qui explique que la proposition de Tamotsu qui suivit ne me prit par surprise : « Laisse-moi essayer, veux-tu ? Même si l'automasturbation est impuissante, peut-être bandera-t-il sous les coups d'éperons d'un autre. »

Idée qui ne manquait pas de charme, nonobstant sa formulation un peu abrupte qui me fit monter le rouge aux joues.

— Ne crains rien, plaisanta Tamotsu, même si je réveille Pénis d'orteil, je n'aurai pas la présomption de croire que tu es amoureuse de moi.

Tout était dit, je ne pouvais plus refuser. J'acceptai dans un sourire et Tamotsu allongea la main et saisit fermement Pénis d'orteil. Je sentis une prise ferme et virile, la sensation d'être touchée m'emplit de joie. Mais lorsque la main de Tamotsu commença son va-et-vient, sa poigne était si forte que je ne pus soutenir la douleur et dus rétracter mon pied droit.

L'explication donnée ne suffit pas à faire disparaître l'air étonné de Tamotsu.

— Si j'y vais moins fort avec Shin, il ne bande pas !

— Tu sais, les gens ne sentent pas tous pareil, intervint Eiko.

— Bon, alors essaie voir toi, préconisa Tamotsu en désignant Pénis d'orteil d'un petit geste du menton.

Un léger sourire errait sur les lèvres d'Eiko tandis qu'elle changeait de place avec Tamotsu. Est-ce en guise de salutation que j'eus droit à une parcelle de son sourire ? Il était si désarmant de naturel qu'il me fit oublier ma gêne et renoncer à mes réticences d'être caressée par une fille. Je sentis même pointer en moi une jubilation intérieure dans l'attente du jeu qui allait se dérouler. Abaissant son regard sur Pénis d'orteil, Eiko déposa une légère caresse sur le bout de mon pied comme on caresse la tête d'un enfant.

Je pense que c'était surtout la négligence de Tamotsu, qui avait opéré mécaniquement sans y mettre le moindre sentiment, le plus petit *skinship* émotionnel, qui était responsable de l'échec, et non sa poigne trop rude. Dès la première caresse d'Eiko, je sentis frémir les nerfs sensitifs de Pénis d'orteil, encore bien rabougri cependant. Au lieu d'en venir aussitôt à un va-et-vient de la main, elle s'en empara avec douceur. Et elle promena ses doigts tout autour.

Ces déplacements des doigts, pas particulièrement excitants en soi, me firent oublier l'enjeu – mettre Pénis d'orteil en érection – et jusqu'au fait même que Pénis d'orteil était un organe sexuel. J'eus l'impression qu'on me caressait simplement l'orteil, un orteil comme les autres. Toute tension se désamorça en moi. Les déplacements des doigts d'Eiko que je contemplais tout à loisir étaient très beaux. Et me dire qu'on me caressait si artistement commença d'aviver ma sensibilité.

Pénis d'orteil fut empoigné avec vigueur. Une sensation de plaisir s'imposa, brutale comme une attaque par surprise. Un ébranlement parcourut ma cheville, qu'Eiko dut percevoir. La sensation de plaisir qui avait brusquement monté de Pénis d'orteil se dissipa quand Eiko relâcha son étreinte. Mais lorsqu'elle saisit ma cheville de la main gauche, pour m'empêcher de lever la jambe, un plaisir proche de la plénitude envahit la région enserrée. Instantanément, en même temps que les mouvements de la main droite d'Eiko, commença l'érection de Pénis d'orteil.

— Bien ! s'exclama Tamotsu en battant des mains, vas-y jusqu'au bout !

Eiko, tout en continuant de tenir Pénis d'orteil, me sourit. J'étais trop éberluée par ce qui se passait pour lui retourner son sourire. Prise au jeu, elle remua pour chercher une position plus commode aux mouvements de sa main, ce qui l'amena à poser un genou sur le bout de mon pied droit. Ses cuisses emprisonnaient ma cheville et mon talon. Quand ce dernier commença à sentir la chaleur de sa peau, une sensation délicieuse irradia, comme si tout mon pied était devenu un Pénis d'orteil. A mesure que sa main accélérait son mouvement, des sensations délicieuses montaient à l'assaut de Pénis d'orteil.

Impossible de me rappeler la dernière image qui s'imposa à mes yeux à l'instant de l'orgasme. Mais la première chose que je vis lorsque ma respiration s'apaisa, ce fut la main d'Eiko me caressant gentiment le cou-de-pied droit posé sur ses genoux. Il n'en fallut pas davantage pour que resurgisse une foule d'images agréables et sensuelles liées à la main d'Eiko, ce qui me fit dégager mon pied en toute hâte. Sentant déjà poindre une nouvelle érection, je détournai les yeux.

— Félicitations pour ce prompt rétablissement ! dit Tamotsu avec une tape sur mon épaule. Mais comment se fait-il qu'avec moi ça ne marche pas et avec Eiko si ? Ça me vexe, se plaignit-il avec le même air déconfit que lorsqu'il perdait au jeu.

— Toi, tu es un grand brutal, dit Eiko.

— Mais moi je n'ai pas de pénis normal, comment veux-tu que je sache comment il faut faire ? Et comme je n'ai pas d'expérience homosexuelle non plus... Impossible d'acquérir une technique.

Ce n'était pas une question de technique, je crois. Eiko n'était pas une spécialiste. Si Pénis d'orteil s'était mis en érection, n'était-ce pas justement parce qu'elle n'avait pas essayé à tout prix de l'exciter, mais qu'elle avait relâché la tension, créé une situation de bien-être et d'intimité complice ? En d'autres termes, c'étaient la gentillesse et la sincérité d'Eiko qui transfiguraient sa technique.

— Tu t'y entends bien à manipuler un pénis, toi. On voit que tu as du métier.

Le ton méchant de l'attaque de Tamotsu me figea. Il avait collé sur sa bouche ce sourire funeste que je connaissais trop bien.

— Tu en as sucé combien, de types ?

— Qu'est-ce que tu dis ? Ce n'est pas le moment.

Visiblement, il n'avait pas goûté la remarque d'Eiko sur la rudesse de ses techniques sexuelles.

— Quand on en a pratiqué autant, normal qu'on devienne bonne ! Tu devrais en être fière, même. Rien que devant moi, je crois bien que c'est cinq que tu t'en es envoyé, non ?

Je retins mon souffle.

— Qu'est-ce que tu chantes là ? Ce n'est pas toi qui m'y as poussée ? Monsieur voulait absolument voir la manière *normale* de procéder chez les hommes et les femmes *normaux* !

La scène pathétique évoquée me bondit devant les yeux. Prisonnière de la scène qui flottait devant moi, je me rétractai, incapable d'intervenir.

— N'essaie pas de dire que je t'y ai obligée. Tu prenais ton pied, ça ne fait pas un pli.

— Il fallait que tu aies le regard fichtrement tordu pour que je te paraisse prendre du plaisir !

— Ah, parce qu'il est tordu mon regard ? Ou bien c'est ta nymphomanie qui est tordue ? Dis voir un peu. C'est parce que je te regardais que ça t'excitait, hein ? Plutôt que de t'enfiler le zizi minable de Shin, c'était plus jouissif, hein ? Rien que de penser à ce que je ressentais en regardant la scène, un doigt dans la bouche comme un môme, tu jouissais encore plus, vrai ou faux ?

Eiko se releva, passa son gilet qui était posé sur une chaise et se dirigea vers la porte. Tamotsu enfila hâtivement le pantalon abandonné sur le tapis. Bruit de porte se refermant sur Eiko, exclamation de Tamotsu se lançant à sa poursuite : « N'essaie pas de fuir. Tu ne veux pas l'entendre, mais je te le ferai entendre, moi ! »

Jusqu'à ce que le ressort de la porte laissée ouverte la referme automatiquement, on entendit les glapissements de Tamotsu dans le couloir. Je demeurai seule dans la chambre aux lits jumeaux. Je ne savais que faire. Trois creux sur le lit attestaient de nos trois présences assises, il y a un instant encore. Le cordon du jeu vidéo était toujours relié au téléviseur. Les trois verres dans lesquels nous avions bu restaient sur la table. Le temps du plaisir s'était envolé et la chambre se refroidissait rapidement.

Je regagnai ma chambre. Mais comme les portes des chambres étaient à fermeture automatique, je passai avant par la réception déposer la clé de Tamotsu et Eiko.

Un changement était intervenu dans Pénis d'orteil. Il semblait fiévreux, je le sentais dur et crispé. Rien à voir avec l'excitation que je venais d'éprouver après si longtemps. Chaque fois que me revenaient les attaques de Tamotsu contre Eiko, les plus odieuses que j'aie entendues jusqu'à présent, des élancements à la frontière de la douleur et du plaisir transperçaient ma poitrine et Pénis d'orteil. Sans doute un effet du choc que m'avaient infligé l'épouvantable perversité et la méchanceté de Tamotsu qui, cette fois, avait passé les bornes ; à croire que les grandes commotions abattent également les organes sensibles.

Je réfléchis au cas de Tamotsu. Dans cette histoire d'Eiko batifolant avec des hommes sous les yeux de Tamotsu, c'est elle que je crois. Je commence à décrypter les déformations vers le pire alimentant le fonds d'injures dont Tamotsu abreuve Eiko. Mais le plus affligeant dans tout ça, c'est que Tamotsu puise dans les archétypes de la littérature pornographique du plus bas étage pour avilir Eiko, en la présentant comme la femme jouissant d'autres hommes sous les yeux de son amant ou se régalant de pénis particulièrement performants. Car, dans la réalité, Tamotsu ne peut pas connaître de telles femmes. Totalement sous l'emprise de la fiction, il se fait souffrir, lui, et Eiko en même temps.

Une heure avait dû s'écouler pendant laquelle j'essayai de dormir sans vraiment y parvenir, lorsqu'on frappa à ma porte. J'allai ouvrir : devant moi se tenaient Eiko et, un peu en retrait, Tamotsu.

— Excuse-nous de te déranger pendant ton repos, commença Eiko d'un ton glacé, mais aurais-tu la clé de notre chambre ?

Lorsque je lui dis que je l'avais déposée à la réception, toujours avec cette voix glacée au-delà de toute expression, elle lança à Tamotsu : « La clé, à la réception ! Va la prendre ! »

Tamotsu resta planté là, à regarder Eiko par en dessous, ce qui eut pour effet de lui faire répéter son ordre d'une voix furieuse.

— Ne traîne pas comme ça, dépêche-toi d'y aller ! Je ne veux plus te voir !

Elle n'avait pas l'air de plaisanter. Un claquement de langue et Tamotsu se mit lentement en branle vers l'ascenseur. En chemin, il se retourna, interrogeant Eiko du regard. Mais elle se détourna pour l'éviter et demeura immobile.

— Excuse-moi du dérangement, dit-elle en faisant mine de refermer ma porte aussitôt que Tamotsu eut disparu dans l'ascenseur.

— Mais que vas-tu faire ? demandai-je surprise, en la retenant.

— Moi, je dors ici dans un coin.

— Mais tu vas prendre froid.

— C'est toujours mieux que d'être avec Tamotsu.

— Si tu dormais chez moi ? dis-je en lui prenant le bras.

Elle me considéra d'un œil où la colère n'était pas encore apaisée, puis adoucissant soudain son expression, elle entra docilement dans ma chambre.

Quand nous fûmes toutes deux étendues sur le lit, la fraîcheur du corps d'Eiko me gagna. Nous étions déjà en octobre, ce n'était pas étonnant que les nuits rafraîchissent.

— Tu devrais aller te réchauffer dans le bain.

— Non, ça ira. Je suis tellement en rogne que j'en ai même plutôt chaud, répondit Eiko.

Ce n'était pas la peine d'insister, je me tus, jusqu'à ce qu'elle me demande abruptement :

— Tu dois nous trouver plutôt extrêmes tous les deux, non ?

— Oui, c'est vrai, répondis-je très franchement.

— Je le trouve aussi. Je me demande pourquoi, pour un type pareil, je dois me faire baiser par des hommes qui ne m'intéressent même pas. Tu ferais une chose pareille, toi ?

— Peut-être bien que je le ferais, si j'étais dans ta situation.

Dans le noir, je sentis Eiko se retourner, puis elle fit entendre un rire sec.

— Ecoute, pourquoi crois-tu que je ne me sépare pas de Tamotsu ?

— Sans doute que tu en es amoureuse.

— Mais non, pas seulement ça. Je pense que tu sais que Tamotsu et moi on est des amis d'enfance ?

Une tension semblait avoir gagné sa voix. Il y eut un moment de silence, elle devait se demander si elle allait parler ou se taire, puis la voix reprit :

— Bon, Tamotsu a trois ans de moins que moi. Quand il était gamin, c'était un gosse sans détours, adorable. Quand j'avais dix ans et lui sept, j'ai vu son corps dans la remise.

— Vous jouiez au docteur ?

— Si on peut dire : c'est moi qui l'ai déshabillé, comme ça, spontanément.

Un choc se répercuta dans mon cœur et jusque dans l'énis d'orteil. Eiko continuait de parler avec volubilité, elle était comme possédée : « Comme à cette époque Tamotsu n'avait pas encore conscience de la monstruosité de son anatomie, il s'est contenté de rire, un peu gêné, mais c'est moi qui ai été effrayée d'avoir vu quelque chose que je sentais confusément qu'il ne fallait pas voir. J'ai immédiatement renvoyé Tamotsu, et par la suite j'ai continué à prier pour qu'il oublie que je l'avais vu. Mais voilà, Tamotsu n'a jamais oublié. »

Et un beau jour, huit ans plus tard, comme Eiko revenait du lycée, Tamotsu, alors collégien passé « jeune mauvais genre », cheveux teints jaune filasse, etc., l'attendait accroupi dans le jardin. Il l'avait poussée dans la remise, là où s'était déroulé l'événement primordial, et avait baissé son pantalon en disant : « Tu te souviens ? Un truc aussi tordu, tu ne dois pas l'avoir oublié. » Et c'est de ce jour que Tamotsu et Eiko avaient été amants.

— Avec moi, il pouvait se sentir accepté, il n'avait pas de complexe d'infériorité, puisque j'avais vu son corps quand il était gamin, c'est ce que j'ai tout de suite compris à l'époque. Je suis entrée dans cette liaison poussée par un sentimentalisme à l'eau de rose. Et puis le piège s'est refermé. J'avais l'impression que c'était une chose voulue par le destin, en même temps que j'éprouvais une espèce de fierté d'être acceptée par lui parce que j'avais vu son corps. Et à force de se fréquenter, nos liens se sont resserrés à un tel point qu'il ne m'a plus été possible de les briser.

— Quoi qu'il dise ou quoi qu'il fasse ?

— Tout à fait. Tu trouves ça bizarre, n'est-ce pas ?

— Je n'en sais trop rien. Et à part Tamotsu-kun, tu n'en as jamais aimé d'autres ?

— Si, bien sûr ! D'abord j'ai rompu avec mon petit ami étudiant quand j'ai commencé à fréquenter Tamotsu. Qu'est-ce que je n'ai pas dû entendre rien qu'à cause de lui ! Si seulement Tamotsu avait été le premier… peut-être qu'il ne se serait pas rongé la cervelle avec ce besoin maniaque de toujours se comparer aux hommes qui ont un corps normal.

Tout en l'écoutant, j'apportais mentalement des corrections au jugement porté sur les nombreuses scènes entre Tamotsu et Eiko dont j'avais déjà été témoin. J'eus l'impression de comprendre, quoique très confusément, les raisons qui faisaient que, malgré les querelles sans cesse répétées, ils ne pouvaient pas se séparer. Cependant, ce n'était pas là l'essentiel.

— Est-ce qu'il t'aime, Tamotsu ?

— Voilà, je n'en sais trop rien. Sans doute… oui, dit-elle en hésitant d'abord sur les mots, puis en se reprenant. Tu vois, je n'ai jamais eu de déception amoureuse dans le sens que Shigeki, par exemple, donne à ce mot. Par contre, bien que dans un tout autre sens, je me demande toujours si avec Tamotsu je ne suis pas en train de vivre une déception amoureuse.

Cette fois, le cœur fut seul à ressentir la douleur. J'avais pitié d'Eiko, que Tamotsu passait son temps à agresser férocement, et presque autant de Tamotsu, qui ne pouvait s'empêcher de l'agresser, parce qu'il était incapable d'accepter franchement son dévouement amoureux. Et que faisait en ce moment Tamotsu, seul sans Eiko, dans cette chambre ? Etait-il sur le lit en train de contempler l'obscurité ? Ou bien essayait-il de créer une diversion à sa solitude en se démenant aux commandes de sa console ?

Eiko était tournée silencieusement vers le mur. Non qu'elle se sente soulagée d'avoir dit ce qu'elle voulait dire, je pense que l'excitation d'avoir ainsi revécu son passé l'empêchait de trouver le sommeil. Je décidai d'attendre que sa respiration m'indique qu'elle dormait, mais cédant bientôt à la fatigue, je la précédai dans le sommeil.

Au matin, l'expression d'Eiko n'était toujours pas débarrassée des marques de colère. En quittant la chambre pour aller petit déjeuner, nous tombâmes pile sur Sachiè sortant de la chambre d'en face. Elle nous lança un drôle de regard, esquissa un hochement de tête pour répondre à nos salutations matinales, et il fallut attendre la promiscuité de l'ascenseur qui nous descendait au rez-de-chaussée pour qu'elle profère un mot, un seul : « Tamotsu ? » auquel fit écho un : « Je n'en sais rien » laconique d'Eiko.

En fait, Tamotsu était déjà attablé dans le restaurant. Son petit déjeuner terminé, il prenait le café avec Masami. La vue d'Eiko lui fit expulser un rire, le rire de celui qui fait la tête, sur quoi il se détourna ostensiblement. Sachiè choisit la table de Masami, tandis qu'Eiko s'installait à la mienne. D'un air plein de suspicion, Masami nous regardait. Eiko était assise dans une immobilité reptilienne, sans consentir le moindre regard à Tamotsu.

Moi, je tenais bon contre le malaise envahissant. Je souhaitais que Tamotsu et Eiko se réconcilient au plus vite. A quelque distance, Shigeki et Aiko bavardaient aimablement, assis l'un en face de l'autre. Pourquoi ne peuvent-ils pas être à l'image de ces deux-là, me demandai-je.

Comme nous attaquions nos toasts et œufs au bacon, Tamotsu parut craquer : il se dirigea vers notre table et s'assit en face d'Eiko. Je croyais qu'il allait s'excuser, pas du tout, avec l'air de celui qui place l'excuse très en dessous de sa dignité, il fit remarquer :

— Tu as dû bien dormir quand je n'étais pas là ? Tu aurais intérêt à demander qu'on te donne une chambre à un lit de temps en temps. Sans compter qu'on peut se palucher bien à l'aise.

Interrompant les mouvements de ses couteau et fourchette, Eiko lui lança :

— Tu te casses, tu veux ? Tu me gâtes mon repas.

Un tressaillement secoua l'épaule de Tamotsu.

— Si c'est pas bon, je peux toujours te l'améliorer, tu sais.

Et allongeant le cou, il cracha posément dans l'assiette d'Eiko. Projetant au loin couteau et fourchette, elle bondit sur ses pieds. Le temps d'un long regard fulminant de haine pesant sur Tamotsu, et elle rejeta sa chaise pour se précipiter vers la sortie. Tamotsu la suivit sans un mot. Tous les regards du restaurant étaient fixés dans la direction où ils venaient de disparaître.

— Qu'est-ce qui leur a pris, à tous les deux ?

C'était Aiko qui venait de s'asseoir devant moi, qui tenais toujours mon toast en suspens devant ma bouche.

— Ils se sont chamaillés hier soir ?

J'acquiesçai. Les mots se refusaient à sortir. Aiko rit avec l'air de dire qu'on commençait à avoir l'habitude.

— Et tu n'as rien pu faire ?

Avec un profond soupir, je reposai mon toast dans l'assiette.

— On peut dire que vous faites plaisir à voir, vous deux, de vrais tourtereaux !

— Tu trouves ? fit Aiko d'une voix que n'habitait pas particulièrement la joie, ce qui me fit relever les yeux de mon assiette.

— Ah, parce que ce n'est pas tout à fait le cas ?

— C'est vrai qu'on fait tout pour… commença Aiko à voix basse, non sans avoir lancé un œil dans la direction de Shigeki. Tu te rappelles quand tu m'as pris la main, il y a déjà un petit temps de cela ? Tu n'as pas été dégoûtée de voir ta transpiration déclencher sur ma peau ces vilains boutons rouges ? Et tu n'as pas eu l'impression qu'on te repassait quelque chose de malpropre, du genre agent pathogène ou quelque chose de ce genre ?

Que répondre ? Non, je n'avais pas sursauté de dégoût, mais je me rappelais que, tout en ayant conscience qu'il s'agissait d'un phénomène purement allergique, je l'avais vécu comme une chose nocive, sinon un peu répugnante – ce qui, vis-à-vis d'Aiko, ne manquait pas d'être blessant.

— Tu crois qu'il existe des hommes qui ont le cœur assez solidement accroché pour vivre avec une femme comme moi ?

— Je le pense, oui, dis-je, car j'estimais effectivement que Shigeki était l'homme solide qu'il fallait à Aiko ; mais elle secoua la tête.

— Même un Shigeki va se rappeler, un de ces quatre matins, qu'une femme normale c'est quand même plus commode. Ça ne fera pas un pli ! Il est normal lui, sans compter qu'il a un « biniou sublime ».

— Je ne peux pas y croire.

— Nos rapports sont beaucoup plus froids qu'il n'y paraît. En dehors du travail, on ne se touche pas. Et périodiquement on se sent saturés l'un de l'autre. Ah !

La tête m'en tombait de découragement. Shigeki et Aiko m'avaient toujours paru un couple idéal.

— Un rêve s'est fracassé, dis-je.

— Toi aussi tu m'as fracassé un rêve, tu sais, rit-elle en me caressant la tête, quand « ti-empereur et tit-impératrice » se sont séparés.

Je n'arrivais pas à y croire.

— Mais si le couple Shigeki-Aiko doit sombrer, alors il y a longtemps que le couple Tamotsu-Eiko aurait dû disparaître !

— Ah, mais eux, c'est pas pareil. La nature de leurs rapports est fondamentalement différente. Attends et observe encore un peu.

Aiko, qui s'était déjà levée, s'immobilisa soudain pour me chuchoter à l'oreille :

— Et pas un mot de cette conversation à Shigeki, c'est juré ?

Une raideur me cloua l'échine, mais je promis.

Le check-out terminé à l'hôtel, tout le monde embarqua dans le minibus. Eiko ne s'était toujours pas départie de sa mine boudeuse d'idole bouddhique outrée. Tamotsu avait l'air mal à l'aise, mais campant sur ses positions, il ne faisait rien pour la dérider. Jusque dans le minibus, Eiko évita Tamotsu et vint s'asseoir à côté de moi. Et comme on sombra toutes deux dans le sommeil dès qu'il commença à rouler, la situation n'évolua pas d'un pouce durant le trajet.

Mais le soir, quand je descendis au parking pour appareiller vers le lieu du spectacle, Tamotsu batifolait très en verve et Eiko s'était mêlée à une conversation animée. En m'approchant, je sentis un grand poids glisser de ma poitrine. Shigeki me fit un signe de la main :

— Pénis d'orteil a retrouvé son tonus, à ce qu'on dit !

Sans le vouloir, mon regard vola vers Tamotsu qui me renvoya un regard parfaitement placide.

— Les bonnes nouvelles, ça doit s'annoncer au plus vite.

— Oui, félicitations ! renchérit Shigeki en se répandant en sourires. Je peux enfin te pressentir ouvertement pour ta participation au spectacle. Sous quel avatar va-t-on te produire, il va falloir plancher ça ! La rumeur me dit que c'est Eiko elle-même qui y a mis la main ?

La rumeur n'a pas été avare de détails, me dis-je en me faisant toute petite. Eiko, pas du tout embarrassée, me couvait avec les autres d'un œil de matrone, tandis que Shigeki, en gestionnaire compétent et responsable, complétait déjà auprès d'elle sa fiche technique :

— Quand elle était en pleine érection, elle faisait combien de pointure environ ?

— J'dirions ben qu'al f'sait ses seize, dix-sept centimètres, not' maît' !

L'assistance ouvrit de grands yeux, des voix admiratives s'élevèrent. La confusion me faisait rentrer sous terre.

— Dix-sept centimètres, mais c'est proprement dégoû-tant ! se récria Sachiè.

— Pas de grossièreté ! tança Yôhei.

— Que veux-tu, Mémé a les pénis en sainte horreur, persifla Masami.

— Mais elle aime les hommes, précisa Tamotsu.

— On n'y peut rien, puisque les pénis demeurent inopérants sur le corps de Mémé.

— D'accord, mais vu du côté pénis, quoi de plus redoutable que le vagin de Mémé ?

— Eh bien, c'est ainsi ! hurla Sachiè, les joues empourprées. Combien de pénis d'hommes n'ai-je pas tétanisés ?

— Un vrai coupe-cigares ! La machine à fabriquer des impuissants ! s'esclaffa Tamotsu.

Délaissant le joyeux brouhaha de sa troupe débridée, Shigeki réfléchissait seul, en chef.

— Dix-sept centimètres, voilà qui aurait de l'impact. Va pour le numéro de masturbation… Et se tournant vers moi : Penses-tu pouvoir entrer en érection à chaque coup ?

— Pour le moment rien n'est moins sûr…

— Si tu ne bandes pas, on te téléguide Eiko qui te donnera un coup de pouce, intervint Tamotsu.

— Très bon, ce petit fumet de tribadisme…

Eiko et moi piquâmes un fard de concert, ce qui ne perturba en rien le sérieux de Shigeki se sentant investi d'une mission de producteur.

— Alors si ce n'est pas avec Eiko, tu ne bandes pas ? demanda Aiko.

— Même avec moi elle n'a pas bronché, confirma Tamotsu avec compétence.

— Le pénis a ses raisons que la raison ne connaît pas, bougonna Sachiè.

— Toi, Sachiè, arrête de casser du sucre sur le gland de ton prochain, lança Yôhei.

— Jusqu'à la moelle je l'abhorre, précisa Sachiè en ourlant dédaigneusement la bouche.

— Comment voulez-vous que je finalise mes idées, avec tout le tapage que vous faites ! s'écria Shigeki. Faudra que je voie ça ce soir dans la chambre. Dès que j'aurai une ébauche intéressante, je te fais signe, Kazumi.

Le jour où j'allais me produire approchait à grands pas ; je regardai donc le spectacle de ce soir-là avec une attention que j'avais perdue depuis longtemps. Le doigté de Shigeki pour manipuler Aiko, de quelque manière qu'on le considère, était pétri d'affection, et il était tout à fait impensable que ce soit là une « relation plus froide qu'il ne paraissait », comme le prétendait Aiko. « En dehors du travail, on ne se touche pas », avait-elle déclaré, catégorique, et puisque cela lui valait des inflammations, c'était un peu normal. Mais tout l'amour qu'ils ne faisaient pas dans la vie privée, il semblait qu'ils le rattrapaient dans la vie professionnelle, car ils n'y allaient pas avec le dos de la cuillère.

Les numéros de Yôhei-Masami et de Sachiè furent comme à l'ordinaire.

Quant à Tamotsu, il mit plus de docilité que d'habitude pour prendre contact avec Eiko. Et elle, voyant que Tamotsu était rasséréné, elle sembla se détendre et s'emmêler avec lui avec plus de confiance. Shin entra en érection sans trop de problème. Sous Tamotsu, Eiko laissa même entendre de petits gémissements qui laissaient soupçonner qu'elle ne jouait pas seulement la comédie. Mais qui pouvait savoir si ce moment d'extase, elle avait conscience de le devoir plus à Shin qu'à Tamotsu… Est-ce qu'elle n'entretenait pas l'imposture depuis belle lurette, en s'efforçant d'imaginer qu'elle s'unissait à un Tamotsu au corps normal ? Et s'il en était ainsi, Tamotsu ne devait-il pas être heureux de pouvoir donner de la joie à Eiko, tout en se trouvant pris dans une contradiction impossible à résoudre ?

Une légère mélancolie transparaissait sur le visage de Tamotsu lorsqu'il regagna les coulisses. Une foule d'émotions se bousculaient aussi en moi. J'imaginais que, cette nuit, dans leur chambre d'hôtel, ils vivraient quelques moments émouvants.

Erreur, car quand on se retrouva tous trois dans l'ascenseur, Tamotsu m'empoigna le bras.

— Tu viens dans notre chambre, n'est-ce pas ?

Troublée, j'interrogeai Eiko du regard.

— Si tu n'es toujours pas lassée de nous, passe donc nous voir, confirma-t-elle.

— Ce n'est pas que je sois lassée de vous, mais aujourd'hui…

— Allons, allons, tu es de la famille à présent, insista Tamotsu, qui ne me lâcha pas quand je voulus descendre à mon étage. Il y avait mis tant d'ardeur que je me demandai avec appréhension s'il ne voulait pas m'entraîner dans sa chambre pour me lyncher. Ce fut résignée que je pénétrai dans leur chambre.

Eh bien non, on n'avait pas eu, semblait-il, le projet de me lyncher. Pas plus qu'il ne s'agissait d'une requête instante à me présenter. Tamotsu s'amusait tout seul à son jeu vidéo et Eiko feuilletait un magazine, allongée sur le lit. Il ne me restait qu'à me vautrer sur le lit libre. Alors que je me demandais mollement pourquoi ils m'avaient fait venir dans leur chambre, Tamotsu se tourna vers moi : « Tu es comme un membre de la famille, n'est-ce pas ? »

C'est vrai que je n'avais rien d'une invitée, et quand je me vautrais ainsi à mon aise, j'avais plutôt l'impression d'être « comme un membre de la famille » pour qui il est inutile de mettre les petits plats dans les grands. Restait la question de savoir si c'était tellement amusant pour Tamotsu et Eiko de se reposer en incluant quelqu'un comme moi dans leur intimité. La somnolence me surprit réfléchissant à ce problème.

J'ignore combien de temps avait pu s'écouler lorsque mon sommeil se fit soudain plus léger. Un sentiment de plaisir habitait Pénis d'orteil. J'ouvris les yeux, consciente d'avoir déjà vécu cette situation. La serviette enroulée autour de la taille comme toujours au sortir du bain, Tamotsu était assis sur mon pied droit. Pénis d'orteil se trouvait fortement enserré. Et comme Tamotsu n'avait pas de vagin, aussitôt que j'imaginai ce qui pouvait serrer Pénis d'orteil si fort, mon sang ne fit qu'un tour.

J'allais pousser un cri, mais déjà Tamotsu s'était relevé. Ce n'était que sa main roulée en cornet et enduite de savon qui enserrait Pénis d'orteil.

— On t'a bien eue, hein ? fit Tamotsu délirant de joie. T'as cru que t'étais dans « l'entrée des artistes », pas vrai ?

— Il n'en fera jamais d'autres, commenta Eiko du lit voisin. Excuse, Kazumi !

— Et elle bande même avec moi ! dit-il en riant malicieusement.

Ma bouche grande ouverte n'était pas prête de se refermer de sitôt.

12

Tamotsu sortait de la salle de bain tout en enfilant son caleçon, mais arrêtant son regard sur moi, j'étais sur le lit, il bondit soudain sur mon pied droit pour emmailloter son slip autour de Pénis d'orteil et commencer ainsi à le frictionner. Je me penchai pour lui donner une claque sur le crâne. Du moins telle avait été mon intention, car mes doigts s'étant crispés dans l'effort, le crâne de Tamotsu résonna d'un bruit dur, ce qui le fit battre en retraite contre le mur en se tenant la tête entre les mains.

— Qu'est-ce que tu fais là ! s'indigna Eiko en suspendant le va-et-vient de sa brosse à cheveux.

— J'avais pensé qu'avec mon caleçon cela ferait plaisir à Kazumi, dit Tamotsu en récupérant son caleçon à terre.

J'étais toujours fourrée chez Tamotsu et Eiko. J'y étais d'abord allée sous la pression de Tamotsu, mais à présent l'habitude s'était installée. Tamotsu trouvait d'ailleurs que seul avec Eiko ce n'était pas très drôle car ils n'avaient pratiquement plus de sujet de conversation. Quand on pense qu'ils étaient ensemble depuis cinq ans, c'était un peu normal d'avoir épuisé tous les sujets. Et puis ils voulaient faire de moi un « membre de la famille ». Un peu comme ces couples qui, ayant émoussé la fraîcheur de la vie à deux, font par exemple un enfant pour introduire de la nouveauté dans leur ménage.

Le bain aussi, je le prenais dans leur chambre, mais je n'y passais jamais la nuit et je rentrais dormir chez moi. C'est que je n'étais jamais sûre que Tamotsu n'irait pas faire des polissonneries à Pénis d'orteil pendant mon sommeil. Il était dévoré de curiosité pour Pénis d'orteil. C'est souvent qu'il tournait autour de moi pour m'asticoter, comme il y a un moment. Si j'étais réveillée, comme ça ne me donnait pas trop l'impression d'être utilisée, je le supportais. Exposer Pénis d'orteil devant eux m'était à présent indifférent, je n'enfilais même plus de socquettes au sortir du bain et je prenais mes aises en étendant les jambes.

Pénis d'orteil avait été excité par Tamotsu, tout à l'heure. Et à bien regarder il semblait avoir grandi, pas énormément, bien sûr. Bon, ce n'est pas une de ces excitations à vous enfiévrer les sangs, me dis-je, il va retourner bientôt à son format normal. J'étais à le contempler philosophiquement, quand Eiko s'approcha en disant : « Le caleçon de Tamotsu l'a sali, on dirait », et de ses deux mains lovées en nid elle l'enveloppa comme pour le purifier. Comment diable s'y prend-elle pour avoir un contact aussi chaleureux, m'étais-je à peine demandé que… Pénis d'orteil s'animait et prenait de l'entrain en même temps que se resserrait ma poitrine. Mais je n'étais plus gênée maintenant que j'avais compris que c'était parce que le toucher d'Eiko était doux et affectueux. Sans doute que, dès le début, elle n'avait jamais essayé de trouver un sens bien profond dans le fait que Pénis d'orteil entrait en érection. Elle se contentait de sourire.

— Un caleçon qui vient de la lessive, comment veux-tu qu'il soit sale ! protesta Tamotsu en se tournant de notre côté. Ah, le voilà encore à bander ! Mais comment tu t'y prends pour en faire ce que tu veux ?

— Ah, mais il n'y a rien de malhonnête dans mon coup de main, tu sais, dit Eiko en se tournant vers lui, tout en tenant Pénis d'orteil dans une main. Pourquoi cela me fait-il autant plaisir, qu'on me le tienne comme un objet ? Si c'est ce qu'on appelle de la perversion sexuelle, alors va pour la perversion, me dis-je, tant était délectable l'état dans lequel je baignais. Tout ce qui me dérangeait, je ne voulais rien en savoir. Il semblait bien que ces derniers temps je donnais dans l'hédonisme le plus débridé.

— Bon, eh bien, je suis prêt à voir votre numéro ! claironna Tamotsu, une fois enfilés son tee-shirt et son survêt en guise de pyjama, en se calant à côté d'Eiko. Celle-ci, de l'air le plus consciencieux et naturel du monde, se mit à caresser Pénis d'orteil. Assise les jambes croisées en tailleur, elle immobilisait mon pied droit entre ses genoux. J'aimais mieux quand elle me prenait la cheville, mais cette nouvelle prise m'excitait. J'accueillis ainsi l'apothéose dans la contemplation de la main besogneuse d'Eiko.

— Dis donc, tu ne trouves pas que c'est un peu rapide ? commenta Tamotsu sans m'accorder le loisir de goûter mon plaisir. Ce n'est pas en montant comme une soupe au lait que tu vas amuser les gens.

— Mais je ne pense pas à les amuser.

— Comment ? Alors comme ça tu ne penses qu'à orgasmer en Suisse, toi ? s'exclama Tamotsu. Quelle égocentrique tu fais ! Il faut que tu en fasses profiter aussi le monde, voyons !

— Mais je ne pense pas qu'il y ait beaucoup de gens qui veuillent se faire plaisir avec un machin pareil ! répondis-je, agacée de m'entendre adresser ce reproche comme on le ferait au type pressé d'assouvir sa libido et qui se moque éperdument des réactions de sa partenaire.

— Et avec Shunji, ça se passait comment ?

— Avec Shunji, on ne faisait jamais des trucs comme du *sexe anal*, ou que sais-je.

— Tiens ? Il était pourtant homo, lui ?

Se réglant sur la voix de Tamotsu, Eiko aussi n'avait pas l'air tout à fait convaincue. J'étais en train d'hésiter sur la priorité des arguments que j'allais leur opposer à tous deux – à savoir que Shunji, plus qu'il n'était homosexuel, était plutôt quelqu'un d'indifférent au sexe des gens, uniquement préoccupé de fraterniser, et aussi, comme je l'avais appris par ouï-dire, qu'être homosexuel n'impliquait pas forcément des relations anales – mais Tamotsu ne m'en laissa pas le loisir et me coupa l'herbe sous le pied en concluant : « Bon, restons-en là avec Shunji, mais à l'avenir, il est fort possible, ma vieille, que tu rencontres un partenaire qui exigera que tu l'amuses ! »

Quelqu'un qui voudrait s'introduire Pénis d'orteil pour en jouir, moi je ne pouvais m'imaginer qu'une femme dans le genre de Chisato, aux puissants appétits sexuels mais dénuée du plus élémentaire discernement pour le sexe. Quant aux hommes, la majorité d'entre eux était comme Masao, tout pénis leur était tabou, sauf le leur. Shunji, c'était un cas à part, et Tamotsu voulait palper Pénis d'orteil avec une mentalité de potache jouant à touche-zizi.

— Mais placé là où il est, ça ne doit pas être de tout repos de le faire remuer ce pénis !

A cette remarque d'Eiko, je constatai que sa main paisible et magnanime était posée sur mon cou de pied droit.

— Evidemment, poursuivit-elle, la position classique, il ne faut même pas y songer, debout sur une jambe, on se flanquerait par terre, et couchée, voyons... plutôt que la force de tout le corps, c'est sur la force du genou qu'il faudrait compter pour remuer la pointe du pied. On ne tiendrait pas le coup bien longtemps, on s'épuiserait, et puis le rythme ne serait pas assez soutenu. Le mieux serait encore que l'autre l'enfourche et agite les hanches.

— Ouais, la passivité absolue. Ça ne marche pas, railla Tamotsu. C'est pourtant une fort belle pièce, dit-il en connaisseur, appréciation qu'il assortit d'une vigoureuse tape sur Pénis d'orteil qui me fit gémir.

— Oh, la pauvre, c'est méchant ce que tu fais, dit Eiko en maternant Pénis d'orteil tout endolori. Les fourmis du plaisir succédaient déjà aux fourmis de la douleur. Reconduction de l'érection.

Eclat de rire de Tamotsu : « Il a une façon marrante de bander, dis donc ! » dit-il en abattant une fois encore sa main.

— Tu peux compter que je ne viendrai plus dans tes parages ! dis-je en bondissant du lit, car cette fois c'en était trop.

Le contact de la moquette était agréable, je croyais que la douleur allait le paralyser, bien au contraire, il se maintenait crânement en érection. Vraiment, j'étais consternée devant l'indiscipline de Pénis d'orteil. En me disant qu'une bonne douche froide le rappellerait à l'ordre, je me dirigeai vers la salle de bain, mais je me mis en route du mauvais pied, en ce sens que ce dernier heurta violemment un autre pied, mais celui de la table. Oublieuse que mon orteil débordait le schéma corporel que j'avais en tête, j'avais mal apprécié la distance. Le souffle coupé par la douleur, je fus obligée de m'agenouiller.

— C'est malin, rit Tamotsu. Tu n'as pas trop mal ?

Eiko riait également, mais compatissante, elle était descendue du lit pour s'agenouiller à côté de moi.

— Mais non, c'est Tamotsu le grand idiot, tu sais, me dit Eiko en me posant la main sur l'occiput. Et si son geste ne résorba en rien la cuisante douleur éprouvée au pied droit, j'eus nettement conscience qu'une sensation agréable irradiait de mon occiput. Rien de comparable au plaisir déclenché par les caresses à Pénis d'orteil, mais cela me détendait si efficacement le corps et l'esprit, que j'avais envie d'être toujours effleurée ainsi. Je m'inquiétai : que pouvait donc bien être ce sentiment de bonheur ?

— Ce soir, je voudrais faire faire ses débuts à Pénis d'orteil, annonça Shigeki le matin d'un jour de relâche, alors que la tournée dans le Hokuriku-Tôhoku était déjà aux deux tiers entamée. Il faut se rendre compte *de visu* pour monter un numéro porteur.

De mon côté, nulle objection.

Pour mes débuts, Shigeki n'avait préparé rien de moins qu'une suite dans un hôtel littoral du Rikuchû. Je déclinai l'offre de cette chambre somptueuse, arguant que ça ne valait pas la peine de se mettre ainsi en frais pour moi, à quoi Shigeki répondit qu'une chambre normale serait trop petite pour contenir les huit sociétaires. Par contre, pour comprimer les frais, il désirait, disait-il, que « les jeunes » – Tamotsu, Eiko et moi-même – se casent pour la nuit dans la suite. Bien sûr qu'on voulait dormir dans la suite, mais une suite pour nous et pas pour les autres, c'était un peu dur.

— Ce sont plutôt les anciens qui devraient prendre la suite, non ?

— Sans doute. Mais Sachiè insiste pour faire chambre à part en tournée, et Yôhei et moi, dans une grande chambre on ne ferme pas l'œil, alors...

— D'accord, moi je la prends.

C'était Tamotsu, derrière moi, qui avait dit cela avec son sans-gêne habituel en m'enroulant le bras autour du cou. Entendu, nous occuperions la suite à nous trois.

Entrés dans la chambre à coucher, à première vue, il n'y avait que deux lits, mais le divan du séjour était suffisamment large, il ne serait donc pas utile de faire apporter un lit supplémentaire. La suite s'ouvrait sur une terrasse dominant la mer et nous y passâmes la journée à siroter du thé, contempler la mer, et autres divertissements raffinés[1].

---

1. Il s'agit du Parc national littoral du Rikuchû, déroulant ses merveilles en une bande étroite de 180 kilomètres de côtes s'étendant sur les préfectures de Miyagi et Iwate, sur la côte du Pacifique. Célèbre pour ses exemples spectaculaires d'érosion marine, piliers rocheux, grottes, pins maritimes agrippés à des rochers, baies et criques innombrables. Avec Kyôto, c'est le paysage « gros coup de cœur Japon » type.

Mais lorsque, avec le couchant, s'approcha l'heure de la réunion des sociétaires, commença à poindre en moi une certaine nervosité qui concentra ma préoccupation sur Pénis d'orteil. Je ne sais combien de fois j'enlevai et renfilai mon mi-bas droit tout en me consumant, assise sur le divan.

— On a le trac, la petite novice ?

Assise à côté de moi, Eiko tentait de plaisanter, mais je n'avais guère le cœur à répondre. J'étais bourrelée d'appréhension : qu'adviendrait-il s'il ne parvenait pas à entrer en érection ? Et d'ôter une fois de plus mon mi-bas.

— Ton petit manège m'agace, tu sais ! s'écria Tamotsu assis en face de moi, et il se leva pour venir m'arracher le mi-bas des mains.

— Je te le confisque parce qu'il m'énerve, dit-il en le roulant en boule pour le lancer au plafond. J'abaissai le regard sur mes pieds. A voir ainsi rangés côte à côte mon pied gauche couvert d'un mi-bas et mon pied droit découvert, j'eus un peu l'impression de me trouver nue en dessous de la ceinture.

— Tu me rends mon mi-bas, dis ? demandai-je à Tamotsu.

— Mais tu l'attrapes avec les dents alors, dit-il en se préparant à lancer.

— Pas de ça, non !

— Bon, alors j'en hume le fumet !

Joignant le geste à la parole, il approcha son nez de la chaussette. Je n'ai pas le pied malodorant, je le déclare tout net, et j'avais changé de chaussettes il n'y avait pas si longtemps, tout ce qu'il sentirait ne serait que bonne lessive fraîche. Mais l'idée de me faire ainsi renifler les odeurs intimes me révoltait. Je marchai sur Tamotsu pour récupérer mon bien. Une petite escarmouche s'ensuivit, Tamotsu finit par me marcher sur le pied, celui qui était nu évidemment. Ce qui me rappela que parmi mes camarades d'école primaire il y en avait toujours un de cette engeance. Je lui donnai un coup de pied dans le tibia.

Quand Shigeki et les autres firent leur entrée, nous étions toujours à nous disputer le mi-bas litigieux.

— Mais ils s'entendent comme des amours en paradis ! dit Aiko en se plantant à côté de moi. Tamotsu consentit enfin à me restituer le mi-bas. Revenant à côté d'Eiko, je me laissai tomber dans le divan, j'étais vannée. Masami, debout derrière moi, me mit la main à l'épaule.

— Au lieu d'être tout le temps fourrée chez eux, tu devrais venir de temps en temps chez nous. Tu es la fille adoptive de Tamotsu et d'Eiko maintenant ?

— Elle serait devenue la mère nourricière de Tamotsu, que ça ne m'étonnerait pas, rectifia Yôhei. Voilà que Tamotsu s'est trouvé une seconde maman en plus d'Eiko.

— Et je dis n'importe quoi ! lança Tamotsu avec humeur.

Mais je ne jugeai pas utile de demander ce qu'en définitive j'étais pour lui.

— Non, cette petite ne donne pas l'impression d'une mère, conclut Masami en me tapotant l'épaule.

Moi non plus, d'ailleurs, je n'avais pas l'impression d'être une mère pour Tamotsu. Sa proximité physique ne me causait aucune gêne, c'est pourquoi j'avais l'impression, comme le disait Tamotsu lui-même, de faire partie de la famille, mais il me semblait plutôt avoir trouvé un petit frère, qui pouvait, entre nous soit dit, être aussi odieux qu'il pouvait être adorable. Quant à l'attitude tendre et protectrice de mère ou de grande sœur, jamais je ne pourrais l'avoir, nous étions sur un pied d'égalité pour nous crêper le chignon. Et Tamotsu avait l'air satisfait de cet état de chose.

Eiko, qui regardait toujours nos chamailleries avec un calme olympien, fit remarquer :

— Ces deux-là, on dirait des faux jumeaux !

— Tu peux dire des triplés, en ajoutant Shin, précisa Masami en plongeant son regard dans le mien. Tiens, j'ai comme dans l'idée que ce Pénis d'orteil pourrait bien être le pénis de secours de Tamotsu, non ? Tu ne le lui aurais pas volé dans le sein maternel ?

Dantesque supposition que ce saut logique.

— C'est un peu trop a-scientifique, protestai-je faiblement.

Mais Masami, ravie de sa trouvaille, ne m'écoutait pas et continuait son idée :

— Mais si, pourquoi pas ? Je dis ça pour plaisanter, mais en fait vous êtes des triplés et Pénis d'orteil est le pénis apparent de Tamotsu !

— Absolument ! J'ai dessus un droit de propriété ! lança Tamotsu très emballé.

— Trêve de balivernes ! coupa Shigeki en rappelant à l'ordre son petit monde, tu vas nous montrer cela sur-le-champ, veux-tu ?

Nous nous assîmes tous les huit sur la moquette en faisant un cercle, au centre duquel j'étendis bravement mon pied droit dont l'extrémité cristallisa immédiatement l'attention générale. Je commençai à caresser Pénis d'orteil, qui répondit en se dressant. Grand soulagement d'abord, mais dès que se ralentissait l'action de ma main, il s'étiolait en une forme peu glorieuse.

— C'est vraiment le type sur qui tu peux jamais compter, s'esclaffa Tamotsu, ce serait pas le pote à Shin ?

— Ne te raidis pas ainsi, m'encouragea Shigeki, il ne faut pas se préoccuper du public. Tu entres dans ton monde à toi.

— Oui, et tu penses à quelque chose de très, très sale, abonda Masami.

Essentiellement préoccupée à entretenir mon érection, je faisais aller et venir ma main. Mais j'avais déjà compris que j'aurais beau le stimuler, la volupté ne serait jamais au rendez-vous. Comme le jour où j'avais fait une démonstration devant Tamotsu et Eiko, aucune image ne me venait à l'esprit. Ah, j'aurais eu mon amoureux pour m'approvisionner en palpitations sexuelles, me repasser en flash-back quelques glorieux épisodes de nos ébats, cela aurait amplement suffi à me mettre en appétit. Mais, vu l'existence vide que je menais en ce moment, avec quelle corde aurai-je bandé l'arc du désir ?

Et maintenant que j'y songeais, mon expérience de la masturbation était bien fragile. Il m'était bien arrivé, au temps où je n'avais pas Pénis d'orteil, de m'y adonner pour revivre des événements agréables qui avaient réellement eu lieu, ou plus tard, quand Pénis d'orteil était encore nouveau-né, plus par curiosité qu'autre chose, mais mis à part ces expériences, je ne m'y étais jamais appliquée bien sérieusement. Il est vrai que je n'étais pas obsédée par les plaisirs du sexe.

Bien sûr, s'ils venaient à occuper une place importante dans mon existence et si je faisais de la masturbation une inclination invétérée, j'en viendrais sans doute à jouer avec tous ces fantasmes sexuels éloignés de la réalité. Mais voilà, en ce moment, je me trouvais à des lieues de ces domaines sulfureux. Je me sentais déjà terrassée d'épuisement, rien qu'à l'idée d'avoir à stocker une compilation de fantasmes sexuels, à seule fin de pouvoir tenir mon rang chaque soir dans un numéro. Et les forces manquaient aussi à Pénis d'orteil.

— Je ne sais pas, mais ça me paraît plutôt laborieux, murmura Eiko à côté de moi. Sa voix fit résonner quelque chose de cher à mon cœur. Je me rendis compte que j'avais complètement oublié qu'elle se trouvait à côté de moi.

— Tu es trop tendre pour ton pénis, ma vieille ! dit Tamotsu.

— Moi je ne trouve pas, répliqua Eiko. Tu devrais plutôt t'inquiéter pour Kazumi.

Peut-être parce que je me trouvais sans personne sur qui m'appuyer, ces quelques mots d'Eiko m'allèrent droit au cœur. Et pas seulement au cœur, d'ailleurs, car ils m'ébranlèrent aussi tout le corps, et ce fut comme si un raz-de-marée de sang chaud déferlait soudain dans

Pénis d'orteil. La main qui l'enserrait reprit de l'assurance et de la fermeté. Comment avais-je pu oublier sa présence amie, et combien elle m'avait déjà donné du plaisir… Mais maintenant que ces scènes remontaient à moi, je me remémorai avidement, presque en le dévorant même, le souvenir de cette sensation laissée par la main d'Eiko sur ma nuque. Et Pénis d'orteil s'érigea si furieusement qu'il en devint méconnaissable.

— Beau travail, apprécia Masami dans un sifflement admiratif. Quel genre de chose as-tu imaginée ?

Il n'était pas question que je réponde à cette question. Je fis donc celle qui n'avait pas entendu, me contentant de contempler, satisfaite, Pénis d'orteil que je tenais toujours enserré dans ma main. Fort heureusement, l'attention de toute l'assistance était braquée sur lui, si bien que la question de Masami tomba dans l'oubli.

— Magnifique ! rugit Shigeki, c'est un engin superbe. C'est la gloire qui t'attend.

— Même que messieurs les clients risquent d'en faire de gros complexes, ajouta sentencieusement Yôhei.

— Mais pas si ce sont des étrangers, chez eux c'est le format standard, précisa Masami dans un docte geste du doigt.

— Oh, et puis non, c'est trop dégoûtant, dit Sachiè en lançant un regard torve sur l'engin.

— Comment ça, trop dégoûtant ? protesta Tamotsu en empoignant mon pied droit et poussant rudement Sachiè. Est-ce que tu as bien vu ? Mais regarde donc !

En disant cela, il avait bloqué ma jambe sous son aisselle pour saisir Pénis d'orteil de la main droite et l'agiter sous le nez de Sachiè. Déséquilibrée, je dus cambrer la taille en m'appuyant sur mes mains posées en arrière.

— Oh, ce Tamotsu. Tu arrêtes, oui ?

— Eh bien, pour un homme, c'est du propre de toucher ainsi un pénis ! se récria Sachiè en chassant de la main une mouche imaginaire pour souligner le caractère répugnant de la situation, bien qu'elle ne parût nullement défaillir devant Pénis d'orteil agité sous ses yeux.

— C'est un pénis de femme, alors…

— Il a beau être accroché à une femme, c'est le symbole viril par excellence, non ?

— Mais pas du tout ! Le mien de pénis il est inabouti, pourtant ça ne m'empêche pas d'être un homme. Le pénis ce n'est pas un symbole !

— Et moi donc, je me le suis amputé, mais je suis homme, oh que oui !

Cette sortie de Masami attira sur elle tous les regards. C'était la première fois qu'on l'entendait revendiquer sa virilité.

— Voyons, Masami, tu n'es pas une femme, toi ?

A cette question de Tamotsu posée à titre d'information, Masami fit la grimace, comme quelqu'un qui sent qu'il a vendu la mèche, mais se ressaisissant aussitôt, elle précisa, non sans solennité dans la voix :

— Je me suis faite femme parce que je le voulais, mais je ne m'y trompe pas, je sais très bien que ma signature génétique reste le chromosome XY. Je ne suis pas bête au point de me croire une authentique femme, soyez sans crainte. Il me reste tout de même encore assez de jugeote…

— Ah bon. Moi je croyais que les chromosomes de Masami c'était du XXY !

Je mis à profit ce chassé-croisé d'arguments génétiques pour dégager d'une secousse mon pied de l'aisselle de Tamotsu et me rasseoir plus confortablement. Pénis d'orteil était toujours en érection, l'excitation éprouvée à l'évocation du contact avec Eiko ne semblait pas prête de s'apaiser. Je n'avais qu'une envie : me retirer pour pouvoir mener à bien ce développement et goûter au plaisir en solitaire. Mais comme il n'en était pas question pour le moment, il fallait faire violence à mon désir.

— Un pénis, qu'il soit accroché à un homme ou à une femme, je crois, ma chère, que c'est une excellente chose, me dit gravement Masami.

— Alors pourquoi tu te l'es coupé ? demanda Tamotsu avec logique.

— Je voulais devenir un homme sans pénis, voilà. Mais une femme avec un pénis, je trouverais ça formidable ! Je me demande si je n'en tomberais pas amoureuse…

— T'as qu'à aimer Kazumi, alors.

A cette dernière injonction de Tamotsu, je levai la tête. Mon regard croisa celui de Masami qui me considérait avec détachement.

— Ce que j'aime moi, ce n'est pas ce genre de petite oie blanche, mais une femme qui a du chien. Et c'est entre les jambes que je lui veux du pénis.

— On en attrape des maux de tête à écouter Masami délirer sur ses goûts et ses désirs, soupira Sachiè.

Shigeki et Aiko surgirent devant moi. Lui, rayonnait de bonheur : « Tu fais tes débuts dans la prochaine tournée. Il ne sera sans doute pas facile de te mettre en érection à chaque fois, mais si tu y mets du tien… Je compte sur toi ! »

J'acquiesçai d'un geste plutôt ambigu. C'est que je venais de réaliser ce qu'il me faudrait faire pour garantir une érection. Le tout se solderait à mener à bien mon numéro de chaque soir en me remémorant des scènes vécues avec Eiko. Qu'y pouvais-je, puisque c'était tout ce que j'avais sous la main comme matériau masturbatoire… Et je me dis que l'affaire prenait un tour étrange.

Shigeki contempla Pénis d'orteil de l'œil déjà familier de l'artisan pour un nouvel outil : « Je comprends très bien, tu sais, que le faire bander chaque soir ne sera pas une sinécure. C'est à en devenir jaloux des femmes qui, elles, sont toujours prêtes à servir… »

Je ne m'attendais pas à cette profession de foi dans la bouche de Shigeki, car pour moi c'était le lieu commun des machistes tendance vieux croûton. Elle me désarçonna quelque peu, mais Aiko, qui avait le flair singulièrement aiguisé, vint à mon secours : « C'est justement cet état de réception permanente qui nous vaut de nous faire violer allégrement, par exemple ! »

Haussement de sourcils de Shigeki, mais Aiko poursuivait sur sa lancée : « Et d'abord, je trouve qu'il faudrait commencer par se demander si nous le sommes vraiment dans ce fameux état de réception permanente… C'est parce qu'un corps de femme est tenu à tout, même à l'impossible, qu'on peut tout lui demander, et ces messieurs interprètent cela, parce qu'ils en tirent leur profit, comme un état de réception permanente. Et c'est de cela que tu serais jaloux ? De te faire baiser à ton corps défendant, alors que tu n'es nullement préparée à encaisser ? »

Si Aiko parlait avec le sourire, le regard qu'elle fixait sur Shigeki était décapant. Si bien qu'il tenta de se justifier, très mal à l'aise :

— J'ai dit qu'il y avait des moments, comme tu sais, où on pourrait vous envier, je n'ai pas dit qu'on vous enviait tout.

— D'accord, c'est déjà mieux ainsi, dit Aiko en détachant enfin ses yeux de Shigeki avec un sourire de procureur adressé à un juge imaginaire. Comme je la regardais de profil, j'eus soudain le soupçon qu'elle n'aimait pas Shigeki. Par contre, on pouvait penser sans risque d'erreur que Shigeki, lui, l'aimait très fort. Et si leurs relations « curieusement glaciales » venaient du cœur d'Aiko campant sur une banquise ?

En vérité, Shigeki avait l'air esseulé. Tout à l'échange de propos plaisants et égrillards, les autres n'avaient pas prêté attention à la scène, et je m'en félicitai. Mais Aiko, avec son air raisonnable, changea aussitôt de ton pour embrayer sur un autre sujet :

— A propos, Shigeki, tu as déjà une idée de numéro pour Pénis d'orteil ?

— Oui, répondit Shigeki, et c'était un grand « oui » de soulagement, il faut que la première impression laisse le public sans voix, pour mieux l'embarquer ensuite dans le jeu. Je verrais très bien Pénis d'orteil excité sous la chaussette, et à mesure que l'érection s'intensifie, la chaussette serait étirée, étirée, jusqu'au moment où, le public commençant à avoir des doutes… la chaussette serait, vlan ! arrachée et Pénis d'orteil dévoilé dans toute sa grande majesté. Bon, ce serait le scénario idéal, mais c'est un peu trop demander peut-être.

— Il faut y mettre du spectaculaire, si ! intervint Tamotsu qui, bien qu'en conversation animée avec Masami et Sachiè, n'avait jamais les oreilles dans sa poche. Je verrais très bien, par exemple, la chaussette retirée entraînant avec elle une guirlande de petits drapeaux de tous les pays. Ce serait super, non ?

— Oui, et ce serait encore mieux si Pénis d'orteil, écoutez… renchérit Masami qui ne voulait pas être en reste, faisait tournoyer des anneaux, dont le nombre irait croissant. Vous savez, comme dans la nouvelle gymnastique aux Jeux olympiques.

— On pourrait aussi le faire passer à travers un cercle de feu.

— Voulez-vous bien réfléchir sérieusement ! Non, écoutez ! Voilà : Pénis d'orteil serait en érection, tout seul, puis on le lancerait dans une grande farandole comme dans un ballet. Ça ne vous paraît pas formidable ?

— Nous en reparlerons tous les deux à tête reposée, dit Shigeki dans un froncement de sourcils patriarcal indiquant qu'il ne pouvait souscrire à ces enfantillages.

Sur cette conclusion, la chambre fut plongée dans le silence, surtout parce que Tamotsu qui jacassait comme une pie avec Masami avait brusquement interrompu son débit. Ce silence qui s'était soudain abattu perçait les oreilles, je me tournai vers Tamotsu et vis que son air d'éternel plaisantin désertait son visage. Comme s'il avait perçu le changement d'atmosphère, Shigeki se retourna. C'est alors que Tamotsu déclara d'une voix résolue qu'on ne lui connaissait pas et tout d'un souffle : « Moi je vais vous dire ce qui serait du solide : Kazumi et moi on se chevillerait à deux et Eiko viendrait s'emberlificoter là-dedans. Ça serait le bon numéro, c'est clair. »

Il avait lancé cela d'un ton plus proche de la directive péremptoire que de la suggestion. L'assistance pinça les lèvres et retint sa respiration. Je tentai de croiser le regard de Tamotsu. Mais il venait de se découvrir un intérêt aussi soudain qu'irrépressible pour le bouton de sa manche de chemise qu'il tourmentait, les yeux baissés, à croire qu'il avait complètement oublié ce qu'il venait de dire.

Tamotsu ne voulut pas s'expliquer sur la proposition qu'il avait émise, pas plus qu'il ne se trouva quelqu'un pour l'en prier. Le thème du numéro de Pénis d'orteil demeura donc en suspens, et la séance fut levée sur une conclusion ambiguë. La proposition de Tamotsu n'était pas uniquement guidée par un intérêt scénique, elle reflétait aussi un mobile affectif, c'était clair, à telle enseigne que tout le monde, à commencer par Shigeki, semblait vouloir éviter d'y faire allusion. Parce que l'air détaché qu'il avait affecté pour dire cela n'avait trompé personne, tout son être criait : vous touchez à cette question et je vous explose à la tête.

Quant à moi, je trouvais son attitude plutôt déplaisante. Il profitait du fait que tout le monde s'efforçait de ne jamais le contrarier, pour donner libre cours à ses humeurs et dire tout ce qui lui passait par la tête, sans se soucier des questions que les autres pouvaient se poser. Je trouvais qu'il prenait un peu trop ses aises. D'autant plus que sa proposition ne le concernait pas seulement lui, mais aussi Eiko et moi, et il aurait été normal, vis-à-vis de nous deux, ou au moins vis-à-vis de moi, si Eiko avait déjà percé son dessein, qu'il se fende d'un semblant d'explication plausible. Mais non, au lieu de ça, quand la troupe se fut retirée de la suite, il se plongea, l'air de rien, dans une partie acharnée de jeu vidéo.

Un observateur distrait aurait pu croire, à la manière dont nous passâmes l'heure d'avant le coucher, que nous ne dérogions en rien à nos habitudes, mais il y avait ce soir-là quelque chose de pas naturel, de sec et de guindé, aurais-je dit, dans l'atmosphère de notre suite d'hôtel. Eiko avait beau s'appliquer à paraître naturelle, on la sentait taciturne et renfermée, et à la voir m'épier de temps à autre comme si elle voulait me dire quelque chose, je devinais toute une pression qui s'exerçait dans le dos de Tamotsu. Etait-ce ainsi, me demandais-je avec une irritation croissante, que l'on traitait un « membre de la famille », puisque Tamotsu avait lancé le terme ?

J'aurais bien voulu demander à Eiko ce qu'elle pensait de la proposition de Tamotsu, mais en présence de ce dernier c'était peine perdue. Et puis, maintenant que tout contact amical avec Eiko avait pris la dimension d'une stimulation sexuelle, me trouver tout d'un coup en face d'elle m'intimiderait. Le simple fait d'avoir conscience de la proximité d'Eiko me déclenchait des frémissements dans tout le corps tant mes nerfs escomptaient en retirer du plaisir. Et si Pénis d'orteil allait se mettre en érection, ce serait la catastrophe, il me fallait absolument concentrer mes préoccupations sur d'autres sujets.

Les réactions de mon corps prouvaient-elles que j'aimais Eiko sur le mode homosexuel ? Il était indéniable que j'avais commencé à éprouver un attachement qui était plus que de la simple inclination pour une amie. Allons ! ce n'était plus le moment de se poser des questions ou de résister. Je me disais que si c'était ça, ce qu'on appelait l'homosexualité, eh bien, cela m'était égal. Il était étrange cependant que je n'aie nullement conscience que cette Eiko, qui pouvait réveiller en moi le plaisir, appartienne à mon sexe. Et tout en admettant dans ma pensée qu'Eiko était bien une femme, avant même de me demander si elle était un homme ou une femme, elle m'apparaissait comme une présence qui m'était délicieuse jusqu'à l'absurde. Tout comme Shunji, qui ne demandait jamais à son partenaire de « fraternisation » quel était son sexe, mais plutôt quel était son désir. J'avais l'impression d'être devenue pareille à lui, du moins pour ce qui regardait Eiko.

D'autre part, j'avais des contacts quotidiens avec Eiko, et je m'en contentais très bien, car aucune de ces envies, comme de superposer nos épidermes nus ou nous retrouver chevillées par le truchement de Pénis d'orteil, ne surgissait en moi pour le moment. Pas plus que je n'envisageais de la toucher au lieu d'être touchée par elle pour me procurer du plaisir. C'était seulement au toucher de sa main que je prenais plaisir. Un désir aussi circonscrit n'était-il pas un peu incomplet pour porter le nom d'aspiration homosexuelle ?

Est-ce que j'aime Eiko comme j'aime Shunji ? me demandai-je pour reprendre la question par un autre bout, toujours sans aboutir à une réponse nette. A la différence de Shunji qui m'avait subjuguée, immédiatement entraînée dans son intimité, baladée, au début de notre rencontre, d'étonnements en surprises, je me rendais compte qu'Eiko, que l'on pensait pouvoir appréhender sans difficulté tant elle paraissait simple, je ne la comprenais pas et la ressentais comme un être lointain. D'où ce doute qui surgissait en moi : n'avais-je pas tout simplement perdu la tête, entraînée par les désirs délirants de Pénis d'orteil ?

Alors que je ne savais pas du tout où j'en étais avec Eiko, il était peu probable que je m'aventure dans un numéro du genre « m'emberlificoter à Eiko en me chevillant à Tamotsu », qui risquait de me déstabiliser encore plus, et de corps et d'esprit. En ressassant tous ces aspects de la question, je sentais ma colère monter contre Tamotsu, qui avait claironné sa proposition au mépris des intentions d'Eiko et des miennes. Je n'eus toutefois pas le courage de l'interroger à ce sujet avant le lendemain matin.

Avec le lever du jour, Tamotsu avait déverrouillé son autisme. J'avais dormi seule sur le canapé du séjour et je m'éveillai aux joyeux éclats de voix de Tamotsu et d'Eiko dans la salle de bain. Si hier soir Eiko non plus n'avait pas le sourire, la bonne humeur recouvrée de son Tamotsu semblait l'avoir remise en forme. Mais moi, je regimbais, je n'allais tout de même pas renoncer comme ça à ma colère. Si j'étais blessée par les caprices de Tamotsu, je n'étais pas davantage satisfaite d'Eiko, qui se laissait mener par le bout du nez par cette girouette de Tamotsu.

Je venais de m'asseoir dans le canapé-lit quand Tamotsu jaillit de la salle de bain, son éternelle serviette autour des reins. Eiko le suivit, un beau sourire épanoui aux lèvres. J'avais bien l'intention de manifester ma mauvaise humeur en campant sur mes positions – d'abord je ne dis pas bonjour à ces gens ! – mais soit que Tamotsu n'ait rien remarqué, soit qu'il s'en fichait éperdument, il plongea la main sous ma couverture en demandant :

— Alors, en érection matinale, Pénis d'orteil ? Dis, tu peux bien me laisser toucher tout de même ! protesta-t-il, comme je repoussais vivement sa main du pied, ce qui eut pour effet de la lui faire plonger plus avant sous la couverture.

— Pas question. C'est à moi, ça, déclarai-je en ramenant ma jambe sous moi.

— C'est à moi, tu plaisantes ! On n'a pas décrété hier que c'était mon pénis externe ?

— Parce que tu t'imagines vraiment que tout irait mieux ainsi ? dis-je, histoire de le relancer avec ma rhétorique.

Le rire de Tamotsu se figea, et il prit une posture légèrement en retrait. Eiko qui se tenait derrière lui tomba également en arrêt, pied levé en pointer fidèle. Mais une prompte pirouette le remit en selle :

— Et pourquoi non ? C'est très commode pour moi d'avoir un pénis de secours, et d'un, et de deux, tu as un bel engin mais tu ne t'en sers que pour te masturber, c'est du gâchis, tu ne trouves pas ?

— Mais enfin, je ne vois pas comment tu pourrais retirer des sensations agréables avec le pénis d'un autre !

Le rire s'évanouit des lèvres de Tamotsu. Je crus qu'il allait à nouveau piquer sa crise, il serrait les lèvres en se demandant dans quelle direction il allait donner la charge, mais, après avoir marqué un temps, il se détendit pour déclarer : « Mais c'est ça qui est agréable, au contraire ! » avec le visage le plus sérieux du monde. Puis, arborant un sourire où perçait beaucoup de gêne, il se lança dans un nouvel exposé :

— Tu ne trouves pas que le cerveau humain c'est quelque chose de fabuleux ? Même si on ne passe pas à l'acte, rien que le fait de se le représenter avec intensité suffit à faire naître la sensation qu'on est en train de le faire. Je prends un exemple : personne ne peut voler dans le ciel, mais si on s'imagine avec force en train de voler, on parvient à ressentir l'enivrement que procure le vol. Tu n'es pas d'accord ?

— Non, parce que c'est… commençai-je, mais Tamotsu balaya mon objection d'un geste de la main.

— Je sais, tu vas me dire que ce n'est pas la même chose que ce qu'on éprouverait si on volait vraiment. C'est ça ? Pourtant, pourtant… le plaisir qui naît d'une représentation que l'on échafaude dans sa tête, c'est un plaisir authentique, tu sais ! Mon pénis est inabouti, il ne peut donc pas goûter les plaisirs que procure le modèle parfait, d'accord. Mais le plaisir fantasmé du pénis, ça on peut l'éprouver. Et moi, il me faut bien m'en contenter. Tu peux comprendre ça ?

— Je comprends, mais…

A cet instant Eiko traversa la pièce, le regard posé sur nous, pour aller s'asseoir sur le divan resté libre ; je poursuivis :

— A vivre dans les chimères, on peut finir par ne plus savoir faire le partage entre le rêve et la réalité ?

— Ne crains rien, va, je ne suis pas un crétin ! dit-il en éclatant de rire. Si tu me laissais croire que ton Pénis d'orteil m'appartient, ça me permettrait de m'amuser en élargissant le champ de mon imaginaire, c'est tout.

Il ne pensait vraiment qu'à lui ! Dominant mes nerfs, je lui demandai :

— Admettons que ce soit bien pour toi, mais moi ?

— Toi aussi, tu n'as qu'à t'amuser, répondit-il, flegmatique.

Il me fallut avaler un bon coup ma salive avant de pouvoir ouvrir à nouveau la bouche :

— Avec Eiko, en me « chevillant » à toi ?

— Ça ne te dit rien ? Mais Eiko, tu ne la détestes pas, elle ?

Je restai sans voix. Il avait probablement dit cela sans arrière-pensée, mais pour moi qui me demandais avec angoisse où j'en étais vis-à-vis d'Eiko, cette question était un coup en traître dans un domaine que je ne voulais surtout pas aborder. Pourtant, il avait simplement demandé si je ne détestais pas Eiko, ce n'était pas difficile de répondre, mais ma langue paralysée me refusait tout service.

— Et toi, tu ne détesterais pas non plus ?

— Cette façon de poser la question, c'est du chantage.

Elle avait dit cela très vite, mais Tamotsu continua de la fixer en attendant une réponse. Moi je n'avais pas eu le cran de regarder Eiko. J'étais en train de me tétaniser lorsque sa voix me parvint à l'oreille, une voix dont on aurait pu dire qu'elle s'était appliquée ostensiblement à en évacuer toute tension, et qui disait : « Moi, ça me serait assez indifférent. »

En me retournant, je la vis affalée sur le divan, qui arborait un visage lui aussi dénué d'expression. Cette impossibilité me causa un choc proche du désespoir. Ce « moi, ça me serait assez indifférent », fallait-il le prendre à la lettre, c'est-à-dire que sans le souhaiter spécialement, elle ne s'y opposait pas, bref, que cela lui était indifférent, mais que si Tamotsu y tenait, elle se réglerait sur lui ? N'était-ce pas là une réponse trop apathique, terriblement indigente en tout cas en ce qu'elle camouflait sa propre volonté ?

Apparemment, elle n'appréhendait pas que cette situation vienne troubler notre relation à tous les trois. Ou bien elle attachait peu de valeur aux rapports sexuels… Ou elle avait décidé une fois pour toutes de se plier docilement à tout ce que pourrait manigancer Tamotsu, si cela pouvait alléger quelque peu son tourment… Est-ce qu'elle se complaisait à jouer les seconds rôles sans se soucier des conséquences possibles pour moi, son amie, les souhaits de Tamotsu étant absolument prioritaires ? Je sentais progressivement la rage monter en moi.

Cette rage contre Eiko, ajoutée à celle que j'éprouvais depuis hier soir pour Tamotsu, fit que je développai ce qui était certainement le plus formidable accès de colère de ma vie. Toute la journée, que ce soit à la table du petit déjeuner, dans le minibus qui nous emportait, ou à l'heure du spectacle, incapable de contrôler ma colère – j'étais moi-même étonnée de sa violence – je ne voulus pas voir Tamotsu et Eiko plus de deux secondes et n'échangeai avec eux pas un mot de plus que le strict nécessaire. Inutile de dire que je ne leur rendis pas visite, et qu'après le spectacle je filai tout droit m'enfermer dans ma chambre.

Mais une fois seule, ce fut pour découvrir que la fureur dans laquelle je me trouvais excluait toute chance de sommeil. Et également que la fureur, quand elle s'accumulait sans trouver d'exutoire, réduisait comme une décoction, prenait de l'épaisseur et accaparait encore plus l'esprit.

Après avoir passé pas mal de temps à fulminer en vain sur mon lit, trouvant qu'il fallait tenter une diversion à ma colère, j'allumai ma lampe de chevet.

Je n'avais pas allumé parce que j'avais quelque chose à faire. Non. A force de rester ainsi comme hébétée, l'idée m'était venue que je pourrais me livrer au plaisir solitaire pour me distraire. Je m'assis donc en tailleur pour replier ma jambe, et saisis Pénis d'orteil. Presque aussitôt surgit dans ma tête l'image d'Eiko. C'était un peu bizarre de me servir de l'objet de ma colère comme carburant à mon plaisir. Mais puisqu'aucun autre matériau ne me venait à l'esprit… J'hésitai, puis suivis mon idée. Pénis d'orteil me signifia par une prompte réaction que ce n'était pas parce que j'étais en colère contre Eiko que j'en étais venue à la détester, loin de là. Mais je ne pouvais me défendre de ressentir, dans un coin de mon esprit, ce que cette réaction pouvait avoir d'affligeant.

Comme j'arrivais à l'endroit le plus palpitant, on frappa à ma porte. Je m'arrêtai instinctivement. Devinant à peu près qui devait se tenir de l'autre côté, je tournai le bouton de la porte et tirai d'un coup sans même vérifier par l'œilleton. Au même moment une douleur atroce m'assaillit : j'avais, une fois encore, oublié les nouvelles dimensions de Pénis d'orteil, qui en plus s'était considérablement allongé. Je vacillai de quelques pas vers le fond de la chambre et m'agrippai au mur.

— Je tombe mal, on dirait ? fit la voix d'Eiko au-dessus de ma tête. Plus que la douleur, ce fut le grotesque de la situation qui m'empêcha de parler. Elle prit place sur une chaise, moi je m'assis sur le lit. Pénis d'orteil avait repris son format de croisière, sauf qu'une rougeur marquait le point d'impact. « Tu es peut-être fâchée ? » me demanda Eiko pendant que je massais la région endolorie.

Je n'avais pas envie de répondre directement, aussi lui demandai-je après un instant d'hésitation : « Si c'est Tamotsu qui te le demande, tu ferais n'importe quoi ? »

J'avais parlé en contemplant mon pied et je ne vis pas si l'expression d'Eiko avait changé. Mais il me sembla qu'elle avait bronché, car une onde de choc s'était propagée jusqu'à moi. Ce ne fut que quelques instants plus tard que me parvint une voix mêlée à un soupir : « J'avoue que je donne l'air de faire n'importe quoi, en effet. »

Je regrettais déjà les mots que j'avais prononcés. Mon « n'importe quoi » était un peu trop brutal, d'accord. Mais c'était la timidité qui m'avait retenue d'ajouter l'essentiel : « même avec moi ». Eiko n'avait tout de même pas l'air trop froissée.

— Tu es fâchée de ce qu'a dit Tamotsu ?

— Parce que toi, tu n'es pas fâchée ? demandai-je en relevant la tête, pour voir qu'Eiko souriait posément.

— Ça fait des éternités que quelqu'un ne m'avait pas demandé ce que je ressentais.

On aurait peut-être pu qualifier son sourire d'adulte, mais moi il me paraissait bien léthargique.

— Tu trouves que je devrais me fâcher ? demanda Eiko en baissant les yeux. Je suis incapable de décider une chose aussi simple, tellement je suis habituée à étouffer mes sentiments, du moins en ce qui concerne Tamotsu, bien sûr.

— Mais tu es son amie, non ? Tu n'es pas son jouet, que je sache ? protestai-je, la douleur à fleur de cœur.

— Et ce n'est pas ça, aimer quelqu'un ? Accepter tout de lui, même de devenir son jouet ?

— Oh, non !

Il y eut alors un silence, qu'Eiko rompit en murmurant : « Ta façon de raisonner est la naïveté même, tu sais. »

Dans cette chambre éclairée seulement par la lampe de chevet et le lampadaire tamisé, plus de la moitié de la silhouette d'Eiko était dans la pénombre. Dans son immobilité de nature morte qui donnait l'impression de pouvoir à tout moment être happée par les ténèbres, elle semblait terriblement fragile, périssable, éphémère.

— Tu me… méprises ?

— Mais non, voyons, répondis-je dans le feu de la surprise.

— Et Tamotsu ?

— Jamais de la vie je ne le mépriserais ! Il me met les nerfs en boule, c'est sûr, mais je ne le hais pas.

Nouveau sourire d'Eiko. Cette fois, ce n'était plus un sourire placide, il était ouvert et bienveillant. Sans doute se réjouissait-elle pour Tamotsu que je ne le méprise pas, du moins ce fut ainsi que je l'interprétai.

— Je me dis qu'il faudrait que j'aie un Pénis d'orteil comme le tien, dit-elle finalement. Encore une fois, j'en déduisis que si Eiko était pourvue d'un Pénis d'orteil, Tamotsu pourrait enfin matérialiser à travers elle son aspiration au pénis parfait, et ils pourraient enfin se passer de la tierce personne que j'étais. Mais à la réflexion, je me dis qu'elle aurait beau se trouver affublée d'un Pénis d'orteil, Tamotsu ne pourrait pas s'en servir pour la satisfaire, pour ne pas dire que cela devenait carrément impossible…

— Pourquoi donc ? demandai-je.

— Je m'en veux vis-à-vis de Tamotsu d'être une personne normale.

— Mais est-ce que tu es obligée de vivre les choses de cette façon ? Moi je ne le pense pas. Regarde, même en ce moment, Tamotsu t'oblige à étouffer une partie de tes sentiments et t'empêche de raisonner sainement.

Je craignais d'en avoir trop dit, mais j'avais été incapable de me contrôler. En plus de la mener par le bout du nez, Tamotsu la faisait se sentir coupable. N'était-ce pas là un manque flagrant de charité ? Par contre, Eiko était une personne bonne et généreuse comme on en rencontre rarement. Sans être animé d'une gentillesse inépuisable, comment aurait-on pu dispenser à un être, comme elle le faisait, ce sentiment d'ivresse et de bonheur simplement en le touchant… Lui qui devait bien recevoir d'Eiko son lot de caresses, était-il donc incapable de lui retourner sa gentillesse ?

Sans que j'en aie conscience, mes yeux cherchaient la main d'Eiko. Accoudée au fauteuil, elle y appuyait sa joue. Quand j'arrivai à l'index légèrement replié, la nostalgie de ses caresses me frappa de plein fouet, m'obligeant à détourner le regard. Mais en se détournant, mes yeux butèrent sur la poitrine d'Eiko. Moi qui avais l'habitude de la voir dénudée, les rondeurs discrètes qu'elle dessinait sous le chandail beige, souple et léger, me parurent aveuglantes. Je fus étonnée de ma propre réaction. Je promenai mon regard, de la dureté des genoux tendant la jupe aux mollets dépassant de son rebord et sagement enveloppés dans les mi-bas. Tout, il semblait que je voyais toutes ces choses pour la première fois, en même temps que je les ressentais comme originales et particulières.

Et quand finalement mon regard descendit à la pointe du pied, je me rappelai l'ongle du petit orteil droit à la déformation fascinante. S'il fallait taxer Pénis d'orteil de difformité, alors cet ongle de petit orteil déformé jusqu'à la limite du possible était une splendide difformité. N'était-il pas transfiguré d'amour, Tamotsu, en voyant cet ongle débordant de pathétique et sans aucune comparaison avec Pénis d'orteil, cet insouciant glouton de plaisirs ? Il est vrai qu'avec une tête farcie de complexes sur son propre physique, il ne pouvait peut-être pas avoir d'yeux pour la discrète difformité d'Eiko. Alors que si j'avais été Tamotsu, la seule présence d'un pareil ongle aurait suffi pour que je me fasse très gentille pour Eiko.

Eiko, qui ne pouvait pas percer les pensées qui m'agitaient en ce moment, redressa son dos sur la chaise pour annoncer : « Je me sauve. »

Les mots pour lui dire de ne pas aller rejoindre Tamotsu, lui proposer de rester ici, montèrent jusqu'au fond de ma gorge mais ne passèrent pas le rempart des dents. Eiko s'apprêtait à se lever quand elle suspendit son mouvement, avec l'air d'avoir oublié le point le plus important de sa visite : « Je le dirai à Tamotsu, que sa proposition de te cheviller à lui et… autres machins de ce genre, ne te plaît pas tellement, d'accord ? »

Achevant de se lever de sa chaise, elle attendait ma réponse. Le film des propos échangés avec Tamotsu le matin même me repassa rapidement dans la tête, et je me dis qu'il fallait quand même préciser que c'était *sa* proposition qui ne me plaisait pas, ce qui n'impliquait pas que je ne l'aimais pas *elle*.

— Je ne veux pas devenir le jouet des fantasmes de Tamotsu.

— Je comprends. Moi non plus tu sais, mais tant qu'à faire…

Elle ne poursuivit pas, ravala la suite de son idée comme si elle s'était ressaisie. J'observai intensément son visage, très surprise. Pendant un moment je conservai à mon regard sa fixité. Mais Eiko quitta la chambre sans dire un mot.

Je passai les jours suivants dans un état d'exaltation. Le lendemain du jour où j'avais eu cette conversation avec Eiko, je me sentis légère au réveil, le corps et l'esprit libérés. Dès que je repérai Shigeki et Aiko dans le restaurant où j'étais descendue prendre le petit déjeuner, je fus prise d'un transport d'affection qui m'étonna, puisque je les rencontrais tous les jours, et je fonçai droit vers eux et les priai de m'accepter à leur table.

La conversation n'était pas encore entamée que l'on se souriait déjà. Ce fut donc avec un visage souriant que je commençai à parler à Shigeki : « Shigeki, cette proposition de Tamotsu, tu n'as pas l'intention de l'adopter, n'est-ce pas ? »

Mon excellente humeur parut désarçonner Shigeki qui me considéra d'abord étrangement, puis gagné par mon humeur, répondit en riant : « Non. Sans vos consentements à toutes deux, Eiko-chan et toi, elle est ajournée. S'il fallait tenir compte de tout ce que Tamotsu invente chaque jour, on n'en sortirait plus ! »

Je ne pus qu'abonder dans un sens qui correspondait si parfaitement à mes vues :

— Bien sûr. Avec tout ce qui défile dans cette caboche à porno…

— Caboche à porno ? dit Aiko en riant d'un air amusé. Ah, Kazumi, toujours aussi désopilante.

— D'ailleurs le voilà, Caboche-à-porno ! dit Shigeki avec un signe du menton. Je me retournai pour constater que Tamotsu et Eiko entraient en effet dans le restaurant. Arrivé à ma hauteur, il me toisa en bombant le torse : « Alors ! impossible de me détester à ce qu'il paraît ? »

Il tenait cela d'Eiko, vraisemblablement. Comme il ne semblait pas vexé que j'aie repoussé sa proposition, cela m'ôta un grand poids, et je lui répondis, réglant mon insolence sur la sienne :

— Voire…

— Voire ? En voilà une réponse mégoteuse ! Dis je t'aime, sois donc magnanime.

— Je t'aime, petit onaniste de Tamotsu.

— Onaniste ? Kézako ?

Tamotsu est penché en avant, Eiko le tire sur une chaise de libre. Il se tourne vers Eiko qui rit. La gaieté de son visage m'évoque la fraîcheur du pamplemousse coupé sur l'assiette de Shigeki et Aiko, et à nouveau je refais le plein d'un état d'esprit frais et neuf. La présence d'Eiko me rend allègre.

Le signe avant-coureur de cette exaltation existait déjà la soirée précédente. Dix minutes à peine après qu'Eiko eut quitté ma chambre, je découvris que ce n'était pas seulement mes tympans mais tout mon corps qui tremblaient aux échos de ce « tu sais, tant qu'à faire » qu'elle m'avait lancé en quittant la pièce. Il n'était même pas besoin de me creuser la tête pour deviner quelles paroles pouvaient suivre ce « tu sais, tant qu'à faire… » inachevé. D'une voix étrangement suave et envoûtante, Eiko avait dit ce qui pour nous deux était important, il suffisait de comprendre ça, c'était déjà bien suffisant. Je me sentais heureuse.

Que la masturbation interrompue par l'arrivée d'Eiko fut reprise là où je l'avais laissée, cela va sans dire.

Je voulais que frémisse encore cet épiderme qui tremblait comme si une main invisible le titillait, j'aspirais à ce que mon cœur comblé et chaud de satisfaction devienne plus brûlant encore. Images de la main et du visage d'Eiko, de sa poitrine, de ses genoux, de ses mollets, que j'avais eu cette nuit-là l'impression de découvrir pour la première fois, tout cela me trottait en sarabande dans la tête. Et la sensation des caresses bien sûr, je revécus jusqu'au paroxysme tout le film de mon expérience. Le film se coupa, tout devint blanc sous mes paupières, mais lorsqu'il enchaîna sur la sensation d'avoir l'extérieur du corps enveloppé par Eiko tandis que l'intérieur était comblé d'elle, je crus que Pénis d'orteil allait griller de surplaisir comme un fusible. A l'instant où la chaleur irradia, dans un mirage de feu je tenais serré entre mes lèvres le petit orteil droit d'Eiko coiffé de l'ongle rocailleux.

De toutes les masturbations entreprises, je venais sans conteste de réussir la plus exaltante. Quand ma main lâcha Pénis d'orteil, je m'effondrai sur le lit, à demi morte. Si je pouvais me liquéfier et m'anéantir dans cet état, pensai-je. Seul subsisterait, vestige de cette implosion, le merveilleux petit ongle d'Eiko émettant un faible éclat de soleil révolu, reflet du film de salive brillante l'enveloppant. Quel rêve bizarre, me dis-je, mais cela ne me troubla pas, j'avais trop de plaisir. Sentant que la périphérie de mon sexe, je veux parler du féminin, était elle aussi échauffée, je me bornai à enregistrer le phénomène, en notant simplement qu'auparavant Pénis d'orteil ne s'était jamais trouvé connecté sur mon vagin, mais… oh ! après tout je m'en fiche, murmurai-je à part moi en posant lentement la tête sur l'oreiller.

Ces plaisirs que j'avais goûtés corps et âme, s'ils étaient bien réels, que fallait-il donc en penser? Quant à moi, j'avais déjà cessé de me torturer avec la question de savoir si j'aimais ou non Eiko. Bien sûr, mes sentiments pour Shunji et ceux que j'éprouvais pour Eiko n'étaient pas tout à fait les mêmes. La façon dont nous nous étions rencontrés, dont l'intimité s'était développée, était différente. Et puisqu'il s'agissait de deux êtres différents, il était normal de les aimer différemment. Je me débarrassai de la question en concluant que tous les gens devaient en arriver là quand ils aimaient des partenaires différents.

L'humeur euphorique, le corps lévitant dans la relaxation, j'étais devenue étrangement réceptive. Le seul fait de me trouver dans le même espace qu'Eiko me plongeait dans un état d'ivresse permanente. J'avais repris mes visites dans leur chambre. Etait-ce vue de l'esprit, j'avais l'impression que le corps d'Eiko s'alanguissait quand elle s'approchait de moi. J'ignore si Tamotsu avait remarqué ce changement, mais l'ambiance que nous dégagions toutes les deux ne devait pas le mettre tellement mal à l'aise, car il recommença aussitôt à se faire prendre en charge affectivement et à faire le grand gâté, tant auprès d'Eiko que de moi.

— C'est trop bête, quand même. S'il pouvait seulement devenir mon engin, dit Tamotsu en s'asseyant sur le lit pour me prendre la cheville droite. Non content de se lamenter, il me tourna le dos pour verrouiller mon cou de pied entre ses cuisses en s'exclamant: « Regarde voir. Ça se goupille à merveille, non? Eiko, essaie-le-moi, veux-tu? »

Se levant du lit voisin où elle était assise, elle poussa Tamotsu d'une bourrade, qui m'écrasa sous lui en tombant à la renverse. Mais d'un souple rétablissement de reins, il m'avait déjà fait face et immobilisée en criant: « Merde! Je t'agresse ce coup-ci! »

Si on tentait d'imaginer les tréfonds du cœur de Tamotsu, que de détresses ne découvrait-on pas, ballottées sur ces eaux facétieuses, mais pour le moment nous surfions dessus en riant.

Puissent ces journées agréables ne jamais se terminer, me disais-je. Le dernier jour de la tournée, celui où Tamotsu ne s'accouplait pas avec Eiko mais avec Sachiè et infligeait de cruelles blessures à Shin, j'avais oublié qu'il était de règle que Tamotsu devienne *furioso*.

La dernière région qui bouclait notre tournée était Fukushima. Arrivés à l'hôtel en début d'après-midi, nous descendîmes dans son *tea and bar lounge*, Tamotsu, Eiko et moi. Toutes deux, on opta pour la formule « thé anglais avec pâtisserie », et Tamotsu, bien qu'en plein jour, pour un *gin-lime*. Quand on lui apporta son verre, il l'enveloppa de ses paumes et, penchant profondément la tête en avant dans une attitude de scène, déclara d'une voix de baryton : « Shin, mon vieux, ce soir tu vas enfin pouvoir, après un mois, perpétrer tes fornications coupables avec l'amante félonne. Es-tu satisfait ? Trinquons à l'événement ! »

Si le toast avait été débité d'une voix lente, c'est d'un geste rapide comme l'éclair qu'il leva et inclina son verre. Avant que personne ait pu réagir, une tache noire s'élargissait à l'entrejambe de son pantalon kaki. On s'attendait à voir voler le garçon de salle, la serviette à la main, mais il n'y eut aucun mouvement, comme si le geste était passé inaperçu par excès d'outrance. Tamotsu porta son verre à moitié vide à hauteur de sa poitrine.

— Ça te fait plaisir de faire des trucs comme ça ? demandai-je.

L'œil de Tamotsu me chercha comme un collimateur pour m'asséner : « Si ça t'intéresse de savoir, essaie voir toi-même ! »

Et il vida son verre en direction de mon bas-ventre. Que Tamotsu puisse en venir à des comportements aussi brutaux avec moi, jamais je ne l'aurais imaginé, la stupeur passa la colère. Une sensation immonde rampa lentement dans mon bas-ventre d'où elle se mit à rayonner en s'élargissant.

Une main se posa sur mon épaule, Eiko.

— Vite, une serviette bien essorée, ou quelque chose… dit-elle pour dissimuler sa surprise. Un garçon se précipita, un *o-shibori* [1] à la main, mais je m'étais déjà levée. Tamotsu colla sur moi un œil d'une stupidité opaque.

Quand je regagnai ma chambre, tout en tamponnant d'une serviette mouillée mon pantalon taché par le *gin-lime,* je me dis que ce soir Eiko allait passer un mauvais quart d'heure. Est-ce qu'il n'y avait pas un moyen d'arrêter Tamotsu ? Ou plutôt n'y avait-il pas quelqu'un qui puisse l'arrêter ? Après Eiko, c'était moi la plus proche de lui. Mais s'il attachait assez peu d'importance à ma personne pour l'arroser de *gin-lime*, j'aurais beau essayer de l'arrêter, il ne m'écouterait pas, c'était couru d'avance. J'appréhendais terriblement le retour de ce soir. Aussi bien le spectacle de Shin maculé de sang que l'expression des souffrances de Tamotsu ou l'air douloureux et meurtri d'Eiko.

Incapable de supporter plus longtemps cette tension, je partis pour la chambre de Shigeki et Aiko. En entrant, je renversai presque Aiko qui m'ouvrait la porte, nos poitrines se frôlèrent, et je mis le cap sur le fond de la pièce. Yôhei s'y trouvait assis à la table, à disputer une partie d'échecs chinois avec Shigeki.

— Que se passe-t-il ? demanda Aiko en me tapotant légèrement le bras.

Mais j'interrogeais déjà Shigeki par-dessus l'épaule d'Aiko :

---

1. Est-il besoin encore de présenter cette aménité de la vie japonaise ? Petite serviette humide parfaitement essorée, que l'on pose devant vous, brûlante l'hiver, glacée l'été, dans tous les établissements de restauration, hôtels et bars, avant même de passer la commande ?

— Cette idée de mettre Tamotsu dans un numéro avec Sachiè, c'est de qui ? Tu crois que c'est bien judicieux de le faire tomber dans de pareils excès ? N'est-ce pas à cause de ce genre de chose qu'il reste un éternel instable ?

Shigeki et Yôhei me fixèrent un moment, avec l'air de ne pas savoir quoi répondre. D'un geste enveloppant, Aiko me fit asseoir sur le lit. Yôhei alla extraire une bouteille de whisky du réfrigérateur, passa à la salle de bain pour confectionner un whisky à l'eau qu'il me tendit. Quand j'y portai les lèvres, Shigeki commença à parler, très calme :

— C'est Tamotsu qui a eu l'idée de ce numéro. Il n'a eu de cesse qu'il soit monté. Il nous disait que Shin ne pourrait certainement pas avoir mal puisqu'il n'avait pas de cerveau pour ressentir la douleur, et qu'il ne fallait pas s'en faire pour lui.

Shigeki marqua une pose, comme pour observer ma réaction.

— Tu penses bien que le caractère extrême du projet nous a fait beaucoup hésiter. Parce que, même si Shin ne pouvait pas ressentir la douleur, nous on pouvait et ça nous faisait mal de le voir à l'œuvre. Par contre, l'aspect commercial du numéro était assez prometteur, et on est arrivés à la conclusion que si ça pouvait servir de psychothérapie pour Tamotsu, finalement ce n'était pas inacceptable.

— Elle est fameuse, votre psychothérapie ! Vous l'avez commencé je ne sais quand ce numéro, et il n'y a toujours pas de mieux chez Tamotsu que je sache ?

— Mais on l'espérait ce mieux, dit Yôhei. Et c'est tout récemment qu'on s'est rendu compte que loin d'être une thérapie, c'était une espèce d'alcool qui ne servait qu'à le rendre ivre de brutalité et d'amertume.

— Ce numéro, c'est du masochisme, mais en fait, je pense que ce qu'il fait surtout c'est de materner Tamotsu. Gratter continuellement sa blessure, ça fait mal, je sais, mais est-ce qu'il n'y a pas des cas où ça peut faire rudement du bien aussi ? Et parce que ça fait du bien il continue à s'arracher les croûtes, et il ne guérit jamais !

— Ah, parce que tu crois que c'est une blessure dont on peut guérir, toi ? objecta Shigeki lugubre. Même avec Eiko-chan, il n'en guérira pas. L'amour soigne toutes les blessures, dit-on, mais je me demande s'il n'y a pas des plaies qui restent à jamais ouvertes, malgré tout l'amour du monde. Moi ma blessure était bénigne, c'est pour ça qu'elle a pu guérir.

Aiko me cueillit le verre des mains pour prendre une gorgée de whisky. Moi je me mis à réfléchir puis je lançai, très troublée : « Mais tout de même, ce numéro… »

Ma voix s'était étranglée, Shigeki acquiesça gravement : « Je comprends ton point de vue. Sois rassurée, il n'est pas tombé dans l'oreille d'un sourd. »

Je me sentis plutôt honteuse d'avoir versé dans l'éclat sentimental. Je me préparais à la retraite, tête basse, quand Yôhei prit la parole :

— Pour toi c'est étrange que même avec Eiko, Tamotsu ne puisse pas guérir, c'est ça, n'est-ce pas ? Et Shigeki, lui, se demande s'il n'y a pas des blessures à jamais incurables, même avec tout l'amour du monde. Bon. Moi, je vois les choses un peu différemment. Tamotsu est beaucoup trop dépendant d'Eiko, c'est clair. Ils sont enfermés dans un monde qu'ils se sont fabriqué à eux seuls, où il ne se passe jamais rien, si bien qu'ils ne peuvent plus distinguer ce qui est important. Il faudrait un choc qui puisse dessiller les yeux de Tamotsu. L'idéal serait qu'il aime une autre femme.

— Oui, mais Eiko ?

— Tu penses toujours aux deux à la fois, mais tu es dans l'erreur, expliqua Yôhei en faisant la grimace. De deux choses l'une : ou Tamotsu découvre, après y avoir réfléchi, qu'Eiko c'était tout de même mieux et il revient, ou alors le contraire… et là on n'y peut vraiment rien.

Lorsque je quittai la chambre, escortée d'Aiko, je tombai sur Tamotsu et Eiko qui erraient dans le couloir. Dès qu'il m'aperçut, Tamotsu se jeta à mon cou en disant :

— Tu sais, je te demande vraiment pardon pour tout à l'heure. Tu ne dois pas être fâchée.

— Je ne suis pas fâchée, pas du tout.

Tout en répondant, je sentais qu'il y avait quelque chose de plus acharné que d'habitude dans sa manière de plaisanter. Apparemment il redoutait déjà l'après-spectacle.

On a beau avoir peur, à la guerre comme à la guerre… Le lieu du spectacle était un *ryôtei* cossu, et le client, un agent immobilier. Un homme efflanqué au seuil de la vieillesse, dans un veston sans élégance, commença à faire tourner son caméscope dès que Shigeki et Aiko se lancèrent dans leur numéro.

— Merci de ne pas filmer, rappela Yôhei, ce qui fit reposer son caméscope au type, mais pour brandir un appareil photo et appuyer illico sur le déclencheur, contraignant Yôhei à glapir un nouveau :

— Merci de ne pas photographier !

— Vieux con ! Vicelard ! Prends-en de la graine, Shin !

C'était Tamotsu qui râlait. Sa main serrait un flacon de saké clarifié.

Tout le temps que Tamotsu passa en scène sur le futon, Eiko le passa recroquevillée contre le mur de la loge, étreignant ses genoux. Je ne sais pas ce qui m'était le plus pénible, de voir le jeu de Tamotsu ou le manège d'Eiko, et je gardai les yeux rivés sur les boutons du magnétophone. Mais ça n'empêchait pas les coups de Tamotsu sur le pénis de Shin de m'agresser les oreilles. J'en avais les tympans douloureux.

Tamotsu revint lentement. Le pénis sanguinolent de Shin me défila à hauteur des yeux. Tamotsu s'arrêta pour jeter un coup d'œil autour de lui, puis, me considérant de haut, amorça un sourire pour annoncer : « Tu vois ce qui arrive quand tu ne veux pas me prêter ton pénis. Shin n'est plus qu'une plaie ! »

En voilà un qui est passé maître pour trouver le mot qui fait mal, me dis-je par-devers moi. Son regard se déplaça vers le plateau où était posé le flacon de saké, qu'il retourna pour en recevoir une goutte sur sa paume : « Tout ce qu'y reste ? dit-il en léchant sa paume. Comment veut-on que je désinfecte les plaies de Shin à l'alcool avec rien ? Se trouverait-il quelqu'un pour me désinfecter ça à la salive ? »

Le visage résigné, Eiko levait déjà la tête. Mais Tamotsu m'empoigna les cheveux en disant : « Et si c'était toi qui me le faisais ? »

Le pénis encore en demi-érection de Shin s'approcha de mon visage.

— Tu penses que Shin est à plaindre ? Alors lèche-le donc !

Je vais lécher, me dis-je. Oui, si ça peut nous éviter un scandale. Oui, si du moins ça peut lui donner satisfaction et épargner un enfer à Eiko. Mais Tamotsu lâcha mes cheveux.

— Non, finalement il vaut mieux que ce soit quelqu'un d'habitué à soigner Shin, dit-il en se tournant vers Eiko. Une fille qui se la coulait douce pendant qu'elle m'envoyait au croque-bite !

Et de se diriger en titubant vers Eiko.

— Lèche Shin ! dit Tamotsu en agitant de la main le flacon de saké dans une estocade machique. Et pour remerciement, moi je t'orgasme avec ça !

Je bondis involontairement : « Tamotsu ! »

Mais il me repoussa. J'étais sans voix : je l'avais appelé et je ne savais pas quoi lui dire. Il prit un air brutal et amer. « N'appelle pas les gens si tu n'as rien à leur dire ! » vociféra-t-il en même temps qu'il fracassait le flacon contre le mur. Les morceaux volèrent en éclat dans un grand bruit. Une douleur acérée me fit baisser les yeux : un tesson de poterie s'était planté dans Pénis d'orteil à travers le mi-bas. Ce n'était pas profond, le tesson ressortit de lui-même, mais du sang brillait sur mon mi-bas.

Tamotsu resta interloqué. Mais rapidement il se recomposa une attitude bravache et tonitrua à l'adresse d'Eiko : « C'est parce que tu lambines à te l'emboucher que des trucs comme ça arrivent ! »

Conclusion : j'avais été incapable d'arrêter son geste. Et Tamotsu fit goûter à Eiko le sang de Shin.

C'est abattue que je m'en revins du lieu de la représentation à l'hôtel. Les autres, qui avaient aussi assisté à la scène, semblaient rouler des pensées diverses car l'ambiance du minibus était funèbre. Assise à côté de moi, Aiko était abîmée dans une réflexion profonde. Tamotsu ne pipait mot, mais ses trémoussements continuels trahissaient sa surexcitation.

Aiko, devant ma chambre, me dit : « Je ne comprends pas comment Shunji a pu quitter une fille comme toi… »

Une fois dans ma chambre, j'ôtai mon mi-bas. Le bout de Pénis d'orteil, juste au-dessus du vestige d'ongle, portait une blessure. Le sang était presque sec, mais du sang frais suinta dès que j'appuyai autour de la plaie. J'avais des élancements au cœur, leur rythme épousait ceux de la douleur de Pénis d'orteil. Douleur d'impuissance et de désolation.

Il me sembla qu'on avait frappé à ma porte. Je tendis l'oreille, en effet on frappait, cette fois j'entendais distinctement. Un coup d'œil à l'œilleton me révéla la silhouette d'Eiko déformée par la lentille, et, effet de sa fatigue, ou de la mienne, quasi fantomatique.

— Tamotsu ?

— Il est parti je ne sais où. Encore à boire, je parie. Des jours comme celui-ci, il rentre toujours ivre mort.

Plus de traces du sang de Shin, bien sûr, les lèvres avaient été lavées, le bâton de rouge était passé par là, mais cette couleur crue et vivante que j'avais eue devant les yeux tout à l'heure restait imprimée sur ma rétine, si bien que je ne pouvais regarder franchement les lèvres d'Eiko.

— Et cette blessure ? s'enquit Eiko en s'asseyant sur une chaise.

— Oh, une égratignure, sans plus.

Je n'avais pas l'énergie de parler. J'étais sur le lit, adossée au mur et le regard au sol, lorsque je vis au bout de ma jambe étendue Eiko se lever. Elle posa la main sur Pénis d'orteil et examina la blessure. Pénis d'orteil, accusant le toucher de ses doigts, augmenta légèrement de volume. Un aiguillon douloureux pénalisa aussitôt ce gonflement. Eiko, les yeux baissés, s'agenouilla au sol sans mot dire, saisit délicatement entre ses doigts les flancs de Pénis d'orteil de façon à ne pas toucher à la plaie, et commença à le caresser. Je n'avais pas l'esprit très alerte, je ne compris pas tout de suite ce qu'elle faisait. Les flancs de Pénis d'orteil étaient assez peu sensibles et je considérais avec détachement le manège des doigts d'Eiko quand j'eus le sentiment très net que, plutôt que de me donner du plaisir, elle voulait me communiquer sa bienveillance, et là j'éprouvai une légère excitation.

Avec le progrès de l'érection s'affirmait la douleur, mais pas au point de gâter le plaisir montant, si bien que je ne me plaignis ni par gestes ni en paroles. Lorsque l'érection devint majestueuse, Eiko prit normalement Pénis d'orteil en main et commença à faire aller et venir sa main de la tête à la racine. Si le plaisir n'était pas aussi vif que d'habitude, en revanche j'éprouvais une grande quiétude d'esprit qui me fit fermer les yeux. C'est à ce moment-là que sa main – avait-elle glissé par inadvertance ? – donna en plein sur la blessure. Mon pied se rétracta sous la douleur.

Mais en fait de douleur ce n'était pas bien grave, presque rien. Avant que des mots d'excuse ne viennent à la bouche d'Eiko, qui arborait déjà la mine désolée de la gaffeuse, j'avançai la jambe que j'avais instinctivement repliée. Hélas, Pénis d'orteil, se refusant à refléter mon état d'esprit, s'était recroquevillé. Eiko l'effleura avec circonspection et, glissant la main vers mon cou de pied, pencha la tête. Alors, Pénis d'orteil se sentit enveloppé d'une agréable chaleur mouillée. Eiko avait dû estimer que de petits lapements de la langue risquaient moins d'aiguillonner la blessure, mais ce geste, que je n'aurais jamais imaginé, me laissa stupéfaite. Le choc de la surprise passé, le plaisir réapparut, enfla. Tout ce qu'Eiko voulait me communiquer, je voulais le recevoir sans en perdre la moindre parcelle, et c'est assortie de ce désir que montait en moi l'extase. Mais la salive irritait la plaie et il me devint impossible de ne pas gigoter.

Très attentive, Eiko qui avait immédiatement capté ma réaction éloigna son visage de Pénis d'orteil.

— Je te fais mal, n'est-ce pas ?

J'étais horriblement désolée, mais comment ne pas dire oui ? Eiko contempla d'un air navré Pénis d'orteil, qui s'était étiolé dans une tâche inachevée. Et le prenant délicatement entre ses mains, comme pour signifier qu'il n'y avait plus rien à faire, elle déposa un baiser sur son extrémité. Et c'est à cet instant – de bonheur ou de volupté, je ne sais pas – qu'une secousse m'ébranla tout entière, quelque chose venait de crever au fond de ma poitrine. En même temps une violente impulsion s'empara de moi.

J'allongeai la main vers Eiko, elle avait la tête penchée, afin d'attirer son attention d'un geste. Elle leva les yeux pour me regarder. Ramenant vers moi le bras étendu, je désignai du doigt mes lèvres. Eiko hocha la tête, et comme il ne lui avait pas fallu plus d'un instant pour comprendre, elle s'épanouit en un généreux sourire angélique. Pendant le bref espace de temps que mit Eiko pour monter sur le lit et se mettre tout près de moi, mon cœur se mit à battre comme un fou.

Les bras d'Eiko s'enroulèrent autour de ma tête, et quand nos lèvres se superposèrent, le plaisir et l'émotion envahirent mon corps de toutes parts. Le tremblement ne me quittait plus. C'était étrange, ces lèvres d'Eiko rouges tout à l'heure encore du sang de Shin, qui effleuraient à l'instant Pénis d'orteil et se retrouvaient à présent posées sur les miennes. Mais il n'y avait nulle trace de sang dans ce baiser. Je savourais avec transport quelque chose de très éloigné du goût du sang, d'à la fois très doux et précieux qui descendait en pluie bienfaisante sur ma langue, et dans un élan d'allégresse je décidai, que c'était toute la personne d'Eiko qui m'était inestimablement précieuse.

Eiko avait éloigné sa bouche, mais ses bras continuaient de m'enlacer. Pendant le baiser j'étais restée sans force ; j'enroulai à mon tour mes bras autour de son corps.

— Dis donc, si on s'escampait ? Fuite d'amoureux ! lança soudain Eiko.

— Fuite d'amoureux ?

Je lui renvoyai sa question, non parce que je n'en n'avais pas saisi le sens, mais parce que la jolie consonance du mot obsolète [1] fascinait mon oreille par sa nouveauté. Où voulait-elle nous emmener, et qu'y ferions-nous, voilà les deux questions qui naturellement jaillissent dans ce genre de situation. Mais si ces doutes jaillirent, ce ne fut que bien après avoir donné la réponse.

— D'accord ! dis-je sans l'ombre d'une hésitation, en regardant Eiko bien en face.

---

1. Toute la littérature d'Edo est émaillée de ce mot magique, *kakeochi* (fuite d'amoureux, d'une femme mariée avec son amant, qui se faisait au péril de sa vie). Repris, les amoureux pouvaient (si l'on appliquait la loi avec rigueur) être promenés par la ville, ligotés ensemble sur un cheval, avec le nom de leur crime affiché sur le dos. Il fallait beaucoup de courage, ou plutôt beaucoup d'inconscience pour le tenter. Le mot lui-même, composé de *kakeru* (fuir) et *ochiru* (tomber, chuter), est tout un programme. Souvent, mais surtout dans les romans et au théâtre, la fuite avait pour épilogue déchirant le *shinju* ou double suicide d'amour ; les amants se voyant refuser l'asile où qu'ils aillent, il ne leur restait plus qu'à chercher dans la mort une sublimation qui transformait leur coup de tête en destinée, et par-là les réhabilitait dans l'imaginaire populaire. D'autant plus qu'en ces temps-là, il n'était pas question de se déplacer sans « passeport », délivré justement par les autorités du quartier. Encore à l'époque Meiji, le séducteur était jeté en prison, avec la femme quand le mari ou le père refusait de la reprendre sous son toit. Inutile de dire qu'aujourd'hui séducteur et subornée n'encourent plus aucune sanction pénale.

13

Après un conciliabule bref et animé, nous passâmes à l'action de notre « escampement ». Eiko courut à sa chambre rassembler ses affaires et laisser un mot, car il fallait éviter à tout prix, disait-elle, que Tamotsu n'aille rameuter le voisinage en rentrant, très certainement ivre, au milieu de la nuit ; je fis de même en allant glisser un mot sous la porte de Shigeki et Aiko – *Je prends les devants avec Eiko* – afin de ne pas causer d'inquiétudes. Nous étions ensemble pour descendre à la réception, faire appeler un taxi, et cap sur Tôkyô.

Dans le taxi, l'expression d'Eiko était paisible. J'interrogeai son profil à mes côtés :

— Que lui as-tu écrit à Tamotsu ?

— *Je m'en vais.* Un point c'est tout.

Eiko n'avait donc pas décidé de se séparer de Tamotsu. Il ne s'agissait pas de disparaître sans laisser de traces, mais de retrouver un peu de calme dans mon appartement. Comme le Flower Show remontait à Tôkyô le lendemain soir, quelle que soit l'interprétation qu'il donnerait au mot d'Eiko, il était plus que probable que Tamotsu se manifesterait avant peu. La discussion pour arrêter s'ils se séparaient ou continuaient ensemble, je présume que c'était pour plus tard.

On avait parlé de fugue d'amoureux, d'escampement comme elle disait, mais je trouvais que mon rôle à moi était à la fois celui de la demoiselle de compagnie et de la soucoupe servant à recueillir le trop-plein. J'imaginais difficilement que ma personne ait assez d'importance pour faire beaucoup hésiter Eiko dans son choix. Et je n'avais pas l'intention de donner mon avis sur la question de savoir si elle devait, ou ne devait pas, se séparer de Tamotsu. Tout ce que j'avais en tête, c'est que j'aimais Eiko, qu'elle de son côté semblait m'aimer aussi, et que nous allions passer ensemble, dans le calme, les quelques jours à venir. En somme, j'avais un peu l'impression de partir pour un pique-nique, et je ne crois même pas avoir pensé sérieusement que nous passerions tout ce temps ensemble à faire l'amour, pour de bon cette fois. Qu'en était-il d'Eiko ?

Rendues à l'appartement avec l'aube, on prit une douche et du repos. Réveillée vers midi, après avoir vérifié qu'Eiko dormait bien à mon côté, mon regard tomba soudain sur le téléphone clignotant au pied du lit qui signalait des messages. J'appuyai sur le bouton de lecture et la voix de Shunji s'égrena dans la pièce : « C'est moi, Shunji. Je vois, Kazumi-chan, que tu es toujours en voyage. Moi aussi je suis en voyage, mais on se tient au courant. »

Un instant, quelques vagues déferlèrent dans ma poitrine, mais finalement l'impression que c'était de l'histoire ancienne l'emporta. En voyage, j'avais appelé régulièrement chez moi pour relever d'éventuels messages, mais pas une seule fois je n'étais tombée sur un enregistrement de Shunji. Pourtant, il avait dit : « Je te rappelle incessamment » la dernière fois que nous nous étions parlés. Ainsi s'était concrétisée progressivement l'idée d'un Shunji qui m'avait abandonnée. Qu'est-ce qui te prend de m'appeler maintenant ? J'avais déjà le reproche à la bouche.

— C'est malin…

C'était la voix d'Eiko. La voix de Shunji avait dû la tirer de son sommeil. Elle fronçait les sourcils, était-ce de sommeil ou parce qu'elle était énervée d'entendre la voix de Shunji ? Je ne pus m'empêcher de formuler mes sentiments :

— C'est exaspérant, quand même.

— Mais normal avec Shunji, il n'a pas plus de cervelle qu'un moineau.

Confirmée dans mon exaspération, je sentis monter en moi un accès irrépressible de colère. Comme je me dominais en silence, Eiko m'entoura l'épaule et appuya ses lèvres sur ma joue. Tout comme la nuit précédente, j'eus l'impression d'une précieuse et céleste visitation descendant en pluie sur moi et j'en oubliai ma colère. Je tournai la tête et vis qu'Eiko me regardait avec un petit sourire gêné. Pour être aspirée toute dans ce sourire, moi aussi je rapprochai mes lèvres d'Eiko.

Pendant que nous échangions des baisers, tout en nageant dans la joie, je ne pouvais m'empêcher de trouver cela étrange. Quoique délicatement nuancés, le jeu de langue d'Eiko, ses caresses, ne manifestaient aucune originalité technique particulière, hormis sa formidable gentillesse, alors comment était-il possible que ce soit si charmant, si délicieux ? J'allai jusqu'à soupçonner son corps de sécréter de mystérieuses substances dopantes du plaisir. Mais au contact de sa peau, de la chaleur de son corps, le bien-être que je ressentais ne venait pas d'une excitation physique, ni de subtilités techniques. Bien plus grande y était la place tenue par les élans du cœur, nés du fait même, simplement, que c'était Eiko que j'embrassais et enlaçais. D'ailleurs, ce bien-être ne se limitait pas aux régions qui étaient en contact direct avec son corps. Force m'était donc de conclure, avec une joie sans cesse renaissante, qu'une chose aussi bonne, aussi agréable, ne m'arrivait que parce que l'autre c'était Eiko. Et nulle autre qu'Eiko.

Mais bientôt on souhaite faire intervenir d'autres parties que les lèvres et la langue pour s'enivrer de l'autre, et le champ clos des baisers et des caresses s'élargit ; puis on se dit que, si les embrassements par pyjamas interposés sont à ce point délectables, ce serait encore mieux si on les goûtait sans, et on veut se débarrasser de ces obstacles : ainsi le veut l'évolution naturelle des choses. A l'époque où je me croyais exempte du désir de mêler ma peau à celle d'Eiko, c'est clair que je devais être sacrément mal réveillée. Ou alors, c'est que j'avais été tout à fait incapable d'entrevoir les plaisirs que j'en retirerais, vu mon peu d'expérience en ce domaine. D'une main, je commençai donc à déboutonner mon pyjama. Le regard d'Eiko descendit vers ma main, devinant mon idée, ses lèvres s'entrouvrirent de surprise puis elle éclata de rire. La limpidité de son rire devait être communicative, car tout en riant à mon tour, je tirai furtivement sur son pyjama à hauteur de sa poitrine ; son visage s'empourpra, mais sans cesser de rire, elle porta le pouce et l'index à son bouton de pyjama.

L'émotion qui m'envahit en rencontrant la peau nue d'Eiko dépassa toutes mes prévisions. Les bras amarrés à son corps, je demeurai dans un état nébuleux, quasi galactique, incapable du moindre mouvement. Emerveillement de constater combien cette soif de mêler nos peaux nues sourdait naturellement, et surtout combien elle se trouvait satisfaite le plus naturellement du monde. Bien sûr, ce n'était pas la première fois que j'embrassais un corps nu, mais l'étrange venait de ce sublime émerveillement. Parce que là aussi, c'est… Eiko ? essayai-je de me demander. Mais il n'y avait pas que cela apparemment.

Avec mon premier amoureux, Masao, c'était lui qui créait les occasions puisqu'il était d'un naturel actif. Ma bonne volonté à son égard, comme je l'avais découvert par la suite, n'avait rien à voir avec l'amour, et elle ne me permettait pas de prendre conscience de mon désir.

D'abord parce que je me trouvais dévêtue tambour battant, avant même d'avoir eu le temps de le désirer ou de le faire moi-même, si bien que jamais encore je n'avais eu l'occasion de sentir monter en moi le désir de me mêler à l'autre, peau contre peau, et encore moins d'avoir vu ce désir satisfait. Et en fait de plaisir, plutôt que celui d'avoir son désir comblé, cela avait été le contentement de s'assurer de l'intimité d'une relation. La petite satisfaction, en somme, d'avoir pu inscrire moi aussi mon nom quelque part sur une page du grand livre de l'amour.

Avec Shunji, c'était un jeu, une joute paisible s'inscrivant dans le prolongement de son *skinship*, de sa fraternisation sur le mode physique. On commençait à jouer tous les deux, comme des enfants se découvrant leur tendresse à la fin des vacances, et la règle était de se retrouver tout nus avant d'avoir eu le temps de crier gare. On ne pouvait pas dire que Shunji me déshabillait dans la ligne logique de l'exacerbation d'un désir. C'était quelqu'un de totalement imperméable aux orages sexuels, moi je baignais à ses côtés dans une détente sereine, difficile à concevoir, et jamais il n'avait fait monter chez moi le désir sexuel au point de me faire péter les plombs.

Copulations BCBG avec Masao ou galipettes avec Shunji, non dénuées tout de même, de temps en temps, de trouvailles intéressantes, voire même d'émotion, je les avais toujours très appréciées, mais c'était la première fois que je vivais le processus allant de la naissance du désir de se mêler à l'autre peau contre peau jusqu'à la satisfaction de ce désir. Je fus horriblement désappointée en découvrant que je m'étais toujours contentée de multiplier la fréquence des coïts, mais que jamais encore, jusqu'à cette minute, je n'étais passée par ce parcours initiatique du sexe. Bien, mais alors venait une nouvelle préoccupation : pourquoi avais-je été capable de faire aujourd'hui cette expérience ? Le problème tenait-il uniquement au style d'un Masao ou d'un Shunji ?

— Toujours en vie ? demanda Eiko qui devait trouver étrange que je ne remue plus ; elle me secoua, toujours enlacée à moi.

En sentant sur ma poitrine l'élasticité des seins d'Eiko, je me rappelai qu'elle était une fille et je me dis que moi-même, en ce moment, je me livrais à ces ébats homosexuels que le monde regardait comme une étrangeté.

Ceci dit, jusqu'où cela peut-il avoir un sens qu'Eiko soit de mon sexe ? Assurément, elle porte les mêmes chromosomes XX et le même sexe que le mien, et quant au physique, il n'est pas aussi dissemblable que celui de l'homme et de la femme. Ça, c'est pour les caractères communs. Mais face au fait que nous avons des corps bien distincts, des façons de sentir, de penser différentes, et que nous sommes deux êtres particuliers qui existent indépendamment, cette communauté d'attributs finit par paraître bien mince. Si, à titre d'expérience, je pose la main sur le sein d'Eiko, la sensation d'élasticité est différente de celle livrée par mon sein, la forme également. Si bien qu'en définitive, je vois mal en quoi elle me ressemblerait plus qu'un Masao ou un Shunji.

Maintenant que j'avais reconnu la bizarrerie de cette classification entre amour homosexuel et amour hétérosexuel uniquement fondée sur la distinction des sexes, et aussi l'absurdité de mon ancienne répugnance vis-à-vis de l'homosexualité – c'est vrai que telle que j'étais alors, j'aurais été bien incapable de pousser ma jugeote jusque-là –, je me sentis l'esprit frais et dispos. Et pour approfondir mon plaisir, je commençai à remuer. Ignorant ce qu'Eiko pouvait penser de l'amour homosexuel, je commençai par remuer doucement. Des ondes de plaisir parcouraient ma peau et je me demandais si ce n'était pas la première fois que je le ressentais avec une telle acuité, comme si chaque parcelle de mon corps répondait à l'excitation reçue. Et ici, il n'était plus question de technique d'Eiko.

J'avais commencé à caresser le bout de son sein entre mes doigts, lorsqu'un doute me saisit. Ce geste me paraissait soudain obscène. Le plaisir effectua un repli et j'eus l'impression de m'être fourvoyée. Rien de pervers, ni de bizarre pourtant dans cette caresse. Ne figure-t-elle pas à une place honorable au répertoire des jeux amoureux ? C'est pour cette raison que j'ai voulu l'essayer, alors comment se fait-il que le plaisir escompté n'ait pas été au rendez-vous ?

Mais ce n'est pas la peine de se le demander. La réponse est évidente : même s'il s'agit d'une caresse classique, elle a été chez moi, qui n'éprouve aucune espèce de nostalgie extatique pour la poitrine féminine, un geste non naturel car non surgi du désir. Et une question poussant l'autre, je me demande alors comment il se fait que, alors que je n'ai nul intérêt particulier, pour ne pas dire d'attachement, pour les tétons des hommes, à l'époque où j'avais pour partenaire Masao ou Shunji, je n'hésitais pas à faire courir mes doigts et ma langue sur leurs mamelons sans trouver cela le moins du monde étrange.

Quand j'étais avec Masao et Shunji, je trouvais cela normal, car cela correspondait à mon image du sexe *normal*. Et quoi que je fasse ou subisse, je l'acceptais tranquillement parce que je me disais que c'était normal. Maintenant que je suis devenue si sensible, cela me semble presque de l'apathie.

Une idée me traverse l'esprit. Quand j'étais avec Masao et Shunji, je ne me posais même pas la question du plaisir dans le sexe. Pourquoi ? Parce qu'ils étaient des hommes. Par quels cheminements psychologiques un homme et une femme en viennent à faire l'amour, quels genres de jeux amoureux et de caresses les amènent progressivement jusqu'à la jouissance : autant de questions sur lesquelles je m'étais déjà fait ma petite idée avant même d'avoir l'ombre d'une expérience. Une synthèse de tout ce que j'avais pu collecter à la télé, au cinéma, dans le fatras des magazines, les histoires des amies, avec çà et là des zones ambiguës et moins claires, mais dont j'étais tellement imbibée que, même la toute première fois, je savais déjà ce qui allait se passer.

En fait j'ai bien tenté, par goût de l'expérience, d'apporter des corrections à ce qui ne collait pas à l'image que j'avais, mais sans m'écarter du modèle de base le plus courant. Si on se met à penser : c'est ainsi qu'il faut faire, les choses se déroulent sans rapport avec le désir. D'ailleurs, quand on a le nez collé à une image, est-il encore besoin de s'assurer de son propre désir ? Même chose quand j'étais passive. Je courais toujours après le plaisir idéalement correct qui me disait : lorsqu'on te fait ceci, tu dois ressentir ça.

A ce train-là, comment ma sensibilité aurait-elle pu se libérer ? Mon original de Shunji avait beaucoup de traits qui refusaient de coller à l'image que j'avais en tête, ce qui m'avait permis de découvrir des manières différentes de prendre son plaisir. Mais avec Masao, l'acte sexuel était tracé au cordeau, sans un pet de travers. Si je me découvre avec Eiko, n'est-ce pas parce qu'elle est femme et qu'elle m'a mis la sensibilité à nu en me décapant le cerveau de ses poncifs d'accouplement de l'homme et de la femme ?

Avec la réponse à ces questions, mon état d'esprit devint tout à fait serein. Mais j'étais rétrospectivement effarée par ma paresse et ma bêtise, de ne pas avoir su vivre – tant j'étais esclave de mon image – les joies du sexe avec la plus élémentaire sincérité de cœur et de désir. J'avais commencé à aimer Eiko au point de triompher de mon aversion pour l'homosexualité, et je n'exagérerai rien en disant que j'étais bien contente de pouvoir enfin faire bon ménage avec le sexe et ses plaisirs.

J'étais plongée dans ces profondes réflexions, quand Eiko vint me recouvrir de son corps pour prendre le bout de mon sein dans sa bouche. Nulle obscénité dans ce jeu de langue franc et direct – à la différence du mien d'ailleurs – qui éveilla en moi des sensations agréables. Au point que je me demandai si ce n'était pas d'être trop centrée sur moi-même, qui m'avait fait ressentir comme obscène mon geste de tout à l'heure. Je ne sais pour quelle raison, j'avais oublié que le mamelon entrait dans les zones érogènes. On pouvait parfaitement le câliner pour donner du plaisir à l'autre, même si cette partie de son corps ne vous attirait pas particulièrement. Le geste n'avait rien de contre nature. Ce n'est pas que je l'ignorais jusqu'à présent, mais j'avais l'impression de le réapprendre avec bonheur à travers les sensations de mon propre corps.

Eiko marqua une pause, et je lui rendis la pareille avec élan. C'était troublant de sentir son mamelon se dresser sous les chatouillis de ma langue, et j'eus envie de la faire jouir encore plus. Mais je constatai alors que le jeu de mes lèvres, de ma langue et de mes doigts ne semblait pas la faire vibrer de plaisir. J'activai donc, très maîtresse de moi, les lèvres, la langue et les doigts. Comme ces manœuvres m'étaient dictées plus par une décision raisonnée que par désir sensuel, j'aurais pu trouver cela normal, mais tout de même, comparé au vertige ressenti au moment où nous nous étions enlacées peau contre peau, je trouvai que l'affaire commençait à prendre un cap assez éloigné de l'impulsion première.

Quand je tenais Eiko enlacée, que je l'embrassais, je me trouvais comblée corps et âme, le plaisir m'inondait. Mais maintenant les neuf dixièmes du plaisir que je ressentais s'étaient mués en un plaisir qui, s'il venait toujours du cœur, participait surtout du désir d'en donner à l'autre. Déjà je ne pouvais plus dire que j'y baignais tout entière. Et pour reprendre un peu en arrière, en me souvenant des caresses d'Eiko, j'étais pleine de gratitude pour son attention à me procurer des sensations agréables, mais je ne me trouvais plus comblée corps et âme à cent pour cent.

S'enlacer, s'embrasser, c'était une façon de nous dire notre tendresse. Mais ce qui avait commencé ensuite, à savoir, extraire des sensations agréables d'une certaine région du corps… justement parce que c'étaient des démarches qui faisaient porter tout l'accent sur les plaisirs du corps, la plénitude de mon bonheur s'en était trouvée altérée. Non, ce n'était pas ce que j'avais voulu au départ. Mais j'avais beau le penser, je voulais rendre à Eiko tout le plaisir qu'elle m'avait donné.

Ce n'est pas que ça me déplaisait. Il ne s'agissait pas de recevoir du plaisir en se fichant comme d'une guigne du plaisir de l'autre. En donner à Eiko, cela me rendait heureuse. Seulement, quand je me consacrais à une partie d'Eiko, je perdais de vue l'ensemble. Et quand je ne voyais plus qu'une partie de son corps, je ne savais plus très bien à qui j'étais en train de donner du plaisir. Je trouvais cela moche. Et je me demandais maintenant si Eiko, il y a un moment, n'avait pas ressenti la même chose. Ou ce n'est qu'une vue de l'esprit ?

J'ai beau me dire, pourvu qu'Eiko soit contente, mais est-elle vraiment contente ? Ce doute m'obsède. J'essaie de décrypter sa façon de sentir dans les mouvements de son corps, dans le rythme de sa respiration. Me réglant sur ses réactions, j'essaie de moduler mes appels et stimulations. Toute réponse favorable m'encourage. Mais en fin de compte, s'ingénier à provoquer des réactions favorables en employant l'une ou l'autre technique, m'apparaît plus comme un jeu qu'autre chose. C'est évident ! s'escrimer à repérer des zones érogènes sur un corps et se colleter avec un jeu vidéo sont deux comportements assez semblables. Ce n'est pas qu'ils soient totalement dénués d'intérêt, mais ce n'est pas ce genre d'intérêt que je recherche dans ma relation avec Eiko.

Redoutant de chosifier Eiko, d'en faire une espèce de jeu vidéo, ou quelque chose de ce genre, je voudrais rencontrer sa sensibilité directement, comme quelque chose lui appartenant en propre, et non par le biais d'un désir sensuel. Ne pas y arriver, c'est à la fois enrageant et désolant. Mais alors, pourquoi m'être engagée dans une telle enrageante désolation ? Quand Eiko a approché son visage de mon sein, c'est alors que j'aurais dû la repousser, mais voilà, je me suis laissée faire, parce que c'était agréable. J'ai été futile. Mais je ne pouvais pas m'en rendre compte à l'avance… Il faut dire que c'est la première fois que je plonge dans les jeux amoureux avec ma sensibilité mise à nu.

Eiko m'attire la tête qu'elle a emprisonnée dans ses mains, et m'embrasse. Le plaisir m'envahit de nouveau tout entière. Je me mets à caresser éperdument son corps, aussi loin que mes mains peuvent porter, et Eiko fait de même. Voilà qu'on a réintégré l'ordre premier des choses. Mais pour Eiko le baiser n'est guère qu'un interlude.

Quand Eiko se souleva pour étendre la main vers mes cuisses, je me dis que vraiment cette fois j'allais l'arrêter et lui dire. Mais elle avait l'air si certaine de ne pas se tromper que, de nouveau, je me laissai entraîner dans des plaisirs qui ne valaient ni les baisers ni les étreintes. Mais il aurait été trop dommage de renoncer à des joies, même succédanées. Tout se passait comme si mon corps s'était déjà lancé à la poursuite du plaisir, en abandonnant ce cœur qui ne pouvait s'empêcher de marquer son désaccord.

Pour Eiko, dès que j'avais commencé à ôter mon pyjama, il est évident qu'elle l'avait interprété comme une invitation aux plaisirs physiques. J'aurais eu beau lui expliquer qu'il ne s'agissait pas de ça, il n'est pas sûr qu'elle l'aurait compris. Mais puisque l'affaire en était arrivée là, force m'était donc de ravaler tout sentiment de désaccord et de m'abandonner au courant. En fait, aussitôt qu'on se concentrait sur le plaisir ressenti, il devenait plus facile de s'abandonner, et il n'était même plus besoin de ravaler son sentiment de désaccord car on finissait tout simplement par l'oublier. Aussi, si j'avais conscience de me précipiter moi-même dans ma chute, lorsque les doigts d'Eiko se portèrent vers mon sexe, je ne pus, en fait de chute, que tomber en pâmoison.

Mon sexe était prêt pour la jouissance. Au glissement velouté des doigts d'Eiko, je sentis remonter en moi une vague puissante qui m'envoya rouler ivre dans l'espace. Je me disais qu'il me fallait lui retourner généreusement son présent, que déjà la main d'Eiko s'éloignait de mon sexe. Et sa paume humide enveloppa mon gros orteil droit.

Dès l'ouverture de nos ébats amoureux, et jusqu'à cet instant précis, le fait que j'avais un pénis à l'orteil m'était totalement sorti de l'esprit, et l'idée de m'en servir ne m'avait même pas effleurée. S'asseyant sur mon pied droit, Eiko serra tendrement Pénis d'orteil dans sa main. Ce fut une érection instantanée et triomphale. Une espèce de crampe zébra douloureusement l'égratignure infligée hier soir par le tesson du flacon de saké. Mais l'excitation l'emporta sur la douleur et il ne battit pas en retraite comme hier soir.

Eiko souleva ses hanches, me faisant réaliser à quelle fin elle destinait Pénis d'orteil. Il n'y eut donc pas de surprise. Depuis un bon moment, je glissais vers le consentement total, quoi qu'on me fasse et de quelque manière que ce soit, j'étais déjà accaparée par la curiosité pour ce qu'allait être la sensation suivante.

De son côté également Eiko était fin prête. Elle approcha Pénis d'orteil de l'entrée de son sexe et, tout en s'assurant qu'il était bien en place, descendit lentement sur lui. Sans doute devait-elle être un peu tendue, car une contraction sembla repousser Pénis d'orteil au-dehors. Ecartant les cuisses, elle marqua une pause pour souffler et reprit la descente. Le bout de Pénis d'orteil se trouvait maintenant enserré dans la paroi vaginale, et au moment où je me disais que l'endroit était plus exigu que je n'avais imaginé, Pénis d'orteil s'anéantit tout entier dans la tiédeur.

Rien de comparable au quasi-viol que m'avait infligé Chisato, car cette fois pas la moindre répugnance, outre que la sensation d'avoir Pénis d'orteil emmailloté tout entier dans un milieu souple et chaud n'était nullement désagréable. Quant à savoir s'il s'y sentait vraiment bien ou non, là je ne pouvais me prononcer. Et à propos de la combinaison opérée entre Pénis d'orteil et le vagin d'Eiko, là non plus je n'avais aucune idée particulière. Pas plus d'ailleurs d'éventuel sentiment d'accomplissement, du genre on est rendu là vers où l'on tendait, que de fusion avec l'autre, mais ce manque pouvait être imputé au fait que Pénis d'orteil était mon seul point de contact avec Eiko.

Soudain la chose tendre qui enrobait Pénis d'orteil prit de la fermeté en même temps qu'elle faisait déferler une vague brûlante. Le vagin avait opéré un resserrement. Eiko avait commencé à faire monter et descendre ses reins. De la tendresse à la fermeté, du chaud au torride, de la douceur à la force, sous ce changement brusque, la réceptivité de mon esprit comme de Pénis d'orteil fit un grand bond. Plus souple et onctueuse que celle reçue de la main, plus vive et consistante que celle donnée par la bouche, ainsi pouvait se situer la sensation communiquée par le vagin. Mais avant tout, ce fut sa nouveauté qui me plongea dans l'exaltation. Quant à la jouissance retirée, elle était curieusement faible, comparée à celle que procurait une friction manuelle bien conduite, et pour dire la vérité, je me dis que, non, le vagin n'était pas l'organe destiné à donner le plaisir suprême à Pénis d'orteil. A supposer qu'un pénis d'homme et mon Pénis d'orteil ressentent la même chose, je ne voyais vraiment pas ce qui motivait tant d'hommes à pousser leur pénis dans les vagins.

Car même les hommes qui ne s'embarrassent pas de donner du plaisir à une femme, uniquement préoccupés qu'ils sont de leur jouissance – bien que personnellement je n'en aie jamais rencontré de cette espèce – veulent, paraît-il, pousser leur pénis dans les vagins. Qu'on m'explique.

Cela dit, quand Eiko accéléra son mouvement, la sensation agréable s'amplifia progressivement. Avait-il été prématuré de faire si peu de cas du vagin ? me dis-je en essayant de revenir à plus d'impartialité, mais à cet instant la blessure de Pénis d'orteil commença à me cuire. A la douleur de la friction étaient venus s'ajouter les picotements des humeurs sécrétées par le corps d'Eiko. Excepté la blessure, Pénis d'orteil commençait tout doucement à ressentir les plaisirs dispensés par la pression et les contractions vaginales. Mais la douleur faisait obstacle à la montée du plaisir.

Yeux clos, compensant l'incommodité de sa position en prenant appui des deux mains sur le mur, Eiko secouait son corps, complètement oublieuse de ma blessure semblait-il. Eh bien, si Eiko, toujours tellement dévouée aux autres, pouvait s'adonner au plaisir avec une telle fougue qu'elle en oubliait ma blessure, je ne voulais surtout pas l'arrêter, même si cela faisait mal. Et si ce n'était pas à elle, mais a moi, qu'elle voulait donner du plaisir, ma reconnaissance m'interdisait de l'interrompre. Sans me préoccuper de la douleur, je résolus de jouir en me concentrant exclusivement sur les sensations agréables.

Eiko ondulait à présent des hanches en traçant des cercles. Ce qui m'apprit combien, plus que le simple mouvement de va-et-vient, cela pouvait apporter de plaisir. Lorsque je tentai d'imaginer ce qu'elle ressentait, je sentis des fourmillements dans mon vagin. Je ne pouvais pas lire son expression, ses cheveux en désordre lui cachaient le visage, mais je contemplais, fascinée, la danse aérienne et furieuse de ses longues mèches volentantes et les vifs tressautements de ses seins. Ce spectacle m'inspira l'idée géniale de remuer de concert la pointe du pied droit, ce qui augmenta encore le plaisir.

Mais la blessure de Pénis d'orteil me faisait décidément souffrir. Etrange impression d'ailleurs que ces assauts conjugués de la douleur et du plaisir. C'est alors que me vint l'idée d'enregistrer la douleur comme un plaisir, si l'ignorer était au-dessus de mes forces. Elle me faisait penser aux démangeaisons d'une piqûre d'insecte qu'on a trop grattée. Gratter un peu soulage, mais chaque grattement en trop renforce la douleur, exacerbant l'envie de recommencer. Mais il est une limite aux subterfuges pour déjouer la douleur. Et elle semblait franchie. Finalement j'arrivai à souhaiter qu'elle en finisse rapidement. Et si possible pendant que se maintenait mon érection.

Pénis d'orteil fut enserré d'un tour de clé supplémentaire et je ressentis alors une brève suite de contractions comme des spasmes. La chaleur torride déserta Pénis d'orteil. Eiko vint s'abattre sur moi. Son corps était moite de transpiration, son pouls cognait. J'appris ainsi avec soulagement qu'elle en avait terminé, en même temps que je me félicitai d'avoir pu surmonter la douleur puisque cela avait permis à Eiko d'atteindre l'orgasme. Mais ce qui me faisait plaisir plus que toute autre chose, c'était que le corps d'Eiko avait réintégré mes bras. Ma blessure lancinait encore mais cela ne me préoccupait plus.

Eiko releva son visage qu'elle avait enfoui dans mes bras et sourit au travers d'un regard mouillé.

— Je ne sais pas, mais les choses ont pris un tour inattendu, tu ne trouves pas ?

— Inattendu ?

Je comprenais bien qu'Eiko n'avait pas vraiment trouvé inattendu ce qui s'était passé entre nous, mais avait cherché des mots pour exprimer son émotion profonde. Je lui retournai cependant sa question : « Je ne trouve pas cela si inattendu, moi… »

Eiko se tut, embarrassée, puis, pour me dire qu'elle ne trouvait pas les mots, elle me fit un câlin sur la joue, assorti d'un regard plongeant dans le mien pour implorer mon secours. Mais moi aussi j'étais bien incapable de me prononcer sur la nature de ce que nous venions de faire. Dans le style Shunji, disons qu'on avait « fraternisé ». Vu de l'extérieur, on pouvait considérer que nous avions fait l'amour. Mais il y avait eu, en cours de route, un changement de cap, où l'intention première et la façon de vivre cet acte d'amour avaient profondément changé de sens. C'est pourquoi j'avais l'impression, très forte, que nous avions accompli, non pas une seule chose, mais greffé sciemment deux choses assez différentes, et finalement je ne voyais plus très bien si nous en étions arrivés là parce que nous étions proches l'une de l'autre, ou si c'est le fait d'en arriver là qui nous avait rapprochées.

Et d'ailleurs… même si, vu de l'extérieur, Eiko et moi nous avions paru accomplir un seul et même acte, surtout au moment où nous nous embrassions étroitement enlacées – car là j'avais ressenti l'unisson des cœurs –, comme par la suite nos intentions avaient divergé sensiblement, cela ne revenait-il pas à dire que nous nous étions adonnées, l'une et l'autre, à deux actes différents ? Un grand froid s'abattit sur moi à cette constatation. En même temps, je ne trouvais pas normal de vivre les choses d'une façon aussi compliquée : faire l'amour était tout de même supposé être un acte follement amusant ? Oui, mais il ne fallait oublier que c'était finalement le premier acte sexuel sérieux de mon existence…

Eiko continuait à me fixer, mais un nuage lui fronçait les sourcils.

— Ce n'était pas bien ? murmura-t-elle approchant sa bouche de mon oreille.

Ah ! nous y voilà, pensai-je. Eh bien, c'était complètement différent de ce que j'avais pensé au beau milieu de l'action, mais ce n'est pas pour autant que je peux me permettre de faire peu de cas de ce que m'a donné

Eiko. Je hochai donc vaguement la tête. Eiko se fit mélancolique : « Tu sais, moi c'est la première fois avec une femme… et pourtant les pénis, j'y suis habituée ! »

Eiko, qui s'était retournée vers mon pied, demeura figée dans ce geste. Je commençais à m'inquiéter, lorsque sa tête pirouetta à nouveau sur moi, avec une expression grave : « C'est vrai, tu étais blessée ! »

Je me soulevai sur un coude pour regarder mon pied. Du sang suintait des lèvres de la plaie de Pénis d'orteil encore en demi-érection, teintant d'un rose sale les alentours. Eiko m'enlaça la tête de son bras en disant : « Mais tu as eu mal, alors ? Et tu ne m'as rien dit ? »

Je trouvais tellement comique que Pénis d'orteil sorte avec une hémorragie de son premier contact avec un sexe féminin que j'éclatai de rire pour toute réponse.

— On dirait une défloration, pour un pénis… ! dit Eiko en laissant échapper un petit rire, qu'elle arrêta aussitôt pour reprendre son air sérieux et s'avancer à genoux vers Pénis d'orteil. Devinant ce qu'elle voulait faire en voyant sa tête plonger vers Pénis d'orteil, je la tirai par le bras.

— Je ne suis pas Tamotsu, je ne vais pas te demander de lécher du sang, moi.

Elle me serra éperdument dans ses bras et m'embrassa.

Nous avions fait un sujet de plaisanterie, sans cesse répétée jamais éventée, de ce que c'était moi qui avais commencé à ôter mon pyjama parce que je voulais qu'on s'enlace toutes nues.

— Mais toi, tu as commencé à te déshabiller comme ça sans prévenir. Normalement c'est l'autre qu'on déshabille d'abord.

— Ah oui ?

— Ben oui, si on porte la main sur le vêtement de l'autre, c'est le signe qu'on en veut, quand même ?

— Tiens ? Ça ne m'était pas venu à l'idée.

J'étais bien sûr heureuse de voir que je pouvais amuser, mais je ne saisissais pas très bien en quoi le fait d'avoir commencé à se dévêtir la première était drôle à ce point. Et ce « en » qu'elle avait glissé dans sa phrase, « c'est le signe qu'on en veut » comme elle disait, ça n'avait rien à voir avec mon impulsion du moment. Mais puisqu'Eiko paraissait avoir pleinement profité de l'acte sexuel perpétré sur ma personne, je sentais qu'il aurait été de la dernière grossièreté de me mettre à vérifier l'écart qui séparait nos deux consciences. Je choisis donc de ne pas poser de question.

Eiko dit aussi ceci :

— Tu sais, à ce moment-là j'ai hésité, je me suis demandé ce que j'allais faire, si j'allais oui ou non mettre la main à ton pyjama. C'est que je suis plutôt du genre actif, moi, et il ne me viendrait jamais à l'idée de me déshabiller la première.

— Qu'est-ce qui t'a fait hésiter ?

— D'abord je ne savais pas où tu voulais en venir, et aussi, déshabiller quelqu'un, c'est plutôt moche comme comportement. Même si ce quelqu'un n'est pas contre, celui qui se fait déshabiller a toujours l'air un peu misérable, je trouve.

Eiko s'était interrompue, elle parut se recroqueviller sous le froid.

— Ce geste détestable, je regrette, j'ai honte de l'avoir fait sur Tamotsu quand il était gosse, raison de plus pour que je n'aie pas pu le faire sur toi, Kazumi.

Puis elle ajouta dans un rire lumineux annonçant une brusque saute d'humeur : « C'est pour ça que quand tu t'es déshabillée sans crier gare, j'ai trouvé ça très drôle, mais j'étais bien contente. Comme ça, je n'avais pas à le faire. »

Si c'était ça la raison, je pouvais moi aussi lui rendre son sourire. Nous joignîmes nos lèvres, comme on porte un toast.

Chez Eiko, il semblait n'y avoir pratiquement aucun élément réfractaire à l'homosexualité. Si elle avait déclaré que c'était sa première expérience, ce n'était pas la première fois qu'elle avait eu envie d'essayer avec une femme.

— Alors, comment se fait-il que tu ne l'aies jamais fait jusqu'à présent ?

— Les hommes, j'étais accaparée par les hommes. Et puis je n'ai jamais rencontré de femme que j'aimais assez pour me dire qu'avec elle je le voulais absolument. Si je ne t'avais pas rencontrée, je crois bien que j'aurais passé toute ma vie sans faire une seule expérience homosexuelle.

— Et tu étais satisfaite en ne fréquentant que des hommes ?

— Satisfaite n'est pas le mot… D'abord, personne n'est jamais mort de ne pas coucher avec des femmes, et puis comment veux-tu vivre dans cette société si tu ne fréquentes pas les hommes ? C'est comme ça, j'avais tranché dans le vif du problème.

Que sans le soutien financier et social de l'homme il était encore difficile pour une femme de faire son chemin la tête haute, et encore plus si on était lesbienne, car là on n'avait d'autre choix que de se terrer en retenant son souffle dans une réserve obscure de la société, son point de vue n'était que trop évident. Depuis que j'avais rencontré Eiko, j'imaginais combien jeter aux orties ses aspirations saphiques, en décidant une fois pour toutes que le monde était ainsi fait, n'était pas chose facile. Même si l'on contentait ses désirs pour l'autre sexe, elles devaient vous rester fichées douloureusement au fond de la gorge, comme une arête de poisson… Une question d'Eiko me tira de mes pensées :

— Et toi Kazumi, l'homosexualité t'attirait ?

— Absolument pas. Jusqu'à l'apparition de Pénis d'orteil, du moins.

M'avisant, une fois ma réponse formulée, qu'assez longtemps après l'apparition de Pénis d'orteil je n'avais pas du tout l'homosexualité en tête, je corrigeai en disant: « Absolument pas... avant de t'avoir rencontrée. »

Le prit-elle pour une flatterie, car elle se détourna en riant: « Je devrais te répondre que je ne te crois pas, mais... je te crois, en fait! Parce que, tu sais ce que je me suis dit quand je t'ai vue pour la première fois: est-ce que cette fille pratique le sexe? Mais sans penser ni à l'homosexualité ni à quoi que ce soit. »

En voilà une surprise! Je paraissais donc tellement bégueule? Je déclarai résolument:

— Evidemment que je le pratiquais, le sexe.

— Oui, je sais que tu faisais l'amour, mais...

Mon visage s'enflamma. Ce que voyant, Eiko prenant soudain conscience du sens de ses paroles piqua également un fard. Après que les rougeurs se furent quelque peu retirées de ses joues, la question suivante me fut posée:

— Et cette Yôko? Ton amie qui s'est suicidée? Avec elle non plus, il n'y a rien eu?

— Non.

Voilà qui était un peu fort de café, non seulement la romancière M. ou Shunji, mais jusqu'à Eiko qui se permettaient d'échafauder des relations inexistantes entre Yôko et moi. Eiko poursuivait en petit procureur suspicieux son interrogatoire:

— Et elle ne t'a jamais fait des propositions?

— Mais si je te dis que non, c'est que c'est non, dis-je légèrement agacée. Qu'est-ce que vous avez tous à vouloir faire une homosexuelle de Yôko?

— Ecoute. Quelqu'un qui s'intéresse à l'amour et au sexe au point d'imaginer une banque de services amoureux, qui met à un poste directorial une Kazumi qui ne partage pas forcément les mêmes curiosités, qui la garde toujours à ses côtés, lui fait gagner de l'argent, et lui donne par-dessus le marché la primeur de son suicide : tu ne vas pas me faire croire que c'était une amie banale ?

Elle me déprimait, je hasardai timidement ma question :

— Et tout le monde pense ça, à part moi ?

— Bien sûr. Prends Aiko par exemple, est-ce qu'elle ne nous a pas devinées toutes les deux ?

En effet, Aiko nous avait appelées au nom de la troupe du Flower Show de retour à Tôkyô :

— Si vous êtes saines et sauves, c'est l'essentiel... Qu'est-ce que vous fabriquez toutes les deux ?

Acculée, je ne savais pas quoi répondre, ce que dut sentir Aiko car elle modifia sa question :

— Alors, on s'amuse bien ?

— Oh oui, beaucoup !

J'avais dit cela sans réfléchir, et Aiko avait conclu :

— Mais c'est une fugue d'amoureux, ma parole !

« Comment peut-elle savoir que c'est une fugue ? » murmurai-je quand elle eut raccroché. Je me plongeai dans un silence perplexe, rompu par les propos d'Eiko :

— Tu sais, amener une fille dans ton genre à passer à l'acte sexuel, c'est plutôt difficile. A te voir, on dirait que la vie sexuelle et toi ça ne passe pas par la même porte. Et t'inviter en tournant autour du pot est inutile, tu ne comprends jamais rien. Déjà, pour un homme ça ne doit pas être facile, mais alors si c'est une femme qui est amoureuse de toi, là on tombe en pleine tragédie.

— Je t'en prie.

Ma voix sortit avec effort. Ç'aurait été trop dur que le postulat selon lequel Yôko nourrissait pour moi une passion homosexuelle vienne à se vérifier. Je ne voulais pas penser que c'était la vérité. Mais si je prêtais l'oreille aux explications d'Eiko, l'idée que Yôko m'aimait de cette façon-là prendrait toutes les résonances de la vérité. Je me sentais triste. Jusqu'à Pénis d'orteil qui en pâtissait.

— Ça va, j'ai compris, je ne dis plus rien, concéda Eiko. Puis elle murmura à voix basse : Quoi qu'il en soit, c'est bien qu'on se soit rencontrées.

Eiko ne regrettait absolument pas ni d'avoir fugué, ni d'avoir couché avec moi. Depuis qu'on était dans mon appartement, on dormait dans le même lit, on préparait et prenait les repas ensemble, et c'est encore ensemble qu'on allait en promenade, aux provisions et même au salon de coiffure. Dans toutes ces situations, Eiko me prodiguait abondamment toute la gestuelle du *skinship*, telle que se tenir par la main, rapprocher nos têtes, poser son bras sur mon épaule, et autres démonstrations physiques. Elle s'abandonnait entièrement à moi, et je sentais combien cette vie à deux lui était agréable. Et moi je sentais que je pouvais partager mon intimité avec elle sans problème.

Cependant, je n'avais toujours pas éclairci cette problématique – si fraterniser avec quelqu'un, devenir proche de lui, signifiait obligatoirement avoir des relations sexuelles avec lui – mais sans doute était-ce là un effet du caractère nonchalant d'Eiko qui m'inondait de sa chaleureuse intimité, et encore plus depuis que nous avions commencé une liaison, car à voir l'excellente tournure de l'affaire, tout se passait comme si nous faisions un parcours sans faute – et j'en étais à me demander si elle n'était pas en train de décalquer fidèlement dans la réalité l'image de l'amour homosexuel idéal qu'elle portait depuis toujours dans son esprit, si elle n'était pas en train d'appliquer tels quels tous les gestes qu'elle s'était promis d'essayer dès qu'elle aurait trouvé une saphique âme sœur – il faudra lui essayer ceci, et puis aussi lui faire cela, etc. Et pour parler franchement, le genre de soupçon qui me traversait parfois l'esprit c'était que chez elle, le principal motif de réjouissance était non pas moi-même, ma petite personne, mais le simple fait qu'elle avait avec moi des relations homosexuelles…

Mais la vérité, c'est que les agréables journées que je vivais en ce moment, irisées du contact léger de cette liaison, me plaisaient énormément. Différent de la fièvre sexuelle de nos embrassements, ce *skinship,* cette douce proximité physique quotidienne, même si elle n'était que partielle, me réchauffait le cœur d'un grand soleil, m'inondait de bien-être. Encore une fois, je sentais combien les attouchements sexuels précis avaient quelque chose de brutal, comparés au sentiment de béatitude corporelle distillé par le *skinship,* comme si l'on baignait dans une eau qu'on vous a chauffée juste à la bonne température. Mais les attouchements sexuels avaient aussi leurs charmes, et même assez puissants, finalement, pour qu'il soit impossible d'y renoncer dans le feu de l'action, si bien que dans l'éventualité où on ferait de nouveau l'amour, il se pourrait bien que je change ma manière de sentir. Mais pour plusieurs jours encore, tout cela allait demeurer du domaine de l'impossible. Et la raison n'en était même pas la blessure de Pénis d'orteil. Eiko et moi nous avions abordé nos règles.

Eiko, qui a fini de sécher ses cheveux shampouinés de frais, veut s'installer à côté de moi qui suis passée la première au bain et regarde la télévision, installée jambes allongées sur le lit. Je me pousse vers le mur pour lui faire une place. C'est un lit semi-double, assez large pour que deux personnes y prennent place sans se toucher les épaules. Mais Eiko s'installe dans une position où ses bras me frôlent. Je ne déteste pas. Je ne déteste même pas du tout. A telle enseigne que le toucher délicieux de ses bras me fait perdre le fil de mon histoire à la télévision. Mon regard déserte l'écran pour contempler nos jambes allongées côte à côte. Je me fais même la réflexion que c'est un spectacle beaucoup plus passionnant que les scènes d'amour à la télévision.

L'ongle du petit orteil droit d'Eiko accapare soudain mon regard. Cet ongle brunâtre et écailleux, j'ai l'impression qu'il s'est soulevé depuis la dernière fois que l'ai vu. C'est vrai qu'elle venait alors de le couper et qu'il a dû repousser depuis. Ce pauvre petit ongle difforme, qui semble avoir été refoulé au bout du rang par les autres, tous bien ronds, lisses et parfaits, est plus émouvant que jamais tant il dégage de pathétique. Et il suffit que je me rappelle m'être caressée en l'évoquant derrière mes paupières closes, pour que s'allume le désir de le sentir, de le toucher.

La fois d'avant, quand j'ai approché la main, Eiko a écarté son pied en prétextant que ça la chatouillerait trop. Mais on n'était alors que de simples amies, et sans doute qu'elle ressentait encore de la gêne devant moi. Maintenant que nous avons échangé des caresses toutes nues, elle ne va plus se faire un rempart de ses chatouillements et accédera à mon désir. Moi ça m'est égal qu'on me touche les orteils. Quelle impression peut-il bien donner au toucher, ce petit orteil ? Qu'il soit grumeleux, rugueux, voire squameux, peu m'importe, ce qui est certain c'est qu'il me fait envie.

Soulevant furtivement la jambe droite, je la fis passer par-dessus la gauche en sorte que la pointe de mon pied vienne en contact avec le petit orteil droit d'Eiko. Ainsi, le bout de Pénis d'orteil touchait l'ongle du petit orteil convoité. On aurait dit une pierre ponce usée. Pour me pénétrer de cette sensation, j'y frottai plusieurs fois Pénis d'orteil.

— Qu'est-ce que tu fais ? demanda Eiko en riant. Absorbée, je ne répondis pas et continuai mon manège. Elle me donna une claque sur le genou en me faisant remarquer :

— Ta blessure n'est pas encore guérie !

— Je suis affectueusement admirative, c'est tout, dis-je, car elle semblait avoir prêté à mon geste l'intention de prendre mon plaisir avec Pénis d'orteil.

Et c'est vrai, je n'avais pas recherché de plaisir charnel, je n'avais fait qu'utiliser mon pied pour toucher l'ongle de cet orteil qui d'aventure se trouvait hors de portée de ma main. A preuve, nulle érection chez Pénis d'orteil, même si la sensation était agréable. En ce moment, Pénis d'orteil n'était pas un organe sexuel mais un banal orteil.

— Et c'est ça que tu admires affectueusement ?

Et de l'ongle de son petit orteil Eiko m'agaça le ventre de Pénis d'orteil comme si elle voulait le gratouiller. Dès l'instant où je devenais passive, mon orteil redevenait un organe sexuel et Pénis d'orteil durcit légèrement. Trouvant la chose plaisante, Eiko activa son mouvement de la pointe du pied. J'eus l'impression que j'allais être grattée jusqu'à l'intérieur de Pénis d'orteil, un réflexe me fit relever la jambe pour échapper à son jeu, tandis qu'un coup d'œil me confirmait que Pénis d'orteil abordait déjà sa phase érectile.

— Eh bien, quelles sont tes intentions, là ? me plaisanta Eiko.

Mes intentions, eh bien, puisque j'en suis là, je veux qu'elle me caresse, m'entendis-je murmurer pour moi seule, car c'était là l'indicible dans cette affaire engagée sur un point de non-retour, et je m'étonnai de mon insatiable fringale d'avoir Pénis d'orteil frictionné par la main d'Eiko. L'autre jour j'avais fait l'expérience de la palette de sensations procurées par le contact vaginal, mais sans être tout à fait convaincue – peut-être parce que je n'étais pas arrivée à l'orgasme ? – qu'un vagin était le compagnon idéal pour Pénis d'orteil. Non, la main c'était finalement mieux. Quand la main d'Eiko le tenait, j'éprouvais une joie immense, à croire que c'était tout mon corps devenu Pénis d'orteil qu'enveloppait Eiko, mais quand il était enrobé d'un vagin, la sensation demeurait circonscrite à Pénis d'orteil, il devenait indépendant.

Pourtant, la caresse de la main ne s'adressait qu'à Pénis d'orteil : il était étrange que tout le corps communie dans cette satisfaction. Etait-ce parce qu'il m'apaisait le cœur, que ce geste d'Eiko enveloppant de la main Pénis d'orteil me paraissait si aimable ? Une paix au moins égale à celle qui descendait en moi lorsque nos deux mains se serraient avec affection. Il va sans dire qu'avec Pénis d'orteil déferlaient des plaisirs d'une force et d'une nature bien différentes de ce que pouvait ressentir une main. Mais ces plaisirs sexuels mis à part, le bonheur éprouvé par Pénis d'orteil sous la caresse était plus proche de celui d'un innocent *skinship*, que des sensations éveillées par la stimulation des autres zones érogènes, sexe féminin compris.

Tandis que je roulais dans ma tête ces pensées sur les plaisirs, leur souvenir investit Pénis d'orteil en le confirmant dans son érection. Notant soudain que la blessure ne me faisait plus mal, je repliai ma jambe droite et m'assis en tailleur pour l'examiner. Une petite croûte signalait l'emplacement de la plaie. C'était pratiquement guéri. De la pointe de l'ongle je voulais déjà faire tomber la croûte, quand Eiko me saisit le poignet.

— On n'arrache pas la croûte.

— Mais c'est amusant de faire tomber ses croûtes.

— Ne commence pas comme Tamotsu. Lui, il arrache toujours tout de suite les croûtes de Shin.

Une scène où se répandait la cruauté vint flotter dans mon esprit et fit s'éloigner ma main de mon pied.

— Maintenant que c'est en bonne voie de guérison, ajouta encore Eiko, tu vas de nouveau le faire saigner.

— Et tu devras le lécher ?

Il semble bien que m'introduire froidement dans le cœur des gens soit ma spécialité. Eiko s'assombrit l'espace d'un instant, mais déjà elle me passait un bras autour du cou et, se réglant sur le ton léger de ma question, elle me répondit du même ton : « Eh oui ! »

Le cœur me fit mal et Pénis d'orteil s'étiola. Eiko qui m'observait eut un petit rire éteint.

— C'était un type avec qui j'avais couché à la demande de Tamotsu – il voulait voir comment cela se passait –, un client assidu des spectacles du Flower Show. Médecin, la trentaine, et qui avait très bien cerné le caractère de Tamotsu. Au moment de nous séparer, il m'a chuchoté à l'oreille que la prochaine fois il voulait me voir, mais seule. Je vais donc le trouver, la seule et unique fois, d'ailleurs, et voilà qu'il me parle de laisser tomber Tamotsu et de me mettre avec lui. Il avait l'air gentil, je me suis même demandé l'espace d'un instant si ce n'était pas ce que j'allais faire, mais lorsque je lui ai raconté cette histoire de lécher, il s'est pris une érection maison !

C'était trop drôle, j'éclatai de rire, ce qui mit Eiko en verve.

— C'est tout de même marrant, non ? Tu vois à peu près le genre de goûts de ce monsieur, maintenant ? Il s'est bien ressaisi, s'est lancé dans une justification, mais moi tu penses comme j'étais échaudée, si bien que pour conclure, j'ai carrément lâché que vraiment les hommes il n'y avait rien à en tirer…

Je ne pouvais plus m'arrêter de rire, mais Eiko, reprenant un visage grave, me jeta ses bras autour du cou.

— Quelle chance que tu ne sois pas de cette engeance perverse, toi !

— Ces hommes, fis-je en déposant deux baisers sur les bras frais d'Eiko s'enroulant juste sous mon menton, ils ont quand même de drôles de manies attachées au pénis.

— Des goûts pervers, ce seraient des manies péniennes, tu crois ?

— Oui, à mon avis, ce machin est très enclin à contracter des manies, déclarai-je en posant la main sur Pénis d'orteil. Quand on prend l'habitude de se masturber en fantasmant sur des images, que ce soit d'une personne ou d'une scène qui vous a fasciné, je me demande s'il n'y a pas très vite une fixation qui se crée, entre cette personne ou cette scène et la jouissance, et avec tellement de force qu'au bout d'un moment il n'y a plus moyen de les dissocier.

— Et le sexe féminin serait moins enclin à devenir maniaque ?

— Oh si, je pense… Mais les hommes se masturbent beaucoup plus.

Je crus même devoir ajouter quelques détails tirés de mon petit bagage d'expériences personnelles : le pénis se remarque comme le nez au milieu de la figure, il est d'un format qui se prête aisément à la manipulation, à la pression dans la paume, si bien que chez les hommes, la masturbation est un acte extrêmement naturel.

— Ah, tu crois que c'est comme ça que ça se passe ?

— Bien sûr, regarde Pénis d'orteil, on pourrait dire que s'il réagit si allégrement à Eiko, c'est parce qu'il a contracté la manie d'Eiko.

— Alors moi, je ne suis que ta sale manie ?

Pris ainsi, cela avait de quoi déconcerter. Je n'y avais pas mis de sous-entendu déplaisant, mais si elle l'avait pris dans le sens de « sale manie », c'est que ça n'avait pas dû lui faire trop plaisir.

— Loin de moi l'idée de « sale manie ». J'essaie simplement de t'expliquer un fait : que tes attouchements ont été pour Pénis d'orteil le point de départ d'une fixation sur toi.

Elle écoutait les bras croisés, je complétai mon exposé.

— Comprends-moi, avant de te connaître, Pénis d'orteil ne réagissait que très primitivement à des stimulations purement physiques. Une fois dégotté un sujet de fixation à son goût, il a enfin acquis une personnalité.

— Je vois, sourit Eiko en inclinant gracieusement la tête. Mais encore une chose, je peux ? Tu m'aurais rencontrée sans Pénis d'orteil, tu crois que les choses se seraient passées de la même façon ?

D'abord, si je n'avais pas eu Pénis d'orteil, Eiko ne m'aurait jamais touchée, partant, aucun désir n'aurait pu germer ; conclusion, moi qui étais fermée à l'homosexualité, j'en serais restée avec elle au stade de la banale camaraderie. Ma réponse à sa question était évidente : « Je ne pense pas, non. »

Le sourire d'Eiko disparut, comme s'il avait été gratté, pour laisser paraître au-dessous une expression incertaine de solitude terriblement vulnérable. Je crus qu'une balle me traversait le cœur. Cette expression de mélancolique désolation était rigoureusement la même que celle que Yôko, de son vivant, posait de temps à autre sur moi.

Combien peuvent se glacer les pieds des femmes frileuses une fois qu'on aborde la fin octobre, il m'avait fallu attendre de connaître Eiko pour le comprendre. Plus encore que les mains, pourtant elles aussi sensibles au froid, on sentait ses pieds glacés du talon à la pointe, même par-dessus les chaussettes. Moi qui n'étais pas frileuse, je pris les talons glacés d'Eiko entre mes cuisses, tandis que ma paume se refermait sur ses orteils pour les réchauffer. Je commençai par frissonner, vidée de toute ma chaleur transvasée chez Eiko, mais elle ne tarda pas à se restaurer. En me disant que se sentir et se chauffer était plus agréable pour toutes les deux et aussi calorifiquement plus efficace sans chaussettes, je les lui ôtai, et Eiko leva les yeux du magazine qu'elle tenait ouvert sur les genoux. Un de ces bons gros sourires éclatants de bonheur, qui voulaient rassurer. Mais en même temps j'avais la froidure au cœur car je venais de me souvenir de cette expression de mélancolique désolation, comme un mince voile de glace, qui ne s'efface plus jamais des yeux une fois qu'on l'a vu. Je me promis de ne plus jamais faire apparaître sur son visage une expression aussi triste.

Mais je n'étais pas bien sûre d'y arriver. Eiko aurait sans doute voulu que je lui dise – mais je ne savais pas pourquoi elle voulait tant se l'entendre dire – que j'aurais certainement fait l'amour avec elle même si j'avais été sans Pénis d'orteil. Devinant qu'elle avait commis la bévue d'interpréter que tout venait d'une « manie » de Pénis d'orteil, je tentai de rectifier en l'assurant que Pénis d'orteil pourrait disparaître, mais jamais mon intérêt pour elle. Las, le visage d'Eiko ne se rasséréna pas pour autant.

Eiko voulait-elle donc sonder la profondeur de mon sentiment amoureux pour elle ? Si je lui avais dit que, Pénis d'orteil ou pas, j'aurais sûrement fait l'amour avec elle, nul doute qu'aurait circulé entre nous une affection sans nuages, car libérée des contingences charnelles, ce que j'aurais trouvé très beau et romantique, mais ça n'aurait jamais été qu'une diaprure à la surface des mots et non la réalité. C'était quelque chose qui avait grandi ainsi et qu'il fallait bien appeler, puisque je me faisais caresser Pénis d'orteil par Eiko, une tendre inclination sexuelle en plus d'une affection entre amies ; mais pouvait-on concevoir qu'une affection entre amies évolue spontanément pour se transformer en une inclination sexuelle ?

Une romantique, Eiko ? Ou alors quelqu'un qui vivait différemment de moi l'attirance sexuelle pour l'autre ? Dans l'un ou l'autre cas, pourquoi emberlificoter la situation en agitant des questions fictives du genre « si tu n'avais pas eu de Pénis d'orteil ? ». Puisque dans la réalité Pénis d'orteil il y avait, pourquoi ne pas se contenter de se réjouir qu'il nous ait permis de nous rapprocher… Du moins était-ce ainsi que je voyais les choses. Et aussi son incapacité à se satisfaire de l'affection que j'avais pour elle, le besoin d'en mesurer à tout prix l'étendue, je les comprenais mal.

Je les comprenais mal, mais si Eiko tenait tellement à sonder mon affection pour elle, moi, de mon côté je voulais lui en donner mille et un témoignages, et c'est ainsi qu'on me trouvait à dispenser de ma chaleur animale à ses pieds glacés. Mais une inquiétude subsistait : tant que je ne connaîtrais pas la cause de son penchant à la mélancolique désolation, j'aurais beau lui montrer ma tendresse, est-ce que j'arriverais à éradiquer son mal ? Je me sentais aussi efficace qu'un chien fidèle léchant éperdument la main de son maître souffrant…

Les pieds d'Eiko semblent s'être sensiblement réchauffés à présent, bien que je sois incapable d'en juger vraiment, mains et pieds équilibrant leurs températures. Je soulève son pied droit pour en poser le bout sur ma joue, mais Eiko se plaint qu'elle est froide. Et quand je ramène le pied à sa place en me disant qu'il faudrait le réchauffer davantage, son petit orteil déformé accroche mon regard. Je le prends dans ma bouche, sans motivation bien sérieuse, et je me rends compte alors combien, oh oui ! j'ai toujours voulu faire ce geste !

— Tu aimes ce genre de truc, toi ? Perversité !

— Ce n'est pas de la perversité, répondis-je en éloignant un instant le petit orteil de ma bouche, la preuve, je ne bande pas.

— Et c'est que c'est vrai, dit Eiko en enlevant le mi-bas du pied droit que j'avais brandi sous son nez.

J'avais beau sonder du bout de la langue l'épaisseur du petit ongle contrefait, trouver que son goût rappelait celui des cailloux ramassés sur la berge qu'enfant je me mettais dans la bouche, l'excitation sexuelle manquait à se produire, car tout ce que je ressentais c'était une espèce de béate plénitude de tenir dans ma bouche l'objet de ma tendresse. J'avais beau me pénétrer du fait que j'étais en train de perpétrer un acte voisin de l'acte sexuel, ce en quoi Eiko avait parfaitement raison, la sensibilité ne mettait toujours pas le cap sur le sexuel.

En vérité, ce sentiment de tendresse n'avait rien à voir avec le sexe, mais avec mon amitié pour Eiko. Et, de même qu'on ne verrait jamais une affection entre amies, même si elle était intense, virer spontanément au penchant sexuel, il était peu probable de voir se muer en désir sexuel ce sentiment de tendresse et de compassion pour son petit ongle difforme. Mais d'un autre côté, si Eiko n'avait été qu'une amie, je ne l'aurais pas pris dans ma bouche, la conscience d'une chose malpropre m'aurait arrêtée. Ce qui revenait à dire qu'il devait bien se mêler à mon envie au moins une pointe de désir sexuel, ce désir plus fort que la répugnance devant ce qui nous semble sale. Mais moi, je ne voyais pas les choses de cette façon. C'était plutôt comme si l'attirance sexuelle nous avait permis d'exprimer notre amitié par un contact sympathique beaucoup plus profond.

On pouvait même aller jusqu'à dire que l'attirance sexuelle avait renforcé et approfondi notre amitié. Et soutenir cela ne revenait-il pas à affirmer que le désir sexuel était très utile à la conduite des rapports humains ? Eh bien, c'était une idée qui me plaisait énormément !

Eiko commença à caresser Pénis d'orteil, la blessure était complètement guérie à présent. Etait-ce par tendresse qu'Eiko me caressait ainsi Pénis d'orteil, ou par appétit sexuel ? Telle était la question que je commençais à me poser, quand la jouissance se mit à grimper et me chambouler les idées, au point que je lâchai l'orteil que j'avais en bouche. Eiko se mit à rire et, à son tour, souleva mon pied droit et fit courir sa langue sur Pénis d'orteil en érection. Moi, je caressais du doigt son petit orteil en déplorant sincèrement qu'il ne puisse pas lui aussi entrer en érection, pour faire la paire.

Le téléphone retentit. Eiko suspendit les mouvements de sa langue, je me retournai vers le téléphone, mais la sonnerie s'arrêta avant que j'aie eu le temps de décrocher. Ça fait toujours une impression sinistre, une sonnerie de téléphone qui s'interrompt quand on va décrocher. Mais on s'attendait plus ou moins à un appel de ce genre.

— Tu crois que c'est Tamotsu ? dis-je à Eiko.

Sept jours déjà depuis que nous étions parties en cavale, mais Tamotsu ne se manifestait pas, pas plus au téléphone que par une visite. Aiko nous avait dit, quand je lui avais demandé des nouvelles de Tamotsu, qu'il affectait une complète indifférence et faisait le fou et des pas de danse avec Masami. Et pas la moindre allusion d'Eiko au silence de Tamotsu, bien qu'il soit hautement improbable qu'elle n'y pense pas, et il y avait même de fortes chances qu'elle soit secrètement en ébullition. Aussi n'était-ce pas sans une certaine crainte que j'avais formulé ma question, qui me valut une réponse plutôt sèche :

— Pas du tout, c'est Shunji.

— Ah non, là c'est tout à fait impossible.

— Qu'est-ce qui te fait dire « tout à fait impossible » ? fit Eiko en serrant Pénis d'orteil. Une sensation de plaisir me transperça la poitrine, à m'en couper le souffle, mais je me lançai cependant dans une justification.

— Shunji n'aurait jamais cette délicatesse d'hésiter. S'il doit appeler, il appelle, sans état d'âme.

— Evidemment.

— C'est certainement Tamotsu qui a appelé. Il va rappeler dans un moment, tu vas voir.

Si Tamotsu et Eiko restaient sans se voir pendant ces congés, ils allaient devoir aborder dans le vague et l'incertitude la tournée de spectacles du Flower Show programmée en ville pour bientôt. Quelque violent qu'ait pu être le choc en apprenant qu'Eiko l'avait planté là pour remonter à Tôkyô, et aussi la rage, on voyait mal Tamotsu laisser les choses en l'état sans avoir une sérieuse conversation à ce sujet avec Eiko.

Eiko reprit en silence la fellation de Pénis d'orteil interrompue. Son habile jeu de langue était délectable, mais inquiète de la sentir à ce point abîmée dans des pensées, je dégageai Pénis d'orteil de ses lèvres pour me couler à son côté. Eiko m'immobilisa dans ses bras pour jeter rageusement :

— Il n'a même pas le courage de donner un coup de téléphone !

— Si tu l'appelais, toi ?

— Ce serait quand même plus normal que ce soit lui qui appelle, non ?

— Oui, d'accord, mais ce serait gênant que les spectacles du Flower Show reprennent ainsi.

— Je ne vois pas ce qu'il y aurait de gênant.

— Il vous faudra faire l'amour.
— Ce sera fait en professionnels.
— Tout de même…

Je me tus, je ne trouvais pas les mots qu'il fallait. Le numéro ordinaire de Tamotsu et Eiko me resurgit devant les yeux avec une coloration encore plus macabre qu'à l'ordinaire.

— Tout de même… quoi ? demanda Eiko en se tournant vers moi.

— On ne sait pas ce que Tamotsu est capable de te faire, ça m'inquiète.

— Dans ce cas… dit Eiko en me mettant la main sur la nuque, si le jour du spectacle on voit que Tamotsu n'est pas sûr, tu prendras sa place pour devenir ma partenaire ?

Une sensation aussi plaisante que de la boue froide m'emplit le cœur. Ce n'était pas la gêne de faire l'amour toute nue devant des gens. Non, la honte, je pourrais toujours la surmonter. Mais en ce moment, j'aurais eu horreur de faire semblant avec Eiko, de me livrer à une parodie de sexe, avec toute la surenchère scénique exigée pour paraître plus vrai que le vrai. Alors que déjà je ne savais plus tellement où j'en étais avec le sexe « normal », je n'allais pas me lancer dans une parodie de la chose qui risquait de m'entraîner vers des horizons encore plus déstabilisants. Et puis, j'avais l'impression que faire l'amour avec Eiko dans ces conditions, ce serait comme si on allait me subtiliser notre relation et la remplacer par quelque chose qui n'aurait plus rien à voir ni avec la tendre inclination ni avec le sentiment amoureux.

Mais finalement c'était toujours préférable que de se voir infliger cet abominable spectacle de Tamotsu et Eiko. J'acquiesçai en regardant bien en face Eiko, qui me retourna mon accord.

— On fait une répétition ? me chuchota-t-elle en collant ses lèvres à mon oreille.

— Non, je ne veux rien qui ressemble à une répétition, m'exclamai-je en éloignant mon visage.

— Alors une générale, si tu préfères ?

La main d'Eiko descendit vers l'avant de mon corps en me caressant. Son geste ne me donna pas un plaisir très vif, si ce n'est qu'il fit ressurgir, avec violence, le souvenir de nous être enlacées nues. Depuis hier, nos règles étaient finies. Je quémandai les lèvres d'Eiko.

Cette deuxième fois, je ne ressentis pratiquement plus les réticences et le désaccord que j'avais éprouvés la première fois. Etait-ce déjà l'habitude qui apaisait mon cœur ? Je me concentrai sur mes réactions et m'abandonnai sans arrière-pensée aux jeux et aux caresses d'Eiko, sans oublier de lui rendre la pareille. J'eus même la latitude de penser que, oui, c'était privilégier les plaisirs du corps, et que c'était très bien ainsi, puisque l'autre c'était Eiko, et qu'on aurait encore plein d'occasions de se donner du plaisir.

Redoublant d'audace, Eiko essaya une caresse qu'elle n'avait jamais encore tentée. Et ce geste était aussi une nouveauté pour moi. Elle poursuivait son idée avec beaucoup d'élaboration et une exécution soignée, mais moi cela me donnait plutôt l'impression d'être grattée là où aucune démangeaison ne se manifestait, si bien que je crus devoir lui dire : « Tu sais, là je ne sens rien. »

Eiko rappela son doigt fourvoyé dans l'anus.

— Moi non plus ça ne me fait pas grand-chose, mais Tamotsu adorait qu'on le lui fasse.

La tête de Tamotsu vint flotter entre nous au point de me faire perdre tout intérêt pour le feu de l'action, et je battis en retraite. Sans m'expliquer pourquoi j'avais battu en retraite, je lui jetai, impulsivement :

— Ne me confonds pas avec Tamotsu, tout de même !

— Je ne confonds pas, sois sans crainte, dit-elle, et joignant le geste à la parole, elle déplaça son doigt vers mon sexe.

Lorsque Pénis d'orteil et le vagin d'Eiko furent emboîtés, mon ventre et ma poitrine se retrouvèrent frileusement exposés à l'air, comme laissés pour compte. La blessure de Pénis d'orteil était complètement cicatrisée, si bien que je ressentais avec plus d'intimité que la fois précédente la généreuse moiteur et la chaude pression du vagin, sans que cela modifie ma manière de voir – Pénis d'orteil-vagin n'était décidément pas la combinaison idéale – outre qu'il fallait du temps pour que monte le plaisir. Heureusement, que les choses prennent tout leur temps, semblait convenir davantage à Eiko.

Mais au moment de l'apothéose, le fait pour Pénis d'orteil de se trouver enveloppé de tièdes moiteurs eut d'heureux résultats, et tout à fait inattendus. Lorsque, comme la fois d'avant, Eiko s'affala de tout son long sur moi, ce fut débordante de sympathie et de tendresse pour elle que je portai la main à son sexe.

— Mademoiselle désire-t-elle autre chose ? s'enquit Eiko après un moment.

— Je voudrais pratiquer la chose dans la position naturelle, répondis-je. Parce que les corps ne doivent pas se séparer.

— Tu demandes l'impossible ! rit Eiko.

Aiko nous avait communiqué l'heure et le jour du prochain spectacle, mais il n'y avait toujours eu aucun appel de Tamotsu. Comme elle se faisait du souci pour eux deux, Aiko m'avait demandé de lui passer Eiko et avait paru lui poser des questions à ce sujet. Je l'entendis répondre par des « ça ira, mais non », et des « il n'y a pas de problème ». Questionnée après avoir raccroché, elle me dit que Tamotsu, pressé par Aiko de reprendre contact avec elle, ne se départait pas de son attitude obstinément évasive et qu'il n'y avait pas moyen de l'orienter sur quelque décision que ce soit.

A mesure qu'approchait le jour du spectacle qui allait la mettre face à Tamotsu, je sentais la pression monter chez Eiko. Je lui avais bien suggéré que le seul moyen c'était qu'elle prenne l'initiative, mais elle avait fait la grimace et refusé de rien entendre, preuve de sa détermination à camper sur ses positions en gérant son angoisse. Je résolus donc de ne plus me mêler de cette affaire. A vrai dire, je n'étais pas fâchée de ne pas entendre parler de Tamotsu. Un jour de cohabitation de plus avec Eiko était un jour de gagné, tel était l'état d'esprit qui prévalait en moi.

Moi qui avais accepté sans réfléchir de faire cette fugue, j'étais à des lieues de m'imaginer toutes les répercussions mentales et physiques qui en découleraient. Avoir en permanence Eiko à mes côtés c'était pour moi comme une douce ivresse. Même si on ne se touchait pas, même si je ne la voyais pas, le seul fait de percevoir sa présence autour de moi me communiquait un bien-être qui me liquéfiait, comme si des embaumeurs avaient évacué de mon corps et de mon esprit tout ce qu'ils renfermaient de dur. Tel un mollusque flottant dans les eaux tièdes des massifs coralliens, je me répandais molle et languide dans l'air baigné de sa présence. Si d'aventure elle était partie seule aux provisions, je me retrouvais aussi flasque que si les dernières gouttes de liquide avaient été essorées de mon corps.

Disons que je me trouvais en état de rut chronique. Rut paisible il est vrai. Si l'ivresse était permanente, Pénis d'orteil n'en était pas pour autant en érection perpétuelle. Est-il besoin de dire que Pénis d'orteil nageait dans le bien-être, mais ce bien-être était en tout point pareil à celui qui investissait mon gros orteil gauche qui avait failli à devenir pénis. En d'autres termes, les impressions délicieuses que m'apportait la présence d'Eiko participaient de plaisirs simples et innocents. Bien sûr, dès qu'elle me flattait Pénis d'orteil, j'étais toujours prête à bondir en érection, ça c'était clair. Mais cela n'entraînait pas systématiquement le désir de faire l'amour. Quand Pénis d'orteil était en érection, tout ce que je souhaitais, c'était que la main d'Eiko l'amène au paroxysme du plaisir. Pour moi, Pénis d'orteil n'était pas l'outil de l'acte sexuel. Il était capable d'engendrer le plaisir le plus vif, mais sa vocation était avant tout de satisfaire ma soif de *skinship*, de contacts physiques chaleureux. Et il avait fallu qu'Eiko s'attaque à d'autres zones érogènes que Pénis d'orteil pour que j'éprouve, pour la première fois, l'envie de faire l'amour avec elle.

Depuis la fin de nos règles, nous avions beaucoup fait l'amour. Et peut-être que ce rythme y était pour quelque chose, mais pour être sincère, vers la quatrième ou peut-être la cinquième réédition de nos prouesses, j'étais lasse des délectations tirées de la conjonction d'organes sexuels et l'exaspération de zones érogènes, avec cependant une mention spéciale pour Pénis d'orteil. Je ne crois pas mentir en disant que j'en avais assez, c'est vrai ; et même si le plaisir était toujours là et que mon affection pour Eiko ne diminuait pas, je n'en étais pas encore arrivée à pouvoir m'en passer, mais en tout cas, je n'en avais plus envie.

Je trouvais que faire l'amour était un jeu très intellectuel. Tâtonner à la recherche de la source des plaisirs tout en conjecturant le plaisir de l'autre – comme je l'avais déjà senti –, cela revenait à essayer de décrypter les subtilités d'un jeu vidéo. Ce qui requiert, si on pose l'égalité comme principe, une attention de tous les instants. Il faut se demander si on n'est pas en train de prendre son plaisir tout seul, si on restitue bien exactement la somme des jouissances reçues. Qu'on se laisse entraîner sur la pente de ses appétits et le jeu devient proprement injouable. J'avais l'impression que tout cela n'était pas tellement romantique, ni la chose la plus agréable que peuvent partager deux êtres qui s'aiment.

Tandis que nous nous adonnions à ces jeux intellectuels, il arrivait souvent que Pénis d'orteil baisse la garde. Tout se passait, semblait-il, comme si la stimulation se communiquait à mon sexe, alors que Pénis d'orteil y restait insensible. Ou du moins, disons que cela ne lui suffisait pas, il lui fallait des stimulations directes. Pour préciser la nature des relations entre mon sexe féminin et Pénis d'orteil, je dirais que, si le premier réagissait souvent au plaisir éprouvé par Pénis d'orteil, le cas inverse ne s'était présenté qu'une seule fois, avec Shunji, et jamais encore avec Eiko.

Dans de telles circonstances, on pouvait estimer que la fonctionnalité de Pénis d'orteil était insuffisante pour l'élever au statut d'outil de la copulation. Mais ce n'était pas l'avis d'Eiko, qui ne manquait jamais de voir dans une érection de Pénis d'orteil la manifestation d'un désir pour l'acte sexuel, et dès qu'elle le voyait un tantinet se dresser sous les caresses de sa main, elle l'enfourchait séance tenante. Car Eiko n'était apparemment pas consciente que la soif de *skinship* et la soif de copulation étaient deux choses distinctes. Pour elle, il était tout naturel de clôturer sa comptabilité des désirs, des excitations et des sensations agréables que nous nous étions équitablement octroyés, en m'enfourchant. Les préliminaires amoureux menaient invariablement à l'amalgame final et triomphalement conclusif des organes sexuels.

Bien sûr, Pénis d'orteil pouvait aussi remplir cette fonction. Quand il lui arrivait des éclipses, une caresse directe suffisait à lui rendre sa fermeté, qu'il maintenait bravement d'ailleurs contre vents et marées dans le vagin d'Eiko en attendant qu'elle soit satisfaite. Moi je préférais jouir par sa main, mais comme j'étais consciente que l'autre méthode était la plus logique en même temps que la plus commode, puisqu'elle nous permettait de connaître ensemble le plaisir, j'avais décidé d'en profiter pleinement.

Seulement, je me rappelais le style de Shunji. Avec Shunji, l'amour était un jeu paisible s'inscrivant dans le prolongement de son *skinship*, où le coït n'était pas le but, mais une péripétie d'un voyage plein d'agréments auquel il m'invitait. En tant que femme, j'en retirais beaucoup de plaisir, et je me disais que finalement, j'aurais préféré qu'Eiko vive les choses de la même façon.

A croire que les hommes et les femmes qui faisaient l'amour dans le style de Shunji étaient plutôt rares… Masao aussi considérait le coït comme le point culminant des ébats amoureux. Impossible de l'en faire démordre. En y repensant, je réalisai que le caractère de Pénis d'orteil était pareil à celui de Shunji, et aux antipodes de celui de Masao. Car le pénis de Shunji était plutôt du genre passif, il lui fallait être touché pour entrer en érection. Oh, il remplissait sa fonction à merveille, mais pour Shunji, faire l'amour était un prolongement de son *skinship*, et le pénis une région de son corps parmi d'autres susceptibles de satisfaire son besoin de *skinship*.

Lorsque nous étions ensemble, seules nos différences me sautaient aux yeux, mais à y réfléchir maintenant, j'avais un tempérament sexuel très proche du sien. Le fait qu'il était un homme et moi une femme n'était pas un problème. Alors qu'Eiko et moi, qui étions deux femmes, nous avions des tempéraments sexuels bien différents. Il n'était pas en mon pouvoir d'imaginer quelles jouissances Eiko retirait de sa façon de faire l'amour.

J'avais rangé dans un coin de mon cœur mon désaccord sur le style d'Eiko, et décidé de vivre nos séances de sexe de façon positive, en en retirant, moi aussi, tout le plaisir qu'elles pouvaient me donner. Mais il devenait de plus en plus difficile à Pénis d'orteil de jouir, car il se retirait d'Eiko aussi dressé et ferme qu'il y était entré.

Eiko mit-elle le phénomène au compte de l'indigence de ses efforts, car elle me dit d'un air désolé: « Je me demande ce qui me manque ? »

Pour toute réponse, je pris sa main et, après y avoir déposé un baiser propitiatoire, je lui fis prendre le cap de Pénis d'orteil. Opération réussie, car voyant que quelques frictions suffisaient à ôter sa dureté à Pénis d'orteil, Eiko finit par comprendre que Pénis d'orteil possédait plus d'affinités avec sa main, bénie soit-elle, qu'avec son vagin.

— Ça, c'est original. Se sentir mieux avec la main… On n'a jamais vu ça, se désolait Eiko. Mais ça sert à quoi alors d'avoir un pénis et un vagin ?

— Ne crois surtout pas que je ne sens rien quand je suis en toi…

— Ce serait tellement bien si on pouvait jouir ensemble !

— Si c'est ce que tu penses, moi ce sont toutes sortes de voluptés que je veux que nous partagions ensemble, répondis-je.

Eiko serra les lèvres, comme si ce que je venais de dire la déroutait totalement. Je me dis alors que jamais encore, jusqu'à cet instant, Eiko n'avait éprouvé un désir comme celui que je venais d'exprimer ; en fait, elle semblait ne s'être jamais vraiment inquiétée de ce que ressentait l'autre à ce moment-là. Elle murmura posément :

— C'est vrai dans le fond. Il ne suffit pas d'avoir un orgasme ensemble.

— Et puis tu sais, un pénis et un vagin qui partent ensemble comme deux pétards, ça ne marche pas, ce n'est pas possible.

Eiko posa sur moi un œil perplexe.

— Tu as une drôle de façon de parler de ces choses. J'ai brusquement l'impression qu'il n'y a rien de plus idiot que le sexe, dit-elle en riant. Mais ce n'est pas pour autant que je pourrais m'en passer, remarque, ajouta-t-elle après une pause.

Je souris pour lui signifier que sur ce point j'étais d'accord avec elle. Elle prit note de mon sourire, devint songeuse, puis baissa les yeux pour déclarer : « Je ne me comprends pas très bien. Pourtant, quand j'étais avec Tamotsu, je croyais fermement qu'on n'avait pas besoin d'un pénis pour faire l'amour ! Mais je vois que quelque part en moi j'avais la nostalgie d'un pénis comme les autres, qui sentirait bien comme il faut tout ce que je lui ferais. »

Elle avait raison. Ce n'était pas le genre de chose à dire à quelqu'un, que sa main était bien mieux que son sexe, et j'avais déjà du remords d'avoir ainsi brisé son aspiration. Mais Eiko ne paraissait pas m'en vouloir, au contraire, elle s'accusait elle-même : « Ce qui veut dire que depuis que je suis avec Tamotsu, au fond de mon cœur, je le trahis. C'est bien ça, non ? »

Effrayée par la rigueur avec laquelle elle s'accusait, je cherchais quoi lui répondre, mais sans se préoccuper de moi, Eiko poursuivit : « J'aurais été frigide, supposons, eh bien Tamotsu n'aurait pas eu besoin d'utiliser Shin en piquant de ces rages et moi je ne l'aurais pas trahi au fond de mon cœur, ça c'est clair. »

Je me rapprochai d'elle :

— Pourquoi tu rejettes la faute sur toi ? Ce n'est pas Tamotsu qui avait cette idée fixe de faire l'amour normalement ? C'est parce que Tamotsu essayait vainement et désespérément d'imiter l'acte normal, que tu avais une conscience aussi aiguë de ce que pouvait être un acte normal. S'il n'avait pas été obsédé par cette idée, il aurait pu très bien trouver un expédient pour se passer de Shin, et toi tu n'aurais eu aucune raison d'en avoir la nostalgie.

— Comment peux-tu savoir si c'est la faute à Tamotsu ?

— Evidemment que c'est sa faute. Enfin, Eiko, tu voulais avoir des expériences homosexuelles, non ? dis-je, tandis que je sentais monter en moi l'envie de rire de la preuve que j'avançais, et tu sais, entre femmes, il n'y a pas de pénis. Ce qui veut dire que toi, tu pouvais parfaitement te contenter d'un acte sexuel d'où le pénis était absent.

Sur quoi, Eiko leva enfin son visage :

— Oui, c'est vrai ça, dans le fond. Et pourtant…

— Tu sais, c'est un hasard extraordinaire que je me trouve affublée d'un pénis. Bon, je peux l'utiliser de mille et une manières, et c'est bien commode, mais sans plus ! Suppose que je n'aie jamais eu de pénis, que mon corps soit celui d'une femme parfaitement normale, tu crois vraiment que tu n'aurais pas pu prendre plaisir à faire l'amour avec moi ?

— Est-ce que je suis si bête que ça ? s'inquiéta Eiko en s'enfouissant le visage dans les mains. Mais déjà ses mains s'abaissaient, découvrant des joues rouges qu'étirait le rire. Elle était à la fois honteuse et ravie, et cet air lui allait à merveille, tellement d'ailleurs que j'embrassai ses joues rouges. Une bouffée de désir me submergea, désir d'être encore plus avec elle, de ne pas me séparer d'elle. Bien sûr, l'ombre de Tamotsu vint papillonner devant moi, et je n'oubliais pas qu'Eiko ne partageait pas nécessairement mon sentiment. Mais je ne voulais pas songer aux problèmes qui m'attendaient du moins pas pour le moment.

C'était le soir précédant le spectacle.

14

Avant de quitter l'appartement, Eiko me serra longuement la main. Me disant qu'elle devait appréhender de rencontrer Tamotsu, je lui renvoyai sa pression de main. Moi non plus je ne me sentais pas tranquille. D'abord je craignais pour la sécurité d'Eiko, et puis j'avais peur que Tamotsu soit furieux après moi, puisque c'était moi qui l'avais emmenée : impossible de l'affronter sans éprouver un sentiment désagréable. Mais Tamotsu également devait appréhender de nous rencontrer. N'était-ce pas pour cela qu'il n'avait pas téléphoné ? Cette pensée me rendit un peu de courage. Et aussi le bras d'Eiko qui s'accrocha au mien quand nous nous glissâmes pour la deuxième fois par la petite porte de service de ce *ryôtei* d'Akasaka, où j'avais rencontré Tamotsu et Eiko pour la première fois. Elle me lâcha tout de suite, mais je voyais son visage pâlir à mesure que nous avancions dans le couloir. Moi, j'avais le cœur qui battait tellement fort que c'en était douloureux. Comme nous approchions de la pièce où les sociétaires devaient se retrouver, le *fusuma* s'ouvrit sur Shigeki qui venait à notre rencontre. J'eus l'impression d'avoir échappé à un danger. Il posa son regard sur nous, sourit :

— C'est sympa que vous soyez venues.

— Et Tamotsu ? s'enquit Eiko à voix basse.

— On l'attend. Mais je ne sais pas s'il viendra.

Voyant que nous ne répondions rien, Shigeki ajouta, comme s'il prenait conscience d'une chose :

— Il n'y a que lui qui peut le savoir. En tout cas, il a dit qu'il venait.

— Mais je ne veux pas vous causer de problème, il n'en est pas question, insista énergiquement Eiko. Si Tamotsu ne vient pas, Kazumi le remplacera dans le numéro.

Shigeki tourna vers moi un visage stupéfait. Aiko, qui sortait dans le couloir à ce moment-là, devait avoir entendu la déclaration d'Eiko, car elle me mit la main sur l'épaule pour me dire :

— C'est vrai ? Tu te sens moralement prête pour l'affronter ?

Il y avait de l'anxiété dans sa voix, et l'envie de calmer ses craintes me raffermit considérablement dans mes résolutions. J'acquiesçai sobrement : « Ça va, oui. »

Aiko avait toujours l'air inquiet, mais ce fut un Shigeki tout à fait rassuré qui nous invita, Eiko et moi, à pénétrer dans la pièce. Hormis Tamotsu, la compagnie était là au grand complet.

— Alors, toujours vivantes ? s'écria Masami quand nous fîmes notre entrée, moi qui vous croyais enlevées et vendues quelque part à l'étranger !

— Je suis bien heureuse de te retrouver, tu sais, Masami, répondit Eiko tout sourire. De revoir les visages des sociétaires semblait l'avoir un peu réconfortée. Moi aussi je sentis la tension se désamorcer en moi et j'allongeai la main vers les bols de thé.

— Ah oui, il faut que je vous sachiez, commença Shigeki en s'asseyant, ces derniers temps nos intermédiaires chargés de nous procurer nos engagements sont bizarres, il n'y a pas moyen de les décider sur le calendrier de la prochaine tournée.

— C'est pour bientôt, le départ ? questionna Eiko.

— Je crois qu'on va se trouver retardés. Seuls les engagements dans la zone de Kyôto-Ôsaka-Kôbe sont fermes. Je ne comprends pas très bien ce qui se passe.

— Récession économique ? hasardai-je.

— Oui, c'est une raison, et pas des moindres, mais je crois entrevoir autre chose. La clientèle pourrait bien être lassée du Flower Show lui-même. Je vous dis ça afin que vous soyez parés à l'imprévu.

— L'imprévu ? Tu veux dire la dissolution de la troupe ? demanda Eiko qu'un intérêt soudain fit se pencher en avant.

— Eh oui ! Mais rien de définitif encore, bien sûr. Aussitôt le calendrier de la tournée fixé, je vous fais signe. En attendant, tenez-vous prêts chez vous.

Eiko se tourna vers moi pour me regarder fixement. Je ne pus lire dans son cœur, moi qui ne savais d'ailleurs que penser en m'entendant annoncer que le Flower Show allait peut-être se dissoudre avant même que je m'y trouve intégrée comme membre à part entière. Je lui renvoyais un regard absent, quand retentit la voix glapissante de Sachiè :

— Vous parlez d'une tuile ! Et je n'ai même pas encore l'âge où je peux compter sur ma retraite ! Si on est dissous, ça veut dire que je devrai reprendre du service dans le strip ! Vous voyez un peu le tableau. A mon âge !

— Mais tu as des économies, non ? fit remarquer Yôhei. Et tu t'es même payé un appartement.

— Non, ce que craint Madame, c'est d'être à court de liquide pour arroser son amant qui a sept ans de moins qu'elle, persifla Masami, ce qui lui valut un regard foudroyant de Sachiè.

— Pourquoi dire toujours les choses si crûment ?

— Tu as largement les moyens de vivre à ton aise, alors qu'est-ce que tu vas t'encombrer d'un amant, je te demande un peu ! Ça n'a pas de sens d'entretenir un amant, c'est aberrant, arrête !

— Mais dis donc, ce n'est pas toi qui, il n'y a pas si longtemps, braillais sur les toits : « Je veux un amant, un âââ-mant ! »

— Peut-être, mais j'ai changé d'avis.

— Moi, je t'envie, Masami. Tu es patronne de deux bars gay, un à Ôsaka, et un à Kôbe. Et Yôhei, même si le Flower Show est dissous, il peut toujours vendre ses dessins publicitaires, ou je ne sais quoi. Vous n'avez pas à vous faire du souci, vous autres !

— C'est ce que tu imagines. Mais on ne devient pas dessinateur professionnel comme ça, tu sais.

Shigeki attendit que Yôhei ait terminé sa phrase pour frapper les trois coups sur la table et annoncer : « Ça va être le moment d'y aller ! »

Sachiè se leva, tout le monde l'imita et sortit à la queue-leu-leu dans le couloir.

— Toujours pas de Tamotsu, remarqua Aiko en venant se planter devant Eiko et moi, car nous avions été les dernières à nous lever. « Je suis inexcusable », dit Eiko en se pliant en deux dans une courbette, puis elle parut revenir à elle, comme si elle avalait une goulée d'air. Ce qui me fit soupçonner qu'elle ne s'était pas excusée parce qu'elle se sentait une part de responsabilité dans l'absence de Tamotsu, mais que cela lui avait échappé. Car, même après qu'Aiko se fut éloignée de nous en disant : « Tu n'as vraiment pas à t'excuser », Eiko avait toujours le visage aussi pâle et se mordait les lèvres. Cette fois, elle ne se tourna pas vers moi. Je me dis qu'elle devait avoir la tête pleine de Tamotsu en ce moment. Et moi il fallait que je réfléchisse à ce que j'allais faire dans le spectacle.

Une fois dans le couloir, je remarquai que tous les sociétaires avaient la tête tournée vers le porche. En suivant leur regard, j'aboutis à Tamotsu assis sur le seuil, en train de se déchausser. Je me raidis. Eiko recula d'un pas. L'air comme d'habitude, Tamotsu s'approcha en faisant claquer ses savates. Shigeki fit quelques pas vers lui, pour l'accueillir, et Tamotsu lui adressa son sourire malicieux.

— Tu as du retard, fit remarquer Shigeki.

— C'était pour me faire remarquer, tu penses bien !

Tamotsu parcourut l'assistance, rencontra mon regard, mais ne quitta pas son visage souriant. Il ne semblait pas disposé à piquer une crise de rage, du moins pas ici. C'est ce que jugea également Shigeki, car il donna le signal du départ : « En route ! » et ouvrit la marche. Tout en progressant le long des couloirs, je ressentais terriblement la présence de Tamotsu derrière moi. Je n'avais pas le courage de me retourner et me contentais de prêter l'oreille au claquement de ses sandales sur le plancher. Eiko était légèrement en avant, sans trop d'assurance dans la démarche. Voilà que le claquement des savates se rapprochait. Tamotsu se trouvait maintenant à ma hauteur.

— Sacs à malices ! Pourquoi faites-vous comme ça bande à part ? demanda-t-il d'une voix assez forte pour qu'Eiko, bien sûr, mais aussi Aiko qui marchait en tête, puissent l'entendre.

La voix et l'expression étaient détendues et gaies, avec cette nuance d'enfant gâté qu'on n'avait que trop l'habitude de voir et d'entendre. Tamotsu s'imaginait-il donc que nous lui avions fait une farce en disparaissant, car il n'avait pas l'air de le prendre très au sérieux. Ou bien avait-il mûrement mijoté son plan pendant toutes ces journées : lorsque je me trouverai devant elles, je les aborderai comme ci et comme ça. En tout cas, tout ce que je trouvai à répondre fut un « mmm » des plus ambigus.

— Pas de mmm qui tienne. C'est une chose dont j'ai horreur, être mis en quarantaine !

— Fâché ?

— Non, je ne suis pas fâché. Parce que si je me fâche, vous allez encore plus me mettre en quarantaine. Donc je ne me fâche pas. Tu sais, je ne suis pas un gamin !

— Parle un peu plus bas, quand même.

Rappelé à l'ordre par Shigeki, c'est à voix basse qu'il me demanda cette fois :

— Est-ce que j'ai l'air fâché, moi ?

— Alors, si tu n'es pas fâché, tu pourrais dire un mot à Eiko ? dis-je en surmontant mes appréhensions. Lorsque son regard se déplaça vers le dos d'Eiko, le rire s'évanouit du visage de Tamotsu, et ce ne fut pas de la colère, mais de la détresse qui monta dans son regard.

— Je peux lui parler, bien sûr, fit-il en me dépassant pour se mettre à la hauteur d'Eiko.

Tout Tamotsu qu'il était, la poltronnerie, il connaissait, car il resta un moment sans rien dire, se contentant de marcher à côté d'elle. Eiko n'avait pas l'air plus pressée d'entamer la première la conversation. Finalement il se tourna vers elle pour dire :

— Qu'est-ce que c'est que cette robe ?

— C'est Kazumi qui me l'a prêtée, répondit Eiko en se tournant vers lui, mais en maintenant prudemment la tête penchée loin de lui autant que l'autorisait la longueur de son cou.

— Tu n'as qu'à passer prendre tes affaires d'automne. Tu dois être embêtée comme ça, j'imagine ?

Il se pouvait très bien aussi que Tamotsu ait pris conscience qu'il n'était pas dans une position qui lui permettait de s'abandonner à la colère ou à la haine. Il avait l'air plus soucieux d'apaiser les sentiments d'Eiko que de déballer les siens, comme s'il avait pris la résolution de cesser de tourmenter Eiko. Fort de cette résolution, il avait peut-être l'intention de la supplier, de la conjurer de revenir auprès de lui. En les observant par-derrière, on voyait bien qu'à mesure que des mots s'échangeaient entre eux, leurs épaules se détendaient. Et en même temps, j'avais l'impression que s'estompaient dans les brumes du rêve les journées, dix à peine, que j'avais partagées avec Eiko.

Quand la compagnie arriva devant le pavillon écarté du *ryôtei* où devait se donner le spectacle, Tamotsu et Eiko étaient encore en conversation. S'il aurait été exagéré de dire qu'un sourire flottait sur son visage, en tout cas Eiko avait un air rassuré, presque normal. Et moi, j'avais beau me rendre compte que pour elle, être aux côtés de Tamotsu représentait sa vraie voie, et que ce qui s'était passé avec moi n'était qu'une digression, une douleur sourde me lancinait le cœur. Je me dépêchai d'endiguer le flot de sentiments qui menaçait de me submerger, et je me raisonnai, en me disant que tout était bien qui finit bien si Tamotsu devenait le gentil amoureux d'Eiko.

Les sociétaires disparaissaient un à un dans le pavillon. Au moment où j'allais entrer à mon tour, j'étais la dernière, Eiko ressortit pour me chuchoter : « Finalement, le numéro je le ferai avec Tamotsu. Tu n'as plus à t'en faire. »

Confirmation qu'elle corrobora d'un baiser rapide sur mes lèvres, avant de me prendre par la main pour franchir la porte du pavillon.

Sans doute devais-je rester prisonnière de sensations fugitives, effluves mystérieux d'Eiko montant de mes lèvres, vestiges du baiser reçu peu auparavant, car durant la première partie du spectacle, tout en manipulant les boutons du magnétophone – j'avais été reconduite dans mes fonctions de préposée à la musique d'ambiance –, je ne cessai de me représenter l'image d'Eiko sortant de mon appartement, son sac de voyage à la main. C'était une scène démoralisante, mais il valait mieux me faire dès à présent aux mélancolies des abandons.

Tamotsu et Eiko avaient dû rester dans la loge improvisée, car on ne les vit pas paraître dans la salle où se donnait le spectacle. Vers le moment où Sachiè entamait son numéro, Tamotsu fit soudain irruption et se coula par terre à côté de moi en disant :

— Il paraît que tu étais partante pour faire le numéro avec Eiko à ma place, ce soir. J'aurais peut-être dû me mettre avec les spectateurs ?

C'est vrai, quelle impression cela allait-il lui faire de faire l'amour à Eiko après cette séparation de dix jours ? Et elle, quel serait son état d'esprit lorsqu'elle serrerait Tamotsu dans ses bras ? Je tentai bien de m'imaginer cela, mais très vaguement, car mon cerveau ne fonctionnait pas bien à ce jeu.

— Mais ce n'est pas possible. Beaucoup de mes admirateurs sont parmi les spectateurs de ce soir, et s'ils ne me voient pas, ils vont être déçus, conclut Tamotsu.

Son débit était plus lent que d'habitude, il bâilla, puis se gratta vigoureusement le crâne comme s'il voulait conjurer une somnolence qui le gagnait. Sûrement qu'il avait passé des nuits blanches pendant ces dix jours, exactement comme moi après avoir été abandonnée par Shunji. Il suffisait que je me dise que j'étais, en partie, la cause de tout cela, et j'avais peine à regarder Tamotsu en face. Il avait fini de se gratter le crâne. Le voilà qui enfouissait avec lassitude son menton dans son bras, qu'il avait replié sur ses genoux.

— Evidemment, un type infect dans mon genre, quelle femme ne prendrait pas la poudre d'escampette ?

Je n'aimais pas cette manière basse qu'il avait de se ravaler en faisant semblant de se moquer de lui.

— Pourquoi n'es-tu pas venu voir Eiko ? lui demandai-je sévèrement.

Il releva le menton et promena son regard à la dérive. On en était à la scène où Sachiè lançait dans l'assistance sa banane mordue, des clameurs effarouchées et des cris de joie s'élevèrent. Quand mon regard revint à Tamotsu, je vis qu'il me fixait.

— Elle serait restée chez une amie, j'aurais été la voir, c'est sûr. Mais c'était un peu différent, non ?

Je restai en panne de réponse. Tamotsu émit un rire pâlichon : « Tu n'as pas besoin de mentir. Tu crois que je ne sais pas ? Quand Eiko te touche le pénis, il bande illico. Et si tu as accepté de prendre ma place dans le numéro avec elle, c'est parce que vous avez couché ensemble, pas vrai ? »

Les faits étaient en apparence conformes aux dires de Tamotsu. Complice de l'infidélité d'Eiko, de quel droit pouvais-je lui reprocher de ne pas être venu la voir ? Mais je voulais plaider le contraire. D'abord, que je n'avais jamais eu l'intention de lui prendre Eiko, et que je ne considérais pas la lui avoir volée. L'amoureux d'Eiko ce n'était pas moi, mais Tamotsu, je ne l'avais jamais oublié, même durant notre brève cohabitation. Eiko non plus d'ailleurs, elle n'avait pas abandonné Tamotsu pour me choisir. Ni elle ni moi n'avions échangé des mots qui disaient notre amour l'une pour l'autre, nous n'avions pas parlé d'avenir. Quant à mon envie de rester avec Eiko, il ne datait que d'il y a quelques jours à peine ; jusque-là, j'avais toujours attendu que Tamotsu nous donne signe de vie. Telles étaient les circonstances réelles, mais il est indéniable que les apparences semblaient accablantes.

— Pardon, dis-je en baissant la tête.

L'expression de Tamotsu resta inchangée.

— Non, tu n'as pas besoin de t'excuser. Tu sais, j'obligeais bien à Eiko à faire l'amour avec d'autres hommes, alors... Je devrais presque être reconnaissant que ce soit avec toi qu'elle ait couché.

Voilà des paroles que je ne pouvais pas laisser passer.

— Pourquoi ? demandai-je à brûle-pourpoint.

— Comme ça je pourrai au moins me documenter sur la sensation que procure son... tu vois ce que je veux dire enfin...

— Mais toi aussi tu sais, non ?

— Mon doigt sait, mon pénis non.

J'en avais ma claque de Tamotsu et de son obsession du pénis, aussi baissai-je la tête pour ne pas laisser voir mon froncement de sourcils. Je me dis que tant qu'il persisterait à croire que c'était la seule forme de jouissance valable, il n'en finirait pas de faire souffrir Eiko. Il devenait urgent de faire voler en éclats son idée fixe, mais comment le convaincre que la main d'Eiko caressant Pénis d'orteil me faisait éprouver un plaisir bien plus intense que de m'introduire en elle, par exemple. Cela me paraissait difficile.

Je luttais contre un sentiment de malaise, quand Tamotsu colla pratiquement son visage au mien pour me demander :

— Allez, raconte. Elle était comment la chatte d'Eiko ? C'est vrai que c'est tellement bon quand le joint se sent bien serré dans sa culasse.

— Mais tu me soûles à la fin, tu sais !

— Si. Je veux savoir, moi ! Eiko, c'est une chatte de rêve, ou un bidule minable ?

— Je t'en prie, arrête.

Tamotsu s'était collé tout contre moi. Soudain, une terreur me prit : cet entêtement sinistre était celui qu'il manifestait les jours où il utilisait Shin sur Sachiè. Je repoussai la poitrine de Tamotsu qui se rapprochait à en devenir menaçante, non que je croyais que cela allait le calmer, mais surtout parce que je me disais qu'il fallait tenter quelque chose à tout prix pour l'arrêter. Il prit alors un air suspicieux, et relâcha quelque peu sa pression. C'est à ce moment que retentirent les applaudissements des spectateurs. Le numéro de Sachiè était terminé.

Tamotsu s'éloigna de moi et se leva. Saisie d'une crainte, j'arrêtai le magnétophone pour m'élancer à sa suite. Eiko ne se trouvait pas dans la pièce servant de loge. Devançant Tamotsu qui parcourait la pièce du regard, j'enfilai les sandales et je sortis. Eiko se tenait appuyée contre le mur, à contempler le jardin.

— C'est à moi ? demanda-t-elle lorsqu'elle me vit.

— Tamotsu est bizarre, lui dis-je en la retenant par le bras alors qu'elle commençait à se diriger vers la porte.

— Bizarre, il l'a toujours été.

— J'ai un sinistre pressentiment.

— Ce soir, c'est le choix le plus judicieux, que je fasse le numéro avec Tamotsu, me dit-elle en posant sa main gauche sur mon bras qui la retenait. Si nous faisions le numéro toutes les deux, Tamotsu deviendrait encore plus bizarre. Et moi je peux assurer. Après tout je suis habituée à ses accès de violence.

Elle se baissa pour disparaître dans le pavillon par la porte de service. Il n'y avait rien à faire si ce n'est regagner mon poste. Mais le sentiment de peur ne s'effaça pas pour autant. Avec une prière aux lèvres, j'observai Tamotsu et Eiko qui passaient à côté de moi pour s'installer sur le futon étalé en face des spectateurs.

Eiko commença à se dépouiller de ses vêtements devant Tamotsu debout en tee-shirt et pantalon. A présent que le corps d'Eiko m'était devenu familier, c'était dur de le voir ainsi exposé aux regards, je me levai et m'écartai pour ne pas le voir. Mais ne pas regarder augmentait encore mon inquiétude, aussi je me retournai et rencontrai les yeux d'Eiko alors qu'elle quittait son dernier vêtement. J'eus l'impression que ces yeux me parlaient pour me dire « regarde donc ! » et je repris ma position première. Tamotsu avait-il pressenti le regard d'Eiko, car il se retourna vers moi. Son regard était totalement vide.

Le visage impassible, Eiko s'agenouilla devant Tamotsu. Elle fit glisser la fermeture éclair du pantalon, approcha son visage du bas-ventre, et là, mes jambes me trahirent, je tombai assise. Ce que je ressentais, ce n'était pas de la jalousie. Plutôt une infinie tristesse à me demander au nom de quoi il fallait qu'Eiko fasse partie d'un spectacle aussi douloureux. Je ne voulais pas voir, mais j'étais incapable de détourner mon regard. Je me rappelai cette vidéo du chaton torturé à mort qu'on avait passée dans l'appartement de Kôbe où nous étions descendus, lors de la tournée précédente : j'avais été incapable de détourner mon regard de ce spectacle qui me faisait horreur au-delà de toute expression. Le spectacle qui se déroulait devant mes yeux et celui du chaton supplicié se superposèrent. Masami était à côté de moi, je ne l'avais pas entendue venir. Elle me demanda à voix basse, ce qui ne lui ressemblait pas :

— Tu l'aimes, Eiko ?
— Oui, je l'aime.

Ça y est, le mot était sorti, j'eus envie de pleurer. Masami poursuivit de sa voix de basse :

— Je vais t'enseigner un truc : deviens masochiste, et tu jouiras de ta douleur !

— Je refuse ! répondis-je, car mon envie de pleurer avait fait place à un sentiment différent, quelque chose de beaucoup plus fort. Ce qui est pénible est pénible, ce qui est douloureux est douloureux, je préfère ressentir les choses comme elles sont.

Les lèvres de Masami laissèrent échapper un son, ni soupir, ni rire, et elle s'effaça. Je sentais la présence des autres membres derrière moi, on étouffait des chuchotements, mais je n'avais pas le loisir d'y prêter la moindre attention.

Soudain, d'une poussée brutale, Tamotsu culbuta Eiko agenouillée en train d'attiser Shin de sa bouche. Je me tétanisai. Il se débarrassa de son tee-shirt, pantalon et caleçon et se jeta sur Eiko qui était en train de se relever sur le futon. Elle voulut le repousser, ce qui était chez elle un geste pour le moins inattendu, mais Tamotsu lui cloua les bras sur le futon. Une fois assuré de son immobilité, il plaqua ses hanches contre son corps. Mais Shin semblait fâcheusement étiolé. Tamotsu dégagea ses hanches et entreprit d'activer furieusement sa main droite dans la région du bas-ventre.

Habituellement, dans ce cas, Tamotsu reprenait avec un entêtement maniaque autant de fois qu'il le fallait jusqu'à ce qu'il réussisse sa pénétration. Mais ce soir, il en fut autrement. En se contorsionnant, il se tourna vers moi et darda sur moi ses yeux comme des poignards. Je m'étais faite toute petite, mais avant que je puisse prévoir ce qui allait se produire, Tamotsu avait fondu sur moi, m'avait saisie solidement par les chevilles pour me traîner avec une impétuosité irrésistible jusqu'au bord du futon. Je sentis le public se tendre dans l'attente d'un développement inattendu. Tamotsu s'était coulé lestement derrière moi pour me glisser ses bras sous les aisselles tout en me murmurant fortement à l'oreille : « Fais-le-lui, toi ! »

Je fus jetée sur le futon. La moitié gauche de mon corps touchait la jambe d'Eiko. Je levai la tête vers elle et vis qu'elle aussi me regardait d'un air interrogateur et désemparé. Je savais que ma jupe était relevée jusqu'à mi-cuisses, mais je ne pouvais pas bouger. Comme s'il bouillait d'impatience, Tamotsu m'enlaça de son bras gauche et, plongeant sa main droite au fond de ma jupe, entreprit de m'arracher mon collant. Je ne pus accorder la moindre réalité à ce blême collant arachnéen voletant dans l'espace.

Tamotsu fut le premier à se fourrer Pénis d'orteil en bouche. Je ne dirai pas que la sensation fut plaisante, il s'en fallait de beaucoup, mais Pénis d'orteil réagit tout de même un peu. Puis il en éloigna sa bouche et força Eiko à baisser la tête. Toute l'attention du public était braquée sur nous, il n'était pas question de reculer. Eiko commença à faire jouer sa langue et ses lèvres. Mes sentiments étaient totalement anesthésiés, mais Pénis d'orteil, lui, demeurait fidèle à Eiko. Il mit plus de temps que d'ordinaire, mais acquit cependant une érection suffisante. La vue de Pénis d'orteil turgescent suscita une vague d'émotion intense qui balaya l'assistance. Mais je ne voulais pas voir les visages des spectateurs. J'avais le regard fixé sur Pénis d'orteil, Eiko l'enfourcha. Les abords de son vagin étaient parcheminés, et elle grimaça légèrement lorsqu'elle descendit sur lui. Tamotsu, lui, s'était mis à quatre pattes pour observer la manœuvre et apprécier en grutier si tout s'enclenchait bien. Je n'avais qu'une envie, c'était de le culbuter d'un bon coup de pied.

Quelques déhanchements d'Eiko lubrifiaient déjà les parois. Chaque remontée de ses fesses exposait la peau détrempée et luisante de Pénis d'orteil qui reflétait la lumière de la lampe posée à côté du futon. C'était le pénis d'un autre. Tamotsu tendit la main et essuya du doigt la glaire qui y adhérait. Je n'avais déjà plus l'énergie de me mettre en colère. S'il y eut quelque chose de jaculatoire, ce fut la prière que j'élevai pour que s'achève au plus vite ce coït qui n'en était même pas un.

Mais Tamotsu n'entendait pas que les choses s'achèvent aussi simplement. Repoussant Eiko, il empoigna ma cheville droite qu'il souleva pour caler mon cou de pied dans la fourche de ses cuisses. Vu de face, cela lui faisait un troisième pénis. Il voulait à présent mettre à exécution son grand dessein : s'amalgamer à Pénis d'orteil pour donner du plaisir à Eiko. Ma jambe droite, du genou vers le bas, était levée parallèlement au plan du futon, tandis que du genou vers le haut, elle se trouvait pratiquement perpendiculaire avec celui-ci. Incapable de me maintenir plus longtemps dans cette position inconfortable, je tombai à la renverse.

Tamotsu donna un ordre à Eiko. Je la sentis se déplacer pour sans doute se mettre à quatre pattes. Moi j'organisai le vide dans ma tête et m'employai à interdire qu'y vienne flotter la moindre image de la scène qui se déroulait. De mon côté je devais être horrible à voir, cuisses écartées et exposant mon slip. Mais Tamotsu avait déjà saisi la racine de Pénis d'orteil, pour l'introduire. Mon genou droit fut alors violemment secoué d'avant en arrière. Et les saccades de se poursuivre, je ne sais combien de fois, ça n'en finissait plus.

Comment fut la fin, je n'en ai aucun souvenir. Tamotsu rassembla ses effets sans perdre de temps et quitta la pièce où avait eu lieu le spectacle. Shigeki et Yôhei faisaient déjà glisser prestement quelques *fusuma* pour soustraire la vue du futon aux spectateurs. Eiko se rhabillait paresseusement. Moi je cherchais mon collant. Il fut repéré mais inenfilable car Pénis d'orteil qui n'avait pas atteint l'orgasme avait conservé son érection. Un bras m'enveloppa l'épaule par-derrière, c'était Aiko : « Tu as été admirable, tu sais ! Et toi aussi Eiko ! »

Mais nous étions toutes deux trop hébétées pour pouvoir formuler une réponse. Retour dans la pièce servant de loge ; nous fûmes accueillies par le rire de Tamotsu.

— Ils ne se tenaient plus de joie, les clients. Et puis toutes les deux, vous ne vous êtes pas ennuyées, je parie.

Eiko marcha sur Tamotsu, silencieuse, et lui donna une gifle d'une main qui fit siffler l'air en s'abattant.

Cette nuit-là, Eiko m'étreignit dans le lit et m'embrassa bien cent fois en versant des larmes. Il semblait que cela partait d'un double sentiment, colère pour ce que Tamotsu m'avait fait subir et sollicitude compatissante pour toute l'humiliation que j'avais bue. Mais moi, absolument incapable de me libérer de cet état de vide que je m'étais créé pour pouvoir supporter cette abominable représentation, je ne ressentais ni colère ni tristesse, je gisais tout simplement brisée de fatigue, sans mouvement.

Longtemps encore je dus entendre le chant de la pluie qui avait commencé à tomber, bien incapable de trouver le sommeil, même après qu'Eiko se fut endormie comme on perd connaissance, les nerfs à vif d'avoir investi jusqu'à l'aube tout son capital de sentiments.

La première image qui ressuscita en moi lorsque je me réveillai le lendemain, ce fut la scène d'Eiko assénant une gifle magistrale sur la joue de Tamotsu. La violence du choc lui avait emporté la tête de côté, il avait eu cependant la force de la ramener une fois encore sur Eiko pour la railler du regard avant de faire volte-face et de quitter la pièce. Aucune impression bien définie n'accompagna cette réminiscence de la scène, si ce n'est que je me sentais horriblement lourde.

Guidée par un arôme de café, je me dirigeai vers la salle à manger-cuisine, où je trouvai Eiko assise de travers sur la chaise, les lèvres collées à une tasse de café fumante. Nos yeux se rencontrèrent, mais comme Eiko, lugubre, ne disait rien, je me versai ma tasse de café en silence et retournai dans le séjour.

Je fis glisser la porte vitrée de la véranda, et je m'assis pour écouter la pluie qui n'avait pas cessé de tomber depuis l'aube. Peu à peu le film des événements de la veille commença à se dérouler dans ma tête. Un frisson de dégoût me parcourait chaque fois que je me rappelais mes sensations au moment où Tamotsu avait essuyé du doigt les sécrétions d'Eiko qui barbouillaient Pénis d'orteil. Et le seul fait de penser à la loyauté d'Eiko se sacrifiant sur l'autel du professionnalisme me labourait le cœur. Mais curieusement, la rage qui m'avait saisie à ce moment-là s'était éteinte, mon esprit était entièrement accaparé par la question de savoir ce qui avait bien pu se passer dans la tête de Tamotsu. Etait-ce pour se venger de nous qu'il était apparu hier soir ? Et pourtant, dans ces regards sincèrement douloureux lancés à Eiko pendant que nous avancions dans le couloir menant au pavillon, dans l'ombre de ce sourire abattu qu'il m'avait montré, on avait peine à croire que se cachait une haine prête à exploser avec hargne et violence.

De la rancune, il était naturel qu'il en ait. Mais est-ce qu'il ne souhaitait pas se raccommoder avec Eiko ? Si j'analysais son comportement de la veille, même s'il s'y mêlait une bonne dose de rancune et d'envie égoïste de faire l'amour à trois, qu'était-il d'autre, au fond, sinon la manifestation infantile d'un désir refoulé et perverti d'être aimé ? Bref, encore et toujours le même comportement pathologique vis-à-vis d'Eiko. Un sentiment proche de l'exaspération me saisit. Une exaspération devant la stupidité de Tamotsu. Incapable d'évoluer, même dans une situation où Eiko menaçait de s'éloigner de lui, est-ce qu'il s'entêterait jusqu'au bout à mener les choses à sa manière à lui ?

Que le désespoir d'Eiko soit plus profond que le mien n'était que trop évident. Hier soir, elle m'avait serrée dans ses bras pour me consoler, mais n'était-ce pas moi qui aurais dû la consoler et la réconforter ? Maintenant, à considérer les choses froidement, ce qui m'était arrivé la veille au soir ne me semblait pas si grave. Bien sûr, c'était très déplaisant d'avoir été utilisée de force comme un objet, et il y avait aussi la honte d'avoir été exposée aux yeux de tous dans une posture grotesque, mais la blessure reçue n'était pas de celles dont on ne guérit jamais. La soudaineté de l'événement m'avait prise de court, je n'avais tout simplement pas eu le temps de réagir.

Ce qui m'avait le plus ébranlée, en fait, c'était que la scène entre Tamotsu et Eiko était aux antipodes d'une réconciliation.

Je retournai à la salle à manger-cuisine avec ma tasse à café vide, pour y trouver Eiko, les coudes sur la table et le front dans les mains. Je lui demandai si elle mangeait quelque chose, non elle ne désirait rien manger. Toutes deux n'avions rien absorbé comme nourriture depuis dix-huit heures. Elle mangera bien des fruits, me dis-je en sortant faire quelques courses. Je fis un choix de fruits chez l'épicier et, à mon retour, je vis qu'un jeune homme se tenait planté devant l'immeuble, sous un de ces parapluies de secours très bon marché que les magasins distribuent aux clients pris par l'averse. Il se retourna en entendant mon pas, c'était évidemment Tamotsu. Il esquissa un mouvement de recul à ma vue, qu'il contrôla cependant. Il n'avait pas son visage souriant habituel, mais un air plutôt ennuyé, ce qui m'encouragea à lui parler la première : « Tu es venu pour parler à Eiko ? »

Tamotsu me planta un regard acéré et me lança cruellement : « Toi, ne fais pas ta sainte-nitouche, veux-tu ! »

Le mot me piqua au vif et je voulus passer devant lui, mais il m'empoigna le bras en disant : « Excuse-moi, je sais très bien que chez toi c'est un comportement naturel. »

Le bord de mon parapluie heurta le sien, il s'inclina en arrière et m'échappa des mains pour aller rouler sur le sol. Me tendant son parapluie, Tamotsu se baissa pour ramasser le mien. Ce geste qu'il avait eu pour se baisser avait je ne sais quoi de gauche, qui me fit éprouver pour lui une sorte de compassion. Lorsqu'il me tendit le parapluie ramassé, son visage avait retrouvé une expression aimable.

— Horriblement fâchée, pour sûr ? demanda-t-il.

— Elle a surtout l'air de broyer du noir, répondis-je en levant la tête vers l'appartement du premier.

— Non, c'est de toi que je parle.

— Oh moi, qu'est-ce que ça peut bien faire ?

Tamotsu eut un petit rire.

— Voilà que tu deviens méchante.

— Pour ce qui est de la méchanceté, personne ne te bat, je crois.

— Alors, c'est ça, tu es fâchée !

Je ne tins aucun compte du ton d'enfant gâté de Tamotsu. Il haussa les épaules.

— C'est plus fort que moi, je ne peux pas me retenir, murmura-t-il en fixant le sol, je finis toujours par faire des trucs pareils.

— Il faudra pourtant que tu fasses un effort, si tu ne veux pas te séparer d'Eiko.

Tamotsu leva à son tour la tête vers le premier.

— Peut-être qu'il est trop tard ?

— Si tu ne lui parles pas d'abord…

— Maintenant ?

— A mon avis, elle n'est pas en état de parler à qui que ce soit… mais je vais lui demander.

Tamotsu n'acquiesça pas, ne dit rien, et déjà je commençais à m'éloigner.

— Hep ! héla-t-il après deux ou trois pas. Quand je me retournai, il demanda avec un léger sourire, plutôt sarcastique : Tu es quoi pour Eiko, finalement ?

Sans répondre à sa question, je me hâtai vers l'appartement. Eiko s'était transportée de la cuisine dans le séjour et était assise sur le lit.

— Tamotsu est en bas, dis-je.

Eiko souleva avec lourdeur un sourcil, mais la bouche ne suivit pas tout de suite.

— Il désire te parler, on dirait.

— Me parler de quoi ?

La voix d'Eiko, non pas violente, mais qui portait tout de même de la colère, me fit bredouiller. Elle poursuivit son interrogatoire :

— Il désire me parler, on dirait, c'est ton interprétation, ça. Ce n'est certainement pas lui qui l'a dit, non ?

— Non, il ne l'a pas dit expressément, mais s'il est là, je suppose que c'est parce qu'il veut parler.

— Il serait venu faire le voyeur, que ça ne m'étonnerait pas.

Son ton glacé ajouta à mon trouble, mais j'eus cependant la présence d'esprit de lui demander :

— Tu ne souhaites pas le rencontrer ?

— Tu veux que je le rencontre, pour lui coller une autre gifle ?

Eiko avait détourné son visage. Voyant qu'il n'y avait rien à faire, je ressortis pour dire à Tamotsu de revenir un autre jour. Mais il ne m'avait pas attendue. Un coup d'œil aux alentours me confirma l'absence de tout ce qui pouvait ressembler à Tamotsu. Revenue dans l'appartement, en me dévissant le cou de perplexité, j'informai Eiko de ce nouveau développement, qui ne l'intéressait pas du tout d'ailleurs, car je ne pus en tirer qu'un laconique « Ah oui ? ». Eiko avait donc durci son attitude vis-à-vis de Tamotsu, plus que je ne me l'étais imaginé. Elle paraissait à deux doigts de le plaquer, et cette idée m'angoissa. C'était comme se trouver sur les lieux où gît un grand blessé, celui qui regarde est lui aussi saisi de tremblements. Du fait même que j'étais très attachée à Eiko, je me trouvais un peu dans la même situation que Tamotsu, et quand je pensais à ce qui lui arrivait, je me mettais à sa place et ça me rendait encore plus nerveuse.

Eiko picorait les fruits que je lui pelais et me remerciait tout en mangeant. Comme j'eus même droit à de petits sourires, je me sentis presque rassurée, bien qu'elle ait toujours une mine horrible. Mais pendant qu'elle buvait sa deuxième tasse de café de la journée, la vaisselle rapidement rangée, Eiko – à quoi pouvait-elle bien penser ? – me demanda brusquement :

— Tu aurais voulu qu'on se rencontre, Tamotsu et moi ?

— Non, je ne voulais pas précisément que vous vous rencontriez, mais… répondis-je, étonnée.

— Laisse-le mijoter dans son jus.

— Mais…

— Je me demande comment tu peux lui parler. Avec ce qu'il t'a fait hier soir.

— Puisque c'est du passé.

Eiko déposa sa tasse avec fracas sur la table.

— C'est tout de même incroyable !

— Je ne dois pas avoir la sensibilité très fine, je sais. Et de plus, je comprends très bien quel genre de garçon c'est.

— Et moi, tu crois que je ne le comprends pas ? C'est un type pourri jusqu'au trognon !

Elle avait condensé dans cette phrase toute sa rancœur. Pour tenter de l'apaiser, je repris sur un ton plus conciliant :

— Bien sûr, ce qu'il a fait hier soir était odieux, mais puisque c'est un gosse tordu qui ne sait pas comment exprimer ses sentiments, il faut faire entrer cela en ligne de compte pour le juger.

— En fait, il n'a pas de sentiments, Tamotsu, commença à expliquer Eiko qui parlait maintenant comme une écluse qui s'ouvrait. Il traite les autres comme s'ils étaient ses jouets. S'ils ne marchent pas comme il veut, il ferme son cœur et il n'y a plus moyen d'agir sur lui. Hier soir, par exemple, il lui fallait réaliser ses fantasmes, de gré ou de force, et il se moquait bien de ce que pensait l'autre. Non, Tamotsu ne m'aime pas. Tout ce qu'il lui faut c'est un jouet docile.

Après ce que venait de dire Eiko, qui s'était pendant si longtemps soumise aux exigences perverses de Tamotsu, il ne m'était plus possible de prendre sa défense. Il ne fallait pas s'étonner qu'en fin de compte elle ait épuisé tout son capital de sympathie pour Tamotsu. Moi aussi, si je ne l'avais pas bien connu et que j'aie appris leur style de rapports par la bouche d'Eiko, il est probable que j'aurais été d'avis qu'ils se séparent. Mais voilà, de par ma fréquentation du Flower Show, ma sympathie s'était portée sur Tamotsu. Il avait des conduites aberrantes, démentes, mais il avait aussi son côté affectueux. Au cours d'une promenade, en tournée, il avait mis un chat dans les bras de Shunji, et quand Shunji avait été enlevé par cet Oinuma dans un hôtel de la ville, il m'avait reconduite avec Eiko jusqu'à mon appartement, et il m'avait prêté son jeu vidéo pour tromper mon désespoir. Il m'était impossible de le détester quand je me rappelais tout cela. Et il n'était pas davantage possible de décréter une fois pour toutes qu'il ne deviendrait jamais un bon amoureux pour Eiko.

Timidement, je demandai à Eiko :

— Mais tu aimes Tamotsu, n'est-ce pas ?

Eiko me fixa d'un air tendu.

— Pourquoi demandes-tu des choses pareilles ? dit-elle alors qu'une rougeur empourprait ses joues livides. Tu veux absolument nous recoller ensemble ?

Tout en trouvant étrange qu'elle refuse de répondre à mes questions si ce n'est en m'en lançant d'autres, qui constituaient autant de fuites en avant, j'entrepris de lui expliquer ce qui suit : « Je ne t'ai pas fait part de mes espérances, je t'ai simplement demandé quel était ton sentiment. Tu aimes Tamotsu, n'est-ce pas ? »

Eiko plongea son regard au sol et se mura quelque temps dans le silence. Puis, comme quelqu'un qui a pris sa décision, elle me dit :

— Si tu désires que je parte, c'est quand tu voudras.

— Mais pourquoi dis-tu ça, demandai-je très étonnée, alors qu'à aucun moment je n'ai souhaité te voir partir !

— Tu ne dois pas te forcer, tu sais. J'ai parfaitement compris que tu ne m'aimais pas !

Sa bouche se déforma dans un rire forcé. Incapable de saisir le fil de ses pensées, les yeux embués de larmes, je m'élançai vers elle par-dessus la table basse en protestant :

— Qu'est-ce que tu dis ? Je t'aime, Eiko !

— Un petit peu, oui. Mais pas plus que ça, non ?

J'en demeurai bouche bée. Je savais qu'Eiko était sans cesse en train de vérifier l'intensité de mes sentiments pour elle. C'est pour cela que je m'efforçais toujours de lui communiquer mes impressions et mes états d'âme. En vain apparemment, puisqu'elle n'avait rien ressenti. Eiko poursuivait déjà son réquisitoire :

— Mais voyons, Kazumi, tu ne prétends tout de même pas que c'est moi, et personne d'autre ? Tu te dis plutôt, avec elle, bon, je pourrai toujours m'entendre. Et si on se réconcilie, Tamotsu et moi, ça t'est bien égal, non ?

— Mais ça ne m'est pas égal du tout, plaidai-je désespérément, simplement, je pensais que, le mieux serait que Tamotsu et toi vous en discutiez pour arriver à la meilleure solution.

— Justement, si tu peux ainsi garder ton calme, c'est la preuve que ta flamme est bien tiède.

— D'accord. Alors je peux m'en mêler si je comprends bien ?

Eiko me lança un regard de suprême ennui.

— De qui te moques-tu, dis ? Pourquoi fais-tu semblant de ne pas savoir ?

Incapable de comprendre le sens de ses paroles, je demeurai interdite, ce qui eut le don d'accélérer son débit, et sur un ton excédé cette fois : « Je suis folle de toi, et toi tu fais semblant de ne pas t'en rendre compte, peut-on savoir pourquoi ? »

Ce qui jaillit d'abord en moi, ce fut le refus de la croire. Pétrifiée, je dévisageai Eiko. J'étais bouleversée, je voulus parler, mais je ne réussis qu'à émettre deux ou trois bégaiements. Et quand ma langue se délia enfin, ce qui sauta le rempart des dents ce furent les mots de l'étonnement le plus pur : « J'ignorais tout ! C'est vrai ! »

Eiko me regardait fixement, la stupéfaction peinte sur le visage.

— Tu ne savais pas ? Ne me mens pas !

— J'avais toujours pensé que tu aimais Tamotsu bien plus que moi !

— C'est ce que tu pensais… et ça ne te révoltait pas quand tu étais avec moi ?

Eiko se mit à réfléchir, comme si elle voulait passer au crible mes paroles.

— Bon, et maintenant que tu connais mon sentiment, qu'en penses-tu ?

— Je suis tellement abasourdie, je ne sais que penser.

Que pouvais-je répondre d'autre, alors que cette annonce que mon existence était beaucoup plus importante pour Eiko que celle de Tamotsu bouleversait ma façon de voir les choses. Mais Eiko revint, amère, à la charge :

— C'est évident, tu ne m'aimes pas.

— Quoi ?

— Bien sûr ! Supposons que j'aime Tamotsu plus que toi, tu peux l'envisager avec calme, en te disant qu'il n'y a rien à faire, et même si tu apprends que c'est toi que j'aime, ça ne te fait pas plus d'effet que ça !

Cette façon de chicaner sur chacun de mes mots commençait à m'énerver.

— Mais puisque je te dis, moi, que je t'aime !

— Tu as une drôle de façon d'aimer, normalement ce n'est pas du tout comme ça, tu sais.

— Mais pourquoi choisis-tu toujours, quand il s'agit de toi, la façon de voir la plus négative ?

— Je juge sur ton attitude, simplement.

Le fanatisme d'Eiko me fit crier grâce, ou plutôt clore le bec. Comme c'était étrange, on était là toutes les deux à vouloir se dire qu'on s'aimait à qui mieux mieux, et je ne voyais vraiment pas pourquoi il fallait prendre les armes pour savoir laquelle avait le plus raison. Je pouvais le vérifier encore une fois dans mon cœur, mon amour pour Eiko n'avait rien de mensonger, et cette « drôle de façon d'aimer » à laquelle il avait été ravalé, surtout de la part d'Eiko, cela me donnait l'impression qu'on m'avait manqué d'égards. Mais Eiko ignorait tout, elle ignorait combien j'avais été heureuse pendant ces dix journées de cohabitation, et surtout combien je regrettais qu'elle prenne fin. Quel plaisir pouvait-elle trouver à sonder et arpenter mes sentiments, la règle et la norme à la main, et à les soumettre aux rigueurs de ses arrêts ? Tandis que je remuais ces pensées, une idée fulgura dans ma tête : « Peut-être que tu me cherches justement noise parce que tu veux partir ? »

Elle ouvrit tout grand les yeux, et m'éclata de rire au nez.

— Non, mais c'est une blague ?

Eiko avait ri, c'était déjà un grand soulagement, mes lèvres crispées se relâchèrent.

— Mais c'est pas toi qui depuis un moment tiens des propos insensés !

L'atmosphère s'était enfin détendue. Pour mettre un point final à la dispute, on s'occupa de la vaisselle qui n'était toujours pas faite. Puis, après un moment de calme, Eiko découvrit qu'elle avait faim, on partit pour un restaurant du quartier.

Au restaurant, Eiko paraissait gênée, elle évitait au début que nos regards se rencontrent. Mais les derniers remous de la dispute étaient apaisés. J'attribuai sa récente crise de mauvaise humeur à l'excès de fatigue, et je m'efforçai de paraître gaie et enjouée pour lui remonter le moral. Au retour, Eiko avait pratiquement recouvré son état normal. Et vers neuf heures, lorsque la pluie cessa, on pouvait dire qu'elle était parfaitement calme. Jusqu'à l'arrivée de Tamotsu.

Lorsque retentit le carillon de la porte d'entrée, je sus immédiatement que c'était Tamotsu. Sans doute Eiko eut-elle le même pressentiment car son visage se figea. Je me levai. Je sentis son regard dans mon dos, mais je ne pouvais pas faire la sourde oreille au carillon. Tamotsu attendait avec le même parapluie que tout à l'heure, maintenant replié sous son aisselle. L'eau qui s'égouttait du parapluie avait formé sur le béton une petite flaque autour de lui, ce qui montrait qu'il était déjà planté là depuis un certain temps.

— Tu serais gentille de m'appeler Eiko ? dit Tamotsu d'un air résolu. Je m'ébranlai vers le fond de l'appartement, portée par cette voix résolue, mais ce fut pour revenir avec une fin de non-recevoir. Ce qu'il semblait avoir prévu, car il s'y plia de bonne grâce en disant : « Dis-lui que je suis désolé pour tout ce qui est arrivé et… que je repasserai. »

Ni facétie, ni câlinerie, Tamotsu me parut étonnamment raisonnable. Pas un mot superflu. Je regardai s'éloigner sa silhouette et lorsque j'eus refermé la porte, une pensée surgit en moi : ce n'était pas le Tamotsu infantile qu'on avait connu jusqu'ici, mais un nouveau Tamotsu. Pensée qui s'enchaîna instantanément sur l'espoir qu'il puisse arriver à s'entendre avec Eiko, pour peu que ce calme et ce sérieux se confirment. Je courus rejoindre Eiko. Je lui rapportai le message de Tamotsu, cela va sans dire, mais aussi les gouttes du parapluie sur le sol et cette apparence de sincère bonne foi qui m'avait frappée. Peut-être que je me laissai aller à un peu trop d'exubérance en rapportant les symptômes de la transformation de Tamotsu, car lorsque j'eus terminé mon rapport, Eiko leva vers moi un visage totalement inexpressif pour me demander :

— Kazumi, tu ne serais pas amoureuse de Tamotsu, par hasard ?

— Penses-tu ! dis-je en secouant joyeusement la tête.

— Parce que je trouve que tu t'inquiètes beaucoup pour lui.

Prenant soudain conscience de l'humeur d'Eiko, je m'empressai de préciser :

— Mais c'est un ami, je suis à l'écoute de ce qui lui arrive, c'est tout. Et puis Tamotsu t'aime comme moi, alors…

— Comme toi ? répéta Eiko d'un ton désagréable. Est-ce que ça ne serait pas finalement Tamotsu que tu aimes ? Et comme tu ne trouves pas convenable de lui manifester directement ta sympathie, tu t'es mise avec moi à la place.

— Je ne te suis plus, là.

— Me fréquenter, moi qui suis la compagne de Tamotsu, équivaudrait pour toi à prendre un avant-goût de ce que ce serait une vraie relation avec lui, à moins que… à moins que tu ne communies avec lui au point de me fréquenter en te prenant déjà pour lui. C.Q.F.D.

Je ne sais si j'étais plus abasourdie ou plus admirative.

— Et ça n'arrête pas de cogiter dans ta tête !

Mais cela ne fit pas rire Eiko.

— Oui, tu peux toujours le prendre ainsi, dit-elle.

Je réprimai un soupir et lui pris la main.

— Mais qu'est-ce qui te chiffonne enfin ?

— Tu veux vraiment me le faire dire, n'est-ce pas ! répondit Eiko en serrant ma main dans sa main glacée.

Il fallait pourtant qu'elle le dise, sinon on ne serait pas plus avancées. A mon tour, je la regardai dans les yeux. Son regard dur perdit soudain toute force. La main qui tenait la mienne s'éloigna, et d'une voix vide et inexpressive, difficilement intelligible, exactement comme si je n'étais pas présente, elle lança dans l'espace : « Que suis-je pour toi, Kazumi, voilà ce que je voudrais bien savoir. »

Et nous passâmes ainsi la nuit à parler, luttant contre le sommeil. On ne peut pas dire que ce furent des entretiens bien productifs. Elle, qui ne cessait de répéter que je n'éprouvais à son égard qu'une sympathie assez molle, et moi qui tentais de lui opposer d'énergiques dénégations auxquelles elle ne voulait même pas prêter l'oreille.

Mais quand je pensais qu'Eiko me demandait ce qu'elle représentait pour moi, et que Tamotsu, de son côté, mais avec une nette connotation de persiflage, voulait m'entendre préciser la nature de mes rapports avec Eiko – « Tu es quoi pour Eiko ? » –, il me venait un doute à l'esprit : même si je croyais aimer Eiko plus que tout au monde, en face des critères de ce même monde, je me demandais s'il ne me manquait pas quelque chose.

Je me rappelai que dans le passé Yôko et Masao aussi s'étaient souvent plaints de la parcimonie avec laquelle je leur témoignais mes sentiments, ce qui m'avait plongée dans la détresse à l'idée que je devais être née monstre froid. Mais ma relation avec Eiko était d'une nature différente de celle que j'avais eue jadis avec Yôko ou Masao. Il était donc inutile de m'accuser d'insuffisances en comparant les choses du passé et du présent, et à cette idée, je repris confiance.

Il semblait qu'Eiko et Tamotsu souscrivaient à cette loi de l'amour qui veut que l'on tienne éloignés autant que possible de son partenaire le rival, ou la rivale, supposés, mais moi je ne me sentais nullement disposée à voir les choses de cette façon. Tamotsu était aussi mon ami et j'étais incapable de l'installer mécaniquement dans un rôle de rival. Pourtant Eiko interprétait cette attitude comme la preuve irréfutable que je ne l'aimais pas vraiment. Peut-être que cette méthode de discrimination s'appliquait à d'autres, en d'autres lieux, mais en ce qui me concernait, j'étais absolument convaincue qu'elle ne pouvait s'appliquer à moi. Eiko avait fermement ancré dans sa tête une certaine conception de l'amour, et plutôt que de regarder la réalité en face, elle voulait à tout prix juger cette réalité à l'aune de sa conception. « Qu'est-ce que je suis pour toi ? » A cette question qui marqua le commencement d'une longue nuit de discussion, je répondis : « D'abord, une amie, et ensuite, si tu n'y vois pas d'objection, je crois, une amante. »

La réaction ne se fit pas attendre : « Comment, si je n'y vois pas d'objection ? Qu'est-ce que c'est que cette manière de parler au rabais ? »

Je lui expliquai que je ne parlais pas du tout au rabais, mais que je n'avais pas la prétention de me dire toute seule son amante. Très chichement, elle souscrivit à mon explication mais pour remonter à l'assaut aussitôt :

— Et d'abord, qu'est-ce que c'est pour toi, être une amie ? Ça veut dire qu'en réalité je ne suis pas une amante ?

— Pas du tout, ça veut dire qu'on pourra rester amies même après avoir renoncé au sexe.

Et Eiko poursuivit ainsi ses raisonnements pointilleux et chicaniers. Cela m'épuisait horriblement, mais je voulais répondre point par point à chacune de ses questions, et c'est plutôt elle qui se plongeait dans le silence sans répondre aux miennes. Voulait-elle savoir pourquoi je m'en faisais pour Tamotsu, je lui demandais à mon tour si elle croyait vraiment qu'il suffisait d'être heureux à soi tout seul, à quoi elle ne répondait rien. Mais après un moment de silence, elle extrayait un nouveau problème de sa tête, et me servait un réchauffé d'une question qui était supposée résolue. Elle voulait absolument me faire admettre la tiédeur de mes sentiments à son égard.

A y repenser, je me dis que j'aurais tout aussi bien pu couper court à la discussion, en disant qu'elle tournait inutilement en rond. Mais si on se replaçait dans l'action, j'étais bel et bien prisonnière, entraînée dans les tourbillons de la passion d'Eiko. Et je luttais désespérément.

Je lui racontai très concrètement, et avec force détails, tout le cheminement de mon inclination amoureuse et de mon désir, depuis le moment de notre rencontre, et aussi la manière dont je les avais laissés s'exacerber tous deux. Avec le désir de faire comprendre quel genre de caractère j'étais, et de me voir enfin comprise, j'allai jusqu'à exhumer de ma mémoire, afin de la lui conter, la manière dont je fréquentais mes amis et mes amants avant de la connaître. Mais quand donc finira cette discussion, que je puisse aller me coucher, me dis-je en voyant qu'on n'était pas sorties de l'auberge.

Eiko écouta avec beaucoup d'intérêt tout ce qui se rapportait à Yôko. Sans doute comparait-elle les rapports que j'avais eus avec elle et ceux que nous avions ensemble, mais c'était l'heure où les oiseaux chantent et j'avais tellement envie de dormir que je ne pouvais plus juger de grand-chose. D'ailleurs, je n'arrivais même plus à suivre le fil de la discussion – il suffisait pour cela d'une très légère inattention – et je crois que je ne savais même plus de quoi je parlais. Sous le feu roulant des questions d'Eiko, qui allait fouiner jusque dans les plus petits détails, il ne me restait plus que la force intellectuelle de répondre la vérité toute bête. Aussi suis-je incapable de me souvenir par quel biais jaillirent ces paroles. Tout ce que je me rappelle, c'est qu'elles résonnèrent intensément dans mon crâne où tout commençait à se brouiller : « Dis-moi, ce n'est pas le remords qui t'a fait chercher ma compagnie, le remords de n'avoir pas su répondre aux sentiments que Yôko te portait ? »

Devant une telle absurdité, pour la première fois, je sentis que je ne pouvais plus continuer.

— Tu es vraiment quelqu'un de très drôle, tu sais ! lui jetai-je en me levant. Sans prendre la peine de m'arrêter à l'étonnement d'Eiko qui levait vers moi la tête, j'ouvris le placard pour en extraire le « futon de l'invité », que je dépliai à terre. Je n'avais plus la moindre envie de dormir blottie contre Eiko. Lorsque mon futon fut installé, je me retournai vers elle, assise pétrifiée sur le lit à me regarder : « Bon, moi je dors. Si tu faisais pareil ? »

Là-dessus j'éteignis la lumière avec humeur et je me plongeai dans mon futon. Cinq minutes plus tard j'entendis Eiko se coucher. Elle n'alla pas jusqu'à me parler. Ça faisait longtemps que je n'avais pas dormi seule, la couche était spacieuse.

Quand le lendemain je levai la tête de l'oreiller, un réflexe me fit chercher Eiko. Elle dormait sur le lit, face au mur. Mon regard tomba sur un frêle bout d'épaule pointant de la couette, ce qui me fit tendre la main vers elle, machinalement. Je n'avais pas oublié comme elle m'avait harcelée de questions cette nuit, mais à la voir dormir ainsi, le corps replié, innocente comme un petit animal, je lui trouvai quelque chose de pitoyable qui, pourquoi me le cacher, me faisait fondre le cœur. L'épaule touchée était agréablement fraîche. Elle qui est si frileuse, pourquoi ne se couvre-t-elle pas mieux, murmurai-je en ramenant la couette sur elle.

J'allai m'asseoir sur une chaise de la cuisine pour réfléchir à Eiko. Elle prétendait que je ne l'aimais pas vraiment. Bon ! Alors, si je lui disais qu'en effet je ne l'aimais pas vraiment, me croirait-elle ? Rien n'était moins sûr. Que je lui dise que je l'aime, ou que je lui dise que je ne l'aime pas, cela ne changerait rien, elle ne s'estimerait pas satisfaite. En fait, elle ne cherchait même pas à sonder mes sentiments, elle était simplement rongée d'inquiétude. Ça faisait longtemps qu'elle était avec Tamotsu, mais il l'avait terriblement déçue, tout s'embrouillait dans son cœur, et elle n'avait pas confiance dans la sincérité de mon amour. Il fallait que je prenne soin d'elle. Et puisque les mots avaient échoué à la convaincre, il suffisait que je lui parle par mes actes jusqu'à obtenir gain de cause.

Résolue à ne plus me fâcher, j'entrepris la confection d'un repas pour deux. Faire bouillir des œufs, couper des fruits, préchauffer le petit four grille-pain pour qu'il mette les tranches de pain à rôtir. C'est à ce moment qu'Eiko parut dans la cuisine. Son visage tout chiffonné devint interdit lorsque je lui souris en lançant mon bonjour ; elle s'assit avec des gestes empruntés sur la chaise en laissant échapper un petit soupir. Quand presque tout fut mangé, Eiko dit, comme en aparté : « Vouloir être aimée, c'est une servitude et un tourment… je sais, je sais. »

Cette notion abstraite chez Eiko lâchée ainsi à brûle-pourpoint me laissa pantoise. Mais elle poursuivait déjà : « Que tu m'aimes, mais dans ton style, ça aussi je le sais… »

Ce « dans ton style » ne me plaisait pas trop, mais bon, j'acquiesçai.

— Tu veux bien que je reste ici ?

— Bien sûr !

Eiko plongea la tête en avant pour sourire à ma réponse énergique.

Le petit déjeuner terminé, aidée d'Eiko, je fis un peu de ménage et la vaisselle. Son moral paraissait stable. Les petites corvées expédiées, nous étions à prendre le thé anglais. C'est alors que, tout en priant pour ne pas déchaîner les réactions d'Eiko, j'abordai le sujet avec appréhension : « Il faut que tu parles une bonne fois pour toutes à Tamotsu. Même si c'est pour le quitter. »

Eiko se raidit, mais elle termina son thé et répondit calmement : « Entendu. » Puis ajouta dans un rire : « On n'est pas encore à la veille du jour où on t'entendra dire « je veux que tu le quittes », pas vrai ? »

Le pauvre sourire navré d'Eiko me fendit le cœur.

— Ça, je ne peux pas le dire, lâchai-je, le souffle court.

Peut-être que je me trompais, mais il me sembla qu'Eiko posait sur moi un œil compatissant.

— Je suis heureuse que tu me dises que tu m'aimes, mais tu ne dois pas te séparer de Tamotsu sous l'impulsion du moment, je pense qu'il vaut mieux que tu choisisses après avoir pris du recul sur tes sentiments, et…

— Ah, parce que tu crois que je manque de recul sur mes sentiments ? répliqua Eiko sans me laisser terminer.

Craignant de l'avoir fâchée, je battis en retraite. Mais à la différence d'hier soir, elle sut faire preuve de souplesse et me dit, très calme : « Kazumi, toi non plus tu ne me fais pas confiance, n'est-ce pas ? Mais ce que je ne comprends pas, c'est que contrairement à moi, tu ne t'énerves jamais. Je cherche à comprendre, remarque. »

Je me détestais d'être incapable d'aimer comme Eiko voulait que je l'aime. Elle s'ébouriffa les cheveux comme pour conjurer ses idées noires, et ajouta : « Je me demande ce qui va se passer avec le Flower Show. Si je me sépare de Tamotsu, je ne pourrai plus faire partie du spectacle. »

Je fus atterrée. C'était vrai. Il fallait absolument songer à l'avenir.

— Et toi, Kazumi, qu'est-ce que tu envisages ? Tu veux devenir membre ?

— Pas du tout.

Les mots m'avaient jailli de la bouche avant d'avoir eu le temps de réfléchir. En fait, ce que je voulais vraiment dire, c'était que si Eiko restait avec moi, je ne voulais plus suivre le Flower Show dans ses tournées. D'ailleurs, ce n'était pas sûr que Tamotsu me pardonne, et rester dans la troupe avec un Tamotsu plein de ressentiment contre moi était une perspective angoissante. D'autre part, je sentais très bien que je ne pouvais pas de but en blanc annoncer à Shigeki et aux autres que j'avais renoncé à devenir membre.

— Mais le Flower Show a fait beaucoup pour moi, je ne peux pas être ingrate avec eux.

— Bien sûr, acquiesça Eiko qui était sur ce point de mon avis, si tu leur tenais compagnie pour une tournée ?

— Je crois que cela s'impose, dis-je d'une voix soudain assombrie.

— Je peux t'accompagner si tu veux.

J'en faillis laisser tomber ma tasse de thé, mais Eiko poursuivait, imperturbable : « Rien de plus angoissant que de devoir faire seule une chose à laquelle on n'est pas habituée. »

J'étais touchée de sa sollicitude, mais je lui dis catégoriquement : « Non, ça ira, même seule ! Parce que si tu m'accompagnes, Tamotsu… »

En même temps que le nom de Tamotsu jaillissait un doute, celui qu'Eiko, contrairement au ton qu'elle affectait pour en parler, ait conservé dans un coin de son cœur une petite place pour Tamotsu et me propose de m'accompagner simplement parce qu'elle ne voulait pas se couper de la seule occasion qu'elle aurait de le rencontrer. Mais cette pensée basse me fit honte à peine surgie. Pendant toute la nuit, Eiko m'avait tarabustée en essayant à tout prix de lire l'envers de mes paroles, mais au moins elle n'avait pas eu de ces soupçons malveillants. Je n'osais plus regarder Eiko dans les yeux, mais elle n'eut pas l'air de s'en apercevoir.

— Evidemment, Tamotsu, c'est un problème. Mais bon, Shigeki a dit lui-même que les jours du Flower Show étaient comptés, et qu'il ne fallait surtout pas se tracasser, parce que personne ne savait quand aurait lieu le prochain spectacle. Peut-être qu'il est inutile de se faire du mauvais sang pour le moment.

La question du Flower Show en resta là. Nous abordâmes ensuite des questions d'avenir. L'appartement qu'il faudrait trouver pour notre vie à deux, une fois réglés les autres problèmes, ou chercher un travail qui permette à chacune de s'investir pleinement. En ce qui me concernait, avant de me mettre à travailler, il me fallait d'abord terminer mes études. Quand je lui expliquai cela, Eiko dit qu'elle aussi voulait faire des études. Une fois, elle s'était inscrite à l'université, me dit-elle, mais comme Tamotsu avait quitté le lycée sans le terminer, ils avaient rejoint le Flower Show et elle avait été obligée d'arrêter. Moi, je conseillai fortement à Eiko de reprendre des études. Economiquement, cela ne devait pas poser de problèmes, puisqu'elle avait économisé l'argent gagné avec le Flower Show. Son visage devint rayonnant.

La conversation allait bon train, quand on frappa violemment à la porte d'entrée. Le bruit était tellement insensé qu'il nous fit froncer les sourcils, puis ce fut le carillon qui tinta. Eiko murmura : « Tamotsu aurait-il une nouvelle crise ? »

Je voulus me lever, mais Eiko me retint : « Non, laisse-moi aller voir », dit-elle en se levant avec un rire joyeux qui semblait m'annoncer que j'allais voir ce que j'allais voir, comment elle allait exécuter sa promesse d'avoir une bonne explication avec Tamotsu. C'était plutôt moi à présent qui me sentais légèrement inquiète. Incapable de me rasseoir, je pris les deux tasses à thé sur la table pour les porter à l'évier et les laver, histoire de m'occuper. On entendit Eiko ouvrir la porte. J'avais ouvert le robinet, le bruit de l'eau m'empêchait d'entendre les propos qui devaient s'échanger. Mais bientôt Eiko arriva derrière moi. Je me retournai, perplexe :

— Alors, c'est Tamotsu ?

— Figure-toi que… commença Eiko en désignant l'entrée des yeux. J'essuyai mes mains mouillées en gagnant l'entrée. J'aperçus la silhouette de Tamotsu. Trouvant cela bizarre, je m'approchai de l'entrée pour me rendre compte, et je n'en crus pas mes yeux : sale comme un peigne, crotté ou couvert de poussière, c'était indéfinissable, Shunji était là, soutenu par Tamotsu. Ce dernier fit fulgurer son sourire : « Un cadeau ! »

— Kazumi-chan ? miaula Shunji d'une voix pantelante. La surprise m'avait littéralement pétrifiée. Un bras passé autour de l'épaule de Tamotsu, Shunji fit un pas chancelant dans ma direction et tendit sa main libre.

Il effleura ma poitrine du bout des doigts, ce qui me fit exécuter un bond en arrière comme si j'avais été propulsée par une chiquenaude gigantesque. La voix de Shunji résonna, morne et désolée :

— C'est bien Kazumi-chan, n'est-ce pas ? Eh bien, tu m'as oublié ?

— Je t'ai oublié, oui, arrivai-je à peine à murmurer d'une voix atone.

— Allez, tu plaisantes ! lança Tamotsu sans laisser à Shunji le temps de parler.

Non, je ne plaisantais pas. Il y avait belle lurette que j'avais renoncé à Shunji. Et qu'il vienne à présent comme cela me relancer me laissait sans voix. Non, je ne voyais vraiment pas ce que j'aurais pu lui dire. Mais Tamotsu s'était déjà lancé dans une harangue plaidant la cause de Shunji : « Tu lui manquais tellement à Shunji, qu'il a faussé compagnie à la tournée de concerts de Kusakabe Shinobu. Et tout seul encore, avec ce qu'il avait sur le dos, et depuis le San-in, tu sais ! Il a perdu sa canne dans la cohue de la gare de Tôkyô, heureusement qu'il s'est trouvé une bonne âme pour lui donner son parapluie, et c'est comme ça qu'il est parvenu jusqu'ici. Je l'ai trouvé errant dans le quartier, sans savoir que faire. Fais-le vite entrer et laisse-le se reposer ! »

Ma tête ne fonctionnait plus. Tout ce que je pouvais faire, c'était de contempler stupidement, comme un arrêt sur image, la tête de Shunji prêt à pleurer.

— Si tu commençais par le laisser se reposer, murmura Eiko qui s'était rapprochée pour me poser la main sur l'épaule.

J'acquiesçai machinalement. Shunji et Tamotsu entrèrent, s'assirent sur le tapis, je fis comme eux. Eiko tendit une tasse de thé à Shunji et vint s'asseoir à côté de moi. Shunji but sa tasse d'un trait, se tourna vers moi et se força à parler : « J'avais une envie terrible de te voir. Pas un moment je n'ai cessé de penser à toi, tu sais ! »

D'accord, mais alors pourquoi n'avoir pas laissé le moindre message sur mon répondeur ?

— Et Tama-chan ?

— Tama m'a menti, dit Shunji agité d'un tremblement. Il avait promis de me prendre aux claviers. Tu parles, il en avait déjà un de musicien aux claviers. Il ne m'a même pas laissé jouer une seule fois. Tout ce que j'ai fait c'est de suivre la tournée.

Bon, mais alors il n'a pas dû s'amuser tellement avec cet Oinuma ?

— Et je ne suis pas plus devenu le nègre de Kusakabe Shinobu. Oh, j'ai bien écrit des tas de compositions, mais ils ont dit qu'elles ne correspondaient pas au profil de scène de Kusakabe, donc elles n'ont jamais servi.

— En attendant, il est certainement en train de les utiliser à ton insu, dit Tamotsu. Tu t'es fait avoir, c'est clair. Comme quoi il faut toujours se méfier des propositions trop séduisantes.

— Je ne comprends pas comment Tama-chan, qui est mon ami, a pu ainsi m'abuser.

— Simplement, il ne t'aime pas autant qu'il le dit.

Shunji marqua un temps de réflexion, mais Tamotsu lança une attaque à l'ennemi en déroute :

— Mais est-ce que tu ne peux pas comprendre une chose aussi simple ? Que pour ces types tu es bonne poire, un gogo, un pigeon ?

— Tamotsu !

Le ton de voix d'Eiko rappelant Tamotsu à l'ordre me sonna aux oreilles avec tendresse.

— C'est vrai que moi non plus je n'aimais pas tellement Tama-chan. Je détestais ses séances de sexe. Imaginez-vous qu'il avait appelé un autre type dans l'hôtel où nous étions descendus et qu'il insistait pour faire des séances de pelotage à trois. Moi, je…

— Suffit, s'interposa Eiko, ce n'est pas la peine de nous faire un dessin.

— Et pendant que je prenais courageusement mon mal en patience, j'avais de plus en plus une envie folle de revoir Kazumi-chan. Et quand j'ai enfin compris que j'aimais beaucoup plus Kazumi-chan que Tama-chan, j'ai essayé de l'appeler à l'insu de Tama-chan, mais il n'y avait personne. Mais bien sûr, elle est toujours en tournée, je me suis rappelé. Qu'à cela ne tienne, je me suis dit, j'attends la période où elle doit être rentrée à Tôkyô et je plante là la tournée de Tama-chan.

Ici, il marqua une pause, puis : « Comme je suis content de te rencontrer, tu sais. Vraiment ! »

C'était plus que je n'en pouvais supporter, aussi je lui dis : « Et c'est maintenant que tu arrives ? Il est trop tard. »

Shunji prit un air dubitatif, aussi lui livrai-je tout d'une pièce :

— Tu as filé avec cet Oinuma, et je me suis dit que tu ne m'aimais pas !

— Mais je croyais que tu savais ! martela Shunji en élevant lui aussi la voix. Je pensais qu'avant de partir Tama-chan t'avait dit que nous allions boire un verre. D'ailleurs, Tama-chan m'a assuré qu'il t'avait fait la commission. Comment je me serais imaginé que tu ignorais ? Il m'a trompé dès le départ !

— Oui, parce que tu es un je-m'en-foutiste de première grandeur ! Ses commissions, on ne les confie pas aux autres, on les fait soi-même, marmonna Tamotsu d'une petite voix comme s'il soliloquait, mais avec un volume suffisant pour que tout le monde puisse entendre. Ce que je voulais lui dire, finalement Tamotsu le disait à ma place. Alors dans ces conditions, comment détester Tamotsu ?

— D'accord, c'est moi le fautif, dit Shunji d'une voix chétive, je serai plus attentif à l'avenir.

— Plus attentif à l'avenir ? Mais il est trop tard !

— Pourquoi ? demanda ingénument Shunji. Un regard s'échangea entre Eiko et moi. Tamotsu tapota l'épaule de Shunji en disant: « Kazumi et Eiko, elles marchent ensemble. »

Eiko et moi lançâmes un regard furibond à Tamotsu, qui accusa le coup en rentrant comiquement la tête dans les épaules, tandis que Shunji manifestait beaucoup de surprise: « Comment, toi Kazumi-chan, tu peux fraterniser avec une femme? Alors que ça te faisait horreur avant, non? »

Shunji ne pouvait pas le voir, mais je baissai la tête de honte.

— Alors, si tu fraternises avec Eiko, tu n'as plus besoin de moi, c'est ça? Nous sommes fiancés, tu as oublié?

Encore une fois l'absurde candeur de Shunji me laissa sans voix.

— Avec ton caractère, Shunji, on ne sait jamais où on en est! dit Eiko qui paraissait elle aussi passablement interloquée. Je sentis qu'à mon tour il me fallait raisonner Shunji.

— C'est toi qui m'as laissé tomber pour t'en aller « fraterniser » avec un autre, tu sais! Singulier comportement pour un fiancé, tu ne trouves pas?

— Mais est-ce que je ne me suis pas excusé de ce comportement il y a un instant à peine? Je ne le ferai plus jamais!

— Sans doute, mais je ne te fais plus confiance. Je sens que tu es toujours partant pour suivre le premier venu qui te fera des avances.

— Plus jamais, c'est-ju-ré!

Je n'avais même plus envie de répondre. Plus personne ne pipa mot, un ange passa. Shunji restait immobile, le front posé sur son genou relevé. Tamotsu à côté de lui se pencha ostensiblement pour l'examiner.

— Il roupille!

— C'est évident, épuisé comme il est, renchérit Eiko.

Shunji avait-il perçu nos voix, car il leva un visage brouillé de sommeil. Malgré ma colère, un flot de compassion me submergea, et je lui proposai : « Si tu dormais dans le lit ? »

Shunji grogna quelque chose en grimpant dans le lit auquel il était jusqu'ici adossé, assis par terre. Dès que ses ronflements s'élevèrent, Tamotsu me demanda :

— Que vas-tu faire, Kazumi-san ?

— Comment, ce que je vais faire… ? répétai-je, car j'étais encore dans le vague.

— C'est un petit gars pur et immaculé, dit-il en désignant Shunji du pouce. Un ange ou quasi. Même un peu con aux entournures, je trouve.

— Oh, ne te vante pas trop, toi !

A cette voix d'Eiko, un sentiment de déjà-vu fondit sur moi. Ma vue se brouilla, était-ce maintenant, dans ma propre chambre, que je venais d'entendre ces paroles entre Tamotsu et Eiko, ou bien était-ce il y a très, très longtemps, du temps où Shunji et moi, Eiko et Tamotsu, nous étions des couples inséparables, lors de cette tournée du Flower Show dans un été finissant ? En clignant des yeux, je regardai autour de moi. Vérification faite, nous étions bien dans mon appartement, à l'automne, le réel reprit les commandes.

Depuis la sortie d'Eiko, Tamotsu se tenait coi, un calme étrange régnait dans la pièce. Ce n'était certainement ni à Eiko ni à moi de trouver des sujets de conversation, car j'estimais un peu normal que Tamotsu commence à parler, puisque c'était lui qui était venu nous trouver ; or maintenant qu'il était entré avec Shunji – avait-il oublié le but premier de sa visite ? – il semblait prendre ses aises, il venait même d'attraper la télécommande qui traînait à portée de main pour allumer le téléviseur. C'était le programme culinaire du soir. Automatiquement, Eiko et moi nous tournâmes les yeux vers l'écran. Dans un monde sinistre et saturé de prémonitions de catastrophes imminentes, mais où finalement rien ne se passe, la télévision a toujours été un précieux sursis pour faire couler le temps, en attendant. La recette du programme culinaire s'achevait, elle fit place à la rediffusion de la dramatique, suivie par les infos de six heures qui nous trouvèrent scotchés tous les trois à l'écran, faute d'autres choses à faire, ou redoutant de les faire.

Une fois encore j'eus une impression de flash-back. Cette fois resurgirent pêle-mêle des images de la tournée de fin d'été du Flower Show, et aussi de celle du début de l'automne, lorsque j'avais commencé à fréquenter en « membre de la famille » le couple Tamotsu-Eiko. Et parmi elles il n'y avait pas de mauvais souvenirs, seulement une impression d'atmosphère détendue et gaie. Quand elle s'évanouit, cette brusque plongée dans le passé me laissa dans un état proche de l'hypnose. Tamotsu et Eiko, Shunji et moi… nous pourrions passer comme cela dix ans, tous les quatre, dans la même chambre, et tout serait bien ainsi… Telle fut la pensée qui vint flotter un instant dans mon esprit. Les infos de six heures ouvraient leur deuxième volet, quand Shunji sur son lit fit entendre un bruissement de vêtements.

— Vous êtes là, tous ?

En entendant sa voix, nous nous regardâmes tous les trois. J'eus l'impression de m'éveiller d'un songe, et la même chose se lisait sur l'expression d'Eiko et Tamotsu. « Oui, on est là ! » fit celui-ci en se contorsionnant pour tapoter le lit et annoncer notre présence.

— Et Kazumi-chan ?

Tirée de ma rêverie, je me rappelai que nous étions tous les quatre confrontés à une impasse. Aussi fut-ce d'une voix éraillée que je répondis à Shunji : « Elle est là ! »

Avec le geste de se renifler le corps, Shunji demanda : « Je sens la sueur. Tu permets que je prenne une douche ? »

Que pouvais-je faire, sinon me lever et mener Shunji à la salle de bain ? En réalisant qu'il n'avait même pas de sac avec lui, je lui demandai :

— Et tu n'as rien pour te changer ?

— Eh non. Je suis parti en laissant tout mon balluchon là-bas. Mais ce n'est pas grave, de la camelote que j'avais achetée au petit bonheur pendant la tournée.

Il était plutôt de petite taille, je pourrais toujours lui prêter des habits, il n'y avait que les sous-vêtements qu'il faudrait aller chercher au magasin à côté.

— Bon, je te mettrai de quoi te changer dans le panier devant la porte, avec ta serviette.

Je n'avais pas achevé ma phrase que Shunji m'agrippait. La salle de bain était exiguë, je me sentis vaciller et allai donner violemment de l'épaule sur la porte qui s'ouvrit toute grande. Prenant conscience que je pouvais être vue de Tamotsu et d'Eiko s'ils se tournaient par là, la porte de séparation de la cuisine et du salon étant restée ouverte, je voulus repousser Shunji. J'avais compté sans sa force musculaire. Je fus proprement attirée contre sa poitrine.

— Sans toi, je suis si seul ! De tous les gens que j'ai connus jusqu'ici c'est toi que je préfère !

Rien de ce qui s'apparente à un sentiment ne jaillit en moi. Si ce n'est que le fumet du corps de Shunji, sa mâle vigueur et le souffle de sa respiration me firent mal dans tout le corps. Aussitôt que faiblit sa prise, je lui échappai et bondis hors de la salle de bain. Revenue dans le salon, je pris mon sac qui contenait mon porte-monnaie, et je sortis en annonçant à Tamotsu et Eiko que j'allais acheter des sous-vêtements pour Shunji. Eiko était blême. Une fois dehors, je me remémorai successivement le visage de Shunji et celui d'Eiko, ce qui me fendit le cœur au point d'en être au bord des larmes.

En revenant du magasin, mon sac en plastique à la main, je trouvai les effets quittés par Shunji bien pliés dans le panier devant la salle de bain. Je les fourrai dans un sac en papier et allai chercher dans la chambre une serviette et un pantalon avec une ceinture élastique, et d'autres vêtements, que je rangeai dans le panier avec les sous-vêtements achetés. Lorsque je revins dans la chambre en exécutant quelques inspirations profondes, Tamotsu me lança : « Mais elle est héroïque, ma parole ! »

Je m'arrêtai et le toisai de haut.

— Ne crois surtout pas que ça m'amuse ce que je fais là, j'y suis contrainte et forcée.

Eiko avait la tête un peu penchée, ses cheveux m'empêchaient de voir son expression. Une fois rassis, Tamotsu ne dit plus mot. La télévision était encore allumée, mais plus personne ne la regardait. Je sondai du regard Tamotsu, en me demandant si durant mon absence il n'avait pas demandé à Eiko de revenir avec lui, mais ils ne semblaient pas s'être dit des choses importantes.

Il me fallait savoir ce que pensait Eiko, mais impossible de la questionner devant Tamotsu. Puisqu'il n'y avait pas d'évolution dans leur discussion, le plus urgent était que Tamotsu s'en aille. Et Shunji aussi, il fallait qu'il suive le même chemin. Il en avait d'ailleurs terminé avec sa douche et se tenait dans l'entrée.

— J'ai faim, est-ce qu'on ne mangerait pas quelque chose ?

— Riche idée ! acquiesça instantanément Tamotsu.

Dans le fond, moi aussi j'avais faim. Si on sortait manger, cela créerait une diversion pour se défaire de Tamotsu et de Shunji. Je pris le bras d'Eiko. Elle se laissa mener par moi dans l'entrée. Je n'oubliai pas, en sortant, de me munir du sac en papier contenant le linge sale de Shunji. Emmenant Shunji par la main, Tamotsu se retrouva le premier dehors, Eiko en profita pour se tourner vers moi et me dire à voix basse : « Je ne comprends pas comment j'ai pu laisser entrer Shunji-kun, et en plus Tamotsu ! »

Je lui fis voir le contenu du sac en papier en lui faisant comprendre que c'étaient les affaires de Shunji et qu'on le ferait reconduire par Tamotsu. Pour toute réponse, Eiko me serra la main.

En route vers le restaurant, et une fois tout le monde installé, Tamotsu fut aux petits soins pour Shunji. Je n'avais pas souvenir d'un Tamotsu aussi prodigue de prévenances. Pendant le repas, il mobilisa l'attention de Shunji en l'entraînant dans une conversation particulièrement animée, il est vrai que nous avions adopté la prolixité de l'huître, Eiko et moi. Je sentais qu'il déployait un maximum d'efforts pour dissiper la tension de ces retrouvailles. Loin d'exiger le retour d'Eiko, j'imagine qu'il s'employait à accréditer la vraisemblance et la solidité de son nouveau personnage, ainsi que la disparition de l'ancien qui était mal dans sa peau et profitait honteusement de l'amour qu'on lui portait. Il jouait bien son rôle, car à aucun moment je n'eus l'impression qu'il en remettait, comme on dit.

Une fois sortis du restaurant, je remis son sac d'effets à Shunji.

— C'est quoi ça ?

— Tes affaires.

— Dois-je comprendre que tu me chasses ? Ça fait une éternité qu'on ne s'est pas vus et tu ne m'offres même pas l'hospitalité ? demanda Shunji en tombant des nues. Il se croyait déjà pardonné et réintégré. C'était justement cette candeur hors du commun qui rendait sa fréquentation impossible.

— En attendant, aujourd'hui tu files chez toi, répondis-je glacialement.

— Mais tu peux bien l'héberger, non, pour cette nuit au moins, intercéda Tamotsu. Et toi Eiko, tu pourrais venir avec moi. Tu as besoin d'aller prendre tes affaires tout de même ?

— Il n'en est pas question, dit Eiko hérissée de colère.

— Oh, mais je ne te demande pas de rester, précisa paisiblement Tamotsu. Pour le moment, tu n'as qu'à fourrer tes affaires dans un sac et repartir comme tu es venue, c'est ce que tu as de mieux à faire, je pense.

Eiko accusa le coup. C'est évident qu'elle ne pouvait pas continuer indéfiniment à porter mes affaires.

— D'accord, mais pas question d'y aller seule avec toi.

Pour trancher, je proposai mon plan : « Ecoutez, je vous accompagne. On va reconduire Shunji, de là on passe tous les trois à l'appartement de Tamotsu et Eiko pour qu'elle puisse rassembler ses affaires, et puis toutes les deux on s'en va.

Tamotsu fronça les sourcils, mais souscrivit à l'idée à son corps défendant.

— Oui, c'est une solution.

— Je ne veux pas rentrer, moi, grommela Shunji.

— Tu enterres le projet, du moins pour aujourd'hui ! conseilla Tamotsu en passant le bras autour de l'épaule de Shunji, pour l'emmener en direction de la gare. Eiko et moi fermions la marche.

Fort heureusement pour mon plan, la maison de Shunji se trouvait sur la même ligne de chemin de fer que mon appartement, et l'appartement que louaient Tamotsu et Eiko n'était qu'à un arrêt de la gare où descendait Shunji, mais sur une autre ligne. Il aurait donc été très facile de passer par les deux maisons, et de se retrouver rapidement chez moi, si au moment de descendre Shunji n'avait pas agrippé la barre de maintien dans le wagon.

— Mais que fais-tu ?

— Je ne veux pas descendre !

Les arrêts sont brefs, les gens nous observaient, et impossible de décoller Shunji de sa barre. Les portes se refermèrent, le train redémarra, Eiko et moi nous nous regardâmes catastrophées. « Tu sais que tu ne manques pas de tempérament, toi ! » commença Tamotsu, mais Shunji ne se départait pas de son air sérieux et digne et ne prétendait surtout pas lâcher sa barre. Ce n'est pas grave, me dis-je immédiatement, on n'a qu'à intervertir l'ordre et reconduire Shunji au retour, c'est tout.

Mais dans l'appartement de Tamotsu et Eiko, les choses prirent un tour inattendu.

Il s'agissait d'un deux pièces-cuisine. Tandis qu'Eiko faisait sa valise dans une pièce, Tamotsu disparut dans l'autre. Vu le remue-ménage, je le croyais au train de bricoler je ne sais quoi, lorsqu'il apparut, un sac de voyage distendu à l'épaule, devant Shunji et moi qui attendions dans le coin séjour.

— Où vas-tu comme ça ? lui demandai-je.

— Ben, chez toi, répondit posément Tamotsu. Parce que vous ne vous rendez pas compte que Shunji a juré de rester attaché à vos pas. Et il est clair qu'à la gare, à moins qu'on le jette en bas du train, il ne bougera pas d'un pouce.

— Parfaitement ! appuya Shunji.

— Donc, tant qu'à faire, tu m'héberges aussi.

— Tu n'es pas un peu dérangé, par hasard ? cria dans son dos Eiko, arc-boutée sur un gigantesque sac qu'elle tenait à deux mains.

Tamotsu se retourna à cette voix dont il reçut cette fois les éclats de plein fouet :

— Non mais, ça va dans ta tête, dis ? Pas plus tard que tout à l'heure, tu profites de la confusion pour entrer chez les gens. Et tu voudrais en plus qu'on t'héberge ?

Tamotsu se tourna vers moi :

— Prends-moi chez toi. Je veux rester avec vous !

— Oui, mais c'est trop petit chez moi, et puis on manque de futons.

— Bon, ben on n'a qu'à tous rester ici !

— Mais au nom de quoi ? demandai-je sans pouvoir dissimuler mon agacement, qu'est-ce que tu veux à la fin ?

Tamotsu me considéra fixement un moment, inspira puissamment, et presque dans un hurlement annonça son programme : « Je ne veux pas me séparer d'Eiko. Même si vous êtes ensemble toutes les deux. Même si Eiko te préfère à moi, je m'en fiche ! Jusqu'à présent, je me suis toujours conduit comme le dernier des salauds, mais désormais c'est avec joie que je me ferais même votre domestique ! »

Les deux mains d'Eiko lâchèrent le sac qui tomba, elle s'effondra à genoux. D'un coup d'épaule, Tamotsu envoya valser son sac de voyage.

— Tamotsu est bien changé, dit Shunji en se penchant vers moi, je l'entends à sa voix. La voix de Tamotsu aujourd'hui, ce n'est plus cette voix collante d'enfant gâté. C'est une voix ferme et précise.

Est-ce l'effet des paroles de Shunji qui fit qu'Eiko se leva et s'enfuit en courant au salon ? Tamotsu s'assit sur le divan en face de moi et de Shunji. Son visage était rouge.

— Enfin voilà… reste ici, je t'en prie !

Je voulais rentrer, mais pour cela il fallait qu'Eiko sorte du salon, ce qu'elle ne faisait pas, donc je ne pouvais pas rentrer. Comme j'étais sous le choc des paroles de Tamotsu, je me dis que puisqu'on était là tous les quatre, je pourrais très bien rester dormir ici. Mais qu'en était-il de l'intention d'Eiko ? Il fallait qu'elle soit bouleversée pour ne pas sortir du salon où elle s'était réfugiée, ça ne faisait aucun doute. Je restai donc à attendre. Quant à Tamotsu, en pleine forme apparemment depuis qu'il avait vidé son sac, il affichait une pose détendue, jambes croisées.

Le téléphone retentit. Tamotsu tendit le bras pour prendre le combiné. Après un oui très sobre, il se borna à des acquiescements répétés, apparemment l'interlocuteur n'en finissait pas dans son exposé. Désœuvrée, je parcourus du regard la cuisine-salle à manger. Pour Tamotsu qui occupait seul la place depuis dix jours, il fallait reconnaître que le ménage était bien tenu, rien qui puisse ressembler à la trop classique pile de vaisselle sale croupissant dans l'évier. Sur le téléviseur grand modèle du coin séjour, indice du goût d'un des deux occupants, trônait un porcelet en peluche. En même temps que je trouvais les couleurs du porcelet en peluche sérieusement défraîchies, un étau m'écrasa la poitrine. Qu'allons-nous devenir tous les quatre ? me demandai-je.

— Eiko ? Oui, elle est ici.

La voix de Tamotsu me fit tendre l'oreille.

— Et Kazumi aussi. Et tu ne sais pas, on a même Shunji !

L'identité de l'interlocuteur se profila clairement. Tamotsu poursuivait gaiement son bavardage : « J'enregistre et je transmets. Bien sûr, je ne vois pas les choses autrement. »

Reposant le combiné, Tamotsu annonça d'une voix vibrante : « C'était Shigeki. Il paraît qu'on appareille pour Kôbe après-demain ! »

Puis, changeant de position pour s'orienter vers le salon où boudait toujours Eiko, il lança : « On y va tous ensemble, pour le dernier engagement du Flower Show, paraît-il ! »

15

Avant de monter dans le minibus à la gare de Shinjuku-Sortie ouest, Masami m'accrocha :

— Je te demande cela par pure curiosité, mais que se passe-t-il avec vous ?

— J'aimerais bien le savoir, ce qui se passe, fut tout ce que je fus capable de répondre.

Il ne faut pas croire que nous avions tous applaudi à l'annonce de Tamotsu de mettre ensemble le cap sur Kôbe. Tamotsu et moi, nous devions nous produire dans un numéro, mais il n'y avait aucune raison pour qu'Eiko et Shunji nous accompagnent. Passe encore pour Eiko qui avait contribué pendant longtemps au succès du Flower Show, même si elle ne souhaitait plus s'y produire, cela ne pouvait gêner personne qu'elle nous accompagne. Mais Shunji, qui avait brièvement collaboré en tant que responsable musical et fiancé, qualité qu'il n'avait plus, je ne voyais pas l'opportunité de l'emmener. Toute casuistique mise à part, simplement je n'avais pas envie qu'il vienne.

Quand nous nous étions retrouvés assis sur le canapé de l'appartement de Tamotsu et Eiko, Shunji n'avait cessé de manœuvrer pour se coller à moi, comme si nous avions été un gentil couple d'amoureux sans problème. J'avais beau déplacer discrètement mes fesses pour laisser un espace entre nous, il revenait toujours se coller à moi. Au début, c'était plutôt déplaisant. Il se mêlait même une certaine rancune à la révolte que j'éprouvais pour cette faculté de Shunji de gagner, coûte que coûte et sans vergogne, l'intimité des gens ; don funeste qui ne m'avait d'abord ensorcelée que pour mieux me plonger dans le désespoir. Mais en même temps que je reconnaissais, inchangées, la convivialité de son caractère et surtout la chaleur sympathique de son contact, je sentais poindre le pressentiment que j'étais sur le point de perdre ma liberté de mouvement, emballée, empaquetée et enlevée par toutes ces effusions. Et cela m'angoissait. A présent, Shunji était devenu une menace. La pression était telle qu'on ne pouvait plus l'ignorer.

Tout en me préoccupant de ce qui se passait dans le salon où s'était claquemurée Eiko, je dis à Tamotsu :

— Je pense qu'il n'est pas nécessaire que Shunji nous accompagne.

— Absolument pas, répondit Tamotsu d'un ton nullement concerné. Mais s'il vient, ce sera plus amusant.

— Moi, je veux venir ! appuya Shunji. Emmène-moi, dis !

Sans daigner lui répondre, je pressai Tamotsu de questions. Et comme il m'était difficile de dire devant l'intéressé qu'il me faisait peur, j'accumulai les prétextes, réfutés victorieusement un à un par des « Qu'est-ce que ça peut faire ! On verra bien ! » pleins d'aplomb de Tamotsu, si bien qu'à bout d'arguments je décidai d'appeler Shigeki pour prendre son avis.

— Shunji-kun ? Mais qu'il vienne, oui ! Il ne sera pas difficile de lui trouver une fonction.

Etait-ce le fait que cette tournée serait peut-être la dernière du Flower Show, la voix de Shigeki était lasse : « Je parle de tournée, mais la formule sera très différente de ce qu'on fait d'habitude, tu sais. Ce sera élastique. Shunji et Eiko peuvent très bien venir. C'est dommage pour toi, que la fin soit arrivée si vite », ajouta-t-il pour passer à un autre sujet.

Evidemment, avec la dissolution du Flower Show, Shigeki avait d'autres chats à fouetter, et que Shunji et Eiko nous accompagnent ou non lui était assez indifférent. Bien, mieux valait ne pas trop compter sur Shigeki, je raccrochai. Devant ma mine, Tamotsu ferma un œil et, éclatant de rire, posa la main sur les genoux de Shunji qui n'en finissait plus de froncer des sourcils inquiets.

— T'en fais pas, mon pote ! C'est moi qui t'emmène et sous ma protection !

Mais pour en revenir à Eiko, l'heure était passée où rentrer chez moi en train était encore possible, et elle n'était toujours pas sortie de son salon. J'allais de temps en temps jeter un coup d'œil dans la pièce, et chaque fois je la trouvais prostrée sur le lit ; elle m'avait bien passé les bras autour du cou mais sans ouvrir la bouche. Trouvant que je m'éternisais un peu trop auprès d'Eiko, Shunji m'appela du séjour d'une voix angoissée de chiot à l'abandon. Au troisième appel de Shunji, Eiko me repoussa pour me renvoyer. Il était énervant, ce Shunji qui donnait du souci à Eiko. Mais il m'était impossible de l'envoyer promener une fois pour toutes, il était inquiet comme un gosse. Il ne cessait de me coller et j'avais déjà fort à faire pour éviter qu'il me prenne dans ses bras par la force de l'habitude.

Une seule fois, Eiko avait dit, comme en proie au délire : « Ils essaient de nous capturer ! »

Si je n'avais pas bien saisi ce qu'elle voulait dire, les accents de sa phrase m'avaient frappée droit au cœur. Tout ce que j'avais pu faire, ç'avait été d'exhaler dans un gros soupir toute l'amertume stagnant dans ma poitrine.

Finalement, cette nuit-là je dormis sur le canapé du coin séjour. Le lendemain matin, Eiko ramassa le sac qu'elle avait préparé la veille et me lança un regard suppliant. C'était évidemment un appel muet au départ pour mon appartement, mais son expression était ambiguë et rien ne semblait indiquer une résolution arrêtée, car même quand Tamotsu sortit à notre suite avec son sac de voyage sur l'épaule, elle ne fit rien pour le renvoyer, se contentant de lui lancer un bref regard. Nous laissâmes donc Tamotsu et Shunji nous suivre. Notre fermeté se ratatinait et les garçons ne nous quittaient pas d'une semelle, à présent débordants d'estomac. Nous étions tous quatre comme une boule de pâte. La nuit suivante, Tamotsu et Shunji la passèrent sur le futon qui avait été déplié dans la cuisine-salle à manger de mon appartement.

Toute molle et veule que je me trouvais, j'eus tout de même le sursaut le lendemain matin de demander à Shunji : « Shunji, tu ne voudrais pas rester à Tôkyô ? »

En m'entendant, Tamotsu et Eiko devinrent soudain tendus. Pas Shunji, car il me rétorqua, léger : « Ah, mais mon copain Tamotsu, il insiste pour que je vienne. Il dit que comme ça, on se retrouvera tous les quatre, toi, moi, Tamotsu, Eiko, et que ce sera plus facile de fraterniser naturellement ; lui ça l'arrange énormément. »

Entendant son plan de campagne divulgué, Tamotsu prit peur et donna une petite bourrade à Shunji. Mais je n'étais que trop consciente du plan de Tamotsu.

— Moi je ne désire pas du tout qu'il vienne. Ça ne créera que des ennuis !

Le visage de Shunji se fit pure expression de la douleur. Et voilà comment l'apparence de l'humble soumission vous faisait sentir coupable de lui faire tant de peine, même si en même temps, on ne pouvait s'empêcher de trouver qu'il avait un sacré culot pour infliger un complexe de culpabilité aux gens. Cette réflexion me rendit à peine ce qu'il fallait de force pour réprimer mon impulsion de lui tendre une main secourable.

Comme s'il voulait battre le rappel de ses énergies, Shunji pressa violemment ses cuisses de ses deux mains en martelant : « Moi, je vous accompagne ! J'ai l'impression que si je m'éloigne de Kazumi-chan maintenant, je ne la reverrai plus jamais. »

Tamotsu écoutait, silencieux, il se tourna vers Eiko :

— Toi, tu viens, non ?

— Bien sûr que je viens. Parce que moi aussi j'ai ma petite idée, lança Eiko en lui rendant son regard, car elle semblait avoir repris du poil de la bête.

Finalement, j'étais la seule à n'avoir élaboré ni plan de campagne, ni petite idée. Tout ce que je pus faire, ce fut de me tracer une ligne de conduite : passe encore que nous partions à quatre, puisqu'il le fallait, mais au cours du voyage je ne m'occuperais pas de Shunji, la grande priorité serait Eiko.

A peine formulée, ma ligne politique recevait déjà une entorse. Arrivés à la gare de Shinjuku, Shunji, qui n'avait pu faire, et pour cause, passer chez lui pour faire ses bagages, annonça qu'il allait faire quelques achats de première nécessité dans un grand magasin. Moi je me dis que Tamotsu n'avait qu'à l'accompagner, puisque, paraît-il, il avait pris Shunji sous sa protection, et je les laissai s'éloigner tous les deux. C'est alors qu'Eiko fit remarquer que si on laissait Tamotsu choisir des vêtements, c'était la catastrophe assurée, ce qu'entendant, Shunji déclara qu'il ne voulait pas se retrouver fichu comme l'as de pique, si bien que l'envie me prit – qu'on ne me demande surtout pas comment ni pourquoi – de l'accompagner dans ses achats. Et pour couronner le tout, on s'amusa tous les quatre comme des fous à faire du shopping. Affligé d'un goût atroce, que ce soit au rayon valises ou au rayon vêtements, Tamotsu semblait s'ingénier à conseiller à Tamotsu les articles les plus biscornus, ce qui déclenchait chaque fois des tempêtes de rire. Et Eiko n'était pas la dernière à rire.

Les emplettes terminées, en route vers le point de ralliement. Mais quand j'entendis Eiko me dire que le caractère de Shunji lui procurait beaucoup d'avantages, je me rappelai soudain la loi de fer que je m'étais dictée. En même temps que l'irritation de l'avoir déjà violée, resurgit mon aversion pour la naïve inconscience de

Shunji. Ce n'est pas juste qu'il en retire toujours du bénéfice, me dis-je en fulminant de colère rentrée. Ce qui fit qu'une fois montés dans le bus, quand Shunji voulut changer de place pour s'asseoir à côté de moi, je lui rappelai sans ménagement : « Toi, ta place est à côté de Tamotsu. » Il demeura debout, foudroyé comme un chêne, mais sans que cela fasse fléchir ma détermination. Imbu de sa nouvelle sollicitude, Tamotsu vient lui prendre doucement la main pour l'installer à ses côtés.

Eiko me demanda à voix basse :

— C'est pour me ménager, ta froideur avec Shunji ?

— Pas du tout.

Moi aussi j'avais une question à poser :

— Et toi, c'est par prévenance pour moi, que tu es comme ça avec Tamotsu ?

— Pourquoi ? répondit-elle avec un petit rire de dédain, tu as cru que j'étais retournée, hier soir ? Ces tirades pathétiques, on me les a récitées des dizaines de fois !

Comment se fait-il alors, me demandai-je, si elle n'a pas été émue, qu'elle se soit claquemurée pendant des heures dans le salon. Son petit rire dédaigneux s'évanouit lorsqu'elle dirigea son regard vers la fenêtre. Une attitude qui me faisait sentir un noyau dur qui opposait un refus à ma dernière question. Il ne faisait pas de doute qu'Eiko avait une intention cachée, n'était-ce pas ce qu'elle avait annoncé tout à l'heure ? Et elle ne semblait pas avoir la moindre envie de me la communiquer. Je me fis la remarque que, finalement, je ne comprenais vraiment aucun des trois, pas plus Tamotsu qu'Eiko ou Shunji. Je prévoyais que ce périple à Kôbe ne serait pas des plus plaisants. Mais voilà, il n'était pas question que ce soit moi qui débarque du minibus.

Dans l'autobus, je fus informée par Shigeki que la troupe était engagée par un théâtre d'avant-garde. Il s'agissait, me dit-il, d'une mouture retouchée, ou peut-être entièrement remaniée, il ne savait pas au juste, de

La Réappropriation des pénis que j'avais vue à notre avant-dernière tournée, et, comme cette fois-là, outre les représentations destinées au grand public, il y aurait une soirée où les membres du Flower Show seraient invités. Il ressortait également que l'auteur-animateur-metteur en scène, bouillant d'ardeur et d'idées créatrices, avait attribué des rôles importants à chacun des membres de la troupe. Le théâtre et le studio pour les répétitions étaient à Ôsaka, mais nous serions logés gratuitement dans l'appartement de Kôbe, et enfin, nous aurions une semaine pour assimiler nos rôles et peaufiner notre jeu avant d'aborder la représentation proprement dite. Bien sûr, il avait déjà parlé de moi à l'auteur, nous devions d'ailleurs faire un crochet aujourd'hui même par son bureau d'Ôsaka, avant de continuer sur Kôbe, pour y prendre le scénario avec toutes les indications de mes interventions soigneusement annotées. Mais comme il se pouvait que l'image qu'il s'était faite de moi par ouï-dire soit trop différente de la réalité, et qu'il y ait des remaniements à apporter au scénario, il avait demandé à Shigeki de m'amener lorsqu'il passerait à son bureau ; et Shigeki termina en disant qu'il n'avait pas parlé de Shunji mais qu'on pouvait l'emmener lui aussi pour le présenter.

— Ceux qui désirent passer par son bureau peuvent nous accompagner ! lança-t-il à la cantonade, mais personne ne se manifesta.

De son siège à l'avant, Tamotsu se retourna vers Eiko pour lui demander si elle viendrait, mais comme elle ne semblait pas porter l'auteur dans son cœur, elle répondit qu'elle n'irait pas. Il fut donc décidé que les sociétaires attendraient dans un restaurant de drive-in que Shigeki, Shunji et moi, sans oublier Yôhei, que semblait particulièrement apprécier l'auteur dramatique, reviennent du bureau. Juste avant de descendre de l'autobus, au parking du drive-in, Tamotsu lança d'une voix tonitruante :

— Shunji, c'est une chance unique ! Saisis-la au collet !

— Saisir quoi ? demanda le pauvre Shunji, dérouté par les tours laconiques dans leur formulation mais riches en raccourcis de Tamotsu. Même Eiko pouffa de rire, elle qui avait accueilli chaque mot de Tamotsu avec un déplaisir évident.

Shigeki, Yôhei, Shunji et moi nous transbordâmes dans un taxi qui nous déposa devant l'immeuble abritant le bureau de l'« auteur dramatique ». Et voilà déjà qu'Eiko était absente, elle qui devait être au centre de mes préoccupations, tandis que je me voyais forcée de tendre une main secourable à Shunji pour descendre, vu qu'il était calé au fond du siège arrière. Aussitôt descendu, Shunji, mis en confiance, cravata puissamment son bras autour du mien. De toute manière, il lui fallait un guide au moins jusqu'au bureau, je le laissai donc faire.

« Bureau » annonçait une plaque sur la porte heurtée par Shigeki, et une jeune créature passa la tête. Une libre cascade de longs cheveux ondulés sortis d'une peinture de la Renaissance, au milieu desquels paraissait flotter un visage blafard, en raison d'un fond de teint épais qui jurait horriblement avec sa couleur de peau. Elle nous invita à entrer, nous pénétrâmes dans le bureau. Au fond d'une pièce démesurément plus longue que large, assis derrière son bureau, le dramaturge, dont le visage me revint instantanément, écrivait quelque chose. Le dramaturge, et il n'avait assurément pas volé son nom d'Utagawa Kinya, leva les yeux sur nous, jeta un « Salut ! » assorti d'un geste d'invitation de la main à nous asseoir sur l'éternel mobilier – table basse-canapés-fauteuils –, et reprit la rédaction de son texte. Aussitôt installés sur le canapé, la jeune femme disposa devant nous des bols de thé vert.

Apparemment sans occupation précise, la femme musardait, légèrement appuyée sur le comptoir qui se trouvait devant l'évier. Sans paraître franchement s'ennuyer, à regarder ainsi les mouches voler, elle ne dégageait vraiment pas une impression de plénitude. Je me rappelais alors que lorsqu'elle nous avait apporté le thé, au moment où nos regards s'étaient croisés, ses paupières s'étaient plissées et les coins de sa bouche s'étaient relevés en un sourire mécanique, du genre « ici n'est point mon cœur ».

Au bout de cinq minutes d'ostentatoire activité littéraire, Utagawa posa la plume et vint s'effondrer, sémillant et plein d'entrain, sur le canapé avec un « Je vous fais attendre ! ». La femme posa devant lui un bol de thé vert. Après l'avoir vidé d'un trait, il se tourna vers elle pour la congédier d'un geste de la main en disant :

— Tu peux partir, merci !

— Oui, répondit la femme, ouvrant pour la première fois la bouche. Elle se jeta sur les épaules un boléro qui était resté soigneusement plié sur un coin du comptoir, nous fit un petit signe et se propagea en coup de vent vers la porte. Dès qu'il entendit la porte se refermer, Utagawa commença d'expliquer :

— Elle habite à deux pas. Les jours où je viens travailler ici, elle me fait mon thé le soir. Je lui passe un coup de fil si j'ai une petite faim la nuit, et elle me prépare un casse-croûte et vient me l'apporter.

— Tu l'emploies ? demanda Shigeki.

— Penses-tu, c'est une bénévole, répondit Utagawa en secouant la tête avec un énergique froncement de sourcils pour lui signifier que ce n'était pas la bonne question. Si je devais employer du personnel, ça ne serait pas pour me servir le thé, comme peut le faire la première idiote venue, mais pour quelque chose de plus intéressant. Mais elle aime faire ça, que veux-tu ! Oh, je lui donne bien une petite gratification de temps en temps. Et puis c'est moi qui lui ai déniché l'emploi qu'elle a en ce moment, et c'est encore moi qui lui ai trouvé un logement. Elle m'en est reconnaissante, bien sûr. C'est ce qu'elle n'arrête pas de me répéter d'ailleurs, qu'elle veut me prouver sa reconnaissance. Je l'ai même rabrouée, tiens, en lui disant que je n'en avais que faire de sa reconnaissance !

La première fois que je l'avais vu, Utagawa avait le crâne rasé comme un bonze, mais à présent que le poil avait repoussé, il se rapprochait du cheveu en brosse. Vu de face, on s'étonnait de lui trouver un visage de gosse rebondi et jovial. Et il n'arrêtait pas de parler, ce qui gonflait davantage encore ses grosses joues.

— Ça c'est ce qu'elle dit, la reconnaissance, en fait ce qu'elle veut c'est être au service d'un homme. Son père était du type dominateur, et elle n'a jamais fréquenté les hommes que pour reproduire la relation dominant-dominé qui la liait au père, c'est clair. Des filles de ce genre, je vous laisse deviner comment les garçons peuvent les utiliser. Avant de me connaître, elle en avait vu de toutes les couleurs avec eux. Je n'ai pas eu besoin de la regarder à deux fois pour voir quel genre de femme c'était. Tout de suite j'ai pensé que si elle voulait arrêter de se faire éreinter par de jeunes brutes, il fallait lui administrer une petite cure de psychothérapie. Si elle pouvait assouvir sa soif de servir l'homme en me faisant le thé dans mon bureau, elle échapperait à cette envie de se faire dominer par le premier venu. Simple, mais il fallait y penser. En fait elle est ici sous cure psychothérapique.

— Et elle est consciente que c'est pour sa psychothérapie qu'elle sert le thé ? hasarda Shigeki.

— Non ! dit Utagawa en faisant la grimace. On n'a pas besoin d'être conscient, en psychothérapie ! Je suis un vieux routier de la psychothérapie, moi. J'ai déjà soigné comme ça je ne sais combien de femmes. Toutes sont à présent mariées, et heureuses. Tous les gens de ma troupe, c'est pour leur thérapie en somme qu'ils font du théâtre. Bref, moi, quand je vois une jeune femme qui joue d'infortune, il faut que je lui apporte la lumière de l'espoir ! Depuis toujours, je suis comme ça, moi !

Le visage incertain et blême de la jeune femme que j'avais vue tout à l'heure me revint en mémoire. Allez donc savoir si elle était réellement prisonnière d'un désir de servir l'homme... Mais en tout cas, à voir la façon magistrale dont elle avait raté le choix de son fond de teint, pour en prendre un qui justement ne correspondait pas du tout à son teint, on pouvait induire que, maladroite et perdue dans ce monde, elle était en quelque sorte l'illustration du malheur. Je n'avais rien contre la psychothérapie, mais n'aurait-il pas été préférable, et plus simple, de lui enseigner la manière de se maquiller correctement ? Apprendre à se maquiller correctement devrait pourtant être beaucoup plus facile que d'essayer de changer sa façon de vivre, il me semble.

— Mais quand on réunit dans sa main argent et relations, fit Utagawa d'une voix soudain sérieuse, c'est là que cela devient passionnant. Parce que pour faire le bonheur des autres, la sincérité et la bonne foi ne suffisent pas. Les gens malheureux, il faut les soulever et les soutenir de tous les côtés à la fois. Et ce n'est que par l'argent et les relations qu'on peut se faire l'appui des gens malheureux. Parce que vous avez beau être plein de bonne volonté, à quoi cela vous avance-t-il si vous n'êtes pas capable de leur donner de l'argent ou de les présenter à des personnes capables de les aider ? Il ne faut jamais traiter par-dessus la jambe l'argent et les relations. C'est ce que je faisais quand j'étais jeune, parce que j'étais ignorant du comment et du pourquoi des choses. Quand j'y repense maintenant, à l'époque où je n'avais ni argent ni relations, tout ce que j'aurais été capable de faire pour une femme qui jouait de malheur, ç'aurait été de la baiser. Notez que maintenant je la baise aussi. Enfin, bon !

Utagawa épiça cette précision d'un rire qui ratatina son visage poupin. Ni Shigeki, ni Yôhei ne l'accompagnèrent dans son hilarité dont le gloussement cascadeur mit du temps à s'éteindre.

— J'ai beaucoup plus de succès ces derniers temps, d'ailleurs. On dirait que je suis le préféré des femmes qui jouent de malchance.

— Parce qu'elle aussi… ? demanda Yôhei.

— Oui, figure-toi ! Elle disait qu'elle voulait m'épouser. J'ai eu toutes les peines du monde à la convaincre que cela ne pouvait pas se faire comme ça ! Et il partit d'un gros rire satisfait, avant d'ajouter : Je ne te raconte pas cela pour me vanter…

— Mais non, bien sûr, le rassura aimablement Shigeki avant de demander : A propos, et ce scénario… ?

Mais déjà la voix d'Utagawa embrayait :

— Mais puisque tu me le demandes, il faut bien que je réponde.

Il avait coupé la parole à Shigeki, mais sans doute que l'intention de ce dernier s'était transmise – nous ne sommes pas ici pour entendre ton caquetage mais pour parler affaires –, car Utagawa acheva sa phrase dans un désappointement maussade.

— C'est vrai, oui, oui…

Et comme de son côté Yôhei appuyait d'un hochement de tête calme mais ferme, l'attitude d'Utagawa se fit plus civile et s'assagit. « Mais oui… » dit-il encore en hochant la tête et en remarquant soudain ma présence : « Et Mademoiselle… ? » s'enquit-il en se tournant vers Shigeki qui lui répondit : « Je t'en avais parlé, de… »

Sur cette réponse, Utagawa me reconsidéra, mais sur le mode suspicieux.

— C'est ça la petite qui a un pénis au pied ? Je ne sais pas, mais je me l'imaginais différente. Je la voyais beaucoup plus mâle. Du genre costaude bien bâtie, dégoulinant d'hormones mâles, enfin, tu vois le style. C'est vraiment toi ?

— Oui, répondis-je sobrement.

— Et lui ? demanda-t-il à l'adresse de Shunji assis à côté de moi.

— Kendô Shunji. Non-voyant et pianiste, le… hésita un moment Shigeki essayant de noyer ses mots, l'ami de Kazumi en quelque sorte.

— Tu veux dire, le fiancé ! rectifia Shunji d'une voix sonore.

— Le fi-an-cé ?

Utagawa nous compara l'un l'autre avec ostentation. La bourrade du coude que je lui envoyai échoua à faire taire Shunji car il semblait avoir pris cette question pour une demande de précisions complémentaires.

— C'est-à-dire que j'étais le fiancé, mais à la faveur d'un voyage qui m'a retenu loin d'elle, Kazumi-chan est devenue amoureuse d'Eiko-san, et peut-être ne me considère-t-elle plus comme son fiancé.

— Eiko ? Cette Eiko-là ? demanda Utagawa en écarquillant les yeux ; je demeurai interdite, et Shunji poursuivit :

— Mais moi je me considère toujours comme son fiancé.

Utagawa n'eut de cesse qu'il n'ait satisfait sa curiosité en interrogeant Shigeki et Yôhei : « Et Eiko, qu'est-ce qu'elle devient là-dedans ? Elle n'était pas lesbienne, que je sache ? Et Tamotsu ? »

Shigeki et Yôhei manquant de précision dans leurs explications, Utagawa pointa vers moi le feu roulant de son enquête :

— Dis-moi, au départ, tu avais des tendances lesbiennes ?

— Non.

— Mais alors, quoi ? Eiko est devenue folle de ton pénis ?

— Je ne pense pas que ce soit le cas.

— Mais qu'on m'explique alors ! lança Utagawa sans même se donner la peine de dissimuler son indignation. Voyant que je battais en retraite, il se projeta en arrière sur le dossier de son fauteuil comme si cela devait l'apaiser et, le regard perdu au plafond, se lança dans une homélie sur le ton *ex cathedra* : « Lesbienne, non ! Ne t'embarque pas là-dedans. Que veux-tu qui sorte de bon de deux bonnes femmes entre elles ? Rien ! Bon, passe pour les mochetés qui font détaler les hommes, devenir lesbienne est leur pis-aller, mais mignonne comme tu es, tu aurais intérêt à rester avec Shunji-kun. »

Et autres conseils et théories hasardeuses se déversant à la queue leu leu, tandis que ma surprise ne connaissait plus de bornes. S'il ne pouvait rien sortir des rapports entre femmes, on se demandait ce qu'il pouvait sortir de si extraordinaire des rapports entre hommes et femmes, si ce n'est des enfants ? Quant à la femme qui se faisait lesbienne parce qu'elle se sentait un épouvantail à hommes, je doutais qu'il en existe tellement. Où donc Utagawa puisait-il ses sources pour affirmer que ce genre de femme existait réellement ? Et comment pouvait-on être assez outrecuidant pour sous-entendre que les femmes qui plaisaient aux hommes ne s'intéressaient qu'à eux, comme si la femme ne devait décider de son tropisme sexuel qu'en fonction de la demande masculine et non en fonction de ses désirs ?

Décidément, cet Utagawa était un personnage infect. Un monument de vanité et de poncifs indéboulonnables. En plus, fantasque et instable. J'en vins même à le soupçonner d'utiliser la femme de tout à l'heure, sous le noble prétexte de psychothérapie, pour lui faire accomplir ses corvées et abuser d'elle sexuellement. Depuis l'école primaire, je crois, je n'avais pas rencontré de personnage aussi écœurant. Et d'abord, ce grand sourire qui lui mangeait tout le visage était beaucoup trop naïf pour un quadragénaire, et ne se concevait que chez un écolier du primaire, et encore des petites classes. Un individu aussi stupéfiant, je me devais de l'examiner avec la plus grande attention.

Utagawa, comme si son indignation de tout à l'heure n'avait jamais eu lieu, reprit son discours, mais cette fois sur le mode affable : « Et Tamotsu ? Tu as pensé à Tamotsu ? Ce garçon n'a qu'Eiko au monde, tu sais ! Ne commets jamais un acte aussi atroce que d'enlever Eiko à Tamotsu ! Et si en plus c'est pour lâcher un fiancé aussi charmant, là c'est complet ! Qu'est-ce que c'est que ces manières de faire souffrir ainsi les hommes ! Et toi aussi, mon vieux – c'est Shunji, ton nom ? – si tu es un homme, reprends ta fiancée en main, que diable ! »

Ainsi harangué, Shunji galvanisé releva soudain la tête qu'il avait tenue baissée durant le discours : « Je la reprendrai ! Je la reprendrai, mais cessez de médire de Kazumi-chan ! »

Sortie qui désarçonna Utagawa car il se réfugia derrière l'écran produit par l'accélération du papillotement de ses paupières.

— Je n'en dis pas de mal, non !

— Si, justement. Cruel, atroce, c'est mal, arrête de faire ça ! Ce n'est pas médire, ça ?

— Ce n'est pas de la médisance, mais des conseils, dit-il sans paraître convaincre Shunji qui, après un instant de réflexion, ajouta :

— Il y a conseil et conseil. Si on en dit trop, le conseillé finit par paraître plus mauvais qu'il n'est en réalité.

Et joignant le geste à la parole, Shunji fit glisser sa main pour saisir la mienne. J'étais tellement contente que quelqu'un ait pris ma défense, même si c'était Shunji, que malgré moi je serrai la main qui étreignait la mienne. Une bonne chaleur qui met en confiance m'envahit immédiatement. Utagawa se gratta le crâne, se tapa sur les genoux avec bruit et déclara d'une voix vibrante et chaleureuse : « Tu es un chic type ! » Pour tirer son chapeau aussi élégamment, il avait assurément dû être gagné par la personnalité désarmante de Shunji, à moins, me dis-je, qu'il n'ait un faible pour les garçons.

— Très méritant, voilà comment je le trouve, ce garçon, conclut Utagawa en appuyant sur moi un regard assez méprisant, ce serait pécher que de larguer un personnage pareil !

Puis, ramenant son regard sur Shunji, il conclut avec une voix qui lui distendait jusqu'aux coins de la bouche : « Je compte absolument sur ton concours dans cette pièce, Shunji ! »

Là-dessus, Utagawa se leva et alla prendre un sac en papier. Il en fit pointer espièglement l'extrémité d'une brochure à la couverture jaune pâle, pour montrer que c'était bien le scénario, et donna le tout à Shigeki. Il nous informa qu'il nous remettait dès à présent un exemplaire du scénario, bien qu'il faille y prévoir quelques remaniements, vu que l'impression que je lui avais faite était différente de ce qu'il s'était imaginé, et qu'il tenait à y intégrer Shunji, mais qu'il nous ferait parvenir la version définitive demain, après-demain au plus tard, à l'appartement de Kôbe. Puis ce fut une nouvelle logorrhée d'autosatisfaction qui nous apprit que deux ou trois heures suffisaient pour remanier entièrement un scénario, lui-même se faisait fort d'en rédiger un complet en deux nuits, et qu'avec l'entregent dont il disposait, un simple coup de téléphone suffirait à faire amener un piano pour Shunji.

Au moment où je croyais que l'interminable bavardage arrivait à son terme et que nous allions pouvoir nous évader, Utagawa fit à nouveau peser son regard sur moi pour déclarer : « Ah oui. Tant qu'à faire, il faudrait tout de même que je le voie ce pénis ! »

En voyant les yeux d'Utagawa, qu'il n'avait vraiment pas très grands, s'allumer d'un éclat aveuglant et tressauter anormalement dans son visage rebondi de gosse, je sentis me venir la chair de poule. Curiosité sexuelle ou malveillance à mon égard, je ne pus le déterminer, mais je sentais dans l'attitude d'Utagawa quelque chose qui allait bien au-delà de la simple obstination, et se tenait en embuscade pour une rencontre avec Pénis d'orteil. Ma première réaction fut de ne pas vouloir le montrer. Non pas que j'étais honteuse, mais plutôt parce que j'avais l'impression qu'exposer Pénis d'orteil aux yeux d'Utagawa aurait été aussi agréable que de le mettre à barboter dans un cloaque. D'ailleurs Pénis d'orteil s'était fait tout petit au fond de mon mi-bas. Bien que je comprenne très bien qu'il me fallait le montrer, je demeurai immobile.

— Eh bien, serais-tu gênée ? demanda Utagawa avec un petit rire égrillard. A la bonne heure ! Femme suis et femme entends rester ! Je peux dormir sur mes deux oreilles. Mais il faut pourtant que tu le sortes, bon dieu !

Regrettant déjà de ne pas l'avoir montré tout de suite, car j'en aurais déjà terminé, je posai mon talon droit sur le bord du canapé et retirai mon mi-bas. Pas de doute, Pénis d'orteil était rentré dans sa coquille, il était plus menu qu'à l'ordinaire. Utagawa se pencha avec intérêt pour examiner la chose et éructa un feulement, quelque chose comme un « Waouh ! ». Je sentis un souffle d'air tiède et humide qui faillit me faire rétracter la jambe. Car il n'y avait pas que la respiration, il y avait également son regard visqueux qui descendait sur Pénis d'orteil. Finalement j'eus le sentiment qu'il barbotait au fond d'une sentine, s'y noyait. Affectant une attitude de grand clinicien qu'il corroborait d'un pincement de lèvres, Utagawa exigea d'examiner aussi l'arrière de la pièce, je relevai donc mon cou de pied pour lui faire voir. Inutile de dire que j'étais au bord de l'étouffement.

Après s'être livré à loisir à ses observations, Utagawa considéra alternativement Pénis d'orteil et mon visage avant de conclure :

— Pas de doute, mais il ne cadre pas avec ta tête. Ça fait combien de temps que tu as ce bidule ?

— Pas loin de huit mois.

— Et tu l'as utilisé combien de fois pour faire l'amour jusqu'à présent ?

— Je ne pourrais le dire.

— Ça n'a pas dû t'arriver trop souvent, ou je me trompe ?

Il avait suffi que je réponde vaguement pour qu'Utagawa comptabilise mon silence comme une victoire de sa puissance d'observation, tremplin d'où il s'élança dans un développement de commentaires :

— Parce que tu ne répands pas cette ombre bien particulière aux types qui ont un pénis. On voit tout de suite que tu n'es pas tellement habituée à en faire usage.

— Quelle ombre ? demandai-je.

— A l'homme qui revient de l'enfer, où il a perpétré à son corps défendant les actions les plus insensées, entraîné sans retour par cette insatiable voracité du pénis qui échappe totalement au contrôle de sa raison, il s'attache un indicible sentiment de tragique. Mais chez toi, rien de tel, ma petite fille !

Parce que Monsieur s'imaginait bien sûr dégager une aura de tragique prométhéen, il suffisait de voir son air pénétré et recueilli.

— On dit que tu as des relations intimes avec Eiko, mais vous ne faites pas trop l'amour, j'en suis sûr. Car quand on a une relation profonde avec une femme, qu'on boit jusqu'à la lie l'amour et la haine, que le cœur s'écœure même de ce sexe qui n'est jamais que plaisir et qu'on en arrive à toucher le fond, là où il devient impossible de ne pas prendre en haine la voracité de son propre pénis, mais ma petite ! il est impossible d'arborer ce petit air guilleret qui est le tien. Il suffit de te voir pour le comprendre. Je ne veux pas te vexer, mais avec les hommes non plus tu n'es pas encore allée bien loin, va ! Tu as encore le visage de ceux qui s'amusent à faire dînette et à jouer au docteur, tout au plus !

J'examinai une nouvelle fois la physionomie d'Utagawa. On lui reconnaissait des lipides en suffisance et un manque évident de fermeté, car la chair abondante de ses joues s'effondrait dès qu'il prenait un air grave, pour aller s'amonceler sur les bas-côtés de la bouche. On aurait pu trouver quelque attrait à cet effondrement des tissus, à l'étendue de cette débâcle de chair, mais certainement pas un attrait d'ordre sexuel, plutôt une espèce de fascination pour la lubricité dégoulinante avec laquelle il dévoilait les pans les plus immondes de son ego, chose que les gens normaux s'emploient ordinairement à dissimuler jalousement. Quant à la prétendue aura tragique flottant autour de lui, il se faisait de douces illusions. Par contre, je sentis très bien que l'éclat des yeux participait surtout de l'irascibilité épileptique et de l'intimidation, et aussi combien il investissait d'énergie dans un amour immodéré de soi, d'une part, et dans le mépris des femmes d'autre part.

Je me dis que jamais je ne voudrais me retrouver sous cette physionomie, ni plaire à quiconque en était affublé, et qu'il valait encore mieux garder ma bonne tête qui faisait dire que je jouais à la dînette. J'avais conscience de détester cordialement cet Utagawa qui imposait la vision qui l'arrangeait le mieux de l'amour sexuel et de l'homme. Sans doute avait-il flairé dans mon air quelque chose de désagréable, car il changea de position avant de me dire : « Dis donc, fais-le-moi bander ! »

Devant mon embarras, Utagawa retrouva son sourire railleur.

— Tu sais, c'est indispensable pour la pièce. Il me faut connaître ses dimensions quand il bande. Frictionne-le donc, que je voie. Si tu n'es même pas capable de ça, je ne vois pas comment tu pourrais faire jouir une femme !

Bon, je concevais qu'exhiber Pénis d'orteil en érection était indispensable pour cette pièce. Mais pourquoi lui fallait-il ajouter des commentaires de la dernière vulgarité tels que « … je ne vois pas comment tu pourrais faire jouir une femme » ? J'enserrai Pénis d'orteil de ma main. J'enrageais de me trouver dans une position où je ne pouvais contrarier la volonté d'Utagawa. Je commençai donc à caresser Pénis d'orteil d'une main appliquée.

— Oh ! elle ne manque pas d'entraînement ! concéda Utagawa.

Je frictionnais laborieusement Pénis d'orteil, en silence. Non seulement je n'étais pas dans la moindre disposition érotique, mais j'avais le cœur tavelé de répugnances pour Utagawa ; le résultat était lent à se manifester. Parvenue tant bien que mal à un état de quasi-érection, je décrochai. Utagawa, qui ignorait tout de mon état d'érection complète, trouva cela très intéressant car il y alla de son commentaire :

— Bon pour le service, on pourra toujours en faire quelque chose !

— Mais en complet déploiement, il fait ses dix-sept centimètres, intervint Shigeki.

— Dix-sept centimètres ? sursauta Utagawa en dardant sur Shigeki un visage ébahi, et sur confirmation de ce dernier, il se tourna vers moi, bouche bée, pour me dire d'un ton furieux : « Ne bâcle pas l'ouvrage ! Fais-le bander à fond ! »

J'en voulais à Shigeki d'avoir livré ces précisions inutiles, mais je repris tout de même le collier. En vain m'évertuai-je, et quand je compris qu'il n'y avait plus d'évolution à espérer, je renonçai à l'entreprise.

— Je pense qu'il vaut mieux renoncer pour le moment, annonçai-je.

— Qu'est-ce que tu as à faire des manières ? houspilla Utagawa qui ne l'entendait pas de cette oreille. Quand on prétend être professionnelle, on doit être capable de bander où et quand le travail l'exige. Sors-les donc tes fameux dix-sept centimètres ! »

Mes efforts avaient amené Pénis d'orteil au seuil de la douleur, je lançai un regard implorant à Utagawa. Un sourire fleurit sur ses lèvres. « C'est donc ça. La masturbation n'est pas ton fort ? dit-il non sans mêler quelque cruauté à son rire. Alors fais-toi faire cela par le petit à côté ! »

Je couvris Pénis d'orteil de ma main. J'avais la langue si sèche qu'il me fut impossible de formuler un mot de refus. Cette scène où j'étais censée recevoir les caresses sexuelles de mon ex-fiancé sur l'injonction d'un tiers n'était-elle pas le comble de l'étrangeté et du lugubre, de l'odieux sur l'arbitraire ? Etait-il à ce point indifférent à Utagawa de faire des gens ses jouets ? Ce n'est pas possible, me dis-je, j'attendais un contre-ordre qui me dirait « ce n'est rien, je plaisantais ». Mais non, Utagawa n'en harcelait Shunji que de plus belle :

— Tu es l'ex-fiancé, non ? Alors tu as dû le lui caresser son Pénis d'orteil ? Elle est dans l'embarras, elle ne peut pas bander. A toi de donner le branle, petit tambour !

— Kinya ! Veux-tu bien cesser de taquiner les jeunes ? intervint Shigeki, sans succès d'ailleurs.

— Si tu lui fais ça maintenant bien gentiment, je crois qu'elle te verra d'un œil nouveau. Une chance unique de te remettre en selle !

Une terreur me saisit. Shunji, qu'aucun sentiment de honte n'entravait jamais, Shunji, qui en toutes circonstances et dans la plus absolue candeur, joignait spontanément le geste à la parole aussitôt que pointait l'oreille du désir, était bien capable d'enfourner Pénis d'orteil dans sa bouche pour peu qu'Utagawa le chauffe un peu. Il ne répondait pas, mais je voyais s'esquisser progressivement une volonté sur son profil. Allais-je devoir endurer la tristesse de la scène, allais-je réussir à ne pas envoyer valser Shunji d'un bon coup de pied ? Je joignis les deux mains que je serrai fortement dans une prière intérieure.

La main droite de Shunji s'ébranla dans ma direction. Je retins mon souffle. Mais ce qu'elle cherchait à tâtons, c'était mon poignet.

— Je ne marche pas.

La voix de Shunji trembla dans l'atmosphère trouble de la pièce.

— Il me faut des moments plus choisis pour fraterniser avec Kazumi-chan. Devant les gens ? Non merci ! C'est dégoûtant, mais ça, je ne l'ai compris que tout récemment. Et je déteste qu'on m'y pousse, qui que ce soit !

Shunji vint se placer contre moi. Depuis que je l'avais revu, j'avais trouvé son *skinship* insistant, collant, effrayant même, mais maintenant je sentais pour la première fois s'écouler de ce corps contre le mien une source vive d'énergies encourageantes. Pour la première fois, je m'émerveillai à ce contact et je me mis tout contre lui. La rondeur des épaules, l'épaisseur des biceps où je décelais une élasticité nouvelle, tout cela c'était bien mon Shunji que je n'avais pas senti depuis bien longtemps. Emportée par la rancœur d'avoir été quittée si cavalièrement, je n'avais pas pris la peine de le regarder d'un œil neuf. Mais ce voyage avec Oinuma semblait l'avoir complètement transformé.

— Ne te cabre pas, mon gars.

Contractant les muscles d'un côté de son visage, comme s'il était gêné, Utagawa s'empressa de déclarer :

— Non, comme disait Shigeki, je voulais vous faire monter à l'arbre, mais pas trop haut ! Allez, les jeunes ! J'ajoute que tu as été sublime ! Regarde ton ex, elle n'a d'yeux que pour toi maintenant ! Mais ce que tu ne sais pas, c'est que j'avais tout comploté pour vous rabibocher, les ci-devant fiancés !

— Ah, à la bonne heure, approuva Shunji d'une voix encore hoquetante des affres de l'instant précédent. Shigeki et Yôhei, en vieux routiers, faisaient des efforts pour ne pas rire. Utagawa, comme s'il voulait renouveler par son charisme l'atmosphère lourde de menaces, commença de parler comme s'il se débondait : « Eh bien, dis donc, tu peux te vanter d'avoir sous la main une équipe hors pair, Shigeki ! Tu es mon sauveur ! La représentation ne dépend plus que de moi maintenant. On va leur en mettre plein la gueule aux petits bourges ! On va les défauteuiller ! L'image que je me faisais de la petite au pénis d'orteil était différente, mais tant mieux, je récris mon scénario et ça va être de la dynamite ! Je m'y mets ce soir même. Vous allez voir ce que vous allez voir ! Le chant du cygne du Flower Show ce sera une a-po-thé-o-se ! A bon entendeur salut ! Je m'attelle à la tâche, je ne veux plus vous voir ! »

Et Utagawa nous congédia sur un claquement sonore de ses paumes.

L'aspect de l'appartement de Kôbe avait changé du tout au tout. La somptueuse chaîne hi-fi, les médicaments louches et la commode pleine de cassettes vidéo avaient été enlevés, une dépression dans la moquette soulignée par un trait de poussière incrustée en était le seul vestige. La vaisselle de prix avait également disparu des étagères du buffet, plus de téléphone non plus, et si on avait bien laissé les canapés-lits dans lesquels nous allions dormir, la pièce que nous avions déjà trouvée spacieuse la première fois le paraissait encore plus, mais avec une sorte de vulgarité froide. La poussière soulevée par le déménagement des meubles s'était agrégée en moutons çà et là pour souligner l'impression de désolation. Le soir de l'arrivée, on eut beau former des équipes de nettoyage, le désenchantement tint tête aux balayages les plus énergiques. Il ne faisait aucun doute qu'une calamité s'était abattue sur le propriétaire des lieux, mais Shigeki dut avouer son ignorance sur la nature de cette dernière.

— Pour moi, il devait se livrer à un trafic louche qui a été découvert par la police, ou quelque chose dans ce genre. En fait, on ne devait plus avoir à faire avec lui, mais Putagaga s'est coupé en quatre pour qu'il nous laisse loger ici jusqu'à la fin de la pièce ; il me l'a assez répété, d'ailleurs, qu'il avait fait l'impossible, pour que je comprenne bien tout ce que je lui devais.

On aura deviné que Putagaga n'était autre que le sobriquet dont les membres du Flower Show avaient immédiatement affublé Utagawa, la déformation du nom n'étant que trop tentante.

J'entrepris donc de lire le scénario que m'avait remis Putagaga. Ce scénario dans son ensemble, ainsi que j'avais pu en juger la première fois – paraît-il que c'était du théâtre d'avant-garde ? – présentait un amoncellement stupéfiant de gags de bateleurs, sur des thèmes plutôt racoleurs, qui se succédaient poussés par des tirades plus proches de la déclamation incantatoire que du dialogue, sans rien d'ailleurs qui vienne s'articuler en un véritable synopsis. Dans des pages tirées à part sur une imprimante, apparaissaient des indications scéniques en italique correspondant aux interventions des membres du Flower Show, qui devaient se produire en invités et pour une soirée seulement. Mon personnage était celui d'une femme qui, dans un accès de démence furieuse, tuait son amoureux qui la trompait avec une rivale, et, après l'avoir émasculé sauvagement, voyait un pénis adventice lui pousser à l'orteil droit. Or, ce pénis adventice, parce qu'il se languissait du vagin perdu de la rivale avec qui la trompait feu son amant volage, entrait chaque soir dans une violente érection ; elle devrait donc se masturber en se lamentant, seule ressource pour apaiser ce *pene furioso*.

— Qu'est-ce que c'est que ça ? murmurai-je assise sur le canapé-lit du séjour.

— Une défense de l'inconstance de l'homme, ou je me trompe fort, émit Aiko.

— Trop simple, protesta Yôhei, c'est un lourd réquisitoire contre la femme.

— Un châtiment pour avoir tué et émasculé un homme ? demandai-je.

— Mais non, un châtiment appliqué à la femme qui est possédée par le sexe. Et pour être plus précis, disons que c'est un châtiment réservé à la femme qui fait souffrir l'homme en se permettant d'avoir ses propres désirs au lieu de se contenter d'accéder docilement aux appétits du mâle.

— Quelle partialité !

Yôhei rit à ma violente indignation.

— Ce type est le président du jury des phallocrates partiaux et égocentriques !

Quant au rôle de Yôhei, par contre, guère de changement : il était toujours « l'homme en qui faisait rage le ressentiment pour n'avoir pu s'attacher l'amour d'une femme en raison de son apparence monstrueuse ». Pour sa partenaire Masami, on avait pensé à ajouter une scène où elle était lapidée sous les quolibets de la populace pour sa perversion sexuelle. Shigeki amenait la femme qui refusait son amour, en l'occurrence Aiko, à un coït *manu militari*, mais labouré de remords au spectacle des souffrances que lui causait son allergie au coït, il courait se noyer dans l'étang. Immédiatement après le suicide de l'homme qui languissait d'amour pour elle, Aiko faisait une petite lessive au bord de l'étang fatal en fredonnant une romance. Sachiè, outre sa performance habituelle, venait rôder autour de moi, en train de consoler furieusement mon pénis parasitaire, en murmurant : « Et si j'te l'bouffais, moi ? » Seuls Tamotsu et Eiko n'avaient pas fait l'objet d'une mise à la scène très élaborée, le démiurge se contentant de les renvoyer à leur numéro habituel.

J'envoyai valser le scénario.

— Un rôle pareil, je n'en veux pas !

— Tu n'auras peut-être pas à le tenir, fit remarquer Shigeki, il a dit qu'il allait le remanier. C'est vrai que comme nymphomane, on a fait mieux.

Il ajouta pour Eiko, assise à côté de moi, et Tamotsu, assis un peu plus loin à côté d'elle :

— Vous aussi, vos rôles peuvent changer. Bon, je ne sais plus très bien où vous en êtes dans vos relations, mais Utagawa est au courant.

— Dites-moi tout ! Je veux savoir où vous en êtes, demanda Masami frétillante de curiosité. Moi, les histoires d'amour, j'adore ça, je veux savoir !

Y compris Shunji qui était assis à ma droite, nous ne savions plus où nous mettre. Sans se laisser déconcerter,

Masami darda un index comiquement anathémique dans notre direction :

— Si vous voulez mon avis, c'est le genre de problème que s'attirent les bisexuels, voilà !

Tamotsu n'avait pas d'expériences homosexuelles, son visage se défit légèrement.

— Un bisexuel, il n'est ni chair ni poisson, et passe des hommes aux femmes, sans se fixer jamais. Et pour justifier ses infidélités et ses papillonnements, il se sert de l'argument suivant : « Oui, j'ai un partenaire de tel sexe, mais je n'en continue pas moins à aimer l'autre sexe, etc. » S'il se lasse de son amant, disons normal, il trouvera que c'est parce que finalement il préfère l'autre sexe. Et il te faussera compagnie sans le moindre remords. C'est odieux ! Moi qui vous parle, j'en ai vu de toutes les couleurs avec les bisexuels !

— Comment, Masami, tu n'es pas bisexuelle, toi ? demanda Eiko d'une voix lugubre.

— Toi, je ne te demande rien ! lança Masami babines retroussées.

Le deuxième soir de notre séjour à Kôbe, aucun changement radical n'était survenu dans notre quatuor. Tamotsu campait calmement sur ses positions, c'est-à-dire qu'il ne tentait rien pour se rapprocher d'Eiko ; sans doute que le fait de se retrouver dans cet appartement lui calmait un peu les nerfs. Il avait même persuadé Shunji de se laisser emmener quelque part, lui qui ne voulait pas me lâcher d'une semelle. Ils avaient l'air de s'être bien amusés, car Shunji, revenu de sa promenade avec une mine très satisfaite, semblait avoir renoncé à se coller à moi. Mais Tamotsu nous tenait, Eiko et moi, sous une surveillance constante, et Shunji avait constamment l'oreille aux aguets, on les sentait toujours dans notre dos.

Les dispositions d'esprit de Tamotsu et de Shunji étaient claires et nettes. Celles qui n'étaient pas claires, c'étaient plutôt Eiko et moi. Tout en affirmant qu'elle n'avait pas été le moins du monde remuée par la grande déclaration de Tamotsu prétendant que ça lui était bien égal qu'elle m'aime plus que lui car tout ce qu'il désirait c'était de se trouver à ses côtés, Eiko glissait peu à peu vers une attitude plus permissive à son égard. Si elle ne lui adressait pratiquement jamais la parole de sa propre initiative, elle riait un peu trop librement aux facéties et aux bons mots de Tamotsu, et ne se rebellait plus s'il choisissait de s'asseoir à côté d'elle. Je commençais à penser que, dans le fond, elle n'avait pas complètement renoncé à lui. Un amoureux de longue date ne devient pas détestable du jour au lendemain. Eiko avait formellement déclaré qu'elle me préférait à Tamotsu, mais depuis qu'il s'était mis à multiplier les protestations de loyauté, il n'était pas impossible que son cœur penche de nouveau vers lui.

Du moins était-ce ce que je tentais d'imaginer, mais la réalité me demeurait obscure. Peut-être que, me réglant sur l'agitation de mon cœur, je voulais croire qu'Eiko était en train d'hésiter entre Tamotsu et moi. Depuis qu'il avait pris ma défense dans le bureau d'Utagawa, Shunji m'intéressait. Je voulais en savoir davantage sur ce qui avait changé en lui, puisqu'il paraissait revenir transformé de ce voyage avec Oinuma qui avait été pour lui un calvaire. Dès que s'effaçait le mur que j'avais sciemment édifié entre Shunji et moi, même les traits qui n'avaient pas changé chez lui, je me les rappelais avec tendresse. Seulement, comme j'aimais aussi Eiko, ce sentiment vis-à-vis de Shunji me laissait un goût de remords, je me sentais frivole, coupable. Si je ne pouvais pas questionner franchement Eiko sur le fond de son cœur, c'était à cause de ce remords.

Hier soir, nous nous étions tous mis au nettoyage de l'appartement, et moi, je m'occupais de l'entrée. J'avais commencé par balayer la poussière du vestibule et, tant qu'à faire, je rassemblais aussi les détritus de toutes sortes qui traînaient dans le couloir, quand Eiko, qui s'était vu attribuer le coin salle à manger, était brusquement sortie et m'avait serrée dans ses bras. Cette étreinte, après deux jours de purgatoire, provoqua une ivresse en moi, et après un baiser, je souris de bonheur. Eiko, qui avait un visage tendu, sourit également en déclarant : « J'ai bien cru que Shunji m'avait volé ma Kazumi ! »

Ce fut l'occasion de me souvenir que, quelques heures plus tôt, dans le bureau d'Utagawa, mon corps s'était rapproché de Shunji. Ma culpabilité se lisait-elle sur mon visage ? Eiko devint soudain très pâle en me regardant. Et elle disparut dans la pièce en me jetant : « Quelle franchise ! »

Que je m'en sois voulue, inutile de le dire. Et pas seulement pour les volte-face de mon cœur volage. J'aurais préféré, et de loin, que mon cœur se partage entre les deux. Au moins, quand je me serais pelotonnée contre Shunji, je n'aurais pas pensé à Eiko, et inversement, quand Eiko m'aurait enlacée, je n'aurais pas pensé à Shunji. Mais cette façon de perdre la tête au moindre contact physique, voilà ce qui me faisait honte au-delà de toute expression. Je me voyais comme une espèce d'animal d'un ordre inférieur, guidé par ses pulsions, incapable du moindre comportement conséquent, et j'étais résignée à me faire rappeler par Eiko que je ne l'aimais pas. Mais quand j'essayais de convoquer à ma mémoire à la fois Eiko et Shunji, je pouvais vérifier qu'un puissant sentiment d'amour jaillissait pour l'un comme pour l'autre. Je m'efforçai de croire que tout ceci était, non pas une preuve de frivolité de ma part, mais plutôt une preuve que mes réactions physiques étaient infaillibles.

Contrairement à mes craintes, Eiko n'était pas fâchée. Au moment de dormir, elle me prit la main sans hésitation et se dirigea vers le canapé-lit qu'elle avait occupé la dernière fois avec Tamotsu.

Quand la voix de Shunji nous poursuivit d'un « Kazumi-chan, où vas-tu ? », ce fut d'une voix paisible mais d'une fermeté sans réplique qu'elle répondit : « Kazumi-chan dort avec moi. Et Shunji-kun dort avec Tamotsu. » Elle avait passé pratiquement toute la journée avec moi, et elle ne m'avait pas demandé ce qui s'était passé entre Shunji et moi. D'ailleurs, elle était très gentille avec lui. Comme si elle avait lu dans mon cœur, elle semblait épouser mes désirs. Quant à moi, je n'avais pas la moindre idée de ce qu'il y avait dans son cœur.

Il ne se passait rien de grave, mais la tension montait. Plusieurs fois par jour, il nous arrivait de rire ensemble comme si de rien n'était, mais cela ne durait pas, la réalité nous rattrapait et nos quatre têtes retombaient aussitôt. Vu de l'extérieur, notre petit groupe offrait un spectacle étrange. Il n'y avait rien d'étonnant à ce que Masami brûle d'envie de savoir de quoi il retournait.

— Bon, moi je m'en vais débrouiller votre affaire. Tamotsu aime Eiko, et Shunji aime Kazumi. Là-dessus : Eiko balance entre Tamotsu et Kazumi, et Kazumi entre Shunji et Eiko, ce n'est pas ça ? Donc…

— Moi je ne balance pas du tout. S'il y en a une qui balance, c'est seulement elle.

Eiko avait coupé court au développement de Masami et pointait un doigt accusateur sur moi. Une affirmation aussi catégorique formulée d'un ton parfaitement serein, si elle me fit perdre contenance, aiguisa la curiosité de Masami qui plongea son regard dans le mien pour conclure :

— Disons que tu as deux cordes à ton arc.

— Oh non ! J'en serais bien incapable !

Mais sans attendre la fin, Masami s'écria à toute vitesse : « N'en dis pas plus ! Quoi que tu puisses ajouter, il est évident que tu fais partie des gens qui se retrouvent toujours du côté du bonheur. C'est inadmissible, avoir ainsi deux personnes à sa dévotion ! »

Je me taisais, écrasée par son impétuosité, mais Eiko fit entendre un rire sonore, comme pour dire qu'elle lui ôtait un grand poids de la poitrine.

— Vas-y, Masami, encore !

Mise en verve, Masami accéléra son débit : « Libertine ! Lâche ! Coquine à tête d'angelot ! Et ça se permet de faire semblant d'être tourmentée ! Rien que pour cela tu devrais être punie ! Ah ! tu en as de la chance ! Et dire que toute ma vie j'ai souhaité, une fois au moins, avoir les deux mains pleines de bonheur ! Idiote ! idiote ! idiote ! »

Tout le monde écoutait en riant cette sortie véhémente, et c'était Eiko qui trouvait ça le plus drôle. Sans doute qu'elle se défoulait de sa colère trop longtemps contenue. D'ailleurs je m'étais faite toute petite, car je sentais, derrière son rire, une rage intérieure qui me décochait des volées d'épines. Au lieu de se laisser aller ouvertement à sa colère, elle utilisait Masami pour décharger son cœur, c'est-à-dire qu'elle prenait ses distances vis-à-vis de moi. Je ne sais pas si je me fais bien comprendre, mais tout ceci était profondément triste. Et en parlant de mettre des distances, depuis le moment où nous avions embarqué dans le minibus pour nous rendre à Kôbe, Eiko s'était enfermée dans sa coquille, du moins en apparence, et ne laissait rien transparaître de ce qu'elle ruminait. Je pense que la réponse à mes questions était trop évidente, Eiko venait de la formuler sans détours il y a un instant en lançant son : « Moi je ne balance pas du tout ! » Quel autre parti me restait-il que de me laisser agonir d'injures par Masami ?

— Et tu ne te révoltes pas ! dit Masami en changeant de ton. Tu encaisses comme ça sans dire un mot, tu es vraiment un excellent instrument de diversion. C'est formidable de t'avoir toujours à portée de main. Dis, tu ne resterais pas avec moi, pour toute la vie ?

— Très peu pour moi, répondis-je.

— Tiens, comme c'est curieux ! Avec moi tu n'y vas pas par quatre chemins !

Masami fit une grimace, mais elle ne semblait pas le prendre en mauvaise part, car elle poursuivit ses théories de plus belle :

— Moi, si j'étais toi, j'habiterais avec Eiko et Shunji.

— Et moi, qu'est-ce que je deviens là-dedans ? s'écria Tamotsu.

— Toi, tu vivras avec Shin, c'est simple.

— Avec un type pareil ! Jamais de la vie, il ne sert strictement à rien !

— Bon, alors excise-le, évide-le et liquide-le !

Sa voix glapissante et la violence de ses paroles résonnèrent dans le séjour, et tout le monde, sauf Masami, retint son souffle. Sans se laisser impressionner par le silence, Masami considérait Tamotsu du coin de l'œil pour le sommer de répondre. Cette fois, son regard était très sérieux, sans aucune commune mesure avec l'œil malicieux qu'elle dardait sur moi tout à l'heure. Tamotsu ne trouvant rien à répondre, elle continua de le harceler.

— D'abord, si tu t'es fait larguer par Eiko, c'est parce que tu as toujours été incapable de renoncer au sexe normal et que tu passais ta hargne sur elle. Et si tu veux que je te dise pourquoi tu ne peux pas renoncer au sexe normal, c'est parce que tu es affublé du pénis de ton frère Shin, qui te donne l'apparence de quelqu'un capable de sexer normalement, pas vrai ? Si tu prenais la décision courageuse de dire adieu à Shin pour toujours, renoncer à sexer normalement ne serait plus un problème. Fais-toi donc opérer !

Tamotsu lança avec un rire maussade : « Il faut vraiment s'être coupé le pénis pour tenir des propos aussi cinglés ! » Mais Masami ne se laissa pas impressionner par cette sortie de Tamotsu.

— Je pense que nous en sommes à peu près au même point, tous les deux, pour ce qui est du degré d'anomalie et de perversion.

Tamotsu se plongea un moment dans le silence, comme s'il ravalait sa mauvaise humeur, puis il dit finalement en baissant le ton :

— Si je me débarrassais de Shin en ce moment, je n'aurais plus aucune chance contre Kazumi-san.

— Mais pas du tout, lançai-je sans réfléchir, ce n'est pas le pénis qui est un problème !

— Ah oui, vraiment ? hurla Tamotsu en allongeant le cou derrière Eiko. On te sent vraiment pleine d'assurance pour tes qualités humaines, toi !

— Mais il n'y a personne qui te dit cela ! lui hurlai-je en retour.

— Bon, alors qu'est-ce qu'elle trouve de bien en toi, Eiko ?

— Mais je n'en sais rien !

Nous étions arc-boutés sur nos jambes pour nous pousser en avant et mieux hurler l'un sur l'autre. Il fallut Masami pour nous séparer. J'étais exaspérée de mon manque d'éloquence qui m'empêchait de dire à Tamotsu tout ce que je voulais lui exprimer. Tout en réfléchissant à ce qu'il conviendrait de dire pour le convaincre, je m'entendis tourner et retourner dans ma bouche cette évidence : « Qu'on ait ou qu'on n'ait pas de pénis, ça n'a aucune importance, et ce n'est pas parce qu'elle a été séduite par Pénis d'orteil qu'Eiko est venue avec moi ! »

Eiko n'avait pas dit un mot.

Mais le sermon de Masami à Tamotsu n'était pas terminé.

— Tu changes de corps, et tout change. Et d'abord, ton mental. C'est vraiment trop cruel de se servir de Shin d'une manière aussi barbare. C'est pour ton bien que tu dois te faire opérer, et aussi pour le bien de Shin.

— Mais quand même… voulut protester Tamotsu, en baissant la tête, nous séparer, ça signifie la mort de Shin.

— Lui, tu le laisses reposer en paix. Et puis, pense à tous les éléments nutritifs qu'il t'absorbait et dont profitera ton organisme.

Baissant de plus en plus la tête qu'il avait à présent presque sur les genoux, Tamotsu dit quelque chose, mais dans un chuchotement presque inintelligible.

— Que dis-tu ? demanda Masami, mais Tamotsu ne voulut pas répéter. Je n'ai rien entendu, dit Masami.

— Il a dit non, c'est tout, répondit Shunji à sa place.

Je tournai avec les autres mon regard vers Shunji, puis vers Tamotsu qui avait recommencé à parler, d'une voix un peu plus audible cette fois :

— J'ai beau être ce que je suis, je ne peux pas commettre un assassinat, tout de même.

— Mais puisque tu hais Shin !

— Ça c'est uniquement parce que je ne peux pas discuter avec lui. Je ne peux pas me disputer, et pas davantage me raccommoder, et surtout pas jouer avec lui. Le beau frangin que voilà, qui m'a toujours laissé en plan !

— Qu'il meure donc, ce ne serait pas une grande perte.

Tamotsu releva la tête en hurlant : « Mais c'est mon frère, rigoureusement mon frangin d'une seule chair, d'une seule âme ! »

Tamotsu ne pleurait pas, non. Sa manière de s'exprimer était normale. Si ce n'est que sa voix était pareille au vagissement que le bébé pousse du fond de son ventre.

— Il a toujours vécu avec moi. Plus longtemps que n'importe qui. C'est vrai que j'ai voulu le tuer des tas de fois, mais à présent j'en serais tout à fait incapable. Nous mourrons, mais ce sera ensemble. Voilà !

Sur ces mots, Tamotsu se leva, traversa la pièce à grandes enjambées nerveuses et disparut dans l'obscurité du balcon. Abasourdis par ce cri jailli des tréfonds de son être, nous étions tous dans un état d'absence profonde, laissés très loin en arrière, à l'exception de Masami qui, apparemment très émoustillée, rutilait de son éternel sourire affecté. « Quelle profondeur a l'amour, même chez les morveux comme lui ! » dit-elle ; puis tapotant le genou d'Eiko, elle ajouta :

— Plus de doute possible, il est profondément épris de toi. Que vas-tu faire ?

— Qu'on ne me demande surtout pas ce que je vais faire, dit Eiko en enflant progressivement la voix comme si elle voulait écraser un doute, puisque je ne l'aime plus !

— Oui, bien sûr, exulta Masami, le visage de plus en plus épanoui, quelle que soit la profondeur de sentiments que l'autre vous porte, si on ne l'aime pas, cela tourne en pipi de chat !

Si Masami abondait dans son sens, c'était pour se moquer d'elle, et Eiko semblait d'ailleurs s'en être rendu compte car son expression se fit maussade.

Même moi, cela ne m'avait pas échappé. Quand Tamotsu était parti sur le balcon, Eiko avait fait mine de le suivre. Elle avait aussitôt stoppé son mouvement et détourné le regard, mais il était patent que, malgré la débâcle, des fragments de son cœur n'étaient toujours pas détachés de Tamotsu. Bien sûr, cela crevait les yeux ! Et tout le monde s'acharne à me donner le mauvais rôle, me dis-je, et cette pensée me fit rire intérieurement. Mais, l'instant d'après, les échos du rire se muaient en gouttes glaciales et il pleuvait des hallebardes dans le fond de mon cœur. C'était une vue tout à fait personnelle, sans doute, mais moi, qu'Eiko balance entre Tamotsu et moi, cela me faisait souffrir.

Eiko se raidit en repoussant mon regard. Il n'y avait pas que moi qui souffrais, elle aussi avait largement sa part.

Je prenais le frais sur le balcon en m'exposant au vent, quand Eiko vint de l'appartement et me posa la main sur le bras en m'annonçant que le déjeuner était prêt. Je crus qu'elle voulait me tirer doucement par le bras, mais en fait, elle pinça fort en tirant la peau à travers le lainage. J'allais lui dire qu'elle me faisait mal, mais déjà les doigts qui me pinçaient s'étaient éloignés et Eiko, l'air de rien, me tournait le dos pour réintégrer l'appartement. Je hochai la tête tout en massant la région de mon bras où persistait la sensation douloureuse.

Eiko était plutôt de bonne humeur, aussi je mis ce geste sur le compte d'une niche qu'elle avait voulu me faire pour tromper son ennui, et je réintégrai à mon tour l'appartement. Un riche fumet de pâtes à l'huile d'olive m'accueillit dans la salle à manger. Yôhei, qui cuisinait toujours très bien, avait préparé à manger pour ceux qui étaient restés pour midi dans l'appartement, c'est-à-dire Shigeki, Aiko, Eiko et moi. Tamotsu, Shunji et Sachiè étaient partis au restaurant sur la proposition de Masami. Tamotsu, que les paroles de Masami avaient violemment commotionné hier soir au point qu'il hurlait d'une voix qui suait le sang, était parfaitement calme ce matin. Invité par Masami, il l'avait suivie sans histoire, docilement, pourrait-on dire.

Shigeki et Aiko mangeaient ensemble en compagnie de Yôhei. Tout en portant distraitement la fourchette à la bouche, Shigeki parcourait le nouveau scénario de la pièce d'Utagawa, livré il y a une demi-heure par courrier exprès. Comme Utagawa avait indiqué ses remaniements à la main, il n'avait fourni qu'un seul exemplaire, si bien que j'ignorais encore les retouches apportées à mon personnage.

— Et alors, qu'est-ce que ça donne ? demanda Yôhei.

— On ne voit pas très bien la différence avec ce qu'il avait fait avant, répondit Shigeki en faisant mine de passer le scénario à Yôhei, mais se ravisant, il tourna son regard vers Eiko et moi : « C'est plutôt à vous deux d'en juger d'abord. »

Je trouvai quelque peu bizarre qu'il se soit adressé à nous deux, mais je pris le scénario qu'il me tendait. Je feuilletai les pages d'où dépassaient des post-it, pour découvrir qu'il avait rempli les marges à ras bord d'une écriture vigoureuse et désordonnée. Après avoir lu, je brandis sans un mot la chose sous le nez d'Eiko assise à côté de moi. Geste que Shigeki crut pouvoir assortir d'un commentaire : « Il a beau avoir tout chamboulé, il n'a rien perdu de sa verve de Putagaga Kinya ! »

Moi, je n'avais vraiment pas envie de dire quoi que ce soit. Mon ancien rôle, en gros, me voyait affligée d'un pénis parasitaire pour avoir tronçonné celui de l'homme qui m'avait trahie. Selon le nouveau scénario, je recevais d'un pervers, en l'occurrence Masami, le pénis qui lui avait été amputé. Puis, je m'immisçais entre Tamotsu et Eiko, les amants aux copulations laborieuses, pour ravir celle-ci à celui-là et me vautrer avec elle dans le stupre. Eperdu de douleur, Tamotsu se confectionnait un godemiché gigantesque, sous lequel il ruminait de nous écrabouiller, Eiko et moi, mais dans l'assouvissement de sa fureur, se trouvait écrasé par l'instrument même de son noir dessein. Tandis qu'Eiko et moi, qui ne nous doutions de rien, poursuivions nos fornications de plus belle, l'obscurité se faisait sur la scène. Surgissait alors Shunji, en pianiste non voyant, qui délaissait son instrument pour se rapprocher de nous en pleine fornication et tripatouiller avidement le charnel empilement de nos corps de femmes.

Je m'imaginai le personnage d'Utagawa, avec son visage cireux et flasque dans lequel les yeux seuls étincelaient furieusement, laissant planer son regard d'arbitre, non seulement sur la scène, mais sur le monde entier.

Intégrer ainsi dans son intrigue, au pied levé, le récit de notre vie privée dont il avait eu vent il y a deux jours à peine, et reproduire telle quelle, sans y apporter la moindre trace de réflexion ou d'esprit critique, l'image négative qu'il avait de l'homosexualité, c'était vraiment une démonstration de mépris et de bassesse. Mais surtout, vouloir nous faire jouer ces rôles, à Eiko et à moi, qui galvaudaient et avilissaient notre vie privée, on sentait là un appétit sadique qui allait bien au-delà de la simple méchanceté. Même l'épithète d'abject était trop faible.

— Ah oui, je vois, murmura flegmatiquement Eiko en envoyant valser le scénario par-dessus la table.

Yôhei se leva et alla le ramasser.

— Pourquoi se servir ainsi de la vie privée des gens ? lança Eiko.

— Simplement parce qu'il manque d'imagination, commenta Shigeki. Comme il n'est même pas capable de diriger ses acteurs, il jette en appât des tranches de leur vie personnelle qui leur servent de substitut d'intrigue. Et puis il y a aussi qu'il meurt d'envie de vous voir à l'œuvre.

— Quel immonde individu ! fit Eiko en laissant paraître son dégoût absolu.

Rapidement parcouru par Yôhei, le scénario passa aux mains d'Aiko qui le survola en vitesse avant de conclure : « Tant qu'à faire, je trouvais ton rôle moins mauvais avant, non ? »

Elle avait tout à fait raison.

— Il faut absolument que je le joue, ce rôle ? demandai-je.

— Tu vas dire à Putagaga qu'il te déplaît ? demanda Aiko en riant, à quoi Shigeki enchaîna de son air le plus grave :

— Non, on n'a pas le choix, c'est Utagawa le patron.

— Et si tu le lui disais quand même, que tu refuses ? dit Aiko en s'adressant à Shigeki d'un air enjoué. Jusqu'à présent on ne lui a jamais rien refusé. Si tu lui dis que tu ne marches pas, il va ouvrir de grands yeux, et c'est tout !

— Et puis après, il va piquer sa plus belle crise d'hystérie, prévint Shigeki en se tournant vers Eiko et moi. On fait semblant d'obéir et on le trahit dans son cœur, voilà tout !

Je devais faire une tête peu engageante car il me demanda :

— Tu ne veux vraiment pas ? Tu sais, tu n'as pas besoin de montrer ton jardin secret. Tu joues, tu fais semblant, ce sera bien suffisant. Qu'est-ce que tu veux qu'un Utagawa comprenne de nous ?

— Non, ce n'est pas ça, mais…

Ce n'était pas de me donner en spectacle avec Eiko qui posait problème, j'avais déjà accepté cette idée quand j'avais pris le chemin du *ryôtei* d'Akasaka.

— Ce qui me déplaît, c'est de me plier à ses désirs. Et surtout qu'en acceptant ce rôle on se prête à la démonstration de sa haine de l'homosexualité.

Shigeki prit un air dubitatif, mais Aiko approuva aussitôt :

— Absolument. Il se paie votre tête. Je préfère mon rôle de femme qui lave son linge au bord de l'étang.

Là-dessus Shigeki prit le scénario et se remit à le parcourir.

— Pourquoi ? Parce qu'il vous confine dans un rôle de femme dégradant et minable ? Ecoutez, ça n'a rien d'agréable, je vous l'accorde, mais dites-vous bien que quelle que soit l'intention de cet Utagawa, ce qu'on nous demande de faire, c'est toujours la même chose. Il faut se forcer un peu, je ne vois pas d'autre solution.

— Et pourquoi donc ? demanda Aiko, ce qui fit relever les yeux à Shigeki. Pourquoi faudrait-il se forcer ? répéta-t-elle.

Elle souriait en disant ça, mais on sentait quelque chose de virulent dans le ton de sa question. Shigeki répondit en y mettant toute la sage résignation de l'adulte :

— Parce que c'est Utagawa qui a l'argent, et que nous sommes acculés, voilà pourquoi.

— Mais qu'est-ce que ça peut faire, de dire qu'on n'en veut pas ? Qu'une fois au moins, puisque c'est la dernière, on affirme sa volonté ! Moi, cette idée me plaît.

Cette idée semblait surtout la mettre sur les nerfs. Shigeki la considéra un instant, d'un air assez embarrassé, avant de pousser un soupir.

— Ce n'est peut-être pas la dernière fois.

— Comment ça, pas la dernière fois ?

— Utagawa serait d'accord pour acquérir le Flower Show. Il veut surtout Yôhei, toi et moi.

— C'est la première fois que j'en entends parler ! lança Aiko, le visage soudain empourpré.

Moi non plus, je n'en savais rien, pas plus qu'Eiko d'ailleurs, à voir la stupeur qui se peignait sur son visage.

— Je savais très bien que tu allais dire non, c'est pour ça que j'attendais l'occasion.

— Ah, parce que tu n'avais pas abandonné ton idée de me convaincre de prendre ce rôle de femme qui lessive au bord de l'étang ?

Cette fois, Aiko était franchement sortie de ses gonds. Fusillant Shigeki du regard, elle vociféra avec une énergie qui fit voler ses cheveux autour d'elle :

— Dis donc, toi ! Depuis quand es-tu de mèche avec Utagawa ?

— Mais je ne suis pas de mèche avec lui, absolument pas, protesta Shigeki, mais d'un ton faible, car il n'en menait pas large. Comment veux-tu qu'on change d'existence ?

— Mais l'existence, il suffit qu'on se mette à travailler un peu pour en changer ! On n'avait pas parlé d'ouvrir un café ? Est-ce qu'on n'a pas les fonds pour le faire ?

— Tu crois vraiment qu'on pourrait faire marcher un café ? Des gens comme nous, qui ont pris l'habitude d'une vie facile et toujours en mouvement ? Mon idée à moi, ce serait de continuer quelque temps à faire de l'argent avec la troupe d'Utagawa pour monter une entreprise avec Yôhei.

— Alors moi, pour le rêve d'un homme, et pour un Utagawa que je vomis cordialement, on me forcerait à prendre un rôle débile ?

— Bon, si ça te déplaît, tu peux toujours rester à nous attendre à Tôkyô.

Le visage d'Aiko qu'échauffait la colère revint soudain à la froide réalité. Seuls ses yeux flamboyaient, un léger sourire vint déformer la commissure de ses lèvres.

— Oui, je te reconnais bien là, respectueux des sentiments de ton entourage, plein de savoir-vivre et de savoir-faire, mais si on gratte un peu ce joli vernis, voilà ce qu'on découvre, intéressé et lâche !

Shigeki avait pâli, mais Aiko fut impitoyable.

— Et c'est ce que je déteste le plus en toi ! lança-t-elle en même temps qu'un coup de pied à la chaise, avant de disparaître dans la pièce du fond.

Shigeki resta plusieurs secondes prostré sur sa chaise, les doigts entrelacés, avant de se lever et d'aller la rejoindre. L'instant d'après, Aiko passait en trombe devant nous pour se diriger vers l'entrée, suivie de Shigeki lancé à sa poursuite. Yôhei, Eiko et moi, nous attendîmes un peu que se calme le choc. Eiko ouvrit la bouche la première.

— Je n'avais jamais vu Aiko aussi en colère.

Moi, j'avais l'impression que je prévoyais la crise depuis longtemps. Mais maintenant qu'elle s'était produite, c'était comme une déflagration.

— Aiko m'avait déjà laissé entendre que leurs rapports étaient plus distants qu'on ne l'imaginait.

— C'est vrai ? demanda Eiko, suscitant seulement chez Yôhei le hochement de tête de celui qui savait depuis longtemps mais ne disait rien.

— C'est vrai que j'ai entendu Aiko dire qu'il était inévitable qu'un jour ou l'autre il s'éprenne d'une femme avec un corps comme tout le monde.

— Ça m'étonne, répondit Yôhei très catégorique, Aiko est la première femme dont Shigeki est réellement amoureux.

— Mais Aiko ne le sent pas comme ça ? demanda Eiko.

— Je ne sais pas si c'est par manque de communication ou refus d'Aiko, avoua Yôhei en secouant douloureusement la tête.

— Peut-être qu'en définitive elle ne l'aime pas ? demandai-je.

— Va-t'en savoir, répondit Yôhei songeur. Même s'il a des côtés qui l'agacent ou qui lui sont insupportables, je ne peux pas croire qu'elle ne l'aime pas.

— Pauvre Shigeki ! murmura Eiko.

— Non, je pense que pour Shigeki c'est bien ainsi. Puisque c'est lui qui a décidé de rester auprès d'elle tout en sachant qu'elle ne l'aimait pas autant qu'il l'aime.

Cette déclaration de Yôhei rendit Eiko soudain silencieuse. Moi aussi je me perdais dans mes pensées. Cette Aiko qui accusait froidement Shigeki de n'être qu'un calculateur et un lâche, avait bien dû se sentir attirée par lui quand ils s'étaient rencontrés. Quand donc avait-elle commencé à découvrir chez lui ces côtés déplaisants qu'elle dénonçait aujourd'hui avec éclat ? Etait-ce parce qu'elle n'avait pu s'habituer à ces côtés déplaisants qu'elle avait développé une vision pessimiste de ses rapports avec Shigeki ? Si elle le détestait sur toute la ligne, ils n'avaient qu'à se séparer, ça résolvait le problème une fois pour toutes, mais si elle ne parvenait pas à le détester entièrement, continuer ainsi à le fréquenter avec mauvaise conscience, n'était-ce pas épuisant ? Et pendant ce temps, le sentiment qu'elle lui portait se déformait toujours davantage. Rien que d'imaginer une pareille situation m'épuisait moi-même. Bien sûr, je n'avais pas la délicate sensibilité d'Aiko et mes facultés d'introspection étaient dérisoires, mais pour moi les sentiments ne pouvaient être que d'une pièce : j'aimais ou je détestais. Et même si j'avais cru déceler en moi des sentiments complexes vis-à-vis de Shunji quand on s'était revus, maintenant que j'y repensais, je n'avais rien fait d'autre que de manifester de la mauvaise humeur et de la rancune. Et avec Eiko, c'était pareil : à mesure qu'avait grandi notre intimité, si j'avais dû apporter de sérieuses retouches à la première définition que je m'étais faite de son caractère – tantôt hargneuse à chercher noise, tantôt tortueuse et manquant de franchise, j'avais relevé chez elle des côtés pas trop reluisants – pour ce qui était de l'aimer, mon sentiment, lui, n'avait jamais changé. Et n'était-ce pas là un ingrédient du bonheur ?

Tandis que nous étions là, tous les trois, à ruminer nos pensées, un joyeux brouhaha annonça le retour de Masami et de sa suite. Tamotsu, sa bonne humeur recouvrée, se planta devant moi, le bras passé au cou de Shunji.

— Tiens ? Ici aussi on a mangé des spaghetti ? Moi c'étaient des spaghetti à l'encre de seiche ! annonça-t-il en arrêtant son regard sur les assiettes abandonnées sur la table et en poussant Shunji sur mes genoux.

— Qu'est-ce qui te prend ? fis-je.

— Je le pose sur son lieu naturel, commenta-t-il suavement en s'asseyant en face de nous. Mais Shunji, de sa propre initiative, choisit de se rasseoir à côté de moi.

Otant son écharpe, Masami nous demanda : « Qu'avez-vous, bon dieu ? On dirait une veillée funèbre ! »

Mais Yôhei ne pipa mot de Shigeki et d'Aiko.

— Utagawa nous a envoyé son scénario remanié.

— Tu dois le lire, Shunji, dit Tamotsu.

— Fais-lui la lecture à haute voix. Toi aussi, ton rôle est chamboulé, tu sais, fit remarquer Yôhei en ouvrant les pages en question avant de passer le manuscrit à Tamotsu.

Deux corps de femmes entachés de péchés monstrueux grouillent et se trémoussent, voluptueux et lascifs, dans les flammes de l'enfer (vision baudelairienne), précisait l'indication scénique d'un comique d'autant plus irrésistible qu'elle était lue d'une voix monocorde. Mais la scène qu'on imaginait en l'entendant formait un tableau absolument répugnant.

Je sentis que pendant qu'il écrivait ces horreurs, Utagawa ne s'était pas privé du plaisir de reporter sur nous ses fantasmes, et en relisant ce qu'il avait écrit, comme il avait dû rire dans sa barbe en se représentant notre honte à la lecture de ce texte nauséabond.

— Alors comme ça, je meurs ? Mais moi je ne veux pas périr écrasé sous un pénis ! s'emporta Tamotsu lorsqu'il eut terminé sa lecture.

— Mais mon petit, tu ne l'es pas déjà, écrasé sous le pénis ? fit remarquer sans attendre Masami.

— C'est pour ça que je n'en veux pas ! lança Tamotsu sans remettre cependant Masami à sa place. Qu'au moins sur scène j'enfourche un pénis pour voler dans les airs !

Toujours obsédé du pénis, je vois ! Ah, voler dans les airs accroché aux épaules d'Eiko ! C'est ça qu'on devrait t'entendre crier !

Tamotsu rougit. Un réflexe involontaire envoya balader mon regard du côté d'Eiko. Sans se départir de son air ombrageux, elle aussi avait rougi. Son obstination à vouloir accréditer à tout prix la version qu'elle n'aimait pas Tamotsu était si dérisoire que je dus étouffer un sourire. Tamotsu, qui n'avait même pas remarqué le léger fard piqué par Eiko, déclara, pour balayer sa gêne : « Moi, je préférerais tenir le rôle de Shunji. S'entortiller comme ça avec deux femmes, mais c'est un rôle en or ! »

Ce Tamotsu était vraiment désespérant : il venait à peine de se montrer sous un jour aimable qu'il lui fallait noircir le tableau par quelques mots amers. Masami se renfrogna, voulut dire quelque chose, mais la voix de Shunji lui coupa la parole :

— Un rôle pareil, ce n'est pas pour moi !

— Et pourquoi ?

— Quand deux êtres fraternisent, moi je ne veux pas intervenir. C'est arrivé une fois avec Tama-chan en tournée. Il était en train de fraterniser avec un autre garçon : touche voir, m'a-t-il dit, et…

— Suffit, l'arrêta Eiko, on n'a pas besoin d'entendre la suite pour comprendre !

Shunji se rappelait-il quelques épisodes honteux orchestrés par Oinuma, car son corps accusa un petit tremblement triste. Incapable d'assister indifférente à ce spectacle, je lui posai la main sur le dos. De même qu'il m'avait redonné courage dans le bureau d'Utagawa par une pression appuyée de la main, je me dis que je pourrais peut-être balayer ces funestes souvenirs qui avaient resurgi dans sa tête. Shunji se renversa en arrière, calant ma main entre son dos et le dossier du canapé. Je trouvai curieuse la réserve de cette nouvelle manifestation de *skinship*, car il ne tenta nulle manœuvre d'approche, nul serrement de main. Mais lorsque mon regard rencontra celui de Tamotsu qui nous observait fixement, j'y lus que Shunji restait sur sa réserve à cause de la présence d'Eiko.

Saisissant l'allusion, je m'inquiétai d'Eiko, ce qui me fit tourner la tête pour m'éloigner de Shunji. Eiko promenait un regard sans expression sur la table. Ces derniers temps, j'avais l'impression qu'elle n'était jamais aussi orageuse en dedans que lorsqu'elle arborait des dehors inexpressifs. Bien sûr, je n'étais pas toujours très attentionnée, mais je ne pouvais tout de même pas, sous prétexte qu'Eiko était là, abandonner Shunji à des souvenirs pénibles. C'était comme si on me scindait le cœur en deux. Je sentis que je ne pourrais plus supporter longtemps cette tension.

— Alors, ça ne te plaît pas non plus, Shunji ? dit Tamotsu. Il aurait mieux fait de me laisser l'écrire, son scénario ! Au moins j'aurais fait en sorte que chacun des membres du Flower Show se sente heureux dans son rôle.

— Rends-nous heureux alors !

C'était Eiko qui avait lancé ce cri, d'une voix théâtrale mais pressante, comme si elle avait sauté à pieds joints dans ce pan de rêve, aussi optimiste que vague, brossé par Tamotsu. A moi aussi cela me fit quelque chose, mais lui se borna à dénouer les mains qu'il avait nouées derrière la tête pour s'étirer nonchalamment.

— Qui ? Tu veux dire, toi ?

— Tout le monde, moi y compris, répéta calmement Eiko.

— Pourquoi ? Parce que toi aussi tu trouves à redire à ton rôle ?

— Tout à fait.

— Mais tu n'as rien de particulièrement désagréable à faire, que je sache ?

Pas plus Tamotsu que Shigeki ne semblaient réaliser clairement la malignité dont Utagawa avait chargé son manuscrit.

— D'abord, je ne veux pas être un corps de femme entaché de péchés monstrueux gigotant voluptueusement et lascivement dans les flammes de l'enfer, et d'un, et de deux, je n'ai pas du tout l'intention de nous laisser tripatouiller par Shunji, et surtout je ne veux pas d'un benêt de Tamotsu qui meurt idiot sans jamais se rendre compte de rien, et de trois !

Toute la partie sur Tamotsu qui mourait idiot, et que sais-je encore, devait renvoyer à ce qui était écrit dans le scénario, mais comme il décalquait grossièrement notre vie privée à toutes deux, l'interpréter comme le souhait bien réel d'Eiko était parfaitement plausible. Et même si ce n'était pas le cas, on pouvait imaginer que la résonance des mots avait chatouillé agréablement les oreilles de Tamotsu. Le dur sillon creusant ses sourcils s'était liquéfié, cependant son expression restait tendue.

— Si seulement je pouvais écrire le scénario ! C'est tout le monde qui serait heureux ! soupira Tamotsu en croisant à nouveau les mains derrière la tête.

Soudain Sachiè se mit à parler :

— Tu te fais de douces illusions, Tamotsu. Comment voudrais-tu que je sois heureuse, moi ? Tu décides comme ça pour les autres !

— Ce que tu es lugubre ! s'étonna Masami. Je voudrais savoir où et comment tu es malheureuse, Sachiè.

Tu ne manques ni d'hommes, ni d'argent. Jusqu'à ton nom même qui signifie « bonheur » !

— Si on commence à examiner le sens des noms, il faudrait supposer que tu es un « canon de beauté », alors !

— Qu'est-ce que tu veux dire ?

Leur échange bruyant n'en resta pas là. Elles se lancèrent à qui mieux mieux tout ce qui leur passait par la tête, l'altercation dérailla et se chargea de venin, mais à l'entendre comme ça de l'extérieur, elle ne manquait pas d'humour. Yôhei, Eiko, Shunji, tout le monde riait, mais je remarquai que Tamotsu, que l'on croyait avoir mis le cap sur les toilettes, s'était esquivé dans l'entrée. Yôhei se trouva entraîné à son tour dans la dispute, au milieu des rires. Moi, j'allai prendre l'air sur le balcon.

Appuyée à la balustrade, je vis au bout d'un moment Tamotsu sortir de l'immeuble. Je ne pensais pas que ma voix puisse porter du cinquième étage, mais j'allongeai tout de même le cou en me penchant pour crier son nom. En effet, il ne semblait pas avoir entendu car déjà il s'éloignait à grandes enjambées élastiques. Mais après avoir parcouru une dizaine de mètres, il se retourna pour lever la tête en direction de l'immeuble. Je lui fis un grand signe de la main.

Il m'avait vue, semblait-il, car il planta un genou en terre et croisa les bras pour singer la pose classique du héros extraterrestre paré au combat vengeur que tous les enfants regardent à la télévision.

Je me dis alors que si on reprenait les choses au début, Eiko et Tamotsu d'un côté, moi et Shunji de l'autre, tout rentrerait dans l'ordre. Il y avait bien eu des moments où je m'étais imaginée, par excès d'optimisme sans doute, que nous aurions pu nous entendre tous les quatre, mais ces derniers jours, j'avais appris à mes dépens que dans la mesure où les sentiments que nous

nous portions n'étaient ni équitables ni homogènes, les frictions et les tensions nous empêcheraient toujours d'avoir la paix. Tandis que si Eiko et moi cessions d'être amantes, on pourrait toujours continuer à se voir en amies. Et même si on dégringolait de cet état de bonheur d'« avoir deux personnes à sa dévotion », comme disait Masami, reformer nos deux couples, n'était-ce pas finalement la solution la plus sage pour qu'aucun de nous n'ait à souffrir ?

Facile à dire, car perdre Eiko allait être un coup très dur qui demanderait une énergie colossale. Si on redevient amies, qu'est-ce qui changera, tentai-je bien de raisonner, sinon le fait qu'on ne sera plus vingt quatre heures sur vingt-quatre ensemble et qu'on ne fera plus l'amour ? Oui, mais ne plus sentir Eiko peau contre peau, ni cette main qui me flattait si gentiment Pénis d'orteil ? Cette seule pensée me mettait sens dessus dessous. Ensuite, ce fut l'ongle du petit orteil déformé qui se mit à trotter devant mes yeux comme un petit lapin. Bien sûr ! Ce n'était pas seulement à nos ébats amoureux qu'il fallait dire adieu, mais aussi à ce merveilleux sentiment d'abandon quand, toutes les deux dans la chambre, les défenses se levaient et déjà on savait qu'on allait tout accepter l'une de l'autre le plus naturellement du monde, jusqu'à ces parties qu'on ne pense même pas à toucher chez une simple amie. Voilà ce qu'il faudrait quitter… Quand nous vivions ensemble, un jour, en suçant l'ongle atrophié d'Eiko, je m'étais dit que désormais je ne voyais plus le pied de l'autre comme une chose un peu malpropre et dégoûtante, si bien que je pouvais exprimer mon amitié même en prenant son orteil dans ma bouche. Preuve que l'inclination sexuelle avait approfondi nos liens d'amitié. Si je refrénais mon inclination sexuelle pour Eiko, il me faudrait sans doute aussi refréner la profondeur toute neuve de mon amitié pour elle. Je ressentis une lourdeur stagnant douloureusement au creux de l'estomac. Ce qui n'était d'abord que sentiment vague, se coula en quelques mots clairs et nets qui se dressèrent devant moi : une simple amie... non c'était vraiment trop bête !

Cependant, je repris mes tentatives pour essayer de me persuader. Dire « une simple amie, non c'est vraiment trop bête ! », n'était-ce pas moche vis-à-vis de Tamotsu, d'abord, et puis de tous les membres du Flower Show ? Et surtout, c'était inexcusable vis-à-vis de Yôko, elle qui s'était toujours montrée tellement gentille et prévenante avec moi.

Au souvenir de Yôko, le remords me monta à la gorge. Après sa mort, je m'en étais voulue quelque temps. Elle m'avait entourée de sa gentillesse, et moi je me laissais dorloter sans rien lui donner en échange ! Et puis j'avais rencontré Shunji et Eiko, ils m'avaient appris la richesse des sentiments, et maintenant j'étais bien forcée d'admettre que mon amitié pour Yôko manquait franchement de nuances et de coloration. D'ailleurs, pourquoi n'avais-je jamais éprouvé d'inclination sexuelle pour Yôko ? Comme le faisaient remarquer Eiko et les autres, que Yôko m'ait désirée ou non, là n'était pas le problème. Mais si moi je l'avais désirée, il aurait été impensable que je ne lui donne pas quelque chose en retour.

La porte vitrée s'ouvrit dans mon dos : « A quoi joues-tu ? » C'était Eiko. Elle surgit à côté de moi. Incapable de reprendre mes esprits, aux prises avec mes remords pour Yôko, je lui bâclai une réponse qui n'avait rien à voir avec sa question : « Tamotsu vient de sortir à l'instant ! » Eiko se pencha complaisamment pour vérifier, en riant tout de même un peu, puis me resservit sa question, avec une variante :

— A quoi pensais-tu ?

— A Yôko.

Cette fois j'avais pu lui donner une réponse plausible. Le regard perdu sur la ville, Eiko commença à parler : « Kazumi a vu Tamotsu qui passait en bas. Et elle a ressenti la fatigue de cette relation où elle se trouvait, sans pouvoir dire exactement si elle était triangulaire ou carrée. Et c'est là qu'elle s'est mise à songer, la nostalgie chevillée au cœur, à ses rapports d'amitié, si clairs, si simples, si purs avec Yôko. Alors ? Dans le mille, non ? »

Je ne pus que m'extasier devant sa puissance de déduction ; la seule partie où elle s'était fourvoyée, c'était que je ne pensais pas avec nostalgie à mon amitié avec Yôko, ce qui me fit hésiter pour acquiescer. Eiko, par contre, semblait absolument convaincue d'avoir tapé dans le mille.

— Eh oui, les rapports avec une simple amie, il n'y a jamais de problèmes.

— Sans doute, mais c'est affreusement banal.

— Banal, oui, mais sans problèmes. Et en ce moment tu aimerais bien ne plus avoir de problèmes, non ?

C'est vrai, j'aimerais bien, mais ça ne veut pas dire que j'ai *décidé* de ne plus avoir de problèmes. J'échouai à donner une explication claire, mais la main d'Eiko cherchait son chemin à l'intérieur de mon coude. Une douleur me lancina. Cela faisait la troisième fois aujourd'hui qu'elle me pinçait ! Mais en regardant son visage sans expression, je compris : chez Eiko, le pinçon n'était pas un simple jeu pour tromper l'ennui, mais une façon à elle d'attirer l'attention sur son humeur. Quelle humeur, au fait ? Ce n'était pas bien clair, mais son appel gagnant en force ce qu'il perdait en précision, je crus devoir moi aussi renseigner Eiko sur mon humeur. Je pris donc la main qu'elle avait légèrement dégagée de l'intérieur de mon coude pour la porter à mes lèvres et y appliquer un baiser.

Je ne voyais pas le visage d'Eiko, mais sa poitrine tremblait. Elle m'entoura de ses bras pour me pousser dans un coin de la terrasse où on ne pouvait être vu ni d'en bas ni de l'appartement, et m'embrassa. Mon corps réagit aussitôt. Une jubilation me parcourut tout entière et mes bras à leur tour se jetèrent autour d'elle comme pour l'aspirer.

Je la serrai de toutes mes forces, dans un effort gigantesque pour réprimer les mots qui fusaient du fond de ma gorge : Eiko, non, je ne veux jamais me séparer de toi, même si je dois supporter de continuelles tensions, même si cela doit me valoir des tas d'ennuis, pourvu que je puisse goûter de temps en temps des instants de bonheur ! Oui, je veux toujours rester auprès de toi, Eiko !

Lorsque nos lèvres se désunirent, Eiko me murmura à l'oreille : « Toi, tu t'entends bien avec tout le monde. Tu ne sais pas refuser, ni à Shunji, ni à moi. »

Mes oreilles refusaient de croire à ses paroles dégrisantes. Mais elle poursuivait déjà : « Tu es une fille tout à fait charmante, et d'ailleurs c'est peut-être ce qui fait ton charme, mais tu ne pourras jamais aimer les gens qu'avec modération, comme il convient, avec tact, car tu es incapable de réels sentiments amoureux. Le petit Shunji et moi, tu nous aimes tous les deux pareil, non ? »

Ces remarques mortifiantes m'atterrirent dessus l'une après l'autre, impossible de faire le tri de ce qu'il fallait dire. Enfin je pus me raccrocher à un argument :

— Mais toi, Eiko, tu aimes aussi Tamotsu ?

— Moi ? Jamais de la vie ! Ça fait belle lurette que j'ai coupé les ponts !

Et le visage d'Eiko s'éloigna lentement du mien. Tout son être exprimait une tristesse indicible.

— Moi, je t'aime, Kazumi. Et comme je ne vois vraiment pas comment tu pourrais m'aimer, toi, autant que je t'aime, moi, et crois-moi, Shunji n'a rien à voir avec ça, et que cela me désespère, je tire ma révérence. Tâche de t'éclater avec Shunji. Mais moi je ne me vois pas du tout rempiler avec Tamotsu.

Je voulus lui prendre le bras, mais elle s'esquiva sèchement pour rentrer à pas vifs dans l'appartement.

Ma main flottait dans l'espace, je l'abattis violemment sur ma cuisse.

Je ne pleurais plus, mais je ne me sentais pas la force de regagner l'appartement. Je plongeai mon regard vers le sol, je l'élevai pour contempler le ciel, je tournai les yeux vers les rues de la ville et la circulation des voitures. Tout me semblait être la toile d'un décor, mon regard ne trouvait pas où se poser. Je restais debout, le vent fort de novembre me giflait le dos. Je commençai à longer, chancelante, la balustrade du balcon. Je tournai l'angle, m'arrêtai, les mots d'Eiko fichés dans ma mémoire. Alors je l'aimais bien, sans plus : le genre de déclaration que j'avais déjà entendue des tas de fois. Quoi que je réponde pour me défendre, c'était toujours peine perdue. Je tentai une respiration profonde, mais l'air absorbé m'étouffa et je me mis à tousser.

Quand j'arrêtai de tousser, j'entendis un bruit de fenêtre heurtée. En me retournant, je vis de l'autre côté de la vitre – c'était la pièce où dormaient Masami et Yôhei – Masami en soutien-gorge et cache-sexe pour tout vêtement, qui remuait la bouche. La porte-fenêtre fermée m'empêchait d'entendre ce qu'elle disait, et je portai machinalement ma main à l'oreille. Mais Masami marchait déjà sur moi, le visage rouge de confusion. « Voyeur, satyre, arrête de regarder ! » criait-elle.

Elle avait beau dire de ne pas regarder, je ne pus me défendre de sourire en la voyant arriver sur moi au pas de charge en petite tenue.

— Voyez notre grande mélancolique ! fit Masami aussitôt que sa myopie m'eut dévisagée, et elle m'invita à entrer dans sa chambre. Ses vêtements de ville gisaient sur le plancher devant la porte-fenêtre : c'étaient eux qu'elle avait lancés tout à l'heure contre la vitre. Masami passa ses vêtements habituels et vint s'asseoir à côté de moi sur le lit.

— Ah, jeunesse, jeunesse ! Tu ne connais pas ton bonheur, va !

— Oh pour ça oui. Je viens de me faire larguer !

— Et voilà ! La belle affaire ! On est au cœur du maelström du drame ! Mais c'est ça être jeune ! Regarde-moi, plus rien ne m'arrive ! Pas ça !

Elle s'attendait à ce que je rie, et je lui fis ce plaisir. Masami arbora sa petite mine satisfaite, puis ouvrit son questionnaire :

— Et elle retourne auprès de Tamotsu, Eiko ?

— Il paraît qu'elle n'en a pas la moindre intention.

— Eh bien, vous m'en direz tant ! s'exclama Masami dans son parler du Kansai. Elle sait ce qu'elle veut, c'est sûr, cette petite !

J'avais remarqué ces derniers temps qu'elle avait l'air de sonder les dispositions de Tamotsu et d'Eiko, elle leur lançait toutes sortes de piques pour noter leurs réactions. Aussi je l'interrogeai à mon tour :

— Toi aussi, Masami, tu penses qu'Eiko aime Tamotsu ?

— Je le pense, en effet.

Il était clair aux yeux de tous qu'Eiko dissimulait le fond de son cœur. Pourquoi n'admettait-elle pas franchement son amour pour Tamotsu ? Est-ce qu'elle boudait ? Moi aussi, il y a quelques jours encore, je faisais la tête à Shunji. Mais si elle l'aime vraiment, elle aura beau redoubler de vigilance et d'efforts stoïques, il arrive forcément un jour où on a envie de se comporter selon son cœur, du moins est-ce mon impression. Même Tamotsu, avec ses comportements tordus et aberrants, avait fini par exprimer le plus ingénument du monde ce qu'il voulait vraiment. Ou alors y a-t-il une autre raison ? Comme par exemple – mais c'est quelque chose d'incompréhensible pour une personne aussi peu intéressante que moi, incapable de sentiments authentiques – dissimuler la réalité de ses sentiments pour les compliquer à l'envi ainsi que ses relations avec les autres, en savourant le plaisir de voir s'exacerber les tensions. Ou quelque chose de ce genre.

— Ah mais, lâcha Masami en secouant la tête, on peut bien renoncer à un ou deux amoureux, non ? Il y a bien d'autres garçons que Tamotsu, et bien d'autres filles que Kazumi !

— Non, justement, il n'y en a pas un seul. Ni ami ni petit ami.

Tandis que je disais cela, resurgissaient sur la toile intérieure de mes paupières les visages de Shunji, Eiko, Yôko. Ah, Yôko, comme j'aurais voulu te voir ! Bien sûr, c'étaient les circonstances qui me donnaient cette envie de fuir, de me réfugier dans une relation d'amitié sans histoire. Mais je me souvenais aussi de l'affection simple et naïve que je portais à Yôko, comme d'une chose délicieusement confortable, même si elle manquait de sel et de chatoiement. Nul doute qu'elle me rendait heureuse, même si ce n'étaient pas des délices sexuelles. Ce fut comme si je me réveillais à cette pensée.

Revenue sur terre, je remarquai que Masami me fixait intensément.

— Vraiment, je m'étonne d'entendre ces paroles dans ta bouche. J'avais l'impression que tu n'avais pas d'inclination ni d'aversion très marquée pour les gens.

— C'est ce que tout le monde me dit, mais je ne suis pas philanthrope ni misanthrope, moi.

— C'est vrai que trouver quelqu'un qu'on aime et qui vous aime, ça ne court pas les rues !

Masami eut l'air de poursuivre un moment ses réflexions, puis se ravisant soudain, elle tourna vers moi un visage grave : « Tu sais, moi je préfère les femmes aux hommes. »

Ce qui me remit en mémoire cet épisode où Masami avait avoué : « Tu sais, à vrai dire, je ne suis pas tellement chaude sur les hommes. »

— Mais alors pourquoi as-tu changé de sexe ?

— Ce n'est pas en tant qu'homme, mais en tant que femme que je veux aimer les femmes. Mon rêve, c'était de devenir lesbienne.

Je dévisageai Masami en retenant mon souffle.

— Au point de changer de sexe ? Pourtant, ce doit être beaucoup plus commode de trouver des partenaires femmes quand on est homme que quand on est femme, il me semble. Ce rêve de devenir lesbienne, tu aurais mieux fait de le laisser dormir bien au chaud, comme un rêve…

— Oh, oui, c'était moins dur avant, admit Masami, sombre mais catégorique. Finalement, je n'ai jamais pu nouer de relation durable avec une femme. Avec un homme non plus, remarque. En fait, je voulais me sacrifier à mon rêve, le sublimer. Mais l'amour idéal n'existe pas dans la réalité… Bon, je me suis dit, puisque je ne suis qu'une femme affublée d'un pénis entre les jambes, alors je change de sexe ? Mais on a beau dire, ce n'était pas une opération qui allait faire se réaliser mon rêve, c'était évident d'entrée de jeu ! Quelle idiotie, tu ne trouves pas ?

Non, je ne trouvais pas ça idiot. J'étais même touchée de la véhémence de Masami qui avait choisi de vivre son rêve jusqu'au bout, même en sachant qu'elle aurait à payer le prix fort.

— Même si c'était une idiotie, elle était très raisonnée. Tu sais que je me suis fait découper un vagin, mais non planter un clitoris ? Et tu sais pourquoi ? Pour graver à jamais dans ma mémoire qu'en réalité j'étais un homme ! Voilà pourquoi. Car se vautrer dans les rêves et perdre de vue la réalité, ça c'est la fin de tout !

— Non, Masami, il n'y a rien d'idiot en toi.

— Tu le penses vraiment ? Pourtant il n'y a pas un instant où je ne me mords pas les doigts d'avoir choisi ce style de vie, tu sais. Pas une fois je n'ai fait l'amour dans l'amour. L'intérêt, la curiosité, voilà les principaux mobiles qui poussent mes partenaires dans mon lit. Tu dois sans doute trouver ça dur de t'être séparée d'Eiko, mais au moins tu as pu faire l'amour avec amour. Tu as eu des moments de bonheur, non ? Dis-toi bien que les événements où on a été heureux, il ne faut jamais les pleurer comme des choses perdues. Il faut au contraire s'en souvenir joyeusement comme des biens précieux.

— C'est ce que je fais, répondis-je au bord des larmes. Masami me serra la main, puis elle se mit à fredonner sur un air connu : « Je veux faire l'amour dans l'amour ! Je veux faire l'amour dans l'amour ! »

Litanie qu'elle égrena un bon nombre de fois en balançant ma main qu'elle tenait serrée dans la sienne.

Le soir, Masami et moi nous fîmes notre apparition dans le séjour. Shigeki et Aiko étaient de retour, mais affalés sur le canapé comme s'ils avaient tous deux brûlé toutes leurs énergies. Dès qu'elle m'aperçut, Eiko donna une petite tape à Shunji pour l'avertir.

— Où étais-tu, Kazumi-chan ? demanda-t-il en tendant la main. Je répondis par une légère pression de main et m'assis à côté de lui. Eiko ne me gratifia pas du moindre regard et moi je n'avais pas le courage de lui parler. A son tour, Masami prit place à mes côtés en me passant le bras autour de l'épaule et, d'une voix suffisamment haute pour pulvériser cette atmosphère plus pesante qu'une veillée funèbre, s'exclama : « Vous n'imaginez pas combien notre petite partie de jambes en l'air a été délicieuse ! »

Eiko se retourna, l'air ébahi.

— Arrête de dire des bêtises, m'écriai-je effarée, mais la fin se perdit dans un borborygme de rires. Masami aussi éclata d'un rire joyeux. Eiko détourna immédiatement la tête. J'étais très heureuse qu'elle montre des restes d'affection pour ma personne, mais cette joie se mua instantanément en un pincement de cœur. Je murmurai à l'oreille de Shunji :

— Ce soir, je dors chez toi.

— Pas possible ! me murmura en retour Shunji, le visage rayonnant.

La porte d'entrée s'ouvrit violemment sur Tamotsu qui s'engouffra dans la pièce. Il avait l'air vif comme un gardon. Masami salua l'irruption de sa bonne humeur d'un jovial :

— Où étais-tu donc passé ?

— A Ôsaka, lança-t-il en promenant un regard hardi sur l'assistance tandis qu'il ôtait son blouson. J'ai vu Utagawa, il a changé le scénario. Je ne périrai donc plus écrasé sous un gode. Par contre Sachiè et Shin feront une séance de sexe. Et pour finir, j'amputerai, sur scène, Shin de son pénis.

Mon cœur se glaça. Tamotsu souriait, le visage rutilant de fierté.

16

La veille de la première, nous dûmes nous transporter à Ôsaka pour participer à la répétition générale. Je questionnai Shigeki :

— Les autres fois aussi, quand vous étiez acteurs invités, vous avez participé à la générale ?

— La dernière fois, c'était déjà notre troisième représentation, il suffisait de faire la même chose que les deux premières. Mais cette fois la pièce est nouvelle, il faut savoir où et comment on entre en scène, m'expliqua avec indolence un Shigeki qui me paraissait bien émacié, peut-être parce que cela n'allait plus comme la main et le gant entre Aiko et lui… Depuis le jour où elle s'était sauvée de l'appartement après sa sortie contre Shigeki, on ne les avait plus vus s'affronter ouvertement, mais s'ils s'appliquaient à faire régner le calme dans leurs rapports, on sentait planer entre eux des distances polies. Aiko boudait, Shigeki endurait philosophiquement ses humeurs, tout en guettant les occasions de la caresser dans le sens du poil. Leur mésentente me préoccupait, mais comme on ne savait pas grand-chose sur leur vie privée et qu'en plus, ils étaient plus âgés que moi, garder l'œil sur leurs faits et gestes avec une prévenante sollicitude aurait frisé la grossièreté. Sans compter que l'énergie me manquait pour étendre jusqu'à eux mes soucis.

Trois problèmes se dressaient devant moi, tous avaient trait à la pièce d'Utagawa. Un : il me fallait représenter l'acte sexuel sur scène avec Eiko alors que nous avions cessé d'être amantes. Deux : Shunji devait se mêler à nos ébats. Et trois : Tamotsu avait décidé d'amputer son jumeau Shin de son pénis. Ces trois problèmes suffisaient à m'échauffer la tête. Je ne me sentais pas la volonté de fer d'une professionnelle s'ébattant avec une partenaire dont elle avait décidé de se séparer. Avait-elle été victime d'une éclipse de mémoire, Eiko, au moment où elle avait déclaré impulsivement que tout était fini entre nous ? Tant qu'à faire, elle aurait mieux fait d'aborder la question une fois la représentation terminée ! Je lui en voulais un peu de son manque de patience. Après l'incident du balcon, j'avais bien tenté de l'arrêter pour la forcer à dire ce qu'elle comptait faire à ce sujet.

— On n'a pas le choix, on dirait, m'avait-elle lancé, et puis ce sera en guise de cérémonie d'adieu !

On ne pouvait qu'admirer cette flexibilité étonnante du caractère d'Eiko.

La question de Shunji aussi me tracassait énormément, mais le plus gros problème restait évidemment l'émasculation de Tamotsu. Depuis que j'étais séparée d'Eiko, je passais plus de temps, par la force des choses, avec Shunji et Tamotsu. Et, croyez-moi, je n'arrêtais pas de lui dire de ne pas faire cette bêtise, qu'il le regretterait. Je n'étais d'ailleurs pas la seule. Dès qu'il avait claironné son intention, Masami, Yôhei, Shigeki, Aiko, tous lui avaient fortement déconseillé de passer à l'acte. Mais Tamotsu ne voulait rien entendre.

— Maintenant que j'ai promis à Utagawa, il n'est pas question de changer d'avis. D'ailleurs, ça n'a rien de dément. C'est une chose que j'ai décidée après avoir mûrement réfléchi à ce qu'il y avait de mieux, et pour moi, et pour Shin.

— Je ne vois pas ce qu'il peut y avoir de bien à ça, moi. C'est une horreur !

— Non, c'est Masami qui a raison. C'est parce que je traîne avec moi le pénis de Shin que j'ai toujours été incapable de renoncer au sexe normal. Résultat : je suis bourré de complexes. Et comme ça ne me dit rien d'assassiner Shin en me l'extirpant du corps, reste la solution, plus logique à mon sens, de m'amputer de son pénis.

Evidemment, puisqu'il s'agissait d'un morceau du corps de Shin, Tamotsu ne ressentirait nulle douleur. Il était convenu que le jour de la représentation, après l'émasculation de Shin avec un couteau de poche, un médecin attendrait dans la loge pour arrêter le sang, désinfecter, coudre la plaie, etc. Il était infernal de penser qu'Utagawa avait osé donner son accord au projet de Tamotsu.

Masami se faisait d'amers reproches, car c'était elle qui avait lancé l'idée. « Mon dieu, quelle idiote j'ai été ! » se lamentait-elle en donnant à entendre que si elle avait fait cette proposition stupide, c'était seulement pour faire prendre conscience à Tamotsu des erreurs qu'il commettait dans sa façon de vivre. Et voilà que ce benêt qui prenait tout pour argent comptant avait bondi sur des conclusions extrêmes. Cela faisait vraiment peine à voir, Masami était complètement abattue. Je me mis donc à réfléchir sérieusement à une argumentation susceptible de convaincre Tamotsu.

— Tu n'as pas besoin de t'en prendre à Shin, tu décides une bonne fois pour toutes de ne plus utiliser son pénis et tu arrives au même résultat, hasardai-je.

— Le hic, c'est que je n'ai pas de volonté, geignait Tamotsu. Tant qu'il est là, j'aurai toujours envie de l'utiliser.

— Et tu crois que si tu te le coupes, ça va résoudre tous tes problèmes ? Parce que le problème, il est plutôt dans ta manière de sentir. Tu le coupes, ce n'est pas pour autant que tu vas l'oublier. Tant que tu n'auras pas renoncé à tes aspirations à faire l'amour normalement, tu continueras de fantasmer sur le pénis de Shin. Mais, ce coup-ci, chaque fois que tu redescendras sur terre, tu seras rappelé à la dure réalité que le pénis de Shin n'est plus là et tu deviendras prisonnier d'une nouvelle chimère, comme celle des amputés qui cherchent leur membre là où il devrait se trouver, mais il n'est plus là, et à ce moment-là ce sera plus dur encore. Enfin, je trouve.

— Je finirai bien par ne plus fantasmer. Change de corps et tu changeras ton esprit ! C'est bien ce que disait Masami, non ?

— Oui, mais ce n'est qu'une idée abstraite. Parce que toi, ton désir de baiser normalement est profondément ancré en toi. Je ne veux pas te faire de peine, mais j'ai l'impression que c'est un geste de rage et d'impuissance, parce que tu n'arrives pas à renoncer définitivement au sexe normal. Et ce ne sera jamais qu'un palliatif, tu verras !

— Là tu te méprends grossièrement. D'abord parce que je ne me languis plus autant qu'avant pour le sexe normal. Et puis d'ailleurs, toi qui en as un de pénis, Kazumi-chan, tu t'es bien fait plaquer par Eiko, alors…

— Le fait même que tu veuilles émasculer Shin, n'est-ce pas la preuve que tu es à bout parce que tu ne peux pas renoncer complètement au sexe normal ?

— Mais c'est ce que je me tue à te dire ! Que je veux y renoncer justement en émasculant Shin !

Comme je n'avais pas moi-même la tête trop bien faite, je renonçai à la discussion dès que je vis qu'on tournait en rond. Mais non sans tenter un dernier argument :

— Tu sais, même si tu émascules Shin, ce n'est pas pour autant qu'Eiko va te revenir.

— Eh bien, si c'est comme ça, tant pis !

J'avais échoué à convaincre Tamotsu, je me dis que, peut-être, Eiko réussirait à le détourner de son funeste projet. Je parvins donc à bloquer encore une fois Eiko, pratiquement de force. J'étais un peu en colère contre elle, parce qu'elle n'avait pas eu le moindre mot pour dissuader Tamotsu lorsqu'il avait lancé son manifeste d'émasculation à la face de toute la compagnie.

— Tu lui as dit quelque chose au moins à Tamotsu ?

— Rien.

— Tu dois le détourner de son projet.

— Mais je n'ai aucun pouvoir sur Tamotsu.

— Et ça t'est égal qu'il le fasse ?

— Non, bien sûr que ce n'est pas bien… répondit-elle d'un ton apathique qui eut le don d'augmenter mon énervement.

— Quand il s'agit de Tamotsu, tu n'es pas très résolue, dis donc. Alors que quand tu as décidé de rompre avec moi, tu n'y es pas allée par quatre chemins !

— Oh tu parles ! On était à peine séparées que tu te remettais avec Shunji sans trop de problèmes !

— C'est toi, il me semble, qui a dit que j'étais incapable de sentiments amoureux. Mais la question n'est pas là. Dis-lui au moins quelque chose pour essayer de le dissuader. Même si tu ne dois pas réussir !

Je lui lançai cela par-dessus l'épaule avant de m'en aller.

J'ignorais si Eiko avait tenté finalement de faire changer Tamotsu d'avis, toujours est-il que dans le bus qui nous emmenait à la répétition générale à Ôsaka, il annonça : « Ça y est, les grandes manœuvres ! », ce qui me fit comprendre qu'il n'avait toujours pas renoncé à son projet. Puisqu'on en était à ce point, le seul recours encore envisageable était d'en appeler directement à Utagawa.

La première fois, la salle était dans les sous-sols d'un immeuble, mais cette fois, elle était beaucoup plus grande, il y avait même un parking attenant. Nous étions arrivés une bonne demi-heure avant la répétition et immédiatement se fit entendre la voix d'Utagawa tonitruant ses directives : « Mais non ! Pas comme ça, on te dit ! Tu enfiles deux calecifs l'un sur l'autre, et tu n'en enlèves qu'un ? Tu te fous du monde, ou quoi ? Alors, tu l'enlèves aussi, le second ? Mais aie l'air gêné, bon dieu ! Autrement, les gens, ça va pas les intéresser ! Capito ? »

Apparemment Utagawa était en train de diriger un acteur, car il agitait frénétiquement son scénario roulé à la main devant un jeune homme en *jimbè* [1] noir qui se tenait tête basse, mine penaude, devant lui. Je doutai qu'avec une explication aussi abstraite un acteur puisse comprendre ce qu'on attendait de lui ou ce qu'il avait à faire, mais peut-être qu'entre spécialistes ils se comprenaient. On remarquait d'autres acteurs disséminés sur la scène ou dans les fauteuils de la salle. Etait-ce la fatigue accumulée des répétitions éreintantes qui s'étaient multipliées jusqu'à aujourd'hui, mais ils étaient tous étrangement silencieux et fantomatiques.

Côté cour, on avait monté deux estrades en bois, l'une haute, l'autre plus basse de moitié. Sur cette dernière se trouvait installé un piano à queue, sur lequel allait jouer Shunji, m'apprit-on. Au fond, sur la plus haute, on apercevait quelques arbres. Ces deux estrades devaient donc représenter le sommet et le flanc d'une montagne. On accédait à la plus basse par un escalier en pente douce. C'était évidemment le sentier d'accès à la

1. Ensemble de détente estivale pour hommes (de nos jours, sérieusement concurrencé par le survêt) en coton, ou mieux, en lin, composé de deux pièces se portant à même la peau : un surtout à manches courtes et étroites (étroites relativement à celles du *haori* dont il est issu et qui, lui, est à manches larges, comme le kimono) dont les pans croisés par-devant s'attachent par deux rubans noués, donc sans ceinture, et un short (s'arrêtant à mi-genoux comme les shorts des civils servant Sa Majesté britannique en Inde hier, des Australiens aujourd'hui). Si le *jimbè* se porte parfaitement pour paresser chez soi en été, ou passer en revue les bonsaïs de son jardin, le porter dehors (sauf pour se rendre à la plage) ne donne pas du tout bon genre.

montagne. Probablement le lieu où Tamotsu aurait dû périr écrasé sous son godemiché. Au pied de la montagne, en deux endroits, on avait étendu des matelas. C'était sur l'un d'eux qu'Eiko et moi allions faire notre performance. Côté jardin, s'élevaient un torii et une petite tour carrée faite d'un échafaudage de madriers.

En ayant terminé de s'escrimer sur ses comédiens, Utagawa se retourna vers la salle, et Shigeki lui fit un signe de la main. Ce que voyant, Utagawa sauta de l'estrade d'un bond avec une exclamation de bienvenue. Shigeki et Yôhei se levèrent pour aller vers lui, moi je suivis en tirant Shunji par la main. Aussitôt qu'il m'aperçut, Utagawa m'interpella :

— Alors, damoiselle Pénis d'orteil ! J'espère qu'il vous a plu mon scénario ?

— Très intéressant, répondis-je malgré le petit sourire proprement répugnant d'Utagawa, et puisque j'avais opté pour la tactique de la flatterie, j'en rajoutai avec le genre de commentaire qu'il devait certainement adorer : Mais il y a beaucoup de scènes qui font peur !

Dans le mille ! Le sourire d'Utagawa qui avait toujours l'air de se payer finement la tête des gens fit soudain place à un sourire luxuriant.

— Ah, si on ne fait pas peur aux gens, on ne peut pas dire qu'on a une œuvre forte. Et damoiselle Pénis d'orteil aura trouvé tout ceci particulièrement angoissant, ou je me trompe fort. C'est que je ne fais pas dans le théâtre pour pensionnat de jeunes filles, moi ! Et puis, tu dois être aux anges, tu vas pouvoir te crapahuter avec Eiko, non ?

— Justement, à ce propos… commençai-je pour ne pas laisser passer l'occasion d'entrer dans le vif du sujet. Je me suis séparée d'Eiko.

— Ah bon ? fit Utagawa en ouvrant la bouche dans un rire avorté.

— C'est pour ça que j'aimerais bien en revenir au premier scénario.

L'expression d'Utagawa transita instantanément à l'âpre sévérité.

— Pas question ! Comment veux-tu qu'on chambarde tout à cette heure ? Dans le scénario de départ, l'homme te trahissait, maintenant c'est toi, la femme, qui le trahis, mais on n'a toujours pas répété ce jeu d'acteurs. Alors ?

— Oui, c'est pour ça que je voulais vous demander s'il n'était pas possible, justement, de couper ces scènes pour que je fasse simplement la femme maudite parce qu'un pénis lui est poussé sur le pied ?

— Non mais, tu as bien réfléchi ? Si j'ampute la scène avec toi et Eiko, du même coup je fais sauter l'intervention de Shunji. C'est pour lui spécialement que j'ai fait monter ce piano, figure-toi !

— Pour le piano, on pourrait toujours le faire jouer au moment le plus opportun ? Vous savez, lui, il suffit qu'on lui explique l'atmosphère générale de la scène, et il vous improvise tout ce que vous voulez.

— Tout à fait, oui, renchérit Shunji.

On sentait qu'Utagawa approchait de la crise.

— Mais bon dieu de bon sang, vous ne comprenez pas qu'il y a des tonnes de raisons qui nous interdisent de tout changer ? La dézizification de Tamotsu, par exemple, s'il n'y a pas votre scène de cul, à toi et Eiko, elle n'a plus de sens !

— Eh bien, supprimez ça aussi. Et vous mettez par exemple à la place, je ne sais pas moi, Tamotsu et moi qui faisons un duo de masturbation en astiquant le zizi de Shin.

— Non mais dis donc pour qui tu te prends, toi ? éructa Utagawa chez qui le naturel odieux était promptement revenu au galop. Mais c'est qu'elle prétend, cette bonne femme, écrire le scénario à ma place ! Moi l'auteur ! lança-t-il à Shigeki et Yôhei pour les prendre à témoin.

— Je vous demande pardon ! Ce n'était vraiment pas mon intention ! m'empressai-je de le rassurer car je venais de réaliser mon erreur. Mais Utagawa ne me prêtait plus la moindre attention, il continuait à déverser sa rancœur sur Shigeki et Yôhei. Ce fut alors que celui-ci ouvrit la bouche pour dire :

— Nous aussi, nous serions plutôt d'accord pour que Tamotsu fasse semblant et ne mutile pas Shin pour de bon.

— Mais enfin, commença Utagawa en considérant Yôhei d'un air totalement ahuri, je vous ferai tout de même remarquer que c'est Tamotsu qui est venu lui-même me supplier de lui fabriquer ce rôle ! Et notez que j'ai moi-même trouvé que c'était un peu risqué, et que c'est lui qui a insisté, en disant que ça ferait une pièce fantastique parce que c'était quelque chose qu'on ne verrait pas deux fois, et pour cause ! Je ne crois pas que vous êtes bien capables de réaliser cela, mais pour moi, quand il s'agit de thé-Â-tre, je suis un dur à cuire et je ne refuse pas, à l'occasion, de faire couler le sang !

Qu'il fasse couler le sien, alors, me dis-je en le maudissant à tous les diables, au moment précis où Utagawa ramenait son regard sur ma personne pour me dire : « Et toi, damoiselle Pénis d'orteil, ne commence pas à jouer à la plus maligne ! » mais en baissant le ton, car sans doute l'opposition de son cher Yôhei lui avait rabaissé le caquet.

— Et n'oublie pas que c'est exceptionnellement que j'ai accédé à la demande de Tamotsu, continua-t-il. Même qu'il en avait deux de choses à me demander, et que je ne lui en ai accordé qu'une seule.

— Et peut-on connaître cette autre chose ?

— Figure-toi qu'il voulait absolument que je supprime la scène de cul entre toi et Eiko.

Yôhei et moi échangeâmes un regard.

— Alors comme ça, vous étiez déjà séparées ? Moi qui croyais qu'il ne voulait pas vous voir batifoler ensemble, alors je lui ai dit, en l'engueulant d'ailleurs, que ce n'était pas le moment de faire dans la dentelle.

Eiko et moi, nous nous étions séparées alors que Tamotsu était chez Utagawa pour négocier avec lui. Ce qui revenait à dire qu'il avait essayé de lui faire changer le scénario pour la simple raison qu'il n'aimait pas les rôles qui nous avaient été impartis, à Eiko, Shunji et moi. Et sans rien nous en dire.

— Bon, note que je ne peux que vous féliciter de votre décision. Ce n'est pas pour dire, mais rien ne vaut les hommes ! Et je ne demanderais pas mieux, moi, pour fêter la circonstance, de vous récrire un nouveau scénario. Mais j'espère que vous avez bien compris que c'est im-pos-sible ! Alors, vous ramassez vos fesses et vous m'enlevez ça comme de gentilles petites professionnelles ! C'est bien vu ?

J'emmenai Shunji pour m'éloigner d'Utagawa. Mon intervention était un fiasco total. Et demain Tamotsu charcuterait Shin. Une nausée me monta soudain à la gorge. Tout en me dirigeant vers l'endroit où se rassemblaient les sociétaires du Flower Show, je m'excusai auprès de Shunji :

— Pardonne-moi, Shunji, si je n'ai pas réussi à faire changer ton rôle.

— Aucune importance, de toute manière je n'ai pas l'intention de faire autre chose que de jouer du piano.

— Ne crois pas que ce sera aussi facile !

— Pas de problème. Ça ne vous plaît pas que je me mette à vous peloter ? Et moi ça ne me dit absolument rien. Donc je ne décolle pas de mon piano, voilà !

Shunji ne semblait pas très bien réaliser ce qu'était le théâtre, pas plus que ce que représentaient réellement les contraintes de l'acteur ou les engagements contractuels. Je me dis qu'il ne me restait plus tellement de temps avant la première pour lui faire comprendre qu'il n'était pas question dans ce cas précis d'agir à sa guise.

Juste avant que ne débute la répétition générale, on fit endosser aux membres du Flower Show un *yukata* de coton blanc, comme ceux que les hôtels balnéaires distribuent à leurs clients pour se rendre au bain. Shunji se vit remettre une canne et, sous la conduite d'un Utagawa devenu la prévenance même, il repéra le parcours où il aurait à évoluer : des coulisses à son piano, via le matelas où Eiko et moi déroulerions nos fastes charnels. Utagawa lui fit mémoriser les gestes et attitudes à prendre. Quant à Tamotsu, il jouait négligemment avec un bocal à poissons rouges. A Masami s'enquérant de la finalité de cet objet, il répondit qu'il servirait à recueillir le pénis tronçonné de Shin avec les flots d'hémoglobine qui en jailliraient. Quels que soient les goûts de cet Utagawa, il fallait vraiment le voir pour le croire !

Le théâtre d'Utagawa concrétisait ses fastes d'un goût innommable sur le petit écran du téléviseur de la loge mise à la disposition des membres du Flower Show. On y voyait une file de garçons et filles en *yukata* léger portant un gigantesque godemiché avec, à leur tête, le jeune homme vêtu d'un *jimbè* qui s'était fait sonner les cloches par Utagawa au moment où nous pénétrions dans la salle. Finalement, le godemiché fut reposé à terre et l'assistance fit cercle autour de lui pour se prosterner dévotement. La silhouette de Sachiè apparut dans le coin droit de l'écran sur l'estrade haute. Tandis que sur terre les jeunes s'abîmaient dans l'adoration du godemiché, elle exécuta son numéro d'indentation de la banane et du concombre par son vagin.

Shunji, qui ne pouvait évidemment voir ce qui se passait, trompait l'attente en promenant ses doigts sur un clavier imaginaire. Pour ma part, j'avais renoncé à me concentrer sur les péripéties égrenées à l'écran, en me disant qu'il me suffisait de savoir le moment où j'allais entrer en scène. Mais lorsque Shigeki et Aiko apparurent, je me retrouvai les yeux vissés à l'écran. C'était la scène où Shigeki plaquait rudement au sol la froide Aiko qui refusait les avances répétées de son compagnon. Pour Aiko bien sûr, mais aussi pour Shigeki qui n'était certainement pas le type d'homme à prendre plaisir à un viol, déjà au temps où ils s'entendaient bien, répéter cette scène de viol avait dû être une torture, mais maintenant qu'ils ne s'entendaient plus, cela devait être encore pire. Voilà ce que j'étais en train de me dire en observant leur manège : Shigeki se refusait à jouer avec le moindre réalisme et se contentait d'une gestuelle minimale, conventionnelle et stylisée, telle que saisir un bras ou lever la main. Apparemment, ils avaient opté pour une approche symbolique consistant à traduire le viol par la résistance, assez molle au demeurant, opposée par Aiko. Shigeki avait pris la bonne décision : en évitant à la scène de distiller un malaise trop oppressant, elle pouvait encore supporter de se voir comme spectacle.

Mais le moment de l'acte sexuel fut tout de même plus que je ne pouvais endurer. A la pensée que, immédiatement après, ce serait à mon tour de faire l'amour avec Eiko, avec une froideur tout artificielle, je me mis à transpirer abondamment.

— Nous aussi on va avoir à jouer une scène où le sexe ne fonctionne pas comme il faut, si je comprends bien ? fit la voix de Tamotsu derrière nous. De toute manière, une scène où ça ne marche pas, on n'a pas besoin de la pénétration, non ?

— Qu'est-ce que j'en sais, moi ? répliqua la voix d'Eiko venant d'une autre direction. Si tu faisais comme ça te chante ? De toute façon, tant que tu es en scène, tu fais ce que tu veux !

Ces propos masochistes n'étaient autres qu'une sanglante ironie à l'adresse de Tamotsu qui, jusqu'à présent, n'en avait jamais fait qu'à sa tête. Il ne trouva d'ailleurs rien à répondre. Chacun baignait dans une atmosphère lourde, les yeux au sol, quand Aiko revint de la scène avec ses horribles rougeurs en pleine efflorescence. Shigeki la suivait, avec un léger retard, mais son arrivée ne changea rien à l'ambiance lugubre qui flottait dans la loge. J'avais l'impression que j'allais devenir folle.

Arriva le moment de nous tenir prêts à faire notre entrée. Masami, Tamotsu, Eiko, Shunji et moi, nous entrions pratiquement ensemble. Je fis signe à Shunji et nous quittâmes tous les cinq la loge. Dans le couloir nous croisâmes plusieurs comédiens de la troupe. Tous faisaient mine de ne pas nous voir, mais ils passaient leur chemin en nous évitant. Tamotsu et Eiko jouaient sur un endroit différent de la scène, nous nous séparâmes donc en route pour prendre tous les trois par les coulisses côté cour.

— Plutôt étouffant comme ambiance ! me chuchota Masami en chemin. Vu qu'elle jouait le rôle d'un homme qui devenait femme, elle ne s'était pas mis de rouge et avait ramené ses longs cheveux en arrière. A voir ainsi de près ses traits couverts d'une simple couche de fond de teint blanc, son nez prononcé, sa grande bouche, on ne pouvait douter qu'elle soit un homme. « Je veux faire l'amour dans l'amour ! » Ses paroles me revinrent soudain en mémoire avec un serrement de poitrine.

C'était d'abord au tour de Tamotsu et Eiko de paraître côté jardin, en se tenant par la main, pour s'asseoir en amoureux sur le matelas au centre de la scène. Quant à Masami et moi, nous gravissions l'estrade figurant la montagne pour observer le manège des deux « tourtereaux ». Cette estrade sur laquelle était posé le piano était beaucoup plus haute qu'il n'y paraissait et c'était même un peu effrayant de contempler le plancher en contrebas. Tamotsu avait passé son bras autour de l'épaule d'Eiko et glissait l'autre main dans le décolleté du *yukata*. Faisant violence à ma peur, je plongeai le regard vers le bas, lorsque la voix d'Utagawa jaillit de la salle : « Trop raides, ces têtes ! Et vous deux là sur votre montagne, vous prenez plaisir à votre voyeurisme, je voudrais un air un peu plus réjoui. Riez ! »

Je n'eus d'autre ressource que de montrer mes dents. J'ignore si cela pouvait passer pour un visage réjoui. Au bout d'un moment, je sentis mes zygomatiques s'ankyloser, à force de montrer les dents. En bas, Eiko gisait dépoitraillée et Tamotsu exposait son entière nudité. Masami descendait d'abord en courant les escaliers, passait à côté d'Eiko et Tamotsu, pour disparaître derrière la montagne. Là, elle se mettait rapidement du rouge, dénouait ses cheveux et réapparaissait en femme. Puis c'était à mon tour d'aller me cacher derrière la montagne. Comme l'intrigue voulait que je me colle au bout du pied le pénis que Masami venait de jeter, je devais amener Pénis d'orteil en érection, cachée derrière la montagne, et n'apparaître que lorsqu'il aurait la taille idoine.

Quand je passai à côté de Tamotsu, il était en train de frictionner le pénis de Shin. Aujourd'hui, la séquence habituelle était bouleversée, car je n'avais pas vu Eiko prendre le pénis de Shin en bouche, ni Tamotsu s'emporter contre lui parce qu'il regimbait à entrer en érection. Je me glissai derrière la montagne en me disant que ce serait une bonne chose si, pour une fois, Eiko ne se donnait pas toute cette peine pour exciter Shin, et Tamotsu n'avait pas à le flageller impitoyablement. Le plancher derrière la montagne était jonché d'objets laissés par Masami : maquillage, miroir, lampe de poche… Je rassemblai le tout dans un coin pour m'installer en tailleur sur le sol et saisis à pleine main Pénis d'orteil.

Après avoir entendu le bruit de la course de Tamotsu qui s'enfuyait côté jardin, ayant renoncé à réussir tout acte sexuel, je devais réapparaître sur scène pour jouer mon rôle avec Eiko. Il me fallait donc être prête à temps, et je me mis sans tarder à astiquer Pénis d'orteil. Je ne me sentais pas particulièrement en forme, mais mon inquiétude se dissipa en sentant Pénis d'orteil grossir dans ma main. Mis à part la fois où Utagawa m'avait priée de me livrer à une démonstration, cela faisait bien dix jours que je n'avais plus touché Pénis d'orteil et il était assez sensible. Aucune sensation cependant qui puisse s'apparenter au plaisir. D'ailleurs, il ne marquait guère plus de quelques centimètres d'élongation. Mais bientôt retentit le bruit que Tamotsu faisait en flagellant Shin. La scène d'émasculation de demain surgit devant mes yeux, et Pénis d'orteil s'étiola.

Rien à faire. J'entendis bien le bruit de la course de Tamotsu, mais je ne pouvais tout de même pas sortir dans cet état. Je n'avais reçu aucune directive sur ce que j'aurais à faire en cas d'érection insuffisante. Je tentai de me fourrer Pénis d'orteil en bouche, mais même ce traitement échoua. Combien de temps s'était ainsi écoulé depuis le moment où j'étais supposée faire mon entrée ? Ne sachant vraiment plus que faire, je me glissai discrètement de ma cachette pour lancer un coup d'œil dans la direction d'Eiko. Elle s'était mise sur son séant, probablement pour gagner du temps. Et toujours pour gagner du temps, voilà qu'elle faisait mine de scruter théâtralement le vide dans tous les azimuts, ce qui fit que nos regards se croisèrent. Devinant la situation, elle me fit subrepticement un geste d'invite.

Je me mis en route vers Eiko. Les yeux vissés sur elle, surtout sans regarder du côté d'Utagawa, je montai sur le matelas. Eiko m'accueillit, me flatta Pénis d'orteil de la main. La main d'Eiko ! Cette évidence me gonfla la poitrine par vagues violentes, d'émotion plus que de plaisir. J'étais toujours debout, elle me prit la main pour me faire asseoir. Et lorsque sa main enveloppa Pénis d'orteil, un sang frais se mit à parcourir mes nerfs mis en boule par je ne sais combien de jours de colère, de tristesse et d'amertume, et j'eus enfin l'impression déliquescente que mon être, corps et âme, se détendait totalement sous la plus bénéfique des caresses. Oh oui, pas de doute, je l'aimais mon Eiko ! Inutile de dire que Pénis d'orteil était en érection plus que somptueuse.

Tout en m'embrassant, Eiko se plaqua sur moi, me poussa, me culbuta sur le matelas. J'avais oublié qu'on était au théâtre. Tout ce que je désirais, c'était communier avec Eiko comme le demandaient mon désir et ma tendresse. Je sentis que sa main qui me caressait était animée d'une ardeur qui n'était pas imputable au seul souci de vraisemblance dramatique. Mais il me fallait bien m'enfoncer dans la tête que cette sublime communion n'était rien d'autre qu'une « cérémonie d'adieu ». Je chuchotai donc très bas à l'oreille d'Eiko : « Il paraît que Tamotsu a demandé hier à Utagawa de couper cette scène. » La main d'Eiko suspendit tout net sa promenade sur mon corps. Elle me répondit en riant que je venais de dire exactement ce qu'il fallait pour tuer l'ambiance, alors qu'elle était décidée, pour la répétition de notre dernier coït, à se livrer en investissant un maximum de sentiments. Je le pris comme une plaisanterie. Car avec cet Utagawa vociférant des « Plus amples, vos gestes ! Passez donc à l'introduction ! » ou Shunji qui allait se pencher sur nos deux corps enlacés, il y avait peu de chances qu'elle puisse s'enivrer à loisir de l'acte qu'elle accomplissait.

Mais d'autre part, je crois qu'elle était également sérieuse. Car moi aussi, à l'instant précis où elle m'avait caressée, ma poitrine s'était étranglée de bonheur, et quand nous avions roulé enlacées sur le matelas, un flot d'amour avait déferlé furieusement en moi. Théâtre ou pas théâtre, la communion avec Eiko distillait de la joie pure. Même si cette joie devait être brisée par une intrusion intempestive, on pouvait toujours goûter au plaisir de l'instant en abandonnant tout son être à chacune des caresses et chacun des baisers. Car lorsque monte le désir de se fondre dans l'autre, tout se passe comme s'il devenait impossible de ne pas s'y livrer tout entière, même sans l'espoir d'une fusion idéale et avec la certitude qu'elle sera fragmentaire.

J'ai dit que l'ambiance avait été brisée, mais si Eiko avait suspendu le mouvement de sa main, ce n'avait été qu'un bref instant, un couac de musicien, car elle avait déjà repris son exploration. Tamotsu devait occuper son esprit, car son expression était vide. Mais peut-être pas que Tamotsu ; Shunji aussi sans doute, qui, pour se conformer timidement au scénario, s'était approché de nous, mais, toujours incapable de décider ses mains à nous toucher, se bornait à tracer de grotesques moulinets dans les airs, et surtout Utagawa qui le houspillait en criant : « Palpe ! Mais vas-y, palpe ! » Mais au fil des caresses, le cœur d'Eiko semblait revenir à moi. Juste avant le moment d'introduire en elle Pénis d'orteil, elle me lança de sa position dominante un regard d'animal à l'agonie.

Quant à moi, je ne pensais pas uniquement à Eiko, car toutes sortes de faits et d'événements me traversaient l'esprit, mais du fait qu'elle se trouvait devant moi et que nous échangions des caresses, c'était tout de même des pensées d'Eiko qui s'amoncelaient dans ma tête, et lorsque Pénis d'orteil ressentit la douce et chaude pression de son vagin, bien que ce ne soit pas là sa stimulation préférée, je sentis gonfler en moi une immense affection, un immense désir pour Eiko, au point de souhaiter résoudre toute cette tension en plaisir. Et de fait, quand commencèrent les mouvements de va-et-vient, le plaisir m'investit tout entière, aussi puissant que celui que me donnait d'habitude la main, et j'eus la certitude qu'il monterait jusqu'à l'orgasme, pour la première fois.

Mais au moment où j'étais sur le point d'y accéder, Utagawa nous interrompit. La raison était, paraît-il, que cette scène devait peindre de façon poignante la détresse de Tamotsu affligé de ce terrible handicap, en exhibant aux spectateurs Pénis d'orteil en érection, et il ne fallait surtout pas que celui-ci regagne ses dimensions normales. Mais cela pouvait tout aussi bien s'interpréter comme de la méchanceté pure dirigée contre nous. Quoi qu'il en soit, Eiko et moi, nous nous retrouvâmes brusquement suspendues dans le vide, en proie à un grand sentiment de malaise. D'autant plus que, tout de suite après, Tamotsu réapparut sur scène avec son canif et son bocal à poissons rouges pour se livrer à la répétition de l'émasculation de Shin. Le désir s'évanouit sur-le-champ, inassouvi.

Il n'empêche qu'après cette communion de nos épidermes, je me sentais plus en forme que prévu. Depuis qu'Eiko m'avait quittée, je faisais tout pour étouffer mes sentiments. Dans l'angoisse que j'avais de jouer sur scène avec elle, se mêlaient l'horrible perspective d'un acte sexuel de pure forme, expurgé de toute émotion, autant que la crainte de voir, au plus fort de l'acte, une subite et terrible vague de nostalgie rompre toutes les digues. Eh bien, cette angoisse était nulle et non avenue. Sans doute y avait-il aussi le fait qu'Eiko m'avait si gentiment aidée quand j'étais bien ennuyée de ne pas pouvoir bander. Toujours est-il qu'au moment où nous nous étions touchées, ma raison avait volé en éclats, pulvérisée – cette raison qui justement me hurlait qu'il ne fallait plus aimer Eiko – tandis que se répandait comme une traînée de poudre une affection très pure et sans regrets. Admettre enfin, simplement, que ce qu'on aime on l'aime, un point c'est tout, quel soulagement ! Et il semblait bien qu'Eiko partageait en ce moment le même état d'esprit.

— Oh, ton corps était la franchise même…

Pour la première fois depuis longtemps, Eiko me parlait à cœur ouvert. Nous étions assises sur le balcon de l'appartement, une couverture passée sur nos épaules. C'était elle qui m'y avait invitée, quand nous étions rentrées de la répétition. La couverture, c'était pour nous garantir du vent nocturne.

— A faire comme ça la tête, je me suis dit que j'allais te perdre aussi comme amie.

Vu les dispositions d'Eiko, je sentis que je pouvais tout lui demander et qu'elle me répondrait certainement sans rien me cacher. Alors je lui posai la question :

— Tu aimes Tamotsu ?

Eiko eut un petit sourire gêné.

— Quand Tamotsu m'a touchée, ça m'a fait quelque chose, le coup du souvenir. Et puis il m'a touchée avec beaucoup de délicatesse, et il ne m'a même pas obligée à prendre Shin dans la bouche.

J'eus l'impression que la température montait sous la couverture.

— Parce que tu faisais tout le temps semblant de le détester.

J'avais dit ça pour me moquer un peu d'elle, ce qui me valut une bourrade de son épaule: « Non, non, c'est toi que j'aimais, tu sais ! »

Dur, dur, de s'entendre dire cela. Moi qui étais incapable de décider qui, de Shunji ou d'Eiko, j'aimais le mieux. De me voir ainsi frétiller sur des charbons ardents, cela la fit rire, et je ris aussi.

— C'est regrettable, mais il semble tout de même y avoir une certaine logique à la monogamie, reprit Eiko.

J'en profitai pour lui demander une fois encore si elle ne pouvait pas tenter quelque chose pour empêcher Tamotsu de mettre son projet à exécution. Elle plongea la tête entre les épaules avec une frilosité de moineau et tira sur les deux bouts de la couverture.

— C'est que Tamotsu, quand il a une idée en tête, rien ne peut l'en faire démordre. A part par la force, je ne vois pas de solution.

— Tu pourrais prévenir la police, faire interrompre la pièce ?

— Pour qu'on se fasse tous embarquer ? laissa-t-elle tomber en s'inclinant vers moi. Ecoute, ne crois surtout pas que je sois une fille au cœur de pierre, mais… j'estime qu'il y a de la sagesse dans cette idée que ce serait la meilleure solution et pour Tamotsu et pour Shin.

— Tu crois que couper le pénis de Shin, ça va guérir Tamotsu de son obsession du sexe normal ?

— S'il n'en guérit pas, je pense que ça peut au moins provoquer des changements. Tu sais, Tamotsu est lent, très lent à comprendre les choses. Moi je pense que finalement c'est la manière de procéder qui lui convient le mieux, de se convaincre lui-même en procédant ainsi par étapes.

Evidemment ce n'était pas pour rien qu'elle était liée à Tamotsu, car elle pouvait lire très profondément en lui. Je me sentis tout à coup honteuse d'avoir donné à Eiko, qui en savait si long, des directives de dame patronnesse du genre : « Dis à Tamotsu de renoncer à l'émasculation de Shin. »

— Excuse-moi, je sens que j'ai dit une bêtise la fois dernière.

— Tu as le droit d'en dire, va !

Et là-dessus Eiko me dévisagea avec son bon regard. On ne se touchait pas, mais c'était comme si je me trouvais blottie dans ses bras. Une amie, ce n'est pas mal non plus. Vraiment pas mal du tout, me suis-je dit alors.

Je passai donc une excellente soirée avec Eiko, et je m'efforçai de considérer que l'émasculation de Shin était un mal inéluctable. Mais quand, le soir de la première, je vis entrer dans la loge Tamotsu, qui était d'ailleurs depuis le matin d'une humeur sinistre, mais cette fois avec un air plus lugubre et massacreur que jamais, je compris que je ne pourrais pas m'empêcher d'essayer de lui ôter de la tête son funeste projet.

Au début, tout le monde supporta l'affreux crissement produit par le canif promené spasmodiquement sur le bocal à poissons rouges qu'il tenait sur les genoux. Mais lorsqu'une partie du verre commença d'être striée, puis perdit toute transparence au point de devenir blanche, Masami lui dit, à bout de patience : « Cesse donc avec ce bruit horrible ! »

Tamotsu cessa docilement pour planter un regard glauque sur Masami. Puis ses lèvres se tordirent en un rictus amer et c'est son canif qu'il envoya se planter dans le plancher juste entre ses pieds. Les lattes de bois retransmirent les vibrations de la lame après le choc. Le canif resta fiché dans la planche. Un frisson me parcourut.

— Mais c'est très dangereux ce que tu fais là !

A cette remarque d'Aiko, Tamotsu répondit par un sourire, puis il se baissa pour dégager son canif. Mais il fut précédé par la main de Shigeki qui se referma sur le manche.

— Confisqué jusqu'au moment d'entrer en scène !

— Au nom de quoi ? aboya Tamotsu tandis que Shigeki se dirigeait déjà vers le fond de la pièce sans plus lui prêter attention. Force lui fut de se recroqueviller à nouveau sur son bocal. Inconsciemment, je lui demandai :

— Si ça te fait tant de peine d'émasculer Shin, renonce donc !

Toujours penché en avant, il hocha pensivement la tête, pour la relever ensuite et laisser tomber soigneusement :

— Si-len-ce !

— Note que c'est plutôt toi qui étais bruyant il y a un instant, lança Aiko d'une voix sèche. Une petite contracture se dessina autour de la paupière de Tamotsu. D'habitude, quand il était d'une humeur massacrante à cause de son terrible handicap physique, tout le monde veillait à l'approcher avec les mille précautions qu'on déploie pour palper la poche d'un abcès, et il était stupéfait qu'on ait osé le remettre à sa place. Ses traits durcis se détendirent quelque peu.

— C'est Kazumi-chan qui se mêle de ce qui ne la regarde pas…

Aiko toisa froidement Tamotsu, car il avait dit cela d'un ton mendiant une explication.

— Moi aussi je serais d'avis que si tu dois y renoncer, mieux vaut que ce soit maintenant.

— Tu me dis carrément de saboter cette pièce, là ! rit Tamotsu.

— Personne ne te demande de le faire, tu fais semblant, ce sera déjà bien suffisant.

— Tu crois qu'Utagawa s'en contentera ? rétorqua Tamotsu en riant de plus belle. Et il vaut mieux ne pas le fâcher, Utagawa, non ? Est-ce qu'il n'a pas promis de prendre Shigeki et Yôhei comme membres réguliers de sa troupe ? Si je ne le fais pas, la responsabilité en retombera sur notre pauvre directeur Shigeki, qui risquera de ne plus être intégré à la troupe.

La bouche d'Aiko se referma sur une grimace et du fond de la loge s'éleva la voix de Shigeki : « Ne te tracasse pas pour moi ! Utagawa veut absolument m'avoir avec Yôhei, et quoi que tu fasses il nous prendra. »

Shigeki avait-il donc changé sa façon de penser, lui qui hier encore nous recommandait de nous conformer strictement au scénario parce que, disait-il, nous étions tributaires de l'argent d'Utagawa ? Aiko observa furtivement Shigeki du coin de l'œil.

— Alors comme ça, moi je peux trahir ma promesse à Utagawa ? fit Tamotsu d'une voix de plus en plus excitée. Bon, je vais lui parler, moi, à Utagawa, je vais lui dire que c'est Shigeki qui m'a poussé à rompre ma promesse !

Le regard d'Aiko se porta une fois encore sur Shigeki.

— Vas-y, parle-lui.

Shigeki avait dit cela sans la moindre tension dans la voix, ce qui sembla désarçonner Tamotsu, mais déjà il revenait à son sourire sarcastique :

— Ah oui, je vois ! On veut se faire bien voir d'Aiko, alors on se donne de petits airs libéraux !

— Si ça t'arrange de le croire, ne te gêne surtout pas ! répondit Shigeki, refusant de relever le défi de Tamotsu. Ce dernier en parut très contrarié et se colla le menton contre son bocal à poissons. C'est à ce moment que la porte fut heurtée à grands coups pressés, et la tête d'Utagawa s'inscrivit dans l'encadrement : « Je vous demande à tous aujourd'hui de faire de votre mieux ! On a bien en tête toutes les remarques qui ont été faites hier à la générale ? »

J'étais en train de me dire que cette grosse voix d'Utagawa était vraiment intempestive lorsque je m'entendis interpeller : « Damoiselle Pénis d'orteil ! Tu as bien retenu les indications scéniques que je t'ai ajoutées hier sur ton scénario, j'espère ? Et n'oublie pas, surtout, avant de sortir de ta montagne pour aller vers Eiko, de passer une fois la tête ! Une fois ! »

Ça c'était le bouquet ! Hier, à la générale, comme je ne parvenais pas à faire bander Pénis d'orteil, j'avais lancé un coup d'œil désespéré et furtif du côté d'Eiko, et le manège avait tellement plu à Utagawa qu'il voulait que je le réédite dans cette première.

— Tu avais l'air tellement tordue, piteuse, je ne sais pas moi, mais tu étais superbe ! On peut dire que tu as le génie des planches, toi !

Je trouvais lamentable d'avoir l'air tellement tordue et piteuse aux yeux de tous, mais puisque, en m'ajoutant cette nouvelle indication scénique, Utagawa m'évitait du même coup l'obligation d'apparaître de derrière ma montagne avec Pénis d'orteil en majesté, il me facilitait la besogne et ça m'arrangeait plutôt bien.

— Et toi aussi, Shunji ! Je compte sur toi pour qu'aujourd'hui au moins tu suives mon scénario ! Je ne veux plus te voir gesticuler au petit bonheur comme hier !

Shunji s'agita, assez mal à l'aise, sur sa chaise. C'est vrai qu'hier à la générale, il s'était borné à quelques attouchements de pure forme sur Eiko et moi. Il ne répondit rien, mais Utagawa avait tellement insisté sur ce point qu'il devait le considérer comme acquis, car déjà il s'adressait à Tamotsu : « Et toi, du cran, Tamotsu ! Le docteur qui te donnera les premiers soins sera ici un peu avant sept heures, tu n'as à te préoccuper de rien de ce côté-là. »

Quelques paroles d'encouragement encore et Utagawa disparaissait aussi vite qu'il était entré.

Moi j'étais en plein suspense, craignant à tout moment que Tamotsu n'aille divulguer à Utagawa que Shigeki l'avait poussé à renoncer à la scène d'émasculation. Mais non, son état d'agitation un peu démente qui l'avait fait défier Shigeki s'était évanoui, il gardait un silence obstiné. Fallait-il en déduire que la discussion de tout à l'heure l'avait dissuadé de passer à l'acte ? J'allais le lui demander, quand Shunji ouvrit la bouche pour faire remarquer :

— Tu sais, moi j'ai la ferme intention de ne tripoter ni Eiko ni Kazumi-chan, alors toi tu peux bien renoncer à te couper Shin.

— Oh toi, tu es du bois dont on fait les flûtes, c'est connu ! lui lança Tamotsu oppressé et lugubre.

— Mais il ne tient qu'à toi d'en être également de ce bois, fit remarquer Masami d'un ton réservé qui ne lui était pas coutumier, mais avec cependant le don d'exaspérer Tamotsu qui se mit à hurler :

— Alors Masami, toi qui as été la première à me dire de le faire, voilà maintenant que tu veux pas !

— Entre procéder à l'extraction complète de Shin et l'émasculer, il y a une nuance, et de taille !

— Oh, j'en ai ma claque de vos discussions ! Et puis toi, enchaîna-t-il en se tournant vers moi, si tu tiens tellement à ce que je laisse Shin tranquille, tu n'as qu'à te couper ton pénis d'orteil !

Là, il me la coupait, si je puis dire, car j'étais encore à chercher mes mots qu'il éclatait d'un rire triomphal.

— Si tu consens à te débarrasser de ce machin, moi je fiche la paix à Shin !

Je crus sentir un rai de douleur cuisante me transpercer la racine de l'orteil. Jusqu'à la peau de mon visage exposé au feu du regard de Tamotsu qui me faisait mal. J'étais toujours muette, Eiko prit la parole à ma place : « Pourquoi donc faudrait-il que les gens en arrivent là pour toi ? »

Ses paroles semblaient avoir porté car Tamotsu se mordillait la lèvre. Mais il finit par articuler, dans un effort suprême pour conjurer sa défaillance :

— Quand on veut se mêler de la vie des gens, qu'on soit au moins prête à sacrifier la sienne !

— C'est ce que j'appelle faire l'arrogant !

Le visage de Tamotsu se déforma, il enfla la voix.

— Ça me met en rage, moi, de m'entendre donner des conseils par des Shigeki et des Kazumi, des gens qui sont bien montés en pénis !

Il en avait dit assez pour me clouer le bec. Il le constata d'ailleurs à mon air, ce qui lui donna le courage de profiter de cet avantage pour me débiter à toute allure : « Et puis toi, Kazumi, t'as pas seulement un pénis, t'as même un vagin par-dessus le marché ! De quel droit me donnent-ils des conseils, ces gens qui ont de quoi retirer le double du plaisir des autres ! »

Eiko s'avança d'une pièce sur Tamotsu : « Ah, parce que tu prétends que toi tu ne peux pas prendre de plaisir en faisant l'amour ? Tu ne m'as pourtant jamais paru si insensible ! »

Tamotsu rougit violemment. Moi aussi je pressentais ce qu'Eiko allait dire. Elle aussi d'ailleurs, le rouge lui montait aux joues. Elle l'avait sur le bout de la langue, il fallait que cela sorte : « Tu t'endormais toujours heureux comme un bébé quand je te léchais le bout de ton pénis, le tien, pas celui de l'autre. Tu n'as pas de vagin, d'accord, mais l'anal, tu n'étais pas contre, non ? Tes nénés, ton venventre, ta petite n'oreille, je te les amusais, comme tu disais, c'est pas vrai ? Et est-ce que tu n'aimais pas particulièrement que je me serre tout contre ton dos ? Et avec toutes ces exigences fantaisistes, tu oserais encore prétendre que tu ne peux pas prendre plaisir au sexe ? Je me demande bien ce que je fichais dans ce cas, alors ? »

Cette fois, le bocal à poissons rouges lui échappa des mains et alla rouler sur le plancher. On entendit ensuite un cri rauque :

— Mais ce que j'ai toujours voulu avec toi, c'est l'union *pénis-vagin* !

— La combinaison du pénis et du vagin ne donne pas nécessairement les plaisirs les plus aigus. Kazumi est ici pour en témoigner, si tu veux, dit-elle en se tournant vers moi. Proprement clouée de stupeur par l'audace des propos d'Eiko, je me sentis acquiescer machinalement. Tamotsu manœuvra lentement des yeux de plomb, d'Eiko jusqu'à moi, et de moi au plancher. Puis il donna une chiquenaude de la pointe du pied au bocal à poissons par terre.

— Alors, tu y renonces à cette émasculation, dit Yôhei, et si le mobile était la jalousie pour un pénis normal…

— Ta gueule, toi ! hurla Tamotsu qui s'était levé d'un bond sans lui laisser le temps de terminer sa phrase. Je ne vous permets pas, tous autant que vous êtes, de me donner des conseils ! Ah, vous êtes contre la dézizification, hein ? Mais tous les mois on me regardait charcuter Shin dans le vagin denté de Sachiè, et pas un qui ait jamais trouvé à y redire !

Sur ces mots, il brandit la chaise pliante en alu sur laquelle il était assis et la lança violemment contre la porte. De l'instant où elle heurta la porte jusqu'à ce qu'elle ait terminé de retomber sur le plancher, la chaise émit toute une série d'horribles bruits auxquels se mélangeaient des tonnerres de cliquetis métalliques qui ébranlaient le cœur autant que les tympans. Lorsque je décollai les mains de mes oreilles, ce fut pour découvrir que la sonnerie annonçant le commencement de la représentation retentissait dans un vacarme plus infernal encore. Tamotsu ramassa le bocal et sans un mot tendit la main vers Shigeki. Il reçut des mains de celui-ci le canif de poche qu'il laissa tomber dans le bocal. Ses accessoires sous le bras, il envoya valser la chaise d'un coup de pied pour dégager la sortie, et quitta la loge.

Je me rapprochai d'Eiko, plantée au milieu de la pièce. Ses paumes étaient moites de sueur.

— J'ai encore dit quelque chose de bien futé, là.

Cette voix, ce murmure plutôt, c'était celle de Yôhei qui s'éteignit dans l'air de plus en plus pesant, à telle enseigne que nous baissâmes tous la tête avec ensemble.

— C'est Kazumi-chan qui avait raison, on aurait dû interrompre depuis longtemps ce numéro de Sachiè et Tamotsu.

Shigeki avait laissé tomber ces mots douloureusement. A la peur que Tamotsu ne s'émascule réellement du pénis de Shin, venaient se superposer la culpabilité et le remords d'avoir laissé se poursuivre ce numéro cruel avec Sachiè. Nous étions plongés dans un concert de soupirs douloureux quand la voix de Sachiè retentit, si sèche que tous les regards se tournèrent vers elle : « Moi j'étais plutôt contente qu'il puisse me glisser le pénis de Shin dans le vagin. Il ne faut pas oublier qu'avec ce corps qu'il a, il ne peut pas espérer avoir des relations sexuelles vraiment normales. »

Devant cette sortie, personne ne put trouver ce qu'il fallait dire. Déjà Sachiè se levait avec son concombre et sa banane, elle était la première à entrer en scène, mais elle s'arrêta devant moi avant de disparaître par la porte : « Tu disais donc qu'introduire le pénis dans le vagin ce n'était pas le plus formidable de l'affaire. C'est bien vrai, ça ? »

En voyant l'œil archisérieux de Sachiè, je compris que ce n'était pas le moment de faire celle qui était gênée, mais qu'il me fallait au contraire répondre sincèrement :

— Pour ma part, je préfère de loin qu'on m'enlace, qu'on m'embrasse, qu'on me flatte le pénis de la main.

— Mais c'est peut-être simplement parce que tu es une femme ?

— Eh bien, je n'ai pas été élevée en homme, moi, il est normal que mes sensations diffèrent de celles des hommes. Mais j'ajoute qu'il n'est pas impossible qu'il existe sur cette terre des hommes qui vivent leurs sensations de la même façon que moi.

— Moi, par exemple, s'interposa Shunji. Tu ne trouves pas que ton pénis et le mien se ressemblent assez ?

Je souris, et pour le faire savoir à Shunji, j'appliquai sa main sur ma joue.

— Existerait-il cet homme, encore faudrait-il qu'il devienne mon homme pour que cela ait un sens.

Sachiè se dirigea vers la scène, un air plutôt équivoque sur le visage montrant qu'elle était loin d'être convaincue. Peu de temps après se profila sur le moniteur de télévision la silhouette de Sachiè s'introduisant un concombre, puis une banane. Puis ce fut au tour de Shigeki et d'Aiko de quitter la loge pour se tenir prêts à entrer en scène. Le temps s'écoulait, imperturbablement morne.

Vint enfin le moment où Masami, Eiko, Shunji et moi devions faire notre entrée en scène. Nous nous levâmes pesamment tous les quatre. J'avais l'impression que mes muscles étaient atrophiés, que mon corps refusait d'obéir. Eiko paraissait dans le même état d'asthénie, car il lui fallut s'y reprendre à plusieurs fois pour faire jouer le bouton de la porte. Elle finit par se servir de son coude comme levier. Dans le couloir, Shunji répéta sa résolution :

— Moi, je ne bouge pas de mon piano.

— Utagawa sera furax, dit Eiko.

— Il pourra toujours crier, il n'osera pas frapper un aveugle ! D'ailleurs, je n'en veux pas de son cachet. Je ne vois pas comment la main de ce type m'atteindrait une fois sur scène. Personne ne me fera faire ce que je ne veux pas.

Tandis qu'il disait cela, nous aperçûmes au bout du couloir un homme en blouse blanche, une sacoche noire à la main. Le médecin qui allait soigner Shin. Nous fîmes silence tous les quatre. Il arriva à notre hauteur, nous frôla, roulant de gros yeux vers les portes donnant sur les loges. Nous nous remîmes en route comme si aucun de nous n'était concerné. A la bifurcation du couloir côté cour et côté jardin, Sachiè nous attendait. Elle n'était pas retournée dans sa loge, puisqu'elle devait se produire en scène avec Tamotsu avant l'émasculation. Dès qu'elle nous vit, elle marcha vers nous.

— Tamotsu semble apaisé pour le moment. Je ne crois pas qu'il va se déchaîner en brandissant son couteau.

— Il est en coulisse ? demanda Eiko.

— Il errait en tout cas dans les coulisses, oui.

Eiko disparut en serrant les lèvres vers les coulisses côté jardin en compagnie de Sachiè. J'interrogeai Masami du regard puis me dirigeai vers les coulisses côté cour en entraînant Shunji par le bras. Aujourd'hui c'était bien différent d'hier, la salle était pleine de monde, un air moite de chaleur corporelle arrivait jusqu'à nous. C'était la première fois de ma vie que j'allais dévoiler ma nudité devant une multitude de gens, mais ce n'était là qu'une épreuve bien insignifiante. Le plus curieux, c'était que le flot d'émotions sentimentales que j'attendais pour ma dernière communion avec Eiko n'était pas non plus au rendez-vous. Je pensais en fait à Tamotsu qui se trouvait là-bas de l'autre côté de la scène. Rien qu'à m'imaginer la fulgurance de cette lame de canif dans sa main, je sentis se glacer mes globes oculaires dans leurs orbites.

Je vis Tamotsu et Eiko sortir côté jardin. Le visage épanoui dans un grand sourire, il conduisait Eiko par la main. Mais c'était le sourire dément d'une tension exacerbée à l'extrême, on y avait déjà eu droit tout à l'heure dans la loge. Eiko ne riait pas, mais n'avait pas davantage l'air triste. Force était donc de qualifier son expression de paisible. Eiko qui avait pris la décision de ne rien tenter pour empêcher Tamotsu de recourir à cet acte fou d'émasculer son frère siamois, Eiko qui semblait aussi avoir décidé de se tenir aux côtés de Tamotsu et de vivre avec lui jusqu'au bout toutes les conséquences de cet acte, quelles qu'elles puissent être – que Tamotsu soit enfin libéré de ses fixations ou qu'au contraire il s'y enferre encore plus –, cette Eiko apparaissait à mes yeux comme un être humain fort et bon au-delà de toutes les limites imaginables. C'était cette Eiko que j'avais tellement aimée et que j'aimais encore et toujours, d'ailleurs. A me dire cela, mon cœur manqua de se déchirer.

Quand Tamotsu et Eiko se furent assis sur le matelas, Masami et moi nous entrâmes en scène. J'avais l'impression que les regards braqués des spectateurs étaient comme des vagues venant battre la scène. Si ce n'est qu'une fois juchée sur mon estrade, censée figurer la montagne d'où je devais observer le manège de Tamotsu et d'Eiko, tout ce qui était spectateurs et autres contingences s'envola de ma tête.

De sa propre initiative, Eiko s'arc-bouta pour saisir à deux mains la tête de Tamotsu et l'embrasser tendrement. Que ce soit à la répétition d'hier ou dans les spectacles du Flower Show, elle s'était toujours contentée de baisers de pure forme, des baisers de scène. Jamais je ne l'avais vue mettre autant d'allant dans son jeu. Ces baisers, je les connaissais, elle me les avait prodigués à bouche que veux-tu, c'était là les vrais baisers de la vie intime. Celui-ci en tout cas était opérant car toute force semblait avoir délaissé Tamotsu. Et le baiser se poursuivait toujours. La main d'Eiko quitta la joue de Tamotsu pour se mettre à lui caresser les bras, la poitrine, avec d'infinies tendresses. Ça non plus ce n'était pas du théâtre. Ce que voulait faire Eiko, c'était profiter de la scène pour communiquer ses sentiments à Tamotsu.

Quand Eiko se dépouilla de son *yukata*, Tamotsu dénoua lui-même sa ceinture comme s'il revenait à lui. La stupeur et le trouble de Tamotsu transparaissaient dans la maladresse de son jeu. Il était tout nu à présent et demeurait planté là, légèrement hébété. Normalement, à ce moment-là Eiko était supposée flatter de ses doigts, titiller de ses lèvres, le pénis de Shin, mais aujourd'hui elle demeurait assise à ses côtés et se contentait de lever les yeux vers lui dans une attitude de prière. La main ballante de Tamotsu remua. Mais ce ne fut pas pour la porter au pénis de Shin car il la mit à la place du cœur.

C'est dans cette attitude qu'il se laissa glisser sur les genoux. Ensuite il enlaça Eiko et la couvrit.

A la répétition, au moment où j'allais me cacher derrière la montagne tandis qu'en sortait Masami, Tamotsu était en train d'astiquer le pénis de Shin, alors qu'aujourd'hui, sans même y toucher, il couvrait Eiko et remuait les hanches. Mais l'angle du va-et-vient des hanches était très différent de d'habitude. Tout se passait comme s'il faisait l'amour non pas avec le pénis de Shin mais avec un pénis normal quoique fictif. Tous deux ignoraient superbement le déroulement du scénario, où voulaient-ils en venir ? Cela m'inquiétait, mais il me fallait aller me cacher dans ma montagne. Je m'accroupis donc en me disant que je sortirais de ma cachette dès que j'entendrais le bruit de pas de Tamotsu en fuite. Mais mon inquiétude à propos de leur manège à tous deux l'emportant, je risquai un œil hors de ma cachette.

Tamotsu qui était engagé dans la gestuelle d'une copulation fictive se souleva enfin. Il soupesa le pénis de Shin toujours pendouillant, regarda fixement devant lui et, très calmement mais délibérément, prit le pas de gymnastique pour effectuer sa sortie côté jardin. Et voilà, finalement, il n'avait même pas tenté de faire bander le pénis de Shin. Mais comme cette scène était destinée à montrer l'impuissance sexuelle de Shin, même si elle ne se conformait pas fidèlement au scénario d'Utagawa, elle ne dérangeait pas trop le fil du récit. Je pouvais donc commencer à apparaître de derrière ma montagne.

Eiko m'accueillit à bras ouverts. Cela non plus ne figurait pas à la répétition d'hier. Ce fut tout à fait inconsciemment d'ailleurs que je répondis à l'embrassement d'Eiko, qui en profita pour me glisser à l'oreille : « Je lui ai dit à Tamotsu, qu'il s'émascule ou non de Shin, je resterai toujours avec lui ! »

Ah ! elle l'a enfin dit, pensai-je alors, et en tentant de m'imaginer la joie qu'avait dû éprouver Tamotsu, quelque chose de chaud s'écoula dans ma poitrine. Mais en même temps, comme le raccommodement du couple Tamotsu-Eiko signait irrémédiablement la rupture de notre couple Eiko-Kazumi, je ressentis dans cette région chaude de ma poitrine un douloureux déchirement, comme si on m'y avait enfoncé une lame acérée. Après avoir souri amèrement dans mon cœur à la persistance des regrets pour les amours mortes, j'eus enfin le courage de demander :

— Et qu'a-t-il répondu ?

— Absolument rien.

— Est-ce qu'il va s'émasculer ?

— J'en sais rien.

Eiko enserra tendrement dans sa paume Pénis d'orteil. Un agréable trouble m'envahit, Pénis d'orteil gonfla comme s'il recherchait le contact étroit avec la paume d'Eiko. Elle frotta doucement Pénis d'orteil en l'embrassant. Des baisers très doux guidés par la même sincérité qu'elle avait mise il y a un instant à embrasser Tamotsu. Cette pensée exacerba de plusieurs degrés le plaisir éprouvé par Pénis d'orteil. Et en même temps s'enfla en moi un immense sentiment d'amour pour Eiko. Encore une fois, je vérifiais cette évidence : le pénis était une magnifique machine à produire du plaisir. Avec l'apparition d'un pénis à mon orteil droit, le territoire de mes jouissances avait doublé, et je réalisai à ce moment-là que s'il m'arrivait, par malheur, de le perdre, je resterais désespérément inconsolable.

Mais, car il y a un mais, songeai-je tout en échangeant des caresses avec Eiko, c'est sans doute la dernière fois qu'il me procure autant de plaisir. Car l'acuité du plaisir de Pénis d'orteil était liée à l'amour que j'avais pour Eiko au point de ne pouvoir en être dissocié. J'avais l'impression qu'après notre séparation, jamais je ne retrouverais de tels sommets de jouissance avec Shunji. Non pas que je l'aime moins qu'Eiko. Mais c'est qu'à l'époque où j'étais avec Shunji, Pénis d'orteil, encore novice en quelque sorte, était d'une sensibilité extrême aux moindres stimulations. Alors qu'au moment où j'étais devenue intime avec Eiko, il se trouvait déjà en pleine transition. Il était déjà passé du stade où il suffisait de le toucher pour qu'immédiatement il entre en érection, à celui où, devenu plus exigeant sur la qualité des caresses, il était capable de distinguer entre elles et de les savourer en connaisseur. Son goût avait atteint une certaine maturité, en somme. Bien sûr, tout ceci n'avait été qu'un concours de circonstances, mais qui avait eu pour résultat que Pénis d'orteil avait littéralement Eiko dans la peau.

Avec Shunji, faire l'amour était le prolongement d'un contact physique chaleureux, un *skinship* comme il disait, et c'était un plaisir unique que je n'avais jamais pu partager avec Eiko. Mais Pénis d'orteil à lui tout seul ne jouissait jamais autant qu'avec Eiko. Maintenant, la question était : fallait-il le regretter ? Finalement, n'était-il pas préférable que toutes ces choses se consument et s'éteignent avec notre relation, car tout deviendrait ainsi plus clair. Bien sûr, de temps en temps, je serais bien hantée par la nostalgie du plaisir de Pénis d'orteil, mais qu'était-ce en comparaison de ce que devait éprouver Masami lorsqu'elle se prenait à regretter le pénis sacrifié sur l'autel de ses fantasmes ? Et pis encore, qu'était-ce comparé à la culpabilité et à l'atroce remords qui allaient certainement tourmenter Tamotsu lorsqu'il aurait mutilé son petit frère…

Tamotsu avait dit que si je m'amputais de Pénis d'orteil, il épargnerait Shin. Mais qu'est-ce qu'il voulait dire au juste ? Que je me l'amputerais ici sur scène ? Ou que si je promettais de subir une intervention chirurgicale dans les jours qui suivent, il renoncerait, aujourd'hui, à la mutilation de Shin ? Et d'abord, Tamotsu était-il sérieux en me mettant devant un tel choix ? Car supposons que je m'ampute réellement de Pénis d'orteil pour l'empêcher de commettre cette monstruosité, comment vivrait-il ce sacrifice ? Très mal, assurément. Moi, je trouvais ça horrible, et lui, il serait encore plus malheureux. Non, c'était idiot de prendre pour argent comptant des paroles en l'air.

— Shunji n'a pas l'air de descendre, chuchota Eiko. Effectivement, nous avions plus que largement dépassé le moment où il devait descendre et venir nous tripatouiller pendant notre plongée dans le stupre. Il poursuivait crânement son récital de piano. Et comme, ce faisant, il supprimait précisément le manifeste ignominieux mais cher à l'auteur selon lequel les amours homosexuelles étaient une monstrueuse perversion, on imagine qu'Utagawa devait d'ores et déjà se trouver embarqué dans une colère fabuleuse. Je me représentai son visage furibond et cette vision réjouissante me donna envie d'applaudir bien fort Shunji et son intrépide refus.

Eiko sourit également, le regard tourné vers le perchoir de Shunji, puis elle rapprocha son corps de mon pied, j'étais déjà étendue, cela allait être la dernière conjonction de Pénis d'orteil et d'Eiko.

Le public de cette pièce était tout à fait différent de celui que nous amenaient les spectacles du Flower Show. Peut-être plus raffiné dans son regard, ou plus sérieux, mais en tout cas l'impression retirée était qu'il ne laissait pas paraître aussi crûment ses appétits lubriques. Quand le projecteur fit tomber un pinceau de lumière sur Pénis d'orteil en majesté, il s'éleva tout de même de la salle un remous de corps déplacés à la recherche d'une position moins inconfortable et de respirations retenues. Et quand Eiko commença à l'introduire, on sentit très nettement la salle décoller de l'étonnement non déguisé vers la tension palpitante, mais qui fit long feu car elle se dissipa une fois la pénétration consommée. Ce fut alors qu'un immense sentiment de comique m'assaillit. La cause directe en était bien sûr la réaction très consciencieuse et appliquée de cette salle confrontée à un spectacle de chevillage d'organes sexuels, mais par-delà cette réaction, il y avait la mise en scène – elle aussi très consciencieuse et appliquée – d'Utagawa qui n'avait finalement d'autre objectif que de susciter chez les spectateurs une réaction à l'avenant, c'est-à-dire tout aussi consciencieuse et appliquée. Sans compter le zèle de potaches que nous apportions, Eiko et moi, à nous conformer servilement à cette mise en scène. Le tout culminant avec ce Pénis d'orteil et ce vagin qui s'encastraient merveilleusement, à croire qu'ils s'étaient donné le mot pour démontrer qu'il s'agissait de la chose la plus naturelle du monde. Tout cela dégageait un sentiment d'absurdité totale confinant au comique.

Si Pénis d'orteil, agréablement enserré par le vagin d'Eiko, baignait dans le contentement, moi je n'étais pas contente du tout : pourquoi me fallait-il parodier ainsi un modèle sexuel qui régnait en despote absolu dans la tête d'un nombre incalculable de gens, alors que c'était pour moi la dernière occasion de communion profonde avec Eiko ? Bien plus qu'un accouplement dans les règles du genre – qui veulent que l'emboîtement des organes sexuels sublime dans une seule et unique joie extatique les plaisirs et les désirs que l'on se donne réciproquement, tant par voracité des sens que par soif de création intellectuelle – moi je préférais le contact intime et étroit des peaux, qui m'émouvait de mille palpitations délicieuses. N'était-ce pas la plus grande leçon que m'avait enseignée Pénis d'orteil ? Et je regrettais tellement de n'avoir pas pu communiquer à Tamotsu cette grande leçon que j'avais apprise.

Le pinceau lumineux du spot qui nous éclairait Eiko et moi commença à se rétrécir. C'était à la fois le signal de la fin de notre numéro et du commencement de celui de Tamotsu et Sachiè. Eiko souleva les hanches pour se dégager de mon pied et se coucher sur moi, puisque Utagawa en avait décidé ainsi : « Chatteries et pelotage jusqu'à émasculation de Tamotsu et enténèbrement complet de la scène ! » avait-il tonitrué dans son jargon dramaturgique. Shunji avait arrêté de jouer au piano, mais demeurait à son poste sur la montagne, peut-être par incapacité à déterminer le moment exact où il devait quitter la scène. Sans doute faudrait-il aller le rechercher quand l'obscurité se serait faite.

Côté cour, entre Sachiè avec sa banane porteuse des redoutables stigmates de dents, elle va s'installer sur le matelas libre. Tamotsu entre côté jardin. Il dépose au milieu de la scène, devant Eiko et moi, le bocal dans lequel trône le canif et se met mollement en marche vers Sachiè. Le déroulement du scénario veut qu'il passe immédiatement à la scène qui doit le barbouiller du sang du pénis de Shin. Eiko plonge son visage dans mon sein. Moi je ferme les yeux et serre les dents à les faire éclater. Mais rien ne semble commencer. On ne perçoit même pas le froissement caractéristique du *yukata* qu'on enlève.

Bien que le scénario d'Utagawa proscrive rigoureusement la chose, je me dévisse le cou pour regarder Tamotsu et Sachiè. Tamotsu se tient debout, la main à la ceinture de son *yukata*, sous l'œil méfiant de Sachiè. Elle doit dire quelque chose car ses lèvres remuent. Le visage de Tamotsu se déforme en une immense grimace. On entend un bruit de déglutition laborieuse. Je ne sais à quel moment Eiko a aussi relevé la tête, car elle observe le manège de Tamotsu et Sachiè.

« Il refuse ! » je chuchote à l'oreille d'Eiko qui s'agrippe à mon bras pour maîtriser un tremblement de sa main. C'est la première fois que je vois Tamotsu hésiter au moment d'entamer son numéro avec Sachiè. Il se tient debout, le dos voûté. Son corps est totalement détendu et son expression, d'où s'est effacée toute trace de folie ou de méchanceté, évoque une tristesse infinie. C'est évident, il a renoncé à faire du mal à Shin. Avoir reçu les caresses brûlantes de tendresse d'Eiko, s'être entendu dire que, émasculé ou non, elle resterait à ses côtés, cela lui a mis le cœur complètement à nu.

Mais comme s'il prenait une soudaine résolution, Tamotsu arrache rapidement son *yukata*, tend les bras vers Sachiè et s'abat sur le matelas. Commencent les caresses précises et méthodiques. C'est comme s'il s'était résigné à l'impossibilité d'arrêter le cours des événements. Les ongles d'Eiko s'incrustent dans la chair de mon bras. Elle a eu beau dire qu'elle ne tenterait rien pour l'en empêcher, elle ne veut certainement pas qu'il se mutile à son corps défendant. Si Tamotsu a changé d'avis, c'est différent. Moi j'étais contre l'émasculation de Shin dès le début. « Arrête ! » lui criai-je du fond de mon cœur. Peine perdue, évidemment, car avec un rictus amer sur le visage, il avait déjà commencé les frictions qui devaient mettre le pénis de Shin en érection.

Le pouls accéléré d'Eiko se communiqua à mon bras. Je ne comprenais pas pourquoi Tamotsu ne cessait pas son manège. J'espérais qu'au moins ce n'était pas par pur entêtement. Ou pour respecter la parole donnée à Utagawa.

Mais Tamotsu déteste Utagawa, alors ? A force de retourner le problème dans ma tête, il me vint soudainement une idée. Tamotsu était peut-être bien en train de continuer malgré lui à jouer, tout simplement parce qu'il ne savait pas comment sortir de l'intrigue tracée par le scénario. Et si on lui donnait l'occasion de sauter hors des rails du scénario ?

Ce fut une action instantanée. D'abord je n'avais pas le temps de réfléchir. Et l'aurais-je eu, que ma tête aurait manqué du calme nécessaire, car l'hésitation de Tamotsu, jointe à son expression de haine de soi, le désarroi héroïque d'Eiko, le tout mêlé à ma propre angoisse de voir Shin traité si cruellement, la faisaient bouillir comme une marmite.

A l'instant où Tamotsu s'apprêtait à introduire le pénis de Shin dans le vagin de Sachiè, je me ramassai pour me lever, et d'une détente je bondis sur Tamotsu que j'envoyai culbuter d'une vigoureuse poussée. Puis, me tournant vers Sachiè dans un bref salut, je la priai : « Permets-moi de passer à l'action ! »

On se demande bien comment cette idée, complexe dans sa formulation, simplissime dans son exécution, s'était emparée de ma tête surchauffée : pour empêcher Tamotsu d'infliger une blessure au pénis de Shin, le seul moyen était de le remplacer par Pénis d'orteil. La surprise arrondit l'œil de Sachiè, mais elle ne fit aucune objection. L'excès de stupeur devait lui avoir ravi la parole, mais sans m'embarrasser de questions de détail, j'empoignai Pénis d'orteil encore frémissant du contact d'Eiko.

Démontée comme je l'étais, je ne pensais pas du tout à la douleur. Le corps en appui sur les deux mains et une jambe, je pointai Pénis d'orteil sur Sachiè. Mais la main de Tamotsu qui venait de se relever s'abattit sur mon genou droit. J'eus cependant le temps de lui envoyer une solide ruade pour m'en débarrasser et engouffrer prestement Pénis d'orteil dans les chairs de Sachiè. La première impression fut que je ne pouvais dire si cela faisait mal ou pas. J'eus bien la sensation que le gland de Pénis d'orteil se heurtait au fond du vagin à un petit objet dur qui aurait pu être une dent, mais la note dominante était la chaleur et l'humidité. De crainte que l'érection ne s'étiole, je fis aller et venir avec énergie mon pied droit.

J'ignore le moment où la morsure des dents lacéra la peau de Pénis d'orteil. Car la douleur qui m'assaillit soudain fut celle des sécrétions qui envahissaient l'écorchure. Trouvant qu'il n'y avait pas grande différence avec ce que j'avais ressenti lorsque Pénis d'orteil avait été blessé par un éclat de flacon à saké, je fis poursuivre son va-et-vient frénétique à mon pied. Mais bientôt, à la douleur des humeurs rongeant l'écorchure, vint s'ajouter celle des dents entamant plus profondément la plaie déjà vive, si bien qu'il ne fut question de prétendre que cela ne faisait pas trop mal. Je pus même discerner que le gland était le siège de trois foyers douloureux. J'eus l'impression très nette que la blessure béait, toujours plus profonde et plus déchiquetée.

Mais j'avais la ferme intention de poursuivre jusqu'à ce que la douleur me rabougrisse Pénis d'orteil au point de rendre impossible la pénétration. A chaque élancement douloureux, des papillonnements lumineux éclataient devant mes yeux, mais je tenais bon. Finalement la douleur devint intolérable, elle englobait la totalité du gland. Un gémissement m'échappa. Toute force déserta Pénis d'orteil, il se coula hors du vagin de Sachiè.

Barbouillé de sang et de glaires, Pénis d'orteil m'élançait douloureusement. Là où le sang stagnait plus rouge et plus épais, devait se trouver le siège des blessures. Si l'hémorragie n'était pas aussi abondante que lorsque Tamotsu se servait du pénis de Shin, c'est que Tamotsu, lui, visait délibérément les dents et ne se contentait pas d'aller et venir, mais, raffinement de cruauté, imprimait un voluptueux mouvement rotatif de pilon dans son mortier, si bien que les blessures ne se limitaient pas seulement à trois points comme c'était mon cas. Mais même si Pénis d'orteil était moins ensanglanté, il était tout de même dans un triste état. Tamotsu avait plié le genou pour l'examiner et je lui dis : « Ça ne fait pas du bien ! »

Tamotsu fronça les sourcils.

— Mais qu'est-ce que tu racontes ? Mais qu'est-ce que tu as fait, bon dieu !

Je ris, consternée. Baissant la tête, il fit mine de vouloir me lécher Pénis d'orteil, mais je l'en dissuadai en passant ma main sur son front pour le forcer à relever la tête :

— Ça fait mal, je te dis !

— Ah bon… admit Tamotsu extrêmement désappointé. Eiko vint par-derrière m'enserrer l'épaule de son bras. Déplaçant son regard de moi à Eiko, Tamotsu sourit, au bord des larmes. Cette fois, le fil de l'intrigue était totalement chamboulé, mais comme les spectateurs ignoraient que ce qu'ils venaient de voir n'était pas prévu dans le scénario, ils observaient la scène avec la plus grande attention. Bon, maintenant il fallait peut-être se demander comment amener cette scène à sa conclusion. Tamotsu, Eiko et Sachiè paraissaient plongés dans un état de stupeur profonde, c'était donc à moi de trouver quelque chose. J'étais en plein embarras, quand je remarquai que Shunji, jusque-là figé devant le piano, était en train de descendre lentement l'escalier en s'aidant de sa canne. Voilà ce qu'il fallait faire, et je proposai aussitôt: « Si on regagnait la loge ? »

Sachiè et Tamotsu acquiescèrent comme des ombres. Eiko partit ramasser nos deux *yukata*. Je me jetai le *yukata* sur les épaules, allai à la rencontre de Shunji qui descendait les escaliers, et on sortit tous ensemble côté cour. Sachiè, qui allait en tête, se prit le pied dans son *yukata*, mais heureusement le machiniste réagit aussitôt et obscurcit la scène en coupant tous les spots.

Les traces de dents sur le gland de Pénis d'orteil, même les plus profondes, avaient à peine trois millimètres. Malgré le banal mouvement de va-et-vient, apparemment je n'avais pas percuté chaque fois au même endroit, car je n'avais pas trois traces de dents bien nettes, mais plutôt une multitude d'entailles serrées pour chacune des dents, ce qui me faisait trois grosses enflures pleines d'aspérités. Ça me faisait très mal, et lorsque, le sang une fois étanché, je pus examiner à loisir les plaies, je leur trouvai un aspect si pitoyable que je détournai la tête. Une fois qu'il eut fini de m'entortiller Pénis d'orteil d'une bande de gaze, le médecin qui devait s'occuper du pénis de Shin prit congé de nous en concluant: « Le champignon est devenu un chou-fleur, maintenant ! », plaisanterie stupide s'il en est, parfaitement digne en tout cas d'un ami d'Utagawa.

— Kazumi-chan, je ne savais pas que tu désirais Sachiè à ce point ! me lança Tamotsu qui n'avait pas cessé de tourner autour de moi tout le temps que le médecin me soignait. C'était du Tamotsu tout craché, cette façon de présenter les choses, d'autant plus que son visage débordait de tendresse en disant cela. Idem pour la légère tape que lui donna Eiko en guise de remontrance, on y sentait toute la chaleur du sentiment.

J'avais traité Sachiè un peu cavalièrement, c'est le moins qu'on puisse dire, je m'excusai donc auprès d'elle.

— Il n'y a pas de mal, dit-elle simplement, si ce n'est que tu fais ça moins bien que Tamotsu.

Je pouffai à cette critique, Tamotsu brandit le poing dans une pose de défi herculéen. Ceux qui étaient restés dans la loge devant l'écran retransmettant nos tribulations sur scène y allèrent de leurs commentaires : que Tamotsu culbuté par mon coup de pied avait l'air plutôt misérable, ou que mon expression au moment de m'accoupler avec Sachiè était plus drôle que tragique, et autres aménités de ce genre. Mais pas un n'exprima en paroles sa joie de voir que Tamotsu n'avait pas mutilé Shin. Seul un immense soulagement se lisait sur tous les visages.

La grande inconnue, c'était maintenant le sort de Shigeki et Yôhei qui devaient entrer dans la troupe d'Utagawa. Si Shigeki avait encouragé Tamotsu à ne pas pratiquer réellement sur scène son émasculation, mais à se contenter de la jouer, c'était moi qui avais chamboulé le scénario d'Utagawa. Mais comme Shigeki était le responsable du Flower Show, il allait certainement encourir les foudres du maestro, et peut-être aussi Yôhei. Et pourtant, quand j'avais regagné la loge après ma sortie de scène, Shigeki s'était contenté d'un « Tu as montré un de ces crans ! » sans manifester aucun mécontentement.

Bien que la scène écourtée ait rendu plutôt pénible la soudure avec la suivante, on avait pu enchaîner, évitant ainsi l'interruption fatale. Quelqu'un proposa bien de déguerpir à Kôbe avant qu'Utagawa ne vienne nous chanter pouilles dans la loge, mais il restait à Yôhei et Masami à exécuter leur numéro. Finalement, l'avis de Shigeki – que saboter encore plus la pièce d'Utagawa friserait l'inconscience – rallia à lui l'unanimité, si bien qu'on attendit tous sagement dans la loge que se termine la pièce. Utagawa n'apparut d'ailleurs pas tout de suite pour nous faire la scène attendue. J'émis l'opinion qu'il était en train de calmer sa rage, à quoi la majorité des membres rétorqua que, non, au contraire, il était en train d'y injecter de la pression afin de la rendre plus percutante.

Utagawa apparut dans la loge après que Yôhei et Masami eurent terminé leur numéro, un peu avant le tomber de rideau. Sur l'avis de tous, je m'étais réfugiée dans le coin le plus reculé, et dès l'instant où je le vis débouler dans la loge, je compris que l'expression humaine était capable de faire cohabiter la plus frénétique des colères avec l'euphorie hautaine du chasseur traquant son gibier. Utagawa commença par prendre Shigeki à partie :

— J'espère que tu as trouvé une explication satisfaisante. Car je t'ai laissé tout le temps d'y réfléchir !

— Je suis impardonnable… répondit Shigeki en piquant profondément du chef vers le sol ; à quoi Utagawa répondit dans un rire qui lui tordit la bouche, qu'il s'y attendait tout de même un peu.

— Est-ce là tout ? Manque flagrant du génie de ses prétentions ! On n'est pas capable de trouver une explication qui vaille, mais on sabote intégralement ma pièce !

Utagawa parcourut l'assistance du regard pour me découvrir dans un coin de la loge.

— Bon, rien ne sert d'accuser davantage Shigeki, c'est inutile, puisque la principale instigatrice, c'est elle !

— Ou plutôt moi, s'interposa Tamotsu, parce que c'est moi qui n'ai pas fait ce que j'avais promis.

— Parfaitement, et je t'étendrais bien raide d'une solide torgnole, toi aussi ! hurla Utagawa emporté par la déclaration de Tamotsu. Dans cette manière qu'il avait de commencer sur un ton doucereux pour tonner soudain en *finale* en nous prenant tous à partie, on reconnaissait indiscutablement l'homme de théâtre, le metteur en scène.

— Mais le coupable, le véritable coupable ce n'est pas toi, enchaîna Utagawa à l'adresse de Tamotsu. C'est cette pimprenelle avocate des bonnes causes, qui allait pleurant que l'émasculation, mon dieu, mais c'est une véritable horreur ! Pour mieux s'enivrer de son humanisme imbécile ! Et me fouler aux pieds sans vergogne une œuvre où j'ai sué sang et eau, corps et âme !

— Peut-être foulée aux pieds, mais pas démolie, on dirait, fit Aiko calmement en attirant l'attention d'Utagawa sur le moniteur. On vit sur l'écran la sarabande finale avec la troupe de gars et de filles au grand complet se trémoussant autour du godemiché planté au milieu de la scène. Au moment où Utagawa fusillait Aiko de ses yeux étincelants, les feux de la scène s'éteignirent. Le temps de reprendre sa respiration, et un tonnerre d'applaudissements ébranlait la salle, dont les échos vinrent mourir jusque dans la loge. Utagawa couvrit les applaudissements de sa voix tonnante pour déclarer :

— C'est la moindre des choses ! Une pièce que je produis, moi, ce n'est pas un peu de sabotage qui va la couler !

— Alors quelle importance, qu'on l'écourte d'une petite scène ? fit remarquer Aiko.

— Toi, ça fait un bon bout de temps que tu me sors par les yeux. Je voulais justement t'en toucher un mot calmement, malheureusement j'ai un client plus pressant à expédier aujourd'hui. Tu vois ce que je veux dire, damoiselle Pénis d'orteil ?

Utagawa se hissa ostensiblement sur la pointe des pieds pour me fusiller du regard, mais comme Shigeki se trouvait entre lui et moi, il ne s'approcha pas. Je n'en étais pas pour autant à mon aise. Shunji, à mes côtés, comme toujours attentif à mes états d'âme, posa son bras sur mon épaule.

— Quel touchant tableau vous faites là ! Dis donc, tu ne te faisais pas tirer par Tamotsu, des fois ? Ou alors c'est par culpabilité vis-à-vis de lui que tu l'as empêché ? Bon, peu importe les mobiles. Tu t'es bien payé ma tronche, peux-tu fournir une explication à cela ?

Ne trouve-t-il rien de mal, ce type, à ce qu'il était prêt à exiger de Tamotsu ? me lamentai-je. Mais la pitié que peut inspirer la haine me fit parler :

— Le résultat final est probablement que je vous ai nui, et je vous présente mes excuses. Mais il m'était impossible de laisser ainsi Tamotsu mutiler Shin.

— Mais pour qui elle se prend, celle-là, à la fin, avec sa morale de boy-scout ? railla Utagawa. Il y avait là quelque chose que Tamotsu voulait absolument acquérir, même au prix du sang, et toi tu t'es mêlée de ce qui ne te regardait pas.

— Si Tamotsu désire vraiment s'émasculer de Shin, il pourra aller se faire arranger ça dans un endroit où on ne le dérangera pas.

— Oui mais, moi, il ne faut pas qu'on m'oublie tout de même ! Je dis et je répète que Tamotsu, dans une pièce où moi j'avais investi tout mon sang, toute ma substance, était prêt lui aussi à faire couler son sang ! Ce théâtre qui devait ce soir se voir paré de toutes les couleurs d'une somptueuse horreur, mué en lieu sacré de l'échange de mon sang et du sang de Tamotsu, ce théâtre, ma petite, tu en as fait de la boue ! C'est pas compliqué, c'est comme si tu m'avais châtré, moi, ma petite ! Et le pire c'est que je crois que tu ne t'en rends même pas compte !

Il n'y a que lui qui compte, lui et encore lui, le maudis-je en mon cœur avant d'ajouter :

— Moi aussi, j'y ai laissé un peu de mon sang !

— Dérisoire impact que le sang de ton pénis. Un bobo, peut-être, mais sans plus. Les choses il faut les voir en grand. En grand ! Du sang suintant d'un pseudo-pénis parasitaire, mais le public s'en bat l'œil, c'est du délavé, de l'aquarelle, rien à voir avec un pénis d'homme !

Pénis d'orteil avait essuyé un affront, la colère me prit :

— Parce qu'il ne s'hypertrophie pas avec du pathos, sans doute ?

— Oh, mais cette petite tête réfléchit ! admira exagérément Utagawa pour esquiver ma question. Oui, si tu veux. Mais tu as beau être affligée d'un pseudo-pénis planté à un endroit grotesque, il est tout à fait hors de question que tu puisses espérer comprendre un jour le pénis de l'homme.

— Je suis parfaitement consciente qu'il n'est pas un pénis d'homme. Mais vous, je crois que vous êtes ce genre d'homme qui investit tout entier son orgueil de mâle, ou son ego, dans ce qui n'est après tout qu'un organe comme un autre. Vous disiez à l'instant qu'avoir saboté votre pièce c'était comme si on vous avait châtré, mais ce qui a été châtré, en fait, je crois que c'est surtout votre conscience dominatrice et votre vanité personnelle.

La carcasse tout entière du dramaturge frémit d'indignation.

— Ah, parce que c'est pour me provoquer que tu t'es payé ma tête ? Répète donc voir ce que tu viens de dire, j'aimerais l'entendre d'un peu plus près !

Il était devenu menaçant, son visage violacé lui donnait un air vraiment effrayant, mais je rassemblai mon courage pour me dresser devant lui. Déjà il s'avançait et aurait fondu sur moi si Shigeki et Yôhei ne l'avaient agrippé. Eiko me retint par l'épaule.

— Minute ! On ne va pas entamer un duel ici, déclara Utagawa à Shigeki et Yôhei en s'efforçant de radoucir son attitude et le ton de sa voix. Pas vrai, damoiselle

Pénis d'orteil ? dit-il encore, cette fois pour quêter mon assentiment. Je ne suis pas si terrible ?

— Si, vous êtes effrayant, répondis-je.

— Tu n'as rien à craindre, tu sais, j'ai parfaitement compris ton point de vue, conclut Utagawa en reculant d'un pas.

Shigeki et Yôhei le relâchèrent. Il pencha la tête pour se gratter l'oreille de l'index, d'un air dépité.

— J'étais encore tout gamin quand on m'a appris qu'un homme ne devait jamais frapper une femme. Et la femme s'en est tirée sans la dégelée méritée, elle a fait une bonne affaire, là !

Si seulement je pouvais lui dire : « Si tu as envie de cogner, cogne donc, au lieu de cuver ton amertume ! » Mais je ne m'en sentais vraiment pas le cran, car pour ce qui était de la force physique, je ne faisais pas le poids contre lui. Force me fut donc de demeurer plantée là en ruminant l'affront. Utagawa m'avait déjà tourné le dos et s'en prenait à Shigeki :

— Avec ce qui s'est passé, pas question de régler la totalité des cachets, en tout cas.

— Ça me paraît inévitable, admit Shigeki.

— Tamotsu et Shunji, la moitié du cachet, et la damoiselle Pénis d'orteil, des clous ! Je devrais même lui réclamer des dommages et intérêts. Quand j'ai vu ce gâchis sur le moniteur, la moutarde m'est montée au nez, je m'étais juré d'élaguer votre cachet à tous, responsabilité solidaire ! Mais, bon, je ne le ferai pas. Je ne le ferai pas mais à vrai dire, je ne me sens plus du tout l'envie d'acheter le Flower Show… dit-il en me lançant un regard torve pour bien me faire sentir le poids de ma responsabilité.

— Tu n'auras pas besoin de l'acheter, je crains, répondit Shigeki, car les membres parlent de réintégrer une existence de citoyen normal.

— Ah bon ? fit-il en fronçant les sourcils. Il n'y aura donc que toi et Yôhei pour entrer dans ma troupe ?

— Non, nous aussi on a décidé de décrocher.

Utagawa eut un battement de cils. Aiko, apparemment non informée, ouvrit la bouche et la laissa béer. Le ton de voix d'Utagawa opéra une volte-face pour demander :

— Pourquoi donc ? Vous aviez pourtant promis ?

— On était aussi contre l'émasculation de Tamotsu, répondit Yôhei.

— Alors vous aussi vous donnez dans les écolières bas-bleus ? gronda Utagawa dont la figure vira de nouveau au violacé bouffi. Les goûts de damoiselle Pénis d'orteil seraient-ils donc contagieux ?

C'est alors que je m'entendis m'écrier sans trop savoir comment ni pourquoi : « Les plus infantiles, ce sont vos goûts, justement ! »

Cette fois, personne n'eut le temps de s'interposer. Il ne fallut pas deux enjambées à Utagawa pour bondir sur moi et m'allonger une homérique taloche. Mon champ visuel virevolta, je fus projetée en l'air pour atterrir sur Shunji assis derrière moi sur sa chaise. L'empilement de nos deux corps et de la chaise s'effondra sur le plancher. Ponctuant le tintamarre métallique de la chaise, je crus entendre le bruit mat du crâne de Shunji percutant un objet dur. Je me dégageai d'un bond de Shunji coincé sous moi. Il était affalé par terre, dans la même position assise, sans mouvement, avec une branche de ses lunettes noires brisée.

— Quand je cogne, je cogne sur tout ce qui bouge, femme ou pas femme ! Non mais, cette oie blanche qui te nargue du haut de ses petites valeurs bourgeoises où elle se croit inaccessible, du genre : l'homme qui bat une femme est le dernier des lâches !

La voix d'Utagawa ne fit qu'effleurer mes oreilles. Penchée sur Shunji, je lui mis la main sur la joue en appelant son nom. Il ne répondait pas. Eiko s'agenouilla à son tour à côté de Shunji. Un grognement s'échappa de ses lèvres. Oubliant la douleur cuisante de ma joue, la colère m'emporta de nouveau et me fit lever un regard haineux sur Utagawa, juste à temps pour voir Tamotsu lui balancer une chaise par-derrière, de toutes ses forces. L'occiput percuté de plein fouet par la partie métallique de la chaise, il vacilla, puis s'effondra lentement sur les genoux. Tamotsu abattit une nouvelle fois la chaise sur Utagawa. Elle atterrit sur son large dos cette fois car il faisait désespérément de ses coudes repliés un bouclier à son crâne.

— Foutons le camp ! lança Tamotsu.

Eiko et moi nous relevâmes Shunji. Il s'ébroua de la tête, ce qui fit tomber ses lunettes noires à la branche cassée. Passant les bras sous ses épaules, nous fonçâmes vers la porte. Quand tout le monde fut sorti, Tamotsu, qui était resté le dernier pour neutraliser Utagawa, jeta la chaise et nous rattrapa. La porte se referma sur Utagawa effondré au plancher sur sa douleur.

— Ça va aller pour lui ? Il ne va pas mourir ?

— Pas de problème ! répondit joyeusement Tamotsu en marchant à pas guillerets, l'œil fixé sur les pieds de Shunji. Regarde, il pose même correctement les pieds par terre.

— Non, pas lui, Utagawa !

— Oh, lui, il en faudrait bien davantage ! Il doit avoir le cuir chevelu un peu écorché, mais même pas au point de devoir lui faire des points de suture.

Tout en parlant, Tamotsu avait agité gracieusement les bras pour amorcer un entrechat qui l'emporta en une course échevelée et dansante. Un peu maladroite, peut-être, mais l'esprit y était.

Nous avions à peine gagné le parking que les pas de Shunji s'alourdirent. Il continua de marcher, mais dégagea son bras de l'épaule d'Eiko pour porter la main à ses yeux. Nous nous arrêtâmes pour scruter son visage, en nous demandant si la marche forcée que nous lui avions imposée après le choc n'avait pas déclenché un sérieux malaise. Bien ferme sur ses pieds, Shunji ôta sa main de mon épaule pour la porter à son visage. Non, il n'avait pas l'air d'aller mal. Lentement, il éloigna les mains de son visage.

— Qu'est-ce qui se passe ? demandai-je. Shunji se tourna vers moi, et je compris immédiatement qu'il y avait quelque chose de changé, sans pouvoir préciser quoi.

— Kazumi-chan ? appela-t-il d'une petite voix craintive.

— Je suis ici.

Je lui touchai le bras pour le rassurer, mais il approcha son visage du mien jusqu'à coller presque nos nez ensemble, ses lèvres tremblèrent.

— Je vois…

Mais moi je ne voyais pas bien ce qu'il voulait dire, car il ajouta : « Je crois que c'est cela… voir… »

— Tu vois… Tes yeux voient ? cria Eiko. Aiko, qui avait déjà un pied sur le marchepied du minibus, se retourna. Shunji tendit la main vers mon visage et ferma les yeux. Des doigts il en vérifia l'ossature.

— Pas de doute, c'est toi, Kazumi-chan !

Il rouvrit les yeux en riant. Je ne comprenais toujours pas. Eiko, à côté de moi, pointa le doigt sur ma joue gauche :

— Le rouge, là, ce n'est que la trace de la gifle d'Utagawa, parce que normalement ce n'est pas rouge.

— Rouge… c'est ça le rouge ?

Après avoir regardé intensément, comme s'il voulait graver la couleur dans sa mémoire, Shunji porta son regard sur Eiko.

— Eiko-san ?

Riante, épanouie, Eiko acquiesça. Nouvelle question de Shunji :

— Et cela… c'est… rire, n'est-ce pas ?

Réalisant enfin ce qu'il venait de se passer, je sautai dans les bras de Shunji. Tout le monde s'amena pour faire cercle autour de nous. Tamotsu tira Shunji par la manche.

— Et moi, tu sais qui j'suis ?

— D'après la voix, tu es Tamotsu-kun.

— Tout à fait. Plutôt beau gosse, non ?

— C'est le visage du beau gosse, ça ?

— Jamais de la vie, le détrompa Eiko.

Shunji passa ainsi en revue toute la troupe, associant les visages aux noms et aux voix familières.

— Il s'est cogné la tête, et ça l'a fait voir ?

— Ben, faut croire que oui. Ce sont des choses qui arrivent. Des opacités dans le globe oculaire qui se sont fragmentées et dispersées sous le choc, en lui dégageant le champ de vision, ou quelque chose de ce genre.

— Alors il faut dire merci à Utagawa !

— Oh, lui dire merci, pas la peine... C'est plutôt grâce à Kazumi, elle a bravé Utagawa au point de le faire sortir de ses gonds !

Tout le monde parlait à la fois en se dirigeant vers le minibus. Pour la première fois depuis belle lurette, Shigeki et Aiko marchaient côte à côte en se souriant. Eiko, qui s'était mise en route avec Tamotsu, se retourna pour nous inviter d'un signe de la main. Je pressai Shunji qui contemplait abasourdi les alentours. Et ainsi, il accomplit son premier pas sans s'accrocher à moi.

— Tout le paysage est en mouvement, c'est une sensation étrange !

Je nageais dans la joie, j'offris mon bras à Shunji : « Tu peux marcher les yeux fermés, tu sais. »

Non, Shunji ne ferma pas les yeux, mais il me prit la main. Et ce fut d'un pas plein d'assurance qu'il accomplit les quelques mètres qui nous séparaient du minibus, en me tirant par la main.

Pour la dernière soirée à Kôbe, un banquet fut improvisé pour célébrer la dissolution du Flower Show. On donna allégrement dans les inévitables poncifs des pompes et solennités, du genre : « Merci pour vos peines que point vous ne ménageâtes pendant si longtemps... » etc., suivies par des kilomètres d'anecdotes, dont bon nombre remontaient à l'époque où je n'existais pas encore pour la troupe. Shunji ne mangeait pas, ne buvait pas, n'écoutait pas, mais il regardait de tous ses yeux, ce qui était pour lui une expérience toute nouvelle. Il passait son temps à sortir sur le balcon pour essayer de dénombrer les étoiles dans le ciel. Parvenu jusqu'à un certain point, il finissait toujours par ne plus pouvoir distinguer les étoiles déjà comptées de celles qui ne l'étaient pas encore. C'est dire si tout était nouveau et passionnant pour lui. Les premières fois, je l'accompagnai sur le balcon, mais le froid et un manque d'intérêt profond pour l'astronomie me firent m'incruster à la table des festivités.

Profitant de l'absence de Shunji, Masami me posa cette question :

— Que vas-tu faire maintenant que Shunji va te voir toute nue ?

— Je ne crois pas que Shunji éprouve un intérêt très vif à voir les gens nus. Parce que jusqu'à présent chez lui le désir sexuel n'a jamais été associé à la vue.

— Donc ça ne te gênera pas d'être vue nue par Shunji ?

— Un petit peu tout de même, les premières fois.

— C'est extrêmement heureux que Shunji voie, mais ça va augmenter tes soucis. Car il ne sera pas long à développer ses goûts sur l'apparence des gens. Que vas-tu faire si ton apparence cessait d'être conforme à ses goûts ?

— Là, il y a problème.

— Je suis sûre que Shunji va changer. Mieux vaut que tu le saches dès à présent.

L'idée de Masami n'était pas dénuée de sens. Mais je n'avais pas envie de trop y penser pour le moment. De toute manière, quand il était privé de la vue, Shunji avait développé ses facultés sensorielles pour pourvoir aux nécessités de la vie, et c'est avec cette sensibilité qu'il m'avait choisie. Non que je sois tellement sûre de moi, mais je voulais lui faire confiance. Croire que l'appréciation que Shunji portait sur moi changerait, c'était faire peu de cas de la qualité de ses facultés sensorielles.

On pouvait trouver cette vue un peu trop optimiste, mais je m'en moquais.

— Maintenant que tu vois, je suis sûre que tu vas changer, dit Masami à Shunji qui revenait du balcon pour la énième fois. Fais bien attention, parce que si tu changes dans le mauvais sens, tu cesseras de plaire à Kazumi !

Cette mise en garde me fit bien rire. Elle n'avait rien d'objectif, c'était plutôt Masami qui prenait plaisir à gambader dans les vastes étendues de son imagination. Et que pensez-vous que Shunji répondit ?

— Si je sens qu'elle me déteste, je fermerai les yeux, c'est tout !

— On peut dire que vous faites le couple le plus délicieux du monde ! s'exclama Masami en riant.

Bien que nous soyons tous morts de fatigue, le banquet se prolongea jusque tard dans la nuit. Même Sachiè, qui était une couche-tôt, ne manifestait aucun signe de vouloir se retirer dans sa chambre. Le temps s'éternisait, mais personne ne se décidait à partir, sans doute parce que chacun ressentait dans son cœur la tristesse de la séparation. Moi aussi, je me sentais triste. Mais il n'est pas absolument certain que la seule raison en était que l'heure de se séparer d'amis proches était arrivée. J'étais moi-même incapable de dire ce qui me rendait triste. Tamotsu n'avait pas châtré Shin, Shunji avait recouvré la vue, nous avions échangé, Eiko et moi, des propos très amicaux, il semblait même que Shigeki et Aiko se soient raccommodés. Et si on voulait bien faire abstraction des douleurs causées à Pénis d'orteil blessé, tout était au beau fixe. Mais malgré tout, je me sentais le cœur glacé.

Il était près de minuit quand Shigeki, peut-être sous le coup de l'ivresse, dit à Tamotsu :

— Je me considère comme impardonnable d'avoir accepté que, chaque mois, tu te fasses ainsi du mal à travers le pénis de Shin. Même quand j'ai commencé à me dire que ce n'était pas une chose à faire, je n'ai jamais pu me résoudre à te l'interdire, simplement parce que le public aimait ça.

— T'en fais pas pour moi, va, répondit Tamotsu imperturbable. D'ailleurs, moi, tout ce que je faisais c'était de foutre mon bordel dans la loge. Et ce numéro avec Sachiè, c'est moi qui l'avais imaginé, alors...

— C'est parce que je suis intéressé et lâche, revint à la charge Shigeki, visiblement tourmenté par sa conscience.

— Tu ne vas pas en faire une dent contre moi, tout de même, dit Aiko en lui flattant l'épaule, car c'était elle qui lui avait lancé ces mots à la tête.

— Non, mais c'était dans le mille, ironisa Shigeki. Je n'ai jamais considéré le Flower Show comme une association à but lucratif, mais quelque part, dans un coin de ma tête, je devais voir mes compagnons un peu comme des produits.

— Et alors ! Nous dépendions tous de toi, tu nous prenais en charge et tu nous aidais à vivre. Même si tout n'était pas toujours parfait...

Là-dessus, Shigeki se tourna vers moi :

— Quand je vois ce que tu as fait pour Tamotsu, j'ai honte de moi.

— C'était sur l'impulsion du moment, dis-je le cœur battant, je n'ai pas pensé que je le faisais spécialement pour Tamotsu.

Je ne disais pas cela par modestie, mais par franchise, car c'était la vérité. Comme s'il voulait me donner un coup de pouce, Yôhei parla :

— Je croirais assez à ce qu'elle dit. Quand je regarde Kazumi-chan, je me souviens d'un roman de science-fiction que j'ai lu il y a bien longtemps. Un extraterrestre, doté de la faculté de lire les cœurs, atterrit un jour dans un village, quelque part sur la Terre, qui tombe sous la coupe de cet extraterrestre. On pense bien à le détruire mais comme il lit les intentions des gens, tous les projets d'attaque échouent. Or voici qu'un jour, un garçon, que tout le monde appelait l'idiot du village, car en fait l'intelligence lui faisait quelque peu défaut, abat d'un seul coup l'extraterrestre. Aux villageois stupéfaits qui demandent au garçon comment il s'y est pris pour réaliser un pareil exploit, il répond tout simplement qu'il n'a songé à rien. Et notre Kazumi-chan n'est pas sans avoir quelques points communs avec ce garçon. Mis à part le fait qu'elle ne manque certes pas d'intelligence.

— Eh bien oui, dis-je amusée par cette intéressante parabole, je dois certainement être comme lui.

— Oh et puis zut ! Et moi qui étais persuadé que c'était parce que Kazumi-chan en pinçait secrètement pour moi qu'elle avait fait ça ! lança Tamotsu, et tout le monde éclata de rire. Mais ce qui est drôle, poursuivit-il quand les rires se furent apaisés, c'est que malgré cet énorme service qu'elle m'a rendu, je ne suis pas amoureux d'elle. Je l'aime bien, mais je n'en suis pas amoureux. Peut-on m'expliquer ça ?

C'était plutôt cocasse de voir Tamotsu prendre en toute sincérité cette expression intriguée.

— Mais parce qu'Eiko est là, non ?

Tout de suite après avoir lancé cette réponse, une tristesse fusa en moi. Suis-je encore tourmentée par des séquelles de nostalgie pour Eiko, constatai-je stupéfaite. Mais à l'origine de cette tristesse gisait un sentiment de perte, de renoncement. L'impression de solitude pouvait toujours être plus ou moins conjurée, il suffisait que je me persuade que je n'avais pas perdu Eiko en tant qu'amie. C'était ce sentiment de perte, de renoncement, qui ne voulait absolument pas s'effacer. Et tandis que j'étais là à me demander comment c'était possible, il y eut un moment où les lancinements de Pénis d'orteil s'estompèrent. Je le crus même disparu pour de bon. Je m'en assurai en appuyant sur le bandage qui l'enserrait. Une douleur me traversa tout le corps pour venir buter sur le plafond de mon crâne.

— Que se passe-t-il ?

Alertés par le cri que j'avais poussé, Shunji et Eiko avaient posé la question ensemble.

— Mais rien, répondis-je, ce qui les fit baisser les yeux sur Pénis d'orteil pour en revenir avec un air rassuré et convaincu.

Cette blessure fait mal. Mais sous le bandage, Pénis d'orteil existe-t-il toujours ? Au moment de l'introduire dans le sexe de Sachiè, l'idée m'a effleurée qu'il vaudrait mieux pour moi que Pénis d'orteil consente à cesser d'exister, au même titre qu'Eiko avait cessé d'exister pour moi en tant qu'amante. Et puis aussi, mais seulement l'espace d'un instant, comme une fulgurance, je m'étais demandé si je n'allais pas m'amputer de Pénis d'orteil pour sauver Tamotsu de l'émasculation. C'était pour ça que je l'avais abîmé, volontairement, en percutant le fond du vagin denté de Sachiè. J'avais sottement espéré que ce traitement de choc le ferait tout simplement disparaître. Et maintenant, si je défaisais ce bandage, un orteil, écorché mais banal, n'allait-il pas finalement s'offrir à mes yeux ?

Un sentiment de perte, de renoncement, hantait donc indubitablement Pénis d'orteil. Il n'y avait aucun moyen de savoir comment ni pourquoi un pénis m'avait poussé à l'orteil, mais quand je me souvenais des tribulations par lesquelles j'étais passée depuis son apparition – ma rupture avec Masao, ma rencontre avec Shunji, le quasi-viol par Chisato, l'entrée au Flower Show, ma relation avec Eiko, mon unique numéro avec Sachiè –, je me disais qu'il m'avait fait aborder à des rivages dont jamais je n'aurais soupçonné l'existence. Et je commençais à me demander aussi si maintenant son rôle n'était pas terminé. Du moins pouvais-je raisonnablement estimer que ma lune de miel avec Pénis d'orteil était, elle, bien finie. Cette seule pensée suffisait à susciter en moi de la tristesse. Même si j'allais dérouler mon bandage pour découvrir que finalement Pénis d'orteil était toujours là, ce sentiment de perte ne s'effacerait pas.

Tandis que je m'abandonnais à ces réflexions mélancoliques, le banquet avait retrouvé son animation. Masami était en train de questionner les convives à la cantonade :

— Vous êtes confrontés au choix suivant, avoir suffisamment d'argent pour passer toute votre vie dans l'aisance ou connaître, mais une fois seulement, l'acte sexuel idéal, lequel choisissez-vous ?

— Le sexe ! répondit immédiatement Tamotsu en levant la main. Moi c'est ça que je choisis, absolument !

— Le sexe, dit Sachiè. Je n'ai plus tellement à vivre et j'ai de l'argent.

— Yôhei ? pressa Masami.

— Si c'est en balance avec l'argent… le sexe évidemment. L'argent on peut toujours en gagner.

— Moi, l'argent me suffira, lança Shigeki après un bref coup d'œil lancé à Aiko.

— Tout de même, renoncer au sexe, c'est un peu dur, non ? répliqua Aiko.

— Moi je ne choisis ni l'un ni l'autre, murmura Shunji. L'argent, je peux le gagner, et le sexe, je fais tout le temps l'amour.

— Il mérite une correction ! Voyez-moi cet aplomb ! s'indigna Masami en le menaçant de la main. Qui n'a pas encore répondu ? Eiko ?

— Pas de commentaire, je passe, dit Eiko en riant, mais très fermement. Je ne peux pas répondre.

— Lâche ! Et Kazumi ?

— Je ne sais pas…

Ce fut une réponse en queue de poisson. Masami l'avait-elle interprétée comme un refus de commentaire, car elle n'insista pas. Cela me soulagea plutôt. A vrai dire, quand j'avais entendu la question de Masami, j'avais bien failli lâcher : « le sexe idéal ! » Je ne savais pas très bien ce que pouvaient représenter ces mots, « l'acte sexuel idéal », mais ils avaient excité mon envie. Ceci dit, la déclaration de Shunji, « l'amour je le fais tout le temps », elle, m'avait troublée : une réponse superbement détachée, qui laissait entendre qu'il ne s'était jamais embarrassé d'entretenir un idéal sur ce chapitre. J'étais demeurée stupéfaite parce qu'elle m'avait fait soudain réaliser deux choses : l'une était l'incommensurable profondeur de mes désirs, l'autre était que moi, qui avais choisi « le sexe idéal », j'avais nettement l'impression que jamais encore je n'avais connu ce fameux acte sexuel idéal.

Qu'est-ce donc que l'acte sexuel idéal ? Celui de Masami lorsqu'elle se lamentait en disant « Moi je veux faire l'amour dans l'amour », c'était évidemment un acte partagé avec amour. Mais si je me référais à mon expérience, j'hésitais plutôt à affirmer que mes embrassements avec Shunji ou Eiko, que j'aimais profondément, avaient été des actes sexuels parfaits. Pour ce qui était du style, je préférais Shunji, même s'il y manquait ces ardents enfièvrements et puissantes exacerbations du plaisir. Quant à ce que j'avais vécu avec Eiko, la fièvre et l'acuité du plaisir étaient bien là, mais ils péchaient par le style. Si je pouvais réunir le meilleur des deux côtés, alors je tiendrais enfin mon idéal ! Mais le sentiment amoureux à lui seul ne pouvait suffire.

Masami n'est pas la seule dans son cas. Moi que n'afflige pourtant aucun handicap, de ma vie entière il ne me sera peut-être jamais donné la chance de pratiquer cet acte sexuel idéal. Et cela, que Pénis d'orteil me reste ou disparaisse. Mais je crois que je ne serai jamais non plus obsédée par le désir de l'acte sexuel idéal et parfait. Parce que du côté de l'amour, je suis plutôt gâtée. En me disant cela, le sentiment de perte s'atténua quelque peu. Je souhaitai que tous les membres du Flower Show connaissent le bonheur.

Le banquet se terminait, chacun prit le chemin de son lit. Eiko, qui avait déjà commencé à se diriger vers le canapé-lit en compagnie de Tamotsu, se retourna pour me demander :

— On se reverra, n'est-ce pas ?

— Mais bien sûr, voyons ! lui dis-je en souriant.

Comme rassurée par ma réponse, Eiko me rendit mon sourire avant de rejoindre Tamotsu qui avait continué seul.

Je me retournai, Shunji était là. Il ne fallut guère de temps pour qu'il fasse résonner notre canapé-lit de ses ronflements. Je me dis qu'une fois rentrée à Tôkyô, je déferais mon bandage pour vérifier si Pénis d'orteil était toujours là, et aussi que j'essayerais tout de même de faire l'amour dans l'amour avec Shunji. En attendant, disons que j'étais heureuse.

Épilogue

— Et ce pénis d'orteil, il a disparu ?

Mano Kazumi baissa les yeux à ma question et rit.

— Non, il est toujours là, bien sûr. Il ne va pas disparaître comme ça, simplement au moment où ce serait commode.

Cela faisait tout juste un an que Kazumi était venue me voir dans mon appartement. Exactement comme il y a un an, lorsqu'elle était apparue pour me montrer ce pénis d'orteil qui lui avait poussé sans crier gare le lendemain du quarante-neuvième jour de Yôko Saizawa, son amie intime qui s'était suicidée ; sans s'en faire, elle avait appelé le matin alors que je dormais encore, puis avait frappé à ma porte une heure plus tard, me réveillant de nouveau, car je m'étais rendormie après avoir raccroché le combiné. Le but de cette nouvelle visite était de me relater par le menu ses tribulations depuis la rencontre avec les gens du Flower Show.

— Il n'y a rien d'intéressant à raconter à propos de Pénis d'orteil depuis que la troupe a été dissoute et que nous sommes remontés sur Tôkyô. Je coule des jours paisibles avec Shunji.

Kazumi parle de reprendre l'université le mois prochain. Shunji qui vit avec elle déploie en ce moment des efforts très méritoires pour maîtriser l'art de la composition musicale sur ordinateur.

Shigeki et Aiko vont enfin pouvoir ouvrir en juin le petit café dont ils avaient toujours rêvé. Masami s'en est allée vivre à Kôbe, où elle se consacre activement à faire marcher le bar gay dont elle est propriétaire. Sachiè, elle, a convolé en justes noces avec son amant de sept ans plus jeune qu'elle. Décidé à devenir illustrateur professionnel, Yôhei, son carton de dessins sous le bras, a entrepris courageusement la tournée des éditeurs, qui ont commencé, paraît-il, à lui confier de petites commandes. Tamotsu donne un coup de main dans l'entreprise familiale, un magasin d'électroménager, tandis qu'Eiko a décidé de s'inscrire dans une école de langues étrangères. En dehors des sociétaires du Flower Show, il y a encore Chisato et Haruhiko qui, après d'innombrables prises de bec, fâcheries, retrouvailles et embrouilles sur la question de se séparer ou de rester ensemble, ont finalement pris une décision courageuse : se séparer.

— Vous voyez toujours Eiko ?

— De loin en loin. C'est une excellente amie, d'ailleurs. Nous avons cessé d'avoir des rapports amoureux, mais comme elle a tout de même été mon amante, encore maintenant, je sens qu'on peut tout accepter l'une de l'autre.

Bien que Kazumi garde ses distances, quand elle se met à parler d'Eiko, on sent planer sur elle une insaisissable ombre de tristesse.

— Finalement, je pense que c'est une bonne chose de m'être retrouvée avec Pénis d'orteil. Bien sûr, je me suis demandé un moment si ce machin dont j'étais affublée n'était pas une espèce de malédiction de Yôko. Mais même à supposer qu'il y ait un rapport entre Pénis d'orteil et Yôko, je considère aujourd'hui, comme d'ailleurs vous me l'aviez dit il y a longtemps, que loin d'être une malédiction, ç'a été au contraire un cadeau destiné à m'enseigner bien des choses.

Cet été, quand j'avais revu Kazumi dans cet hôtel avec piscine, je l'avais déjà trouvée changée de visage par rapport au printemps. Plus adulte en somme, ce qui était un peu normal puisqu'elle a eu vingt-trois ans en décembre. L'âge devait y être pour quelque chose car cet aspect nuageux, cette légèreté immatérielle avait commencé à disparaître dans le dessin des joues plus net. A y regarder de près, on pouvait même y surprendre des expressions complexes. Et si elle était toujours très mignonne, elle donnait nettement l'impression d'avoir mûri. Si, du haut de son paradis, Yôko voyait Kazumi, elle devait se réjouir de la voir devenue une « grande fille ». A moins qu'au contraire elle ne regrette un peu la petite Kazumi de jadis, incarnation de l'innocence, superbement étrangère aux vicissitudes de ce monde d'amertume ?

En repensant à Yôko, je ne pus m'empêcher de lui poser la question : « Si vous me permettez encore une question, ce sera la toute dernière. Si Yôko revenait parmi nous et qu'elle vous demandait d'utiliser votre pénis d'orteil sur elle, accepteriez-vous ? »

Le visage de Kazumi sembla au bord des larmes : « Impossible. Ce n'est pas parce que j'ai fait l'expérience de l'homosexualité que je dis oui à tout. Avec Yôko, par un triste arrêt du sort, notre histoire s'est terminée sans avoir penché vers la moindre inclination sexuelle. C'est peut-être dommage, mais c'est un fait. On ne peut rien y changer. Vous me trouvez sans cœur de dire ça ? »

Je secouai la tête. La franchise et la loyauté de Kazumi m'étaient sympathiques. Disons simplement que Yôko était à plaindre, elle qui devait plus que probablement aimer Kazumi sur le mode homosexuel.

Kazumi se préparait à partir.

— Etait-elle intéressante, mon histoire ?

— Tout à fait, oui.

— Eh bien, si j'apprends encore quelque chose, je vous en ferai part. Vous savez, vous pouvez même l'écrire et la publier. Si vous n'avez pas de sujet en train pour le moment.

— Et pour la répartition des droits ?

— Je n'en veux pas. Je crois avoir un peu plus d'argent que vous.

— Merci beaucoup.

Et la fille au pénis d'orteil s'en fut.

Et moi, j'ai écrit ce roman.

Achevé d'imprimer
sur les presses de
l'imprimerie France-Quercy
113, rue André-Breton
46000 Cahors
N° d'impression : 42778D
Dépôt légal : novembre 2002